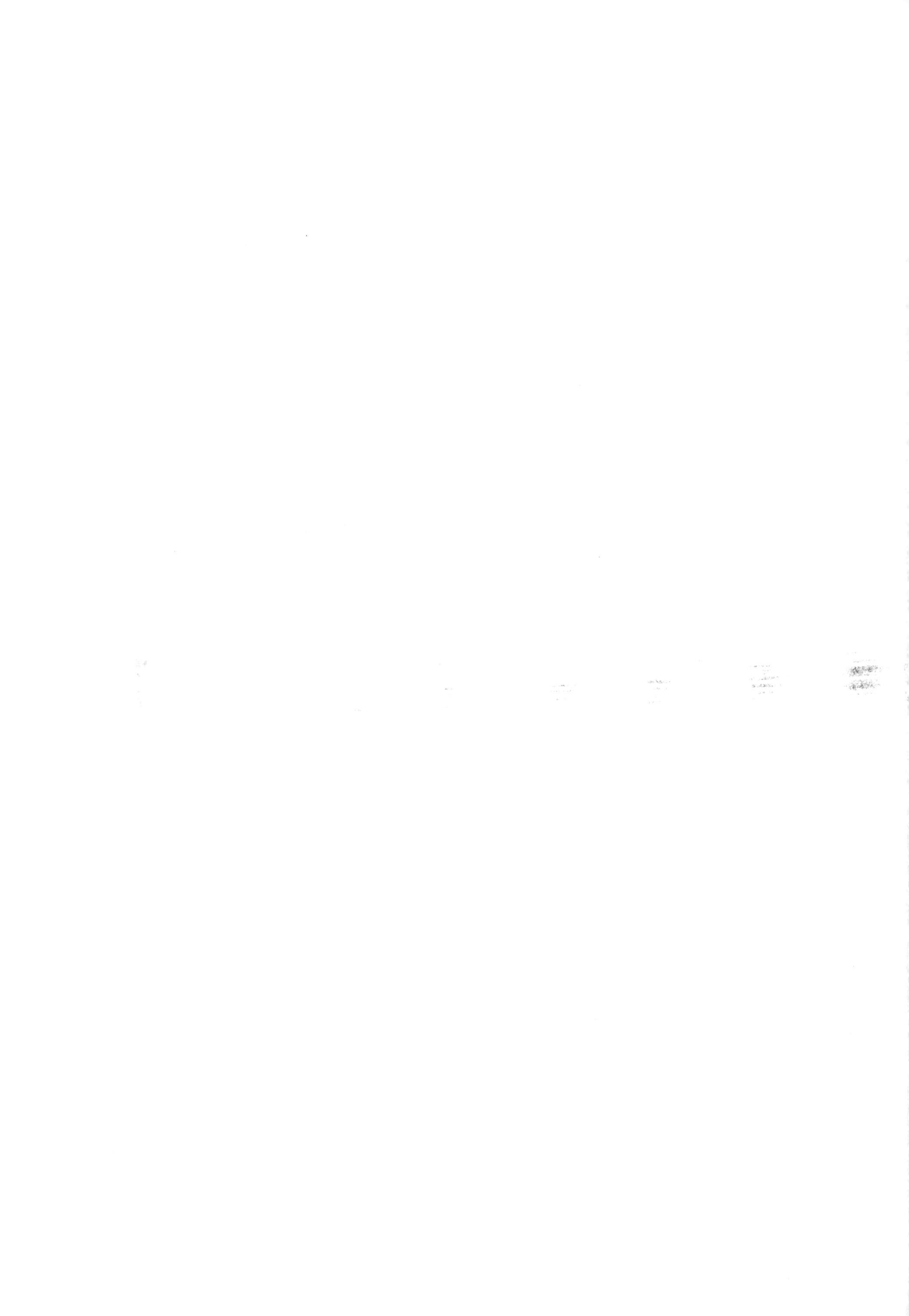

浙江体育年鉴

（2023）

浙江省体育局　编

天津出版传媒集团
天津人民出版社

图书在版编目（CIP）数据

浙江体育年鉴. 2023 / 浙江省体育局编. -- 天津 : 天津人民出版社, 2024. 12. -- ISBN 978-7-201-20925-8

Ⅰ. G812. 755-54

中国国家版本馆 CIP 数据核字第 2024F3J090 号

浙江体育年鉴(2023)

ZHEJIANG TIYU NIANJIAN (2023)

出　　版　天津人民出版社
出 版 人　刘锦泉
地　　址　天津市和平区西康路 35 号康岳大厦
邮政编码　300051
邮购电话　(022)23332469
电子信箱　reader@ tjrmcbs. com

责任编辑　岳　勇
特约编辑　俞鸿彧
封面设计　石　儿

印　　刷　杭州高腾印务有限公司
经　　销　新华书店
开　　本　787 毫米×1092 毫米　1/16
印　　张　27
插　　页　10
字　　数　620 千字
版次印次　2024 年 12 月第 1 版　2024 年 12 月第 1 次印刷
定　　价　260. 00 元

编辑说明

一、《浙江体育年鉴》是系统记述浙江体育的年度资料性文献，1992—1993 年正式出版，1997 年开始每年出版。

二、《浙江体育年鉴（2023）》是由《浙江体育年鉴》编纂委员会主持编纂，浙江省体育局机关各处室、省体育局系统各直属单位、省体育总会、各市体育局及有关单位（协会）供稿，《浙江体育年鉴》编辑部负责编辑出版的地方性专业年鉴。

三、本年鉴记述时限为 2022 年 1 月 1 日—12 月 31 日，反映浙江省发生的或涉及浙江省的体育大事。

四、本年鉴采取分类法编排，按事务属性共分 19 个部类，各栏目下直接设条目。

五、本年鉴主要采用现代语体文、记述文体，采用述、记、表、图、录等体裁。

《浙江体育年鉴》编辑部

2024 年 6 月 20 日

《浙江体育年鉴》编委会名单

编委会办公室名单

编辑部人员名单

2022年全省体育局长会议

2022年1月14日，2022年全省体育局长会议在杭州召开。

会前，省委书记袁家军、代省长王浩分别作出重要批示。袁家军书记强调，对标对表习近平总书记重要指示要求，全力以赴推进杭州亚运会各项工作，扎实科学抓好训练参赛，确保杭州亚运会实现“中国特色、浙江风采、杭州韵味、精彩纷呈”办会目标，努力在“家门口”创造亚运会参赛佳绩，并以此为动力，持续深化体育领域改革，创新发展群众体育，高水平建设现代化体育强省，以优异成绩迎接党的二十大和省第十五次党代会胜利召开。王浩代省长指出，全力以赴办好杭州亚运会，认真办好第十七届省运会，全面提升竞技体育水平，加快体育事业和产业高质量发展，扎实做好体育领域民生实事，以优异成绩迎接党的二十大胜利召开！

2021年是浙江体育发展史上具有重要里程碑意义的一年。全省体育战线聚焦聚力高质量发展、竞争力提升、现代化先行，实干担当，争先创优；出色完成东京奥运会、陕西全运会参赛任务，交出了改革发展亮丽成绩单，实现“十四五”良好开局。

2022年全省体育战线将围绕中心、服务大局，以成功举办杭州亚运会为重要契机，持续推动浙江体育高质量发展、竞争力提升、现代化先行，奋力打造“5张体育金名片”，为“重要窗口”和共同富裕示范区建设贡献体育力量。

会议表扬了2021年度全省体育系统各类先进，嘉兴市体育局、金华市体育局、杭州市西湖区文广旅体局、德清县文广旅体局、绍兴市柯桥区教体局、浙江体育职业技术学院、宁波体校、省龙舟协会作大会交流发言。

省市主要领导干部出席会议并讲话

省体育局召开体育数字化改革推进会暨领导小组第五次例会

为深入贯彻落实省委数字化改革决策部署，2022年1月13日，省体育局召开体育数字化改革推进会暨领导小组第五次例会，全面总结2021年体育数字化改革工作，研究部署2022年重点工作任务。省体育局党组书记、局长郑瑶出席会议并讲话。

郑瑶指出，2022年浙江要努力推动体育数字化改革全面贯通、集成突破、集中展示，数字体育建设取得标志性成果。省局数字化改革工作专班将研究制定实施“体育数字化改革先行区建设方案”，做优做精以全民健身地图为核心的“浙里健身”体育公共服务应用，切实推动体育赛事、运动员教练员职业生涯管理、反兴奋剂等体育领域“一件事”改革高质量落地，依托省体育数据仓，探索打造“体育大脑”，形成协同推进体育数字化改革合力。

会上，杭州市、绍兴市、金华市、天台县体育部门进行了经验交流，省局数字化改革相关工作专班进行了工作汇报。省体育局副局长李华主持会议，省体育局领导班子成员、机关各处室、各直属单位、各市，部分县（市、区）体育部门负责人参加会议。

体育数字化改革推进会暨领导小组第五次例会

浙江省全民健身中心项目正式开工

2022年3月17日，在原省体育训练一大队（体育场路153号）旧址上，“浙江省全民健身中心”项目正式动工兴建。该项目投资23亿元、总建筑面积23万平方米，位于杭州市中心最繁华的武林门商圈，建成后将是国内规模最大的全民健身中心，堪称全民健身建筑的“航空母舰”。

目前，整个项目的规划已经新鲜出炉，呈现“七大中心”的布局。从全民健身的角度，涵盖健身活动、智力运动、智能体育、运动康复、科学健身指导中心，包括游泳、乒乓球、羽毛球、篮球、网球等20多项全民健身项目服务，仅足、篮、排球等大型室内活动中心场地就超过25片，提供体育锻炼、科学指导、康复训练等一条龙服务，秉承公益属性，向全省公众开放。除此还有亚洲体育东部中心，布局体育文化科技展示中心，每年服务锻炼群众将超过300万人次。

省体育局党组书记、局长郑瑶介绍，在亚运会即将到来之际，开工建设浙江省全民健身中心是落实全民健身国家战略，构建更高水平的全民健身公共服务体系的具体践行，同时也是广泛开展全民健身活动、切实解决群众“健身难”问题、促进全民健身生活化的有力举措。

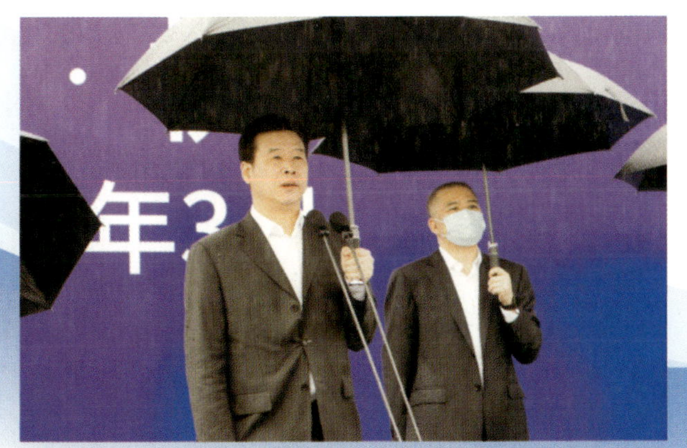

浙江省全民健身中心项目开工仪式

浙江省第三届生态运动会开幕

2022年5月28日，经省政府批准，由省体育局、衢州市政府主办的浙江省第三届生态运动会在衢州江山江郎山开幕。这是今年我省在统筹疫情防控和经济发展背景下，举办的首个省级运动会。

本届省生态运动会设置了动力三角翼比赛、广场舞大赛、千人徒步、钓鱼大赛、漂流比赛、公开水域游泳赛等赛事，陆续在衢州江山、绍兴柯桥、台州天台、舟山定海等地举办，以打造一场具有浙江人文特色、展示浙江山水风貌、彰显百姓健身热情的户外运动嘉年华。

省体育局相关负责人表示，浙江省生态运动会是由省政府于2020年批准设立的自主IP赛事，是体育助力共同富裕示范区建设、加快山区26县高质量发展的重要载体。经过两年的培育打造，省生态运动会已走进9个市县、举办了11站赛事，“绿水青山·运动浙江”理念逐渐深入人心。本届省生态运动会也将以体育的方式彰显生态文明特色，继续为高质量发展建设共同富裕示范区贡献体育力量。

浙江省第三届生态运动会

浙江省第二届智力运动会在嘉兴海盐开幕

乐弈嘉木，智赢未来。2022年6月16日上午，伴随着嘉年华秀《智绘共富梦》，航海航空模型表演等智力运动元素展演，浙江省第二届智力运动会在风景秀丽的嘉兴海盐南北湖开幕。

浙江省智力运动会是每4年一届的浙江省规格最高、规模最大的综合性智力运动盛会。4年前，嘉兴接过举办浙江省第二届智力运动会的“接力棒”，4年后，嘉兴全力以赴正努力奉上一场精彩的“智运”盛会。

本届智运会聚焦体育促进共富、运动振兴乡村、体育数字改革，突显“生态、扩项、共享、节俭”特色。在项目设置上，本届智运会共设13个大项，比赛分为3个阶段完成，将一直持续至6月底。

除五棋一牌的传统项目外，本届智运会还增设了定向、航空模型、航海模型、车辆模型、电子竞技、电子制作、编程7个大项目，让智力运动不再单调地限于室内，也要走进生态自然中，在脑力与体力的比拼中，展现智力竞技项目的魅力。

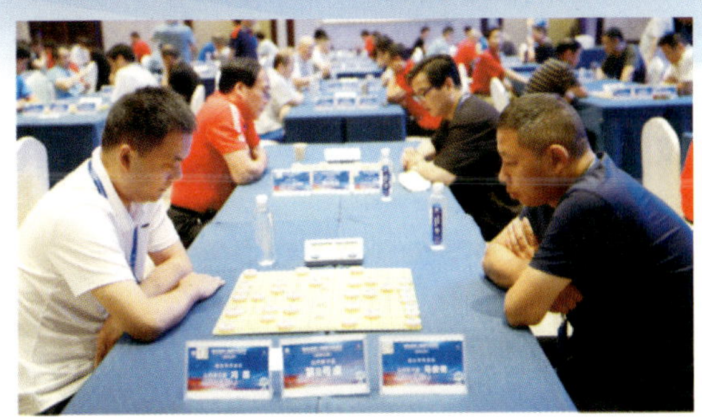

浙江省第二届智力运动会

全省体育宣传工作会议在宁波宁海召开

在省第十五次党代会召开后不久，2022年7月15日，2022年度全省体育宣传工作会议在宁波宁海召开。此次会议既是一次全省体育宣传工作的部署会，更是对全省体育战线学习、宣传、贯彻省第十五次党代会精神，高水平建设体育强省、奋力推进“两个先行”的一次动员大会。

省体育局党组书记、局长郑瑶围绕“统一思想、凝聚力量、为奋力推进‘两个先行’贡献体育力量”主旨作重要讲话。省体育局党组成员、副局长占旭刚主持会议。省体育局副厅长级领导、杭州亚组委杭外工作部部长宋剑波，省体育局副厅长级领导、杭州亚组委竞赛部部长朱启南，浙江体育职业技术学院党委书记郭海英等出席。

驻省政协机关纪检监察组负责人、省体育局机关相关处室、直属单位主要负责人，各设区市、县（市、区）体育部门主要负责人，以及中央驻浙媒体、省级媒体代表140多人参加会议。

2022年度全省体育宣传工作会议

“韵味杭州”2022年全国艺术体操冠军赛在黄龙体育中心举行

2022年8月23日，“韵味杭州”2022年全国艺术体操冠军赛在省黄龙体育中心体育馆开幕，这是亚运场馆改造后黄龙体育馆迎来的第一项全国赛事，也是亚运会延期后本年度级别最高的比赛之一。

副省长成岳冲宣布开幕。省亚运工作领导小组副组长、省亚运综合办公室主任杨戌标，以及省政府副秘书长陈重，省体育局党组书记、局长郑瑶，国家体育总局体操运动管理中心副主任冯玉娟等出席。

8月23—27日，包含艺术体操国家队在内的14支代表队、147名运动员在这里展开角逐。首日比赛中，进行少年集体（5绳、5球）、少年个人（徒手、绳）、少年个人（圈、球）和少年个人（棒、带）资格赛。

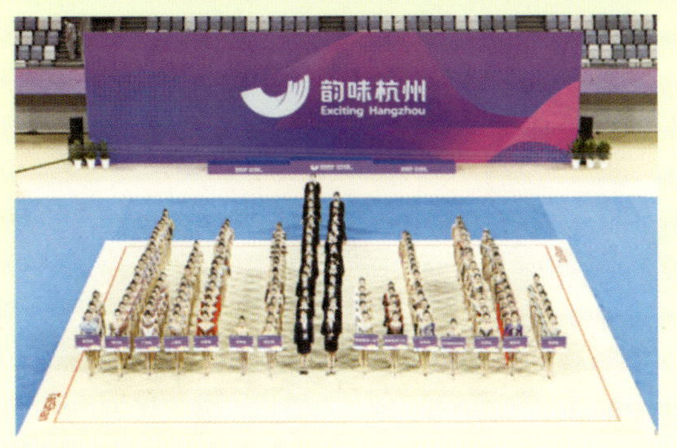

精彩瞬间

2021年浙江省“体坛十佳”颁奖盛典

2022年9月7日晚，中国银行2021年浙江省“体坛十佳”颁奖盛典在浙江广电集团演播厅举行。

过去一年，在浙江体育史上具有重要里程碑意义：时隔18年，省委、省政府高规格召开全省体育工作会议；东京奥运赛场，7金2银2铜，创造我省奥运征战历史最佳战绩；陕西全运会舞台，44金35银37铜，金牌榜再次跻身全国各省（市、自治区）前三位!与此同时，浙江体育的发展充满了蓬勃生机——省级体育现代化县（市、区）创建开创国内先河、探索共同富裕的体育示范重任在肩、体育数字化改革走在全国前列、杭州亚运会筹办有力有序……每个人的努力、付出，汇聚成浙江体育昂首前进的磅礴伟力：每一枚金牌、每一项荣誉，组成了这份2021年度浙江体育的高分答卷。

本次活动于今年8月正式启动，经过20多天移动客户端、微信二维码等方式的公众投票。共有近100万人次参与了投票。当晚还补发了2019年浙江省“体坛十佳”奖杯。

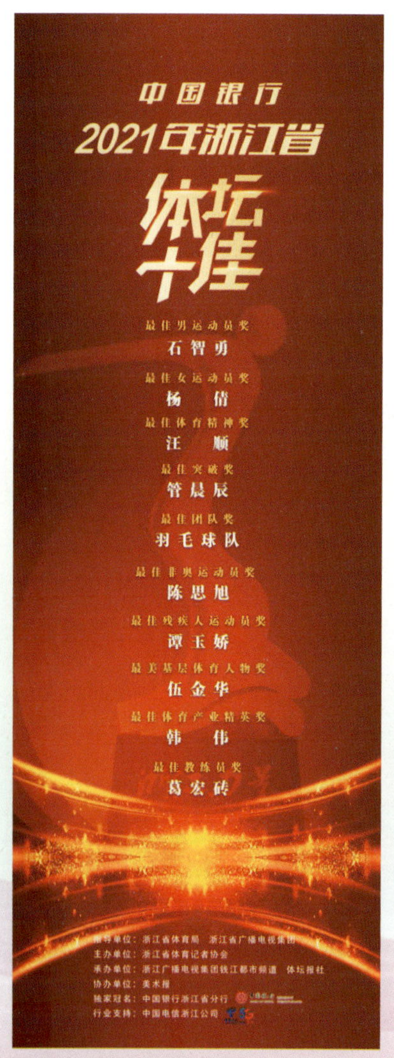

2021年浙江省“体坛十佳”颁奖盛典

国家体育总局局长、党组书记、中国奥委会主席高志丹来浙江调研

2022年9月14—16日，国家体育总局局长、党组书记、中国奥委会主席高志丹来浙江调研体育工作，这也是他履新一个多月来首次出京调研。

省委书记袁家军、省长王浩分别就杭州亚运会筹办、体育强国建设等工作进行交流。调研期间，高志丹先后出席了华东地区体育工作座谈会，听取杭州亚运会筹办工作情况汇报，专程前往宁波颁授“奥运冠军之城”奖杯。体育总局副局长、党组成员刘国永及中国奥委会副主席李玲蔚等出席相关活动。

省委常委、杭州市委书记刘捷，省委常委、宁波市委书记彭佳学，省委常委、秘书长陈奕君，副省长成岳冲，杭州市委副书记、市长刘忻，宁波市委副书记、市长汤飞帆，杭州亚运会亚残运会工作领导小组副组长、综合办公室主任杨戌标，省体育局党组书记、局长郑瑶等分别陪同。

高志丹在听取杭州亚运会筹办工作情况时强调，各级体育部门要认真学习领会习近平总书记关于体育的重要论述，奋力开创体育强国建设新局面；要认真贯彻好习近平总书记提出的“简约、安全、精彩”的办赛要求，全力兑现“把第19届亚运会办成具有中国特色、浙江风采、杭州韵味、精彩纷呈的体育文化盛会”的庄严承诺，向习近平总书记和党中央，向全省全国乃至全亚洲人民交出一份高分答卷。

颁授仪式

浙江省第十七届运动会在金华举行（一）

浙江省第十七届运动会在金华举行（二）

精彩瞬间

2022杭州马拉松

2022杭州马拉松11月20日上午在杭州黄龙体育中心鸣枪开跑。

本次比赛设马拉松(42.195公里)、半程马拉松(21.0975公里)、健康跑(6.6公里)、情侣跑(3.5公里)、家庭跑(1.5公里)5个项目。参与规模分别为马拉松1.2万人，半程马拉松1.2万人，健康跑、情侣跑、家庭跑共1.1万。

经过激烈的角逐，来自云南的粟国雄以2:17:17的成绩，获得马拉松男子组第一名；来自贵州的王敏以2:33:47的成绩，获得马拉松女子组第一名。

杭州马拉松的赛道，拥有世界上“最美赛道”之称，途径西湖、茶园、钱塘江、2022杭州亚运会主会场等地，集绿水青山、江南宋韵、浙江有礼、文化名城、历史遗产于一身。

杭州马拉松现场照片

前　言

2022 年是党的二十大和浙江省第十五次党代会召开之年，是北京冬奥会和浙江省第十七届运动会举办之年，是实施“十四五”规划的重要一年，也是筹办杭州亚运会的冲刺之年。全省体育部门围绕中心、服务大局，聚焦聚力高质量发展、竞争力提升、现代化先行，全力以赴做好 2022 年各项体育工作，交出了高水平建设现代化体育强省的高分报表，确保“十四五”各项工作稳步推进。为全面展现和总结一年来的工作，根据体育文史工作的实际，浙江省体育局组织编印了《浙江体育年鉴（2023）》。

《浙江体育年鉴（2023）》以马克思列宁主义、毛泽东思想、“三个代表”重要思想、邓小平理论、科学发展观、习近平新时代中国特色社会主义思想为指导，遵循辩证唯物主义和历史唯物主义原理，全面、客观、系统地记述和反映 2022 年度浙江体育各项工作，服务当代，垂鉴后世。

《浙江体育年鉴（2023）》的编写，力求体现“概述全貌，突出重点，简繁结合，反映特色”的要求，既反映年度体育事业发展各方面的全貌，又反映体育各条线发展过程的纵向全貌；同时又突出反映年度重大事件、重大赛事的新特点、新变化、新成就；在条目设立和内容叙述中，区分重点和一般实行详述和略述结合，单列条目和列表不述结合。全书内容纵览全貌，横列门类，以类为序，纵横结合，具体分为 3 个部分：第一部分包括彩照、前言、编辑说明。第二部分共分 10 编，分别为综述、大事记、特载、专记、政策制度性文件、党建、群众体育、竞技体育、青少年体育、杭州亚运会、重要赛事、体育经济、体育科研与教育、宣传文化交流、局属单位、体育社团、各市体育、运动成绩。第三部分为附录。《浙江体育年鉴（2023）》内容丰富，信息量大，材料翔实，图文并茂，全书内容具有综合性、完整性和实用性的特点。

《浙江体育年鉴（2023）》适应不同读者查阅需要，可以帮助广大读者特别是体育工作者、爱好者更好地了解 2022 年度浙江体育的发展现状、发展水平，并为社会科学研究者特别是体育文化历史研究者提供了较为全面系统的可靠资料和数据。《浙江体育年鉴（2023）》的编辑出版，对推进浙江体育文化建设必将产生积极的影响。

作为一本正式出版的作品，刊载的内容应当具有完整性、科学性、准确性和规范性。《浙江体育年鉴（2023）》的编辑工作是一项具有一定规模的系统工程，尽管我们对篇目框架和条目结构及其释义，经仔细推敲和多次修改，但限于编辑水平及资料收集等原因，难免还有纰漏或不妥之处，望读者批评指正。

《浙江体育年鉴（2023）》编辑部

2024 年 6 月

目　录

党　建

群众体育

竞技体育

青少年体育

杭州亚运会

重要赛事

宣传文化交流

体育宣传

体育文化

对外交流

局属单位

体育社团

附 录

综述

2022 年浙江省体育工作综述

【概况】2022 年，在省委、省政府坚强领导下，全省体育系统紧紧围绕现代化体育强省建设目标和省部共富协议 6 个方面 33 项改革举措，勇于担当，主动作为，圆满完成各项目标任务。省体育局先后 5 次在国家体育总局相关会议上作典型发言，省委、省政府主要领导先后 32 次对体育工作作出重要批示和肯定，省体育局领导班子在省委届末考核中获评优秀，“体育进农村文化礼堂”被中宣部表彰为 2021 年全国文化科技卫生“三下乡”活动示范项目。

【党的领导】深入学习贯彻党的二十大精神，开展“六学六讲六宣”学习宣传活动和“六聚焦”贯彻落实行动，确保走在“第一方阵”。旗帜鲜明把讲政治摆在统领地位、融入灵魂血脉、贯穿事业大局，严格落实“第一议题”制度，持之以恒学深悟透习近平新时代中国特色社会主义思想，进一步提高政治判断力、政治领悟力、政治执行力，更加坚定自觉拥护“两个确立”、做到“两个维护”。

认真学习贯彻省第十五次党代会及省委十五届二次全会精神，开展争做创新制胜、变革重塑、防控风险、共建共享、唯实惟先“5 个排头兵”行动，为加快建设体育强国贡献浙江力量。

持续巩固风清气正的良好政治生态。开展清心学廉、清新践廉、清净护廉、清正守廉、清雅美廉“五清五廉”专项活动，深入防范和化解风险，持续巩固风清气正的良好政治生态。推动体育人才纳入党委政府人才工作整体格局，目前全省 8 个设区市已将包括高水平运动员、教练员在内的体育人才纳入当地人才认定目录，并享受相应人才政策。

【体育改革】积极推进体育助力共同富裕示范区建设。制定实施《共同富裕省部合作协议五年工作清单》《年度工作清单》《标志性成果清单》《支持山区 26 县体育高质量发展的十条措施》，专班运行、清单管理、闭环推进，以体育高质量发展助力破解地区差距、城乡差距、收入差距问题。《浙江高质量发展建设共同富裕示范区实施方案（2021—2025 年）》体育方面的 2 项年度监测指标（人均体育场地面积、国民体质合格率）全面完成，1 项工作目标［县（市、区）“一场两馆”覆盖率］取得突破性进展，初步形成基层体育委员工作机制、“体育大脑”1.0、第十七届省运会办赛等 11 项标志性成果，相关探索实践得到总局和省委主要领导高度肯定。

扎实推进全国体育数字化改革唯一试点先行区建设，制定出台《国家体育数字化改革先行区建设行动方案》，明确“1 + 5 + X”改革总体架构。体育大脑纳入省领域大脑一本账并上线运行，获得 2023 年中央集中彩票公益金经费支持。迭代升级“浙里健身”应用，项目纳入全省重大应用“一本账”，入选第六批数字社会典型案例集，并获评 2022 年度数字社会系统最佳应用。运动员技术等级认定公权力大数据监督平台进入试运行阶段。打造“冠军模型”1.0 版在水上中心皮划艇、赛艇项目试运行。推进优秀运动员、教练员职业生涯“一件事”改革，完成优秀运动员招聘、退役等 12 个数字化应用系统开发建设及上线运行，基本实现了运动员、教练员日常管理服务工作的数字化管理。确定 17 家市县体育部门参与8大场景建设,涌现出杭州“亚运在线”、嘉兴“社区运动家”、新昌“公共体育场地设施智慧管理”等一批创新应用。

全力推进基层体育治理体系改革。在全省全面推广基层体育委员工作机制,建立基层体育委员工作总站和分站710个,聘任基层体育委员7687名。

【全民健身】组织实施首批省级体育现代化县(市、区)创建验收,全省17个县(市、区)获省政府发文命名。绍兴市和德清县、安吉县创建全国首批全民运动健身模范市(县),数量居全国第一(全国31个)。

持续推进基层体育场地设施建设。新建体育公园、足球场、社区多功能运动场、百姓健身房等基层体育场地设施1048处,完成率达116.4%,县(市、区)“一场两馆”覆盖率从2021年的43.3%提升到47.8%。为期3年的公共体育场馆服务大提升工程顺利完成,场馆开放时长较2021年增加7.9%,服务人次增长8%,公益健身培训惠及人次增长7%;场馆“空置率”下降15%,综合能耗下降30%。

广泛开展全民健身赛事活动。创新打造体育助力山区26县系列赛事,举办省社区运动会、省农村文化礼堂运动会、全民健身日等各类全民健身赛事活动5000多场次,参与人数500多万人次,以赛事带人流、促发展、助共富。

着力推进体育社会组织体系建设。每万人拥有体育社会组织数量达到2.93个。省级体育社团标准化建设取得新突破,发布运动水平等级评定、办赛规范、培训机构评定和高危项目经营场所安全管理等团体标准14项。

全民健身工作持续推进。截至2022年底,预估全省人均体育场地面积2.79平方米(全国2.41平方米),居各省区第六,经常参加体育锻炼人数占比43.4%(全国37.2%),居各省区第二,国民体质合格率94.2%(全国90.4%),居各省区第一。

【竞技体育】积极推进省部合作共建国家队。紧抓杭州亚运会筹办、共同富裕示范区建设契机,积极推进省部合作共建国家队,帆船帆板、皮划艇、赛艇等项目与总局相关中心、协会签订共建协议。截至2022年底,共有田径、游泳、羽毛球、帆船帆板、射击、场地自行车、篮球等22个项目、84名运动员、28名教练员在国家队训练备战。

体育赛事成绩卓著。我省运动员在国际赛事中获得26金19银20铜(奥运项目16金15银16铜),并获得2个巴黎奥运会参赛席位,在全国一类赛事共获得30金40银33铜(奥运项目11金18银17铜)。特别是卢恺曼在2022年射击步手枪世锦赛获得女子10米气手枪金牌,这是我国首次在该小项获得世锦赛金牌。羽毛球“雅思组合”、网球吴易昺、皮划艇季博文、蹦床曹云珠和范心怡等运动员接连创造世界大赛佳绩。“三大球”项目稳步发展,浙江职业足球俱乐部冲超后首个赛季勇夺季军,时隔12年重返亚洲赛场,浙江杭州女足获得女甲联赛冠军并冲超成功,浙江男篮拥有3支CBA职业俱乐部(居全国第一),浙江男排多名运动员和教练入选国家队并时隔10年重夺亚洲杯冠军。

加强体育保障等相关工作。出台实施《浙江省优秀运动队运动员招聘退役实施细则(试行)》,首次面向社会力量培养优秀人才招聘省队优秀运动员。联合省委编办、省教育厅等制定《关于全省大中小学校体育教练员专业技术岗位设置管理的实施意见》,初步建立学校体育教练员岗位政策体系。争取省委编办支持,推出实施优秀运动员、教练员编制专项保障计划,核增省级训练单位周转编制130名,有力地破解了我省竞技体育编制规模较小的瓶颈制约。

【体育产业】体育产业体育消费整体向好。2021 年全省体育产业总产出 4272 亿元，创造增加值 1362 亿元，占 GDP 比重为 1.85%，居全国第四位。制定出台《关于培育和发展体育消费的实施意见》，发布促体育消费“23 条”。全省累计发放体育消费券 6000 余万元，带动体育消费 2.2 亿元。

体育助力乡村振兴。开展“百村万帐”“长三角运动休闲体验季”“环浙步道体验”等系列活动，以户外活动 + 体育运动方式助力乡村振兴。高标准推进环浙国家步道建设，实现 2300 公里主线串联贯通。率先探索搭建“浙里体培”监管平台，促进体育类校外培训机构规范有序发展。

体育彩票销售持续增长。浙江体彩推出以“共富浙江　温暖有光”为主题的系列举措，发行全国首款共富主题即开票，全年销量达 217.91 亿元，同比增幅 28.84%，创历史新高，稳居全国第 3，在全国销量前十省份中增幅第一，筹集公益金 54.42 亿元。

重大项目建设稳步推进。经过 10 年持续攻坚，面积 23 万平方米、投资 23 亿的省全民健身中心项目正式破土动工。黄龙体育中心亚运改造项目顺利完成，同时完成体育场等大部分场馆权属登记，困扰 20 余年的历史遗留问题破解取得重大成果。

【体育竞赛】成功举办省第十七届运动会。10 人 14 次打破 14 项浙江省最高纪录，实现兴奋剂问题“零出现”，取得运动成绩和精神文明双丰收，开闭幕式首次开创仪演融合模式，全面展现“诗画江南、活力浙江、魅力金华”的独特风采，得到省委、省政府主要领导高度肯定。

安全举办各类体育赛事。在常态化疫情防控下，安全举办 2022 年杭州马拉松、2022—2023 赛季 CBA 常规赛等一批有影响力的赛事，得到省委、省政府主要领导批示肯定，全年举办国家级以上赛事 72 场。

【亚运筹备】扎实有序推进亚运各项筹办工作。积极应对亚运延期举办带来的挑战，56 个竞赛场馆、31 个训练场馆全部竣工并完成赛事功能验收，所有竞赛场馆完成技术代表验收。高质量举办全国体操锦标赛等测试赛 23 场。

优化调整亚运会总赛程等工作。结合 2023 年国际国内体育赛历和 2024 年巴黎奥运会竞赛办法，优化调整亚运会总赛程、竞赛技术手册 2.0 版。组建完成 41 个竞赛场馆（群）团队、21 个独立训练场馆团队、31 个非竞赛场馆团队。任命亚运会国际技术官员（含技术代表）1300 名、遴选国内技术官员 2300 名。

全面推进亚运场馆惠民开放，参与健身人数突破 500 万人次。

大事记

2022年浙江体育大事记

1月

1月7日下午，省委书记袁家军在杭州主持召开省第19届亚运会和第4届亚残运会工作领导小组第一次例会，强调要深入学习贯彻习近平总书记关于办好杭州亚运会的重要论述精神，构建完善的领导体系和工作机制，确保将杭州亚运会、亚残运会办得精细、精准、精致、精彩、经典，打造成我省“重要窗口”和高质量发展建设共同富裕示范区的标志性工程，为亚洲奥林匹克运动作出浙江应有的贡献。王浩、黄建发等省领导出席。

1月14日，2022年全省体育局长会议在杭州召开。会议深入学习贯彻习近平总书记关于体育工作的重要论述和重要指示批示精神，贯彻落实党的十九届六中全会、省委十四届十次全会、全国体育局长会议、全省体育工作会议精神，全面总结过去一年全省体育工作，研究部署2022年重点任务，高水平建设现代化体育强省，决战决胜杭州亚运会，奋力打造“共同富裕”的体育示范。省体育局党组书记、局长郑瑶出席会议并作工作报告。

1月25日晚，2021年度“最美浙江人·浙江骄傲”人物评选活动表彰仪式举行，来自各行各业的10位“浙江骄傲”以暖人的故事为大家送上寒冷冬季里最温暖人心的力量。体育界获奖的是东京奥运会浙江冠军团体。以杨倩、石智勇、汪顺、王懿律、陈雨菲、管晨辰6位东京奥运会冠军为代表的浙江体育健儿保持昂扬斗志，续写了浙江“届届奥运有金牌”的光荣传统，创造了浙江奥运参赛史上的最好战绩。

2月

2月2日—4日，北京冬奥会火炬传递在北京、延庆、张家口3个赛区进行，包括11个闭环外的封闭传递区域和1个闭环内的独立传递区域。我省奥运冠军杨倩、陈雨菲、管晨辰及临海市围棋协会主席王海港参加了3日的火炬接力活动。

2月8日，省长王浩在杭州督导检查亚运会筹办工作并召开亚运场馆及配套基础设施建设专题调度会。他强调，办好杭州亚运会、亚残运会，是习近平总书记和党中央交给我们的重大政治任务，将全面展示浙江“重要窗口”和共同富裕示范区建设成果。当前筹办工作已经进入倒计时，必须进一步增强紧迫感，增强精品意识机遇意识安全意识，做到只留经典、不留遗憾，确保成功举办一届“中国特色、浙江风采、杭州韵味、精彩纷呈”的体育文化盛会。

2月17日上午，省委书记袁家军在杭州主持召开省第19届亚运会和第4届亚残运会工作领导小组例会，强调要增强紧迫感、责任感、使命感和荣誉感，聚焦“五精（经）”“五高”，发现问题、查找漏项、完善体系、补齐短板，推动亚运会承办涉及的各领域各环节各方面任务落细落实，进一步提高政治站位，完善谋划布局，高质量高水平推进亚运会各项筹备工作。省长王浩讲话，黄莉新、黄建发等领导出席。

2月27日，省长王浩主持召开亚运会组委会（亚残运会组委会）工作会议。王浩强调，当前杭州亚运会、亚残运会筹备工作逐渐从场馆建设转入到制定完善各项办赛方案、做好场馆全要素压力测试和运营、理顺各项赛事活动组织机制的新阶段，每一项工作、每一场活动、每一个环节、每一个事项必须按照中央和省委部署，对标北京冬奥会，精心谋划、精准实施，高质量高标准高效率推进，齐心协力办好一届精彩圆满的杭州亚运会、亚残运会。

3月

3月1日，2022浙江省群体（体总）工作会议在义乌落幕。2022年我省将着力打造全民健身公共服务均衡发展金名片，奋力创建共同富裕的体育示范。省体育局党组成员、副局长胡国平出席会议并作工作报告。

3月13日，浙江省委、省政府致电北京冬残奥会中国体育代表团，对我省运动员李盼盼在越野滑雪女子长距离（坐姿）、短距离（坐姿）比赛中获得2枚铜牌，实现了浙江运动员在冬残奥会上奖牌零的突破，表示热烈祝贺。

3月17日，在原省体工一大队旧址上，“浙江省全民健身中心”正式动工兴建。该项目投资23亿元、总建筑面积23万平方米，建成后将是国内规模最大的全民健身中心。整个项目呈现“七大中心”的布局，涵盖健身活动、智力运动、智能体育、运动康复、科学健身指导中心，包括游泳、乒乓球、羽毛球、篮球、网球等20多项全民健身项目服务，提供体育锻炼、科学指导、康复训练等一条龙服务，秉承公益属性，向全省公众开放。

3月30日下午，省长、2022年第19届亚组委和第4届亚残组委主席王浩主持召开亚组委（亚残组委）第二次工作会议，听取杭州亚运会和亚残运会近期筹办工作和“亚运在线”建设情况，审议赛前和赛时防疫等工作方案，研究解决当前存在的问题和困难，部署下阶段重点工作。

3月31日，绍兴棒（垒）球体育文化中心、绍兴柯桥羊山攀岩中心先后通过赛事功能验收。至此，历时近5年建设后，杭州2022年亚运会、亚残运会56个竞赛场馆全面竣工并通过赛事功能综合验收。杭州亚运会、亚残运会竞赛场馆分布在杭州、宁波、温州、湖州、绍兴、金华各地。其中，新建场馆12个、改造场馆26个、续建场馆9个、临建场馆9个。另有31个训练场馆、1个亚运村和4个亚运分村（运动员分村）。

4月

4月11日上午，省委书记袁家军在杭州考察亚运会亚残运会场馆建设及赛事保障工作，强调要学深悟透习近平总书记在北京冬奥会冬残奥会总结表彰大会上的重要讲话精神，明确方向、埋头苦干，进一步聚焦办会环节，明晰顶层设计，做好任务分解，实现各项工作细化量化闭环，全方位做好杭州亚运会亚残运会各项筹备工作。

4月22日，省委书记、省杭州亚运会（亚残运会）工作领导小组组长袁家军在杭州主持召开省第19届亚运会和第4届亚残运会工作领导小组例会，强调承办杭州亚运会、亚残运会是党中央交给我们的重大政治任务，必须毫不动摇、坚定信心，高质量做好各项筹备工作。要对标学习北京冬奥会、冬残奥会成功经验，不断提高杭州亚运会、亚残运会各项筹办工作的速度和质量。省长王浩讲话，黄建发等领导出席。

4 月 27 日，随着“环浙步道示范段 · 余杭径山段”的授牌和“环浙步道”零号桩的启用，标志着我省“环浙步道”建设取得阶段性进展。目前，“环浙步道”已经设计完成的主线总长约 2019 公里，设计东西南北四条线路，穿越除金华外等 10 个设区市。其中，大约 1500 公里已经建设完成。计划在 2025 年，我省将建成总里程 10000 公里的“环浙步道”，构建“2 + 1 + N”的“环浙步道”体系。

4 月 29 日，省体育局印发《浙江省老年人体育事业发展“十四五”规划》，这也是我省第二次颁布老年体育的“五年计划”。目标是到 2025 年，基本建成与体育现代化强省相适应的老年体育公共服务体系，不断推动老年健身公共体育服务标准化、均等化、智慧化。

5 月

5 月 6 日，总部位于科威特的亚奥理事会发布通告，宣布决定杭州亚运会延期举行。通告中表示，经与中国奥委会和杭州亚运会组委会的详细讨论，决定推迟原定于 2022 年 9 月 10 日至 25 日在中国杭州举行的第 19 届亚运会。

5 月 16 日，亚残奥委员会执委会在与有关各方协商后研究决定，计划于 2022 年 10 月 9 日至 15 日在中国杭州举行的第 4 届亚残运会延期举办，赛事名称和标识保持不变。新的举办日期由亚残奥委员会、中国残奥委员会、杭州亚残组委协商一致后对外公布。

5 月 28 日，由省体育局、衢州市政府主办的浙江省第三届生态运动会在衢州江山江郎山开幕。本届省生态运动会设置了动力三角翼比赛、广场舞大赛、千人徒步、钓鱼大赛、漂流比赛、公开水域游泳赛等赛事，并陆续在衢州江山、绍兴柯桥、台州天台、舟山定海等地举办。

5 月 27 日上午，第二届长三角体育节云启动仪式在南京举行。本届长三角体育节共设立正式项目 8 项，包括三人篮球、自行车、路跑、轮滑、风筝、汽摩运动、羽毛球、广场舞等；推广项目 15 项，包括定向运动、电子竞技、健身气功、围棋、象棋、攻防箭、飞镖、跳绳、冰雪项目、掼蛋、瑜伽、击剑、无人机、跆拳道、航海（空）模型等。

5 月 30 日，《2021 年浙江省体育场地统计调查主要数据》发布。截至 2021 年 12 月 31 日，我省共有体育场地 207341 个，全省体育场地总面积为 16688. 84 万平方米，全省人均体育场地面积 2. 55 平方米。相比 2020 年的总体情况来看，三者皆有不小的增幅。与 2020 年的 193218 个相比，体育场地总数开启新高度；场地总面积增加 1732. 32 万平方米，增幅达到 11. 58%；人均体育场地面积从 2. 32 平方米增至 2. 55 平方米。

6 月

6 月 16 日上午，浙江省第二届智力运动会在风景秀丽的海盐南北湖开幕。除了原有的五棋一牌项目，还新增设了电子竞技、电子制作、航海、航空、车模、编程、定向等 7 个竞赛项目，丰富了智力运动的时尚内涵和覆盖人群，更让智力运动走向户外。

6 月 30 日上午，省第二届智力运动会在嘉兴秀洲落幕。本届智力运动会，吸引了 11 个市和 17 个行业体协 1800 多名教练员和运动员参赛。本届比赛还采用了网上直播的形式，浏览量超百万。

7月

7月11日,浙江省青少年体育运动联合会在杭成立,并召开第一次会员大会。浙江省青少年体育运动联合会由体育界、教育界和企业界、媒体等几部分组成。联合会成立后,将加强青少年体质健康研究;促进体教融合;开展各类体育竞赛、办好青少年趣味体育活动;为校园体育提供服务等。大会选举鲍学军为第一任会长。

7月15日,2022年度全省体育宣传工作会议在宁波宁海召开。省体育局党组书记、局长郑瑶以“统一思想、凝聚力量、为奋力推进‘两个先行’贡献体育力量”为题作重要讲话。

7月19日,亚洲奥林匹克理事会宣布,杭州亚运会定于2023年9月23日至10月8日举行,名称仍为杭州2022年第19届亚运会。

8月

8月4日,在8月8日全民健身日即将到来之际,省体育局发布2020年浙江省全民健身发展指数报告:“全民健身发展指数”得分为80.69分,全民健身总体发展状况较好。这也是浙江第一次面向社会发布全民健身发展指数,这项工作走在全国前列。

8日下午,省长、第19届亚组委和第4届亚残组委主席王浩在杭州主持召开省第19届亚运会和第4届亚残运会工作领导小组例会。他强调,延期举办杭州亚运会、确定新的举办时间,是党中央、国务院作出的重大决策。我们要深入贯彻落实习近平总书记重要指示精神,强化责任担当,把“简约、安全、精彩”办赛理念和“五精”“五高”要求贯彻落实到每一个工作环节,确保筹办工作高标准高效率推进。

8月13日,为期6天的2022年“体总杯”首届全国体操团体锦标赛圆满收官。浙江队在13个项目的争夺中,以10枚金牌的战绩高居金牌榜首位。

8月17日,经有关方面协商一致,并经亚残奥委员会批准,杭州2022年第4届亚残运会将于2023年10月22日至10月28日举行。

8月23日—27日,“韵味杭州”2022年全国艺术体操冠军赛在省黄龙体育中心体育馆开幕,包含艺术体育国家队在内的14支代表队、147名运动员将在这里展开角逐。接下来,省黄龙体育中心还将进行全国体操锦标赛(9月4日至9月10日)、全国蹦床比赛(9月18日至9月19日)。

8月29日,羽毛球世锦赛在日本东京迎来最后的决赛日,郑思维/黄雅琼混双比赛中直落两局战胜日本“东渡”组合渡边勇大/东野有纱。这也是“雅思”组合继2018年、2019年世锦赛夺冠后,拿到的第三个世锦赛冠军。

9月

9月4日,全国首个围棋之乡天台迎来2022年中国国家围棋队选拔赛。在开幕式上“中国国家围棋队训练基地”正式揭牌,标志着天台继衢州之后,正式成为中国国家围棋队在京以外的第二个训练基地。

9月7日晚,2021年浙江省“体坛十佳”颁奖盛典举行。浙江省羽毛球队荣膺年度最佳团队奖，管晨辰获得年度最佳突破奖，汪顺获得年度最佳体育精神奖，年度最佳男、女运动员则分别由奥运冠军石智勇、杨倩获得，陈思旭获年度最佳非奥运动员奖，谭玉娇获年度最佳残疾人运动员奖，伍金华获年度最美基层体育人物奖，韩伟获年度最佳体育产业精英奖，葛宏砖获年度最佳教练员奖。

9月17日，浙江杭州女足在2022女甲联赛收官之战以3:2战胜上海求盛东华女足，以4胜1平的不败战绩获得冠军，在成功冲超的同时，也收获了首个全国联赛冠军。

9月14日—16日，国家体育总局局长、党组书记、中国奥委会主席高志丹来浙江调研体育工作。省委书记袁家军、省长王浩分别就杭州亚运会筹办、体育强国建设等工作进行交流。调研期间，高志丹先后出席了华东地区体育工作座谈会，听取杭州亚运会筹办工作情况汇报，专程前往宁波颁授“奥运冠军之城”奖杯。体育总局副局长、党组成员刘国永及中国奥委会副主席李玲蔚等出席相关活动。

10月

10月8日—12日，国家体育总局副局长、党组成员刘国永在浙江出席CBA联赛期间，深入当地调研，主持召开座谈会、实地考察，就篮排球项目改革发展、省运会赛风赛纪、群众体育和青少年体育等进行指导。

10月15日，在埃及开罗举行的射击（步手枪）世锦赛上，浙江选手卢恺曼夺得女子10米气手枪项目金牌，并收获巴黎奥运会的参赛席位。这不仅是浙江省在女子手枪项目上取得的首枚世锦赛金牌，也是中国选手在世锦赛拿到的首枚女子10米气手枪项目金牌。

11月

11月18日下午，浙江省群众体育工作突出集体个人表扬大会在金华举行，大会对100个先进单位和150位先进个人受到表彰。全省群众体育先进评选活动每4年进行一次。

11月18日，省委书记袁家军看望了全省群众体育工作成绩突出集体和个人代表。向他们表示祝贺，指出，这些年来，浙江体育事业发展又扎实地向前迈出了一大步，成绩的取得是全省体育工作者共同努力的结果。大家身上体现的争先奋斗精神、诚挚为民情怀、勇于创新精神，值得全社会学习。

11月18日晚，浙江省第十七届运动会在金华市体育中心体育场开幕。省委书记、省人大常委会主任袁家军宣布省运会开幕。黄建发、陈奕君、梁黎明、王昌荣、杨戌标出席开幕式，金华市、省体育局负责人分别致辞。开幕式上举行了文体展演，杨婷、华民作为运动员、裁判员代表进行了宣誓，东京奥运会冠军汪顺点燃主火炬，将开幕式推向高潮。

11月20日，杭马如约开跑，35000名跑者，一路向南，从黄龙体育中心出发，穿越“宋韵”千载，见证杭州变迁。睽违两年，杭马回归。

11月28日晚，浙江省第十七届运动会闭幕式在金华市体育中心体育馆举行。省长王浩出席并宣布闭幕。夏俊友、熊建平、成岳冲、蔡秀军出席闭幕式，并分别为获得承办浙江省第十七届运动会特别贡献奖、体育道德风尚奖、2018年—2021年竞技体育突出贡献奖的单位颁奖。本届省运会最终产生金牌1088枚、奖牌3027枚。本届省运会增设了短道速滑、冰球、花样滑冰3个冬季冰上项目,街舞、小轮车、山地自行车7个奥运项目,10个非奥项目及电动冲浪板表演项目。共有1人1次1项平省最高纪录、10人14次14项破省最高纪录,举重、射击、田径等3个项目成绩较上届取得较大进步。下一届省运会将于2026年在衢州举行。

截至11月30日,除杭州市,10个设区市均已起草或印发《关于建立基层体育委员工作机制的实施方案》,苍南县、岱山县、江山市等23个县(市、区)印发推行基层体育委员工作机制实施意见(方案),文成县等66个县(市、区)成立基层体育委员工作领导小组,全省已建立基层体育委员工作总站和分站554个,聘任专职或兼职基层体育委员5408名。

12月

12月1日,国家体育总局公布的首批全国全民运动健身模范市和模范县(市、区)揭晓,我省绍兴市、德清县和安吉县上榜,成为入选最多的省份之一。

12月21日,在福建厦门收拍的全国羽毛球锦标赛女团甲组决赛,浙江一队3:2战胜江苏队夺得冠军。这是继2014年之后,时隔8年再捧全国锦标赛女团冠军奖杯。

12月22日—24日,2022年中国场地自行车联赛总决赛长兴县省射击射箭自行车运动管理中心举行,省场地自行车队共收获成年男子团体竞速赛和成年女子250米个人计时赛两项冠军。

12月31日,体育总局副局长、党组成员刘国永来浙江出席2023年全国新年登高健身大会期间,专程调研衢州体育工作。刘国永寄语浙江体育多做探索、勇于实践,为全民健身事业发展、体育强国建设提供更多“浙江智慧”。

特载

高水平建设现代化体育强省　奋力打造共同富裕的体育示范
——2022年全省体育局长会议工作报告

省体育局党组书记、局长　郑瑶

（2022年1月14日）

本次会议是经省政府批准召开的。会议的主要任务是：学习贯彻习近平总书记关于体育工作的重要论述和重要指示批示精神，贯彻落实党的十九届六中全会精神和省委十四届十次全会、全国体育局长会议、全省体育工作会议精神，全面总结2021年全省体育工作，研究部署2022年重点任务，高水平建设现代化体育强省，决战决胜杭州亚运会，奋力打造共同富裕的体育示范。

下面，我向大会作工作报告。

一、2021年的主要工作

2021年是浙江体育发展史上具有重要里程碑意义的一年。在省委、省政府坚强领导下，全省体育战线聚焦聚力高质量发展、竞争力提升、现代化先行，实干担当，争先创优，出色完成东京奥运会、陕西全运会参赛任务，交出了改革发展靓丽成绩单，实现了“十四五”良好开局。省体育局被省政府记集体一等功2次，省政府“健康浙江”建设考核连续3年被评为优秀单位，继2020年在国家体育总局会议上先后8次典型发言后，2021年又先后3次就数字体育、反兴奋剂、赛事安全监管等作典型发言，省委、省政府主要领导和分管领导先后26次对体育工作作出重要批示和肯定。主要工作和成效体现在8个方面：

（一）党的领导全面加强。省委、省政府时隔18年高规格召开全省体育工作会议，省委书记袁家军发表重要讲话，对现代化体育强省建设作出全面部署，要求奋力打造共同富裕的体育示范，进一步指明了未来一个时期我省体育事业发展的战略目标和思路举措。省政府先后颁布《关于高水平建设现代化体育强省的实施意见》《浙江省全民健身实施计划（2021—2025年）》等重量级政策文件，省体育局先后颁布《浙江省体育改革发展“十四五”规划》及竞技体育、体育产业、体育竞赛、体育彩票等专项规划，明确了现代化体育强省建设的“时间表”“路线图”“任务书”。高质量开展党史学习教育，圆满完成省委庆祝建党100周年文艺演出服务保障任务，推出“习近平与浙江体育情缘”图片展、“请党放心　强国有我”奥运主题党课等党史学习教育特色活动，得到省委巡回指导组充分肯定。创新实施6大领域清廉体育建设。落实省委13项实施意见和“五张责任清单”，切实加强对“一把手”和领导班子监督。进一步优化省体育局系统干部队伍结构。对4家直属单位开展巡察工作。联合派驻纪检组率先推进运动员技术等级认定公权力大数据监督管理应用项目建设，并积极纳入省纪委公权力大数据监督平台。健全完善运动员管理、保障和服务制度体系，为全国探路。

（二）体育改革纵深推进。体育助力共同富裕破题开局，推动省政府与国家体育总局签署《关于支持浙江省体育领域高质量发展建设共同富裕示范区的合作协议》，得到袁家军书记点赞。协议明确体育总局与省政府将重点在构建更高水平全民健身公共服务体系、推动竞技体育突破性发展、打造现代体育产业体系、建设体育赛事强省、深化体育领域改革、推进反兴奋剂治理体系建设等6个方面加强合作，具体涵盖支持浙江省建设全民健身公共服务示范区、支持浙江省为国家培养并输送更多高水平运动员、支持浙江省建设体育产业创新发展新高地、支持指导浙江省高质量举办杭州2022年亚运会、支持指导浙江省建设体育数字化改革先行区等33条内容。人均体育场地面积、国民体质合格率、“一场两馆”覆盖率等纳入《浙江高质量发展建设共同富裕示范区实施方案（2021—2025年）》主要指标体系。体育数字化改革搭建起“四梁八柱”，制定《浙江省体育数字化改革行动方案》《浙江省数字体育建设“十四五”规划》，形成“一张图、一件事、一指数”特色场景。“浙里健身”公共服务应用上线“浙里办”数字社会专区，省体育局微门户率先上线党政机关整体智治综合应用。我省被国家体育总局列为全国唯一试点，建设体育数字化改革先行区。杭州公共体育服务应用接入城市大脑，在场馆预订、赛事报名等场景中自动核查健康码等公共安全信息，实现体育智慧化治理。天台县体育事业发展中心搭建“体育委员e站”应用场景，打通体育公共服务落地“最后一公里”，有效满足基层群众“体有所健”需求。深化推进社会力量办体育改革，在全省13个市、县开展社会力量办体育改革重点试点。我省“百姓健身房”建设纳入中共中央办公厅（中办）和国务院办公厅（国办）印发的《关于构建更高水平的全民健身公共服务体系的意见》，向全国全面复制推广。

（三）全民健身蓬勃开展。通过3年扎实开展体育现代化创建，杭州市上城区等17个县（市、区）通过技术评估、迎接考核验收。持续推进基层体育场地设施建设，新建体育公园、足球场、村级全民健身广场、社区多功能运动场、百姓健身房等基层体育场地设施1040个，完成率达115.6%。深入推进公共体育场馆服务大提升，开展全国公共体育场馆开放使用综合试点，全省公共体育场馆年对外开放时长、服务人次分别增长14.6%和16%。率先制订实施全国首个智慧体育场馆建设省级地方标准。广泛开展全民健身赛事活动，举办省首届社区运动会、省农村文化礼堂运动会、省幼儿体育大会、全民健身日、“我要上全运”选拔赛等各类全民健身赛事活动1万多场次，参与人数800多万人次。着力推进体育社会组织体系建设，全省各级体育社会组织数量超1.6万个。创新开展全省大众体育运动水平等级评定工作。截至2021年底，全省人均体育场地面积预计2.55平方米，经常参加体育锻炼人数占比预计42%，国民体质合格率94%。

（四）竞技体育成绩辉煌。东京奥运会上，我省运动员获得7金2银1铜，金牌数位列全国第一，不仅续写了“浙江届届奥运有金牌”的殊荣，而且创造了浙江奥运参赛史上最好成绩。省委、省政府向中国体育代表团发出创纪录的7封贺电，在全国引起热烈反响。陕西全运会上，我省竞技项目获得44金35银37铜，金牌数位居全国第三，群众项目获得16金6银9铜，金牌数位居全国第二。游泳、羽毛球、射击、皮划艇、帆船帆板等项目的集团优势进一步显现，“三大球”项目取得重大突破，省队市办项目结出硕果，竞技体育综合实力跻身全国前列。省委、省政府隆重召开浙江奥运全运健儿庆功表彰大会，袁家军书记、王浩代省长等省四套班子领导亲切接见了浙江健儿，勉励大家奋力拼搏、再创佳绩。建立省青少年体育工作联席会议制度，会同省教育厅制定《关于深化体教融合促进青少年健康发展的实施意见》，经省委深改委审议通过并实施。坚决落实"双减"工作部署，率先在全国出台《浙江省体育类校外培训机构准入指引（试行）》。创建新周期省体育后备人才基地64个、省体育传统项目学校阳光体育后备人才基地43个。深入实施优秀教练员培养"百人工程计划"。

（五）体育产业加快发展。2020年全省体育产业总产出2776亿元，增加值881亿元，占GDP比重1.36%。国家体育产业基地累计创建33个，居全国第一位。编制出台航空运动、水上运动、马拉松及相关运动等3个专项规划，打响"运动浙江、户外天堂"品牌。发挥省体育产业发展资金引领作用，扶持180个体育产业项目，带动社会投资11.6亿元。全力推进"环浙步道"建设，主线达到2200公里。成功举办"环浙·登顶11峰"活动。省全民健身中心项目获得省发展改革委初步设计批复，即将启动施工招投标。浙江体彩全年销量169.13亿元，筹集公益金44.79亿元，时隔13年再次进入全国前三，市场份额达59.26%，较上一年提高了6.35个百分点。

（六）体育竞赛安全有序。"赛事一件事"改革稳步推进，实现青少年运动员注册、赛事发布、赛事报名、裁判员管理应用迭代升级。全面加强体育赛事活动安全管理，进一步规范运动员技术等级评定工作，成立4个专项督查组，分赴全省11个市和有关单位开展全方位督导检查，确保体育赛事活动安全第一、健康第一。围绕建党百年、杭州亚运会等主题，高质量举办2021复兴之路·薪火驿传百公里接力赛、省第四届体育大会、省第二届生态运动会等特色赛事255场次。在确保安全稳定的前提下，举办马拉松及路跑赛事活动89场次，参赛人数超10万人次。扎实推进第十七届省运会筹备工作，成立筹办委员会，发布竞赛规程总则，完成以"迎亚运省运"为主题的赛事活动近300场次。省运会涉及的34个场馆施工建设任务全部完成。

（七）亚运筹备有力有效。省委成立省第19届亚运会和第4届亚残运会工作领导小组，每月召开例会推进各项筹办工作，推动"体育亚运、城市亚运、品牌亚运"齐头并进。杭州亚运会比赛和训练场馆、亚运村基本建成。明确40个亚运竞赛项目设置，其中电子竞技、霹雳舞首次进入国际综合性运动会。正式公布总赛程1.0版，赛时将产生482枚金牌。场馆运行计划（第一版）编制完成，成功举办8项测试赛。完成61个分项共71名技术代表任命工作。顺利完成第一阶段按竞赛项目、第二阶段按人数报名工作，亚洲45个国家（地区）全部报名参赛。发布《杭州亚运会体育展示、颁奖仪式总体规划》。推进杭州亚运会反兴奋剂"两站一中心"（兴奋剂检查站、教育拓展站和兴奋剂管制中心）建设。深入推进亚运城市行动，组织开展"庆建党百年华诞、迎杭州亚运盛会"等系列活动，营造迎亚运、办盛会的浓厚氛围。

（八）各市体育亮点纷呈。杭州市全力筹办亚运会、亚残运会；积极推进足球城市建设和东亚足联秘书处落户杭州；克难攻坚打造"体育大脑"，成立全国首个数字体育促进会。宁波籍运动员东京奥运会勇夺5金，此成绩居国内城市之首，故宁波市被国家体育总局命名为"奥运冠军之城"；中国皮划艇、赛艇协会总部和国家训练基地正式落户宁波；东钱湖入选国家体育旅游示范基地。温州市全力推进亚运会分赛区筹备；"百姓健身房"获省委主要领导点赞和《人民日报》整版报道；高质量完成国家乒乓球队在温集训、比赛和全运会龙舟决赛承办任务。湖州市全国首创的“运动码”写入国家《全民健身计划(2021—2025年)》;率先出台7项体育类旅游新业态项目管理规范。嘉兴市“社区运动家”项目建设受到中央电视台《焦点访谈》报道,该项目入选国家智能社会治理实验基地、共同富裕示范区建设省级试点储备项目。绍兴市作为亚运会协办城市,在一众协办城市中率先出台《绍兴市亚运城市行动计划(2020—2022)》,开展“迎亚运 悦健身”全民健身体育消费季活动,兑付体育产业发展专项引导资金2000万元。金华市高标准推进亚运省运筹办,体育产业增加值占GDP比重连续5年全省第一,人均体育消费接近欧美发达国家水平。衢州市高质量举办省第四届体育大会,高标准推进投资36亿元的“一场三馆”建设;颁布全国首部围棋法——《衢州市围棋发展振兴条例》。舟山市深化体旅融合,房车营地、冲浪海滩、游艇帆船、荒岛求生等一批新项目建成运营,海岛户外休闲运动开创新天地。台州市深入推进基层体育治理改革,创新搭建“体育委员e站”数字化平台,全面推广基层体育委员工作制度,实现县(市、区)全覆盖。丽水市发布《中国最美户外运动天堂工程规划》,高质量举办全国皮划艇秋季冠军赛,加快建设国家级水上运动训练基地,努力打造水上运动赛事之城。

以上成绩的取得,源自省委、省政府对现代化体育强省建设的高度重视和科学部署,得益于有关部门和社会各界对浙江体育事业的关心和支持,凝结着基层体育部门、广大运动员和教练员的辛苦努力和付出。在此,我代表省局党组表示衷心感谢和诚挚敬意!

同时,我们也清醒地看到,我省体育事业发展中还存在一些薄弱环节和短板弱项,主要体现在:一是体育基础设施总量偏少、质量不高、发展不平衡,全民健身引导和服务有待进一步提升;二是竞技规模偏小,运动缺项较多,发展不均衡,综合实力还不够强;三是体育产业支撑力、带动力有待加强,因疫情影响未能实现“十三五”末3000亿的发展目标;四是体育赛事供给还不充分,重大赛事不多、赛事品牌不强、社会效益不高;五是各级各单位对体育数字化改革的理念、思维、方法、手段认识还不够到位,思想还不够重视,“一件事”改革进展不快,缺少标志性的现代化体育综合应用;六是体育多元协同治理有待加强,一些地方还存在“小体育”“老体育”“关起门来搞体育”等现象;七是体育社会组织规范性内生性不足,一些体育社会组织过度依赖政府购买服务,自我造血和服务能力不强。以上这些问题,我们要久久为功,采取更加有力的针对性措施切实加以解决。

二、2022年重点任务

2022年将召开党的二十大、省第十五次党代会,将举办北京冬奥会、杭州亚运会、第十七届省运会,体育工作任务极为繁重、意义十分重大。全省体育战线要围绕中心、服务大局,以成功举办杭州亚运会为重要契机,持续推动浙江体育高质量发展、竞争力提升、现代化先行,奋力打造“五张体育金名片”,为“重要窗口”和共同富裕示范区建设贡献体育力量,以优异成绩迎接党的二十大和省第十五次党代会胜利召开。

(一)聚焦办好杭州亚运会,努力交出“参赛出色、办赛出彩”的高分报表。1月7日,省委、省政府隆重召开亚运会、亚残运会工作领导小组第一次例会,省委常委及相关副省长出席,袁家军书记作重要讲话,这充分体现了省委、省政府对亚运会筹备工作的高度重视。所以,对于全省体育系统来讲,我们要紧紧围绕“中国特色、浙江风采、杭州韵味、精彩纷呈”目标定位,把杭州亚运会办成“重要窗口”和共同富裕建设的标志性工程,力争在家门口实现参赛项目最多、参赛成绩最优的历史最好成绩。

1. 高质量完成竞赛组织工作。坚持全省一盘棋，强化全省域参与，加强主办城市和协办城市的密切协作，凝聚起共襄盛举的强大力量。深化细化竞赛日程，形成杭州亚运会单元日程(2.0 版)，编制完成《竞赛技术手册》(2.0 版)。扎实开展亚运体育工艺验收工作，确保各类场馆符合赛事标准。建立赛时运行指挥体系，组建场馆竞赛团队，安全举办各项测试赛。统筹指导杭外城市亚运会筹办工作，确保17 个省属亚运训练场馆4 月底前竣工、5 月底前交付使用。组织开展第三阶段按姓名报名工作。联动组织好亚运倒计时、火炬传递、开闭幕式前誓师大会等重大活动，掀起全民迎接亚运、参与亚运的热潮。高质量完成黄龙体育中心5 个亚运会项目和1 个亚残运会项目的比赛保障任务，以及浙江体育职业技术学院5 个亚运会项目的训练保障任务，确保成功圆满办好杭州亚运会。

2. 决战决胜杭州亚运会。紧紧抓住“家门口”主场作战历史机遇，扎实推进亚运备战参赛计划。围绕游泳、射击、羽毛球、帆船帆板、皮划艇等我省优势项目，深化省部合作共建国家队机制，争取输送更多优秀运动员进入国家队并参加杭州亚运会，力争实现参赛项目最多、参赛成绩最优的历史最好成绩，为浙江“重要窗口”和共同富裕示范区建设增光添彩。各级体育部门要关心本地区输送到国家队的运动员，提供优质保障服务，切实消除后顾之忧；有条件的地方要积极参与省部联办共建国家队，为项目落地提供必要的经费、场地等保障条件；杭州亚运会比赛、训练场馆所在地要全力支持我省运动员的训练备战工作，统筹做好科学训练、数智赋能、服务保障等工作，形成决战决胜的强大合力。

(二)聚焦体育助力共同富裕示范区建设，打造体育事业均衡发展金名片。全面贯彻落实中办、国办印发的《关于构建更高水平的全民健身公共服务体系的意见》和国家体育总局与浙江省人民政府签署的《关于支持浙江省体育领域高质量发展建设共同富裕示范区的合作协议》，推动体育成为共同富裕示范区“全民健康的基石、产业发展的支柱、奋斗精神的动力”。力争到2022 年底，全省人均体育场地面积达2.6 平方米以上，经常参加体育锻炼人数比例42.5% 以上，国民体质合格率94.2% 以上，县(市、区)体育“一场两馆”覆盖率48% 以上。

1. 构建更高水平全民健身公共服务体系。全民健身公共服务是民生事业，是现代化体育强省的基础，也是共同富裕示范区建设的题中之义。要按照中办、国办印发的《关于构建更高水平的全民健身公共服务体系的意见》及体育总局等五部委印发的《全民健身基本公共服务标准(2021 年版)》，争取省委办公厅、省政府办公厅支持制定出台我省的实施意见，研究制定全民健身公共服务省域建设规范和服务指南，率先建成统筹城乡、公平可及、服务便利、运行高效、保障有力的更高水平的全民健身公共服务体系。一是着力加强“一场两馆”建设。截至去年底，全省36 个县(市、区)已建成“一场两馆”，覆盖率仅40%。目前，全省10 个县(市、区)“一场两馆”已开工建设，29 个县(市、区)已纳入储备，15 个县(市、区)还没有建设计划。下一步，已开工的要加快进度，完成立项的要抓紧开工，纳入储备的尽早立项，还没有建设计划的要抓紧谋划。二是扎实推进体育设施补短板。各地要落实好《浙江省“十四五”全民健身场地设施补短板整体解决方案》，尽快建立“十四五”全民健身设施补短板项目库，统筹推进体育基础设施建设，实现公共体育服务体系全覆盖、均等化、全民化。老城区要结合城市更新行动，鼓励运用市场机制盘活存量低效用地，增加开敞式健身设施。新建城区要科学规划社区全民健身中心，建设与生产生活空间相互融合、与绿环绿廊绿楔相互嵌套的健身设施。三要推动公共体育场馆有序开放。今年是公共体育场馆服务大提升收官之年。全省119家大中型公共体育场馆要高质量完成8大提升计划，打造以黄龙体育中心为代表的全国示范体育场馆标杆群。进一步完善公共体育场馆低免开放补助政策，着力提升体育设施利用率和群众体验感。希望各地按照中办、国办印发的《关于构建更高水平的全民健身公共服务体系的意见》，引导和推动党政机关、事业单位和国有企业带头开放可用于健身的空间，做到能开尽开。

2. 大力推动山区26县体育事业发展。山区26县体育是我省体育现代化的短板。要贯彻落实《体育领域高质量发展推进共同富裕示范区建设行动方案(2021—2025年)》，大力实施体育助力山区26县共富“八大行动”。一是在扶持政策上倾斜。研究制定实施扶持山区26县的专项政策，引导项目和资源向山区26县倾斜，省级安排山区26县体育场地设施建设项目在2021年的基础上增加20%。推动丽水、衢州、金华、温州等市尽快研究出台配套的扶持政策，全省一盘棋合力推动山区26县体育事业高质量发展。二是在赛事资源上倾斜。充分利用山区26县丰富的山水资源，引入各类重大赛事活动。省级主办的省生态运动会、省文化礼堂运动会以及“浙里跑”“浙里骑”“送体育下乡”等体育赛事活动优先在山区26县举办。三是在产业发展上倾斜。省级运动休闲乡镇认定、体育产业基地评选等向山区26县倾斜并给予重点扶持。开展奥运冠军与山区26县结对活动，让奥运冠军为山区26县发展带“流量”。

3. 构建体育设施全生命周期闭环管理机制。持续推进百姓身边的体育场地设施建设，全省新增体育公园(体育设施进公园)50个、足球场(含笼式足球场)50个、村级全民健身广场100个、社区多功能运动场200个、百姓健身房500个，努力打造城市社区“10分钟健身圈”。贯彻落实《浙江省公共体育设施管理办法》，健全长效管理制度，做实做细做好民生实事开放、维修、运维工作，切实解决“建管用”脱节问题，坚决避免“去年建、今年关”现象的发生，努力把好事办好，使民生实事项目更加便民、利民、惠民。要突出智能化、标准化、便利性，布局适应未来社区、未来乡村的全民健身场地设施，推进智慧健身路径、智慧健身步道、智慧体育公园建设。

4. 加快推动体卫融合改革破题。会同省卫生健康委制定实施《关于促进“体卫融合”发展的指导意见》，鼓励有条件的医疗机构加强以运动康复为特色的专科能力建设。倡导“运动是良医”理念，在全省打造一批“运动健康促进中心”，推进“体卫融合”专业队伍建设，探索医疗、医保、体质检测等数据共享，探索打造“健康生活指导员”队伍，推广就医诊疗、运动指导“双处方”。向总局积极争取在浙江建立体卫融合重点实验室。开展运动促进健康科学健身大讲堂300场，努力让群众运动健身更科学。实施体育社会组织分级分类管理，推广运动水平等级评定。

（三）聚焦体育数字化改革，打造数字体育2.0版金名片。围绕“体有所健”，以“一张图、一件事、一指数”为核心抓手，持续深化体育数字化改革，省市县协同打造现代化体育综合应用，形成5项以上可全省推广的经验成果。

1. 启动国家体育数字化改革先行区建设。贯彻落实省委、省政府数字化改革工作部署和总局体育数字化改革试点要求，研究制定实施体育数字化改革先行区建设方案。加快形成体育领域数字化改革重大应用，做优做精以全民健身地图为核心的“浙里健身”体育公共服务应用。迭代升级省体育数据仓，推进省市县三级体育公共数据对接联通，嫁接体育发展指数，建设“体育大脑”，服务体育领域辅助决策、高效治理、整体智治。推动体育赛事、运动员教练员职业生涯管理、体育彩票管理、反兴奋剂等体育领域“一件事”改革加快落地。持续推进12个“揭榜挂帅”项目，形成全省改革工作合力，打造一批在全国有影响力的数字体育标志性成果。

2. 着力推进体育领域重大改革。全域推进社会力量办体育改革，继续做好12个市县承担的10个重点改革试点。要及时发现、总结、提炼基层的工作经验和先进典型，促进各地互相交流、取长补短，探索形成一批可复制、可推广的改革成果。推动“体教融合”政策落地落实，在支持体校、青少年体育社会组织进校园、支持优秀退役运动员及教练员进校园等方面实现突破性进展。落实省委、省政府“双减”工作部署，明确体育类校外培训机构准入条件，细化机构类型、培训场所、教练配备、准入许可等标准和规定。做好体育类校外培训机构的审核认定工作。开展基层网格化全民健身综合服务管理试点，探索建立基层体育委员、社会体育指导员、健康生活指导员“三员”工作机制。制定实施《关于推行基层体育委员工作机制的指导意见》，鼓励各地先行先试，逐步推动基层体育委员制度全省覆盖。做大做强浙江体育宣传，提升浙江体育融媒体中心影响力，建立省、市、县（市、区）体育媒体矩阵。

3. 构建体育发展指数体系。完善全民健身发展指数评价制度，探索制定实施竞技体育发展指数和体育产业发展指数评估制度，构建现代化体育强省指标及评价体系，实现对全省体育事业发展动态性、综合性、可视化分析评价和整体画像。

（四）聚焦做大做强优势项目，打造更多摘金夺银的浙江“梦之队”金名片。竞技体育是体育强省的“硬核”实力。要坚持举国体制与市场机制相结合，率先构建竞技体育发展新模式，创新人才选拔、培养、激励机制，深化省部合作共建国家运动队机制，切实提高科学训练水平，培养更多能争金夺银的国际级、国家级顶尖运动员。

1. 做强优势运动项目群。做大做强游泳、羽毛球、射击、举重、体操、田径、皮划艇、赛艇、帆船等优势项目。支持杭州（游泳、羽毛球项目）、宁波（射击、举重项目）、温州（游泳、射击项目）等城市率先建设竞技体育特色项目名城。支持杭州市建设全国足球发展重点城市，推动在杭州建设足球发展重点城市高水平基地。加快提升自行车、网球、空手道、射箭等潜优势项目整体竞争力，推动乒乓球等项目的改革发展。落实好“三大球”振兴规划，研究制定“三大球”竞赛组织、人才培养、基地建设等政策，创办“三大球”城市联赛。制定完善社会力量办竞技体育的政策举措，进一步加强武术、柔道、拳击、摔跤、跆拳道等重竞技项目建设。

2. 推进新周期训练备战。围绕备战北京冬奥会、杭州亚运会、巴黎奥运会、粤港澳全运会等重大战役，坚持“三从一大”科学训练原则，深化实战实训、科技强训，大力推进体系练兵、科技练兵，全面落实重点运动员“一人一案一团队”保障机制。加大“请进来、走出去”的力度，多形式与国外高水平项目进行合作交流。组织优秀运动员赴法国、美国等国训练、比赛，逐步推进在美国、澳大利亚、法国、匈牙利等国建立海外训练基地。探索开展皮划艇、赛艇项目冠军模型示范队试点，建立运动训练数据库。

3. 加强竞技体育人才培养。人才是竞技体育的根基。要贯彻落实全国体育人才工作会议精神，坚持“一把手”抓“第一资源”，要用战略眼光和世界眼光培养人才。加快推进浙江体育职业技术学院创本工作，着力破解校园土地、办学基本建设、师资力量等瓶颈制约。坚持“政治建队、标准入队、目标组队”，建立面向社会开放的省队优秀运动员选拔机制。深入实施“双百工程计划”，引进国内外高水平教练员，培养精英教练员，建立教练员学院。深化省队联办项目建设，探索实施动态编制、单独招聘等激励措施。开展全国体校改革试点，加强体育后备人才基地的建设管理，鼓励青少年体育俱乐部等社会力量参与体育后备人才培养，打造各级各类高水平体育后备人才基地220个，稳固全省业余训练人才布局5万人以上。各地要着力提高选才科学化水平，避免盲目跟风、平均用力、拔苗助长的选材方式，真正把苗子选准、育好。

4. 持续抓好反兴奋剂工作。深入贯彻落实习近平总书记关于反兴奋剂斗争的重要指示批示精神，压实各级主体责任，高质量做好杭州亚运会和金华省运会反兴奋剂工作。全省体育系统要联动推进反兴奋剂工作，在全省各级运动队全面推行“两长制”，建立健全“七强七重主体责任清单”和“八督八查监督责任清单”，推动主体责任和监督责任同向发力，提高全员“六增六防”意识，确保兴奋剂问题“零容忍”“零出现”。

（五）聚焦实施“四大工程”，打造万亿体育产业金名片。围绕“体育产业双倍增”战略目标，持续推动体育产业做大规模、提质增效，力争到2022年底，体育产业总产出达到3600亿元，占GDP比重1.6%。

1. 实施体育消费促进工程。持续推进宁波、绍兴、金华创建国家体育消费中心城市。支持金华、湖州创新“运动银行”“运动码”消费新模式。推动文旅体深度融合发展，加强与省文化和旅游厅战略合作，支持体育产业与诗路文化带、大运河文化带、生态海岸带、海岛公园建设等衔接融合，建设一批具有国际水准、功能复合、业态集聚的文旅体综合体。继续办好浙江省运动休闲旅游节、长三角运动休闲体验季、长三角国际体育休闲博览会等活动，开展省级运动休闲旅游示范基地、精品路线和优秀项目评选。

2. 实施户外天堂品牌建设工程。全面推进“环浙步道”建设，建设“环浙步道”主线2000公里以上。举办浙江省户外运动大会，认定一批省级运动休闲基地和运动休闲乡镇，树立一批体育助力共富示范典范。支持并推动各地积极创建国家级山地户外运动示范区和国民水上休闲运动中心，提升“运动浙江”宣传力、影响力。

3. 实施体育产业主体培育工程。引进一批投资规模大、产业带动力强的体育产业项目。与省科技厅共同举办体育科技创新大赛，培育一批体育科技创新项目。加快培育一批体育“独角兽”企业，分类分级扶持符合体育产业未来方向的品牌企业。用足用好省级体育产业发展资金，鼓励和引导体育企业上市融资，力争体育产业企业超过4万家，培育体育类上市公司1—2家、国家体育消费中心城市1—2个。

4. 实施体育产业强基工程。进一步加强体育产业统计，建立健全体育产业统计调查制度，全面摸清全省体育产业家底。深入推进责任彩票建设，统筹做好体彩安全运营和销售管理，研发更多具有浙江特色的游戏产品。顺利完成黄龙体育中心亚运场馆建设收尾工作，开工建设省全民健身中心。编制我省体育设施建设项目库，积极对接国家、省重大项目建设计划，争取更多体育设施建设项目纳入省重点项目大盘子，争取中央、省级专项资金支持。完善体育产业标准,鼓励一批专精特新的企业参与体育产业标准制订。推进体育领域监管数字化,打造游泳场馆智能监管服务平台,提升体育安全监管能力。

(六)聚焦实施体育赛事提质计划,打造“赛事之城”“赛事强省”金名片。体育赛事是体育事业的重要载体和体育产业的核心形态。要集聚高端要素,培育赛事品牌,加快完善体育赛事体系,满足人民群众体育文化需要。力争全年举办国际国内大赛200场次,创建赛事之城2个以上,创建赛事集聚县10个以上。

1. 高水平办好第十七届省运会。第十七届省运会恰逢党的二十大召开之际,与北京冬奥会、杭州亚运会同年举办,具有特殊的重要意义。锚定“把第十七届省运会办成省运史上的新标杆”目标,统筹做好场馆建设、竞赛组织、疫情防控、赛风赛纪、反兴奋剂等各项工作,细化各项预案,加强应急演练,确保万无一失,举全省之力举办一届精彩圆满、风清气正、安全健康的省运会。

2. 积极承办重大品牌赛事。以承办杭州亚运会为契机,积极申办各类国际国内大赛,乘势提升城市形象品质,努力实现亚运效益和红利最大化。积极争取国家各单项体育协会在我省建设单项性赛事基地,持续打造一批国际国内品牌赛事。继续推进数字化办赛改革,公布赛事目录,建立申办机制,实现“一张网”办赛。

3. 着力打造“赛事之城”。启动国家赛事名城创建工作,力争“十四五”建成1—2个国家赛事名城。制定省级赛事之城、赛事集聚县标准,支持杭州、宁波等市打造“赛事之城”,唱好体育赛事“双城记”。支持丽水市打造水上运动项目“赛事之城”,鼓励和支持有条件的县(市、区)争创赛事集聚县,全面提升浙江体育赛事的综合实力。

4. 发挥体育赛事综合效益。围绕体育助力大花园、大都市区建设,办好省第二届智力运动会、省社区运动会、省农村文化礼堂运动会,提升“浙里健”系列全民健身品牌赛事能级,积极打造全民健身品牌赛事示范省。探索举办山区26县生态运动会及足球、篮球、乒乓球联赛,推动体育赋能城市、运动振兴乡村。全面加强体育赛事活动安全监管,落实省委政法委要求,研究制定体育赛事风险评估实施细则,率先推动马拉松、自行车、游泳等高风险单项赛事的安全评估,构建大型体育赛事活动安全监管和应急管理体系。

三、切实加强党对体育工作的全面领导

现代化体育强省建设意义重大、使命光荣,事关“重要窗口”和共同富裕示范区大局。全省体育战线要合心合力合拍,心往一处想、劲往一处使,一张蓝图绘到底,努力开创体育强省建设新局面。

(一)推动体育融入大局发展。坚持“跳出体育发展体育”,努力推动体育工作纳入各地党委、政府工作大局,纳入共同富裕示范区建设考核体系,纳入领导班子和政府工作目标考核,纳入政府工作报告和为民办实事项目,建立健全指标体系、工作体系、政策体系、评价体系,形成部门联动、责任清晰、分工明确、齐抓共管的大体育工作格局。要建立“十四五”体育规划和国家体育总局与浙江省人民政府签署的《关于支持浙江省体育领域高质量发展建设共同富裕示范区的合作协议》实施责任制,与健康浙江考核、对市体育工作考核有机衔接,确保目标、任务、政策、措施落到实处。为激励各地干事创业、争先创优,省局党组决定从2022年起对荣获年度体育工作考评优秀的5个市分别给予转移支付资金奖励,并研究逐步提高对体育现代化县(市、区)的资金奖励。

（二）从严从实抓好党的建设。进一步加强政治建设，聚焦争当“两个确立”的忠诚拥护者、“两个维护”的示范引领者，深入贯彻落实党的十九届六中全会和省委十四届十次全会精神。建立党史学习教育长效机制，深入挖掘传承体育红色根脉，确保学习教育高标准推进。围绕全面实施“红色根脉强基工程”，加强运动队和体育社会组织党建工作，进一步提升体育系统基层党组织制度化、标准化、规范化水平。积极探索新形势下加强基层党建工作的新方法新路径，努力打造具有时代特征、体育特色、本单位特点的党建品牌。

（三）建设高素质的体育干部人才队伍。打好干部队伍“选育管用”组合拳，推进体育领域干部队伍干部工作系统性重塑，全方位重塑组织新形态、干部好状态，不断提升体育系统干部能力。大力实施人才强体战略，推动体育人才纳入各级党委政府人才计划，积极创新体育人才体制机制，不断完善体育人才培养、引进、选拔、激励工作体系，广泛吸纳、大力集聚各界各类人才共创体育伟业。有条件的地方要在推进体育人才政策创新、纳入党委政府人才计划方面大胆探索、先行先试。

（四）深化清廉体育建设。全面落实“四责协同”机制，深化6大领域清廉体育单元建设，加强对运动队和体育社会组织的监督管理，健全完善财务管理、权力运行监督制约机制。加强对亚运工程招投标项目监督，确保亚运工程成为“精品工程”“样板工程”“清廉工程”。各地要加强对体育民生实事工程监督，严把工程质量、资金使用“关”。从严抓好赛风赛纪的监管和执纪问责。推进全省运动员技术等级认定公权力大数据监督管理应用项目建设，形成全省建设“一盘棋”、业务监管“一张网”，努力打造数智清廉体育“金名片”。

（五）做好安全稳定工作。坚持底线思维，认真贯彻执行省委省政府、国家体育总局关于安全管理和疫情防控的一系列决策部署，放大风险识别与闭环管控新优势，确保体育领域安全稳定。慎终如始做好疫情防控工作，聚焦公共体育场馆、运动队、体育赛事活动等重点区域、重点人群、重点环节，按照属地疫情防控政策，更严更细更准抓好疫情防控各项措施。牢牢把握意识形态工作主动权，强化体育领域热点事件、敏感事件、突发事件等舆情的风险研判和应对处置，弘扬浙江体育主旋律，传递浙江体育正能量。围绕全民健身、赛事活动、大型场馆、体育设施、体育培训、反兴奋剂、网络安全、运动员保障、运动队管理等重点领域，全面开展安全稳定风险排查和隐患治理，实现全链条、全领域、全过程闭环管控，坚决杜绝各类安全事故发生。

同志们，任务既定，贵在行动、重在落实。让我们高举习近平新时代中国特色社会主义思想伟大旗帜，深入学习贯彻习近平总书记关于体育工作的重要论述和重要指示批示精神，认真落实省委、省政府决策部署，牢固树立“没有走在前列也是一种风险”的紧迫感和忧患意识，不断开辟浙江体育干在实处、走在前列、勇立潮头的新境界，以优异成绩迎接党的二十大和省第十五次党代会胜利召开！

专记

第13届冬季残疾人奥林匹克运动会

浙江省委省政府电贺北京冬残奥会中国体育代表团

北京冬残奥会中国体育代表团：

欣闻在北京冬残奥会上，我省运动员顽强拼搏、奋勇争先，李盼盼在越野滑雪女子长距离（坐姿）、短距离（坐姿）比赛中共获得2枚铜牌，实现了浙江运动员在冬残奥会上奖牌零的突破，为祖国赢得了荣誉，为浙江增添了光彩。在此，谨向中国体育代表团，向浙江运动员及其教练员表示热烈祝贺！

在本届北京冬残奥会上，包括浙江运动员在内的中国冬残奥运动员奋进拼搏、勇争一流，创造了辉煌的成绩，向世界展示了精湛的竞技水平和昂扬向上的精神风貌，诠释了新时代中华体育精神和奥林匹克精神，彰显了新时代残疾人自强不息、勇于攀登的优秀品格。中国冬残奥运动员的拼搏斗志，激励着我们办好2022年杭州亚运会、亚残运会，向世界呈现一届中国特色、浙江风采、杭州韵味、精彩纷呈的体育文化盛会。中国体育代表团取得的优异成绩，激励着我们更加坚实地走好新时代赶考路，忠实践行“八八战略”、奋力打造“重要窗口”，高质量发展建设共同富裕示范区，为全面建成社会主义现代化强国、实现中华民族伟大复兴中国梦贡献力量。

衷心祝愿我国残疾人体育事业取得新的更大成就！

中共浙江省委　浙江省人民政府

2022年3月13日

浙江省三名运动员出征2022北京冬残奥会

浙江省残联介绍，浙江共有3名运动员入选，分别是残奥单板滑雪运动员王心雨、杨健和残奥越野滑雪运动员李盼盼，这将是浙江籍运动员首次在冬残奥会上亮相。

面对首次参加冬残奥会，曾在第十届全国残运会冬季项目上获得我省首枚金牌的王心雨表示，“当机会来临的时候要牢牢把握住，通过一步一个脚印来实现一个个小目标。我的梦想，就是在北京冬残奥会的赛场上为国争光”。

据悉，本次中国代表团是我国第六次组团参加冬残奥会，也是代表团规模最大、运动员人数最多、参赛项目最全的一届。其中有85名运动员为首次参加冬残奥会，占88.5%。代表团将参加全部6个大项、73个小项的角逐。与2014年索契冬残奥会相比，参赛大项从2个增加到6个，小项从6个增加到73个。

浙江省体育局

2022年2月24日

第13届冬季残疾人奥运会浙江运动员获前三名人员名单

姓名	获奖名次	分级	项目	具体成绩	备注
李盼盼	铜牌	坐姿组	越野滑雪女子长距离	45 分 17 秒	
	铜牌	坐姿组	越野滑雪女子短距离	3 分 31 秒	

（省残联 供）

浙江省第十七届运动会

浙江省第十七届运动会组委会成员名单

为加强对省运会的组织领导，经省政府同意，成立浙江省第十七届运动会组委会。现将组委会成员名单通知如下：

主　　任：成岳冲（副省长）

执行主任：陈　重（省政府副秘书长）

郑　瑶（省体育局局长）

邢志宏（金华市市长）

副 主 任：张亚东（省体育局副局长）

蔡永波（金华市委副书记、政法委书记）

委　　员：骆莉莉（省委宣传部部务会议成员、省新闻办副主任）

汤筱疏（省教育厅副厅长）

魏　明（省公安厅副厅长）

邢自霞（省财政厅副厅长）

李　华（省体育局副局长）

胡国平（省体育局副局长）

占旭刚（省体育局副局长）

郭海英（浙江体育职业技术学院党委书记）

陈　瑾（杭州市委常委、副市长）

朱　欢（宁波市副市长）

陈　宽（温州市副市长）

阮叶萍（湖州市副市长）

齐　力（嘉兴市委常委、副市长）

胡　敏（绍兴市副市长）

吕伟强（金华市委常委、宣传部部长）

庄凌飞(金华市副市长)
李　宁(衢州市副市长)
洪　碧(舟山市副市长)
章月燕(台州市副市长)
卢彩柳(丽水市副市长)

浙江省第十七届运动会运动员资格审查委员会成员名单

为维护公平竞争的体育法则,弘扬公正的体育道德风尚,树立诚信廉洁的体育竞赛形象,确保浙江省第十七届运动会各项赛事的顺利进行,决定成立浙江省第十七届运动会运动员资格审查委员会。现将名单公布如下:

主　任:张亚东

副主任:毛鹏飞

委　员:徐勇、唐万里、陶自力、郑丹丹、张蓓蓓、卢钢、孟关良、林辉、毛昭平、金百焕、王志刚

委员会下设办公室,负责实施具体工作。

主　任:毛鹏飞(兼)

副主任:洪明、徐杰、潘朝春、张庆

成　员:马素萍、金轶群、林罡、魏巍、胡辉、谷娜、沈寰琦、叶余杰、吴飞、张立丹、朱洁亚、史卫东、毛昕、全雪潇、任争青、钱健、孔钦廉

浙江省第十七届运动会成功举办

【概况】11 月 18 日,浙江省第十七届运动会在金华市体育中心体育场开幕。省委书记、省人大常委会主任袁家军宣布省运会开幕并亲切接见了我省群众体育先进单位和先进个人代表,发表重要讲话。11 月 28 日晚,浙江省第十七届运动会闭幕式在金华市体育中心体育馆举行。省长王浩出席并宣布运动会闭幕。

本届省运会共设置 34 个大项、62 个项次、910 个小项,34 个场馆均匀分布在金华各地,武义、磐安等山区县,都拥有 1 个以上省运会场馆、举办 2 项以上省运会赛事。短道速滑、帆船帆板等 6 个金华不具备办赛条件的项目,由省体育局统筹协调相关市地承办,创新了全省合力办省运会的模式。

省第十七届运动会分为两个阶段进行,第一阶段 7 月 25 日至 10 月 3 日,第二阶段 11 月 19 日至 27 日,共有 10849 名运动员、3296 名教练员和领队、3531 名裁判员、4009 名志愿者参加。省运会第一个项目街舞于 7 月 25 日开赛,最后一个项目田径于 11 月 27 日晚顺利结束。

赛会共决出现场金牌 1074 枚、奖牌 3013 枚、总分 33778.5 分,其中竞技体育项目产

生金牌992枚、奖牌2767枚、总分30864.5分；群众体育项目产生金牌74枚、奖牌222枚、总分2652分；表演项目(电动冲浪板)产生金牌8枚、奖牌24枚、总分262分。赛会上竞技体育项目破浙江省最高纪录加计14枚金牌、126分。本届省运会最终产生金牌1088枚、奖牌3027枚、总分33904.5分。此外,2017年至2021年奥运会、亚运会和全运会带入金牌569枚、银牌294枚、铜牌286枚、总分15802分,输送运动员加计金牌390枚,安置退役运动员加计金牌234枚。

本届省运会取得了运动成绩和精神文明双丰收,群众赛事与青少年专业赛事同样精彩,在全省营造了浓厚的体育氛围,有力推动了群众体育与竞技体育的全面发展,有力推动了高水平现代化体育强省建设,为体育强国建设作出了浙江的努力和贡献。

【加强对省运会的领导】省委、省政府高度重视本届省运会,省委常委会专题研究,从全省层面统筹力量、协调推进筹办工作,为在疫情背景下举办一届成功的省运会提供了坚实的保障。成岳冲副省长多次专题研究省运会筹备工作,省体育局会同金华市委市政府、省级相关部门、各有关单位全力克难攻坚,社会各界和人民群众热情参与,共同完成了各阶段筹办任务,实现了预期目标。

【坚持改革创新】根据巴黎奥运会和粤港澳全运会设项变化情况,增设了街舞、小轮车、山地自行车、皮划艇激流回旋、飞碟、三人篮球、3个冬季冰上项目,以及群众体育类轮滑、棋牌类、模型类等项目和表演项目电动冲浪板。新增项目具有社会化、市场化程度较高的特点,各代表团均积极组队参赛,仅20个新增项目就有2033名运动员参赛。本届省运会改变以往人工手动、纸质报名等方式,运动员、赛程赛果等信息都通过“赛事一件事”应用系统直观便捷办理,为办赛、参赛和观赛提供了数字保障。本届省运会开创了“1+10”联合办赛模式,加快了金义都市区体育设施共建共享步伐。创新推动省运赛事进景区、进乡村,通过“赛事+”“体育+”等方式统筹推进体育事业和地方经济社会发展,彰显了体育的魅力和价值。

【多个项目创造优异成绩】本届省运会在省队以上试训运动员、高校高水平运动队运动员不参赛的情况下,仍然取得了优异的成绩,共有10人14次打破14项浙江省最高纪录,1人1次平1项浙江省最高纪录。其中,射击项目打破4项浙江省最高纪录,平1项浙江省最高纪录,举重项目打破7项浙江省最高纪录,田径项目打破3项浙江省最高纪录。游泳项目有40人20队108次破66项省年龄组纪录,涌现一批希望之星,田径项目呈现了“你追我赶、全面开花”的良好态势,114枚金牌由10个市分获,竞赛成绩普遍提升,达到了检阅和选拔一批优秀体育后备人才的目标。

【协同推进各项赛事】本届省运会竞赛项目多、参赛规模大、时间跨度长、赛区分布广,对竞赛组织工作提出很高要求。省运会组委会和各赛区坚持系统观念,统筹构建战略指挥、运行指挥、场馆运行三级工作体系,确保了赛事安全顺利举办。金华市本级赛区根据场馆相对集中、人员相对固定的特点,高水平办好每项赛事,努力争创样板、树立标杆;东阳赛区积极引进社会力量办赛事,专业性强,规格高;磐安赛区集中全区力量,强保障、优服务;永康赛区充分发动广大社会团体服务省运,参与面广、效果好;浦江赛区严把食品安全关,对食品采购源头集中定点,全程监测,确保安全;武义赛区采取一对一服务机制,高效保障赛事运行,消除盲点漏洞;兰溪赛区针对赛事少的特点,将服务工作细化做到极致;杭州、湖州、嘉兴、台州赛区讲政治,顾大局,坚持办赛标准,圆满完成助力办赛任务。

【构筑省运会安全防线】积极构建“信息筛查—赛事泡泡—医疗保障”的疫情防控工作闭环,切实保证了赛事平稳安全举办。将参加省运会的所有人员纳入大数据健康信息筛查,对其健康码、行程卡、核酸检测结果进行逐个核验。严格落实赛事泡泡,建立婺城区、金东区、东阳市、武义县和开发区5个区域赛事闭环泡泡,覆盖9家酒店和4所学校,落实每日疫情“零报告”。健全分类医疗保障通道,实施精准管控。

【抓好赛风赛纪和反兴奋剂工作】组委会和省体育局扎实做好省运会赛风赛纪和反兴奋剂工作,采取了一系列教育和督导措施,层层签订省运会赛风赛纪和反兴奋剂责任书及承诺书,成立省、市两级纪律监督和督查组,与派驻纪检组联动开展专项督导检查;派出赛风赛纪监督员深入赛区一线,全程参与竞赛监督工作;加强裁判员选派和管理,对所有参加省运会执法的裁判员进行上岗培训,对打分项目的裁判员实行封闭式管理;实施运动队反兴奋剂教育资格准入制度,加强食品、营养品兴奋剂检测,从思想源头和食物检测上遏制兴奋剂事件的发生。本届省运会共举办各类线下反兴奋剂宣传教育讲座56场,共有17035名运动员、教练员及辅助人员通过反兴奋剂教育准入;共派遣兴奋剂检查团队116人次,完成共计409例的检查计划,覆盖所有大项。本届省运会赛风赛纪和反兴奋剂工作情况整体良好,得到了国家体育总局督查组的充分肯定。

政策制度性文件

国务院文件

国务院文件一览表

序号	文件名	发布时间	文号
1	中共中央办公厅　国务院办公厅印发《关于构建更高水平的全民健身公共服务体系的意见》	2021 年 12 月 31 日	中办发〔2021〕61 号
2	中共中央　国务院关于表彰北京冬奥会、冬残奥会突出贡献集体和突出贡献个人的决定	2022 年 4 月 8 日	—
3	国务院办公厅关于成立第 19 届亚运会和第 4 届亚残运会工作领导小组的通知	2022 年 4 月 14 日	国办函〔2022〕33 号
4	国务院办公厅关于印发“十四五”国民健康规划的通知	2022 年 4 月 27 日	国办发〔2022〕11 号

国家体育总局等部委文件

国家体育总局等部委文件一览表

序号	文件名	发布时间	文号
1	体育总局办公厅关于公布“十四五”期间首批全国足球发展重点城市的通知	2022 年 1 月 25 日	体青字〔2022〕10 号
2	财政部　体育总局关于印发《公共体育场馆向社会免费或低收费开放补助资金管理办法》的通知	2022 年 1 月 28 日	财教〔2022〕2 号
3	体育总局关于印发《体育标准化管理办法》的通知	2022 年 2 月 7 日	体规字〔2022〕1 号
4	卫生健康委　教育部　科技部　工业和信息化部　财政部　人力资源社会保障部　住房城乡建设部　退役军人事务部　市场监管总局　广电总局　体育总局　国家医保局　银保监会　国家中医药局　中国残疾人联合会关于印发“十四五”健康老龄化规划的通知	2022 年 2 月 7 日	国卫老龄发〔2022〕4 号
5	体育总局　公安部关于严肃查处赌博、假球等违规违纪违法行为　切实强化行业自律自治的通知	2021 年 12 月 31 日	体规字〔2021〕11 号
6	体育总局关于建立健全体育赛事活动“熔断”机制的通知	2022 年 3 月 23 日	体规字〔2022〕3 号

续表

序号	文件名	发布时间	文号
7	教育部、体育总局、中国足球协会关于印发《中国青少年足球联赛赛事组织工作方案(2022—2024年)》的通知	2022年6月1日	足球字〔2022〕199号
8	农业农村部　体育总局　国家乡村振兴局关于推进“十四五”农民体育高质量发展的指导意见	2022年6月20日	农社发〔2022〕3号
9	体育总局办公厅关于进一步加强群众体育工作安全风险防控的通知	2022年6月27日	—
10	体育总局办公厅　教育部办公厅　发展改革委办公厅　关于提升学校体育课后服务水平　促进中小学生健康成长的通知	2022年6月14日	体办字〔2022〕88号
11	体育总局　发展改革委　工业和信息化部　自然资源部　住房和城乡建设部　文化和旅游部　林草局　国铁集团关于印发《户外运动产业发展规划(2022—2025年)》的通知	2022年10月25日	体经字〔2022〕396号
12	文化和旅游部　中央文明办　发展改革委　工业和信息化部　公安部　自然资源部　生态环境部　住房和城乡建设部　农业农村部　应急管理部　市场监管总局　体育总局　林草局　乡村振兴局关于印发《关于推动露营旅游休闲健康有序发展的指导意见》的通知	2022年11月13日	文旅资源发〔2022〕111号
13	体育总局关于命名第一批全民运动健身模范市(区)和全民运动健身模范县(市、区)的决定	2022年12月1日	—
14	中国体育仲裁委员会组织规则	2022年12月25日	国家体育总局令第29号
15	体育仲裁规则	2022年12月25日	国家体育总局令第30号
16	体育总局　文化和旅游部关于认定北京世园公园等14家单位为国家体育旅游示范基地的公告	2022年12月29日	体经字〔2022〕207号
17	2021年全国体育产业总规模与增加值数据公告	2022年12月30日	—

浙江省委、省政府文件

浙江省人民政府关于命名浙江省体育现代化县(市、区)的通知

浙政发〔2022〕8号

各市、县(市、区)人民政府,省政府直属各单位:

根据省委、省政府有关部署,省体育局组织开展了浙江省体育现代化县(市、区)创建

工作,并对首批申报创建的县(市、区)进行了考核验收。经研究,省政府同意命名杭州市上城区、西湖区、萧山区,宁波市鄞州区、奉化区,温州市鹿城区、瓯海区,湖州市吴兴区,德清县,安吉县,海宁市,绍兴市柯桥区、上虞区,义乌市,舟山市普陀区,温岭市,青田县为浙江省体育现代化县(市、区)。

希望被命名的县(市、区)珍惜荣誉、再接再厉,进一步巩固创建成果,更好发挥示范引领作用。各地要坚持以习近平新时代中国特色社会主义思想为指导,大力发展体育事业,为高水平建设现代化体育强省和高质量发展建设共同富裕示范区作出积极贡献。

浙江省人民政府

2022 年 3 月 21 日

浙江省人民政府办公厅关于加强体育赛事活动安全风险防范工作的通知

浙政办发〔2022〕38 号

各市、县(市、区)人民政府,省政府直属各单位:

根据《体育总局办公厅关于请做好近期体育赛事活动安全风险防范工作的函》(体发电〔2022〕48 号)要求,为进一步做好我省体育赛事活动安全风险防范工作,经省政府同意,现就有关要求通知如下:

一、切实提高思想认识

2022 年是政治安全大年,抓好防风险、保安全、护稳定工作尤为重要。近期随着体育赛事活动的复苏,事故隐患和安全风险有所增加。各地要深入学习贯彻习近平总书记关于安全生产工作的重要指示和李克强总理批示以及全国安全生产电视电话会议精神,进一步提高政治站位,落实安全发展理念,坚决克服麻痹思想和侥幸心理,牢牢守住体育赛事活动安全底线,为党的二十大和我省第十五次党代会胜利召开营造良好环境氛围。

二、推动落实"五个一"工作举措

(一)健全一项工作机制。由体育部门牵头,公安、自然资源、交通运输、水利、文化和旅游、卫生健康、应急管理、市场监管、银行业保险业监管、气象、通信管理等部门和残联参与,建立体育赛事活动应急工作机制,在重大赛事活动举办前进行风险研判和隐患排查,加快形成职责清晰、协同联动、运转高效的工作格局。

(二)完善一个应急预案。省体育局要指导各地做好体育赛事活动突发事件应对工作,建立健全体育赛事活动熔断机制。严格落实"一赛事一方案"要求,各类体育赛事活动都要制定灾害性天气等风险防范及应急处置预案,预案包括实时风险评估、风险预警、风险防范、比赛中止或延期、应急救援等内容。承办方承担体育赛事活动安全直接责任,负责开展体育赛事活动风险评估,制定应急预案及安全工作方案,推动落实各项具体措施。

(三)落实一份责任清单。各地要进一步完善体育赛事活动安全监管责任体系,夯实地方政府、职能部门、事业单位和社会组织的工作责任。根据“谁审批(备案)、谁负责”“谁主办、谁负责”“谁主管、谁负责”的原则,按照《体育赛事活动管理办法》(体育总局令第25号)、体育总局等11部门联合印发的《关于进一步加强体育赛事活动安全监管服务的意见》(体规字〔2021〕3号)要求,制定责任清单,严格落实赛事活动组织者的主体责任,明确主办方、承办方、协办方各自职责,确保责任落实到人。

(四)开展一次专项排查。各地要于2022年6月底前对体育赛事活动和公共体育设施开展一次摸排检查,准确掌握体育赛事活动开展和公共体育设施管理等基本情况,排查体育领域重大风险、隐患和漏洞,发现问题要快查快改、立查立改,及时消除安全隐患,坚决遏制重特大事故发生。体育等相关部门要加强专业指导和服务,对涉及赛事活动和体育设施的重大安全问题,应当及时提出整改意见。省体育局要进一步梳理全省体育赛事活动,督促各地、各单位及时制定完善应急预案。

(五)举办一期专题培训。围绕各类体育赛事活动举办的基本条件、标准、规则和程序,面向各地体育部门和马拉松、航空体育、综合格斗、亲水运动等赛事活动项目承办单位及体育行业企业负责人等,举办一期体育赛事活动安全管理专题培训,切实增强体育赛事活动组织与保障能力,不断提升我省体育赛事活动质量和水平。专题培训工作由省体育局组织实施,并于2022年7月底前完成。

三、强化组织实施

各地要加强体育赛事活动安全管理的组织领导和统筹协调,扎实推动“五个一”工作举措落实落细,有效防范化解体育领域风险隐患,确保体育赛事活动安全举办,切实维护好人民群众的身体健康和生命安全。各设区市于2022年7月底前将“五个一”工作举措落实情况报送省体育局。省体育局要切实履行工作职责,加强指导服务,及时总结推广各地、各有关单位的好经验、好做法。

浙江省人民政府办公厅
2022年6月14日

浙江省体育局等委办局文件

浙江省体育局关于印发《支持山区26县体育高质量发展的十条措施》的通知

浙体政〔2022〕120号

各市、山区26县体育部门,省体育局机关各处室、各直属单位:

《支持山区26县体育高质量发展的十条措施》已经省体育局党组会议审议通过。现印发给你们,请结合实际,抓好贯彻落实。

浙江省体育局
2022年4月25日

支持山区26县体育高质量发展的十条措施

山区26县是浙江现代化体育强省建设的短板。为加快推进体育强省建设,助力建设共同富裕示范区,打造体育事业均衡发展金名片,现提出如下十条措施。

一、加快体育"一场两馆"建设

实施体育"一场两馆"建设攻坚工程。坚持高质量发展,按照保基本、重使用、有区分要求,完善山区26县体育"一场两馆"建设标准,分级分类推进。到2025年,力争山区26县体育"一场两馆"覆盖率达到70%。

二、加快推进全民健身设施补短板

支持山区26县建设群众身边的健身设施,打造城市社区10分钟健身圈,高质量实现行政村体育设施全覆盖。实施山区26县全民健身中心、体育公园和社会足球场地等全民健身设施补短板工程,推动相关项目纳入国家体育总局扶持地方体育事业发展项目库,争取项目立项和资金支持。到2025年,山区26县人均体育场地面积达到2.9平方米以上。

三、加强基层体育指导和服务

加快推动山区26县构建基层体育委员、社会体育指导员、健康生活指导员"三员"机制。实施社会体育指导员助力共富体育公益行动,开展山区26县小学体育教师社会体育指导员培训,每年选择20个学校免费提供体育运动项目指导。推动"送体育下乡"进山区,两年内实现山区26县"送体育下乡"全覆盖。

四、加强竞技体育项目布局和人才培养

支持丽水市创建国家级水上运动训练基地,打造水上赛事之城。支持衢州市打造国家级围棋训练基地。加强山区26县体育师资培训,组织优秀教练员定期到相关县市开展选材和训练指导服务,提升山区县业余训练工作水平。省体育局干部人才培训名额分配向山区26县倾斜。

五、优先布局体育赛事项目

支持打造符合山区地域特点的原创性区域联赛品牌。生态运动会等各类省级赛事活动优先在山区26县举办。支持衢州市办好2026年浙江省第十八届运动会。支持山区26县打造品牌赛事、创建赛事集聚县。在山区26县建设5个以上国家级或省级赛事基地。

六、搭建体育产业融合发展平台

支持山区26县发展户外运动产业,打造"运动浙江、户外天堂"品牌。省级运动休闲乡镇认定、体育产业基地评选等向山区26县倾斜。到2025年,山区26县运动休闲乡镇占全省比重达到30%以上。

七、鼓励体育领域改革创新

以数字化改革引领山区26县体育公共服务优质共享。支持衢州市建设体育俱乐部管理服务平台、江山市打造体育产业一张图应用、天台县建设体育委员平台。支持山区26县开展社会力量办体育重点改革试点。鼓励有条件的县市开展体育社团实体化改革试点。

八、开展体育结对帮扶共建

探索体育山海协作,推进沿海发达地区与山区26县竞技体育资源共用、人才共育、成果共享。发挥省级体育社团人才优势,建立结对帮扶山区26县机制,帮助培训体育教练员、裁判员。建立奥运冠军、世界冠军与山区26县结对机制,让冠军为山区发展带"流量"。

九、加大项目资金支持力度

优化省体育事业专项资金结构,提高财力因素比重,向山区26县倾斜。重点支持山区26县"一场两馆"建设,提高基层体育场地设施、赛事集聚县、"环浙步道"建设资金补助标准。

十、健全工作机制

有关市和山区26县要落实体育高质量发展主体责任,制定配套政策和工作计划。坚持因地制宜、突出重点、逐步推进,实施"一县一策"。建立健全山区26县体育领域推进共同富裕考核机制和年度评估机制,考核结果与相关扶持政策挂钩,推动政策举措落实落地。建立省体育局共富工作基层联系点,选择3个左右县市定期开展跟踪调研、帮扶指导。建立山区26县体育部门干部到省体育局挂职制度。加强对山区26县体育高质量发展工作的宣传报道,营造良好氛围。

附件

山区26县名单

杭州市:淳安县;

温州市:永嘉县、平阳县、苍南县、文成县、泰顺县;

金华市:武义县、磐安县;

衢州市:柯城区、衢江区、常山县、开化县、龙游县、江山市;

台州市:三门县、天台县、仙居县;

丽水市:莲都区、青田县、缙云县、遂昌县、松阳县、云和县、庆元县、景宁畲族自治县、龙泉市。

浙江省体育局关于印发《浙江省老年人体育事业发展"十四五"规划》的通知

浙体群〔2022〕127号

各市、县(市、区)体育部门:

现将《浙江省老年人体育事业发展"十四五"规划》印发给你们,请结合各地实际,认真组织实施。

浙江省体育局

2022 年 4 月 29 日

浙江省老年人体育事业发展“十四五”规划

加强老年人体育工作是应对人口老龄化和推进健康浙江建设的重要举措，是提高老年人生活质量的重要保障，是贯彻落实全民健身国家战略的重要内容。为贯彻落实积极应对人口老龄化国家战略，加快推进全省老年体育事业全面协调可持续发展，助力健康浙江和体育强省建设，根据《浙江省老龄事业发展“十四五”规划》和《浙江省体育发展改革“十四五”规划》《浙江省全民健身实施计划（2021—2025 年）》等，制定本规划。

一、规划背景

（一）*发展基础*。“十三五”时期，各地、各有关部门认真贯彻落实省委、省政府积极应对人口老龄化及推进体育事业发展的决策部署，积极探索实践，勇于改革创新，狠抓工作落实，全省老年体育事业发展取得显著成效，《浙江省老年人体育事业发展“十三五”规划》确定的目标任务基本完成，应对人口老龄化的体育健身基础更加牢固。

一是老年体育组织建设更加健全。全省各级老年体协切实加强基层组织建设，2015 年至今，省、市、县（市、区）及乡镇老年体协组织实现全覆盖，街道、行政村老年体协占比均在 97% 以上，社区达到 96% 以上，系统（行业）组织占比 67% ~ 86% 之间，老年体协组织建设覆盖率明显高于其他社会体育组织。

二是老年体育交流活动蓬勃发展。成功举办浙江省第七届老年人运动会，积极参加第三届全国老年人体育健身大会及各类全国性交流活动；全省及各市、县老年体育交流活动蓬勃开展，截至 2020 年底，全省经常参加体育健身的老年人达到老年总人口的 63. 04%，老年群众的幸福感、获得感不断提升。

三是老年体育场地设施不断增加。各地不断加大对老年体育场地的投入力度，宁波、金华等多个设区市新建或改建了功能较为齐全的老年体育活动中心，门球场、气排球场、地掷球场等老年体育场地设施，老年体育场地设施不断增加。

四是老年体育事业改革持续深化。着眼老年人群的体育健身需要，建立健全相关制度规定，改革老年体育竞赛和培训制度，对部分老年体育项目分别实行“三年轮值”，对交流活动按场次（局）计分分别颁发优胜奖、优秀奖。推广和新开发迷你气排球、木球、兜球、桌上冰壶、哑铃操、橡皮筋操等新项目，老年群众体育健身项目选择更加多样。

五是老年体育保障体系日趋完善。开展创建老年特色项目之乡（基地）、老年体育活动中心（俱乐部）和浙江省老年体育现代化村（社区）建设，累计已建老年体育活动中心（俱乐部）911 个。开展老年体育健身和保健知识讲座；老年体育与旅游、养生、健康产业相融合，老年迷你气排球等多个项目进入农村文化礼堂，通过休闲体育拉动内需增长；大力弘扬老年人身边的体育健身文化，评选 2011—2016 年度全国老年体育先进单位和个人及第九届全国健康老人,编发《浙江老年体育》简报,评选浙江省老年“体育达人”。

(二)形势研判。1987年进入老龄化社会以来,我省老年人口快速增长,至2020年末,我省户籍人口中60岁以上老年人为1187.52万,占总人口的23.43%,老年人口比例达到中度人口老龄化阶段。到2025年,全省60岁以上老年人口预计将达到1560万,占全省总人口的28%,人口老龄化程度不断加深,老年人体育健身的需求持续加大。

对照我省建设社会主义现代化先行省、高质量发展建设共同富裕示范区和“重要窗口”的目标,目前老年体育事业发展还存在明显短板,老年体育相关政策的系统性、针对性、可操作性还不够强,具体政策措施的执行力有待提高,老年体育场地设施资源配置相对不足,老年体育科学化水平及普及程度有待提高,老年体育骨干队伍建设相对薄弱,老年体育事业发展与老年群众的实际需求还有一定差距。

中共中央、国务院印发了《国家积极应对人口老龄化中长期规划》,全民健身和积极应对人口老龄化先后上升为国家战略,为老年体育工作发展提供了根本遵循和行动指南。推进新时代老年体育持续发展,必须以积极应对人口老龄化、建设现代化体育强省为引领,不断推进老年体育各项工作,有效解决老年体育发展不平衡不充分的问题,更好满足老年群众日益增长的体育健身需求。

二、总体要求

(一)指导思想。以习近平新时代中国特色社会主义思想为指导,认真学习贯彻习近平总书记关于老龄工作和体育工作的重要论述精神,贯彻全民健身和积极应对人口老龄化国家战略,加快补短板强弱项提质量,不断满足老年人物质和体育文化生活需求,促进老年人体育基本需求保障与体育多元化服务供给,推动城乡和区域老年体育事业均衡发展。

(二)发展目标。以推动高质量发展为主题,以满足全省老年群众日益增长的体育需要为根本目的,以深化改革为动力,不断探索构建老年体育新发展格局。到2025年,基本建成与体育现代化强省相适应的老年体育公共服务体系,不断推动老年健身公共体育服务标准化、均等化、智慧化。老年体育社会组织更加健全,依托全省城市社区“10分钟健身圈”和行政村体育设施全覆盖的优势,实现老年体育健身设施覆盖城乡;体育赛事活动广泛开展,全省经常参加体育锻炼老年人口比例达到69%;老年科学健身指导和老年智慧健身管理更加普及。浙江省老年体育现代化基层单位和老年体育活动中心(俱乐部)数量显著增加,老年体育各项保障更加有力,全面提升老年群众获得感、幸福感,为建设“体育强省”“健康浙江”贡献力量。

三、主要任务

(一)大力加强老年人体育协会组织建设。为适应积极应对人口老龄化和推进全民健身事业的实际需要,由省体育局和涉老部门牵头适时成立浙江省老年体育工作委员会,统筹全省老年体育和健康工作。各地、各有关部门要大力支持老年人体育协会的组织建设,不断完善市、县(市、区)、乡镇(街道)、村(社区)四级协会组织,建立健全行业、机关、企事业单位老年人体育协会,形成“纵向到底、横向到边”的老年人体育协会组织网络,不断提升各级老年人体育协会承接政府职能转移的能力和水平。继续开展老年体育活动中心(俱乐部)及老年体育现代化村(社区)建设,不断拓展老年体育现代化建设载体。推选身体好、威望高、热心老年体育事业的同志担任协会负责人；聘用熟悉体育工作、组织协调能力强的同志负责协会日常事务，并及时充实调整协会工作人员，保持老年人体育协会组织活力。各级老年人体育协会要在各级体育主管部门的指导下开展工作，不断增强为老年人服务的意识。

（二）不断增加老年体育场地设施供给。按照“科学规划、合理布局、绿色生态、适度超前”的要求，把老年人体育健身活动设施建设纳入当地城乡公共设施建设总体规划，纳入老龄事业和全民健身规划。在城市改造和新建体育场馆时，要结合老年人体育健身的特点，统筹考虑安排老年人体育健身设施。加快推进公共体育普及工程，加快老年体育活动中心建设，加强运动场、社区健身中心、体育公园、健身步道等场地设施建设，打造城市社区“10 分钟健身圈”，农村行政村体育设施全覆盖，方便老年人就地、就近参加体育锻炼。依托公共体育场馆服务大提升等工作，提高体育场地设施供给和开放水平，向广大老年人免费或低收费开放公共体育场馆、学校体育设施，优化体育场地设施布局，提升服务水平，科学合理安排健身活动的区域和时段，为老年人体育健身活动提供服务。

（三）积极开展形式多样的老年人体育健身活动。按照“因地制宜、就地就近、小型多样、持久经常”的原则，积极开展老年人喜闻乐见的体育健身活动；定期举办老年人运动会，组织适合老年人特点的体育交流培训活动，大力推广居家健身和老年群众网络健身交流活动。办好浙江省第八届老年人运动会，积极组队参加第四届全国老年人体育健身大会，在浙江省体育大会、浙江省女子体育节、浙江省生态运动会、浙江省海洋运动会等省级体育赛事中设立老年组，不断推动老年人体育健身活动广泛深入开展。拓宽老年人参加文体活动的智能化渠道，整合健身场地、赛事活动、健身指导、体育组织、体质监测等事项，实现公共体育一站式服务，提高老年人健身公共服务智能化、信息化、数字化水平。动员和组织更多的老年人参加体育健身活动和体育旅游活动，促进老年体育健身消费，进一步扩大内需，有效促进老年体育健康产业发展。

（四）加快建立政府主导、渠道多元的经费投入机制。按照政府投入为主、社会资助相结合的原则，多渠道筹集老年体育活动资金。省、市、县等各级财政要按照老年人口比例切实加大对老年体育事业的投入，适当安排体育彩票公益金用于老年体育活动、赛事、场地设施建设、老年体育现代化及老年体育基地建设。鼓励企事业单位和个人通过公益性社会团体或者县级以上人民政府及其部门捐助资金支持公益性老年体育事业。

（五）努力提升老年体育服务水平。积极推进健康浙江建设，持续推进老年体育事业改革，提升老年体育管理水平，打造高质量的健康服务体系，推进公共体育普及工程，将老年健身活动、体育交流、体育培训作为区域健康服务规划的重要内容。重视老年体育文化建设，加强对老年人体育健身活动的科学指导，及时培训新上岗的业务骨干，积极组织老年体育活动骨干深入基层宣传科学健身知识，掌握科学健身技能，发挥体育锻炼在疾病防治及健康促进等方面的积极作用。加强老年体育志愿者队伍建设，进一步提高体育健身科学化水平，努力形成全社会支持帮扶老年健身服务的良好环境。

四、保障措施

（一）加强组织领导。省、市、县（市、区）各涉老部门要加强对老年体育工作的领导，把老年体育工作作为全民健身公共服务体系建设的重要方面，结合实际制定本地区老年体育事业发展规划,把老年体育相关重点工作纳入政府年度民生实事加以推进和考核。以浙江省体育现代化县(市、区)创建为抓手,促进老年体育现代化建设,更好造福广大老年群众。

(二)完善投入机制。各地要建立政府主导、社会力量广泛参与的经费投入机制,切实保障公共财政对老年体育公共服务的投入,并随着老年人口的增加而同步增长。增加体育彩票公益金用于全民健身及老年体育的比例。鼓励和引导社会资金增加对老年体育事业的投入,拓宽老年体育资源供给渠道。

(三)加大普及宣传。大力宣传党和国家关于开展全民健身活动、促进人民健康和推进老龄事业发展的重大战略思想和方针政策。加大对老年人健身科学知识的普及和宣传力度,形成全社会关心支持老年体育事业的良好社会氛围。加强老年体育相关数据、信息的汇集整合和发掘运用,推进老年体育智能化运用,更好地服务于老年体育事业发展。

(四)加强指导督查。各地、各有关部门要按照本规划的要求,谋划实施老年体育事业发展的改革和相关政策,抓好重点任务和重点工程的落实,分解工作任务和责任要求,加强指导和督促检查,确保督查督导取得实效。对规划实施开展定期评估,及时准确了解规划实施进展情况,协调解决规划实施过程中的困难和问题,保证规划各项工作如期完成。

浙江省体育局　浙江省发展和改革委员会关于印发《浙江省"十四五"体育公园建设实施方案》的通知

浙体群〔2022〕178 号

各市体育部门、发展改革委:

现将《浙江省"十四五"体育公园建设实施方案》印发给你们,请结合实际认真贯彻执行。

浙江省体育局　浙江省发展和改革委员会

2022 年 6 月 30 日

浙江省"十四五"体育公园建设实施方案

为构建更高水平的全民健身公共服务体系,高质量推进体育公园建设,根据国家发展改革委、体育总局等 7 部门《关于推进体育公园建设的指导意见》(发改社会〔2021〕1497 号),结合我省实际,制定本实施方案。

一、总体要求

以习近平新时代中国特色社会主义思想为指导,坚持以人民为中心,紧扣更好满足人民群众日益增长的健身需求,积极扩大公益性、基础性全民健身服务供给,处理好公园风貌和健身设施之间的关系，推动健身设施同自然景观和谐相融，促进体育公园建设提质增效，打造绿色便捷的全民健身新载体，不断增强人民群众的获得感和幸福感，助力共同富裕示范区建设。

二、基本原则

（一）坚持科学规划，合理均衡。着眼构建更高水平的全民健身公共服务体系，综合考虑发展水平、人口规模、存量资源等因素，科学谋划，力求布局合理均衡。

（二）坚持以人为本，便民利民。以公益性为导向，以近距离服务全龄人口为目标，按照各地群众运动习惯布局多元健身设施，方便城乡居民就近就便参与体育锻炼。

（三）坚持因地制宜，彰显特色。统筹考虑当地经济社会发展状况、生态环境条件和地方文化特色，合理确定建设规模和标准，协调配置健身项目。充分调动地方政府和社会力量积极性，提高建设效率和运营活力。

（四）坚持生态优先，绿色发展。推动体育公园建设绿色低碳转型，把建设体育公园同促进生态文明建设结合起来，确保百姓既能尽享体育运动的无穷魅力，又能尽览自然的生态之美。

三、建设目标

到2025年，全省新建或改扩建体育公园50个左右，努力形成覆盖面广、类型多样、特色鲜明、普惠便捷的体育公园样板群，为城乡居民提供更加优质的健身场所和服务，为健康浙江建设增添新的活力。

四、建设路径

（一）加强科学规划布局。

1. 按人口规模科学布局。体育公园建设要与常住人口总量、结构和发展趋势相衔接，优先考虑在距离居住人群较近、覆盖人口较多、健身设施供需矛盾突出的地区布局建设，增强公益性，提高可及性。体育公园要兼顾满足中老年、青少年、儿童及残疾人等人群需求，合理布局各类健身场地及配套设施。

2. 在新建城区优先布局。把体育公园作为新建城区健身设施的优先形态，新建城区、郊区新城要做好体育公园的空间布局，鼓励有条件的地方建设辐射面广、设施完善、功能健全的体育公园，形成示范带动作用。

3. 坚持绿色生态底色。体育公园绿化用地占公园陆地面积的比例不得低于65%，确保不逾越生态保护红线，不破坏自然生态系统，推进健身设施有机嵌入绿色生态环境，充分利用自然环境打造运动场景，不设固定顶棚、看台，不得以建设体育场馆替代体育公园，不得以体育公园名义建设特色小镇、变相开发房地产项目，避免体育公园场馆化、房地产化、过度商业化。不鼓励将体育综合体命名为体育公园。

（二）丰富体育公园类型。

1. 结合体育事业发展和竞技体育需求，打造可承接赛事的大型体育公园，促进竞技体育和群众体育全面协调发展。

2. 结合地域特色资源，休闲旅游与运动健身、健康养生等融合起来，围绕山、海、湖、河、湿地，布局体育设施，建设集体育运动、休闲旅游、生态文化于一体的旅游休闲体育公园。

3. 结合区域文化特色和群众体育基础，建设足球、篮球、网球、羽毛球、轮滑、攀岩、棒垒球、智力棋类等为特色的体育场地设施，打造特色鲜明的体育主题公园。

4. 结合方便群众就近就便参与体育锻炼需求，打造以社区体育公园为抓手，建立社区体育公园与社区文化艺术、体育事业发展的互动共促机制，提升群众生活品质。

（三）分类明确建设规模。

按照国家体育公园建设标准要求，坚持因地制宜、尊重民意、方便群众，以区域中心城市、县城、中心镇（县域次区域）和一般镇四个等级构建全域全类型的体育公园，明确每种类型体育公园建设标准（含新建、改扩建）。

1. 鼓励常住人口50万以上的行政区域（含县级行政区域），建设不低于10万平方米的体育公园，其中，健身设施的面积占比不低于15%，绿化用地占比不低于65%，健身步道不少于2公里，至少具有10块运动场地，可同时开展的体育项目不少于5项。

2. 鼓励常住人口30—50万的行政区域（含县级行政区域和乡镇），建设不低于6万平方米的体育公园，其中，健身设施的面积占地不低于20%，绿化用地占地不低于65%，健身步道不少于1公里，至少具有8块运动场地，可同时开展的体育项目不少于4项。

3. 鼓励常住人口30万以下的行政区域（含县级行政区域和乡镇），建设不低于4万平方米的体育公园，其中，健身设施的面积占地不低于20%，绿化用地占地不低于65%，至少具有4块运动场地，可同时开展的体育项目不少于3项。

（四）强化建设运维保障。

1. 加强用地保障。各地要依据国土空间规划将体育公园相关建设用地纳入年度用地计划，合理安排用地需求。合理利用郊野公园、城市公园、公共绿地等空置场所建设体育公园，推进城镇低效用地再开发和“三改一拆”拆后土地利用，在符合国土空间规划并经依法审批的前提下，利用城市空闲地、边角地、低效地建设体育公园。对符合划拨用地目录的非营利性体育公园用地，可以采取划拨方式供地。对不符合划拨用地目录的，应当依法采取有偿方式供地。鼓励以长期租赁、先租后让方式，供应体育公园建设用地。

2. 拓宽资金保障渠道。积极争取中央预算内投资资金支持符合条件的体育公园建设。安排体彩公益金予以适当支持。各地要统筹运用财政资金、商业贷款等多种资金渠道，解决项目建设资金；要将体育公园内已建成的体育设施纳入市政公共设施养护管理，明确资金安排；要充分调动第三方社会资本，尤其是公益性社会资本参与体育公园建设、运行、养护，实现经济社会效益双赢。

3. 完善审批建设程序。完善利用公共绿地、闲置空间、城市“金角银边”等场所建设健身设施的相关政策，优化建设临时性体育场地设施的审批许可手续。各地在不改变不占压土地、不改变地表形态、不破坏自然生态、不妨碍河道行洪、不破坏堤防和水闸等水利工程设施的前提下，要充分利用山、水、林、田、湖、草等自然资源建设体育公园。允许在体育公园内建设铺设天然草皮的非标足球场，并计入园内绿化用地面积。

4. 优化运营模式。对于政府投资新建的体育公园，鼓励委托第三方运营管理，向公众免费开放。探索将现有的体育公园转交给第三方运营，提高运营管理效率。鼓励体育企业依法对体育公园中的足球、篮球、网球、排球、乒乓球、轮滑、冰雪等场地设施进行微利经营。各地要制定体育公园管理办法，加强健身设施的日常维护和安全管理。推广智慧管理,加强人流统计、安全管理、场地服务和开放管理等功能,提高运营管理水平。

五、实施步骤

(一)2024 年 12 月底前。各地每年完成所承担目标任务的 30% 以上。

(二)2025 年 10 月底前。各地完成所承担的建设目标任务。

(三)定期报送建设推进情况。各地从 2022 年 7 月起每半年从国家全民健身信息服务平台(www. js365. org. cn)报送一次,需要填报内容分别为每年 1—6 月、7—12 月新增建成并投入使用的体育公园,对应填报截止时间分别为每年 7 月 30 日和次年 1 月 31 日,最后 1 次填报截止时间为 2026 年 1 月 31 日。

六、保障措施

(一)强化部门协同。各地体育和发展改革部门要切实加强组织领导,统筹协调各方力量,充分发挥相关职能部门作用,大力推进体育公园项目建设,确保目标任务的完成。

(二)加强监督检查。各地要根据本地区经济社会发展状况,综合考虑人口、县级行政区域数量、城镇化率、地理条件等多种因素,结合体育公园建设现状,及时分解落实体育公园建设指导目标任务。省体育局、省发展改革委将不定期对各地体育公园建设情况进行监督检查,确保任务落到实处,见到实效。

(三)评选典型案例。适时开展体育公园建设典型案例评选,及时总结体育公园建设、运维等方面的经验做法,强化典型示范效应,形成可复制可推广的案例推荐报送国家。

附件

“十四五”各设区市体育公园建设指导目标

地区	数量(个)	体育公园建设类型			体育公园层级			
		新建(个)	改建(个)	扩建(个)	区域中心城市(个)	县城(个)	中心镇(个)	一般镇(个)
全省	52	33	13	6	10	30	4	8
杭州市	8	5	2	1	1	6	—	1
宁波市	8	6	2	—	3	4	1	—
温州市	8	5	2	1	2	4	1	1
湖州市	3	2	1	—	—	1	—	2
嘉兴市	2	1	—	1	1	—	—	1
绍兴市	3	2	1	—	—	3	—	—
金华市	4	2	2	—	—	4	—	—
衢州市	3	3	—	—	—	—	—	3
舟山市	1	1	—	—	—	1	—	—

续表

地区	数量（个）	体育公园建设类型			体育公园层级			
		新建（个）	改建（个）	扩建（个）	区域中心城市（个）	县城（个）	中心镇（个）	一般镇（个）
台州市	10	4	3	3	2	6	2	—
丽水市	2	2	—	—	1	1	—	—

注：建设面积不低于4万平方米、绿化用地占比不低于65%。

浙江省体育局关于公布第五批省级运动休闲乡镇培育名单的通知

浙体经〔2022〕193号

各市、县（市、区）体育部门，各有关单位：

为贯彻落实国家《“十四五”体育发展规划》《浙江省人民政府关于高水平建设现代化体育强省的实施意见》（浙政办发〔2021〕16号）、《浙江省体育产业发展“十四五”规划》等文件精神，经自愿申报、市级审查、专家评审、省局核定等程序，省体育局确定瓜沥棒球运动休闲乡镇等6个镇（名单见附件）为第五批浙江省运动休闲乡镇培育单位，现予以公布。

望各培育单位严格按照相关要求加快项目建设，完善配套服务，注重氛围营造，彰显体育元素。各地要加强组织领导，优化政策环境，培育市场主体，打造“运动浙江、户外天堂”金名片，树立“运动振兴乡村”新典范，共建体育产业创新发展新高地，助力我省共同富裕示范区建设。

浙江省体育局

2022年7月13日

附件

第五批省级运动休闲乡镇培育名单

1. 瓜沥棒球运动休闲乡镇（杭州市萧山区瓜沥镇）
2. 左口溯溪运动休闲乡镇（杭州市淳安县左口乡）
3. 四明悦·动运动休闲乡镇（宁波市余姚市梁弄镇）
4. 咸祥航空运动休闲乡镇（宁波市鄞州区咸祥镇）
5. 灵峰康体运动休闲乡镇（湖州市安吉县灵峰街道）
6. 干览神行运动休闲乡镇（舟山市定海区干览镇）

浙江省体育局关于印发《关于全面推行基层体育委员工作机制的实施意见(试行)》的通知

浙体群〔2022〕213 号

各市、县(市、区)体育部门:

《关于全面推行基层体育委员工作机制的实施意见(试行)》已经省体育局党组会议审议通过,现印发给你们,请结合实际,认真组织实施。

浙江省体育局
2022 年 8 月 8 日

关于全面推行基层体育委员工作机制的实施意见(试行)

为深入实施全民健身国家战略,推动基层体育治理体系和治理能力现代化,现就全面推行基层体育委员工作机制提出如下实施意见。

一、指导思想

以习近平新时代中国特色社会主义思想为指导,坚持以人民为中心,以提升人民群众享有体育公共服务的幸福感、获得感为目的,助力现代社区建设,聚焦基层体育治理,全面推行基层体育委员工作机制,配齐建强基层体育工作队伍,打通体育公共服务“最后一公里”,构建更高水平的基层体育公共服务体系,为推进现代化体育强省建设和高质量发展建设共同富裕示范区贡献力量。

二、基本原则

(一)坚持党委领导,政府主导。实施基层体育委员工作机制由属地党委领导、政府主导,纳入实施全民健身计划领导小组的工作范畴,由县(市、区)体育部门牵头组织实施,全面负责本辖区的基层体育委员工作,强化部门协作,形成齐抓共管的工作格局。

(二)坚持因地制宜,有序推进。各设区市体育部门结合实际,指导辖区县(市、区)全面推行基层体育委员工作机制,及时总结经验、不断规范完善,高质量推进基层体育委员机制全覆盖。

(三)坚持问题导向,精准施策。着力解决基层体育治理力量薄弱问题,从队伍建设、工作职责、组织保障、评价激励等方面,建立健全长效机制,有效破解基层体育服务支撑弱、参与低、组织难等问题。

三、主要目标

2022 年底前,县(市、区)全面推行基层体育委员工作机制,建立县(市、区)、乡镇(街道)、村(社区)三级基层体育委员网络体系。2025 年,形成机制完善、治理有效、服务优化的基层体育委员工作体系。

四、主要任务

（一）明确基层体育委员组织构架。县（市、区）体育部门设立基层体育委员工作总站（以下简称总站），总站设站长、副站长，由县（市、区）体育部门负责人兼任，统筹本辖区基层体育委员工作。乡镇（街道）设立基层体育委员工作站（以下简称分站），分站设站长、副站长，站长由乡镇（街道）分管体育的领导担任，副站长可由乡镇（街道）文化站负责人、体育总会分会骨干等优秀体育工作者兼任，报总站审核批准。每个行政村（社区）设立基层体育委员，人员实行选聘制，优选辖区内符合条件的村（社区）干部、社会体育指导员、体育社会组织骨干、体育教师、健康生活指导员等组织能力、群众基础较好的人员，通过村民（社区居民）委员会推荐，个人志愿报名等形式，经分站审核后报总站批准聘用。

（二）明确基层体育委员工作机构职能。总站负责基层体育委员选聘、工作指导、组织管理等工作，建立基层体育委员工作网络，组织制定年度场地设施建设、赛事活动和培训计划，确定“送体育下乡”名录，明确基层体育委员选聘标准，制定基层体育委员工作评价和激励机制。

分站接受乡镇（街道）党委政府和总站的领导，做好辖区内基层体育委员管理、赛事活动组织、场地设施建设等体育服务工作，遴选并上报村（社区）体育需求，组织基层体育委员领办年度工作任务，定期开展学习交流和培训，加强工作指导，提高基层体育委员业务水平和工作能力。

（三）明确基层体育委员工作职责。基层体育委员，主要是指协助村民（社区居民）委员会，参与基层体育治理，组织体育公共服务，推动全民健身国家战略在村（社区）实施的相对专一的体育社会工作者。

基层体育委员按照总站和分站对体育工作的要求，收集、汇总、上报村（社区）年度体育需求，协助开展基层体育场地设施建设、使用、管理、维护，组织体育社会组织及社会体育指导员等社会力量，开展体育技能培训、健身知识讲座、全民健身赛事活动等体育公共服务，推动基层全民健身治理，助力现代社区建设和乡村振兴。

（四）明确数字化改革载体。围绕省体育数字化改革部署，打造省级基层体育委员应用通用场景，各县（市、区）根据实际设立“委员之家”“体育服务超市”等个性化场景，通过数字赋能提升体育智慧化服务水平，及时感知群众运动健身的需求、诉求，实现“一键可享”健身技能指导、科学健身讲座、体育赛事信息等服务，提升基层体育委员工作效率，推进体育公共服务提速增效。

五、组织保障

（一）加强组织领导。各设区市体育部门要加强指导，明确基层体育委员工作机制全覆盖的时间表、路线图，做到组织体系、责任落实、政策制度和评估监督“四到位”。县（市、区）体育部门要指导总站加强基层体育委员队伍建设，动员和组织体育社会组织及社会体育指导员等社会力量，积极支持和配合基层体育委员工作，推动基层体育委员机制落地见效。乡镇（街道）党委政府要抓好分站建设，充分发挥基层体育委员队伍在体育治理方面的作用。

（二）加大投入保障。各地将基层体育委员相关工作经费纳入本级财政年度预算，为基层体育委员开展工作提供必要的经费保障。鼓励通过设置志愿者或公益岗位等形式聘用基层体育委员,创造必要的工作条件,持续做好基层体育公共服务保障。

（三）强化宣传激励。各地要结合实际建立基层体育委员工作评价机制,对基层体育委员工作实施动态管理,对成绩突出的组织和个人给予褒奖,对未有效履行基层体育委员工作职责的,及时进行调整或淘汰。大力宣传体育志愿服务精神,营造全社会关心支持基层体育委员工作的良好氛围。

本实施意见（试行）自2022年9月30日起施行。

浙江省体育局关于印发《浙江省体育赛事活动社会风险评估工作实施细则（试行）》的通知

浙体竞〔2022〕239号

各市、县（市、区）体育部门,省体育局机关各处室、各直属单位,各省级单项体育协会,各有关单位:

《浙江省体育赛事活动社会风险评估工作实施细则（试行）》已经省体育局局长办公会议审议通过,现印发给你们,请结合实际认真组织实施。

浙江省体育局

2022年8月31日

浙江省体育赛事活动社会风险评估工作实施细则（试行）

第一条 为深入推进体育赛事活动社会风险评估工作,确保体育赛事活动安全顺利地举办,根据国务院《大型群众性活动安全管理条例》、国家体育总局《体育赛事活动管理办法》、浙江省政府《浙江省大型群众性活动安全管理办法》《浙江省体育赛事管理办法》等法规规章和《浙江省重大决策社会风险评估实施办法》（以下简称《实施办法》）等相关规定,制定本实施细则。

第二条 体育赛事活动是指以国家、浙江省公布的体育运动项目为内容的面向社会公众举办的各类竞赛及相关活动。

第三条 体育赛事活动的举办部门负责该项活动的社会风险评估。

县级以上人民政府举办的体育赛事活动,由政府指定的部门进行社会风险评估。

多部门联合举办的体育赛事活动,由牵头部门或指定的部门商其他部门进行社会风险评估。

各级单项体育协会主办的体育赛事活动,由各级体育协会进行社会风险评估。

教育、行业（系统）协会和其他社会组织主办的体育赛事活动,由牵头的主办单位进行社会风险评估。

第四条 体育赛事活动涉及社会稳定、公共安全,纳入社会风险评估范围。

对照《实施办法》,根据赛事活动的级别、参与的人数、是否占用公共资源涉及公共安全等，具体分为两类：

一是存在一定风险的体育赛事活动，通常按简易程序进行评估，在召开专题分析会、查找安全稳定风险点、制定并落实风险化解和控制措施的基础上，填写社会风险评估简易程序登记表。

二是存在较大风险的重大体育赛事活动，按照标准程序进行评估，即在严格执行确定评估项目、制定评估方案、深入分析论证、确定风险等级的基础上，编制、评审和备案评估报告。

第五条 评估主体可以自评，可以邀请由相关部门、社会组织、专业机构、专家学者、决策所涉及群众代表等组成评估小组实施社会风险评估。评估主体也可以委托符合要求的、具有相关体育赛事专业评估能力的社会风险评估机构开展，但委托评估不发生评估主体责任的转移。

第六条 需要审核、批准的体育赛事活动，组织部门在向属地体育主管部门提交体育赛事活动举办函时，一并提交经属地党委政法委备案的社会风险评估报告。

参加人数1000人以上的大型体育赛事活动及涉及高危体育项目赛事活动原则上需通过“浙江省大型群众性活动安全管理信息系统”向公安机关提出安全许可申请，同时提交经属地党委政法委备案的社会风险评估报告。

第七条 体育赛事活动社会风险评估，主要就该项活动实施过程中可能存在的影响社会稳定的风险及化解、管控风险的措施进行深入分析和评估，重点从体育赛事活动举办的合法性、合规性、合理性、可行性和可控性5个方面提出质疑，研究有针对性的风险防控措施。

（一）合法性评估。

1. 该体育赛事活动是否符合法律、法规和政策等相关规定。

2. 该体育赛事活动的内容、形式是否属于国家、省公布的体育运动项目。

3. 该体育赛事活动的业务主管部门对活动的组织是否具有批准、审批权。

4. 该体育赛事活动是否涉及外事，列入国家体育总局或地方的外事计划。

5. 该体育赛事活动是否属健身气功、航空体育、登山等运动项目，是否涉及海域、空域及地面敏感区域等特殊领域，以及向总局相关中心或单项体育协会取得相关审批。

（二）合规性评估。

1. 该体育赛事活动的举办主体是否获得举办资格。

2. 该体育赛事活动的名称是否规范，是否与举办地域、赛事项目内容相符；是否与他人举办的体育赛事名称有明显区别；是否含有欺骗或者可能造成公众误解的文字；是否侵犯他人的合法权益；是否使用具有宗教含义的文字；是否按照国家法律法规、政策要求使用“一带一路”“金砖国家”“上合组织”等含有政治、外交、国防属性的文字。

3. 该体育赛事活动的举办主体是否有权规范使用“世界”“国际”“亚洲”“中国”“全国”“国家”及省级等字样或具有类似含义的词汇。

4. 该体育赛事活动的举办主体是否是境外非政府组织，有无经审批报备程序。

5. 该体育赛事活动若涉及境外人员，是否已办理其来华邀请函、接待通知等相关外事手续。

（三）合理性评估。

1. 该体育赛事活动的竞赛规程是否合理，赛事活动的名称、时间、地点、主办方、承办方、参赛条件及奖惩办法等基本信息是否明确。

2. 该体育赛事活动的举办是否会占用过多的公共资源，是否会给群众带来过重的经济负担或者对群众的生产生活造成过多不便。

3. 该体育赛事活动的举办拟采取的安保措施和手段是否必要、适当。

4. 该体育赛事活动的组织的必要性和预期目标。

5. 该体育赛事活动是否通过网络或新闻媒体等途径向社会公开，赛事活动宣传会否引发社会舆情。

（四）可行性评估。

1. 该体育赛事活动的举办是否具备相应的管理人员和专业技术人员。

2. 该体育赛事活动的举办有无落实符合要求的场地、设施和器材；使用的水、电、气、热等方面是否存在风险；临时搭建设施是否存在安全隐患。

3. 该体育赛事活动的举办是否根据体育赛事的专业性要求和国家有关裁判员管理规定，按照公开、择优、中立的原则确定裁判员。

4. 该体育赛事活动的保障措施、设施和人员是否充足；举办过程中对可能发生的紧急事件有无制定相关应急预案及安全保障工作方案；落实医疗急救、食品卫生、交通运输、安全保卫、生态保护等相关措施。

5. 该体育赛事活动是否购买公众责任、意外伤害等各类保险。

（五）可控性评估。

1. 大型群众性体育赛事活动是否对举办的安全风险进行“高、中、低”的（评估）判断，并依照《浙江省大型群众性活动安全等级管理工作规范（试行）》对应的安全等级制定赛事活动安全工作方案，落实相关安全举措；

2. 该体育赛事活动是否成立专门的安全工作组织机构，明确安全工作负责人和内部安全责任分工；

3. 该体育赛事活动是否成立现场安排工作指挥协调部门，对保安人员、安保志愿者开展指挥调度；是否建立内部通讯联络保障机制，现场安全指挥顺畅。

4. 该体育赛事活动若因自然灾害、政府行为、社会异常事件等因素确需变更时间、地点、内容、规模或取消的，有无考虑相应变更或取消措施及补偿机制。

5. 该体育赛事活动场地周边环境是否存在安全隐患，是否存在爆炸等恐怖袭击风险，是否存在大规模疫情暴发可能，参与体育赛事活动人员的交通疏散措施是否到位。

第八条 体育赛事活动社会风险评估程序分为标准程序和简易程序。纳入《体育赛事社会风险评估事项分类表》（附件 1）的赛事活动要求按照标准程序进行评估，其余体育赛事活动需采用简易程序进行评估。

第九条 标准程序。

（一）确定评估项目。每年年初按照应评尽评的选择，对体育赛事活动进行梳理，确定需要进行社会风险评估的赛事活动，分级向党委政法委报备；当年度新增的体育赛事活动，随时报备。

（二）制定评估方案。评估主体在统筹谋划、深入分析的基础上，周密制定评估方案，明确评估实施主体、评估对象、评估原则、评估方法步骤、评估重点、评估事项风险预判、评估经费保障等事项。

（三）充分听取意见。围绕评估事项的合法性、合理性、可行性、可控性及其他相关问题，可以采取公示、问卷调查、实地走访和召开座谈会、听证会、专家论证会等方式征求各方利益群体的意见和建议。

（四）全面分析论证。系统梳理各方意见和情况，并进行全面分析研究，特别是对可能出现的不安全不稳定因素要逐项进行分析论证，评估预测风险发生的概率，风险涉及的人员数量、范围和激烈程度，以及可能带来的负面影响等。

对重大复杂疑难事项，视情征求上级主管部门的意见和建议。

（五）确定风险等级。根据分析论证结果，按照举办体育赛事活动可能对社会安全稳定造成的影响程度对照《实施办法》第十六条分为高风险、中高风险、中风险、中低风险和低风险 5 个风险等级，分别对应不予实施、中止实施、暂缓实施、予以实施且进一步落实风险化解措施和予以实施的评估结论意见。

（六）编制评估报告。评估实施主体在充分评估、客观科学论证分析的基础上编制社会风险评估报告。评估报告应对评估事项作出实施、部分实施、暂缓实施、不实施的意见。

（七）评审评估报告。评估主体应当按照《实施办法》要求，组织相关机构、专业人员对评估报告进行评审。

（八）备案评估报告。评估报告由评估主体主要负责人签字后，送同级党委政法委备案。

第十条 简易程序是指赛事举办规模不大，规格不高，项目危险性小，参赛队伍群体相对单一，社会影响面较小，主办单位可管可控的项目。

参赛队伍不超过 1000 人的群体类项目，纳入全省计划内竞赛单项比赛项目，及各单项体育协会组织举办 3 届以上的常规年度的比赛项目，可以采用简易程序评估的方式，由赛事主办单位直接评估，并作出是否举办决定。

第十一条 社会风险评估报告评审后，评估主体应将评估报告报送同级体育主管部门。

省体育局主办或联合主办、承办的赛事，评估主体应将评估报告同时报省体育局备案。

第十二条 本实施细则第七条涉及的体育赛事活动，社会风险评估报告应作为决策的重要依据。未提交社会安排评估报告的，体育主管部门一律不予审核、批准。

第十三条 评估主体和第三方机构应按要求运用浙江省社会风险评估信息管理系统，同步规范录入相关内容。

第十四条 评估主体应全程跟踪被评估的体育赛事活动的开展情况，及时监测不稳定因素，对可能引发重大社会风险的，应及时会同有关部门做好调处和化解工作，对已经发生重大社会风险事件的，应视情作出暂缓或取消体育赛事活动的决定。

第十五条 本实施细则自 2022 年 10 月 1 日起施行，各地体育部门可参照本细则制定相应的实施规定。本细则解释权归浙江省体育局。

附件 1

体育赛事社会风险评估标准程序分类表

类别	体育赛事
一类	1. 参加人数(包括观众)在 5000 人以上的大型体育赛事活动。 2. 参加人数超过 1000 人,且涉及山地越野、戈壁穿越、翼装飞行、超长距离跑等新兴高危体育赛事活动。 3. 境外非政府机构组织举办的体育赛事活动。 4. 有国际一线体育明星(世界排位前十)参加,影响力大的体育赛事活动。 5. 其他影响力大、存在较大风险的体育赛事活动。
二类	1. 参加人数(包括观众)在 1000—5000 人之间的大型体育赛事活动。 2. 参加人数虽不到 1000 人,但涉及山地越野、戈壁穿越、翼装飞行、超长距离跑等新兴高危体育赛事活动。 3. 其他影响力较大,存在一定风险的体育赛事活动。

附件 2

体育赛事社会风险评估简易程序自评表

制表单位(盖章):　　　　　　　　　　制表时间:　　年　　月　　日

项目名称			**评估主体**						
专题分析会	时间:			地点:					
	主持人:								
	与会人员								
	姓名		单位		职务		联系方式		
	张三		单位 1		主任		13888888888		
	李四		单位 2		副主任		13666666666		
评估内容 (填“是”或“否”)	合法性		合规性		合理性		可行性		可控性
主要风险点 (填写主要风险点)									
风险等级	“高风险”“中高风险”“中风险”“中低风险”“低风险”。								

续表

<table>
<tr><td>风险防范和
化解措施
（填写风险防范和
化解工作措施）</td><td colspan="6"></td></tr>
<tr><td>评估结论
（填“是”或“否”）</td><td>同意实施</td><td></td><td>暂缓实施</td><td></td><td>停止实施</td><td></td></tr>
<tr><td colspan="7">单位（部门）法定代表人（负责人）签字：

年　　月　　日</td></tr>
</table>

浙江省体育局　浙江省文化和旅游厅关于认定2022年度浙江省运动休闲旅游示范基地、精品线路和优秀项目的通知

浙体经〔2022〕267号

各市、县（市、区）体育部门、文化和旅游局，各有关单位：

为更好地发展运动休闲旅游产业，提升体育旅游消费，推动体育产业高质量发展，总结推广我省体育旅游经验和成果，浙江省体育局与浙江省文化和旅游厅联合开展了2022年度浙江省运动休闲旅游示范基地、精品线路和优秀项目评定工作。经自主申报、专家评审、实地考察和公示等程序，现认定临安大明山景区运动休闲旅游基地等10个基地为浙江省运动休闲旅游示范基地（2023—2025），认定富阳桐洲岛（皮划艇）—永安山（滑翔伞）—龙门古镇（定向）等9条线路为浙江省运动休闲旅游精品线路（2023—2025），认定房车露营（千岛湖怡居房车露营基地）等35个项目为浙江省运动休闲旅游优秀项目（2023—2025）。

望各项目单位以此为契机，进一步加强安全生产管理，依托自然资源和区位优势，融入长三角一体化，助力打造共同富裕示范区，引领体旅融合产业新业态，充分发挥运动休闲旅游示范作用。

浙江省体育局　浙江省文化和旅游厅

2022年10月8日

附件

2022 年度浙江省运动休闲旅游示范基地、精品线路和优秀项目（2023—2025）名单

一、2022 年度浙江省运动休闲旅游示范基地（10 个）

1. 临安大明山景区运动休闲旅游基地
2. 宁波半山伴水度假村
3. 宁波万博鱼水上运动休闲基地
4. 温州幸福谷乐园
5. 温州百丈飞云湖运动休闲旅游基地
6. 安吉五峰山运动村
7. Discovery 探索极限基地
8. 海盐南北湖户外运动休闲基地
9. 横店运动休闲旅游基地
10. 桃花岛塔湾金沙休闲运动基地

二、2022 年度浙江省运动休闲旅游精品线路（9 条）

1. 富阳桐洲岛（皮划艇）—永安山（滑翔伞）—龙门古镇（定向）
2. 淳安龙晨水搏乐园（水上运动）—九龙溪漂流（漂流）—华东第一石板溪（溯溪）
3. 长兴太湖龙之梦乐园（马拉松）—太湖会（骑行）—清泉文武学校（武术）
4. 海宁尖山西湖休闲运动旅游基地（户外运动）—尖山定向运动乡镇（定向）—尖山高尔夫俱乐部（高尔夫）
5. 绍兴托斯卡纳（马术）—由由嘉园（露营）—马拉松景观带（骑行）
6. 柯城大荫山丛林飞越探险乐园（丛林穿越）—木可集 · 源春（露营）—千里岗营道（登山）
7. 玉环漩门湾湿地公园（徒步）—蓝波湾（摩托艇）—韩魏赛车玉环汽车运动公园（卡丁车）
8. 三门蛇蟠岛（滑泥）—潘家小镇情人谷景区（穿越丛林）—双龙溪乐园（峡谷漂流）
9. 松阳双童山（飞拉达）—大木山（骑行）—七沐山（滑草）—青龙湖皮划艇（皮划艇）

三、2022 年度浙江省运动休闲旅游优秀项目（35 个）

1. 房车露营（千岛湖怡居房车露营基地）
2. 滑草（富阳永昌庄园）
3. 徒步（杭州跑步中心）
4. 竹林迷宫 ATV（桐庐生仙里竹溪乐园）
5. 漂流（临安三渡山地运动公园）
6. 房车露营（杭州鸬鸟房车露营公园）
7. 帆船（东钱湖逸帆航海俱乐部）
8. 丛林穿越（余姚初新营地）

9. 滑板冲浪（象山阿拉的海海上乐园）
10. 飞拉达（乐清雁荡山）
11. 网球（温州瑶溪钟秀园公园）
12. 露营（平阳鳌江荆溪村）
13. 无动力滑翔（文成百丈漈）
14. 漂移艇（安吉荣耀天空之城）
15. 新西兰滑板车（德清天际森谷）
16. 户外露营（南浔慕仁·淙星花海营地）
17. 赛艇（嘉善汾湖）
18. 棒球（平湖徐家埭）
19. 马术（绍兴沃泰马术基地）
20. 玻璃滑道漂流（嵊州石林花海景区）
21. 竞技垂钓（新昌“白鹭湖”生态运动休闲基地）
22. 马术（诸暨乾驫马术俱乐部）
23. 滑雪（武义千丈岩滑雪场）
24. 非道路全地形越野车（武义大斗山飞行营地）
25. 坡地滑车（衢州神网谷）
26. 卡丁车（开化花牵谷景区）
27. 峡谷漂流（江山浮盖山）
28. 飞越丛林（常山不老泉景区）
29. 风筝（岱山鹿栏晴沙景区）
30. 马术（温岭马术俱乐部）
31. 高空探险（仙居神仙居）
32. 汽车越野（缙云猛峰尖）
33. 彩弹射击（缙云黄龙景区）
34. 无动力滑翔伞（缙云羊上航空飞行营地）
35. 垂钓（云和湖仙宫）

中共浙江省委机构编制委员会办公室等5部门关于印发《浙江省大中小学校体育教练员专业技术岗位设置管理实施意见》的通知

浙体人〔2022〕275号

各市党委编办、教育局、人力资源和社会保障局、财政局、体育部门，省有关单位：

现将《浙江省大中小学校体育教练员专业技术岗位设置管理实施意见》印发给你们，请各地、各单位结合本地区、本单位实际情况，遵照执行。

中共浙江省委机构编制委员会办公室
浙江省教育厅浙江省人力资源和社会保障厅　浙江省财政厅　浙江省体育局
2022 年 10 月 12 日

浙江省大中小学校体育教练员专业技术岗位设置管理实施意见

为贯彻落实中共中央办公厅、国务院办公厅《关于全面加强和改进新时代学校体育工作的意见》(中办发〔2020〕36 号),体育总局、教育部《关于深化体教融合促进青少年健康发展的意见》(体发〔2020〕1 号)以及浙江省委办公厅、省政府办公厅《关于全面加强和改进新时代学校体育工作的实施意见》(浙委办发〔2021〕81 号)精神,进一步深化体教融合、加强学校体育工作、提升学生运动技能水平、加强竞技体育后备人才培养,推动青少年文化学习和体育锻炼协调发展,现就全省大中小学校体育教练员专业技术岗位设置管理有关工作提出以下实施意见。

一、岗位设置范围与要求

(一)岗位设置范围。在全省各级各类中小学、中等职业学校(含技工院校,下同)、高等院校增设专兼职体育教练员专业技术岗位(以下简称“学校体育教练员岗位”)。

(二)岗位设置要求。义务教育阶段学生数 600 人以上的公办学校、普通高中、中等职业学校、高等院校根据学校体育工作需要,原则上设置 1 个以上专兼职体育教练员岗位,鼓励民办学校从实际出发设置体育教练员岗位。被命名为“省级体育传统项目学校阳光体育后备人才基地”的学校、省级体育特色学校和具有高水平运动队招生资格的高等院校,原则上设置 1 个以上专职体育教练员岗位,每个项目设置 1 个以上专兼职体育教练员岗位,并可根据发展需要适当增加体育教练员岗位设置数量。

二、岗位职责与任职条件

(三)岗位职责。学校体育教练员主要承担学生体育运动专项技能训练,传授运动损伤防护康复等知识技能;承担学校运动队训练管理、开展运动训练、参加体育竞赛、选拔输送优秀体育后备人才、培养高水平运动员;指导组织各级各类体育赛事、校园体育社团活动、青少年体育俱乐部建设等工作。

(四)任职条件。任职学校体育教练员应具备大学本科以上学历,小学体育教练员学历要求可放宽到大学专科以上,且须经省级学校体育教练员任职岗前培训考核合格。任职相应学校体育教练员,还应分别符合以下条件:

1. 任职高等院校的体育教练员,应取得运动健将以上技术等级称号。

2. 任职小学、初中、高中、中等职业等学校的体育教练员,应具有国家一级运动员以上技术等级称号或获得省运会前三名以上成绩。

三、岗位管理

(五)岗位设置。高等院校按照有关规定自主设置学校体育教练员岗位,中小学、中等职业学校主管部门按照有关文件规定,统筹制定学校体育教练员岗位设置方案,将学校体育教练员纳入学校人事制度统一管理。

(六)职称系列。学校体育教练员职称纳入体育专业人员职称系列,初级、中级、副高级、正高级职称的名称分别为初级教练(学校体育)、中级教练(学校体育)、高级教练(学校体育)、国家级教练(学校体育),职称评价标准条件另行制定。学校体育教练员职称层级分别与事业单位专业技术岗位等级相对应,正高级对应专业技术岗位一至四级,副高级对应专业技术岗位五至七级,中级对应专业技术岗位八至十级,初级对应专业技术岗位十一至十三级。

四、强化措施保障

(七)积极搭建学校体育教练员作用发挥平台。逐步完善中小学校“健康知识+基本运动技能+专项运动技能”学校体育教学模式,让每位学生掌握2项以上运动技能。鼓励组建体育兴趣小组、社团和俱乐部,推动学生积极参与常规课余训练和体育竞赛。积极推广“一校一品”“一校多品”模式,加强体育传统项目学校阳光体育后备人才基地,建立健全小学、初中、高中“一条龙”后备人才培养体系,支持我省高校积极申报设立高水平运动队。统筹安排全省青少年体育赛事,体育、教育部门共同制订年度竞赛计划,统一注册资格,分别组织实施各项赛事活动,建立健全分学段(小学、初中、高中、大学)的四级青少年体育赛事体系,完善省、市、县三级竞赛制度。鼓励大中小学校建设学校代表队,参加区域乃至全国性体育赛事。

(八)多渠道多来源加强学校体育教练员队伍建设。加大人才引进力度,广泛吸纳全国乃至国际体育人才,各地要将高水平优秀运动员、体育教练员纳入本地人才认定范围,并享受相应的人才引进政策。鼓励各级体校、俱乐部具备相应资质的体育教练员兼职担任学校体育教练员,并按规定领取报酬。探索采取政府购买服务等方式,支持相关专业机构等社会力量提供体育训练、竞赛活动组织等服务,缓解学校体育教练员力量不足问题。

(九)统筹利用学校体育教练员资源。各地应将体育专项技能培养纳入学校体育课,鼓励学校体育教练员参与体育教学管理。按照复合型人才培养的要求,支持鼓励学校从事体育教学、体育训练人员,同时具备学校体育教练员和体育教师任职资格,取得教师资格的学校体育教练员可聘任体育教师岗位,具备相应资质条件的体育教师可聘任学校体育教练员岗位。探索完善学校体育教练员多点执教、跨校执教机制,各县(市、区)要整合学校体育教练员资源,合理规划配置“三大球”、游泳及田径等基础大项、冰雪运动等各类运动项目学校体育教练员岗位,按区域统筹安排学校体育教练员的教学训练任务,最大限度发挥学校体育教练员作用。

(十)畅通学校体育教练员队伍职业发展通道。建立健全学校体育教练员培训体系,分层实施学校体育教练员业务培训。建立各级各类体校与大中小学校合作机制,具备条件的体校可设立学校教练员培训基地,或组织体校教练员到大中小学校开展业务指导。完善体育教练员职称评聘标准,确保体育教练员在职务职称晋升、教学科研成果评定等方面,与各学科教师享受同等待遇。探索建立体校体育教练员与学校体育教练员职称互认机制,注重选拔敬业爱岗、业务精湛、成绩突出的学校体育教练员到优秀运动队及业余体校执教。

(十一)加大学校体育教练员队伍建设保障力度。聘用学校体育教练员所需编制原则上在聘用单位核定编制总量内统筹解决。确有需要的县(市、区),在当地现有教职工编制总量内统筹解决。各级政府要优化教育支出结构,完善投入机制,鼓励引导社会资本支持学校体育发展,切实保障学校体育教练员工作开展的必要支出。各地要结合实际制定兼职教练员享受待遇的相关政策,稳步提高兼职教练员待遇。

五、加强组织实施

(十二)提高思想认识。在大中小学校设立学校体育教练员岗位是推进体教融合发展的具体举措,也是体育领域共同富裕示范区建设的重要抓手。各市、县(市、区)要坚持“健康第一”的教育理念,通过学校设立教练员岗位加强学校体育工作,推动青少年文化学习和体育锻炼协调发展。

(十三)加强组织领导。各地要把学校体育教练员岗位设置作为加强学校体育工作的重要内容纳入议事日程,依托各级青少年体育工作联席会议机制,及时研究解决工作中出现的困难和问题。各级编制、教育、人力社保、财政、体育等部门要加强组织领导,按照部门职责分工协作、联合督导,确保“十四五”期间学校体育教练员岗位设置和人员配备逐步到位。

(十四)制定实施细则。各地要依据本意见研究制定实施细则,立足实际,加强探索,不断完善学校体育工作机制和考核评价体系。对未按规定配置学校体育教练员岗位的,视情况给予取消体育传统项目学校阳光体育后备人才基地、体育特色学校资格等。

(十五)本意见自 2022 年 12 月 1 日起实施,由省体育局、省教育厅会同有关部门负责解释。

浙江省体育局关于印发《浙江省体育产业发展指数报告》的通知

浙体经〔2022〕280 号

各市体育部门:

为做大做强做优我省体育产业,省体育局委托浙江大学开展了浙江省体育产业发展指数评估,形成了《浙江省体育产业发展指数报告》,现印发给你们。请各市体育部门针对本地区体育产业发展存在的问题短板,出台提升发展的政策举措,进一步推动地区体育产业的高质量发展,为浙江体育产业打造第九大万亿产业的目标夯实基础。

浙江省体育局

2022 年 10 月 16 日

浙江省体育产业发展指数报告

自 2014 年国务院颁布《关于加快发展体育产业促进体育消费的若干意见》以来,浙江省体育产业保持着高速增长态势,从 2014 年的年总产出 1209 亿元增长到 2020 年的 2776 亿元,增加值占 GDP 的比重由 0.88%增长到 1.36%,年均增长率达到 14.86%。当前,浙江省正高质量发展建设共同富裕示范区,奋力开启现代化体育强省新征程,浙江省体育产业也将从高速增长转向高质量发展的路径，如何科学、准确、全面、客观评估和评价浙江省体育产业的发展活力和发展水平，及时了解各地市体育产业发展中可能面临的问题，推进浙江省体育产业实现全面、协调、可持续发展，传统评价较多依赖体育产业总产出、体育产业增加值等单一数据，未能全面反映出各地市体育产业实际发展状况。故有必要系统构建一套评价浙江省体育产业发展的指标体系，全面摸家底、查问题、找差距、对标杆、定措施，以有效的识别、量化、测度体育产业发展程度，为打响“运动浙江”品牌，打造万亿体育产业金名片，继续发挥探路者作用，勇当改革排头兵，全面推动了新时期浙江省体育产业的高质量发展。本报告以产业发展、评价等理论为支撑，遵循科学性、全面性、可操作性等基本原则，构建浙江省体育产业发展评价指标体系，设计体育产业发展指数测量模型。以浙江省11个地市2018—2020年3年相关统计数据为基础，对浙江省体育产业发展水平进行指数测度和综合评价，为浙江省体育产业发展的战略部署提供决策参考。

一、浙江省体育产业发展综合评价指标体系构建

（一）构建原则。

1. 科学性原则。指标体系的构建符合体育产业发展的本质和核心，指标的选取直观、明确、逻辑性强，能够对浙江省体育产业的发展作出科学、准确、客观的评价。

2. 全面性原则。指标体系能够从不同方面综合反映体育产业发展的水平，既包括直接体现体育产业发展水平的内在指标，又包括促进体育产业发展的外延指标。

3. 可操作性。既要选取具有代表性的关键指标，又要确保指标数据的可获得性、权威性和可持续性，尽可能选取具有可靠数据来源的量化指标。

（二）指标体系。

新时代体育产业的发展需要实现质和量的齐头并进，最大程度地发挥产业动能，实现经济和社会的巨大效益。立足国家、省级各类政策文件，充分学习与借鉴《上海市体育产业发展指数》《浙江省全民健身发展指数》《新时代体育发展综合评价体系》《区域体育服务业竞争力评价模型》等相关评价指标体系，从体育产业发展的“质”和“量”2个维度，构建浙江省体育产业发展综合评价指标体系，总共包含产业规模、产业效率、产业活力、产业贡献、产业基础等5个一级指标，15个二级指标，24个三级指标（如表1）：

产业规模：是衡量体育产业发达程度的重要指标，能够直接反映地区体育产业的产出水平和整体规模，包含产业水平和市场规模2个二级指标。产业水平是指产业的发展水平，由体育产业总产出和体育产业增加值2个三级指标衡量。市场规模一般指市场容量，通过体育市场主体数量和主体的经营情况来反映，选取体育企业数量、规模以上体育企业数量占比、体育企业收入、体育企业利润4个三级指标衡量。

产业效率：指体育产业发展要素投入与产出的对比关系。一般包括综合效率、要素效率、组织效率和增长速率。选取体育产业增加值率衡量综合效率；选取劳动效率衡量要素效率；选取体育企业收入利润率和体育企业单位产出率衡量组织效率；选取体育产业增加值年增长率衡量增长速率。

产业活力：是衡量体育产业发展活跃程度的指标，从发展活力、结构活力和消费活力3个角度衡量。体育本体产业是体育服务业中发挥体育自身经济功能和价值的生产经营活动部分，其发展质量更能体现产业发展的活力和水平，选取体育本体产业增加值衡量产业发展活力；体育产业包含体育服务业和体育用品业2部分，其中体育服务业的占比可以综合反映体育产业发展的结构活力，故选择体育服务业增加值占比衡量结构活力；体育消费是现代服务性消费和生活性服务消费的重要内容，是体育产业发展的基石，消费活力主要通过人均体育消费和人均体育消费支出占总消费支出比重来反映。

产业贡献：指在产业发展过程中人与自然物质相互作用而引起的经济、社会整体系统的成果与耗费之间的关系，体现了产业对经济和社会发展影响力的贡献，主要包括社会贡献和经济贡献2个维度。经济贡献主要通过体育产业对经济的贡献率、对经济的拉动率、对税收的贡献来衡量，社会贡献则通过对就业带来的贡献来衡量。

产业基础：是产业发展的基本支撑。体育活动是体育管理的本质，而体育人口、产业平台、场地设施和政策投入则是体育产业发展不可或缺的要素资源。体育人口选取经常参加体育锻炼人数比例来反映。选取国家级、省级体育产业示范平台数量和省级及以上体育赛事入库项目数量反映产业平台建设情况。场地设施作为体育产业发展的基础要素决定着体育产业总体发展的规模和效益，选取人均体育场地面积来衡量。体育彩票的销售则为产业发展提供了资金保障，选取体育彩票销售额来衡量政策投入。

表1　浙江省体育产业发展指标体系

一级指标	二级指标	三级指标	具体衡量指标
产业规模	产业水平	体育产业总产出（亿元）	体育产业总产出
		体育产业增加值（亿元）	体育产业增加值
	市场规模	体育企业数量（个）	体育企业数量
		规模以上体育企业数量占比（%）	规模以上体育企业数量/体育企业总数量
		体育企业收入（亿元）	体育企业收入
		体育企业利润（亿元）	体育企业利润
产业效率	综合效率	体育产业增加值率（%）	体育产业增加值/体育产业总产出
	组织效率	体育企业收入利润率（%）	体育企业利润/体育企业收入
		体育企业单位产出率（万元/家）	体育企业收入/体育企业数量
	劳动效率	全员劳动生产率（万元/人）	体育产业生产总值/体育企业从业人员数
	增长速率	体育产业增加值年增长率（%）	当年体育产业增加值增量/上一年体育产业增加值
产业活力	发展活力	体育本体产业增加值（亿元）	体育本体产业增加值
	结构活力	体育服务业增加值占比（%）	体育服务业增加值/体育产业增加值
	消费活力	人均体育消费支出（元）	人均体育消费支出
		人均体育消费支出占总消费支出比重（%）	人均体育消费支出/总消费支出

续表

一级指标	二级指标	三级指标	具体衡量指标
产业贡献	经济贡献	体育产业对经济的贡献率(%)	体育产业增加值的增量/GDP的增量
		体育产业对经济的拉动率(%)	体育产业对经济的贡献率×经济增长率
		体育产业对政府税收的贡献(万元)	体育企业税收总额
	社会贡献	体育产业对就业的贡献(人)	体育产业从业总人数
产业基础	体育人口	经常参加体育锻炼人数比例(%)	经常参加体育锻炼人数比例
	示范平台	国家级、省级体育产业示范平台数量(个)	国家级、省级体育产业示范平台数量
		省级及以上体育赛事入库项目数量(个/场)	省级及以上体育赛事入库项目数量
	场地设施	人均体育场地面积(平方米)	人均体育场地面积
	政策投入	体育彩票销售额(亿元)	体育彩票销售额

二、浙江省体育产业发展指数测度

体育产业发展指数是指在时间或空间条件下,综合反映体育产业发展水平的总体变动方向和程度,以及总体变动中各因素影响方向和程度的相对数。本报告采用综合评价理论中的“纵横向”拉开档次法测浙江省11个地市2018—2020年体育产业发展指数,具体包括数据收集、指标无量纲化处理、指标权重计算和指数合成方法等方面。

(一)数据收集和无量纲化处理。

为了更客观地反映客观事实,本报告的数据来源于浙江省每年发布的体育产业统计数据、省市监局和税务局共享数据库、浙江省居民体育消费调查、浙江省品牌赛事名录库、浙江省体育场地统计调查数据库等。

指数测度方法是一种重要的统计分析方法。通常,在计算指数之前先要定下个基准数,并为每类指数设计一套科学、合理的计算公式,然后对收集的大量数据进行分析和研究,从而计算出一个具体的指数。由于各指标的测定单位和数量不同,无法直接进行数据的比较和排序,为了统一计量单位,需要首先对数据进行无量纲化处理,将不同计量单位的指标数据转化为可进行汇总的同度量化值。本研究采用无量纲化处理方法中的功效系数法,对每一评价指标设置最低60分的及格分,最高100的满分,计算出每一指标的得分值,确保各指标数据之间的可比性。具体公式如下:

$$x_{ij} = c + \frac{r_{ij} - m_j'}{M_j' - m_j'} \times d$$

式中,M_j'和m_j'分别表示指标r_{ij}在当期的最大值和最小值,c取60,d取40。

(二)指标权重。

为最大程度客观反映各地市体育产业的发展水平和发展情况,本研究采用“纵横向拉开档次法”进行指标体系权重系数的计算。其计算原理是从整体上尽可能体现出各被评价对象的差异,使之尽量拉开档次以便于排序。这种方法的优点在于能够最大程度体现评价对象之间的整体差异,且能对评价对象进行动态评价,评价过程公开透明,无主观色彩，评价结果具有可比性，而且计算量小、具有可操作性。

（三）指标权重。

表2　浙江省体育产业发展指标体系权重表　　单位：%

一级指标	权重	二级指标	权重	三级指标	权重
产业规模	23.75	产业水平	9.96	体育产业总规模	5.04
				体育产业增加值	4.92
		市场规模	13.79	体育企业数量	4.59
				规模以上体育企业数量占比	2.78
				体育企业收入	3.52
				体育企业利润	2.90
产业效率	18.27	综合效率	4.40	体育产业增加值率	4.40
		组织效率	5.76	体育企业收入利润率	2.97
				体育企业单位产出率	2.79
		劳动效率	4.07	全员劳动生产率	4.07
		增长速率	4.04	体育产业增加值年增长率	4.04
产业活力	19.15	发展活力	4.83	本体产业增加值	4.83
		结构活力	4.93	体育服务业增加值占比	4.93
		消费活力	9.39	人均体育消费支出	5.45
				人均体育消费支出占总消费支出比重	3.94
产业贡献	18.97	经济贡献	14.17	体育产业对经济的贡献率	4.51
				体育产业对经济的拉动率	4.67
				体育产业对政府税收的贡献	4.99
		社会贡献	4.80	体育产业对就业的贡献	4.80
产业基础	19.86	体育人口	3.60	经常参加体育锻炼人数比例	3.60
		示范平台	7.99	国家级、省级体育产业示范平台数量	4.04
				省级及以上体育赛事入库项目数量	3.95
		场地设施	4.57	人均体育场地面积	4.57
		政策投入	3.70	体育彩票销售额	3.70

计算结果如表2所示。从各指标的权重系数来看，一级指标的重要性排名为：产业规模>产业基础>产业活力>产业贡献>产业效率，表明产业规模和产业基础对产业发展的影响最大，产业效率和产业贡献则极大制约了浙江省体育产业的总体发展；二级指标权重中，经济贡献（14.71%）、市场规模（13.79%）和产业水平（9.96%）占比最高，表明其在体育产业发展水平评价中更为重要；三级指标中人均体育消费支出（5.45%）、体

育产业总规模(5.04%)和体育产业对税收的贡献(4.99%)分别代表了产业活力、市场规模和产业贡献,对各地市体育产业发展的影响较大。

三、浙江省体育产业发展指数分析

(一)浙江省体育产业发展水平分析。近年来,浙江省体育产业发展规模不断壮大,产业基础建设日益加快,产业增长所带来的经济效益和社会效益愈发明显。面对复杂的国内外形势,特别是疫情的严重冲击,浙江省政府高度重视体育产业的发展,全力推进产业的复苏和振兴,最大程度减轻疫情对产业的影响。2020年以来,《浙江省体育产业发展"十四五"规划》《浙江省户外运动发展纲要(2019—2025年)》《浙江省人民政府办公厅关于促进全民健身和体育消费推动体育产业高质量发展的实施意见》等一系列体育产业发展政策的出台和颁布,为浙江省的体育产业发展指明了方向,也为各地市实现产业快速增长营造了良好的发展环境。

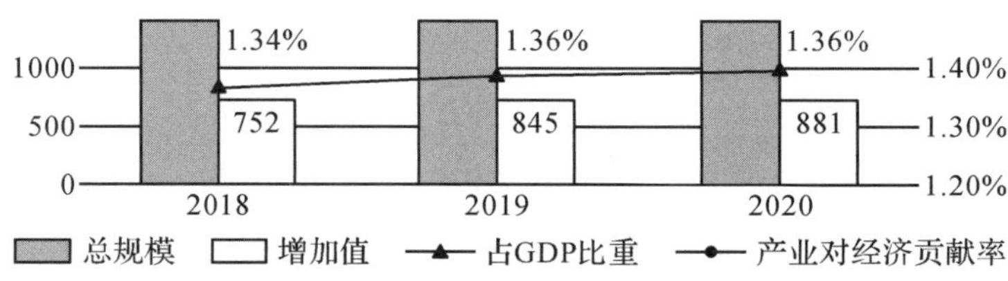

图1 浙江省体育产业发展规模

2020年浙江省全省体育产业总产出达到2776亿元,增加值881亿元,同比分别增长6.2%和4.2%,体育产业增加值占GDP的比重由2019年的1.355%增长到了1.364%,体育产业对经济的贡献率达到1.59%,较2019年增加了0.08%,可见产业对国民经济的贡献愈发明显。其中,体育本体产业总产出达到825.65亿元,增加值359.51亿元,较2019年提高了2.52%。2020年浙江省体育本体产业增加值占体育产业总产出42.4%,体育本体产业占体育服务业的比重为74.56%。

从各地市来看(表3),杭州、宁波和温州市的体育本体产业规模较大,发展水平较高,杭州、温州、嘉兴、湖州、衢州市展现出较快的发展速度,金华市和宁波市较2019年有所下降。

体育服务业增加值占比体现新增产业中服务业所占比重,能反映产业结构优化状况,体现产业发展活力。舟山、杭州、丽水、衢州、绍兴市体育服务业增加值占比较高,杭州、温州、衢州的产业结构调整较为明显。由此可见,总体上我省体育本体产业近年来发展水平不断提高,产业活力持续提升,产业结构也进一步实现了优化调整。

表3 浙江省各地市体育本体产业增加值和服务业增加值占比

地市	体育本体产业增加值(亿元)			体育服务业增加值占比(%)		
	2020年	2019年	同比增长	2020年	2019年	同比提高
杭州市	135.90	124.53	9.13%	77.10	75.52	1.58
宁波市	58.49	60.31	-3.02%	39.35	41.83	-2.48
温州市	45.23	42.61	6.17%	55.01	53.44	1.56
嘉兴市	19.46	18.68	4.18%	43.40	43.10	0.30

续表

地市	体育本体产业增加值(亿元)			体育服务业增加值占比(%)		
	2020 年	2019 年	同比增长	2020 年	2019 年	同比提高
湖州市	9.44	9.10	3.75%	59.77	62.20	-2.43
绍兴市	26.67	26.30	1.38%	67.27	67.20	0.07
舟山市	7.20	7.26	-0.83%	92.17	92.19	-0.02
金华市	16.40	19.96	-17.81%	51.11	56.85	-5.74
衢州市	7.67	7.18	6.82%	69.04	65.16	3.88
台州市	23.81	23.78	0.13%	59.82	61.77	-1.95
丽水市	11.00	10.95	0.48%	72.97	77.48	-4.51

体育市场主体活跃,产业带动的就业效应明显,品牌赛事成果丰硕,产业基础逐渐扎实。2020 年浙江省体育企业总数量较 2019 年增加了 4.01%(参见图 2),其中规模以上体育企业数量增加了 10.19%。体育企业总收入同比增长 25.99%,企业总利润增长 22.86%,体育企业带动的就业人数达到 27.86 万人,较 2019 年增加 6.5%。省级及以上体育赛事入库项目自 2018 年来逐年增多(参见图 3),2020 年共 76 项品牌赛事入库,数量较 2019 年增加了 24.59%,人均体育场地面积也从 2019 年的 2.26 平方米增长到 2.32 平方米,增加了 0.06 平方米。全省经常参加体育锻炼人数比例近三年均在 41% 以上,比全国数据高出 4 个百分点。可见随着发展环境的不断改善,浙江省体育产业总体发展规模日渐扩大,产业发展水平进一步提高,产业平台建设和品牌培育能力逐年增强,产业发展空间也不断扩大。

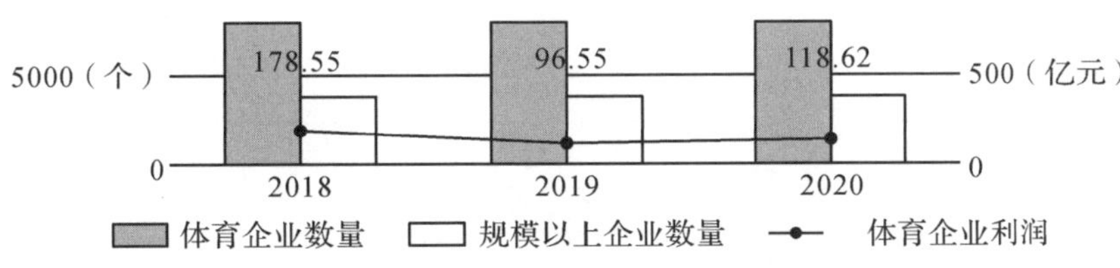

图 2 浙江省体育企业相关统计数据

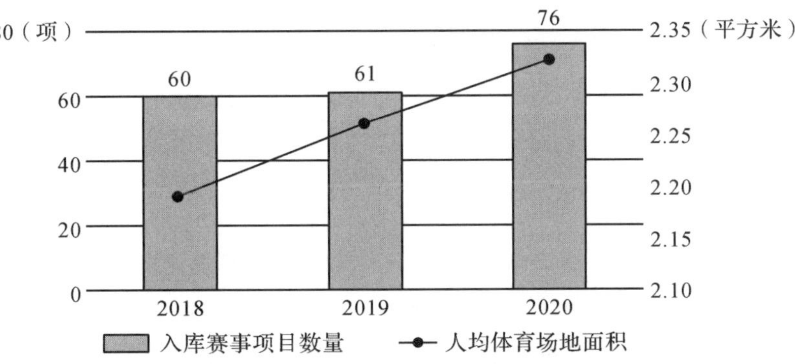

图 3 入库赛事数量和人无法体育场地面积

受疫情的影响,2020 年浙江省体育企业数量增速放缓,产业增加值率同比降低 0.58%,产业增长率下滑 8.11%,体育企业的收入利润率下降了 0.15 个百分点,产业对经济的拉动率下降了 0.11%,体育企业的税收总收入同比下降 15.89%,市场活力提升不明显,体育彩票销售总额也同比降低了 15.36%。

(二)浙江省各地市体育产业发展指数分析。

按照"纵横向拉开档次法",对各地市 2018—2020 年的无量纲化数据计算得到各年浙江省各地市的体育产业发展指数得分,得分越高,表明产业发展水平越高,最终得分如下表(表 4),发展指数得分排名变化见图 4。

表 4　浙江省各地市体育产业发展指数得分表

地市	2018 年		2019 年		2020 年	
	总得分	排名	总得分	排名	总得分	排名
杭州市	85.38	1	84.21	1	82.93	1
宁波市	84.64	2	83.55	2	81.49	2
温州市	76.97	3	78.35	3	75.02	3
金华市	75.96	5	76.29	4	74.46	4
绍兴市	76.66	4	76.11	5	72.81	5
嘉兴市	72.20	6	72.38	6	70.75	6
台州市	70.69	7	70.69	10	70.46	7
湖州市	70.08	10	70.85	9	70.24	8
丽水市	70.56	9	71.49	7	69.26	9
衢州市	70.66	8	71.04	8	68.86	10
舟山市	67.55	11	67.91	11	66.08	11

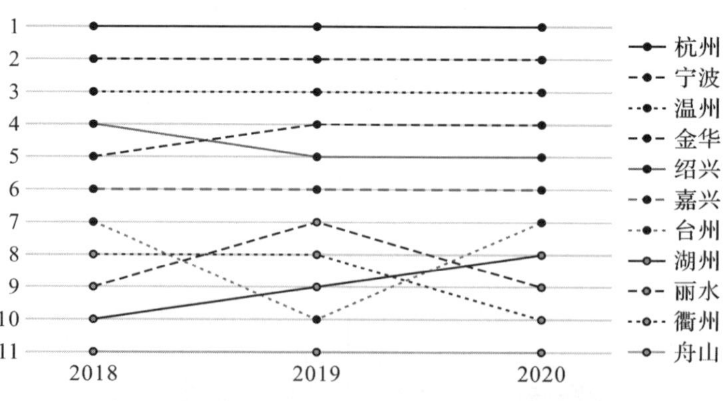

图 4　浙江省各地市体育产业发展指数排名变化

从表 4 可以看出,近三年浙江省体育产业发展指数最高分为 2018 年杭州市的 85.38 分,最低分为 2020 年的舟山市 66.08 分,超过了 60 分的及格线,表明近年来浙江省各地市体育产业总体发展状况良好,区域间发展差距不大。从总得分来看,浙江省 11 个地市的产业发展得分呈现明显的“阶梯状”发展特征。以杭州市和宁波市为首的第一梯队得分均高于 80 分，位于领先位置，且领先优势明显，排名未发生改变。温州市、金华市、绍兴市、嘉兴市、台州市、湖州市 3 年得分均在 70—80 间，为第二梯队。这些城市的体育产业展现出强劲的发展实力，具有各自的发展特点和优势，且得分差距不大。温州市和嘉兴市排名未有变化，金华市 2019 年排名上升一位，绍兴市近两年排名有所下降，台州市排名经历先降后升，湖州市排名一直稳步提升。丽水市、衢州市、舟山市位于第三梯队，2020 年得分均低于 70 分。丽水市排名自 2019 年来有所下降，衢州近 2 年排名有所下降，表明这些区域产业发展水平较为不稳定，产业发展还存在一些短板，具有较大发展潜力和空间。

表 5　浙江省各地市体育产业发展指数一级指标排名变化表

一级指标	年份	杭州	宁波	温州	金华	绍兴	嘉兴	台州	湖州	丽水	衢州	舟山
产业规模	2020	2	1	4	3	6	5	7	8	9	10	11
	2019	2	1	3	4	6	5	7	8	9	10	11
	2018	2	1	4	3	6	5	7	8	9	10	11
产业效率	2020	3	10	4	9	7	11	1	6	2	5	8
	2019	2	8	1	10	4	11	6	9	5	3	7
	2018	3	7	4	9	1	11	6	10	5	2	8
产业活力	2020	1	3	2	6	5	11	8	10	7	4	9
	2019	1	2	3	6	4	11	8	10	7	5	9
	2018	1	2	3	6	5	11	8	10	7	4	9
产业贡献	2020	3	1	5	2	9	4	7	6	8	10	11
	2019	4	1	2	3	6	5	8	10	7	9	11
	2018	4	1	2	3	6	5	9	10	7	8	11
产业基础	2020	1	3	5	8	2	7	11	4	9	6	10
	2019	1	4	6	3	5	8	10	2	7	9	11
	2018	1	2	6	4	3	8	7	5	9	10	11

从一级指标得分排名的变化来看（表 5），各地市产业规模和产业活力的排名变化较小，台州、湖州、丽水的产业效率排名提升较明显，金华、嘉兴的产业贡献提升明显，绍兴、湖州、衢州的产业基础排名稳步提升，表明浙江省 11 个地市的体育产业在政府、社会、企业、学术界等各界的共同努力下，积极培育体育产业新动能，推动体育产业供给侧与需求侧共同发展，培养人们的体育消费意识与观念，优化产业结构，扩大产业规模，引领体育产业高质量发展。

11 个地市的体育产业规模相关统计数据整理如图 5 所示。

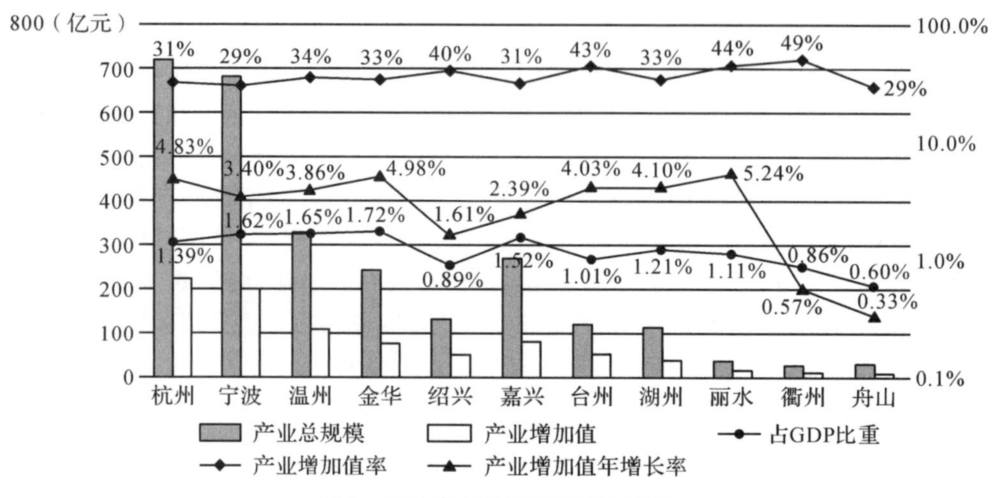

图5 浙江省各地市体育产业规模

1. 第一梯队:乘势而上,发挥产业引导和带动作用。处于第一梯队的杭州市和宁波市体育产业总体发展水平较高,居于全省领先地位,发挥较强的产业带动作用。从得分来看,杭州市总得分排名第一,其中产业活力和产业基础得分均居全省第一位。近年来杭州市体育产业实现了快速发展。2020 年杭州市体育产业总值达到 717. 84 亿元,增加值 223. 76 亿元,体育产业增加值率达到 31. 17% ,较 2019 年增长 4. 83% 。2018—2020 年杭州市体育产业规模始终处于全省领先地位,产业总体量大,且产业基础夯实。产业结构不断优化,2020 年体育服务业增加值占比达到 77. 1% ,同比提高了 1. 58% ,体育本体产业近年来快速增长,2020 年实现了增加值 135. 9 亿元,同比增长 9. 13% ,展现出活跃的市场活力。产业的蓬勃发展得益于其良好的产业发展环境,2020 年杭州市全市生产总值达 16106 亿元,比上年增长 3. 9% ,位居全国第八,经济的繁荣发展为体育产业规模扩大创造了良好条件。此外,杭州市产业集聚发展效应显著,产业品牌打造、产业联动和产业融合为产业发展提供强大推动力。杭州市淳安县千岛湖山水户外运动、建德市航空运动、临安区山地冰雪运动等产业集聚示范区的形成,以及体育产业与旅游、文化、会展、康养、教育的融合,使体育产业能够发挥最大的经济和社会效益,同时也带动了相关体育服务业的发展,为产业发展增添了活力。“十四五”期间,杭州市共建设国家体育产业示范基地、项目和单位 8 个、国家级或省级体育旅游精品线路 10 条、省级运动休闲基地 5 个、运动休闲乡镇 3 个,培育省级运动休闲旅游优秀项目 30 个以上,为产业发展创造了新的发展平台和空间。拟承办的杭州亚运会成为杭州市体育产业发展的重大机遇,杭州市体育产业“十四五”规划中明确提出将杭州市打造为赛事之城和户外运动之城,推动赛事经济集聚发展。杭州市省级及以上体育赛事入库项目数量自 2018 年以来逐年增长,2020 年达到 16 个,占到全省总数的 21% 。经常参加体育锻炼人口比例近 3 年都在 44% 以上,位居全省榜首。众多国际性、世界级顶级赛事的举办和召开,为杭州市积累了大量办赛经验,亚运系列全民健身和消费活动的开展也将为产业发展增添更强劲的动力。同时应指出的是,杭州市规模以上体育企业占比不高,龙头企业的头部效应发挥得不明显,应进一步加快培育孵化杭州市的自有品牌和企业,做大做强民营经济,推进产业高质量、高效率的规模发展。

同处第一梯队的宁波市 2018—2019 年体育产业发展迅速，产业增加值增速达到 14.63%，2019—2020 年产业增速逐渐放缓，产业规模进一步扩大，体育企业数量逐年增加，企业收入和利润均有所提高，2020 年同比增长 60.91% 和 43.17%。从得分情况来看，宁波市在产业规模和产业贡献方面均在全省领先，其中 2019 年宁波市体育产业对经济的拉动率达到 2%，可见体育产业已成为宁波市经济发展的重要增长点，对经济和社会的贡献程度也愈发突出。经分析，其优势在于以下几点。第一，宁波市的体育产业市场主体活跃，社会力量不断壮大，总部效应明显，因而产业规模能够实现快速增长。截至 2020 年底，宁波市共有 4416 家体育企业，占浙江省体育企业总数量的 21.41%，其中年收入在 500 万元以上的企业占 23.35%，体育企业年收入和利润均位于 11 个城市之首。而社会力量的壮大也为经济和社会带来了更大的贡献，突出体现在宁波市 2020 年体育企业的纳税总额达到 20.35 亿元，带动就业 13 万人次。第二，近年来宁波市紧跟政策方向，通过产业政策扶持和产业引导资金助力产业高质量发展。自宁波市成功被列为首批国家体育消费试点城市以来，发布《宁波市推进国家体育消费试点城市建设实施方案》，同时进行《宁波市体育设施专项规划（2020—2035 年）》的编制。12 月底，宁波市《体育产业发展“十四五”规划》发布，为产业发展提出了更为明确的目标、任务和举措。第三，宁波市的体育消费活力激发，不断推进产业业态升级创新。宁波市 2020 年人均体育消费支出达到 2684.31 元，居全省首位，占人均生活消费支出的 7.8%。东海蓝湾体育嘉年华活动、宁波市体育产业促消费活动、2021 热力宁波 · 体育市集等活动的开展，为体育消费构建新场景、搭建新空间、拓展新渠道，在输出高质量体育服务的同时，也不断满足群众多元化体育需求，为产业发展增添了活力。但研究表明，宁波市还需继续提升体育产业效率，借助科技手段加快产业升级，提高企业生产效率，实现产业更高质量、更高效率、更高水平发展。

2. 第二梯队：激流勇进，发挥产业比较优势。第二梯队的城市竞争激烈，各地市均具备独特的产业发展优势和特点。其中，温州市以 0.56 的得分优势领先于金华市，排名居于第二梯队之首，具有进入第一梯队的实力和潜力。近年来，温州市体育产业发展迅猛，2019 年产业增加值年增长率达到 12.49%，2020 年增速虽有所放缓，产业增加值率达到 34.26%，产业发展综合效率进一步提升。温州市产业活力处领先地位，2020 年本体产业增加值达到 45.23 亿元，较 2019 年增长了 6.17%，产业对经济的贡献和拉动作用也十分突出，分别达到了 1.59% 和 0.06%，居全省前列。自 2017 年全国唯一的社会力量办体育改革试点落户温州以来，省政府发布文件《关于鼓励支持社会力量办体育加快推进体育改革与发展的若干意见》，社会力量成为体育产业发展的重要动力。2020 年温州市新增企业数量居全省首位，社会力量投资百姓健身房、体育场地设施建设和竞技后备人才的培养，为产业发展增添了新的活力。此外，温州市积极推进体育与教育、医疗、文化、旅游等方面的融合发展，市体育局与温州大学合作成立体育协同发展中心，在温州市中西医结合医院成立全省公立医院首家运动医学中心提供运动损伤防护和运动康复服务。打造省级运动休闲基地、精品线路和优秀项目，“乐清体育 + 旅游造就运动休闲养生城”等 3 个案例入选国家体育产业联系点典型案例，为产业发展创造了发展空间。

温州市在营商环境的改善、体育产业数字化改革、产业项目的投资建设方面积极探索，不断提高产业对经济的贡献作用和拉动效应。面对新的产业竞争形势，温州市还需持续加强品牌赛事、优质项目和产业基地的培养，利用活跃的社会力量为产业发展助力，不断扩大产业规模和发展优势，实现更大突破和发展。

第二梯队中排名仅次于温州市的金华市，近年来体育产业发展势头强劲。金华市自2018年以来，产业规模扩大，产业活力不断提高，产业发展速度加快，2020年体育产业增加值率达到了33.06%，较上一年增长4.98%，增加值增速在省内位居第二。2020年金华市体育企业总数量达到3854家，位列全省第二，带动就业36646人。同时，产业对经济和社会的贡献作用和拉动效应明显，2020年体育产业对经济的贡献率达到2.66%，对经济的拉动率为0.08%，在11个城市中均位列第一，体育产业已成为金华市新的经济增长极。产业的迅猛发展离不开政府部门的高度重视，《金华市体育产业促进三年行动计划(2019—2021)》通过顶层设计布局谋划产业发展，《金华市智慧体育建设奖励办法》推进金华市体育场馆的数字化升级建设，《金华市品牌体育赛事培育办法(试行)》全面推进特色品牌赛事的培育。通过开展全国首创的产业"双创"活动，"十三五"期间成功创建52家"体育+"特色村(居)，以及体育产业(运动休闲)产业基地、示范基地77个，为产业发展创建了新的发展空间。金华市的体育制造业一直走在全省前列，面对市场需求的升级，企业也在进行转型升级，电动冲浪板、平衡车、跑步机、渔具等优质产品畅销国内外，为金华市的经济发展作出了巨大贡献。此外，2020年金华市成功入选首批国家体育消费试点城市，通过一系列消费促进举措，如依托阿里体育云数据技术开展的"金华运动银行服务平台"和运动休闲旅游节等，极大激发了体育消费热情，提高了产业发展的活力，2020年居民体育消费总规模达213.06亿元，人均体育消费2801.98元，接近欧美发达国家体育消费水平，体育彩票的销售额也达到了13.95亿，位列全省第四。研究表明，金华市还需继续夯实产业发展基础，尤其是全民健身和体育消费的基础——人均场地面积，为产业规模的进一步扩大创造更大的空间。

总得分位列全省第五的绍兴市，自2018年以来排名有所降低，从得分情况来看，其产业效率得分下降较为明显，2019年绍兴市产业增加值年增长率高达16.54%，表明其在2018—2019年体育产业实现了高速发展，但2020年产业增速有所降低，增长率仅为1.61%，导致了增长效率得分降低，2020年绍兴市体育企业数量较2019年有所降低，影响了市场活力的进一步提高。绍兴市体育产业发展具有明显特点和优势，也具有较大的产业竞争力和发展空间。首先，绍兴市的民营经济活跃。2020年绍兴市共有体育企业数量2804家，位列全省第四，其中龙头体育企业的带动作用明显，全市规模以上企业数量占比高达18.90%，居全省第二。其次，绍兴市体育消费市场活力不断增强，居民消费意识和观念逐渐加深，青少年体育人口基数扩大。根据《2020年度绍兴市居民体育消费调查报告》数据，2020年绍兴市居民体育消费规模达到135.72亿元，人均体育消费达到2574.93元，绍兴市积极创建首批国家体育消费试点城市，约3000万元"运动赋能，健康绍兴"体育消费券的发放，以及全民健身体育消费季等活动的开展不仅激发了居民健身休闲消费的热情，也极大带动了绍兴市本地的体育服装装备企业和健身培训体育服务业的发展。第三，绍兴市品牌赛事经济效应显著。2020年绍兴市有9项省级及以上赛事入库,总数量位于全省第二,仅次于杭州市。近年来,绍兴市探索构建全国首个"全域体育赛事旅游目的地城市",积极申办影响力大的单项世锦赛、亚锦赛和全国锦标赛,努力创办具备自主知识产权的职业赛事,构建"全国—全省—全市"职业赛事体系,不断探索赛事经济的集聚和规模效应,为产业发展增添动力。从总得分上看,体育产业对经济的贡献和拉动效应较低,且体育企业的盈利水平不高,收入利润率较低,绍兴市应尽快加快体育制造企业的转型升级,提高体育产品附加值和科技含量,通过数字化改造降低生产成本,提高产业生产效率,促进产业更高质量的发展。

嘉兴市近 3 年来体育产业发展水平较为稳定,排名均为第六名。嘉兴市的体育产业规模较大,发展基础扎实,产业发展对社会和就业的贡献较为突出。2020 年嘉兴市体育产业总产出达到 270. 20 亿元,产业增加值 84 亿元,位居全省第四,体育企业纳税总额达到 9. 29 亿元,带动就业人数 31816 人。近年来,嘉兴市体育产业的发展逐渐向着专业化、品牌化迈进,日益重视本土品牌的培育和开发,平湖徐家棣棒球基地、南山马会、天旭航空等本土体育品牌知名度日益提高,华尔科技、桐乡波力、浙江迈豪登等企业也加大了自主品牌建设力度。此外,嘉兴市平湖九龙山体育休闲项目、CBSA 海宁斯诺克国际公开赛、华尔运动防护装备研发项目获评"国家体育产业示范项目",共 5 项赛事入选《2020年浙江省重点培育品牌体育赛事名录库》,自主品牌赛事集群也基本形成。嘉兴市还积极参与到长三角城市群、杭州都市圈、上海相关地区的产业发展交流、项目合作和互动中,逐渐具备举办国际性赛事的经验,也为产业发展指引了方向。但嘉兴市的体育产业发展目前仍旧面临着产业发展定位不清晰,产业体系尚未形成,产业链还需进一步培育的问题。具有独特地理位置优势和优质山水自然资源的嘉兴市,应进一步利用产业发展优势条件,大力推进体育产业和其他相关产业的融合,合理布局山水运动休闲项目的产业集聚区,鼓励发展运动休闲旅游业、健身服务业和赛事旅游业等现代体育服务业,激发居民体育消费的潜力和活力,实现产业的跨越式"十三五"期间共创建国家级和省级体育产业示范平台 13 个,排名全省第五,同时也有 7 项赛事入选浙江省重点品牌赛事名录库,数量排名全省第四。湖州市山水资源禀赋条件优异,近年来大力推进体育旅游和户外运动产业的发展,如湖州安吉县体旅融合产业不仅提高了对当地经济的贡献,也汇聚了产业动能。此外,湖州数字体育发展也取得了阶段性成果,2021 年湖州市政府与阿里巴巴、蚂蚁金服签订战略合作协议成为全国首个支付宝"数字生活城市",并推出"云享湖州"数字生活服务平台,依托"互联网 + 体育"的创新模式为体育产业发展赋能。同时应看到,湖州市的消费潜力仍需激发,居民人均体育消费水平较低,产业对经济的拉动作用和对就业、税收的贡献较弱,体育锻炼人口占比也需提高。湖州市还应继续发挥赛事经济驱动和体旅产业融合的优势,积极探索数字体育城市建设,培育独具湖州特色的龙头企业和产业品牌,大力激发体育消费潜力和动能,为经济和社会发展作出更大贡献。

3. 第三梯队:奋起直追,补足产业发展短板。第三梯队的丽水市、衢州市和舟山市都显现出共同的发展短板,即产业基础较为薄弱,产业规模还较小,产业对经济和社会的贡献程度不高,产业活力水平也较低。这三座城市的体育产业总规模均小于 50 亿元,产业增加值不高,但产业增速十分明显。衢州市和丽水市的产业增加值率较高,2020 年分别达到49.47%和43.69%,居全省前列。相对而言,丽水市的产业发展速度很快,2020年的产业增加值增长率达到了5.24%,位于全省之首,省级以上入库赛事项目也逐年增多。产业的快速发展离不开政府对产业的高度重视以及正确的政策方向指引,2019年丽水市政府发布《关于加快发展体育产业促进体育消费的若干政策意见》,2021年丽水市体育发展服务中心发布《丽水市户外运动产业发展规划》,将户外运动产业作为体育产业的重点发展方向,拓展了新的产业发展空间。经过多年的培育发展,丽水市已初步形成了以缙云、龙泉等为龙头的体育制造业、运动休闲服务业、健身休闲业为主体的产业发展体系。今后的产业发展重点应放在产业活力的提高和产业规模的扩大上,进一步发挥产业发展对居民体育消费的带动和对经济社会的贡献。

衢州市近年来体育产业发展指数排名有所降低,主要原因在于2020年体育产业增加值年增长率较低,较2018—2019年产业增长速度有所降低。从2020年得分来看,衢州市产业发展的优势在于较高的产业活力和更为扎实的产业基础,衢州马拉松、国际铁人三项邀请赛等特色体育赛事和展览会的成功举办为产业发展增添了活力,体育运动品牌的培育和运动休闲小镇的孵化也成为产业发展的重要推动力。但从全省的总体发展水平来看,衢州市的体育产业规模仍旧较小,体育企业数量少,产业效率不高,产业对经济的拉动和贡献效应也不明显。衢州市应该进一步加快现代化体育产业发展体系的建设,大力推动健身休闲、体育旅游、赛事服务等体育服务业的企业发展,继续培育优质体育产业品牌和产业示范平台,进一步挖掘体育产业市场潜力。

总得分位于全省末位的舟山市,虽然受经济发展水平的影响体育产业规模尚小,但近几年产业发展速度逐渐加快,发展的质量水平也在不断提升,人均体育场地面积达到全省最高的2.65平方米,为产业发展提供了充足的空间基础,产业发展空间较大,产业发展方向也较为明确。“十三五”期间,通过创建运动休闲旅游基地带动产业集群化,舟山市建立和完善了海钓赛事、沙滩足球、沙滩排球、帆船、环岛自行车等运动休闲产业集群,形成了具有舟山特色的体育产业链。也应看到,舟山市现有的体育企业中仍缺少大规模、高水平、产业链完整、具有竞争力的体育龙头企业集团,也就无法发挥对产业的带动和影响作用。此外,舟山市目前并未拥有国家级或省级体育产业基地或项目,体育品牌打造方面仍需加强和努力。面对新的竞争形势,舟山市应继续发展产业优势,大力推进“中国海岛赛事之城”建设,努力培育具有海岛特色的产业发展体系,注重建设特色运动休闲示范品牌和项目;同时尽力补足产业发展短板,强化市场主体的培育,加大对优质产业品牌培育的政策扶持力度和资金支持,推进体育消费新空间、新渠道、新形式的建设。相信在不远的未来,舟山市会找寻到一条实现产业迅猛发展的特色之路。

四、结论与建议

(一)加快新旧动能转换,提高产业效能激发产业活力。从以上分析可以看出,近年来浙江省体育产业发展增速逐渐放缓,产业逐渐走向效率和质量共同提高的发展阶段,而产业效率和产业活力的提升是实现更高质量发展的关键所在。因而要将自主创新作为高质量发展的主动力,加快产业的新旧动能转换,推动科技、资本、人才、数据等核心产业创新要素驱动。要大力培育具有自主知识产权的体育科技企业主体,提高体育企业的自主创新能力,鼓励企业采用数字技术和平台改进生产流程,推动数字赋能全产业链协同转型。全力推进浙江体育数字化改革先行区建设,加强体育科技在体育生产、消费、管理中的应用与推广,积极探索体育产业和数字经济融合的新路径、新业态和新形势,激发产业活力和潜力。

(二)完善产业体系建设,夯实产业发展基础。现代化体育产业体系的建立是提高产业竞争力、影响力的重要方面,浙江省要继续加快建成以健身休闲业、竞赛表演业等为龙头、高端制造业与现代服务业融合发展的体育产业体系,加快体育与相关产业的融合发展。从已有数据来看,部分城市的体育场地设施、品牌建设、示范项目数量极大制约了产业规模的进一步扩大,要继续加强体育场地设施的顶层设计,推进体育场馆数字化改造工程,加快体育空间和城市空间的融合,为产业提供充足发展空间。此外,要进一步培育优质的赛事表演、休闲健身、体育旅游、教育培训、场馆服务企业,推动体育本体产业实现高质量发展。加强体育赛事活动供给,培育和打造独具浙江特色的品牌赛事,增强赛事竞争力和影响力。加快推进户外运动、水上运动、航空运动、冰雪运动等产业集聚区的形成,鼓励各地市积极申报国家级和省级优秀体育产业示范项目,不断夯实产业发展基础。

(三)因地制宜发展产业优势,缩小地区发展差距。浙江省11个城市的体育产业发展水平具有明显差异性,且各具发展优势和特色,因而要根据地域发展现状和资源禀赋条件,积极探索差异化、特色化的发展路径,制定不同的体育产业发展政策。不断优化产业空间布局,增进地区间分工合作与交流,加快省内体育一体化建设,实现资源互补和功能融合。

发展水平居于第一梯队的杭州市和宁波市等体育产业发展较好的区域,要继续发挥政府政策支持的优势,利用人才、资金、科技等生产要素集聚的特点,着力提升产业发展的效率和效益,增强对落后区域的带动和提升,尤其是对周边地区的扩散效应和支配效应。针对体育产业发展第二梯队的中等区域,要找到体育产业发展突破口,紧抓各地产业发展的特色,积极创造良好的外部环境和政策条件,加大资金、人才、科技投入力度,同时大力开展区域交流和合作,实现体育产业规模、效率、贡献和活力的同步提升。而对于体育产业发展一般的区域,要充分利用其自身在经济、人才、区位等方面的优势,加大政府政策扶持和产业引导资金扶持力度,实施相应的激励政策,着力扩大体育产业发展规模,提升产业发展速度,优先实现产业的规模效应。

(四)深化体制机制改革,营造良好产业发展环境。深化产业要素资源配置、体育公共服务、事中事后监管等领域的体育管理体制机制改革,加快推进“整体智治”数字政府建设。加强产业政策、运动项目发展规划的引导,加强产业扶持资金对产业发展关键领域、薄弱环节和重点区域的支持力度,重点扶持品牌体育赛事、优质运动休闲示范项目、特色体育产业示范基地发展。加强体育执法和市场监管,创新监管举措,完善监管制度流程体系。加快健全产业统计制度,促进部门间信息数据共享,探索体育产业统计核算体系和计算方法,加强体育消费数据的统计监测和分析。

党建

概 况

【深化理论武装】严格落实"第一议题"学习制度,把深入学习习近平新时代中国特色社会主义思想作为局党组会、理论学习中心组、基层党组织学习和"体育大讲堂"的首要内容,组织集中学习研讨总书记著作、重要讲话精神和关于体育的重要论述等最新理论成果13次,夯实坚定捍卫"两个确立"、做到"两个维护"的思想根基。认真学习贯彻党的二十大精神和省第十五次党代会精神。部署开展"六学六讲六宣"学习宣传活动。党员领导干部带头开展专题研讨、集中宣讲,讲党课110人次。局党组成员、处级干部、党支部书记、"8090"宣讲团,以及奥运冠军、世界冠军、全运冠军5个群体,深入基层开展大宣讲,以体育视角和体育影响力宣传会议精神。借助新媒体、融媒体等平台,开展系列主题报道、主题专访,及时宣传学习贯彻好做法好经验,营造浓厚氛围。大力实施青年理论学习提升工程。邀请党的二十大代表、游泳奥运冠军汪顺作主题宣讲,召开局系统青年干部学习省第十五次党代会精神座谈会,举办青年干部能力提升培训班,推动直属单位成立青年理论学习小组,持续加强青年理论武装,推动理论学习走深走心走实。

【加强党对体育工作全面领导】高质量推进"六聚焦"和争做"5个排头兵"专项行动,贯彻落实习近平总书记对体育工作重要指示批示精神的举措24项,把总书记重要指示和党的二十大精神、省第十五次党代会精神学习成果体现到推进体育事业高质量发展上。各级党组织深入实施机关党建助推经济稳进提质攻坚行动,《体育促进共同富裕2022年度工作要点》《支持山区26县体育高质量发展的十条措施》成为体育助力共同富裕示范区建设、山区26县经济社会发展有效抓手。机关党委代表省体育局与淳安县文化和广电旅游体育局体育签订培训产业及赛事省级结对帮扶合作意向,指导3家直属单位党组织分别与淳安县、泰顺县、衢州市柯城区等基层党组织结对共建,有力推进省市县系统联动"破百难、助共富"。持续推进"深化拓展三服务、凝心聚力'十四五'"先锋行动,各级党组织为基层、企业、群众解决实际问题和困难161个,解决作风建设突出问题13个。推进"党员进社区、共建好家园"工作,局系统在职党员线上报到率100%。

【加强基层组织建设】深化党建引领与训练备战"五个结合",在训练单位中推广五环党建工作法,增强运动队党建工作针对性、有效性、融合度。开展"一单位一品牌、一支部一特色"党建品牌创建活动,指导黄龙体育中心打造"动感黄龙"党建品牌。积极开展先锋支部建设工作,学院游泳系党支部被评为省直机关2022年先锋支部。组织党务纪检干部参加上岗初任培训、分批集中轮训、专题业务实训常态化教育培训,提高党务纪检干部履职能力。遴选基层党务干部上挂锻炼,加强工作经验交流,切实提升与重要窗口相匹配、与党建高地相适应的素质能力。开展任前廉政教育,教育引导党员干部扣好廉洁从政从业的"第一粒扣子"。认真执行新修订的《中共浙江省体育局直属机关委员会议事规则(试行)》,配齐配强事业单位专职副书记,抽调专兼职党务干部组建局党组巡察工作组。指导九三学社省体育局支社换届选举、局团工委人员调整、体彩中心成立青年工作委员会,有效发挥统战群团桥梁纽带作用。

【加强机关作风建设】加强对下级"一把手"和领导班子的日常监督检查，签订全面从严治党责任书、承诺书，定期汇报履行"第一责任人""一岗双责"职责情况，提升监督质效。把唯实惟先机关作风建设同"拒腐防变守内心、清正廉洁做表率"警示教育活动结合起来，开展具有体育特色的"五清五廉""五个一"专项活动，防范化解廉政风险隐患。会同纪检组召开党风廉政建设专题会商会，面对面查摆问题，会商全面从严治党工作。成立第十七届省运会纪律检查委员会，建立健全赛事监督员制度，对9个打分项目进行重点监督。实施"强担当、强执行、强作为"机关效能提升行动，督导机关处室、直属单位常态化整治形式主义、官僚主义，压缩文件和会议数量，切实为基层减负。紧盯节假日、周末等重要时间节点，开展正风肃纪常态化督查，督导各直属单位开展常态化自查自纠。做好运动员技术等级认定公权力大数据监督平台建设，初步构建具有体育辨识度的公权力大数据监督体系。

【不断提高党建工作质量】贯彻落实机关党建责任制，印发局系统基层党组织党建责任清单，督导党组织进一步细化履行党建责任的重点任务，将党建责任制落实情况纳入工作绩效目标考核、局党组巡察、专项检查等具体工作，推动各级责任主体明晰职责任务、责任边界，形成工作合力。聚焦省委巡视、经济责任审计等发现的问题，逐一对账销号，加强督促检查。针对省直机关工委通报的机关党建工作存在问题和薄弱环节，自觉对照认领，深入举一反三，用解决问题的成效检验各级履责实效。结合局系统基层党建实际，围绕增强政治维护力、基层组织力、党建统领力、责任守护力分别制定机关处室、直属单位党建工作考评细则，建立健全机关党建综合考评机制，体现"考评党建看发展，考评全局看党建"。

浙江省体育局党组（扩大）会议召开　传达学习省第十五次党代会精神

6月23日上午，浙江省体育局党组（扩大）会议第一时间专题传达学习省第十五次党代会精神，并结合体育实际就下一步贯彻落实作出部署。党组书记、局长郑瑶主持并讲话。

会议原原本本、原汁原味学习了省委书记袁家军所作的工作报告和浙江省第十五次党代会上通过的关于中共浙江省第十四届委员会工作报告、浙江省第十四届纪委工作报告的决议。

会议指出，省第十五次党代会背景特殊、意义非凡，是浙江迈入高水平全面建设社会主义现代化、高质量发展建设共同富裕示范区新征程召开的第一次党代会，彰显了浙江为第二个百年奋斗目标探路、为全国大局勇作贡献的先锋意识和奋斗姿态，具有重要的里程碑意义。报告贯穿习近平新时代中国特色社会主义思想，全面落实习近平总书记对浙江工作的一系列重要指示批示精神，明确了浙江在实现第二个百年奋斗目标道路上的新坐标，是新征程上浙江推进"两个先行"的动员令、宣言书，是指引浙江迈向新征程、奋进新时代、开创新未来的行动纲领。

会议指出,全省体育战线要高举习近平新时代中国特色社会主义思想伟大旗帜,忠实践行“八八战略”,坚决做到“两个维护”,在高质量发展中奋力推进中国特色社会主义共同富裕先行和省域现代化先行作出体育的更大贡献。

“高质量建设体育强省”“办好杭州亚运会、亚残运会及省运会”写进省第十五次党代会报告,这是省委对浙江体育工作的高度重视、赋予重任。郑瑶指出,未来5年要以持之以恒抓省级体育现代化县(市、区)创建为重要抓手,突出以人为本理念,构建更高水平的全民健身公共体育服务体系;要在竞技体育上再创辉煌,使之成为践行“八八战略”体育领域的标志性成果;要大力创新实施体育产业“双倍增计划”,为浙江经济的转型、可持续发展多作贡献;要继续扎实推进体育改革,以体育数字化改革为统揽,持续深化社会力量办体育改革,在推进机关、企事业单位场地向社会开放、推进基层体育委员机制全省全覆盖、深化体卫体教结合等领域结出更多丰硕成果;要继续抓好亚运会、亚残运会的筹备工作,出色完成办会、办赛及参赛任务,尤其是在亚运会延期的背景下,最大限度先让亚运红利惠及百姓;要扎实推进体育助力共同富裕示范区建设,让省部合作协议真正落地、全面开花结果;要全力以赴办好第十七届省运会。

会议强调,学习好、宣传好、贯彻好省第十五次党代会精神,是当前和今后一个时期的一项重大政治任务。全省体育系统要按照省委统一部署,迅速掀起学习宣传贯彻的热潮,组织做好专题培训、多形式进行宣讲、广泛深入做好宣传,结合体育工作实际争做创新制胜、变革重塑、防控风险、共建共享、唯实惟先5个方面的排头兵。

省体育局党组成员出席,驻省政协机关纪检监察组负责人,省体育局机关各处室、各直属单位主要负责人列席会议。

省体育局领导干部大会传达学习贯彻党的二十大精神

10月25日上午,省体育局召开领导干部大会,传达学习党的二十大精神,对全省体育系统学习宣传贯彻党的二十大精神进行了部署。省体育局党组书记、局长郑瑶主持会议并讲话。

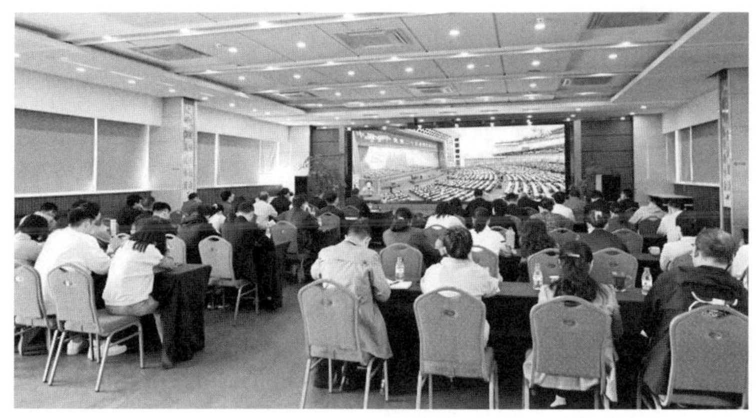

省体育局机关工作人员认真收看党的二十大会议直播

党的二十大是在全党全国各族人民迈上全面建设社会主义现代化国家新征程、向第二个百年奋斗目标进军的关键时刻召开的一次十分重要的大会，取得了丰硕的政治成果、实践成果、理论成果、战略成果和制度成果。

会议指出，学习党的二十大精神，要理解把握党的二十大的重要思想、重要观点、重大战略、重大举措，特别是要深刻把握党的二十大主题是统摄全局的“纲”与“魂”，深刻把握新时代10年伟大变革的里程碑意义，深刻把握习近平新时代中国特色社会主义思想实现的发展新跨越，深刻把握中国式现代化的中国特色、本质要求和重大原则，深刻把握推进社会主义现代化国家建设的系统部署，深刻把握抓关键、补短板、防风险的战略考量，深刻把握坚持党的全面领导和全面从严治党的新形势新要求，深刻把握应对风高浪急甚至惊涛骇浪的重大考验的清醒坚定，坚决把思想和行动统一到党中央大政方针和决策部署上来。

会议强调，推动党的二十大精神在浙江体育系统全面贯彻落实，重点要做到“八个紧密结合”，即把贯彻落实党的二十大精神与深入学习贯彻习近平总书记关于体育工作的重要论述和重要指示批示精神紧密结合，与深入学习贯彻即将召开的省委十五届二次全会精神紧密结合，与高水平现代化体育强省建设紧密结合，与发展以人民为中心的体育紧密结合，与全面深化体育领域改革紧密结合，与加强体育文化建设紧密结合，与加快发展体育产业、促进体育消费紧密结合，与深入推进体育系统全面从严治党紧密结合。要以学习贯彻党的二十大精神为动力，全力以赴举办一届成功的亚运会，扎实推进体育领域共同富裕示范区建设，奋力打造“五张体育金名片”，为加快建设体育强国贡献浙江力量。

会议要求，认真学习宣传贯彻党的二十大精神，是当前和今后一个时期的首要政治任务和头等大事，要按照省委统一部署，做实“五篇文章”，推动党的二十大精神在体育系统落地生根、开花结果：一是认真传达学习，深入研讨；二是强化理论宣讲，形成声势；三是深入宣传报道，引发共鸣；四是抓好贯彻落实，取得实效；五是严格督导检查，不走过场。

省体育局党组成员出席会议。驻省政协机关纪检监察组负责人，省体育局机关全体干部和直属单位领导班子成员参加会议。

党的二十大代表、奥运冠军汪顺为浙江体育职业技术学院支部党员、团员宣讲党的二十大精神

11月9日中午，浙江体育职业技术学院直属游泳系党支部以线上会议形式开展主题党日活动。党的二十大代表、奥运冠军汪顺为游泳系党支部、团员宣讲党的二十大精神，集中学习了中国共产党第二十次全国代表大会关于十九届中央委员会报告的决议、关于十九届中央纪律检查委员会工作报告的决议、关于《中国共产党章程（修正案）》的决议及总纲部分内容。支部书记王伟就学习贯彻党的二十大精神作部署要求。支部全体党员和外训点团员青年参加会议。

汪顺从“深刻把握党的二十大主题是统摄全局的‘纲’与‘魂’；深刻把握新时代10年伟大变革的里程碑意义；深刻把握习近平新时代中国特色社会主义思想实现的发展新跨越；深刻把握中国式现代化的中国特色、本质要求和重大原则；深刻把握推进社会主义现代化国家建设的系统部署；深刻把握抓关键、补短板、防风险的战略考量；深刻把握坚持党的全面领导和全面从严治党的新形势新要求；深刻把握应对风高浪急甚至惊涛骇浪的重大考验的坚定清醒”等8个方面作了宣讲，并表示将全力以赴备战杭州亚运会、巴黎奥运会等赛事，努力在比赛中向金牌发起冲击，让五星红旗在赛场上升起、让国歌在赛场上奏响，向世界展示中华体育健儿的风采和精神风貌，并希望通过自己的努力，让更多人，特别是青少年，关注体育、爱上体育，为体育强国建设贡献应有的力量。

王伟书记指出，学习宣传贯彻党的二十大精神是当前和今后一个时期的首要政治任务，支部要通过组织党的二十大代表、处级干部、“8090”青年宣讲团，集体学习研讨，理论测试等形式加强对党的二十大精神的学习宣传，全体党员要在支部集体学习的基础上加强自学，要做到原原本本学、认认真真悟，学深、学懂、悟透，掀起学习宣传贯彻党的二十大精神的热潮，营造良好的氛围，把对党的二十大精神的学习宣传贯彻转化为推动游泳项目高质量发展的动力。在外训的最后阶段，全体党员、团员要带好头、做表率，严格执行驻地疫情防控各项措施和请销假制度，确保队伍安全稳定。

党建结对共建　助推乡村振兴

为深入贯彻习近平总书记关于以人民为中心的发展思想，认真落实省第十五次党代会提出的“两个先行”目标要求，推动体育下乡、服务乡村振兴工作走深走实，8月19日，驻省政协机关纪检监察组党支部、浙江省体育彩票管理中心党总支与杭州市西湖区双浦镇小叔房村党委联合开展“体育下乡促发展，党建引领助共富”主题党日活动。驻省政协机关纪检监察组组长、一级巡视员张文斌，省体育局党组成员、副局长李华，西湖区委常委、纪委书记、区监委主任黄光荣，省体彩中心党总支书记、主任王振璋，区文广旅体局、双浦镇和小叔房村有关负责人等参加活动。

张文斌组长从“新使命、新跨越、新征程、新目标、新任务、新要求”6个方面，为大家进行了省第十五次党代会精神宣讲；驻省政协机关纪检监察组周莉娜同志就《习近平谈治国理政》第四卷相关内容进行了诵读和宣讲；其他与会同志围绕“共同富裕”和党建工作等开展了交流发言。

区纪委书记黄光荣向大家介绍了西湖区坚持全面从严治党、开展“共富”建设、促进乡村振兴等方面的情况。

随后，在李华副局长的主持下，驻省政协机关纪检监察组党支部、省体彩中心党总支分别与小叔房村党委举行了党建共建合作签约仪式，并就共建帮扶具体事项进行了深入交流。大家一致表示，将以本次党建共建为重要平台，助力小叔房村建设新时代美丽乡村。其间，与会同志还现场参观了小叔房村美丽乡村整治成果。

省体科所党支部与云和县文广旅体局文化和体育党支部党建共建

为深入学习贯彻党的二十大精神，全面贯彻习近平新时代中国特色社会主义思想，形成“资源共享、优势互补、合作共赢、共同提高”的基层党建工作新格局，10 月 26 日，浙江省体育科学研究所党支部与云和县文广旅体局文化和体育党支部举行党建共建签约仪式。

仪式上，省体科所党支部书记陈健、云和县文广旅体局文化和体育党支部代表应益东分别介绍了各自党支部的基本情况、党建活动特色及业务工作开展情况，互相交流党建经验，分享见解。双方将围绕党建共建协议内容，在“体卫融合”、国民体质监测中心建设、全民健身场地调查、“环浙步道”建设等工作上加强经验共享、实践总结和技术指导，力争把党建共建的政治优势转化为事业发展优势，进一步提升双方党支部的凝聚力和战斗力。

随后，两个支部联合开展了主题党日活动，实地调研了国民体质监测场地及步道建设情况，还就结合云和梯田等地理特点和环境优势建立浙江省高山原生态体育休闲基地进行了深入探讨。

群众体育

概 况

【体育现代化创建取得积极成效】组织实施首批省级体育现代化县(市、区)创建验收,全省 17 个县(市、区)获省政府发文命名。绍兴市和德清县、安吉县创建全国首批全民运动健身模范市(县),数量居全国第 1(全国 31 个)。“双创联建”取得良好成效,为实现现代化体育强省建设打下坚实基础。

【基层体育基础设施持续改善】新建体育公园、足球场、村级全民健身广场、社区多功能运动场、百姓健身房等基层体育场地设施 1048 个。全省拥有公共体育“一场两馆”的县(市、区)增加至 43 个,覆盖率达到 47.8%。人均体育场地面积从 2021 年的 2.55 平方米上升到 2.79 平方米,实现较大的提升。

【公共体育场馆服务大提升圆满完成】为期 3 年的公共体育场馆服务大提升工程顺利完成,全省公共体育场馆开放服务水平得到整体提高,相较 2021 年,场馆对外开放时长增长 7.9%,服务人次增长 8%,公益健身培训惠及人次增长 7%;场馆“空置率”下降 15%,综合能耗下降 30%,人力成本下降 37%。

【全民健身赛事活动广泛开展】举办省社区运动会、省农村文化礼堂运动会、省幼儿体育大会、全民健身日等各类全民健身赛事活动 5000 多场次,参与人数 500 多万人次。创新打造体育助力山区 26 县系列赛事,以“全民健身奔共富”为主题,开展 28 场赛事活动,吸引了 7000 多名运动员参赛,视频直播观看人次累计超过 1000 万人次,全网搜索、相关报道超过 775 万条,赛事宣传价值超 1000 万元,经济效益超过 2500 万元。

【科学健身指导深入开展】探索“体卫融合”新路径,指导湖州南浔区、嘉兴南湖区开展运动促进健康中心国家试点工作。全省完成 532 场运动促进健康科学健身大讲堂工作。开展“体卫融合”运动促进健康人才与团队培养计划 1241 人次。实施国家体育锻炼标准达标赛、体质监测与“浙里健身”体质测试服务,全年累计服务 25 万人次。

【“送体育下乡”活动更加丰富】2022 年累计投入经费超 300 万元,开展以“共富行”为主题的送体育文化展示、送体育健身器材、送体育技能培训等“送体育下乡”活动。邀请奥运冠军江珏源、管晨辰等,以体育技能互动、融入校园、冠军代言等多种形式为山区人民送流量,重点覆盖山区 26 县村镇街道。向全省 26 个单位捐赠二代智慧健身路径、羽毛球、乒乓球、篮球、足球、排球、棋类、室内健身设备等价值超过 150 万元的体育健身器材。

【体育社会组织建设切实加强】截至 2022 年底,每万人拥有体育社会组织数量达到 2.93 个。省级体育社团共在全国团体标准信息平台发布运动水平等级评定、办赛规范、培训机构评定和高危项目经营场所安全管理等方面团体标准 14 项。

【群众体育改革创新加快推进】迭代升级“浙里健身”应用,项目纳入全省重大应用“一本账”,入选第六批数字社会典型案例集,并获评 2022 年度数字社会系统最佳应用。200 多家体育场馆、2000 多家百姓健身房、8 万多个体育场地实现掌上查询、导航功能,日均访问次数(PV)近百万、访问用户(UV)超 2 万、好评率达 99%,贯通率 100%,全力推进基层体育治理体系改革，在全省全面推广基层体育委员工作机制，建立基层体育委员工作总站和分站710个，聘任基层体育委员7687名，打通基层体育服务和体育治理“最后一公里”。开展机关、企事业单位体育场地开放试点，截至2022年底，开放单位达到100家。开展“体育场地设施智慧管理系统应用”试点，采取“一设施一码”的方式实现体育设施全生命周期闭环管理。

2022年浙江省群体（体总）工作会议举行

2月28日—3月1日，由浙江省体育局主办，义乌市文化和广电旅游体育局承办的2022年浙江省群体（体总）工作会议在义乌幸福湖国际会议中心召开。2022年浙江将着力打造全民健身公共服务均衡发展金名片，奋力创建共同富裕的体育示范。浙江省体育局党组成员、副局长胡国平出席会议并作工作报告。

过去一年，全省体育工作在党的领导下全面加强；体育现代化创建工作深入推进；体育场地设施建设开放成效显著；陕西全运会参赛办赛成绩优异；全民健身赛事活动广泛开展；体育社会组织活力不断提升；群众体育改革加快推进；地方群众体育精彩纷呈。截至2021年底，全省人均体育场地面积达到2.55平方米，经常参加体育锻炼人数占比达到42.2%，国民体质合格率达到94%，位居全国前列。

2022年是党的二十大隆重召开和杭州亚运会的举办之年，是现代化体育强省建设的关键之年。会议要求，全力推进群众体育治理体系和治理能力现代化，科学谋划“十四五”全民健身工作。加快推进全民健身公共服务标准体系建设。高质量推进体育现代化县（市、区）创建工作。切实提升创建质量，大幅提升奖励激励力度；全力推动体育助力共同富裕示范区建设，构建更高水平全民健身公共服务体系。着力加强县（市、区）公共体育“一场两馆”建设。大力推动山区26县体育事业发展；全力提升体育场地设施建设开放水平，高质量推进基层体育场地设施建设，建立健全体育场地设施“全生命周期”管理机制，推动公共体育场馆有序开放；全力做好全民健身赛事活动办赛工作，大力举办全民健身品牌赛事活动，推动山区26县举办赛事活动，构建“体育+”办赛新格局；全力推进全民健身领域改革创新，提升公共体育服务数字化水平，加快推进体卫融合、体教融合，开展基层全民健身综合服务管理试点；全面加强体育社会组织建设，推进市县两级体育总会实体化、专职化，持续推广实施大众体育运动水平等级评定制度，扎实推进体育社团活力指数评估工作；全面加强全民健身宣传，加强运动项目宣传普及，加强全民健身赛事宣传，加强运动场所氛围营造。

会上，来自义乌、杭州、湖州、江山等6个地市区的代表还分享了各自地区在上一年体总工作中的优秀成绩和宝贵经验。大会还对2021年度做出成绩的地市区教体局和体育总会进行了表彰。会后，与会代表实地参观了义乌当地基层体育设施建设。

共有来自全省各县市区教体局、体育总会代表共计160余人参加会议。

浙江省第三届生态运动会落户江山

5 月 28 日，经省政府批准，由浙江省体育局、衢州市人民政府主办，省自然资源厅、省生态环境厅、省住建厅、省交通厅、省水利厅、省农业农村厅、省文旅厅联办的浙江省第三届生态运动会，在衢州江山江郎山拉开大幕。

浙江省生态运动会是由省政府于 2020 年批准设立的自主 IP 赛事，是体育助力共同富裕示范区建设、加快山区 26 县高质量发展的重要载体。经过连续 2 年的培育打造，浙江省生态运动会已走进 9 个市县、举办了 11 站赛事，“绿水青山 · 运动浙江”理念渐入人心。本届生态运动会也是 2022 年浙江统筹疫情防控和经济发展背景下举办的首个省级运动会。

运动会现场图片

浙江省第三届生态运动会设置了动力三角翼比赛、广场舞大赛、千人徒步、钓鱼大赛、漂流比赛、公开水域游泳赛等赛事，除在江山举办开幕式后陆续在绍兴柯桥、台州天台、舟山定海等地举办，以打造一场具有浙江人文特色、展示浙江山水风貌、彰显百姓健身热情的户外运动嘉年华。

7 月 16 日，为期 2 个多月的第三届浙江省生态运动会（首站）在江山顺利落下帷幕。本届生态运动会将“最原生态”“最接地气”的运动项目搬到江山的山川河流、天空草坪之间，数千名普通运动爱好者陆续登台亮相，以富有激情的运动身姿展现青春活力、动感魅力，在运动的张力中感受江山如诗如画的山水画卷和天人合一的美好意境。

浙江省第二届智力运动会在嘉兴举行

6 月 16 日上午，浙江省第二届智力运动会在风景秀丽的海盐南北湖开幕，6 月 30 日，浙江省第二届智力运动会在嘉兴秀洲落下帷幕。全省各地共有 1800 多名运动员参赛，其中嘉兴运动员有240多名。

浙江省智力运动会是经省政府批准，每4年一届的我省规格最高、规模最大的综合性智力运动盛会。本届智运会聚焦体育促进共富、运动振兴乡村、体育数字改革，凸显“生态、扩项、共享、节俭”特色。

这场为期近一个月的全省智力角逐，吸引了11个地市及行业体协的17个代表团参加比赛，在13个大项122个小项中角逐金牌。

本次“智运”盛会除象棋、围棋、国际象棋、五子棋、国际跳棋、桥牌“五棋一牌”传统项目外，还首次增设定向、航空模型、航海模型、车辆模型、电子制作、电子竞技、编程等7个大项，这也让智力运动不再单调地限于室内，也走进了生态自然中。

智力运动在浙江有着良好的群众基础。与上届相比，这次比赛在项目设置上有了新突破，跟上了时代的步伐。张亚东透露，随着老百姓对智力运动的热爱不断提升，第三届省智力运动会还会增加更多科技类的智力运动项目，目的是让更多老百姓参与，享受智力运动快乐。

在全省大力推进数字化改革的大背景下，本届智运会以“乐弈嘉禾、智赢未来”为主题，呈现了一场生态和谐、包容开放的智力运动嘉年华。赛事的举办也为东道主嘉兴助推智力运动加满动力。齐力表示，嘉兴将以本届智运会为新的起点，不断丰富智力运动的内涵和外延，不断扩大智力运动的影响力、传播力，让智力运动成为老百姓体育文化活动的新风尚，努力将嘉兴“运动＋社区”打造成全省体育领域数字化改革的标志性“金名片”。

闭幕式上，嘉兴、杭州两个城市进行了会旗交接仪式。当杭州市人民政府党组成员朱党其从浙江省体育局副局长张亚东手中接过承办会旗的那一刻，标志着浙江智力运动在此刻进入“杭州时间”。

2022年浙江在26个山区县举办27场体育赛事

从2022年6月一直持续到10月，浙江在全省26个山区县举办27场体育赛事，助力山区体育事业的发展。

浙江体育助力山区26县系列赛事由浙江省体育局、浙江省农业农村厅、浙江省乡村振兴局等单位主办，山区26县体育部门、27家省级体育社团承办。系列赛的开幕式7月3日在丽水市景宁畲族自治县举行。

此次系列赛事是为了贯彻落实中共中央、国务院《关于支持浙江高质量发展建设共同富裕示范区的意见》，响应国家“体育强国”“全民健身”的政策号召，助力“共同富裕”“体育强省”建设。

系列赛事从2022年6月到10月举行，围绕“全民健身奔共富 · 喜迎党的二十大”主题，在山区26县开展体育舞蹈、定向、乒乓球、篮球、轮滑、门球等27场体育赛事。27家体育社团代表与山区26县代表现场签约结对帮扶协议，发挥全省体育工作在组织全民健身、开展赛事活动等方面的积极作用，助力山区26县体育事业共同发展。

女子体操奥运冠军江钰源、羽毛球世界冠军王琳作为特邀嘉宾出席，她们以宣传推广大使的身份，为山区26县体育系列赛事发表助力宣言。她们表示，全民健身是体育助力共同富裕的重要举措，希望山区的老百姓们通过体育这个优质载体获得更好的生活幸福感，以更积极的状态共奔富裕路。

一年前，浙江省吹响了高质量发展共同富裕示范区建设的号角。此次系列赛事的举办旨在通过体育赛事的开展，大力实施全民健身，带动体育消费，为山区注入体育资源，促进地区间的交流，提升山区经济活力，以优异的成绩喜迎党的二十大。

浙江首次面向社会发布“全民健身发展指数”

在2022年8月8日全国全民健身日即将到来之际，省体育局发布2020年浙江省全民健身发展指数报告：“全民健身发展指数”得分为80.69分，全民健身总体发展状况较好。这也是浙江第一次面向社会发布全民健身发展指数，这项工作走在全国前列。

指数评估设置“全民健身基础条件”“全民健身参与程度”“全民健身综合效果”3个一级指标，“健身场地”“健身经费”等9个二级指标，以及“人均体育场地面积”“全民健身综合满意度”等30个三级指标，指标体系满分为100分。记者了解到，这一调研覆盖全省48个县（市、区），大数据来自33768个问卷调查有效样本。本次指数评估既选取了直接反映全民健身发展水平的内涵指标，又选取了促进全民健身发展的外延指标，通过科学、合理、准确的量化评估，旨在全景展示浙江省全民健身发展情况。

报告显示，2020年全省各地市“全民健身发展指数”高低差值12.47分，但总体差距不大。其中，湖州市“全民健身发展指数”得分最高，为85.54分。

浙江师范大学体育与健康科学学院副院长李启迪教授，是这项调研工作的直接牵头专家之一。他介绍，总得分是以常住人口数与总场地对比为参考依据，“湖州市与杭州市总得分非常接近，湖州之所以最高分是各项指标发展得较均衡、多项指标高质量发展。”

报告显示，浙江省国民体质合格率、经常参加体育锻炼的人数比例、人均体育场地面积等核心数据居全国前列。从具体数据来说，人均体育场地面积增长迅速：2020年我省体育场地总面积达到14956.52万平方米，相比于2019年的13702.65万平方米，增幅为9.15%；公共体育场馆服务水平大幅提升：浙江是全国首批公共体育场馆开放使用综合试点省份，截至2020年底，公共体育场馆服务大提升完成率达49.4%；科学健身指导能力显著增强：2020年浙江每千人拥有注册社会指导员人数已达到2.52名，大幅度超过“十三五”原定目标。

调研报告也显示：人民群众日益增长的多元化、多层次体育需求与公共体育服务有效供给不足的矛盾依然存在。“人均体育场地面积”等多项重点指标在地市之间、城乡之间发展不平衡。下一步，浙江省将以推进浙江共同富裕示范区建设为共同方向，体育赋能城市、运动振兴乡村，尤其要统筹推进山区26县乡村全面振兴，更加注重农村场地体育设施建设，开展多元化体育活动，促进全民健身发展。

从2022年起，浙江省将每年发布一次全民健身发展指数，以指数评估引领与促进浙江全民健身工作事业发展，构建更高水平的全民健身公共服务体系。

2022年浙江省全民健身活动状况调查报告

2022年全民健身活动状况调查工作由浙江省体育局委托浙江师范大学体育与健康科学学院与浙江体育科学研究所开展,旨在全面、准确、系统掌握全省城乡居民日常体育锻炼的时间、频率、强度及体育指导、体育锻炼场所、体育消费水平、科学健身知识知晓度和体育文化感知度等情况。本次调查对象是全省20周岁及以上的人群(不包含学生),在全省共抽取48个县(市、区),根据每个县(市、区)常住人口数同比例确定各自有效样本数,共获取有效样本总数为34236个。日前,2022年浙江省全民健身状况调查报告已经出炉。调查结果显示,我省全民健身活动状况调查结果稳中有进,持续向好。

一、经常参加体育锻炼人数比例

2022年浙江省经常参加体育锻炼人口比例(不含学生)达到31.04%,相比于2021年的29.58%,增加了1.46%。这一关键指标数据表明我省城乡居民健身习惯不断优化,健身活动参与程度处于全国前列。其中,男性比例为32.4%,女性比例为29.7%,城镇比例为31.7%,农村比例为30.3%,60岁及以上老年人经常参加体育锻炼人数比例为23.9%。整体上看,男性比例优于女性,城镇比例优于农村。

表1 浙江省各设区市经常参加体育锻炼人数比例

全省/设区市	全省	宁波	杭州	湖州	温州	嘉兴
比例	31.04%	32.27%	31.24%	31.16%	31.04%	30.84%
全省/设区市	金华	绍兴	衢州	舟山	台州	丽水
比例	30.70%	30.59%	30.56%	30.42%	30.41%	30.33%

二、体育锻炼时间

浙江省居民每次体育锻炼时间60分钟以上的比例为17.46%,30—60分钟(不包含60分钟以上)的比例为43.30%,30分钟以下的比例为37.24%。

表2 浙江省居民每次体育锻炼时间的性别差异

全省或设区市	30分钟以下	30—60分钟	60分钟以上
男性:全省平均	35.4%	43.6%	21.0%
杭州市	37.9%	42.9%	19.2%
宁波市	31.8%	48.1%	20.1%
温州市	29.2%	40.5%	30.3%
嘉兴市	39.1%	43.1%	17.8%
湖州市	41.7%	39.0%	19.2%
绍兴市	33.2%	44.6%	22.2%

续表

全省或设区市	30 分钟以下	30—60 分钟	60 分钟以上
金华市	43.0%	40.8%	16.3%
衢州市	27.7%	50.2%	22.1%
舟山市	22.2%	46.3%	31.5%
台州市	44.4%	40.9%	14.7%
丽水市	30.7%	47.7%	21.5%
女性:全省平均	39.0%	43.1%	17.9%
杭州市	39.3%	45.4%	15.3%
宁波市	33.2%	49.0%	17.8%
温州市	35.8%	42.6%	21.5%
嘉兴市	44.7%	41.6%	13.7%
湖州市	43.2%	38.6%	18.2%
绍兴市	39.0%	43.5%	17.5%
金华市	48.2%	37.3%	14.6%
衢州市	29.4%	46.0%	24.6%
舟山市	31.0%	43.4%	25.7%
台州市	46.6%	39.1%	14.3%
丽水市	32.5%	43.0%	24.5%

三、体育锻炼强度

浙江省居民参与体育锻炼强度为低强度的比例为 30.50%，中等强度的比例为 47.18%，高强度的比例为 22.32%。

表 3　浙江省居民体育锻炼强度的性别差异

全省或设区市	低强度	中等强度	高强度
男性:全省平均	30.6%	45.2%	24.2%
杭州市	31.1%	43.8%	25.1%
宁波市	30.0%	48.6%	21.5%
温州市	32.5%	38.8%	28.7%
嘉兴市	34.5%	44.4%	21.2%
湖州市	31.8%	44.4%	23.8%
绍兴市	27.3%	45.0%	27.7%
金华市	31.3%	45.0%	23.6%
衢州市	18.4%	60.9%	20.7%

续表

全省或设区市	低强度	中等强度	高强度
舟山市	17.2%	51.1%	31.7%
台州市	36.1%	41.7%	22.2%
丽水市	32.4%	47.1%	20.5%
女性:全省平均	30.4%	49.1%	20.5%
杭州市	28.6%	49.1%	22.3%
宁波市	30.0%	51.4%	18.6%
温州市	34.3%	42.3%	23.4%
嘉兴市	33.5%	48.3%	18.2%
湖州市	30.8%	52.0%	17.3%
绍兴市	26.5%	47.6%	25.9%
金华市	34.3%	45.9%	19.8%
衢州市	16.7%	66.0%	17.4%
舟山市	14.8%	59.3%	25.9%
台州市	35.7%	44.8%	19.5%
丽水市	33.2%	51.4%	15.4%

四、主要运动项目

浙江省居民平时参加运动项目最多的是健身走,其比例为51.59%。跑步与广场舞/健身操的参与比例也较高,分别为15.81%和10.28%,其他项目比例较低。

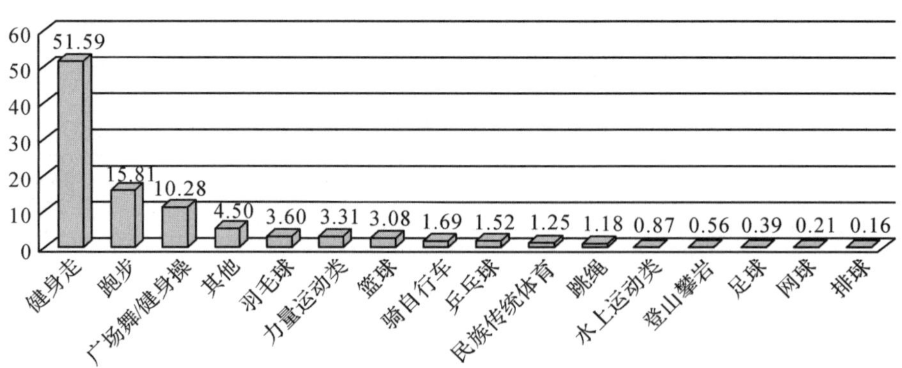

图1　浙江省居民参加体育运动项目百分比排序

五、体育锻炼场所

浙江省居民经常去的体育锻炼场所前两位为城乡健身步道、户外运动场地,比例分别为29.6%、28.0%。其他类型场所比例依次为社区行政村体育场地(10.0%)、公共体育场馆(9.3%)、营业性健身场所(3.5%)和学校体育场地(2.8%)。此外,也有16.8%的受调查者选择其他类型。

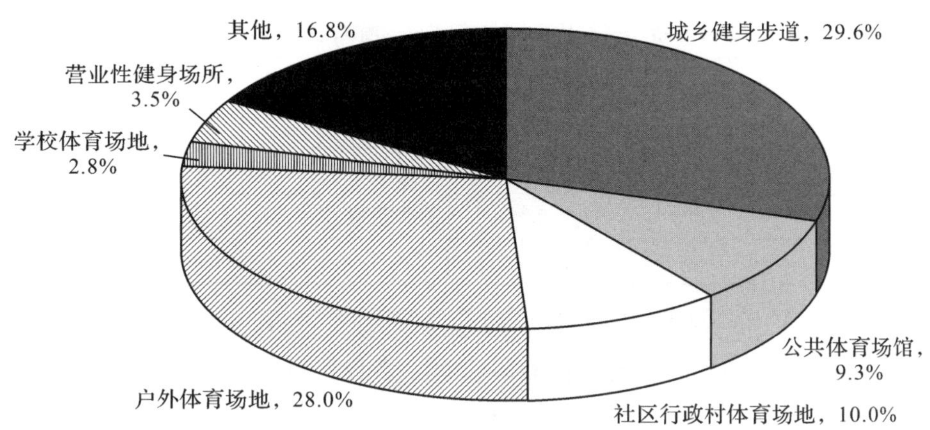

图 2　浙江省居民参加体育锻炼场所比例

六、体育锻炼指导

浙江省居民在体育锻炼过程中没有指导、自己练习的比例最高，为 59.90%。同事、朋友相互指导的比例为 15.10%。看资料（书刊、视频）占 7.7%。通过社会体育指导员的占 6.9%，通过专业教练指导的占 5.6%，其他接受相关专业训练的人占 4.7%。

表 4　浙江省居民参加体育锻炼过程接受指导比较

社会体育指导员	专业教练指导	其他接受相关专业训练的人
6.9%	5.6%	4.7%
同事、朋友相互指导	看资料（书刊、视频）	没有指导、自己练习
15.1%	7.7%	59.9%

七、体育赛事活动形式

浙江省居民参加体育赛事活动的比例达到 33.4%，其中，参加街道/乡镇举办的体育赛事活动、单位组织的体育赛事活动和社区/村举办的体育赛事活动的比例分别达到 7.6%、7.0%、6.1%。

表 5　浙江省居民体育赛事参加形式比较

赛事形式	比例	赛事形式	比例
省、市、县级（协会）的体育赛事活动	6.7%	工作单位组织的体育赛事活动	7.0%
街道/乡镇举办的体育赛事活动	7.6%	其他形式体育赛事活动	6.1%
社区/村举办的体育赛事活动	6.1%	没有参加	66.6%

八、体育信息与健康知识的获取途径

浙江省居民平时获取体育信息健身知识最多的途径是互联网（App），其比例为 31.4%；其次是电视（DVD，录像），其比例为 30.0%。书刊、接受指导培训、学校学习的比例分别仅有 1.9%、2.6% 和 2.5%。有 22% 的人群没有从任何途径获取过体育信息健身知识。

表6　浙江省居民获取体育信息健身知识途径统计

途径类型	比例	途径类型	比例
电视(DVD,录像)、广播	30.0%	书刊	1.9%
互联网(App)	31.4%	接受指导培训	2.6%
学校学习	2.5%	没有获取	22%
其他来源	9.6%		

九、体育消费

2022年浙江省人均体育消费达到2834.8元。各设区市的人均体育消费差异较大。

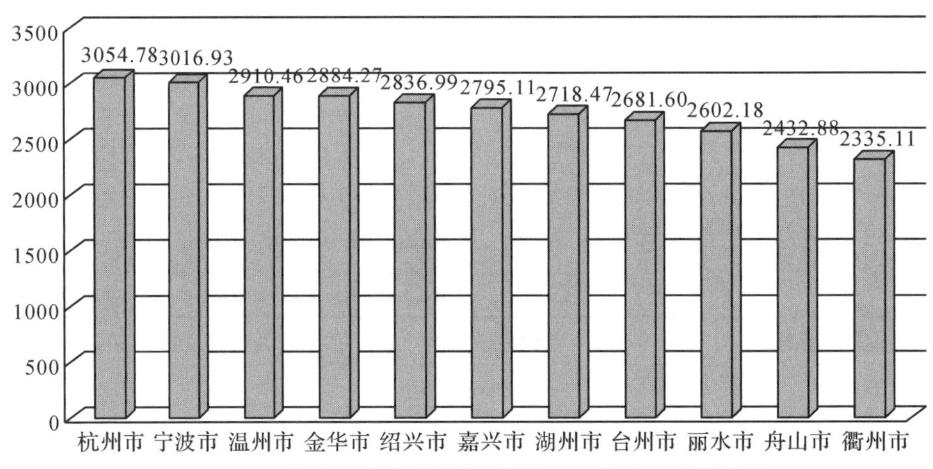

图3　2022年浙江省人均消费(单位:元)各设区市排序图

十、体育文化氛围感知度

浙江省城乡居民体育文化氛围感知度(包含体育运动喜好度、体育明星关注度、体育比赛观看度和周边居民体育锻炼参与度四项)得分为72.17分(满分100分),相比2021年的70.86分,增长了1.31分。总体而言,浙江省城乡居民体育文化氛围有待进一步提升与改善。

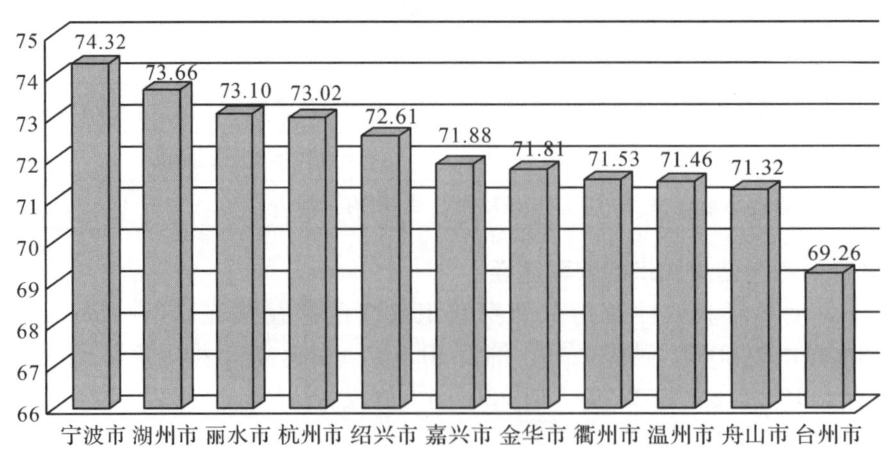

图4　浙江省城乡居民体育文化氛围感知度(单位:分)示意图

十一、科学健身知识知晓度

浙江省全民健身科学健身知识知晓度得分为80.27分(满分100分),相比2021年的79.84分,增长了0.43分。总体而言,大部分居民对科学健康知识了解掌握程度较好。

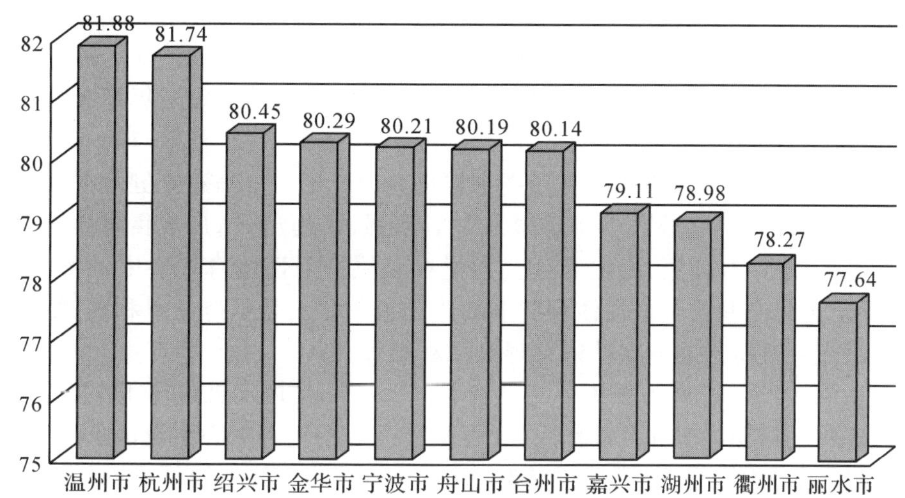

图5　浙江省各设区市城乡居民科学健身知识知晓度(单位:分)得分情况示意图

十二、全民健身满意度

浙江省城乡居民对全民健身的满意度(包含体育场地设施满意度、体育赛事满意度、体育组织满意度、体育健身指导满意度和体育公共服务满意度)平均得分为81.09分(满分100分),相比2021年的76.75分,增长了4.34分。总体较好,显示全民健身公共服务体系与群众对美好生活的向往仍有不少差距,需要进一步提升完善。

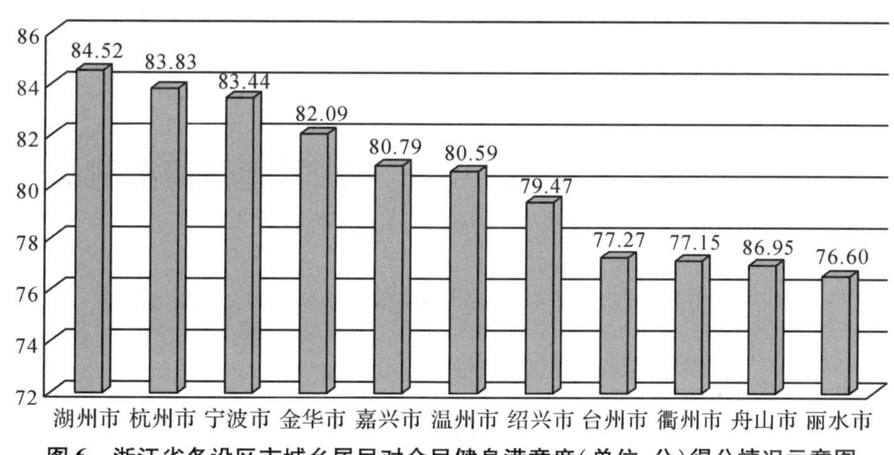

图6　浙江省各设区市城乡居民对全民健身满意度(单位:分)得分情况示意图

十三、对策建议

(一)多措并举,促进城乡体育公共服务均衡化。一是着力破解城乡二元结构,城乡一体设计、一体实施,实现全民健身公共服务内容和形式的统一衔接。二是推进城乡一体发展,主动融入乡村建设行动,利用文化礼堂等场所推进美丽乡村体育设施建设,增加农村地区体育健身设施供给。三是推动薄弱区域体育发展,在扶持政策、赛事资源和产业发展上倾斜，有效促进体育公共服务均衡化。

（二）多元协同，提升老年和女性人群体育参与度与科学性。一是深入挖掘和充分发挥社会力量作用，依托体育社会组织，积极开展适宜老年人、女性参与体育活动。二是积极倡导家庭体育，深入了解老年人、女性体育诉求与偏好，健全完善老年、女性群体“家庭定制”式体育健身指导方案。三是建立健全全民健身分类指导体系，以年龄、性别、运动习惯、健康状况划分，制定更加细致精准的分类指导体系，科学指导老年和女性人群体育健身。

（三）赛事下沉，提高群众性体育赛事丰富度和活跃度。一是建立健全群众性体育赛事体系，培育打造“赛事之城”“赛事集聚县”“赛事强镇（街道）”，形成良好的群众性体育赛事氛围。二是盘活当地资源，提升社会力量在基层群众性体育赛事中的参与程度，探索完善社会化力量办基层群众性体育赛事的体制机制。三是坚持便民利民，结合地域特色，打造一批老百姓身边的群众性体育赛事活动品牌。

（四）体卫融合，提升城乡居民体育健身科学性。一是切实推进体卫融合发展，充分发挥体育、医疗的资源优势和互补作用，开展国家级运动健康中心建设试点，推广就医诊疗、运动指导“双处方”。二是搭建科学健身指导平台，建立线上线下贯通的健身知识普及平台，提供更多简便易行、科学有效的体育健身知识与方法。三是多途径宣传推广中高强度有氧锻炼和力量练习的健康价值，建立健全中高强度有氧锻炼和力量练习指导体系，引导居民在日常体育健身中适度增加中高强度有氧锻炼和力量练习。

（五）协同共建，打通全民健身公共服务“最后一公里”。一是探索医疗、医保、体质检测等数据共享，打造“健康生活指导员”队伍，推广就医诊疗、运动指导“双处方”。二是探索建立与实施基层体育委员、社会体育指导员、健康生活方式指导员“三员”工作机制，形成网格管理、服务接地、活动经常的基层体育公共服务体系。三是进一步健全完善以体育总会为枢纽的全民健身组织网络，大力扶持体育俱乐部等自发性群众体育组织。

浙江省体育局公布2021年浙江省一级社会体育指导员名单

浙体群〔2022〕132号

2022年5月9日，浙江省体育局向社会公布了马群等193人的浙江省一级社会体育指导员名单及证书编号：

一、杭州市（16人）

指导项目：曳步舞（3人）。马群、周清志、李军霞（证书编号：ZJ0001210001—ZJ0001210003，按姓名顺序排列）

指导项目：水上救生（13人）。游贵荣、翁磊、史放、沈雷、韩旭、方翔、吴佳薇、陈晓宇、孔令波、张俊洲、张侃、徐坤、王颖（证书编号：ZJ0001210004—ZJ00012100016，按姓名顺序排列）

二、宁波市（3人）

指导项目：曳步舞（2人）。何翠、励巍（证书编号：ZJ0001210017—ZJ00012100018，按

姓名顺序排列)

指导项目:水上救生(1人)。黄刚(证书编号:ZJ0001210019)

三、温州市(67人)

指导项目:水上救生(3人)。周天佑、张毅、李姿燕(证书编号:ZJ0001210020—ZJ00012100022,按姓名顺序排列)

指导项目:广场舞排舞(64人)。蔡雪平、陈晓君、叶陈珠、苏爱雪、刘玉英、许小珍、胡海双、徐海晓、黄秀微、徐小必、林镐、张建冬、林芬芳、陈慧珍、王冬园、郭永久、林文雪、张春华、林凤香、温春莱、吴倩、陈丽华、吴旭君、余秀媚、赵秀春、罗玉燕、周晓林、项进花、涂玲玲、吴晓静、胡显平、蔡林妹、胡怡霞、陈秀华、蔡金和、李加麟、叶宣兰、庄少秋、陈为红、陈奇华、郑秀勇、林秀莲、李吴微、颜秀华、蒋菲菲、李旭兰、张琳娜、林晓静、周小映、黄玫盈、戴丽丹、张秀旦、陈慧、项玉菊、奚琳莹、冯涨红、张少善、陈小艳、叶丽奶、黄和平、邱文英、徐素萍、叶香英、李改红、李夏凤(证书编号:ZJ0001210023—ZJ0001210086,按姓名顺序排列)

四、湖州市(14人)

指导项目:曳步舞(6人)。陈旭波、金爱娥、杨晓敏、沈英超、赵彩凤、盛建英(证书编号:ZJ0001210087—ZJ0001210092,按姓名顺序排列)

指导项目:水上救生(7人)。赵敏、王沁彦、杨杰、葛峰、陈建军、许少栋、黄亮(证书编号:ZJ0001210093—ZJ0001210099,按姓名顺序排列)

指导项目:广场舞排舞(1人)。陈美丽(证书编号:ZJ0001210100)

五、嘉兴市(24人)

指导项目:曳步舞(4人)。李爽、李果、段秀萍、白丽云(证书编号:ZJ0001210101—ZJ0001210104,按姓名顺序排列)

指导项目:水上救生(20人)。沈文、陆歆、席长润、周幂、阮家辉、张森、彭雄昆、陈茜、叶翔鹏、吕樯、杭思宇、姚金立、钱陈洁、滕云龙、姚景隆、姚晓刚、姚凌云、金思迪、曹益凯、金聪棋(证书编号:ZJ0001210105—ZJ0001210124,按姓名顺序排列)

六、绍兴市(5人)

指导项目:曳步舞(1人)。彭彩娟(证书编号:ZJ0001210125)

指导项目:水上救生(4人)。何徐锋、宓汉英、邵哲彦、蒋超(证书编号:ZJ0001210126—ZJ0001210129,按姓名顺序排列)

七、金华市(2人)

指导项目:曳步舞(1人)。李慧(证书编号:ZJ0001210130)

指导项目:水上救生(1人)。姜联华(证书编号:ZJ0001210131)

八、衢州市(5人)

指导项目:曳步舞(1人)。毛娟(证书编号:ZJ0001210132)

指导项目:水上救生(4人)。占宇辉、蓝江剑、何国华、张成征(证书编号:ZJ0001210133—ZJ0001210136,按姓名顺序排列)

九、舟山市(7人)

指导项目:曳步舞(2人)。周专、傅世福(证书编号:ZJ0001210137—ZJ0001210138,

按姓名顺序排列)

指导项目:水上救生(5人)。龚家瑜、郑尊杰、陈潜、朱嘉威、陈侃(证书编号:ZJ0001210139—ZJ0001210143,按姓名顺序排列)

十、台州市(8人)

指导项目:曳步舞(2人)。严慧珠、曾巍(证书编号:ZJ0001210144—ZJ0001210145,按姓名顺序排列)

指导项目:水上救生(5人)。王阳、郑士奇、林芝、蔡娟娟、李吉(证书编号:J0001210146—ZJ0001210150,按姓名顺序排列)

指导项目:广场舞排舞(1人)。汤夏芬(证书编号:ZJ0001210151)

十一、丽水市(11人)

指导项目:水上救生(5人)。廖福全、张素拉、邵彬、杨泽铭、胡永军(证书编号:ZJ0001210152—ZJ0001210156,按姓名顺序排列)

指导项目:广场舞排舞(6人)。叶海萍、李国进、卢伟圆、赵力铼、陈晶日、罗灵(证书编号:ZJ0001210157—ZJ0001210162,按姓名顺序排列)

十二、浙江体育职业技术学院(31人)

指导项目:排球(9人)。张景胤、李咏臻、陈磊炀、张冠华、刘徐登、倪梦杰、张红紫嫣、王艺婷、唐佳源(证书编号:ZJ0001210163—ZJ0001210171,按姓名顺序排列)

指导项目:篮球(11人)。张宇新、徐安琪、周琪、陈怡君、顾楠、罗杭、谭佩莹、殷彩萍、徐云柯、王奕霖、赵祖航(证书编号:ZJ0001210172—ZJ0001210182,按姓名顺序排列)

指导项目:沙排(6人)。朱高呈、刘郭宝、洪伟强、王凡、杭婷、颜婉红(证书编号:ZJ0001210183—ZJ0001210188,按姓名顺序排列)

指导项目:田径(2人)。顾心洁、戴倩倩(证书编号:ZJ0001210189—ZJ0001210190,按姓名顺序排列)

指导项目:航模(2人)。沈卫忠、沈忻(证书编号:ZJ0001210191—ZJ0001210192,按姓名顺序排列)

指导项目:赛艇(1人)。钱智杰(证书编号:ZJ0001210193)

2022年浙江省体育社会组织情况统计表

指标名称	代码	合计(个)	国家级	省级	地市级	县区级
甲	乙	01	02	03	04	05
体育社会组织总数	A01	3746	0	110	733	2903
其中:体育社会团体	A02	2573	0	70	527	1976
体育基金会	A03	7	0	5	1	1
体育类民办非企业单位	A04	1166	0	35	205	926

续表

指标名称	代码	合计(个)	国家级	省级	地市级	县区级
体育社会组织专职工作人员总数	A05	2244	0	141	370	1733
其中:男	A06	1361	0	75	240	1046
女	A07	883	0	66	130	687
研究生及以上	A08	50	0	15	4	31
本科	A09	868	0	69	121	687
大专	A10	697	0	49	108	540
中学(中专)及以下	A11	629	0	8	137	484
中共党员	A12	652	0	35	79	538
民主党派	A13	57	0	11	2	44
共青团员	A14	108	0	9	3	96
无党派人士	A15	41	0	0	1	40
群众	A16	1386	0	86	285	1015
40 周岁以下	A17	955	0	67	183	705
40 周岁(含)—60 周岁	A18	1028	0	61	138	829
60 周岁及以上	A19	261	0	13	49	199

2022 年浙江省社会体育指导员发展情况表

指标名称	代码	合计	获得技术等级称号的人数					获得职业资格的人数				
			小计	国家级	一级	二级	三级	小计	指导师	高级	中级	初级
甲	乙	01	02	03	04	05	06	07	08	09	10	11
截至年末累计审批人数	A01	288925	215023	330	11596	52104	150993	73902	67	492	6614	66729
其中:本年度审批人数	A02	21744	15793	183	269	1814	13527	5951	0	0	214	5737

2022 年浙江省健身场地设施统计表

<table>
<tr><th colspan="2">指标名称</th><th>甲</th><th>数量（个/条）</th><th>器材件数（件）</th><th>场地面积（m）</th><th>场地长度（m）</th><th>投资总额（万元）</th><th>其中：财政资金</th><th>彩票公益金</th><th>社会资金</th></tr>
<tr><td colspan="2">代码</td><td>乙</td><td>A01</td><td>A02</td><td>A03</td><td>A04</td><td>A05</td><td>A06</td><td>A07</td><td>A08</td></tr>
<tr><td colspan="2">合计</td><td>01</td><td>3295</td><td>12401</td><td>1553301. 20</td><td>828369. 47</td><td>91867. 44</td><td>69501. 28</td><td>14950. 74</td><td>7415. 42</td></tr>
<tr><td colspan="2">村级农民健身工程</td><td>02</td><td>345</td><td>—</td><td>121233. 00</td><td>—</td><td>3904. 87</td><td>3219. 77</td><td>573. 10</td><td>112. 00</td></tr>
<tr><td colspan="2">乡镇体育健身工程</td><td>03</td><td>95</td><td>—</td><td>81696. 00</td><td>—</td><td>2382. 08</td><td>1958. 10</td><td>135. 98</td><td>288. 00</td></tr>
<tr><td colspan="2">全民健身路径工程</td><td>04</td><td>1830</td><td>12401</td><td>100345. 00</td><td>—</td><td>4133. 40</td><td>1934. 26</td><td>1783. 19</td><td>415. 95</td></tr>
<tr><td colspan="2">全民健身活动中心</td><td>05</td><td>9</td><td>—</td><td>45410. 00</td><td>—</td><td>6956. 32</td><td>6776. 00</td><td>125. 16</td><td>55. 16</td></tr>
<tr><td rowspan="6">户外健身场地设施</td><td>体育公园</td><td>06</td><td>60</td><td>—</td><td>306873. 00</td><td>—</td><td>17157. 76</td><td>14154. 74</td><td>924. 01</td><td>2079. 01</td></tr>
<tr><td>全民健身广场</td><td>07</td><td>89</td><td>—</td><td>244178. 00</td><td>—</td><td>5317. 05</td><td>3416. 35</td><td>1427. 40</td><td>473. 30</td></tr>
<tr><td>户外体育营地</td><td>08</td><td>11</td><td>—</td><td>78677. 20</td><td>—</td><td>2343. 00</td><td>1390. 00</td><td>103. 00</td><td>850. 00</td></tr>
<tr><td>社区运动场地</td><td>09</td><td>378</td><td>—</td><td>284397. 00</td><td>—</td><td>21318. 76</td><td>17110. 93</td><td>3064. 83</td><td>1143. 00</td></tr>
<tr><td>健走步道</td><td>10</td><td>138</td><td>—</td><td>—</td><td>259724. 47</td><td>14853. 96</td><td>8709. 66</td><td>5381. 30</td><td>763. 00</td></tr>
<tr><td>登山步道</td><td>11</td><td>89</td><td>—</td><td>—</td><td>568645. 00</td><td>2677. 00</td><td>1760. 00</td><td>408. 00</td><td>509. 00</td></tr>
<tr><td colspan="2">其他场地设施</td><td>12</td><td>251</td><td>—</td><td>290492. 00</td><td>—</td><td>10823. 24</td><td>9071. 47</td><td>1024. 77</td><td>727. 00</td></tr>
</table>

2022 年浙江省国民体质监测站点基本情况表

指标名称	代码	数量
甲	乙	01
累计建立国民体质测试站（点）总数（个）	A01	1505
其中：本年度新增国民体质测试站（点）数（个）	A02	19
本年度接受国民体质测试人数（人）	A03	373463

竞技体育

概　况

【国际国内赛事成绩优异】2022 年浙江省运动员参加羽毛球、射击、蹦床、皮划艇、排球等 16 个项目的世锦赛、欧锦赛、国际单项组织巡回赛、世青赛、亚锦赛等国际赛事，共获得 26 金 19 银 20 铜（奥运项目 16 金 15 银 16 铜），其中世锦赛获得 12 金 6 银 5 铜（奥运项目 3 金 2 银 2 铜），并为我国获得 2 个巴黎奥运会参赛席位。浙江运动员参加体操、射击、体操、皮划艇、赛艇、帆船等 18 个项目国内一类赛事，共获得 30 金 40 银 33 铜（奥运项目 11 金 18 银 17 铜）。

【制定出台政策规定】在调研的基础上，制定出台《浙江省体育局联办省运动队管理办法》《浙江省竞技体育发展指数评估指标体系》，印发《省优秀运动队外训参赛管理规定》，为社会力量参与竞技体育工作提供政策依据，科学、准确、全面、客观评估浙江省竞技体育发展质量和水平，加强对运动队外训参赛的规范管理。

【强化后备人才基地建设】浙江省有 4 所体校被国家体育总局排球中心命名为全国排球高水平后备人才基地；创建 2022—2025 周期省体育传统项目学校阳光体育后备人才基地 53 所；全省省级体育后备人才基地 64 所，体育传统项目学校阳光体育后备人才基地学校总数达到 157 所。2022 年下拨扶持经费 3060 万元，支持省级体育后备人才基地和阳光体育后备人才基地的建设发展。

【加强运动员文化教育工作】依托数字化训练管理系统构建了运动员赛前文化考试系统，实现省运会运动员赛前文化考试由线下调整至线上的目标，满足异地考试、实时判卷需求，简化工作流程。6 月下旬，组织 11 个地市、9441 名运动员分 4 天、16 个场次进行省运会青少年运动员赛前线上文化考试，初步探索形成体育系统大型考试的组织保障模式。

浙江选手收获射击世锦赛 7 金 3 银 3 铜　为中国代表团“射”落 2 个巴黎奥运席位

截至 10 月 23 日 24 时，中国队已经夺得了 2022 国际射联步手枪射击世锦赛 25 金 16 银 14 铜，在金牌榜和奖牌榜上，中国队遥遥领先。其中，浙江队贡献 7 金 3 银 3 铜，并为中国射击队收获了 2 张巴黎奥运会的门票。值得一提的是，此次 7 枚金牌，全部来自浙江 4 位“00 后”小将，其中最小的黄雨婷年仅 16 岁。

温州的卢恺曼出生于 2000 年，在本届世锦赛中夺得了 10 米气手枪个人和团体项目的金牌，其中个人项目还收获了一张奥运门票。不仅如此，这枚金牌是浙江在女子手枪项目上取得的首枚世锦赛金牌，同时也是中国选手在世锦赛 52 年历史上，拿到的首枚女子 10 米气手枪项目的金牌，实现了该项目的突破。

步枪项目的 2 名运动员黄雨婷和王芝琳是名副其实的国际比赛新秀，两人甚至都是

卢恺曼世锦赛摘金

第一次参加国际大赛。2006 年出生的黄雨婷作为本次世锦赛中国队中年纪最小的队员，首次参赛就展现了惊人的实力，收获了女子 10 米气步枪团体和混合团体金牌，以及女子 10 米气步枪个人银牌，还为中国队收获了一个巴黎奥运会的席位。

黄雨婷目前还是一名高中生，就读于黄岩第二高级中学。2017 年，黄雨婷正式入选黄岩少体校射击队，此后一直是白天在学校上课，利用课后和周末的时间在体校训练。启蒙教练林克寒告诉记者，“她的协调性、稳定性都很好，尤其是训练的时候特别专注”。训练七八个月后，黄雨婷的成绩就达到了国家一级运动员水平。

队友王芝琳此次收获了一枚女子 10 米气步枪团体金牌，和 10 米气步枪个人项目的第 7 名。出生于 2004 年的王芝琳今年刚满 18 岁，在 2021 年陕西全运会上，王芝琳首次参加全运会就拿到了女子 10 米气步枪个人和团体的金牌，还收获了一枚混合团体银牌，2 金 1 银也让她成为全运会射击项目最大的“黑马”。

来自宁波的冯思璇此次世锦赛参加了青年组比赛，共收获 3 金 1 银，分别是女子 25 米手枪团体、女子 25 米标准手枪个人和混合团体金牌和女子 25 米手枪银牌。在 2019 年的第二届全国青运会上，冯思璇将体校甲组女子 25 米手枪个人及团体、女子 10 米气手枪个人及团体的 4 枚金牌收入囊中，成为青运会射击场上的“四金王”。2021 年陕西全运会上，冯思璇和刘军辉合作，摘得气手枪混合团体的银牌。

补齐竞技体育建设短板　为省队联办想《办法》

7 月 4 日，浙江省体育局印发《浙江省体育局联办省运动队管理办法（试行）》（下称《办法》），明确了联办省优秀运动队的原则、方法和路径，补齐我省竞技体育项目建设短板，构建竞技体育可持续发展的新模式。

此次《办法》是对省体育局 2018 年 2 月下发的《浙江省优秀运动队联办管理办法（试

行)》进行的修订和完善。《办法》从联办范围、条件、程序、职责权力、监督管理等多方面给出明确的管理办法。

《办法》旨在强化体制机制融合。坚持开放办体育,坚持举国体制与市场机制相结合,深化开放办竞技体育的体制机制,构建我省竞技体育可持续发展的新模式。其次,加强项目合理布局。坚持补齐短板,动态管理,效益优先,合作共赢,鼓励地市、高校、企业等多方联办省优秀运动队,拓宽、优化项目布局,解决我省项目规模偏小、发展不均衡等瓶颈问题。同时,突出冠军示范引领。坚持用战略眼光和世界眼光培养优秀体育人才,推进社会力量参与竞技体育人才培养,创新人才选拔、培养、竞争、激励机制,构建竞技体育发展新体系,切实提高科学训练水平。最后,推动联办制度改革。通过建立联办省优秀运动队项目清单年度发布制度,每年适时发布项目清单,设区市体育部门、国内高等院校和企业等单位可对在清单范围内的项目,提出联办省优秀运动队的申请,省体育局根据"公平竞争、综合评估、择优入选"的原则确定联办单位及项目。

联办方获得批准联办省运动队后,省体育局先与联办方所在设区市人民政府签订联办框架协议。负责项目管理的省体育局直属省级训练单位或经省体育局授权的省级单项协会等再根据上述联办框架协议,与参与联办的设区市体育部门、企业等单位共同签订联办合作协议;国内高等院校获得批准联办省优秀运动队后,省体育局、负责项目管理的省体育局直属省级训练单位或经省体育局授权的省级单项协会直接与国内高等院校共同签订联办合作协议。

近年来,浙江竞技体育通过省队联办的方式已收获丰硕成果。例如,浙江职业足球俱乐部在2021赛季成功冲超,时隔5年重返顶级联赛行列;在东京奥运会上,浙江马术运动员首次亮相奥运赛事;浙江队伍实现参加内蒙古冬运会以及北京冬奥会等一系列的历史性突破。

此外,省体育局还将通过加强目标任务与绩效考核,强化动态管理,促使联办省优秀运动队健康发展。

首届全国体操团体锦标赛落幕　浙江成最大赢家

2022年8月13日晚,随着最后一项男女混合团体决赛落下帷幕,为期6天的2022年"体总杯"首届全国体操团体锦标赛圆满收官。

这是全国体操团体锦标赛首次设置体操男女混合团体赛,借此体现参赛队伍的整体实力,以竞赛为杠杆促进各省区市队在男、女子各项目上均衡发展。本次男女混合团体赛共有广东、江苏、浙江、云南4支队伍进入决赛,分别于12日、13日进行第一、二和第三、四场的比赛。最终,浙江队延续前几日比赛的良好状态,夺得混合团体冠军,在13个项目的争夺中以共10枚金牌的战绩高居金牌榜首位。

浙江省体操男队教练李德志介绍,体操是一个训练周期长的体育项目,一个省要长期保持较高的体操水平,梯队建设就成为一个长久重要的工程。"本次比赛得益于我省体操梯队搭建完善,青年体操运动员逐渐成熟,也是全锦赛前的一次很好的锻炼机会。”李德志表示，我省派出的比赛阵容较为整齐，这也是对前期系统性训练的一次检验。

2022 年浙江省等级运动员发展情况表

项目	代码	等级运动员									
		合计		国际级运动健将		运动健将		一级运动员		二级运动员	
		合计	女	国际级运动健将	女	运动健将	女	一级运动员	女	二级运动员	女
甲	乙	01	02	03	04	05	06	07	08	09	10
合计	A01	4338	1665	0	0	0	0	1519	681	2819	984
游泳	A02	1169	522	0	0	0	0	376	199	793	323
跳水	A03	4	2	0	0	0	0	0	0	4	2
花样游泳	A04	0	0	0	0	0	0	0	0	0	0
水球	A05	0	0	0	0	0	0	0	0	0	0
公开水域游泳	A06	0	0	0	0	0	0	0	0	0	0
射箭	A07	27	4	0	0	0	0	10	1	17	3
田径	A08	1098	293	0	0	0	0	98	32	1000	261
羽毛球	A09	113	53	0	0	0	0	69	38	44	15
皮划艇激流回旋	A10	16	7	0	0	0	0	6	4	10	3
皮划艇静水	A11	42	8	0	0	0	0	24	2	18	6
棒球	A12	25	0	0	0	0	0	3	0	22	0
五人篮球	A13	279	118	0	0	0	0	99	42	180	76
三人篮球	A14	85	24	0	0	0	0	53	17	32	7
拳击	A15	33	17	0	0	0	0	13	5	20	12
场地自行车	A16	33	4	0	0	0	0	29	2	4	2
公路自行车	A17	3	2	0	0	0	0	2	1	1	1
山地自行车	A18	14	9	0	0	0	0	10	6	4	3
BMX 小轮车	A19	4	0	0	0	0	0	3	0	1	0
击剑	A20	28	8	0	0	0	0	11	4	17	4
足球	A21	32	19	0	0	0	0	20	12	12	7
五人制足球	A22	13	3	0	0	0	0	0	0	13	3
沙滩足球	A23	0	0	0	0	0	0	0	0	0	0

续表

项目	代码	等级运动员									
		合计		国际级运动健将		运动健将		一级运动员		二级运动员	
		合计	女	国际级运动健将	女	运动健将	女	一级运动员	女	二级运动员	女
手球	A24	6	1	0	0	0	0	1	1	5	0
马术	A25	9	5	0	0	0	0	4	2	5	3
曲棍球	A26	0	0	0	0	0	0	0	0	0	0
柔道	A27	16	5	0	0	0	0	6	2	10	3
现代五项	A28	0	0	0	0	0	0	0	0	0	0
体操	A29	38	21	0	0	0	0	37	20	1	1
艺术体操	A30	13	13	0	0	0	0	1	1	12	12
蹦床	A31	8	7	0	0	0	0	8	7	0	0
赛艇	A32	46	20	0	0	0	0	11	5	35	15
帆船	A33	16	4	0	0	0	0	12	2	4	2
射击	A34	270	123	0	0	0	0	213	110	57	13
排球	A35	261	127	0	0	0	0	137	61	124	66
沙滩排球	A36	25	12	0	0	0	0	11	3	14	9
垒球	A37	0	0	0	0	0	0	0	0	0	0
乒乓球	A38	93	45	0	0	0	0	55	27	38	18
跆拳道	A39	26	9	0	0	0	0	10	2	16	7
网球	A40	88	45	0	0	0	0	40	22	48	23
铁人三项	A41	0	0	0	0	0	0	0	0	0	0
举重	A42	30	12	0	0	0	0	11	4	19	8
摔跤	A43	26	7	0	0	0	0	7	2	19	5
中国式摔跤	A44	1	1	0	0	0	0	1	1	0	0
冬季两项	A45	0	0	0	0	0	0	0	0	0	0
冰壶	A46	0	0	0	0	0	0	0	0	0	0
冰球	A47	0	0	0	0	0	0	0	0	0	0
花样滑冰	A48	0	0	0	0	0	0	0	0	0	0
短道速滑	A49	0	0	0	0	0	0	0	0	0	0
速度滑冰	A50	0	0	0	0	0	0	0	0	0	0
高山滑雪	A51	0	0	0	0	0	0	0	0	0	0

续表

项目	代码	等级运动员									
		合计		国际级运动健将		运动健将		一级运动员		二级运动员	
		合计	女	国际级运动健将	女	运动健将	女	一级运动员	女	二级运动员	女
越野滑雪	A52	0	0	0	0	0	0	0	0	0	0
自由式滑雪	A53	0	0	0	0	0	0	0	0	0	0
跳台滑雪	A54	0	0	0	0	0	0	0	0	0	0
单板滑雪	A55	0	0	0	0	0	0	0	0	0	0
北欧两项	A56	0	0	0	0	0	0	0	0	0	0
雪车	A57	0	0	0	0	0	0	0	0	0	0
钢架雪车	A58	0	0	0	0	0	0	0	0	0	0
雪橇	A59	0	0	0	0	0	0	0	0	0	0
潜水	A60	0	0	0	0	0	0	0	0	0	0
蹼泳	A61	0	0	0	0	0	0	0	0	0	0
滑水	A62	0	0	0	0	0	0	0	0	0	0
摩托艇	A63	10	0	0	0	0	0	10	0	0	0
救生	A64	0	0	0	0	0	0	0	0	0	0
健美操	A65	0	0	0	0	0	0	0	0	0	0
街舞	A66	0	0	0	0	0	0	0	0	0	0
技巧	A67	2	1	0	0	0	0	0	0	2	1
高尔夫球	A68	21	12	0	0	0	0	10	7	11	5
保龄球	A69	0	0	0	0	0	0	0	0	0	0
掷球	A70	0	0	0	0	0	0	0	0	0	0
台球	A71	0	0	0	0	0	0	0	0	0	0
藤球	A72	0	0	0	0	0	0	0	0	0	0
壁球	A73	0	0	0	0	0	0	0	0	0	0
橄榄球	A74	4	0	0	0	0	0	4	0	0	0
软式网球	A75	0	0	0	0	0	0	0	0	0	0
热气球	A76	0	0	0	0	0	0	0	0	0	0
运动飞机	A77	0	0	0	0	0	0	0	0	0	0
跳伞	A78	0	0	0	0	0	0	0	0	0	0
滑翔	A79	0	0	0	0	0	0	0	0	0	0

续表

项目	代码	等级运动员									
		合计		国际级运动健将		运动健将		一级运动员		二级运动员	
		合计	女	国际级运动健将	女	运动健将	女	一级运动员	女	二级运动员	女
航空模型	A80	18	5	0	0	0	0	8	1	10	4
车辆模型	A81	0	0	0	0	0	0	0	0	0	0
航海模型	A82	19	2	0	0	0	0	15	2	4	0
定向	A83	0	0	0	0	0	0	0	0	0	0
业余无线电	A84	0	0	0	0	0	0	0	0	0	0
围棋	A85	49	18	0	0	0	0	38	15	11	3
国际象棋	A86	0	0	0	0	0	0	0	0	0	0
象棋	A87	13	5	0	0	0	0	6	3	7	2
桥牌	A88	0	0	0	0	0	0	0	0	0	0
武术套路	A89	45	20	0	0	0	0	0	0	45	20
武术散打	A90	67	18	0	0	0	0	1	1	66	17
健身气功	A91	7	3	0	0	0	0	0	0	7	3
登山	A92	0	0	0	0	0	0	0	0	0	0
攀岩	A93	15	4	0	0	0	0	1	0	14	4
攀冰	A94	1	0	0	0	0	0	0	0	1	0
汽车	A95	0	0	0	0	0	0	0	0	0	0
摩托车	A96	0	0	0	0	0	0	0	0	0	0
轮滑	A97	7	4	0	0	0	0	4	2	3	2
毽球	A98	0	0	0	0	0	0	0	0	0	0
门球	A99	0	0	0	0	0	0	0	0	0	0
舞龙舞狮	A100	0	0	0	0	0	0	0	0	0	0
龙舟	A101	0	0	0	0	0	0	0	0	0	0
钓鱼	A102	0	0	0	0	0	0	0	0	0	0
风筝	A103	0	0	0	0	0	0	0	0	0	0
信鸽	A104	0	0	0	0	0	0	0	0	0	0
体育舞蹈	A105	0	0	0	0	0	0	0	0	0	0
健美	A106	1	0	0	0	0	0	1	0	0	0
拔河	A107	0	0	0	0	0	0	0	0	0	0

续表

项目	代码	等级运动员									
		合计		国际级运动健将		运动健将		一级运动员		二级运动员	
		合计	女	国际级运动健将	女	运动健将	女	一级运动员	女	二级运动员	女
飞镖	A108	0	0	0	0	0	0	0	0	0	0
电子竞技	A109	0	0	0	0	0	0	0	0	0	0
空手道	A110	64	22	0	0	0	0	26	12	38	10
健身	A111	0	0	0	0	0	0	0	0	0	0
冲浪	A112	5	1	0	0	0	0	4	1	1	0
滑板	A113	0	0	0	0	0	0	0	0	0	0

2022 年浙江省后备人才项目分布情况表

总计		体育运动学校	竞技	体校	单项运动学校	体育中学	少年儿童体育学校（业余体校）	本科院校	其他
单位数(个)		102	8	1	6	2	75	0	10
合计		37562	3930	264	201	120	30935	0	2112
后备人才数	游泳	3431	436	0	0	10	2630	0	355
	跳水	0	0	0	0	0	0	0	0
	花样游泳	0	0	0	0	0	0	0	0
	水球	0	0	0	0	0	0	0	0
	公开水域游泳	0	0	0	0	0	0	0	0
	射箭	725	58	0	0	15	621	0	31
	田径	4302	679	40	0	15	3387	0	181
	羽毛球	1635	82	0	0	0	1377	0	176
	皮划艇激流回旋	63	10	0	0	0	47	0	6
	皮划艇静水	677	50	0	39	0	580	0	8
	棒球	155	0	0	0	0	155	0	0
	五人篮球	2619	308	20	0	15	2128	0	148
	三人篮球	186	67	5	0	5	94	0	15
	拳击	928	178	10	0	5	728	0	7

续表

总计		体育运动学校	竞技	体校	单项运动学校	体育中学	少年儿童体育学校（业余体校）	本科院校	其他
后备人才数	场地自行车	357	67	0	0	0	290	0	0
	公路自行车	217	44	0	0	0	173	0	0
	山地自行车	57	8	0	0	0	49	0	0
	BMX 小轮车	49	7	0	0	0	42	0	0
	击剑	878	20	0	0	5	753	0	100
	足球	3609	181	60	0	5	2954	0	409
	五人制足球	460	0	6	0	0	454	0	0
	沙滩足球	0	0	0	0	0	0	0	0
	手球	65	0	0	0	0	65	0	0
	马术	162	37	15	0	0	110	0	0
	曲棍球	0	0	0	0	0	0	0	0
	柔道	749	120	0	15	0	589	0	25
	现代五项	0	0	0	0	0	0	0	0
	体操	570	65	0	0	0	498	0	7
	艺术体操	318	37	0	0	0	276	0	5
	蹦床	389	52	0	0	5	332	0	0
	赛艇	653	30	0	52	0	564	0	7
	帆船	210	16	0	15	0	177	0	2
	射击	1203	244	0	10	0	932	0	17
	排球	1491	273	10	0	10	1093	0	105
	沙滩排球	193	0	0	0	0	193	0	0
	垒球	116	0	0	0	0	116	0	0
	乒乓球	1643	40	30	5	0	1445	0	123
	跆拳道	1658	161	25	0	10	1389	0	73
	网球	888	0	5	0	0	833	0	50
	铁人三项	6	6	0	0	0	0	0	0
	举重	1048	148	3	0	5	868	0	24
	摔跤	934	176	20	0	5	703	0	30
	中国式摔跤	105	27	0	0	5	65	0	8
	冬季两项	20	20	0	0	0	0	0	0

续表

总计		体育运动学校	竞技	体校	单项运动学校	体育中学	少年儿童体育学校（业余体校）	本科院校	其他
后备人才数	冰壶	10	0	0	0	0	10	0	0
	冰球	74	29	0	0	0	45	0	0
	花样滑冰	10	0	0	0	0	10	0	0
	短道速滑	25	0	0	0	0	25	0	0
	速度滑冰	21	1	0	0	0	20	0	0
	高山滑雪	32	2	0	0	0	30	0	0
	越野滑雪	4	0	0	0	0	4	0	0
	自由式滑雪	0	0	0	0	0	0	0	0
	跳台滑雪	22	0	0	0	0	22	0	0
	单板滑雪	1	0	0	0	0	1	0	0
	北欧两项	0	0	0	0	0	0	0	0
	雪车	0	0	0	0	0	0	0	0

2022年浙江省等级裁判员发展情况表

项目	代码	等级裁判员									
		合计		国际级裁判员		国家级裁判员		一级裁判员		二级裁判员	
		合计	女	国际级裁判员	女	国家级裁判员	女	一级裁判员	女	二级裁判员	女
甲	乙	01	02	03	04	05	06	07	08	09	10
合计	A01	2130	706	0	0	0	0	629	237	1501	469
游泳	A02	70	23	0	0	0	0	2	1	68	22
跳水	A03	0	0	0	0	0	0	0	0	0	0
花样游泳	A04	0	0	0	0	0	0	0	0	0	0
水球	A05	0	0	0	0	0	0	0	0	0	0
公开水域游泳	A06	0	0	0	0	0	0	0	0	0	0
射箭	A07	14	5	0	0	0	0	0	0	14	5
田径	A08	396	133	0	0	0	0	48	12	348	121
羽毛球	A09	51	13	0	0	0	0	3	0	48	13

续表

项目	代码	等级裁判员									
		合计		国际级裁判员		国家级裁判员		一级裁判员		二级裁判员	
		合计	女	国际级裁判员	女	国家级裁判员	女	一级裁判员	女	二级裁判员	女
皮划艇激流回旋	A10	0	0	0	0	0	0	0	0	0	0
皮划艇静水	A11	0	0	0	0	0	0	0	0	0	0
棒球	A12	1	0	0	0	0	0	1	0	0	0
五人篮球	A13	270	49	0	0	0	0	146	25	124	24
三人篮球	A14	0	0	0	0	0	0	0	0	0	0
拳击	A15	0	0	0	0	0	0	0	0	0	0
场地自行车	A16	12	4	0	0	0	0	0	0	12	4
公路自行车	A17	0	0	0	0	0	0	0	0	0	0
山地自行车	A18	0	0	0	0	0	0	0	0	0	0
BMX 小轮车	A19	0	0	0	0	0	0	0	0	0	0
击剑	A20	42	17	0	0	0	0	0	0	42	17
足球	A21	69	5	0	0	0	0	0	0	69	5
五人制足球	A22	0	0	0	0	0	0	0	0	0	0
沙滩足球	A23	0	0	0	0	0	0	0	0	0	0
手球	A24	5	0	0	0	0	0	0	0	5	0
马术	A25	0	0	0	0	0	0	0	0	0	0
曲棍球	A26	0	0	0	0	0	0	0	0	0	0
柔道	A27	24	11	0	0	0	0	0	0	24	11
现代五项	A28	0	0	0	0	0	0	0	0	0	0
体操	A29	0	0	0	0	0	0	0	0	0	0
艺术体操	A30	0	0	0	0	0	0	0	0	0	0
蹦床	A31	0	0	0	0	0	0	0	0	0	0
赛艇	A32	0	0	0	0	0	0	0	0	0	0
帆船	A33	12	3	0	0	0	0	2	1	10	2
射击	A34	33	14	0	0	0	0	1	0	32	14
排球	A35	59	23	0	0	0	0	2	0	57	23
沙滩排球	A36	1	0	0	0	0	0	0	0	1	0
垒球	A37	2	0	0	0	0	0	2	0	0	0

续表

项目	代码	等级裁判员									
		合计		国际级裁判员		国家级裁判员		一级裁判员		二级裁判员	
		合计	女	国际级裁判员	女	国家级裁判员	女	一级裁判员	女	二级裁判员	女
乒乓球	A38	195	87	0	0	0	0	97	46	98	41
跆拳道	A39	1	1	0	0	0	0	1	1	0	0
网球	A40	140	52	0	0	0	0	0	0	140	52
铁人三项	A41	1	0	0	0	0	0	1	0	0	0
举重	A42	15	5	0	0	0	0	0	0	15	5
摔跤	A43	0	0	0	0	0	0	0	0	0	0
中国式摔跤	A44	0	0	0	0	0	0	0	0	0	0
冬季两项	A45	0	0	0	0	0	0	0	0	0	0
冰壶	A46	0	0	0	0	0	0	0	0	0	0
冰球	A47	40	10	0	0	0	0	0	0	40	10
花样滑冰	A48	0	0	0	0	0	0	0	0	0	0
短道速滑	A49	37	10	0	0	0	0	0	0	37	10
速度滑冰	A50	0	0	0	0	0	0	0	0	0	0
高山滑雪	A51	0	0	0	0	0	0	0	0	0	0
越野滑雪	A52	0	0	0	0	0	0	0	0	0	0
自由式滑雪	A53	0	0	0	0	0	0	0	0	0	0
跳台滑雪	A54	0	0	0	0	0	0	0	0	0	0
单板滑雪	A55	29	10	0	0	0	0	0	0	29	10
北欧两项	A56	0	0	0	0	0	0	0	0	0	0
雪车	A57	0	0	0	0	0	0	0	0	0	0
钢架雪车	A58	0	0	0	0	0	0	0	0	0	0
雪橇	A59	0	0	0	0	0	0	0	0	0	0
潜水	A60	0	0	0	0	0	0	0	0	0	0
蹼泳	A61	0	0	0	0	0	0	0	0	0	0
滑水	A62	0	0	0	0	0	0	0	0	0	0
摩托艇	A63	0	0	0	0	0	0	0	0	0	0
救生	A64	0	0	0	0	0	0	0	0	0	0
健美操	A65	51	34	0	0	0	0	51	34	0	0

续表

项目	代码	等级裁判员									
		合计		国际级裁判员		国家级裁判员		一级裁判员		二级裁判员	
		合计	女	国际级裁判员	女	国家级裁判员	女	一级裁判员	女	二级裁判员	女
街舞	A66	34	15	0	0	0	0	0	0	34	15
技巧	A67	0	0	0	0	0	0	0	0	0	0
高尔夫球	A68	36	14	0	0	0	0	36	14	0	0
保龄球	A69	0	0	0	0	0	0	0	0	0	0
掷球	A70	0	0	0	0	0	0	0	0	0	0
台球	A71	5	4	0	0	0	0	0	0	5	4
藤球	A72	0	0	0	0	0	0	0	0	0	0
壁球	A73	0	0	0	0	0	0	0	0	0	0
橄榄球	A74	0	0	0	0	0	0	0	0	0	0
软式网球	A75	0	0	0	0	0	0	0	0	0	0
热气球	A76	0	0	0	0	0	0	0	0	0	0
运动飞机	A77	0	0	0	0	0	0	0	0	0	0
跳伞	A78	0	0	0	0	0	0	0	0	0	0
滑翔	A79	16	3	0	0	0	0	16	3	0	0
航空模型	A80	17	9	0	0	0	0	0	0	17	9
车辆模型	A81	9	1	0	0	0	0	0	0	9	1
航海模型	A82	22	7	0	0	0	0	17	5	5	2
定向	A83	0	0	0	0	0	0	0	0	0	0
业余无线电	A84	0	0	0	0	0	0	0	0	0	0
围棋	A85	21	5	0	0	0	0	18	5	3	0
国际象棋	A86	2	0	0	0	0	0	1	0	1	0
象棋	A87	4	1	0	0	0	0	3	0	1	1
桥牌	A88	3	0	0	0	0	0	3	0	0	0
武术套路	A89	81	32	0	0	0	0	37	19	44	13
武术散打	A90	118	15	0	0	0	0	27	4	91	11
健身气功	A91	45	33	0	0	0	0	41	29	4	4
登山	A92	0	0	0	0	0	0	0	0	0	0
攀岩	A93	25	0	0	0	0	0	0	0	25	0

续表

项目	代码	等级裁判员									
		合计		国际级裁判员		国家级裁判员		一级裁判员		二级裁判员	
		合计	女	国际级裁判员	女	国家级裁判员	女	一级裁判员	女	二级裁判员	女
攀冰	A94	0	0	0	0	0	0	0	0	0	0
汽车	A95	0	0	0	0	0	0	0	0	0	0
摩托车	A96	0	0	0	0	0	0	0	0	0	0
轮滑	A97	20	7	0	0	0	0	20	7	0	0
毽球	A98	0	0	0	0	0	0	0	0	0	0
门球	A99	58	39	0	0	0	0	43	30	15	9
舞龙舞狮	A100	0	0	0	0	0	0	0	0	0	0
龙舟	A101	0	0	0	0	0	0	0	0	0	0
钓鱼	A102	5	2	0	0	0	0	1	0	4	0
风筝	A103	0	0	0	0	0	0	0	0	0	0
信鸽	A104	0	0	0	0	0	0	0	0	0	0
体育舞蹈	A105	12	11	0	0	0	0	0	0	12	11
健美	A106	0	0	0	0	0	0	0	0	0	0
拔河	A107	0	0	0	0	0	0	0	0	0	0
飞镖	A108	0	0	0	0	0	0	0	0	0	0
电子竞技	A109	7	1	0	0	0	0	7	1	0	0
空手道	A110	18	0	0	0	0	0	0	0	18	0
健身	A111	0	0	0	0	0	0	0	0	0	0
冲浪	A112	0	0	0	0	0	0	0	0	0	0
滑板	A113	2	0	0	0	0	0	2	0	0	0

浙江省体育局　浙江省人力资源和社会保障厅关于公布李向等6人具备国家级教练职务任职资格的通知

浙体人〔2022〕255号

各市体育部门、人力资源和社会保障局，省级有关单位：

根据体育总局《关于2021年度教练员职称评审结果的函》（体人字〔2012〕514号）的通知，经体育总局评审，杭州市陈经纶体育学校李向、胡阔海、魏巍，温州体育运动学校邓晓峰、林梦华，天台县少体校洪军武等 6 人具备国家级教练职务任职资格，时间从 2021 年 12 月 31 日算起。

浙江省体育局　浙江省人力资源和社会保障厅

2022 年 9 月 20 日

浙江省体育局关于公布邢维峰等 10 位同志具有体育教练员中级教练任职资格的通知

浙体人〔2022〕4 号

各市体育局、省级有关单位：

经浙江省体育局教练员中级专业技术职务评审委员会评审通过，安吉县体育中心（安吉县少年儿童业余体育学校）邢维峰、王晨、潘福星、黄庭、万春，长兴县体育中心（长兴县少年儿童业余体校）彭凯，绍兴市体育运动学校李永健，绍兴市水上运动训练中心（绍兴市水上运动训练学校、绍兴市水上运动管理中心）王帅，绍兴市柯桥区少年儿童业余体育学校孙新昌，浙江省水上运动管理中心郑小龙等 10 人具有中级教练资格，现予公布。

上述同志任职资格的取得时间为 2021 年 11 月 10 日。

浙江省体育局

2022 年 1 月 6 日

浙江省体育局关于 2021 年下半年 517 名晋升国家一级裁判员资格认证的通知

浙体竞〔2022〕9 号

各设区市、县（市、区）体育部门，各省级单项体育协会，各有关单位：

为进一步加强全省体育项目裁判员人才队伍建设，推动我省体育赛事活动执裁工作高质量可持续发展，根据《浙江省体育竞赛裁判员管理实施细则》（浙体竞〔2020〕259 号）、《关于加强浙江省体育竞赛裁判员注册管理工作的通知》（浙体竞〔2020〕296 号），按照各体育项目国家一级裁判员技术等级标准，经审核、公示，现对 2021 年下半年 517 名晋升国家一级裁判员予以资格认证。

浙江省体育局

2022 年 1 月 11 日

浙江省2021年下半年517名晋升国家一级裁判员认证名单

田径(42人):高淼、姜礼鹏、黄海炳、朱伟、刘万芳、湛勇、鲍维、于海鹏、刘钰峰(杭州);杨改、刘佳佳、沈航增(宁波);孙逊、傅鑫伟、周文龙、梁见效(温州);傅辰杰、祝淳熙(湖州);王纯炜、全跃、王晓瑜(嘉兴);柴铭华、陈金霞、韩加强、贺胜男、吕盼(绍兴);曹丽霞、郑璐、黄如意、张阳(金华);徐翔(衢州);王志巍、徐裕(舟山);陈永列、陆海云、郑耀(台州);李纪鹏(丽水);刘岩、钱锋(省高校);潘福星、孔寒、郑晨(省直属)

游泳(53人):陆庆和、胡超群、包灵灵、王宁、葛琳娜、胡仙秀、陈洪、高玉洁、华小洁、朱一帆、邹雅芳、张儒(杭州);陈瑜、叶泳佳、钱艳、胡梦清、周建校、王瑛、丁小英、史佳霞、陈琤(宁波);胡策、谢丽珍、杨亚男、王靖、余健、赵志远、张建忠、李建平(温州);杨俊、李金泉、许少栋(湖州);陆歆、陆颖豪、钱洁波、马雨文(嘉兴);陈杰、何永锋、刘凯锋、黄佳慧、赵康(绍兴);马子江、胡颖岑、朱思蓓、翁丽倩、张龙升(金华);孙盘邦、周育玲(衢州);石荣国(台州);陶诗洁、方红飞(舟山);章益瀚(省高校);郑海涛(省直属)

跆拳道(60人):刘丹杨、徐芸莉、任梦尧、盛天鸣、王剑斌、郭珺俊、夏书贤、冯小琪、董万胜(杭州);胡银峰、李鑫作、张斌、张瑶瑶、李萍、张银、蒋文静、王佳文、宋旭辉(宁波);宋伟杰、谢品卿、叶崇崇、谢海蓉、魏胜凯、郑慧珂、高淑雯、陆楚楚、胡仁喜(温州);黄章锟、吴林锋、裘菁华(湖州);陆华烨、张婧、张王薇(嘉兴);梁少杰、顾朔天、刘超(绍兴);叶奇、傅俊俊、方海舟、廖程敏、崔轸厚、张丽丽(金华);徐小旺、叶志超、朱日升、翁海燕、毛舒辉、郑晓巧(衢州);郭世聪、程腾龙(舟山);陈婷婷、王剑涛、项健秦、吴雨曦、叶星志(台州);黄月、吴澜馨、富俊慧(丽水);沈芳、路钊(省高校)

赛艇(37人):缪海波、于旨阳、李虚怀、李重、韩希(杭州);叶冰冰、冯淳、许奇伟(宁波);刘立锦、孙奕成、徐国富(温州);赵东振(湖州);王楠楠、金子燕(嘉兴);黄一瑜、冯小飞、傅海英(绍兴);费亮、滕孙燕(金华);徐冯武、江德强、封智峥、徐丽丽、张俊智、徐卓琳、裴敏爽、陈颖、潘伟鹏、毛德京、吴家乐、胡晨洋、何浩宁、琚一衡(衢州);李灼龙(台州);周月良、潘旦旦、徐子艺(省直属)

皮划艇(38人):缪海波、于旨阳、李虚怀、李重、韩希(杭州);叶冰冰、冯淳、许奇伟(宁波);刘立锦、孙奕成、徐国富(温州);赵东振(湖州);王楠楠、金子燕(嘉兴);黄一瑜、冯小飞、傅海英(绍兴);费亮、滕孙燕(金华);徐冯武、江德强、封智峥、徐丽丽、张俊智、徐卓琳、裴敏爽、陈颖、潘伟鹏、毛德京、吴家乐、胡晨洋、何浩宁、琚一衡、王玉成(衢州);李灼龙(台州);周月良、潘旦旦、徐子艺(省直属)

射击(14人):陈红芳、仲美静、时宇乐、宋天聪、赵刘百合(杭州);洪佩(宁波);李晓瑞(温州);陆颖豪、陈爱娴、徐包宇、陈思(嘉兴);沈芳(绍兴);黄俊伟(衢州);王光宇(台州)

射箭(12人):仇晟、颜志成(杭州);朱燕、徐诚煊、叶申奥、徐侠(温州);吴峰、曾立力(湖州);陆颖豪(嘉兴);马建峰(绍兴);童仙珍、何旭英(金华)

自行车(21人):陈甜、沈吉、魏苗、徐鸣、裘祎楠、吴伟(杭州);郝晓雷、乐骏杰、林建铭、梅飞燕、文珍高(宁波);潘孟、周廉颇、陈猛、郑津津(温州);沈露(湖州);顾家豪、袁

伟萍(绍兴);陈双倩、万里、吴顽强(金华)

击剑(8 人):郭凯凯、刘涛、马健淞(宁波);沈娴(温州);林强(湖州);徐子熙(嘉兴);杜志伟(绍兴);金健豪(台州)

攀岩(21 人):黄鑫、江正阳、徐文培、张帆、何翠莲、刘娜、金浪、乐骏杰(宁波);干鑫耀(温州);杨梦蝶、周栋昊、宋卫、石红兵、甄颖(绍兴);高逸、李圣波、汤飞凡(金华);许香暖、赵鑫(衢州);徐达、魏汝领(舟山)

垒球(4 人):石峰(杭州);王宏斌、张超(宁波);季东东(嘉兴)

街舞(50 人):张建、刘佳、钱浙灵、傅明如、王夏清、蒋安锋、方超杰、潘健、侯传亮、于飞、陆汉、梁丽琴、陈志常、单亮、洪晨、洪健、汤惠文(杭州);向天宇、王三川、潘哲元(宁波);郑坚、金胡博、郑夏俊、叶中冠、吴飞、郑百喜、陈施(温州);吴昊(湖州);蓝梦(嘉兴);宋佳、谢祥兴、汪圣琦(绍兴);胡尧、朱恒、徐维、赵维盛、方翔、穆东凯(金华);徐杰(衢州);王晨光、黄勤(舟山);顾岳、徐崇然、张羽峰、蒋倩倩、汪正浩、肖邵淑(台州);胡赟杰、陈奇、吴伟(丽水)

无线电测向(1 人):蓝志强(杭州)

电子竞技(3 人):陈易(杭州);江顺辉(温州);孙聪(嘉兴)

航海模型(3 人):赵皓天(丽水);沈忻、王品超(省直属)

象棋(24 人):汪胤杰(杭州);毛善龙、史炳斌、余利英、张令燕、毛弈雄、王振江、马雨茹、严子熙(宁波);季武清、谢文辉、叶剑平、池叶鹏、叶碎平、朱余琪、瞿奕奕、胡子健、张青松、徐镁(温州);刘虹、方燕(绍兴);喻忠明(舟山);钟灿(台州);张闽(省直属)

广场舞排舞(23 人):周雨萍、胡蕙雯、李暑萍、胡建月、来凤丽、王楠(杭州);陶灵敏、张建芬、刘洁、陈英琴、沈敖忠、胡亚婷、周艳华(宁波);鲁继根、江彩铭、李峰(嘉兴);戴灵玲(舟山);黄燕(台州);郭永红、郭赛军、王晓津(丽水);楼赛令、龚国红(省直属)

轮滑(轮滑回转)(27 人):蔡思婷、蒋安康(杭州);李楠、金震鹏、张沂烁、曾余、张岩科、裴春雨、崔明徽、王茜哲、刘文宙、刘蕊、刘聪聪、陈皓强、周晓丞、石晓聪、张剑辉、孙超、张浩然、孙久宏、刘涛、郑超、李张生、易河军、陈爱聃、董瑜庭、陈晓(温州)

木球(35 人):李秦峰、俞政威、邓洋、孙曦、岳申奥、王欣悦(杭州);应丽娜、干昂扬(宁波);杨琦玮、程孟夏(湖州);张亦睿、陈祎瑶(嘉兴);俞天乐(绍兴);王旭、胡亨君、楼金柱、陈群英、郑洪青、章爱良、邵宁、朱秋元、吴厚潮、康桂银、郭淑琴、吴伟珠、方永刚、葛红芳、徐亚萍、胡向红、丁颖、陈定华、郭宗豪(金华);周怿欣、管伊朵(台州);刘涛(丽水)

门球(41 人):吴素尔、徐文莉(杭州);戴月红、叶秀琴、吴昌和、何立永、陈高娣、鲍益彩、童定花、邬叶娣、陈永银、宋爱珍、毛秀珍、严定花、王亚娣(宁波);赵淑珍、沈丽丽、王小瑛、张玉莲、杨燕、钱舒萍、王人中、单亚萍、卢卫闽(嘉兴);吕小平、刘林芳、吴志英、吴新兴、黄菊英(绍兴);施三飞、胡红鲜、郁竹莲、杜晓林、黄荷香(金华);尚翠华、金华国(舟山);何莹莹、魏雯(台州);陈玉珠、蓝菊英、吴培姿(丽水)

青少年体育

概　况

【深化体校改革】推进体校、青少年体育社会组织、青少年社会培训、优秀退役运动员及教练员进校园，推动建立青少年体育训练中心。杭州、瑞安、嘉兴、金华、温岭等5所体校成立青训中心。出台县级体校改革发展扶持政策，推动体校与当地优质中小学结合，共同培育体育后备人才。全省新增、改建新型体校30所。2022年浙江省有4所体校被国家体育总局排球中心命名为全国排球高水平后备人才基地；创建2022—2025周期省体育传统项目学校阳光体育后备人才基地53所。全省省级体育后备人才基地64所，体育传统项目学校阳光体育后备人才基地学校总数达到157所。

【强化人才培养】开展了2022年全国各级各类体校教练员通识知识更新线上培训工作，306人参加培训；举办了两期教练员和体育老师培训班，共153人参加。鼓励地方俱乐部和山区26县的教练员和体育老师积极参加培训，培训名额给予适当倾斜。依托数字化训练管理系统构建了运动员赛前文化考试系统。6月下旬，组织11个市的9441名运动员进行省运会青少年运动员赛前线上文化考试，初步探索形成体育系统大型考试的组织保障模式。

【完善培养体系】开通线上青少年运动员注册"掌上办"系统，运动员注册实施身份证和学籍（或户籍）双重身份认定，全省注册青少年运动员人数达23.47万人。通过开展体育后备人才综合训练营活动，从全省业余训练布局人员中动态选拔确定年度重点体育后备人才900人左右。与教育部门合作开展省青少年阳光体育比赛，共举办了田径、游泳等23个项目比赛，7000多名运动员参加了比赛。组织开展"奔跑吧·少年"儿童青少年主题健身活动，参与人员超100万人次。

【优化发展环境】出台《浙江省大中小学校体育教练员专业技术岗位设置管理实施意见》，为学校设置教练员岗位提供政策保障。印发《浙江省体育局关于建立浙江省竞技体育发展指数评估制度的通知》（浙体训〔2022〕186号），对业余训练、后备人才培养等工作进行整体画像，更加科学、全面、客观、准确地评估我省各地竞技体育发展质量和水平，夯实后备人才培养基础。

浙江省创新青少年体育人才培养路径

4月30日，2022全国青少年体育工作会议举行。会上，浙江省体育局作为4家单位之一，进行了经验交流发言。回答了多个问题：浙江青少年体育人才培养有何亮点，我省青少年体育工作为何能够走在全国前列？东京奥运会上，浙江省交出了7金2银2铜的成绩，底气在哪里？

截至2022年，全省注册青少年运动员人数达19万人，2019—2022周期全省业余训练布局人数5万多人，其中体教融合学校布局人数占比50%以上。2021年，全省开展

“奔跑吧·少年”儿童青少年主题健身活动,共计2249场次,参与人员达117万人次。另外,还有64家省体育后备人才基地,157家省级体育传统项目学校阳光体育后备人才基地等。东京奥运会上,浙江省夺金运动员,均来自各级各类体育后备人才基地。正是庞大的青少年运动员和训练基地,为顶级的竞技体育人才提供了厚实的土壤。

长兴县少年儿童业余体校从2013年开始积极探索教体融合,县体育部门和教育部门共同建立了37所以学校为基础的体育后备人才基地,逐步形成了“一校一品牌、一校一特色”的格局。每学年,县体育部门和教育部门都会对人才基地进行考核,尤其突出输送一项。少体校还与县内各学校共享体育场地资源,城区大部分中小学校塑胶跑道田径场、室内体育馆等设施均无偿提供给体校运动员训练使用,而少体校招录的学生学籍都被安排挂靠在城区各中小学校,其中不乏长兴的知名中学和小学。长兴少体校还积极走访各高校,与部分高校建立战略合作关系,使优秀运动员能优先进入高校学习。目前,长兴少体校与浙江大学等11所高等院校签署战略合作协议,与高校共建优质生源基地。2019年,长兴少体校有14人被复旦大学、兰州大学等双一流大学提前批录取,录取率高达84.2%。

像这样的体教融合的新型体校,在全省共有30多所。此外,像海亮集团、温州心桥体操艺术俱乐部等社会力量,也成为竞技体育人才培养的有力补充。

2017年,浙江便出台《浙江省县级体校改革发展实施方案》,2021年印发《浙江省关于深化体教融合　促进青少年健康发展的实施意见》到各市人民政府将县级体校改革指标纳入健康浙江考核,考核当地政府,实现了全省90个县(市、区),各县有体校。同时,将业余训练工作纳入对市体育局考核;在新周期浙江省体育现代化县(市、区)的创建工作中,将体教融合指标内容也列入考核项目。

2022年浙江省幼儿体育大会在宁波镇海举行

5月29日,由省体育局、省体育总会牵头,联合省关工委、省教育厅、省卫健委等相关部门联合主办的2022年浙江省幼儿体育大会开幕式暨浙江省第十六届幼儿特色体育表演大赛在宁波镇海蛟川书院举行。

2022年浙江省幼儿体育大会在宁波镇海举行

出于疫情防控方面的考量，本届表演大赛较往年规模并不算大，但仍有来自全省29家幼儿园的500多位小选手采用“线上+线下”的形式，将小蹦床、舞龙、啦啦操、小篮球、滑步车、花样轮滑等内容丰富的特色展演项目带到这方全省最大的幼儿体育展示舞台。展演项目精彩纷呈，小选手们的高昂的精气神不时便会赢得台下阵阵掌声。

作为全国最早的省级综合性幼儿体育赛事，省幼儿体育大会从2008年初创伊始至今已举办十五届，截至目前累计有3000多所幼儿园、20余万小朋友参与其中，成为浙江省幼儿体育的一张亮丽名片，一道引人瞩目的风景线。本届省幼儿体育大会延续至11月。表演竞赛项目分为运动类、表演类、益智类3大类，运动类有趣味田径、游泳、足球等10多个项目，表演类有基本体操、健身舞操、啦啦操等10多个项目，益智类有模型、围棋、象棋等10多个项目。此外还有“大爱培育工程”系列活动（大爱体育综艺、军体科艺、健康宝宝表演大赛）及浙江省幼儿体育与健康发展论坛。

绍兴市柯桥小学荣获全国啦啦操联赛总决赛甲乙组双项第一名

8月18日，由国家体育总局体操运动管理中心、中国蹦床与技巧协会主办的2021—2022年全国啦啦操联赛总决赛在江苏南京落下帷幕，绍兴市柯桥小学啦啦操队获得公开儿童甲组集体爵士自选动作全国第一名、公开儿童乙组集体街舞自选动作全国第一名的喜人赛绩。

柯桥小学啦啦操队的姑娘们凭借着良好的心理素质、精准的动作质量、流畅的队形编排、自信的精神面貌，一路过关斩将，在市、省级比赛双获第一名的基础上，终于站上了全国总决赛的赛场。

伴着激昂的音乐，她们踏出了节奏与动感，舞出了力量与风采。一系列托举、跳跃等高难度技术动作无不演绎着力与美的结合、刚与柔的碰撞。她们自信而美丽，充满了青春活力，是一朵朵植根于柯小，盛开于国家级舞台的靓丽之花。

台上的成绩离不开台下的勤学奋进。这背后是学校的重视与支持，是指导老师郑志琴、林瑞蓉昼夜不舍地倾心付出，更是柯桥小学啦啦操队每一个孩子的从不退缩与积极刻苦。凭借着这一份执着与满腔热情，柯小的姑娘们才能一步步走向全国的舞台，走上荣誉的巅峰。

柯桥小学啦啦操队以团队协作为基础，凝奋发向上、自信热情于一身，张扬着柯小人朝气蓬勃的精神力量，代表了柯小“一球一操”项目浸润出健体强身的累累硕果。

2022—2025周期浙江省体育传统项目学校阳光体育后备人才基地名单

序号	学校名单	开展项目
1	杭州长江实验小学	乒乓球
2	萧山区北干初级中学	乒乓球
3	杭州市求知小学	足球
4	临安区晨曦小学(东校区)	摔跤
5	杭州市胜蓝实验小学	射击、射箭、啦啦操、围棋、足球
6	宁波市江北中心学校	羽毛球
7	宁波市镇海区蛟川中心学校	射击
8	鄞州区姜山镇中心初级中学	足球
9	宁海县跃龙中学	足球、篮球
10	宁波市慈湖中学	田径
11	宁波市奉化区锦屏中心小学	田径
12	温州市南浦实验中学	游泳
13	温州市少年游泳学校	游泳
14	瑞安市马鞍池小学	羽毛球
15	温州市籀园小学	足球、武术、游泳
16	温州市瓯海区郭溪燎原小学	田径
17	温州市龙湾区永中第二小学	空手道
18	浙江省长兴中学	篮球、田径、排球
19	长兴县洪桥镇中心小学	田径
20	湖州市湖师附小教育集团	羽毛球
21	长兴县太湖高级中学	田径
22	安吉县昌硕高级中学	田径、皮划艇
23	嘉兴市友谊小学	羽毛球
24	嘉兴市辅成教育集团	羽毛球、乒乓球
25	海宁市紫微小学	羽毛球

续表

序号	学校名单	开展项目
26	海宁市紫微初级中学	射箭
27	嵊州市爱德初级中学	射箭、足球
28	浙江省柯桥中学	乒乓球
29	新昌县城关中学	田径、篮球、足球
30	诸暨市浣纱初级中学	篮球、跆拳道
31	浙师大附属上虞初级中学	拳击、摔跤、柔道
32	椒江区第二中学	足球、空手道
33	浙江省仙居中学	武术套路
34	灵江中学	射箭
35	三门县亭旁高级中学	拳击
36	仙居县埠头镇初级中学	攀岩
37	浙江省东阳中学	田径、乒乓球、足球、击剑、网球
38	东阳市吴宁第四小学	田径
39	永康市第五中学	攀岩
40	兰溪市行知小学	武术散打
41	衢州市柯城区新世纪学校	羽毛球、健美操、田径、足球
42	浙江省开化中学	举重、田径
43	江山实验小学	羽毛球
44	江山市城东实验学校	田径、乒乓球
45	浙江省缙云中学	篮球、田径、健美操
46	丽水市实验学校	羽毛球
47	青田县伯温中学	田径
48	莲都区梅山中学	跆拳道
49	舟山市普陀区东港中学	田径、足球、篮球
50	岱山县衢山镇敬业小学	排球、田径
51	岱山县高亭镇高亭中学小学	田径、篮球
52	义乌市江湾小学	足球
53	义乌市第三中学	排球、田径

2022 年浙江省青少年体育活动组织及体育俱乐部情况表

指标名称	代码	截至年末累计数(个)					本年新增(个)				
		合计	国家	省	地市	县区	合计	国家	省	地市	县区
甲	乙	01	02	03	04	05	06	07	08	09	10
合计	A01	1299	53	308	606	332	70	1	20	24	25
青少年户外体育活动营地	A02	30	2	6	18	4	4	0	0	4	0
青少年校外体育活动中心	A03	33	1	0	32	—	0	0	0	0	—
青少年体育俱乐部	A04	191	32	50	109	—	3	1	2	0	—
体育传统项目学校	A05	846	0	185	408	253	62	0	17	20	25
高水平体育后备人才基地	A06	199	18	67	39	75	1	0	1	0	0

杭州亚运会

概　况

【优化调整亚运会总赛程、竞赛技术手册】2022 年，杭州亚运会、亚残运会确定赛事延期，杭州亚组委对照巴黎奥运会项目设置，梳理杭州亚运会小项设置，确定小项设置由 482 项调整为 484 项。6 月，启动赛程调整工作，专题研究 61 个分项，最终形成总赛程 2.0 版（审议稿）。发布亚残运会总赛程 1.5 版。

【举办亚运测试赛 23 场】2022 年，浙江省已顺利举办全国体操锦标赛等亚运会测试赛 23 场，检验各场馆设施以及运行团队筹备情况，达到“检验场馆、锻炼队伍、组织有序、运行顺畅、感受良好”的预期目标。

【任命亚运会国际技术官员】组建完成 41 个竞赛场馆（群）团队、21 个独立训练场馆团队、31 个非竞赛场馆团队。完成 37 个分项 1226 位国际技术官员（含技术代表）的选拔任命，重启国内技术官员选拔任命工作，遴选国内技术官员 2300 名。

【竞赛场馆全部竣工并完成赛事功能验收】3 月 31 日官方宣布，历时近 5 年建设，杭州亚运会、亚残运会 56 个竞赛场馆全部竣工并完成赛事功能验收。56 个竞赛场馆中，位于杭州的场馆有 42 个，绍兴设 4 个场馆，温州和金华分别设 3 个场馆，宁波和湖州分别设 2 个场馆。

【全面推进亚运场馆惠民开放】2022 年，杭州市充分利用亚运会延期的空档期，将亚运场馆惠民开放，满足群众“享受更好的健身服务”的期盼。按照“一场一策、一馆一策”制定开放方案计划，从 2022 年 7 月 1 日起，包括杭州奥体中心体育场和网球中心在内的 56 个竞赛场馆、31 个训练场馆陆续惠民开放，参与健身人数突破 500 万人次，为在杭州生活、工作的市民带来了实实在在的优惠。

【做好新闻宣传和宣传矩阵建设】发布亚运会动态体育图标和杭州亚运会、亚残运会官方海报；推进亚运音乐作品征集工作，推出主办城市推广曲《最美的风景》水墨版 MV 和残运会宣传推广歌曲《我们都一样》MV。

【杭州亚运会会徽、口号、吉祥物入选商标保护名录】11 月，杭州市市场监督管理局公布了第一批杭州市重点商标保护名录，杭州 2022 年第 19 届亚运会会徽、口号、吉祥物等 5 个特殊标志入列。

高志丹浙江调研时强调：全力做好亚运会筹办工作，奋力开创体育强国建设新局面

9 月 14 日—16 日，国家体育总局局长、党组书记、中国奥委会主席高志丹来浙江调研体育工作，这也是他履新一个多月来首次出京调研。

省委书记袁家军、省长王浩分别就杭州亚运会筹办、体育强国建设等工作进行交流。

高志丹在听取杭州亚运会筹办工作情况时强调，各级体育部门要认真学习领会习近

平总书记关于体育的重要论述，奋力开创体育强国建设新局面；要认真贯彻好习近平总书记提出的“简约、安全、精彩”的办赛要求，全力兑现把第19届亚运会“办成具有中国特色、浙江风采、杭州韵味、精彩纷呈的体育文化盛会”的庄严承诺，向习近平总书记和党中央、向全省全国乃至全亚洲人民交出一份高分答卷。

高志丹表示，习近平总书记在北京冬奥会冬残奥会总结表彰大会上的重要讲话，为传承发扬北京冬奥会冬残奥会宝贵经验、办好杭州亚运会、亚残运会提供了根本遵循。要坚持学习和贯彻“冬奥精神”，坚持将办赛和服务人民相结合，将“冬奥精神”落实到杭州亚运会、亚残运会筹办的全过程各领域。要强化政治意识，主动防范化解风险挑战。在与亚奥理事会合作协商的过程中，坚持以国家利益为先，善于处理危机与问题，尽可能转危为机。

高志丹指出，要坚持“以赛事为核心、以运动员为中心”，科学安排各项工作，从场馆建设、训练条件、生活保障和医疗救援等各个方面，为所有运动员提供良好条件。竞赛部门和场馆保障都要进行全要素、全流程的测试演练，坚定信心、全力以赴做好亚运会的筹办工作。高志丹期待，通过杭州亚运会的成功举办，促进与亚洲各国（地区）体育事业的发展和进步，推动经贸交流与合作。

省第19届亚运会和第4届亚残运会工作领导小组例会召开

8月8日下午，省长、第19届亚组委和第4届亚残组委主席王浩在杭州主持召开省第19届亚运会和第4届亚残运会工作领导小组例会。他强调，延期举办杭州亚运会、确定新的举办时间，是党中央、国务院作出的重大决策。我们要深入贯彻落实习近平总书记重要指示精神，进一步提高政治站位，强化责任担当，把“简约、安全、精彩”办赛理念和“五精”“五高”要求贯彻落实到每一个工作环节，确保筹办工作高标准高效率推进。

刘捷、徐文光、高兴夫、成岳冲、王文序、卢山、王成国、陈卫强等出席。会上，刘忻、杨戌标、汤飞帆及协办城市负责人汇报了近段时间筹办工作情况和下一阶段工作建议。

王浩充分肯定亚运会延期举办以来各项工作成效。他指出，亚运会延期到明年举办，节点尤为特殊、意义尤为重大。省级有关部门、杭州市及各协办城市务必思想进一步绷紧、节奏进一步加快、要求进一步提高、责任进一步压实，紧紧抓住延期带来的宝贵窗口期，自我加压，拉高标杆，以更充分的准备、更完备的设施、更精密的方案、更优质的服务，切实提升办赛质量和水平，做到只留经典、不留遗憾。

王浩强调，要锚定目标任务，持续加压奋进，扎实做好亚运筹办各项工作。一要加强沟通对接，着力完善总体方案和各专项方案，逐条逐项细化梳理各项任务，对开闭幕式、赛事运行、交通保障、安全保卫等方案进行针对性的完善。二要坚持“软”“硬”并重，加快推进亚运道路、地铁、高架、桥梁等工程建设，持续加强场馆周边、亚运村周边、亚运通行道路两侧环境绿化、美化、亮化、洁化，强化城市精细化、智慧化治理，着力提升城市环境品质。三要突出精雕细琢，进一步设计好开闭幕式、火炬传递、倒计时一周年等重大活动，切实把中国特色、浙江韵味、杭州风采展示出来，着力谋划更多亚运特色亮点。四要注重以赛促进，争取多举办高质量国际性测试赛，及时发现问题、解决问题、锻炼队伍，努力打造赛事名城；深入推进“亚运在线”开发应用，着力提高赛事组织工作水平。五要强化宣传推广，立足“全民亚运”，提升群众参与亚运、服务亚运的积极性，推动亚运场馆向群众开放，着力提升亚运社会影响力。

会前，王浩前往黄龙体育场、游泳跳水中心和黄龙体育馆，实地调研比赛场馆及赛事运行工作筹备情况。

杭州亚运会首款零碳吉祥物发布

8 月 12 日至 15 日，杭州亚运会特许商品在阿里巴巴 U 设计周展出。在此次设计周上，亚组委带来了杭州亚运会首款零碳吉祥物及十余款低碳绿色商品、8 月亚运特许新品首发及其他备受好评的热卖爆款等，让现场观众可以近距离接触杭州亚运特许商品，感受亚运氛围和亚运魅力。

其实，早在首款零碳吉祥物推出之前，杭州亚运特许商品已积极响应“绿色亚运”理念，推出 10 余款符合绿色环保理念的特许商品。此次亚运特许商品的“C 位”——低碳版坐姿吉祥物玩偶则是真正意义上的首款“零碳亚运特许商品”——通过专业机构评估认证，获得产品数字化零碳标签。该认证基于阿里云能耗宝进行产品碳足迹核算，通过定义零碳产品数字化路径，为零碳吉祥物提供了碳足迹在线核算、在线碳中和、在线第三方认证和绿色营销服务。

坐姿吉祥玩偶图

在 U 设计周，围绕零碳杭州亚运会吉祥物玩偶的首发，还专门组织了一场题为《零碳“亚运三小只”的绿色诞生记——关于亚运特许商品全生命周期的低碳设计探讨》的主题沙龙，邀请到杭州亚运会吉祥物设计师、中国美术学院教师张文，与杭州亚组委、阿里云能耗云和亚运特许生产商的相关代表，共同探讨如何通过绿色设计和绿色技术的结合，实现亚运特许商品的绿色低碳，未来，将打造更多符合绿色环保低碳理念的亚运特许商品。

8 月亚运特许新品上新也可谓是琳琅满目，目前已知上新品类包括家居生活、玩具、服装服饰、箱包、工艺品、徽章及非金属、食品类、体育用品和电子产品共 10 大品类，近 40 款特许商品。

此次上新，除了有大家期待已久的电竞版系列毛绒玩偶“宸宸”，还首次推出了美妆品类商品，让大家通过日常使用频率较高的美妆类商品，去了解亚运美学及其背后的故事。首发新品通过天猫平台的杭州亚运会官方旗舰店线上同步直播和发售。

杭州亚组委官方代表团参加亚奥理事会/奥林匹克团结基金地区论坛

当地时间 2022 年 12 月 3 日，亚奥理事会/奥林匹克团结基金地区论坛在沙特阿拉伯首都利雅得举行，杭州亚组委官方代表团应邀参会，并面向亚洲各国家（地区）奥委会陈述杭州亚运会各业务领域工作进展。

亚奥理事会亚运会部主任海德、国际奥委会、奥林匹克团结基金代表，杭州亚组委副秘书长、杭州市政府副秘书长毛根洪，杭州亚组委竞赛部、外联部、宣传部相关负责人出席论坛，各国家（地区）奥委会代表参加论坛。

杭州亚组委陈述了杭州亚运会筹办工作总体进展情况，并就竞赛报名、注册制证、交通物流、餐饮住宿、抵离礼宾、NOC 服务、媒体转播、财务收费卡、亚运村运行等业务领域政策进行详细介绍，为代表团参赛备赛提供政策支持。

海德对杭州亚组委代表团在论坛上的陈述并提交了进度报告表示肯定，亚奥理事会将继续加强与杭州亚组委的紧密联系和携手合作，共同办成一届成功、精彩、圆满，令人难忘的体育文化盛会，为亚洲奥林匹克运动留下难忘的“亚运记忆”。

地区论坛为期 5 天（3 日至 7 日），杭州亚组委设置咨询台，就各业务领域政策进行现场问答，并与各参会国家（地区）奥委会进行深入交流。

本次地区论坛的主要内容还包括 2024 巴黎奥运会赛事筹备、2022 年泰国室内与武道运动会赛事筹备及奥林匹克团结基金相关陈述。此次论坛是杭州亚组委与各个国家（地区）奥委会及代表团团长开展线下面对面交流的难得契机。

重要赛事

概 况

【举办省第十七届运动会】成功举办省第十七届运动会,10 人 14 次打破 14 项浙江省最高纪录,实现兴奋剂问题“零出现”,取得运动成绩和精神文明双丰收,开闭幕式首次开创仪演融合模式,全面展现“诗画江南、活力浙江、魅力金华”的独特风采。

【举办一批有影响力的赛事】在常态化疫情防控下,安全举办 2022 年杭州马拉松、2022—2023 赛季 CBA 常规赛等一批有影响力的赛事,全年举办国家级以上赛事 72 场。

【举办全省青少年比赛】全年顺利举办 40 余项全省青少年锦标赛、冠军赛、积分赛,参赛运动员 13000 人次以上,培训选调裁判员 1700 人次以上。全省青少年学生阳光体育比赛,参赛运动员 3500 人次以上,培训选调裁判员 500 人次以上。

【体育竞赛核心业务全面数字化】2022 年,竞赛数字化改革围绕竞赛核心业务的数字化,在 2020—2021 年已实现“浙里办”体育公共服务平台上青少年运动员注册、赛事发布、赛事报名、成绩管理、裁判员管理和反兴奋剂一件事的基础上,积极开展全国运动员技术等级认定即时限办试点单位改革工作,不断完善应用系统,做好运维。

【体育裁判员队伍建设全面加强】细化完善全省裁判员积分制管理制度,对裁判员的德才廉绩进行全面评估考证,对裁判员能力素质水平提出硬性要求,督促裁判员不断学习,从职业道德、业务能力等方面大大提高裁判员队伍的整体素质,以满足各级各类赛事对裁判员的需求。

2022 年杭州马拉松

11 月 20 日上午 7 点 30 分,2022 年杭州马拉松(简称“杭马”)在浙江省黄龙体育中心鸣枪开跑。阔别 2 年,在万千跑友期待下,杭州马拉松继去年线上举办后重新线下举行。

本届杭州马拉松项目包括马拉松,半程马拉松,健康跑、情侣跑、家庭跑等,集结了 3.5 万名跑友。所有项目的起点,均在浙江省黄龙体育中心。

值得一提的是,马拉松终点设置在杭州亚运会开闭幕式场地大莲花,这也是杭马首次跑进大莲花。一场马拉松,打卡两大亚运场馆,对于跑友来说,是一种特别的体验,也是对自己跑完坚持完赛的嘉奖。

最终,粟国雄以 2 小时 17 分 17 秒蝉联杭马男子全程冠军。女子方面,王敏以 2 小时 33 分 47 秒蝉联女子全程冠军。

成功以 2 小时 22 分 11 秒 PB(个人最好成绩)刷新浙江马拉松纪录的羊小军很自豪,“浙江体育强省的形象由大莲花作为象征展现出来,跑进来荣誉感爆棚。”

中国科学院院士、西湖大学校长施一公是本次赛事的形象大使,他坦言:“跑步是一件非常美好的事情,在跑步中获得的愉悦感能够享受一辈子。”

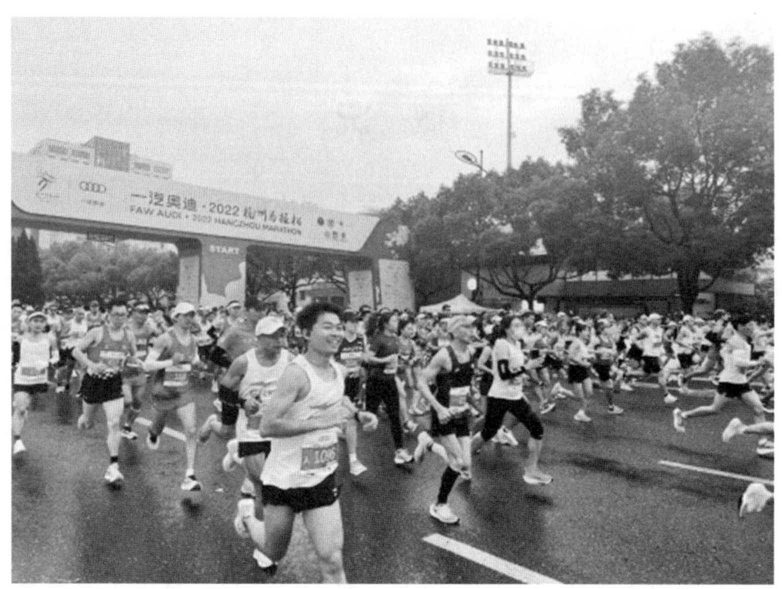

2022 年杭州马拉松在浙江省黄龙体育中心鸣枪开跑

如今的杭马，正是一场全城参与的运动嘉年华，这项活动已经不仅仅是一项比赛，而是一种生活态度、一种城市文化。

作为国际田联金标赛事，历经近 40 年的发展，杭马不仅成为一项知名的体育赛事，更点亮了城市的地标，推动城市的发展，带动更多人加入全民健身的行列。杭州在不停奔跑，跑过西湖时代，跑进钱塘江时代，而杭马，将城市风景、历史文化、社会风貌的变化逐一呈现，一路见证这座城潮涌逐浪的发展。

2022 年长三角水上运动节在杭开幕

11 月 12 日，2022 年长三角水上运动节暨京杭大运河（杭州）运动 · 文旅嘉年华开幕式在杭州市拱墅区城北体育公园举行，本次活动由长三角体育赛事联盟、浙江省体育局、杭州市体育局、拱墅区人民政府主办，浙江省体育竞赛中心、杭州市体育事业发展中心、杭州市智力运动管理中心、拱墅区文化和广电旅游体育局、拱墅区东新街道、拱墅区上塘街道承办。

活动以专业水上赛事为依托，旨在向全国展示了长三角地区全民健身公共服务体系建设的最新成果，已成为集运动、休闲、数智、体验、娱乐为一体的长三角区域大联动、市民群众广泛参与的品牌赛事活动 IP，至今已连续举办三届。浙江省体育局、杭州市政府、拱墅区相关领导及区各部门、街道代表嘉宾出席开幕式。

此次水上运动节设置了皮划艇和桨板两个项目 18 个组别的竞赛，吸引了 200 余名长三角地区的选手参赛。与前两届赛事相比，今年赛事在组别的设置上做出了新的突破，除了设置男子、女子皮划艇和桨板成人组竞速赛外，还单独设置了 U12、U15、U18 的 3 个年龄段的男子、女子青少年组，同时新增了 4 × 200 米皮划艇混合绕标接力赛和以社区为单位参加的200米巴士桨板绕标赛,对激发群众内生动力,促进全民健身和青少年体育事业更高水平发展有着积极的推动作用。

水上比赛如火如荼进行的同时,精彩纷呈的“五共”嘉年华活动也吸引了众多市民参与。

“共享·酷玩”板块设置了曲棍球专场、桨板皮划艇体验、航空航海模型展示互动、飞盘盲盒赛、高飞蹦床、体彩冰雪运动、迪卡侬露营体验等时尚运动项目,从水、陆、空三栖进行全方位多角度体验,同时还有杭州亚运会特许商品及时尚运动装备等市集展示。

“共燃·街头”板块,以“驻点潮FUN”和“花式巡街”两种方式呈现,有来自浙音的“文艺轻骑兵”带来的民族管乐、浙江农林大学留学生带来的阿卡贝拉、小丑魔术、活力啦啦操(天女次元电竞啦啦队)、炫酷街舞等多种形式的街头艺术在现场表演,呈现街头巷尾的潮流城市文化。

“共承·匠心”板块,邀请拱墅区7所学校的师生带来多项非遗项目体验和非遗表演。杭州市现代实验小学的皮影,杭州观成实验学校的木版水印、王星记扇和土布纺织,杭州市江心岛小学的水墨汉字与西泠印泥,杭州市求知小学的丝绸扎染,杭州半山实验小学教育集团的半山泥猫和越剧表演,杭州市长寿桥小学的京剧表演,杭州市京都小学的昆曲表演,共同匠心打造了现场的非遗韵味,让更多人在动手、观赏和体验中了解中国的传统文化。

“共创·未来”板块,邀请布鲁可人工智能启蒙、睿知文峰APM机器人、网易电竞NeXT、“忙盒”电竞、虚拟赛车、智圣足球元宇宙,FPV无人机竞速、FPV无人机足球、中天模型3×3汽车足球、广汽本田等体验项目,让更多的老百姓参与其中,在亲身体验中感受科技魅力。

“共品·美好”板块,贴心准备了色香味俱全的特色食品,热气腾腾的关东煮、爆米花、咖啡和奶茶等,可以休闲“充电”,寻味大运河畔的美好。

2022年长三角水上运动节暨京杭大运河(杭州)运动·文旅嘉年华的举办,是推进长三角一体化发展战略,增强长三角地区创新能力和竞争能力的重要举措,也是对报告中有关文化、体育工作的贯彻与落实。本次活动的举办,将有效促进长三角地区在文旅体领域的多方位、全链条融合,促成区域间体育创新要素的自由流动,为体育促进长三角城市群的融合和多元发展提供杭州样本,展现浙江力量。

第九届“衢州·烂柯杯”中国围棋冠军赛在衢州举行

4月22日晚,第九届“衢州·烂柯杯”中国围棋冠军赛开幕式在衢州市衢江东方大酒店举行。

在严格遵守疫情防控要求的前提下,包括柯洁、丁浩、辜梓豪及上届冠军许嘉阳、亚军杨鼎新在内的国内等级分排名前32位的棋手,将在接下来的一周里对弈柯山、纹枰论道。

中国围棋协会副主席、中国围棋队领队华学明在致辞中表示,16年来,“衢州·烂柯杯”一步步发展成为中国围棋不可或缺的品牌赛事。今年的比赛具有不同寻常的意义,在疫情形势复杂多变的当下，衢州勇于担当，将亚运会国家围棋队的选拔、集训安全落地，并与“衢州·烂柯杯”连通，使整个4月的中国棋坛都围绕着“衢州围棋圣地”的主题。希望各位棋手再接再厉，勇攀高峰，从烂柯山脚下起步，向世界冠军、亚运金牌发起冲击，以棋报国、为国争光。

“衢州·烂柯杯”中国围棋冠军赛是国内等级和水平最高的职业围棋赛事之一，从2006年至今已成功举办了8届。作为衢州“棋子文化”的重要载体和品牌赛事，每两年一届的“衢州·烂柯杯”中国围棋冠军赛都能吸引国内知名棋手前来参赛。此前，俞斌、古力、谢赫、芈昱廷、檀啸、范廷钰等都曾问鼎该赛事。

4月29日，第九届“衢州·烂柯杯”中国围棋冠军赛圆满落幕。本届大赛共有32位国内顶级棋手参加，在最终决赛中，李轩豪九段执黑中盘战胜范廷钰九段，首次称雄该项赛事，成为新科冠军。

本届赛事由中国围棋协会、中共衢州市委、衢州市人民政府主办，衢州市体育局、衢州市“世界围棋圣地”建设工作专班承办，衢州市体育事业发展中心、衢州市体育彩票管理中心、衢州市围棋协会协办。

浙江省重点培育品牌体育赛事名录库（2022年）

序号	地市	赛事名称
1	省级	杭州马拉松
2	省级	浙江省生态运动会
3	省级	浙江省足球超级联赛
4	省级	浙江省篮球超级联赛
5	省级	浙江省幼儿体育大会
6	省级	浙江省中老年篮球邀请赛
7	杭州	国际（杭州）毅行大会
8	杭州	“舞动中国-排舞联赛”总决赛
9	杭州	长三角水上运动节
10	杭州	杭州国际高尔夫球锦标赛
11	杭州	中国建德17℃新安江“夏日冬泳”国际挑战赛
12	杭州	建德17℃新安江马拉松
13	杭州	杭州千岛湖轮滑公开赛
14	杭州	千岛湖大铁铁人三项赛
15	杭州	中国·杭州环千岛湖公路自行车赛
16	宁波	“一带一路”中国四明山百公里山地户外运动挑战赛

续表

序号	地市	赛事名称
17	温州	全国国际式摔跤锦标赛
18	温州	相约廊桥·全国象棋棋后赛
19	湖州	南浔古镇桨板露营嘉年华
20	湖州	中国围棋甲级联赛(长兴专场)
21	湖州	太湖图影马拉松
22	湖州	TNF100 莫干山国际越野跑挑战赛
23	湖州	凯乐石莫干山跑山赛
24	湖州	安吉山川“两山”全国山地户外运动多项赛
25	嘉兴	中国掼牛争霸赛
26	嘉兴	当湖十局杯 CCTV 电视围棋快棋赛
27	嘉兴	CBSA 海宁斯诺克国际公开赛
28	绍兴	绍兴马拉松
29	绍兴	绍兴皮划艇马拉松
30	绍兴	中国摩托艇公开赛(绍兴曹娥江站)
31	绍兴	诗画曹娥江·长三角单车山地速降赛
32	绍兴	嵊州杯“王中王”围棋争霸赛
33	金华	中国山水四项公开赛
34	金华	中国金华龙舟邀请大赛
35	金华	飞神集团车辆模型系列赛
36	衢州	衢州马拉松
37	衢州	浙江大湾区自行车公开赛(衢州站)
38	衢州	烂柯杯全国围棋冠军赛
39	衢州	中国常山山地自行车公开赛
40	衢州	“中国·江山”“美丽乡村”全国攀岩系列赛
41	衢州	全国新年登高健身大会中心主会场
42	舟山	“神行定海山”全国徒步大会
43	舟山	岱山海岬半程马拉松
44	台州	温岭黄金海岸跑山赛
45	台州	“温岭杯”全国象棋国手赛
46	台州	柴古唐斯括苍越野赛
47	丽水	庆元廊桥国际越野赛
48	丽水	遂昌百里红军古道定向越野赛

2022年浙江省体育赛事统计表

指标		代码	合计			国际性体育赛事		
			赛事数量（个）	参赛人次（人次）	赛事收入（万元）	赛事数量（个）	参赛人次（人次）	赛事收入（万元）
甲		乙	01	02	03	04	05	06
合计		A01	4925	1270574	14149.39	13	28107	1650.23
综合性赛事		A02	816	280414	1627.90	0	0	0.00
单项赛事	合计	A03	4109	990160	12521.49	13	28107	1650.23
	游泳	A04	159	31324	157.50	1	1	0.00
	跳水	A05	0	0	0.00	0	0	0.00
	花样游泳	A06	0	0	0.00	0	0	0.00
	水球	A07	0	0	0.00	0	0	0.00
	公开水域游泳	A08	22	5811	21.00	0	0	0.00
	射箭	A09	32	4787	43.75	0	0	0.00
	田径	A10	228	151682	2,384.00	1	27020	1,600.00
	羽毛球	A11	185	49530	291.00	1	1	0.00
	皮划艇激流回旋	A12	5	326	40.50	0	0	0.00
	皮划艇静水	A13	18	2840	54.80	0	0	0.00
	棒球	A14	20	5908	20.00	0	0	0.00
	五人篮球	A15	320	76158	433.24	0	0	0.00
	三人篮球	A16	52	8610	58.10	0	0	0.00
	拳击	A17	30	3065	30.00	0	0	0.00
	场地自行车	A18	12	1600	20.00	0	0	0.00
	公路自行车	A19	22	3961	343.74	0	0	0.00
	山地自行车	A20	5	836	191.81	0	0	0.00
	BMX小轮车	A21	2	260	30.60	0	0	0.00
	击剑	A22	48	16392	225.90	0	0	0.00
	足球	A23	317	67929	779.61	0	0	0.00
	五人制足球	A24	145	18762	106.70	0	0	0.00
	沙滩足球	A25	4	1118	0.00	0	0	0.00
	手球	A26	11	3295	30.00	0	0	0.00

续表

指标		代码	合计			国际性体育赛事		
			赛事数量（个）	参赛人次（人次）	赛事收入（万元）	赛事数量（个）	参赛人次（人次）	赛事收入（万元）
单项赛事	马术	A27	8	921	78.00	0	0	0.00
	曲棍球	A28	0	0	0.00	0	0	0.00
	柔道	A29	15	2713	100.00	0	0	0.00
	现代五项	A30	0	0	0	0	0	0.00
	体操	A31	17	6897	80.00	0	0	0.00
	艺术体操	A32	12	2416	20.00	0	0	0.00
	蹦床	A33	12	2750	62.00	0	0	0.00
	赛艇	A34	21	3485	222.00	0	0	0.00
	帆船	A35	19	4753	131.44	0	0	0.00
	射击	A36	18	5929	50.00	0	0	0.00
	排球	A37	186	44141	157.00	0	0	0.00
	沙滩排球	A38	4	526	148.71	0	0	0.00
	垒球	A39	1	240	0.00	0	0	0.00
	乒乓球	A40	249	71680	988.12	0	0	0.00
	跆拳道	A41	86	32610	254.46	0	0	0.00
	网球	A42	98	18848	273.00	0	0	0.00
	铁人三项	A43	5	1799	130.00	0	0	0.00
	举重	A44	18	3862	297.63	0	0	0.00
	摔跤	A45	17	5961	60.00	0	0	0.00
	中国式摔跤	A46	0	0	0.00	0	0	0.00
	冬季两项	A47	0	0	0.00	0	0	0.00
	冰壶	A48	3	268	0.00	0	0	0.00
	冰球	A49	0	0	0.00	0	0	0.00
	花样滑冰	A50	0	0	0.00	0	0	0.00
	短道速滑	A51	3	72	0.00	0	0	0.00
	速度滑冰	A52	0	0	0.00	0	0	0.00
	高山滑雪	A53	0	0	0.00	0	0	0.00
	越野滑雪	A54	1	250	0.00	0	0	0.00
	自由式滑雪	A55	0	0	0.00	0	0	0.00
	跳台滑雪	A56	0	0	0.00	0	0	0.00

续表

指标		代码	合计			国际性体育赛事		
			赛事数量（个）	参赛人次（人次）	赛事收入（万元）	赛事数量（个）	参赛人次（人次）	赛事收入（万元）
单项赛事	单板滑雪	A57	0	0	0.00	0	0	0.00
	北欧两项	A58	0	0	0.00	0	0	0.00
	雪车	A59	0	0	0.00	0	0	0.00
	钢架雪车	A60	0	0	0.00	0	0	0.00
	雪橇	A61	0	0	0.00	0	0	0.00
	潜水	A62	0	0	0.00	0	0	0.00
	蹼泳	A63	0	0	0.00	0	0	0.00
	滑水	A64	0	0	0.00	0	0	0.00
	摩托艇	A65	0	0	0.00	0	0	0.00
	救生	A66	2	330	0.00	0	0	0.00
	健美操	A67	20	14910	74.80	0	0	0.00
	街舞	A68	46	8358	88.70	0	0	0.00
	技巧	A69	0	0	0.00	0	0	0.00
	高尔夫球	A70	8	718	10.00	1	120	0.00
	保龄球	A71	0	0	0.00	0	0	0.00
	掷球	A72	0	0	0.00	0	0	0.00
	台球	A73	7	1010	0.00	0	0	0.00
	藤球	A74	2	450	10.00	0	0	0.00
	壁球	A75	1	300	0.00	0	0	0.00
	橄榄球	A76	2	600	0.00	0	0	0.00
	软式网球	A77	12	6230	60.00	0	0	0.00
	热气球	A78	0	0	0.00	0	0	0.00
	运动飞机	A79	0	0	0.00	0	0	0.00
	跳伞	A80	0	0	0.00	0	0	0.00
	滑翔	A81	0	0	0.00	0	0	0.00
	航空模型	A82	12	6335	80.00	0	0	0.00
	车辆模型	A83	16	7412	80.60	0	0	0.00
	航海模型	A84	19	7983	149.46	0	0	0.00
	定向	A85	19	8590	74.00	0	0	0.00
	业余无线电	A86	12	6248	118.05	0	0	0.00

续表

指标		代码	合计			国际性体育赛事		
			赛事数量（个）	参赛人次（人次）	赛事收入（万元）	赛事数量（个）	参赛人次（人次）	赛事收入（万元）
单项赛事	围棋	A87	146	32893	192.22	2	64	0.00
	国际象棋	A88	44	15429	48.36	0	0	0.00
	象棋	A89	140	17897	217.54	2	120	41.80
	桥牌	A90	51	8213	736.00	1	150	3.00
	武术套路	A91	166	23387	143.68	0	0	0.00
	武术散打	A92	33	6708	90.00	0	0	0.00
	健身气功	A93	106	10952	159.16	1	430	5.43
	登山	A94	111	25120	126.00	0	0	0.00
	攀岩	A95	26	7775	78.00	0	0	0.00
	攀冰	A96	0	0	0.00	0	0	0.00
	汽车	A97	19	2650	170.00	2	200	0.00
	摩托车	A98	5	100	20.00	0	0	0.00
	轮滑	A99	37	9641	142.60	0	0	0.00
	毽球	A100	1	178	0.00	0	0	0.00
	门球	A101	221	24647	377.62	0	0	0.00
	舞龙舞狮	A102	5	850	25.00	0	0	0.00
	龙舟	A103	21	5720	441.00	0	0	0.00
	钓鱼	A104	69	6137	115.35	0	0	0.00
	风筝	A105	4	590	0.00	0	0	0.00
	信鸽	A106	22	2313	6.77	0	0	0.00
	体育舞蹈	A107	41	10999	119.00	0	0	0.00
	健美	A108	4	794	5.00	0	0	0.00
	拔河	A109	18	3428	5.00	0	0	0.00
	飞镖	A110	42	9147	106.57	0	0	0.00
	电子竞技	A111	5	900	38.00	0	0	0.00
	空手道	A112	19	4836	58.40	0	0	0.00
	健身	A113	119	21826	20.00	0	0	0.00
	冲浪	A114	5	191	0.00	0	0	0.00
	滑板	A115	21	2150	20.00	0	0	0.00

2021年浙江省体育赛事统计表(续)

指标		代码	全国性赛事			地方性体育赛事					
						省级赛事			市级及以下赛事		
			赛事数量（个）	参赛人次（人次）	赛事收入（万元）	赛事数量（个）	参赛人次（人次）	赛事收入（万元）	赛事数量（个）	参赛人次（人次）	赛事收入（万元）
甲		乙	07	08	09	10	11	12	13	14	15
合计		A01	92	34139	957.90	344	122849	4509.08	4476	1085479	7032.18
综合性赛事		A02	6	6550	60.00	6	42969	1137.90	804	230895	430.00
单项赛事	合计	A03	86	27589	897.90	338	79880	3371.18	3672	854584	6602.18
	游泳	A04	2	2	0.00	15	3628	120.00	141	27693	37.50
	跳水	A05	0	0	0.00	0	0	0.00	0	0	0.00
	花样游泳	A06	0	0	0.00	0	0	0.00	0	0	0.00
	水球	A07	0	0	0.00	0	0	0.00	0	0	0.00
	公开水域游泳	A08	1	300	0.00	5	2150	0.00	16	3361	21.00
	射箭	A09	0	0	0.00	2	538	0.00	30	4249	43.75
	田径	A10	3	9017	0.00	15	5205	48.00	209	110440	736.00
	羽毛球	A11	2	301	0.00	7	2100	36.00	175	47128	255.00
	皮划艇激流回旋	A12	0	0	0.00	4	258	40.50	1	68	0.00
	皮划艇静水	A13	0	0	0.00	5	920	44.80	13	1920	10.00
	棒球	A14	3	1118	0.00	2	1203	0.00	15	3587	20.00
	五人篮球	A15	8	1160	300.00	15	3057	6.00	297	71941	127.24
	三人篮球	A16	0	0	0.00	3	736	0.00	49	7874	58.10
	拳击	A17	2	300	0.00	5	441	0.00	23	2324	30.00
	场地自行车	A18	0	0	0.00	0	0	0.00	12	1600	20.00
	公路自行车	A19	0	0	0.00	3	2230	340.74	19	1731	3.00
	山地自行车	A20	0	0	0.00	2	186	138.81	3	650	53.00
	BMX 小轮车	A21	0	0	0.00	2	260	30.60	0	0	0.00
	击剑	A22	0	0	0.00	5	2403	144.90	43	13989	81.00
	足球	A23	4	800	65.00	30	5709	438.80	283	61420	275.81
	五人制足球	A24	0	0	0.00	1	70	0.00	144	18692	106.70
	沙滩足球	A25	0	0	0.00	0	0	0.00	4	1118	0.00
	手球	A26	0	0	0.00	0	0	0.00	11	3295	30.00
	马术	A27	0	0	0.00	4	511	0.00	4	410	78.00

续表

指标		代码	全国性赛事			地方性体育赛事					
						省级赛事			市级及以下赛事		
			赛事数量（个）	参赛人次（人次）	赛事收入（万元）	赛事数量（个）	参赛人次（人次）	赛事收入（万元）	赛事数量（个）	参赛人次（人次）	赛事收入（万元）
单项赛事	曲棍球	A28	0	0	0.00	0	0	0.00	0	0	0.00
	柔道	A29	0	0	0.00	2	351	70.00	13	2362	30.00
	现代五项	A30	0	0	0.00	0	0	0.00	0	0	0.00
	体操	A31	0	0	0.00	2	350	30.00	15	6547	50.00
	艺术体操	A32	0	0	0.00	1	116	0.00	11	2300	20.00
	蹦床	A33	1	600	12.00	1	150	30.00	10	2000	20.00
	赛艇	A34	4	1252	200.00	3	320	1.00	13	1912	21.00
	帆船	A35	3	850	3.00	4	318	98.44	12	3585	30.00
	射击	A36	0	0	0.00	3	119	0.00	15	5810	50.00
	排球	A37	1	12	0.00	11	2201	1.00	174	41928	156.00
	沙滩排球	A38	0	0	0.00	2	463	147.28	2	63	1.43
	垒球	A39	0	0	0.00	0	0	0.00	1	240	0.00
	乒乓球	A40	0	0	0.00	20	5992	56.69	229	65688	931.43
	跆拳道	A41	1	1000	0.00	10	1784	0.00	75	29826	254.46
	网球	A42	4	760	0.00	17	4661	47.00	77	13427	226.00
	铁人三项	A43	0	0	0.00	0	0	0.00	5	1799	130.00
	举重	A44	1	150	0.00	3	348	252.63	14	3364	45.00
	摔跤	A45	2	3200	0.00	2	260	40.00	13	2501	20.00
	中国式摔跤	A46	0	0	0.00	0	0	0.00	0	0	0.00
	冬季两项	A47	0	0	0.00	0	0	0.00	0	0	0.00
	冰壶	A48	0	0	0.00	0	0	0.00	3	268	0.00
	冰球	A49	0	0	0.00	0	0	0.00	0	0	0.00
	花样滑冰	A50	0	0	0.00	0	0	0.00	0	0	0.00
	短道速滑	A51	0	0	0.00	2	42	0.00	1	30	0.00
	速度滑冰	A52	0	0	0.00	0	0	0.00	0	0	0.00
	高山滑雪	A53	0	0	0.00	0	0	0.00	0	0	0.00
	越野滑雪	A54	0	0	0.00	1	250	0.00	0	0	0.00
	自由式滑雪	A55	0	0	0.00	0	0	0.00	0	0	0.00
	跳台滑雪	A56	0	0	0.00	0	0	0.00	0	0	0.00
	单板滑雪	A57	0	0	0.00	0	0	0.00	0	0	0.00
	北欧两项	A58	0	0	0.00	0	0	0.00	0	0	0.00

续表

<table>
<tr><th colspan="2" rowspan="3">指标</th><th rowspan="3">代码</th><th colspan="3" rowspan="2">全国性赛事</th><th colspan="6">地方性体育赛事</th></tr>
<tr><th colspan="3">省级赛事</th><th colspan="3">市级及以下赛事</th></tr>
<tr><th>赛事数量（个）</th><th>参赛人次（人次）</th><th>赛事收入（万元）</th><th>赛事数量（个）</th><th>参赛人次（人次）</th><th>赛事收入（万元）</th><th>赛事数量（个）</th><th>参赛人次（人次）</th><th>赛事收入（万元）</th></tr>
<tr><td rowspan="31">单项赛事</td><td>雪车</td><td>A59</td><td>0</td><td>0</td><td>0.00</td><td>0</td><td>0</td><td>0.00</td><td>0</td><td>0</td><td>0.00</td></tr>
<tr><td>钢架雪车</td><td>A60</td><td>0</td><td>0</td><td>0.00</td><td>0</td><td>0</td><td>0.00</td><td>0</td><td>0</td><td>0.00</td></tr>
<tr><td>雪橇</td><td>A61</td><td>0</td><td>0</td><td>0.00</td><td>0</td><td>0</td><td>0.00</td><td>0</td><td>0</td><td>0.00</td></tr>
<tr><td>潜水</td><td>A62</td><td>0</td><td>0</td><td>0.00</td><td>0</td><td>0</td><td>0.00</td><td>0</td><td>0</td><td>0.00</td></tr>
<tr><td>蹼泳</td><td>A63</td><td>0</td><td>0</td><td>0.00</td><td>0</td><td>0</td><td>0.00</td><td>0</td><td>0</td><td>0.00</td></tr>
<tr><td>滑水</td><td>A64</td><td>0</td><td>0</td><td>0.00</td><td>0</td><td>0</td><td>0.00</td><td>0</td><td>0</td><td>0.00</td></tr>
<tr><td>摩托艇</td><td>A65</td><td>0</td><td>0</td><td>0.00</td><td>0</td><td>0</td><td>0.00</td><td>0</td><td>0</td><td>0.00</td></tr>
<tr><td>救生</td><td>A66</td><td>0</td><td>0</td><td>0.00</td><td>1</td><td>200</td><td>0.00</td><td>1</td><td>130</td><td>0.00</td></tr>
<tr><td>健美操</td><td>A67</td><td>0</td><td>0</td><td>0.00</td><td>4</td><td>4032</td><td>12.00</td><td>16</td><td>10878</td><td>62.80</td></tr>
<tr><td>街舞</td><td>A68</td><td>0</td><td>0</td><td>0.00</td><td>8</td><td>2598</td><td>3.00</td><td>38</td><td>5760</td><td>85.70</td></tr>
<tr><td>技巧</td><td>A69</td><td>0</td><td>0</td><td>0.00</td><td>0</td><td>0</td><td>0.00</td><td>0</td><td>0</td><td>0.00</td></tr>
<tr><td>高尔夫球</td><td>A70</td><td>0</td><td>0</td><td>0.00</td><td>2</td><td>110</td><td>0.00</td><td>5</td><td>488</td><td>10.00</td></tr>
<tr><td>保龄球</td><td>A71</td><td>0</td><td>0</td><td>0.00</td><td>0</td><td>0</td><td>0.00</td><td>0</td><td>0</td><td>0.00</td></tr>
<tr><td>掷球</td><td>A72</td><td>0</td><td>0</td><td>0.00</td><td>0</td><td>0</td><td>0.00</td><td>0</td><td>0</td><td>0.00</td></tr>
<tr><td>台球</td><td>A73</td><td>0</td><td>0</td><td>0.00</td><td>2</td><td>250</td><td>0.00</td><td>5</td><td>760</td><td>0.00</td></tr>
<tr><td>藤球</td><td>A74</td><td>0</td><td>0</td><td>0.00</td><td>0</td><td>0</td><td>0.00</td><td>2</td><td>450</td><td>10.00</td></tr>
<tr><td>壁球</td><td>A75</td><td>0</td><td>0</td><td>0.00</td><td>0</td><td>0</td><td>0.00</td><td>1</td><td>300</td><td>0.00</td></tr>
<tr><td>橄榄球</td><td>A76</td><td>0</td><td>0</td><td>0.00</td><td>0</td><td>0</td><td>0.00</td><td>2</td><td>600</td><td>0.00</td></tr>
<tr><td>软式网球</td><td>A77</td><td>0</td><td>0</td><td>0.00</td><td>0</td><td>0</td><td>0.00</td><td>12</td><td>6230</td><td>60.00</td></tr>
<tr><td>热气球</td><td>A78</td><td>0</td><td>0</td><td>0.00</td><td>0</td><td>0</td><td>0.00</td><td>0</td><td>0</td><td>0.00</td></tr>
<tr><td>运动飞机</td><td>A79</td><td>0</td><td>0</td><td>0.00</td><td>0</td><td>0</td><td>0.00</td><td>0</td><td>0</td><td>0.00</td></tr>
<tr><td>跳伞</td><td>A80</td><td>0</td><td>0</td><td>0.00</td><td>0</td><td>0</td><td>0.00</td><td>0</td><td>0</td><td>0.00</td></tr>
<tr><td>滑翔</td><td>A81</td><td>0</td><td>0</td><td>0.00</td><td>0</td><td>0</td><td>0.00</td><td>0</td><td>0</td><td>0.00</td></tr>
<tr><td>航空模型</td><td>A82</td><td>0</td><td>0</td><td>0.00</td><td>2</td><td>335</td><td>20.00</td><td>10</td><td>6000</td><td>60.00</td></tr>
<tr><td>车辆模型</td><td>A83</td><td>3</td><td>600</td><td>0.60</td><td>3</td><td>812</td><td>20.00</td><td>10</td><td>6000</td><td>60.00</td></tr>
<tr><td>航海模型</td><td>A84</td><td>3</td><td>612</td><td>6.00</td><td>5</td><td>1271</td><td>83.46</td><td>11</td><td>6100</td><td>60.00</td></tr>
<tr><td>定向</td><td>A85</td><td>2</td><td>600</td><td>6.00</td><td>1</td><td>360</td><td>2.00</td><td>16</td><td>7630</td><td>66.00</td></tr>
<tr><td>业余无线电</td><td>A86</td><td>0</td><td>0</td><td>0.00</td><td>1</td><td>188</td><td>58.05</td><td>11</td><td>6060</td><td>60.00</td></tr>
<tr><td>围棋</td><td>A87</td><td>7</td><td>944</td><td>0.00</td><td>10</td><td>2298</td><td>8.71</td><td>127</td><td>29587</td><td>183.51</td></tr>
<tr><td>国际象棋</td><td>A88</td><td>2</td><td>84</td><td>0.00</td><td>6</td><td>1173</td><td>21.26</td><td>36</td><td>14172</td><td>27.10</td></tr>
<tr><td>象棋</td><td>A89</td><td>2</td><td>190</td><td>0.00</td><td>12</td><td>1608</td><td>98.74</td><td>124</td><td>15979</td><td>77.00</td></tr>
</table>

续表

指标		代码	全国性赛事			地方性体育赛事					
						省级赛事			市级及以下赛事		
			赛事数量（个）	参赛人次（人次）	赛事收入（万元）	赛事数量（个）	参赛人次（人次）	赛事收入（万元）	赛事数量（个）	参赛人次（人次）	赛事收入（万元）
单项赛事	桥牌	A90	3	450	203.00	5	905	500.00	42	6708	30.00
	武术套路	A91	0	0	0.00	6	1426	70.00	160	21961	73.68
	武术散打	A92	0	0	0.00	6	1561	40.00	27	5147	50.00
	健身气功	A93	2	300	2.00	11	777	3.88	92	9445	147.85
	登山	A94	0	0	0.00	2	268	0.00	109	24852	126.00
	攀岩	A95	3	550	0.00	5	1328	20.00	18	5897	58.00
	攀冰	A96	0	0	0.00	0	0	0.00	0	0	0.00
	汽车	A97	10	700	50.00	0	0	0.00	7	1750	120.00
	摩托车	A98	0	0	0.00	0	0	0.00	5	100	20.00
	轮滑	A99	0	0	0.00	8	2391	2.60	29	7250	140.00
	毽球	A100	0	0	0.00	0	0	0.00	1	178	0.00
	门球	A101	1	320	0.00	4	700	1.50	216	23627	376.12
	舞龙舞狮	A102	0	0	0.00	1	300	25.00	4	550	0.00
	龙舟	A103	0	0	0.00	1	212	0.00	20	5508	441.00
	钓鱼	A104	1	72	50.30	1	180	0.00	67	5885	65.05
	风筝	A105	0	0	0.00	1	170	0.00	3	420	0.00
	信鸽	A106	0	0	0.00	1	97	1.77	21	2216	5.00
	体育舞蹈	A107	0	0	0.00	4	2105	102.00	37	8894	17.00
	健美	A108	0	0	0.00	1	134	0.00	3	660	5.00
	拔河	A109	0	0	0.00	3	502	0.00	15	3826	5.00
	飞镖	A110	0	0	0.00	4	569	75.62	38	8578	30.95
	电子竞技	A111	0	0	0.00	1	300	0.00	4	600	38.00
	空手道	A112	2	1234	0.00	3	950	38.40	14	2652	20.00
	健身	A113	0	0	0.00	2	360	0.00	117	21466	20.00
	冲浪	A114	3	111	0.00	2	80	0.00	0	0	0.00
	滑板	A115	0	0	0.00	0	0	0.00	21	2150	20.00

体育经济

概 况

【推进体育产业基地建设】积极争创国家体育产业基地，全省共有国家体育产业基地38家，占比超过全国的(329家)1/10，其中示范基地12家，示范单位、示范项目各13家，基地总数、示范基地数量、示范项目数量均居全国第一。持续推进省级运动休闲乡镇建设，30个小镇纳入培育，6个小镇被正式命名“浙江省运动休闲乡镇”。深化体育旅游融合发展，组织开展省级运动休闲旅游示范基地、精品线路、优秀项目评选，2022年共评定基地项目54个，开展2022年度浙江省十佳户外露营地评选。

【推进体育“双减”落地见效】制定出台全国首个体育类校外培训机构准入指引——《浙江省体育类校外培训机构准入指引(试行)》，为体育类校外培训机构规范准入提供标准依据；印发《浙江省体育类校外培训机构准入业务手册(2022年版)》《关于加快推进体育类校外培训机构预收费监管工作的通知》等文件，进一步细化体育类校外培训机构的监管。在此基础上，按照“一核心、二配套、四保障”的原则搭建全国首个体育系统自行开发的“浙体培”监管平台，实现“资金监管”“浙里云贷”“浙里云保”“教练员认证”“电子模板合同”“机构白名单”“机构信用评级”等功能。

【推进体育消费提质升级】制定出台《关于培育和发展体育消费的实施意见》，发布促体育消费“23条”，部署积极扩大体育消费和服务供给，激发体育消费潜力，扩大体育消费需求，提振体育消费信心。做好体育领域设备购置贷款贴息工作，全省共向上推送项目116个，国家审核通过项目114个，通过率为98%。指导宁波、绍兴、金华3地做好国家体育消费试点城市相关工作。发动乡镇、媒体和运动社群资源，开展“百村万帐”“长三角运动休闲体验季”“环浙步道体验”等系列活动，以户外活动+体育运动方式赋能新业态发展，推动乡村振兴。

【推进环浙步道主环线建设】按照“以人为本、以找代建、最少干预、勾连成网”的建设思路，推进环浙步道建设。省级主环线约2300公里，包括东线、西线、南线、北线，以及舟山、温州洞头两条海岛支线，共途经10个地级市39个县市区，预计11月底全线建成。先后制定发布《“环浙步道”技术导则》、“环浙步道”导示系统、《公共健身步道技术要求》，形成一批步道建设成果。组织承办了由国家体育总局群体司、国家发改委社会司主办的“国家步道体系建设工作座谈会”，会上分享了通过“环浙步道”推动全民健身，助力乡村振兴，实现“小路大道”的浙江步道建设经验。

【推进体育产业发展指数构建】在全国率先开展全省体育产业发展指数评估，遵循科学性、全面性、可操作性等原则，构建体育产业发展评价指标体系，发布《浙江省体育产业发展指数报告》，从产业规模、产业效率、产业活动、产业贡献、产业基础等5个维度评估全省11个地市2018—2020年的体育产业发展质量。

【推进重点工程建设】全力做好亚运会场馆建设工作，56个竞赛场馆、31个训练场馆全面通过赛事功能验收，具备办赛条件。省全民健身中心建设方面，安置房项目正式开工。2022年省级政府投资计划，5个项目已全部完成年度目标任务，完成投资额32384万元。

政策支持

2022 年浙江省体育产业公报

经测算,2022 年全省体育产业总产出 4648 亿元,增加值 1444 亿元,同比分别增长 8.8%和 6.0%,增加值占 GDP 的比重为 1.86%。

2022 年浙江体育产业总产出和增加值

(按体育产业统计分类)

体育产业类别名称	总量(亿元)		结构(%)	
	总产出	增加值	总产出	增加值
全省体育产业合计	4648.28	1444.11	100	100
体育管理活动	48.77	23.40	1.0	1.6
体育竞赛表演活动	8.29	3.80	0.2	0.3
体育健身休闲活动	153.52	97.12	3.3	6.7
体育场地和设施管理	37.78	17.14	0.8	1.2
体育经纪与代理、广告与会展、表演与设计服务	176.40	57.66	3.8	4.0
体育培训与教育	122.43	89.91	2.6	6.2
体育传媒与信息服务	173.86	76.22	3.7	5.3
其他体育服务	214.96	86.94	4.6	6.0
体育用品及相关产品制造	2978.48	693.00	64.1	48.0
体育用品及相关产品销售、出租与贸易代理	604.15	273.91	13.0	19.0
体育场地设施建设	129.65	25.02	2.8	1.7

注:1. 表中若总量与分量合计尾数不等,是因数值修约误差所致,未做出机械调整。
2. 公报增加值和增长速度按现价计算,体育产业划分按《国家体育产业统计分类(2019)》。

浙江率先推出体育产业发展指数

为进一步推动地区体育产业的高质量发展,为我省体育产业打造第九大万亿产业的目标夯实基础。日前,省体育局委托浙江大学开展浙江省体育产业发展指数评估,率先发布《浙江省体育产业发展指数报告》(以下简称《指数》)。

《指数》用来评估各地体育产业与发展质量,包含产业规模、产业效率、产业活力、产业贡献、产业基础等5个一级指标、15个二级指标、24个三级指标。

省体育局经济处相关负责人介绍，指数来源为已公开数据，以我省11个地市2018—2020年3年相关统计数据为基础，以产业发展、评价等理论为支撑，遵循科学性、全面性、可操作性等基本原则，构建我省体育产业发展评价指标体系，设计体育产业发展指数测量模型；指数的发布，能够全面体现我省体育产业发展质量，推动各地市体育产业高质量发展；通过该指数，可以发现本地区体育产业发展存在的问题和短板，加快新旧动能转换，提高产业效能激发产业活力。

当前，我省正高质量发展建设共同富裕示范区，奋力开启现代化体育强省新征程，我省体育产业也将从高速增长转向高质量发展的路径，如何科学、准确、全面、客观评估和评价我省体育产业的发展活力和发展水平，及时了解各地市体育产业发展中可能面临的问题，推进我省体育产业实现全面、协调、可持续发展，传统评价较多依赖体育产业总产出、体育产业增加值等单一数据，未能全面反映出各地市体育产业实际发展状况。我省率先推出《指数》，能够全面摸家底、查问题、找差距、对标杆、定措施，以有效的识别、量化、测度体育产业发展程度，为打响“运动浙江”品牌，打造万亿体育产业金名片，继续发挥探路者作用，勇当改革排头兵。

接下来，各市体育部门针对本地区体育产业发展存在的问题短板，完善产业体系建设，夯实产业发展基础；因地制宜发展产业优势，缩小地区发展差距；深化体制机制改革，营造良好产业发展环境；出台提升发展政策举措，做大做强做优我省体育产业，全面推动了新时期浙江省体育产业的高质量发展。

浙江省举办《体育培训机构服务管理规范》标准立项专家论证会

随着居民运动健康意识的增强和消费水平的提高，体育产业迎来发展机遇期，体育培训行业市场规模迅速增长，展现出巨大发展潜力。但是体培行业在高速发展的同时，也暴露出服务规范不健全、从业人员能力不一、行业标准缺失等问题，严重制约着行业的高质量发展。

针对体培行业现存问题，同时为了更好地落实“双减”精神，浙江省体育局已于2021年组织开展了“全省体育类校外培训机构摸排工作”，并联合省教育厅率先制定出台《浙江省体育类校外培训机构准入指引（试行）》，结合全省体育类校外培训机构的工作实际，把体育“双减”发展思路具象化为“一核心、二配套、四保障”。在前期充分调研和相关工作开展的基础上，为更好地落实各项计划，高效完成既定目标，浙江省体育局引入专业体育服务机构中体教培（海南）有限公司、北京华安联合认证检测中心有限公司等相关单位，组建成立《体育培训机构服务管理规范》标准起草组，实现平台建设和配套制度同步推进。

6月2日，浙江省体育局通过“线上+线下”会议的形式，组织召开了《体育培训机构服务管理规范》专家论证会。

论证会邀请了杭州师范大学体育学院教授刘洋、浙江体育科学研究所所长陈健、浙江省篮球协会副主席、秘书长王志刚、浙江省标准化研究院副高级工程师李惠、乐刻体育联合创始人苏璐、宏优体育副总裁高小玲、秀王体育联合创始人柳接程等7位学界、业界专家组成评审团队。该标准起草单位中体教培及华安认证的相关负责人悉数参会。

会上，省体育局经济处处长姜建成强调了本标准的起草背景和意义，他表示，《体育培训机构服务管理规范》是“双减”政策实施后浙江省体培行业“强规范、促发展”的重要抓手，将在未来促进本省体育培训行业高质量发展中发挥重要作用。

中体教培浙江区域负责人吕琳琳向与会专家汇报了本项标准的必要性、协调性、可行性及预期效果等。据介绍，通过该标准将主要解决3个问题：一是解决体育培训市场主体提升自身服务能力、服务质量和运营管理水平无标可依的问题；二是解决体育培训消费端没有标准识别、购买合格的体育培训服务的问题；三是解决体育培训相关方对场地设施、器材装备和相关服务认知不高的问题。

专家评审组针对汇报情况就本标准的可行性和专业性进行了研讨。专家一致认为，中体教培及华安认证前期进行了扎实细致的调研，并对标准制定工作进行了科学规划，该标准将帮助本省体育培训机构顺利完成转型升级和提质增效，能够进一步优化体育培训环境，规范行业竞争秩序，提升培训机构服务管理水平。同时，专家组就标准编制中可能存在的问题提出了可行性和针对性意见。

经过研讨，专家评审组同意《体育培训机构服务管理规范》（名称暂定）在浙江省体育局正式立项。此项标准制定将弥补我国和浙江省内体育培训机构服务标准的缺口，为浙江省内体育培训机构提供服务规范参考，为体育产业高质量发展提供浙江案例与样板。

今年初，国家体育总局与浙江省人民政府签署《关于支持浙江省体育领域高质量发展建设共同富裕示范区的合作协议》，作为全国统筹区域、城乡发展最好的省份之一，浙江为全国实现共同富裕先行探路具有重大战略意义。体育是“美好生活”的重要组成部分，尤其是对实现物质富裕、精神富有有着不可或缺的重要作用。中体教培也希望本次合作成为一个美好开端，接下来双方能够充分发挥各自的优势，围绕地方体育产业发展和创新展开全方位、多形式的长期深度合作，共同推动体育产业的繁荣发展。

体育休闲

从“看山赏水”到“游山玩水”！省运动休闲旅游节迈入第二个10年

2022年，浙江省运动休闲旅游节迈入第二个10年。11月4日，浙江省第十一届运动休闲旅游节暨宁波市户外运动消费节在余姚开幕。

本届运动休闲旅游节以“名邑余姚，活力浙江”为主题，不仅安排了环四明湖骑游、房车体验、品尝“余姚十大碗”等颇具当地特色的体验，还有宁波户外运动品牌市集、户外运动派对、高峰论坛等活动，还原一场贴近原生态的运动体验旅游。

浙江省第十一届运动休闲旅游节在余姚开幕

从10年前的首站杭州富阳，到本届的宁波余姚，浙江运动休闲旅游发展的10年也是体旅融合不断深入、创新、蝶变的10年，成为展示共同富裕标志性成果的重要窗口。

10年间，浙江省“体育+旅游”融合发展迅速，从室内走向室外，从“看山看水”变为“游山玩水”，体旅融合让越来越多的户外运动走入大众视野。

2022年“五一”假期、“十一”黄金周掀起的“露营热”势不可当。为进一步提高浙江省户外运动产业综合实力，开幕式上揭晓了“2022年度浙江省十佳户外露营地”，其中包括航空营地、山地运动营地、房车营地、亲水营地等多种类型，支持花式休闲运动的开展，充分展示我省露营建设的优秀成果，体现体旅融合发展的良好态势。

此外，本届旅游节还宣布了省运动休闲旅游示范基地、精品线路、优秀项目名单，推介浙江共享共富十佳自驾旅行精品线，展示绿水青山的同时，擦亮“运动浙江、户外天堂”的金名片。

发展体育旅游产业需要因地制宜，除了培育独特的旅游品牌，打造户外运动品牌也是一大关键。宁波户外运动品牌市集在现场以“体验+展示+售卖”的形式进行品牌展示和引流，同时线上也开启消费节直播间。通过线上、线下联动，用新场景、新模式满足多元化、品质化的消费升级需求，激发群众的消费热情，打造具有宁波特色的户外运动品牌，不断提升产业竞争力。

体旅融合的加速发展让不少户外运动品牌尝到红利，从事野营锅具类的参展商代表孟伟涛告诉记者，短短半天已经收到多家工厂和露营地负责人抛出的“橄榄枝”。“今年被同行称为‘露营元年’，户外运动像雨后春笋一样冒出来了。现在我们线上线下齐头并进，销量也在逐年增长。”孟伟涛表示，现在越来越多人参与户外运动，也让自己对体育产业的未来充满信心。

运动休闲旅游节已成为浙江省运动休闲旅游领域的品牌活动，成为集中展示地方运动休闲发展的产业平台。

作为首届运动休闲旅游节承办地，多年来富阳将运动与休闲旅游结合在一起，通过推出一系列运动休闲旅游目的地体验系列活动和其他品牌赛事活动，绘制了一幅充满动态美的“富春山居图”。上一届的承办地海宁，则通过活动的举办，提升了城市知名度和影响力，切实增加农民收入，为乡村振兴赋能。

“依托海宁优秀的体旅资源，近年来每年举办省级以上体育赛事20余场，吸引了省内外运动爱好者上万人次前来打卡，为当地住宿、餐饮、交通、旅游等产业带来了新商机，每年仅通过办赛促进旅游收入就多达4000万元。”海宁文广旅体局相关负责人表示。

过去10年间，运动休闲旅游节的活动内容不断创新，从最美绿道到运动湖泊再到今年的露营地，每年都紧贴社会休闲热点，不断迭代升级。10年来，运动休闲旅游节已经走过了省内10个地方，向人们展示浙江美好山水的同时，因为有体育元素的植入，让这些地方增添了更多运动活力，推动运动休闲概念的传播。

对于省运动休闲旅游节第二个10年征程的发展规划，省体育局副局长李华表示能更紧密地结合时尚运动推广与时尚消费场景创设，继续探索运动休闲产业转型的新业态、新模式、新场景，紧贴经济社会发展的脉搏，为共同富裕示范区的建设贡献体育的力量，创造新时代浙江体育旅游事业发展的新篇章。

产业基地

浙江新增5家体育产业基地

2022年5月9日，国家体育总局发布了《关于命名、认定2021年国家体育产业基地的通知》，浙江共新增国家体育产业基地5家，其中鄞州国家体育产业示范基地被认定为国家体育产业示范基地，国家体育产业示范单位2家（浙江力玄运动科技股份有限公司、浙江金棒运动器材有限公司），国家体育产业示范项目2个（绍兴马拉松、宁海越野挑战赛）。

国家体育产业基地，评选自2006年开展以来，浙江先后成功创建国家体育产业示范基地11个、示范单位11家、示范项目11个，加上本轮新增的5家，国家体育产业基地总数将达到38家，数量位列全国第一，其中示范基地12个，示范单位、示范项目各13家。

值得关注的是，浙江获评的体育产业示范单位中，体育制造、场馆运营、竞赛表演、健身休闲等类别均有入选，这也反映浙江体育产业多方齐头并进的势头。

在2021年全省体育工作会议上提出，浙江要围绕做大体医、体教、体旅融合等文章，打造万亿体育产业“金名片”。根据这一增速推算，“十四五”末浙江的体育产业总产值就将突破5000亿总规模、增加值预期年均增长12%以上，实现全省体育消费总规模超过2000亿元，人均体育消费支出达到3000元。浙江省体育局经济处负责人认为，体育产业正逐渐呈现成为浙江经济支柱性产业的巨大潜力。

体育彩票

2022 年浙江省体育彩票销售概况

【全年销售体育彩票 217.91 亿元】体彩销售创历史新高,位居全国第三位,其中卡塔尔世界杯竞彩销量 51.9 亿元,排名全国第二。全年总销量同比增幅 28.84%,在全国体彩销量前十省份中增幅第一;筹集公益金 54.46 亿元(含弃奖),全国排名第三位,同比增幅 22.62%;共中出 500 万元以上大奖 86 注,代扣代缴个人偶然所得税 3.73 亿元;市场份额 63.67%,同比增长 4.41 个百分点。全省现有体彩实体店 13423 个,净增 2137 个,为社会提供就业岗位 2.3 万余个。

【推进责任彩票建设工作】2022 年,首次举行浙江省体育彩票(1+12)社会责任报告发布会,社会责任报告连续两年获得四星半级,被评价为“一份领先的企业社会责任报告”。强化理性购彩研究,分别与第三方合作完成《浙江省体育彩票理性购彩认知研究报告》和《浙江省非理性购彩预防与干预研究报告》。制定《浙江体彩责任彩票评估执行细则及审核标准》,对 15 次营销促销活动进行风险评估,对市中心自主营销活动或配套活动均实行备案审核。组织机构人员开展沙龙、研讨等活动,提升责任彩票工作能力。全省 17 人新获得全国责任彩票培训讲师资格,目前全省现有责任彩票讲师 29 人。

【抓好为民服务工程】联合派驻纪检组与双浦镇小叔房村开展党建共建,捐建户外篮球场,推动体育下乡、服务乡村振兴工作走深走实。连续多年结对帮扶南星街道阳光庇护中心和一名社区孤寡残障老人,开展夏送清凉冬送温暖活动。积极为代销者购买实体店综合保险,全年合计赔款 1554384 元,为实体店从业人员发放慰问品近 100 万元。连续 5 年春运期间在火车站为手持站票和带小孩的乘客派送爱心小板凳,2022 年更是扩展到医院和体育赛事场地等有需求的重要场所。

【推进数字体彩建设】与中国建设银行浙江省分行开展“数币浙里行　体彩赢共富”活动,首批开通杭州、宁波、温州、绍兴、湖州、金华(义乌)6 个地市终端机数币支付、充值功能,共送出数币红包并使用 451.7 万元。到 2022 年底数币使用交易额达 3.92 亿元,单日最高 2031 万元。完善体彩数字大脑建设,将门店监控模块摄像头接入数字大脑,并增设概率专题模块和渠道分析模块,实时展示门店情况。将门店热敏纸损耗率与门店申请空白票业务相结合,建立损耗模型,实现热敏票精细化管理。

2022 年度浙江省体育彩票公益金筹集分配和省级体育彩票公益金使用情况公告

根据《彩票管理条例》(国务院令第 554 号)、《彩票公益金管理办法》(财综〔2021〕18 号)等规定,现将我省 2022 年度体育彩票公益金筹集、分配和省级体育彩票公益金使用情况公告如下：

一、全省体育彩票公益金筹集情况

2022 年，全省共销售体育彩票 2179136.13 万元。按国家规定的比例筹集体育彩票公益金 544624.20 万元(含弃奖公益金)。

二、全省体育彩票公益金分配情况

2022 年，我省筹集的 544624.20 万元体育彩票公益金，按照国家和省规定的比例在中央、省、市县之间进行分配。其中：中央公益金 269860.40 万元，省级公益金 112304.07 万元，市级公益金 133963.69 万元，县级公益金 28496.04 万元。

三、省级体育彩票公益金使用情况

2022 年，我省省级体育彩票公益金用于全省社会体育事业支出 63980.7 万元，主要为：一、群众体育 46769.7 万元，其中用于市县群众体育发展 25001 万元，体育产业发展 10000 万元，帮困补助 1500 万元，绩效考核及其他 763 万元；省级全民健身宣传 939.3 万元，省级全民健身事业发展补助 2062 万元，省级场馆建设 5595.4 万元，省级全民健身赛事活动 736 万元，备战全国群体赛事 173 万元。二、竞技体育 17211 万元，其中用于后备人才基地建设 3265 万元，省队联办 4002 万元，业余训练扶持 1215 万元，青少年体育竞赛 6453 万元，人才培养 2106 万元，反兴奋剂工作 170 万元。

特此公告。

浙江省体育局

2023 年 6 月 26 日

2022 年浙江省体育彩票发行情况表

指标名称	代码	金额(万元)
甲	乙	01
本年销售体育彩票金额	A01	2179136.13
其中：电脑彩票	A02	1916984.95
即开型彩票	A03	262151.18
体育彩票公益金提取额	A04	269860.40
其中：电脑彩票	A05	243645.28
即开型彩票	A06	26215.12
发行费情况	A07	—
其中：上年结余	A08	8381.06
本年本级收入	A09	214991.47
本年本级发行费支出	A10	44138.15

续表

指标名称	代码	金额(万元)
体育彩票销售佣金	A11	167367.73
年末结余	A12	11866.65
体育彩票销售网点数量(个)	A13	13423

2022 年政府性基金(彩票公益金)预算支出表

指标名称	代码	金额(万元)
甲	乙	01
彩票公益金收入	A01	178486.16
其中:本年彩票公益金收入	A02	148673.71
上年结余	A03	29812.45
彩票公益金支出	A04	182502.04
其中:体育设施	A05	30446.81
群众体育	A06	38302.96
竞技体育	A07	35403.22
青少年体育	A08	47760.16
其他(含体育扶贫)	A09	30588.89

场馆设施

浙江 2021 年度体育场地数据发布

2021 年,我省体育场地数量增加了多少?人均体育场地面积是否有增加?5 月 30 日,《2021 浙江省体育场地统计调查主要数据》发布,对省体育场地数量、体育场地面积等进行“大盘点”。

调查数据显示,截至 2021 年 12 月 31 日,浙江省共有体育场地 207341 个,全省体育场地总面积为 16688.84 万平方米,全省人均体育场地面积 2.55 平方米。相比 2020 年的总体情况来看,三者皆有不小的增幅。与 2020 年的 193218 个相比,体育场地总数开启新高度,迈上了“二十万”大关;场地总面积增加 1732.32 万平方米,增幅达到 11.58%;人均体育场地面积从 2.32 平方米增至 2.55 平方米。

省体育局群体处相关负责人表示,数据中可以看到 3 大亮点。人均体育场地面积增加了0.23平方米,对比浙江总人口,这是一个大提升。其次,2021年新增全民健身场地1040个,超额完成了省政府民生实事体育项目建设任务,较原定计划超过15%。此外,以杭州亚运举办为契机,体育场地建设提上日程,体育场地的质量发展也进行了提档升级。

数据显示,不同类型场地数量列前三位是全民健身路径、篮球场、乒乓球场。“这些项目广受群众喜欢,需求量大。在这个过程中,也可以看到其他行业体育场地数量增长。”该负责人表示,这是社会力量积极参与的结果。社会力量办体育建设个性化、小众化的体育场地,可以更好地满足不同人群的运动需求。体育场地的丰富创造了良好条件,刺激赛事经济稳步发展。

调查数据中,有一组数据也很具参考价值——在场地类型中,冰雪运动场地自31个增至38个,做到了“稳中有升”。“这体现了百姓对于冰雪运动从关注到参与,场地建设也随之逐步跟上。”另外还有一个值得关注的“潜力股”,2021年健身步道有7770个,长度为24758.54公里,随着“环浙步道”工程逐步推进,还依托步道开展步道体育赛事活动,例如“环浙·登顶11峰”,和“环浙”越野系列赛事,逐步培育若干条户外经济产业带。

全民健身的开展关乎百姓福祉,体育场地设施的供给是落实全民健身战略的基础和保障。人均体育场地面积,从2016年的1.83平方米到2021年的2.55平方米。浙江体育这5年有一个比较高质量的发展,得益于经济社会的快速发展,得益于人民群众对体育的热爱和重视,也得益于省体育局积极贯彻落实省委省政府关于抓好体育事业的高质量发展。在2018年、2020年、2021年这3年中,体育作为浙江省十方面民生实事之一,有力推动了各地体育场地设施建设。

2025年焕新颜!浙江省全民健身中心开工

“杭州市体育场路153号”,对于很多体育爱好者来说,这曾是一个无限向往、又充满神秘的地址。

没错,这里是原浙江省体工一大队旧址,有着“世界冠军摇篮”的美誉。罗雪娟、孙杨、叶诗文、汪顺等耳熟能详的运动员,正是从这里“游”上奥运最高领奖台;周苏红、郑武、王贺兵等足、篮、排选手,也是从这里走上职业运动员生涯的。这里是浙江竞技体育辉煌的见证者、创造者。

如今,“体育场路153号”即将完成从神秘到大众、从精英体育到全民体育的华丽转变。3月17日,在原省体工一大队旧址上,“浙江省全民健身中心”正式动工兴建。

据了解,该项目投资23亿元、总建筑面积23万平方米,位于杭州市中心最繁华的武林门商圈。建成后将是国内规模最大的全民健身中心,堪称全民健身建筑的“航空母舰”。这一重大民生工程的定位是“亚洲一流、国内领先”,“不断满足老百姓的全民健身需求”将是最为鲜明的建设、运行导向。项目预计在2025年年底前建成并面向公众开放。

目前,整个项目的规划已经新鲜出炉,呈现“七大中心”的布局。从全民健身的角度,涵盖健身活动、智力运动、智能体育、运动康复、科学健身指导中心，包括游泳、乒乓球、羽毛球、篮球、网球等20多项全民健身项目服务，仅足、篮、排球等大型室内活动中心场地就超过25片，提供体育锻炼、科学指导、康复训练等一条龙服务，秉承公益属性，向全省公众开放。除此之外，还有亚洲体育东部中心和布局体育文化科技展示中心，每年服务锻炼群众将超过300万人次。

省体育局党组书记、局长郑瑶介绍，在亚运会即将到来之际，开工建设浙江省全民健身中心是落实全民健身国家战略，构建更高水平的全民健身公共服务体系的具体践行，同时也是广泛开展全民健身活动、切实解决群众“健身难”问题、促进全民健身生活化的有力举措。“杭州亚运会的举办，对全民健身、健康意识等都会起到积极引领作用。省全民健身中心的建成，将加速推动全民健身与全民健康深度融合，也是我省高质量建设共同富裕示范区的生动实践，实现全民健身全地域覆盖、全周期服务、全社会参与、全人群共享。”

2022年浙江省体育场地统计调查主要数据

根据《国家体育总局办公厅关于开展2022年度体育场地统计调查工作的通知》（体经字〔2022〕292号）文件精神，按照国家统计局批准的《全国体育场地统计调查制度》（国统字〔2020〕41号）要求，以2022年12月31日为标准时点，我省组织开展2022年度体育场地统计调查工作。现将主要数据公布如下：

一、总体情况

浙江省共有体育场地220076个，场地总面积18393.31万平方米，人均体育场地面积2.80平方米。（图1、图2）

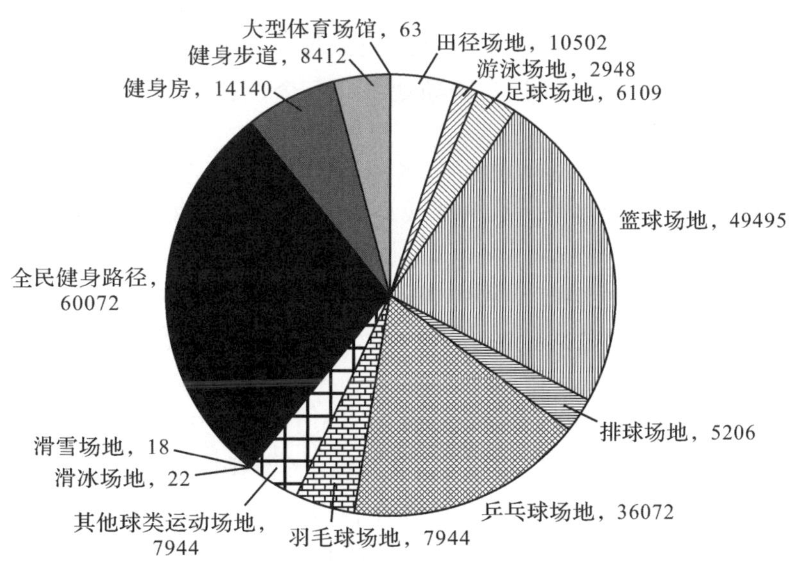

图1　体育场地数量情况（分运动项目）

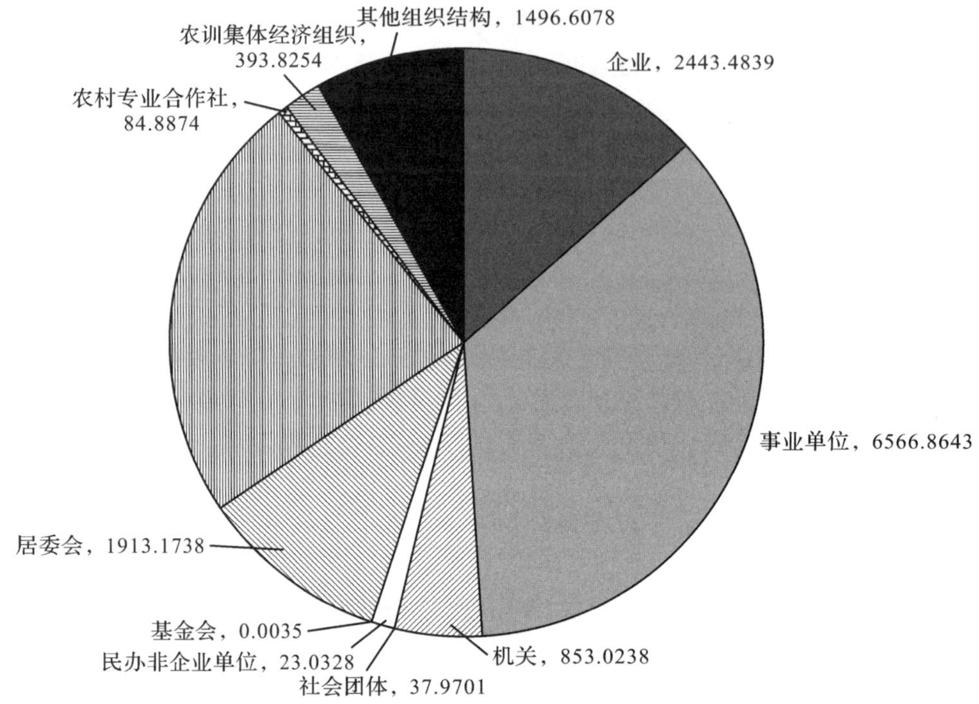

图2　体育场地面积情况(分机构类型)

二、场地类型

(一)基础大项场地。全省田径场地10502个,场地面积4780.93万平方米。其中,田径场3476个,占33.10%;田径馆23个,占0.22%;小运动场5985个,占56.99%;田径跑道559个,占5.32%;田径跑廊60个,占0.57%;体育场399个,占3.80%。

全省游泳场地2948个,场地面积518.83万平方米。其中,游泳池1640个,占55.63%;游泳馆1214个,占41.18%;天然游泳场94个,占3.19%。

(二)球类运动场地。全省球类运动场地113849个。足球、篮球、排球"三大球"场地60810个,占53.41%;乒乓球和羽毛球场地45095个,占39.61%;其他球类运动场地7944个,占6.98%。

1.足球场地。全省足球场地6109个,场地面积1514.71万平方米。其中,十一人制足球场地1247个,占20.41%;七人制足球场地1897个,占31.05%;五人制足球场地2950个,占48.29%;沙滩足球场15个,占0.25%。

2.篮球场地。全省篮球场地49495个,场地面积2891.89万平方米,是数量最多的球类场地。其中,室外篮球场42348个,占85.56%;室外三人篮球场3831个,占7.74%;室内篮球馆3316个,占6.70%。

3.排球场地。全省排球场地5206个,场地面积172.13万平方米。其中,室外排球场4622个,占88.78%;室内排球馆517个,占9.93%;沙滩排球场67个,占1.29%。

4.乒乓球场地。全省乒乓球场地36072个,场地面积241.89万平方米。其中,室外乒乓球场19400个,占53.78%;室内乒乓球馆16672个,占46.22%。

5.羽毛球场地。全省羽毛球场地9023个,场地面积209.81万平方米。其中,室外羽毛球场5341个,占59.19%;室内羽毛球馆3682个,占40.81%。

(三)冰雪运动场地。全省冰雪运动场地40个,场地面积41.80万平方米。其中,滑冰场地22个,占55%;滑雪场地18个,占45%。

(四)体育健身场地。全省全民健身路径60072个。全省健身房14140个,场地面积342.55万平方米。全省健身步道8412个,长度27904.37公里,场地面积6171.06万平方米。

2022年全省体育场地主要数据表

序号	指标名称	计算单位	数量
	一、综合指标		
1	人均体育场地面积	平方米	2.80
2	体育场地数量	个	220076
	二、基础大项场地		
3	田径场地	个	10502
4	游泳场地	个	2948
	三、球类运动场地		
5	足球场地	个	6109
6	篮球场地	个	49495
7	排球场地	个	5206
8	乒乓球场地	个	36072
9	羽毛球场地	个	9023
	四、冰雪运动场地		
10	滑冰场地	个	22
11	滑雪场地	个	18
	五、体育健身场地		
12	全民健身路径	个	60072
13	健身房	个	14140
14	健身步道	个/公里	8412/27904.37

三、场地分布情况

(一)城乡分布。城镇的体育场地141488个,占场地总量64.29%,场地面积12344.10万平方米,占场地总面积67.11%;乡村的体育场地78588个,占场地总量35.71%,场地面积6049.21万平方米,占场地总面积32.89%。

(二)行业分布。体育行业的场地11091个,占场地总量5.04%;场地面积1280.58万平方米,占场地总面积6.96%。教育行业场地63062个,占场地总量28.65%;场地面积6305.49万平方米,占场地总面积34.28%。其他行业的场地145923个,占场地总量的66.31%;场地面积10807.2363万平方米,占场地总面积58.76%。

2022年浙江省体育健身场地设施统计表

指标名称	代码	合计	村级农民体育健身工程	乡镇体育健身工程	全民健身路径工程	全民健身活动中心
甲	乙	01	02	03	04	05
数量(个/条)	A01	3,295	345	95	1,830	9
器材件数(件)	A02	12,401	—	—	12,401	—
场地面积(米)	A03	1553301.20	121233.00	81696.00	100345.00	45410.00
场地长度(米)	A04	828369.47	—	—	—	—
投资总额(万元)	A05	91867.44	3904.87	2382.08	4133.40	6956.32
其中:财政资金	A06	69501.28	3219.77	1958.10	1934.26	6776.00
彩票公益金	A07	14950.74	573.10	135.98	1783.19	125.16
社会资金	A08	7415.42	112.00	288.00	415.95	55.16

2022年浙江省体育健身场地设施统计表(续)

指标名称	代码	户外健身场地设施						其他场地设施
		体育公园	全民健身广场	户外体育营地	社区运动场地	健走步道	登山健身步道	
甲	乙	06	07	08	09	10	11	12
数量(个/条)	A01	60	89	11	378	138	89	251
器材件数(件)	A02	—	—	—	—	—	—	—
场地面积(米)	A03	306873.00	244178.00	78677.20	284397.00	—	—	290492.00
场地长度(米)	A04	—	—	—	—	259724.47	568645	—
投资总额(万元)	A05	17157.76	5317.05	2343.00	21318.76	14853.96	2677	10823.24
其中:财政资金	A06	14154.74	3416.35	1390.00	17110.93	8709.66	1760	9071.47
彩票公益金	A07	924.01	1427.40	103.00	3064.83	5381.30	408	1024.77
社会资金	A08	2079.01	473.30	850.00	1143.00	763.00	509	727.00

2022 年浙江省体育基本建设情况表

指标名称	代码	合计
甲	乙	01
本年计划投资(万元)	A01	149796.66
其中:财政资金	A02	127644.30
民间投资	A03	22152.36
本年完成投资(万元)	A04	146333.70
其中:财政资金	A05	123307.12
民间投资	A06	23026.58
本年新增体育场地数量(个)	A07	20
本年新增体育场地面积(平方米)	A08	130707.00

体育科研与教育

体育科技

综　述

【竞技体育科研保障】全年共进行运动生化类测试5332人次,运动生理类测试487人次。与三家省级训练单位共同组成"省级训练单位科技助力团队",以省皮划艇队、省游泳队和省场地自行车队为试点,完成浙江省优秀运动队数字化冠军模型和运动员身体机能监控数据平台科技助力工作。强化体能训练,进一步提高比赛能力和水平。全年完成重点运动员阶段性体能和康复训练533人次。

【国民体质监测与体质测试服务】持续提升国民体质监测工作标准化水平,开展2022年浙江省国民体质监测暨"浙里健身"体质测试服务线上技术培训班,统一技术标准与流程,年度开展业务培训400余人次。组建专业技术团队赴全省11个地市开展国民体质监测技术考核和督导工作,278人通过线下考核获得上岗证书。截至2022年12月,全省共开展国民体质监测22582人。

【助力"环浙步道"建设】研究编制《"环浙步道"技术导则》《"环浙步道"的总体规划》两个纲领性文件,指导各市开展主线建设,对11个市、部分县(市、区)开展线上及实地帮扶指导,指导杭州、温州、湖州、金华、衢州、台州、丽水7个地市及义乌市编制市、县(市、区)级规划,制作《解码"环浙步道"》系列宣传科普小视频,协助筹办"环浙·登顶11峰"活动。

【反兴奋剂工作】全年共派出73批次、259人次检查官,完成全省601例的委托自查任务。其中,省运会共派遣兴奋剂检查团队28批次、116人次,覆盖所有大项,完成共计409例的兴奋剂检查。省常规检查派出45批次143人次检查官,完成检查192例(含1例附加)。派出44批次112人次检查官,协助总局反兴奋剂中心完成检查521例。

【开展学术研究相关工作】发布国基委、省科技厅、总局、省局等各类申报信息,按流程对申请项目进行论证和推荐。作为承担单位获得国家体育总局科技创新项目立项3项,体育总局第三期体育标准化专业人才培养项目1项,省体科所所级课题3项。推荐体育产业研究中心选送的《践行"两山"理念　助力共同富裕　"环浙步道"建设路径研究》参评2022年度全省体育系统优秀调研成果评选。完成所级课题4项验收。

宁波市体科所为中国女排开展生理生化检测工作

3月14日上午,宁波市体科所赴北仑训练基地为中国女排运动员们开展生理生化测试。据悉,自2月中旬起,中国女排在新任主教练蔡斌的带领下,赴北仑训练基地开展为期3周的集训，以备战东京奥运会后的首个国家队赛季。从5月开始，国家女排联赛、亚运会、世锦赛等大型赛事接踵而至，对这支崭新的队伍而言是不小的挑战。此次生理生化检测工作是宁波市体科所为国家队提供医疗科研保障、护航女排运动员再创佳绩、助力体育强国建设的重要工作之一。

宁波市体科所专业人员此次为女排运动员们分别检测了睾酮、血尿素、血红蛋白、皮质醇、肌酸激酶共5个生化指标，同时将根据检测结果作出专业的分析报告，帮助女排教练组及时了解队员的运动能力、训练强度、机体疲劳程度及伤病状况，并为接下来的科学训练提供依据，从而最大程度提高运动员们的训练效果和运动能力。

宁波市体科所于2020年7月成立以来，始终秉承“科学运动促进健康”的理念，致力于为宁波运动员提供专业的科研医务保障，同时坚持服务竞技体育与促进全民健康共同发展，扎实开展义务段学生脊柱侧弯筛查工作，持续推动国民体质监测常态化。为满足大众运动康复需求，推动形成“体卫融合”的伤病管理与健康服务新模式，市体科所积极筹建宁波市运动康复门诊，作为宁波首家集体质监测、中医诊疗、运动康复和健身指导为一体的医疗机构，进一步发挥运动健身在疾病防治及健康促进等方面的独特优势，从而实现全民健身与全民健康的深度融合，助推“健康宁波”建设再上新台阶。

《马拉松非职业选手参赛运动风险防控规范》省级地方标准通过审评

2月中旬，由省体育局组织实施，省体科所起草编制的《马拉松非职业选手参赛运动风险防控规范》标准审评会召开。

本次审评会采用线上模式进行，审评委员会认真听取标准编制小组关于标准制定的说明后，审阅了标准的送审材料，逐章逐条审查了标准的内容，提出了部分修改意见。与会专家一致认为该标准内容科学合理、可操作性强，适合在全省范围内实行，并同意通过对该标准的审定，建议标准编制小组根据相关意见对标准进行修改，尽快形成报批稿，经主管部门审核后，报省市场监督管理局批准发布。

该标准的制定与实施，将更科学、安全地指导非职业选手参加马拉松运动，进一步完善马拉松赛事的风险防控规范体系，提高赛事举办专业化和规范化水平，推动全民健身运动和体育产业健康发展。

省体育局政法处、竞赛处、省体科所主要领导出席会议。

《马拉松非职业选手参赛运动风险防控规范》2022年4月3日正式发布，5月3日起正式实施。

2022年浙江省体育科技统计表

指标名称	代码	合计	国家级	省部级	其他
甲	乙	01	02	03	04
科研课题数量(个)	A01	12	0	2	10
科技课题经费(万元)	A02	273.70	0.00	107.70	166.00
科技基地数量(个)	A03	1	—	—	—

体育教育

2022年浙江体育职业技术学院教育工作概况

【本科院校创建】对照本科院校创建目标,有序推动创建各项基础工作顺利开展。组建学院本科院校创建专家顾问组,定期召开工作例会,商议确定创建工作规划,明确工作方向。根据本科职业院校设置标准,瞄准健康中国、体育强国和省委省政府重大发展战略需求,谋划学科发展方向,做强运动训练专业,做优社会体育专业、体育保健与康复专业、体育运营与管理专业,培育体能训练等新设专业,积极推进运动训练(竞技体育方向)纳入职业院校本科目录群。深入探讨运动训练专业(竞技体育方向)人才培养方案,大力加强竞技体育人才培养。

【"训学融合"育人机制】科研成绩喜人,有1项教学成果获浙江省教学成果特等奖,完成10项院级教育教学改革和课堂教学创新改革研究、2项厅局级课题、3项高教学会课题、2项省高等教育研究课题、1项党建研究会课题研究、9本新形态自编教材建设,开展7项省级课程思政教学改革研究。学科建设持续加强,共立项2门院级精品在线开放课程,优化6门院级精品在线开放课程、4门优质在线开放课程,另有4门课程被推荐为省级精品在线课程。在线课程过程管理不断优化,全年共开展12人次线下送专题讲座活动,有力确保了课堂"跟着运动员走"。顺利完成高职院校实地督导评估工作。

【产教融合】开展产教融合研究,主持1项省级产教融合项目。深化校企合作,开展乒乓球、网球等项目校企合作,2022年新签订校外实习实训基地26家。完善课堂—社团—系运动队三级实践教学体系,实践学院特色"学徒制",通过顶岗实训,鼓励支持具有全国前三名水平的运动员学生及直接服务一线运动队的体育保健康复专业学生,在实践中提高专业能力和职业综合素养。

【招生就业工作】切实做好各专业招生,录取三年制运动训练专业58人、五年制运动训练专业85人,与省内五所体校联合招收五年一贯制学生76人。积极做好就业指导和服务工作,通过书记院长走访企业等方式着力拓宽毕业生就业渠道,2022 届高职学生就业率达 95.98% 。认真做好各类专业技术人员继续培训教育,全年完成 165 批次 8354 人次职业技能鉴定。

浙江体育职业技术学院隆重举行 2022 届学生毕业典礼

2022 年 6 月 30 日,浙江体育职业技术学院 2022 届学生毕业典礼在教工路校区小礼堂隆重举行。孟关良院长、厉丽玉副院长出席毕业典礼。学院办公室、教学与学生管理处、综合管理处、体操系、体育系等部门负责人和相关人员,体育系所有教师(班主任)和 2022 届毕业生代表参加线下毕业典礼。根据疫情防控工作的要求,结合学院实际的情况,本次典礼采取“线上 + 线下”结合的形式进行。

观看完各班制作的毕业视频后,毕业典礼在庄严的国歌声中正式开始。孟关良院长代表学院向 2022 届毕业生表示衷心的祝贺和诚挚的祝福,向悉心培育学生成长成才的全体教职工致以崇高的敬意。孟院长和毕业生们一起回首大学时光,感受美好的青春。在浙体的这几年里,同学们曾用蓬勃朝气庆祝新中国成立 70 周年、庆祝中国共产党成立 100 周年,践行“请党放心、强国有我”的誓言;同学们用自觉行动支持维护疫情常态化防控,彰显了体院温度和力量;同学们亲身见证了东京奥运会、北京冬奥会上我院健儿的精彩瞬间;同学们用汗水智慧收获了各项成果,有品学兼优的国家奖学金、国家励志奖学金获得者,也有省政府奖学金、省级优秀毕业生获得者,更有在赛场拼杀数年的运动员,忍受着常人难以想象的艰辛,挑战极限,在国内外赛场上奋勇争先,为国为省争光。学院的每一点进步、每一分成就,都凝聚着同学们的参与付出和深情祝福。

在毕业生满怀憧憬,即将踏上人生新征程的时刻,孟院长对同学们提出了 3 点希望:一是希望大家脚踏实地,坚持矢志不渝的信念;二是希望大家锐意进取,增强攻坚克难的勇气;三是希望大家笃行致远,永葆追求卓越的精神。

毕业生合影留念

致辞后，孟关良院长为毕业生代表颁发毕业证书，鼓励毕业生用知识和本领，报效国家、奉献社会。

典礼上，学院对省级和院级优秀毕业生进行了表彰。教学与学生管理处处长吴军宣读了省教育厅和学院的表彰决定，体操系主任谢建辉、体育系主任胡桂英为2022年度省级、院级优秀毕业生代表颁发了荣誉证书。

教师代表体育系吴财和、毕业生代表17五运学班郎芷葶、运动员毕业生代表17五运竞班（蹦技运动员学生）梁亚楠分别发言，为毕业生送去美好的祝福。吴财和老师向毕业生表示祝贺，并赠语共勉：要永不放弃学习，要永远保持乐观，要脚踏实地。郎芷葶非常感谢母校的培养和老师们的无私奉献，表示一定会牢记母校教诲，继续乘风破浪、奋勇前行。梁亚楠代表全体运动员毕业生，向学院表示衷心的感谢，并表示一定谨记校训，继续砥砺前行，为竞技体育事业贡献力量。

2022届毕业典礼在师生《感恩的心》歌曲合唱声中落下帷幕。

2022年浙江省体育系统从业人员情况表（教育）

指标名称	代码	专业技术人员			
		小计	高等学校教师	中等专业学校教师	中小学教师
甲	乙	01	02	03	04
合计	A01	377	48	114	215
体育行政机关	A02	0	0	0	0
运动项目管理部门（优秀运动队）	A03	0	0	0	0
本科院校	A04	0	0	0	0
职业、运动技术学院	A05	71	48	0	23
体育运动学校	A06	116	0	83	33
竞技体校	A07	0	0	0	0
少年儿童体育学校（业余体校）	A08	168	0	30	138
单项运动学校	A09	0	0	0	0
体育中学	A10	0	0	0	0
训练基地	A11	0	0	0	0
体育场馆	A12	7	0	0	7
体育科研机构	A13	0	0	0	0
其他事业单位	A14	15	0	1	14
其他	A15	0	0	0	0

宣传文化交流

体育宣传

综　述

【推动党的创新理论入脑入心】聚焦“六学六讲六宣”，统筹谋划党的二十大宣传报道，推出社论、通讯、专题讨论等对党的二十大精神进行学习宣传贯彻。紧紧围绕习近平总书记关于体育工作的重要论述的战略视野、核心要义，从体育、教育、学术等的专家角度进行深入解读，推出“一起来学习”等系列报道并汇编成册。精心组织“竞跑‘浙’五年”喜迎省第十五次党代会系列报道、“学习贯彻党代会精神”等报道，做好全国“两会”、全省“两会”新闻宣传，聚焦全省体育局长会议，及时推出“体育记者走遍山区 26 县”“共同富裕　体育接棒”主题报道，彰显在共同富裕示范区建设过程中体育领域的作用与贡献。

【讲好浙江体育故事】围绕新修订的《体育法》进行多形式解读，并结合“全民健身日”主题活动，将相关新闻报道、专家解读整理汇编成册，为我省体育工作开展提供重要法律指引。紧扣体育数字化改革、体育场馆公共服务大提升改革、基层体育治理改革等重要改革实践，加强舆论宣传，形成强大宣传声势。持续推出“记者走进山区 26 县”“共同富裕　体育接棒”等融媒体报道 143 篇，总结提炼好经验、好办法，讲好共同富裕“体育故事”，打造体育赋能共同富裕的“浙江样本”。

【聚焦体育大赛】2022 年北京冬奥会首次有浙江运动员参加，从 1 月起开设专栏专版，对冬奥会的赛事筹办、浙籍运动员备战、比赛情况予以报道，营造出浓厚的全民迎接冬奥的氛围。扎实推进金华市第十七届省运会的报道，推出多个省运栏目和《省运会刊》，与浙江电视台新闻频道合作推出“‘金’彩省运”系列报道，通过《中国体育报》刊发省运会专版，获得广泛关注，取得良好的社会效益和传播效果。杭州亚运会宣传不断深入，通过省体育局官方网站、官方微信、微博、《体坛报》、小程序等平台相继推出系列报道，全年推出亚运报道版面 50 个，专栏近 100 篇，融媒体平台 700 多篇作品。深入采访报道浙江省第二届智力运动会、省第三届生态运动会、杭州马拉松及卡塔尔世界杯等重要赛事，充分发挥体育专业优势，扩大声量，彰显魅力。

【搭建全媒体流量矩阵】积极加强新闻媒体间的交流合作，加大与主流媒体（中国体育报、浙江日报、浙江卫视等）合作力度，与浙江电视台新闻频道联合打造《体育最前线》栏目，与华数频道合作播出《我的体育圈》，推动构建“1 + 19”全媒体矩阵体系，即 1 个平面媒体平台 + 19 个电视、新媒体传播平台，最大程度整合媒体资源，推进优质资源共享，扩大体育宣传的覆盖面。

浙江体育2021年十大新闻揭晓

刚刚过去的2021年，对浙江体育而言具有不同寻常的意义。东京奥运赛场浙江贡献7金2银1铜，创造历史；时隔18年，再次召开全省体育工作会议，具有里程碑式、标志性意义。浙江体育的捷报频传、硕果累累见证了“峥嵘2021年”。

2022年1月，由浙江省体育记者协会主办，体坛报社承办的2021年度浙江体育十大新闻事件评选揭晓。经资深记者投票、专家学者评选后，“十大新闻”从近40条新闻事件中脱颖而出，其中，杭州亚运会筹备工作入围。

10月26日，全省体育工作会议召开。

一、全省体育工作会议成功召开

10月26日，时隔18年全省体育工作会议再次召开。会议充分肯定浙江体育工作取得的成绩，会议要求以筹办杭州亚运会为重要契机，打造“赛事之城”“赛事强省”、打造更多摘金夺银的“梦之队”、打造数字体育2.0版、打造万亿体育产业、打造体育事业均衡发展这5张“金名片”，开创浙江体育高质量发展新局面。

二、体育总局与浙江省政府签署合作协议，省部联袂打造共同富裕的体育示范

12月底，体育总局与省政府签署合作协议，重点在构建更高水平全民健身公共服务体系、推动竞技体育突破性发展、打造现代体育产业体系、建设体育赛事强省、深化体育领域改革、推进反兴奋剂治理体系建设等6个方面加强合作，包括对浙江山区26县全民健身设施补短板工程、支持各类国际重大体育赛事引进等，推动浙江体育领域高质量发展。

三、7金2银1铜，浙江创造历届奥运最好战绩

东京奥运会上，浙江派出33位运动员创造7金2银1铜历史最佳成绩，不仅续写浙江“届届奥运有金牌”的殊荣,金牌数名列全国各省(市、自治区)第一位,25 人次在跻身前八名,为中国体育代表团贡献了浙江力量。

四、浙江体育“十四五”规划发布

3 月 29 日,省发展改革委、省体育局联合印发《浙江省体育改革发展“十四五”规划》,为未来五年描绘蓝图。《规划》明确,“十四五”时期,浙江要实现群众体育、竞技体育、体育赛事、体育产业、体育文化及体育整体智治工作等 6 个“走在前列”。

五、陕西全运会浙江体育代表团列金牌榜第三

在陕西举行的十四届全运会上,浙江 675 名运动员参赛,夺得 44 金 35 银 37 铜,金牌数、奖牌数均位居全国各省(自治区、直辖市)第三位。此外,群众体育项目比赛共获得 16 金 5 银 8 铜,同样位列全国各省(市、自治区)前列。

六、密集出台重大政策,推动浙江体育改革与发展

为贯彻落实党中央国务院关于共同富裕示范区建设、《体育强国建设纲要》、体教融合改革等重要战略部署,先后出台《体育领域高质量发展推进共同富裕示范区建设行动方案(2021—2025 年)》《关于高水平建设现代化体育强省的实施意见》《关于深化体教融合,促进青少年健康发展的实施意见》《浙江省全民健身实施计划(2021—2025 年)》等重大政策,深化体育改革组合拳,推动浙江体育跨越发展。

七、浙江体育战线隆重庆祝建党 100 周年,彰显浓浓的“体育味”

4 月 11 日,“2021 复兴之路 · 薪火驿传百公里接力赛”举行——100 支参赛队从上海中共一大会址纪念馆出发,跑向浙江嘉兴南湖,赛道共设 7 个接力点,全长 132.8 公里;七一前夕,举办全省红色运动会,总共 6 站,把赛场搬到革命老区,将红色文化与体育精神有机结合;邀请中央媒体组织开展“浙样红 · 体育见证百年风云变迁”新闻采风活动,通过走进红色土地、蹲点采访等形式,反映在党的领导下浙江城乡体育发生的巨大变化。

八、数字化改革引领浙江体育新变革

《浙江省体育数字化改革方案》正式发布,明确提出打造数字体育 2.0 版,构建公共体育“一站式”服务,推进体育“一件事”综合集成改革。2021 年底,基本建成覆盖全省的体育公共数据平台,50% 核心业务形成数字产品,这项工作走在全国体育领域前列。与此同时,杭州的“AI 动杭州”、嘉兴的“运动家”智慧体育社区、天台的“体育委员”等特色应用,都体现了各地对数字赋能体育智慧化水平的主动探索。

九、杭州亚运会筹备工作跑出“加速度”

在杭州亚运会进入倒计时一周年的重要节点,场馆建设、重大项目、竞赛组织、品牌运行、赛事保障、新闻宣传等各项筹备工作进入加速推进阶段。确定开闭幕式主创团队、火炬形象发布、召开代表团团长大会和第一次世界媒体大会、亚运村竣工等,有序推出具有标志性意义的重大活动。57 个竞赛场馆完成建设和改造任务基本交付,33 个训练场馆改造预计于 2022 年 5 月前交付。

十、浙江省第四届体育大会在衢州举行

10 月 22 日—28 日,省第四届体育大会在衢州举行,这是全省规模最大、规格最高的群众性体育盛会。大会历时近 7 个月,设 46 个大项、457 个小项,11 个设区市代表团和 12 个省级行业体协代表团参赛。

2022 年浙江省体育宣传工作会议在宁波宁海召开

在浙江省第十五次党代会召开不久,7 月 15 日,2022 年度浙江省体育宣传工作会议在宁波宁海召开。此次会议既是一次全省体育宣传工作的部署会,更是对全省体育战线学习、宣传、贯彻省第十五次党代会精神,高水平建设体育强省、奋力推进“两个先行”的一次动员大会。

浙江体育局党组书记、局长郑瑶围绕“统一思想、凝聚力量、为奋力推进‘两个先行’贡献体育力量”主旨作重要讲话。省体育局党组成员、副局长占旭刚主持会议。省体育局副厅长级领导、杭州亚组委杭外工作部部长宋剑波,省体育局副厅长级领导、杭州亚组委竞赛部部长朱启南,浙江体育职业技术学院党委书记郭海英等出席。宁海县委副书记、县长楼鼎鼎致欢迎辞。

当前,全省正在扎实推进共同富裕背景下现代化体育强省建设。科学判断形势、紧跟趋势、发挥优势,是做好体育宣传工作的重要前提和保障。郑瑶强调,体育部门要进一步突出意识形态宣传,深入贯彻落实习近平总书记关于意识形态工作重要论述精神,常态化抓实意识形态领域工作,要突出政治宣传,结合体育工作把党的二十大与省第十五次党代会精神学习好、宣传好、贯彻好。

2022 年,浙江省政府与体育总局签订《关于支持浙江省体育领域高质量发展建设共同富裕示范区的合作协议》,6 大方面、33 项内容,明确目标体系、构建工作体系、完善政策体系、探索评价体系,加快形成省部共建的阶段性标志性成果。郑瑶表示,要聚焦围绕协议内容,广泛动员全省体育战线力量,着力打好体育助力共同富裕“组合拳”、加快支持山区 26 县体育高质量发展、努力打造一批可示范可推广的成果,为实现体育领域的共同富裕提供省域示范。

浙江省第十五次党代会和全省体育工作会议强调坚持一张蓝图绘到底,高水平建设体育强省,奋力打造“5 张体育金名片”。郑瑶指出,全省体育系统要以此为目标,突出创新宣传,凝聚深化体育改革强大力量,着力打造国家体育数字化改革先行区,加快形成体育数字化改革标志性成果,不断深化体育领域重大项目改革。同时,进一步抓好全民健身、“新三大攻坚战”、体育产业、修订后的《体育法》等宣传工作。

2022 年,第十七届省运会即将举办,杭州亚运会筹办工作仍在紧锣密鼓进行中。郑瑶表示,要突出亚运省运宣传,聚焦实施体育赛事提质计划,形成建设赛事之城、赛事强省的强大合力。坚持赛事筹办与宣传推广同研究、同部署、同落实,真正实现“办好一项赛事、提升一座城市”的目标。

对于如何进一步开展好体育宣传工作,郑瑶对全省体育战线的领导干部提出了“讲政治、强素质、真重视、创优势”的 12 字工作要求,要求各级体育部门打造一支政治过硬、本领高强、求实创新、能打胜仗的宣传文化队伍,利用浙江体育融媒体中心平台,形成国家—省—市—县四级联动的融媒体矩阵,用宣传彰显体育工作的高度、力度与温度。

体坛报社汇报了年度工作。金华市体育局通报了十七届省运会宣传和筹备工作情况。温州市、温岭市、宁海县体育部门作工作经验交流。

驻省政协机关纪检监察组负责人、省体育局机关相关处室、直属单位主要负责人，各设区市、县（市、区）体育部门主要负责人，以及中央驻浙媒体、省级媒体代表140多人参加会议。

体育文化

综　述

2022年，浙江省体育局进一步加强体育文史工作，营造更具影响力的体育文化氛围。加强体育文史收集、整理，编印分发《浙江体育史料》6期，编纂《浙江体育年鉴（2022）》并由天津人民出版社正式出版。启动浙江体育博物馆筹办工作，先后赴杭州韩美林艺术馆、安徽省体育博物馆、江苏体育陈列馆等考察调研，结合浙江实际编制完成《浙江体育文化展示中心筹建工作方案》，形成清晰的筹建思路和工作规划。加强文物征集和藏品管理，对接金华市省运会组委会，开展有关实物和资料征集工作。采购体育藏品智慧管理服务系统，完成省体育局现有256件（组）体育藏品登记工作。

2021年浙江省“体坛十佳”揭晓！杨倩、石智勇、汪顺、管晨辰上榜

诗画江南，钱塘出豪杰；活力浙江，体坛写春秋。

2022年9月7日晚，2021年浙江省“体坛十佳”颁奖盛典举行。吕林、占旭刚、朱启南、孟关良等奥运冠军“前辈”，以及杨倩、管晨辰等后起之秀们在现场汇聚，此刻这里成为浙江体育荣光赓续与传承的大舞台。

2021年，在浙江体育史上具有重要里程碑意义：时隔18年，省委省政府高规格召开全省体育工作会议；东京奥运赛场，7金2银2铜，创造浙江奥运征战历史最佳战绩；陕西全运舞台上44金35银37铜的成绩，金牌榜跻身全国各省（市、自治区）第三位。

同时，浙江体育的发展充满蓬勃生机——省级体育现代化县（市、区）创建开创国内先河、探索共同富裕的体育示范重任在肩、体育数字化改革走在全国前列、杭州亚运会筹办有力有序……每个人的努力、付出，汇聚成浙江体育昂首前进的磅礴伟力；每一枚金牌、每一项荣誉，组成了2021年浙江体育的高分答卷。

高分答卷由“高手”联袂书写。当晚揭晓颁发的第一个奖项是“年度最佳团队奖”——浙江省羽毛球队毫无悬念荣膺。东京奥运会上，浙江派出陈雨菲、王懿律与郑思维、黄雅琼4人出战，夺得2金1银，金牌、奖牌均占据中国军团半壁江山，书写“人人争金夺银”的神话。

17岁的管晨辰获得“最佳突破奖”，在东京奥运会上她以高难度、高质量、高稳定性

的出色表现，战胜世界级名将拜尔斯夺冠，刚刚成为浙江大学新生的管晨辰表示："虽然身份变了，但努力、拼搏的优秀品质永远不会变。"

中国游泳队的"老大哥"汪顺，获得"最佳体育精神奖"。东京奥运会上个人200米混合泳夺金，打破欧美国家17年的垄断；陕西全运会上，一人独摘6金，成为陕西赛场"多金王"之最。

最佳男、女运动员则分别由奥运冠军石智勇、杨倩获得。石智勇克服伤病困扰，继2016年里约奥运会夺冠后，在东京奥运赛场成就双冠王。2000年出生的杨倩，"初生牛犊不怕虎"，沉着、冷静、自信，不仅夺得东京奥运会首金，同时成为第一位一届奥运会收获两枚金牌的中国射击运动员。

现场，6名著名画家还为6位东京奥运冠军献上精美的肖像画。丹青笔墨，惟妙惟肖，这是艺术家们对奥运冠军的美好祝愿，也是对浙江体育生动描绘与赞美。这一刻，体育与艺术琴瑟和鸣、共谱新篇。

本次活动于2022年8月正式启动。经过20多天的移动客户端、微信等方式公众投票，共有近100万人次参与，最终产生入围名单。

亚奥理事会总干事成为杭州亚运会博物馆名誉馆长

10月2日，杭州亚组委赴柬埔寨金边参加亚奥理事会第41届全体代表大会期间，亚奥理事会总干事、国际泳联主席、科威特奥委会秘书长侯赛因・穆萨拉姆从杭州亚组委副秘书长、杭州市副市长陈卫强手中接过聘书，正式成为杭州亚运会博物馆名誉馆长。

侯赛因・穆萨拉姆欣然接受名誉馆长的邀请，并表示亚奥理事会将大力支持杭州亚运会博物馆筹建工作，共同携手打造品牌亚运，展示亚运遗产，提升亚运会影响力。

杭州亚运会博物馆位于杭州奥体中心体育场内部，展陈面积约为5400平方米，旨在成为一个展示杭州亚（残）运会筹办历程、亚运会历史与文化交流、体验生命活力与运动魅力的沉浸式互动中心。

现阶段该博物馆的设计、建设、展陈布置、展品收集等工作进展顺利。接下来，杭州亚组委将与亚奥理事会保持紧密协商，完善展陈布置与内容，力争从亚洲各国家（地区）奥委会募集到更多的亚运藏品，不断丰富展品多样性，将杭州亚运会博物馆打造成一个集展示交流、宣传教育、文化活动、参观体验等功能于一体的城市公共文化空间。

对外交流

综　述

【概述】2022年，浙江省体育局认真做好重点团组的外事报批和出访保障工作，严格按照《浙江省体育局厅级以下国家工作人员因公临时出国（境）管理若干规定实施细则》

《浙江省体育局体育专业人员因公出国(境)管理细则(试行)》等文件对人员出访进行审批,共预审出访美国、荷兰、印度、卡塔尔、巴西、日本、意大利、法国、保加利亚、韩国、北马其顿、菲律宾、波兰、泰国等地的双跨团39个,其中顺利出访团组35个(共计86人次)。出访前加强行前教育,规范护照领用和归还流程,确保外事出访安全。

【加强重点人员入境保障】加强对体育领域重点人员入境的保障工作,扎实做好浙江职业足球俱乐部外籍教练员、运动员等优秀体育人才的引进工作,顺利引入3名外籍人才,充实的外援团队大大增强了浙江足球俱乐部的竞争实力。在人员入境过程中,严格遵守审批流程,按照要求做好入境隔离等防疫工作。切实落实主体责任,督促用人单位签订责任承诺书,规范涉外人员工作合同,加强对外籍教练员、运动员的管理。

2022年省体育局出访情况汇总表

序号	团组名称	出访时间	出访国家或地区	出访人数	负责人	备注
1	乒乓球	1月16日—24日	澳门	1	向鹏	随团
2	乒乓球	2月22日—4月3日	阿曼、新加坡、卡塔尔	2	王建军	随团
3	自行车	5月5日—7月3日	加拿大、尙兰、印度、法国	1	严炜明	随团
4	跆拳道	5月25日—7月3日	奥地利、意大利、卢森堡、韩国	4	朱峰	随团
5	艺术体操	5月31日—6月18日	意大利	1	王澜静	随团
6	排球	5月31日—9月12日	巴西、菲律宾、波兰	4	沈安东	随团
7	乒乓球	6月3日—7月2日	捷克、克罗地亚、斯洛文尼亚	1	王建军	随团
8	乒乓球	6月3日—7月2日	捷克、克罗地亚、斯洛文尼亚、波兰	1	向鹏	随团
9	田径	6月11日—9月10日	意大利、法国、德国等17国	1	刘凯民	随团
10	篮球	6月11日—10月10日	奥地利、比利时、马来西亚、新加坡、罗马尼亚	1	万济圆	随团
11	体操	6月12日—21日	卡塔尔	3	叶盛	随团
12	游泳	6月14日—7月6日	匈牙利	12	朱志根	随团
13	拳击	6月16日—7月28日	哈萨克斯坦、英国	3	杨相中	随团
14	艺术体操	6月20日—7月22日	泰国	1	张瑀渊	随团
15	篮球	6月29日—8月9日	蒙古国、塞尔维亚	9	孙凤艺	随团
16	田径	7月1日—10月1日	美国	4	陈翀	随团
17	乒乓球	7月8日—9月18日	匈牙利、突尼斯、美国、哈萨克斯坦	1	向鹏	随团
18	排球	7月11日—9月14日	塞尔维亚、斯洛文尼亚、波兰	1	王滨	随团
19	篮球	8月15日—9月6日	伊朗	1	刘双语	随团

续表

序号	团组名称	出访时间	出访国家或地区	出访人数	负责人	备注
20	乒乓球	8月16日—9月13日	捷克、保加利亚	1	吴洋晨	随团
21	跆拳道	8月27日—11月30日	法国、波兰、斯洛文尼亚、英国、墨西哥、阿联酋	2	朱峰	随团
22	乒乓球	8月28日—9月19日	老挝、北马其顿	12	向鹏	随团
23	篮球	8月31日—9月20日	印度	2	胡多灵	随团
24	艺术体操	9月3日—21日	法国、保加利亚	3	王澜静	随团
25	网球	9月10日—28日	乌拉圭、美国	1	於金星	随团
26	羽毛球	9月10日—11月14日	斯洛文尼亚、比利时、德国、西班牙	5	张乐健	随团
27	网球	9月13日—28日	韩国	2	连骋骋	随团
28	自行车	10月4日—21日	法国	1	严炜明	随团
29	体操	10月15日—19日	英国、法国	5	张海斌	随团
30	蹦床	11月1日—30日	法国、保加利亚	2	姚妍君	随团
31	乒乓球	11月14日—22日	泰国	1	向鹏	随团
32	田径	11月27日—2023年6月18日	美国	1	谢震业	随团
33	游泳	12月9日—21日	澳大利亚	10	汪海波	随团
34	田径	12月28日—2023年3月30日	意大利等13国	3	刘凯民	随团

2022年省体育局接待访浙团组一览表

序号	团组名称	来访时间	负责人	人数	来访国家	备注
1	足球俱乐部引进	3月13日	哈维、萨尔瓦	2	西班牙	教练
2	足球俱乐部引进	4月6日	卢卡斯	1	葡萄牙	球员

局属单位

浙江体育职业技术学院

【概述】2022 年，在省体育局的领导和省教育厅的指导下，学院坚持以习近平新时代中国特色社会主义思想为指导，聚焦迎接宣传贯彻党的二十大和省第十五次党代会精神主题主线，深入贯彻落实习近平总书记关于体育工作重要论述精神，团结带领学院全体教职工和运动员，围绕中心大局，专注体育事业发展，为忠实践行“八八战略”、奋力推进“两个先行”、高水平建设体育强省作出了积极贡献。

【思想政治引领更加有力】深入学习贯彻党的二十大和省第十五次党代会精神，强化党的创新理论在学院工作的指导地位和实践运用。深入开展“六学六进六行动”学习实践活动，严格落实“第一议题”制度，完善以党委理论学习中心组为龙头、中层干部为重点、党支部为基础的理论武装制度，加强集中学习研讨。大力实施爱国主义教育和理想信念教育，丰富仪式教育体系内涵，充分利用校内外重要仪式、活动载体、重要时间节点和省运会、省大学生运动会等重要赛事，通过收听收看电视直播、举办升旗仪式等方式开展思政教育，牢固树立“祖国的荣誉高于一切”的理念。严格落实意识形态工作责任制，推进学院网络生态“瞭望哨”建设，统筹内外宣传工作，加强与媒体沟通协作，大力推进文明校园品牌化创建。切实把党的政治建设融入学院重大决策部署的落实全过程，坚持党委领导下的校长负责制，贯彻执行民主集中制，实行“三重一大”事项党委会集体决策制度。树立大抓支部工作导向，积极组织开展争先创优活动和支部标准化规范化建设，制定下发《关于践行“五环”党建工作法融合赋能助推新发展的实施意见》，持续打造“五环”党建特色品牌。落实加强对“一把手”和领导班子监督“5 张责任清单”，开展高校巡视巡察共性问题梳理整改，全面排查梳理廉政风险点，层层压实管党治党政治责任；严格落实节日期间纪律作风要求，组织开展清廉体院建设“五清五廉”专项活动等活动，推动校风校纪建设持续向好发展。顺利召开学院第一届团代会、第二届学代会，团结凝聚共青团和学生共克时艰、致力发展。

【竞技体育成果竞相涌现】北京冬奥会上，学院 4 名运动员参加，取得中国队参加该冬奥项目最好成绩，顺利实现学院“冬奥参赛零的突破”。2022 年全年共获得世锦赛 5 金，亚锦赛、亚洲杯比赛 3 金，全国一类、二类赛事 31 金。特别是网球吴易昺、羽毛球“雅思组合”、蹦床曹云珠和范心怡、撑竿跳高李玲接连创造世界大赛佳绩。浙江男排多名运动员和教练员入选国家队并时隔 10 年重夺亚洲杯冠军。坚持把训练管理作为竞技体育的核心环节，加强备战动态研判，有的放矢抓训练；坚持数字赋能训科医一体化，建立运动员身体机能监控数据平台和人才培养运动员冠军模型，推进优势项目可持续发展。坚持运动员教练员“双管齐下”，制定相关制度，着力提升运动员战斗力；完成 150 名教练员新周期聘任，持续提升教练员指导力。坚持“三从一大”科学训练原则，强化“干净金牌”意识，全年未发生兴奋剂违规事件。积极推进省部合作共建项目，完成与国家队签约共建田径跨栏项目，推进共建国家羽毛球队；与国家体育总局体科所签订战略合作协议，以科技助力高水平竞技体育训练比赛。加强与浙江大学、北京体育大学、宁波大学、浙江师范大学等高校在人才培养、科研创新方面的合作。积极推进与社会团体、企业联合开办运动队，完善浙江省竞技体育项目布局和竞技体育职业化、市场化改革机制。完善《优秀运动队运动员招生退役实施细则》，合理定编设岗，统筹运动员管理。优化健将级运动员技术等级审核和申报工作，严把运动员入学、转试训、招工关，不断优化人才梯次结构。2022 年共选调体校生 125 人、体校重点生 83 人，招聘运动员 68 人，转试训运动员 98 人，办理停训 66 人、终止试训 13 人、终止集训 112 人。

【内部管理模式不断优化】制定出台《学院数字化改革工作方案》，依托“钉钉”构建智能化、流程化教育管理模式。对现行 281 项规章制度重新进行梳理，修订 12 项，新建 10 项，废止 4 项，并汇编成册。制定《学院开展法治宣传教育的第八个五年规划（2021—2025 年）》，突出普法重点内容、不断创新普法形式。增设机要传阅室，确保文件流转安全。启动新周期岗位设置与聘用工作，2022 年新提任院级领导 1 人，中层正职 1 人，中层副职 3 人，晋升六级职员 2 人；交流轮岗中层正职 5 人，中层副职 6 人；面向社会招录 13 人、完成 13 名优秀运动员留院任教。组织开展高校教师资格认定工作，共有 5 人取得高校教师资格。扎实推进除险保安工作，及时研究部署疫情期间校园安全稳定工作，统筹做好“3A”平安校园创建，开展安全防范及法治宣传教育讲座，全年未发生重大安全事故。严格疫情防控工作部署，落实属地管理要求，认真做好疫情防控信息报送、隔离观测、校区管理、教职工管理、学生管理、后勤服务保障和舆论引导等重点工作。做好防疫物资储备，设立健康驿站，提供健康服务。如期完成亚运会训练场馆提升改造工程项目并通过赛事功能验收，陆续投入使用。游泳馆智能化改造工程已组织第一次竣工验收，全力督促推进问题整改。提升校园环境。关心关爱师生职工身心健康，充分发挥团委和工会作用，组织形式多样的活动，丰富全体师生员工的生活。

浙江省水上运动管理中心

【概述】2022 年，水上中心在省局党组的坚强领导下，紧紧围绕省政府和省局目标任务，持续推进训练备战、党风廉政、综合保障等各项工作落实落地，保质保量完成各项参赛任务，为浙江建设“重要窗口”、现代化体育强省贡献水上人的力量。

【首抓党建工作】认真开展党史学习教育，学习十九届六中全会精神、省第十五次党代会、党的二十大精神，形成处级干部带头宣讲，全运冠军跟进宣讲的浓厚学习氛围。中心帮扶共建有序推进，共开展 5 场帮扶共建活动。为淳安、建德、象山 3 地困境儿童提供物资和经济援助，与丽水市体育发展服务中心开展结对共建活动，与淳安县千岛湖镇委员会签订共建协议，推动资源共享，有效助力共同富裕。召开组织生活会和开展民主评议党员工作，党支部组织生活更加严肃规范。全体党员干部对标对表，躬身践行，广大党员干部“党员第一身份”意识、“三个表率”意识进一步增强。结合内设机构改革，按照大科室独立设置、小科室就近合并的原则，财务并至综合保障科；成立 3 支队委会，重新调整第一、第三党支部人员结构，配齐纪检委员，进一步抓实党支部直接管理教育监督党员职责。

【体育赛事赛出风格和高度】2022 年中心参加国际比赛 7 场，荣获 3 金 6 银 2 铜，其中皮划艇项目获得 1 金 1 银 2 铜，赛艇项目获得 1 金 5 银，帆船帆板项目获得 1 金。参加国内比赛 17 场，荣获 97 金 71 银 55 铜，其中皮划艇项目获得 20 金 12 银 11 铜，赛艇项目获得 16 金 14 银 12 铜，帆船帆板项目获得 41 金 32 银 20 铜，皮划艇激流回旋项目获得 20 金 13 银 12 铜。重视反兴奋剂工作，全面推行“两长”工作职责，成立专班办公室和专班三品防控组，聘请专家进行反兴奋剂讲座等，把反兴奋剂工作做得更加扎实。做好运动员招聘、退役转试训、参赛、训练备战等各方面的系统信息建立和完善工作，做好运动员全国注册、伤残保险等各项事宜。2022 年中心共完成全国注册运动员 942 人，注册教练员 94 人，注册裁判员 47 人。完成运动员年度伤残互助保险投保 236 人次。全年共输送国家队集训 4 人，省队集训 45 人。申报国际健将 4 人，运动健将 19 人，一级运动员 8 人。落实总局和省局优秀竞技后备选材计划，开展“选星计划”基础体能测试，推选 4 名运动员入选协会优秀竞技后备人才训练营，2 名教练员参加 2022 年优秀教练员“百人工程”培训班。

【重点要点工作全速落实】圆满完成各项会议的召开，完成帆船协会的换届工作，推进产权历史遗留问题，紧抓安全生产工作，制定《安全生产管理制度》，做到安全生产全覆盖。有序推进优秀运动员教练员编制工作，健全干部人才队伍建设，开展事业单位工作人员公开招聘 1 次，提拔任用正科级干部 2 人，副科级干部 3 人，试用期满转正 1 人；完成 4 名优秀运动员招聘 11 名运动员转试训和 3 名运动员退役工作；对现有运动员进行比对更新和信息采集，进一步提升运动员数字化管理。全面做好新一届国家皮划艇静水集训队在千岛湖训练保障工作。

浙江省射击射箭自行车运动管理中心

【以党的政治建设为统领】2022 年，浙江省射击射箭自行车运动管理中心组织全体员工深入学习贯彻党的二十大精神以及省第十五次党代会精神，以习近平总书记关于体育一系列的重要指示批示精神为指导，积极融入省委省政府工作大局，认真贯彻省委省政府、省局关于备战巴黎奥运会、筹备杭州亚运会的决策部署，推进《联办共建射击项目国家队合作协议》签订进程。以开展党风廉政建设“五清五廉”专项活动为载体，持之以恒纠治“四风”问题，认真执行民主集中制和“三重一大”议事决策制度，抓实“三会一课”、支部主题党日等组织生活各项机制，积极构建中心党总支成员“一岗双责”、中心党总支纪检委员监督责任“四责协同”机制，完成下属 3 个党支部的换届选举工作，积极与山区 26 县开展党建结对共建活动。中心根据巡察组反馈意见制定巡察整改方案，于 8 月形成巡察整改报告并上报省局党组，经过 3 个月集中整改，取得了阶段性成效。省局巡察整改工作进一步强化了中心党的领导，推动了全面从严治党向纵深发展，发挥各党支部在亚运备战、反兴奋剂等方面的战斗堡垒作用。

【竞赛成绩有突破】2022 年在全国成年比赛中获得 14 金 12 银 16 铜(其中一类比赛 3 金 4 银 4 铜)，目前中心 27 名运动员和 5 名教练员入选国家集训队一线，射击运动员 14

名赴陕西西安参加国家队新阶段集训，其中我省入选人数居全国各省市第一。在10月底结束的国际射联步手枪射击世锦赛上，我省6名运动员代表国家参赛，贡献7金3银3铜（其中奥运项目2金1银），并获得2个巴黎奥运会参赛席位，女子10米气手枪项目我国首次获得冠军，取得重大突破；场地自行车男子团体竞速赛摘得1银，创造了中国男子自行车境外参赛的最好成绩。

【紧抓省部共建契机】继续做大做强中心射击、场地自行车等优势项目，始终与国家射击队保持紧密联系，深化射击项目合作共建，推动国家体育总局射击射箭运动管理中心与省局签订《联办共建射击项目国家队合作协议》，支持我省建设一流的射击项目国家队训练基地和射击项目国家级青训中心（后备人才培养基地）；中心已挂牌成立国家自行车队训练基地；国家射击队乙组9月来中心进行封闭训练，我省12名运动员和1名教练员在列其中，有效增强了与国家队联系与交流。

【深化备战机制建设】继续推行重点运动员（运动队）“一人（一队）一案一策一团队”保障机制，继续落实执行中心党总支成员和各科室联系服务各运动队制度，实施新周期备战工作，及时发现训练备战中的实际问题，并且积极做出调整，通过相互间的竞争，激发队伍内在动力，促进运动成绩的共同提高；加大年轻教练员梯队培养力度，切实提升备战质量和效益；结合2022年冬训的训练目标，着力提高全体运动员体能素质，为专项训练开展打好体能基础。

【推进管理体系建设】建立健全中心相关制度，推进中心制度化、规范化进程，完成中心规章制度汇编的修改、完善工作，以教练员队伍建设和科研为突破口，坚持结果导向、绩效挂钩，促使教练员主动创新和改善现有的训练方式，切实提高运动员的技战术能力。树立重实干重业绩的用人导向，持续优化人事管理，完成专技人员转管理岗位相关事宜和新周期教练员专业技术职务晋升和岗位聘任工作；配合省局党组完成1名中心副主任的选任工作，提拔了2名副科级干部，完成5名预备党员转正工作，研究确定了2名优秀运动员为预备党员发展对象；完成运动员退役、转试训、招工审核申报工作。及时梳理对运动队反兴奋剂监管中抽查和督查的力度不足等问题，规范“三品”管控，已完成2022年度反兴奋剂的行踪申报工作以及累计接受兴奋剂检查48次83人，未出现兴奋剂检测阳性或违规事件。高质量办好所属项目省运会赛事，科学安排竞赛日程，高度重视裁判员的选派工作；按照总局、省委省政府和省局关于加强省运会赛风赛纪工作的部署要求，全面排查在赛风赛纪可能存在的风险点，加大安全风险防控力度；2022年中心共承办全国赛事2场，省级赛事（包括省运会）20场，组织综合训练营6次，提高赛风赛纪管理能力。

【以综合服务保障为根本】完成数字体能训练房改建工程，不断完善更新体能测试的标准器材；积极对接与长兴县中医院、省人民医院合作事宜，开通绿色通道、专家会诊等服务事项；启动以自行车为基础的冠军模型建设，逐步形成“数字+训练清单”的训练模式。消除中心存在的安全隐患，保障中心训练备战的正常开展；做好有关产权历史遗留问题的解决，持续改善中心环境，推动相关工程项目改建。严格按照疫情防控管理政策，与属地共织疫情防控安全网，在中心设立“临时核酸采样点”，方便中心全体职工核酸检测；推进新冠疫苗加强针接种工作，努力将疫情对中心训练备战的影响降至最低。

浙江省智力运动管理中心

【坚持党对中心工作的全面领导】2022 年,中心全体人员扎实开展党史学习教育活动,认真学习贯彻党的二十大精神及省第十五次党代会精神,聚焦体育共同富裕示范区建设等内容,让全体党员干部筑牢初心使命。组织全体党员认真学习党章,以党章作为党员党性修养根本标准,开展主题党日活动 12 场,其中赴红色教育基地参观学习 1 次。针对省局巡察报告中提出的问题,举一反三,分析查摆各项问题产生的原因,对重点领域提出制度执行情况督查、人员轮岗等措施;积极发展党员,壮大党员队伍。

【打造浙江智力体育梦之队】中心 2022 年在国内外各项赛事中均表现优异,丁立人在国际棋联世界冠军候选人赛中夺冠,获得了向世界棋王发起挑战的机会;卢尚磊首次代表中国队参加国际象棋世界团体锦标赛凭借出色的发挥以不败战绩帮助中国队击败乌兹别克斯坦队夺得世团赛冠军;朱锦尔国际棋联女子大奖赛阿斯塔纳站获得第三名。浙江模型队在 2022 年全国航海模型锦标赛夺得 11 枚金牌,列本次比赛金牌榜第一。积极备战、迎接亚运会国家队重新选拔。省围棋队在杭州棋院与国家队、杭州队共同训练;象棋队以内部高强度对抗为主,研究模拟对手棋路,有针对性地练习;国际象棋方面,丁立人以赛代练,基本保持每月 1 ~2 场高水平赛事来保持竞技状态。朱锦尔组建了以国际象棋特级大师为主的强力教练团队,国际象棋队能力及心理状态有明显提高。桥牌队联合杭州、宁波以线上备战为主,每周两次邀请全国优秀队伍进行网上对抗练习,并在赛后进行讨论复盘。全国智力运动会选拔赛全面展开。中心确定了全国智力运动会浙江各单项代表队选拔方案,目前国际象棋已完成初步选拔。中心高度重视高水平后备人才的培养和梯队建设,全年共招收集训运动员 15 名,试训运动员 3 名,正式运动员 4 名,通过多种方式,提高运动员的竞技水平,促进项目可持续发展。

【打造智力体育交流高地】加大全省智力体育项目特色示范学校建设力度,今年 9 月,中心与绍兴市上虞区城东小学联合成立了浙江省围棋少年队,优化省围棋队梯队建设。拟与杭州市萧山区银河实验小学签订"棋类梯队建设与扩展"协议书,筹划共建象棋梯队。与杭州棋院达成协议,联办省五子棋队、国际跳棋队;与宁波鄞州飞行营地、杭州翼驰遥控车俱乐部共同组建省航空模型队、车辆模型队,培养选拔优秀运动员。积极推进智力运动和科技体育项目特色学校培养与评选,并同全省 80 余所相关中小学进行沟通,框定了个性化评定选项。积极推进在中小学教师中培养智力运动项目教练员。举办智力运动校际联赛。通过培训、活动努力让智力运动走进学校。中心联合省棋类协会举办 2022 年棋文化进农村礼堂启动仪式暨第五届浙江省象棋特色示范村联赛,参赛范围基本囊括了山区 26 县的大部分地区,助力体育共同富裕示范区建设。

【数字化改革】2022 年,中心以浙江省棋类协会棋文化管理平台的建设为重点,强化我省智力体育数字化管理水平,力争实现我省智力运动数字化管理,助推智力运动办赛管理体系形成。

浙江体育科学研究所

【把政治建设摆在首位】体科所班子自觉把学习贯彻党的二十大精神作为首要政治任务和“第一议题”。深入开展“六学六讲六宣”行动,持续加强“五强”领导班子建设,自觉融入中心服务大局,严守政治纪律和政治规矩,严格落实民主集中制、重大事项请示报告等制度。全年组织党员职工开展集中学习 20 次,主题党日 14 次,研讨交流 5 次,领导班子讲专题党课 4 次,多形式、多层次、全覆盖的政治理论学习,促使全体人员进一步深刻领悟“两个确立”的决定性意义,增强“四个意识”、坚定“四个自信”、做到“两个维护”。

【全面加强党的建设】坚定不移贯彻新时代党的建设总要求和新时代党的组织路线,履行全面从严治党主体责任和“一岗双责”。立足省委“七张问题清单”,认真梳理制定了体科所“五张责任清单”,落实组织生活制度,发挥近距离监督优势,自觉加强对执行民主集中制、履行党风廉政建设责任制、廉洁自律等情况的经常性检查,及时补齐短板、加强弱项、堵塞漏洞。不断加强支部组织建设,严格执行“三重一大”事项集体决策制度。坚持党建带群建。经常性开展谈心谈话,听真话、解难题,营造了坦诚交流的良好氛围。持续加强党章和党内重要法规学习,紧盯重大节日和重要时间节点,持之以恒做好正风肃纪工作。开展“五清五廉”专项活动,加强警示教育及提醒谈话,做好专题整改和风险排查,带领全体人员注重家风建设和延伸教育,自觉净化社交圈、生活圈、活动圈。

【科研全力保障竞技体育备战】2022 年,派驻 6 名科研人员至省射自中心和省水上中心,借调 1 名科研人员协助局备战办工作。围绕备战“杭州亚运会、巴黎奥运会和粤港澳全运会”的总体目标,全力做好竞技体育科研保障和攻关工作。负责完成国内外部分顶级优秀运动员数据的收集与导入工作,使得“冠军模型数据分析平台”实现了运动员多维度数据对比、优劣势分析等功能。积极做好运动队外训比赛科研保障服务,派驻省射自中心科研人员随队保障两站场地自行车联赛、一站场地自行车总决赛和一站场地自行车锦标赛,一站击剑锦标赛,为国家场地自行车队外方主教练选拔国家队运动员提供了浙籍运动员的比赛视频资料。派驻省水上中心科研人员进入国家集训队为国家皮划艇队提供生理生化科研保障。

【全民健身研究服务社会民生】围绕“体卫融合”开展系列工作:协助制定《关于深化“体卫融合”高质量发展的指导意见》,组织召开全省体育科学学会体质与健康专委员学术年会及运动促进健康学术研讨会,征求《浙江省国民体质监测与健身指导中心星级评定办法》意见,完成 11 个地市“体卫融合”点工作调研,将“体卫融合”纳入健康浙江考核,顺利完成“体卫融合”人才培养计划。技术督导全省运动促进健康科学健身大讲堂工作,累计完成 300 余场次科学健身科普活动,负责授课专家遴选、精品课程推优“浙里办”等工作。积极推进设区市、县两级国民体质监测中心(站点)与卫生医疗部门合作,拓展“运动促进健康”应用场景,形成设区市“八有”服务体系和县级“五有”服务体系。“浙里健身”体质测试服务功能模块运行顺畅。2022 年,全省共开展体质测试服务 181767 人。协助做好“健康浙江”体育工作考核相关工作。编制标准、撰写公报专报,推进全民健身科学化进程。

【立足标准研究】制定发布《公共健身步道技术要求》浙江省地方标准，编制形成 2 个地方标准的评估报告。编制《浙江省体育标准体系目录清单》，调查研究体育领域的国家、行业、省级、团体等 649 项标准，并分类整理成册。做好 2022 年体标委年度考核工作，对应 5 大类 32 项考核指标，梳理工作成果、证明资料、编印成册。对省级地方标准《公共体育场馆应急救护管理规范》《体育培训机构服务管理规范》，团体标准《山地越野跑办赛规范》《大众轮滑运动技术等级评定规范　速度轮滑》《大众轮滑运动技术等级评定规范　自由式轮滑》《航空运动安全服务规范》等研讨论证。

【开展学术研究】本年度累计发表期刊论文 1 篇，会议论文 2 篇，参编著作 2 本，发布地方标准 2 项，团体标准 5 项。申请外观设计专利 1 项、实用新型专利 1 项，获得软件著作权 1 项。由于疫情原因，本年度未开展国外学术交流，国内学术交流和培训均以线上形式开展。《浙江体育科学》杂志双月刊，按时出版 6 期，刊登论文 104 篇。完成并发行《浙江省青少年运动项目训练教学片——击剑》项目。

【持续加强干部队伍建设】积极推动领导班子结构功能、干部队伍能力素质、成长路径、工作体系、团队文化等“五个重塑”，从政治历练、理论教育、实践锻炼 3 方面加强干部队伍建设工作严格按照组织程序，完成支部增补支委大会。为适应浙江省体育科学研究所发展需要，确保干部队伍结构合理化，结合单位工作实际，加强中层干部队伍建设，共提拔中层干部 6 人，其中 2021 年提拔正科级干部 3 人，2022 年提拔正科级干部 1 人、副科级干部 2 人，均为专业技术中级及以上职称。

浙江省黄龙体育中心

【概述】2022 年，浙江省黄龙体育中心全面加强党对体育场馆工作领导，扎实推进各项重点工作任务，率先实现亚运场馆惠民开放，高质量举办“韵味杭州”全国体操系列赛、CBA 联赛常规赛，顺利收官亚运场馆改造项目，基本完成不动产权登记，形成一批具有黄龙辨识度的标志性成果。全年完成营收 1.56 亿元，同比增长 12%。成功创建全国科普教育基地和首批国家体育科普基地，“新黄龙”整体形象和亚运筹办工作获省长王浩高度肯定，协办的中国首届青少年足球联赛被新华社评为 2022 年中国体育十大新闻之一。

【以政治建设为统领】立足体育场馆特色优势，出台“动感黄龙”党建品牌实施方案，实施固本强基“铸魂工程”等“五大工程”“20 项举措”。制定中心党委主体责任、党委书记第一责任人责任等“5 张责任清单”，及时分析研判党风廉政建设和反腐败工作情况，层层签订个性化定制的全面从严治党责任书（或廉政建设责任书），精准开展亚运筹备、赛事活动、工程建设、招标采购、疫情防控、“四风”问题等关键领域、环节监督。加强党风廉政教育，落实“五清五廉”专项活动要求，推出并实施“五清五廉五强”专项活动，出台《黄龙体育中心亲清政商关系十不准》，着重加强年轻中层干部培养使用力度，优化干部队伍结构，调入 1 位“70 后”班子成员，按程序规范提任中层正职 4 名，从省属国企引进 1 名管理人才补齐发展公司副总经理岗位，落实局系统科级干部制度性交流工作，中心与外单位分别交流进、出1名和3名同志，商调“90后”干部2名。加强对中心官网、微信公众号等网络意识形态阵地管理，全年向省局报送网站、微博、学习强国等各平台信息录用量162篇。通过新华社、《人民日报》等央媒、省媒专题宣传报道35次。召开信访工作会议，加强公共服务咨询规范化管理。黄龙微信公众号运营质量明显提升。

【突出重大赛事筹办】以做亚运竞赛场馆标杆为目标，进一步加强对亚运筹备工作的谋划部署。率先安全举办“韵味杭州”全国体操系列赛，高质量承办新赛季CBA常规赛，圆满保障杭州马拉松。杭马、CBA赛事总体服务保障获省委、省政府主要领导批示肯定。加快推进体育场东区改造，全面完成亚运场馆改造。体操系列赛充分模拟亚运要求，场馆运行、观众服务、体育展示等31个领域场景得到实战检验。全国体操锦标赛通过央视全程直播，累计观看量1.67亿次，艺术体操、蹦床两项比赛通过“云直播”累计观看突破660万次。CBA第一阶段有10场赛事获央视直播。赛事安全充分保障，赛事变化应对及时有效。

【突出保障体育民生】积极落实省部共富合作协议，紧紧抓住全国场馆开放使用综合试点契机，推出“开放服务提质”“山区26县体育事业提标”等八项行动，全面推进场馆服务大提升。绘好用活开放、赛事等“四张地图”，打响亚运场馆惠民开放第一枪，较原计划提前半年面向社会开放，共开放游跳馆、空中环道等场馆（地）12处，足球、潜水等项目13个，场馆开放率100%，全年累计接待健身群众155.71万人次，其中低免开放累计接待46.43万人次；创新推出省首届国际露营暨体育研学大会、“奔跑吧·少年”省首届青少年体育嘉年华等大型群众性体育活动10余场。以省优秀运动队（员）“六进”活动为契机，邀请奥运冠军、世界冠军为黄龙公益课堂授课。累计举办各类赛事活动204场，其中公益活动101场，均超额完成年度目标任务，组织开展服务大提升“回头看”，完成服务大提升八大类53个小项，量化考核位列全省第一，深入推进场馆服务标准化体系建设，获评浙江省公共体育场馆服务大提升优秀单位，2022杭州生活品质总点评年度事件。

【突出黄龙品牌打造】亚运延期后，优先保障亚运功能用房基础上，有序推进可招商用房开发利用。体育场改造后首块1200方区域以高出挂牌价50%顺利出租，并于12月正式开业。开展“助企惠企”专项活动，为符合条件的16家租户减免租金800多万。进一步集成“动感黄龙”小程序高频便民服务功能，优化空中环道智慧元素，完成智能淋浴房等智慧便民改造。主动助力体育大脑建设，完成我省70余个场馆数据对接，常态化技术服务保障山区26县12家黄龙呼啦承建智慧场馆，自主研发的智慧场馆系统已覆盖全国11省78个体育中心。开设包含飞盘、潜水等新兴项目在内的培训项目达20个，在册培训学员突破6000人，总授课时长超16000小时，学员续课率达80%。坚持市场化与政府合作模式相结合，推动优质体育资源下沉县域市场。与总面积近7万方的安吉、玉环两县市级场馆达成合作，正式受托运营15年经营权的4500方万科“天空体育中心”，以黄龙运营经验带动基层体育场馆高效运营。

【持续深化内部治理】坚持化解历史遗留问题、深化内部管理改革，着力破解各类短板、瓶颈制约。面对困难挑战，中心坚决扛起主体责任，谋划在先、担当在前，在原有网球馆合作问题处置等4个专班基础上，升格不动产登记专班；新成立五环广场改造提升等4个专班，同步成立督查组，将不动产登记纳入年度绩效目标考核，班子主要负责人统筹调度、班子成员各负其责，扎实推动各类问题“减仓清仓”，事业发展“轻装上阵”。加强浙江体育文化、黄龙历史文化挖掘开发，成功创建2021—2025年首批全国科普教育基地，作为浙江唯二入选首批国家体育科普基地。曾被省档案局评为“规范化数字档案室”，成功认定为省体育行业特有工种职业技能鉴定基地、西湖区青少年学生“第二课堂”。省级文明单位创建工作有序推进。着力深化事企分离改革，出台中心对发展公司年度绩效考核暂行管理办法，加强中心对公司“人、财、物”考核监管，指导把关公司年度经济考核指标，内部绩效考核方案、管理人员考核方案及年度招聘计划，全面科学评价经营业绩、指导推动开源节流、降本增效。公司全年实现收入1.31亿元，6家子公司超额完成年度目标。成立节能降耗和能源资源优化工作专班，代表亚运场馆摘牌签约绿电协议，2022年度绿电协议约节约近80万元。

浙江省体育竞赛中心

【绘制“红色党建传承图”】深入学习贯彻党的二十大精神，以“学深悟透原文思想，精准把握精神实质”为目标，结合《深入学习习近平关于体育的重要论述》《习近平在浙江》，新修订的《体育法》等书目广泛开展专题学习教育活动。精心设计并开展宣讲活动，确保中心党员群众全员跟进学习热潮。将创新“五环党建”工作理念融入中心工作，聚焦中心重点工作，围绕如何“打造品牌赛事”“打造省运会综合性赛事”两大主题，谋划部署中心发展务虚会，中心上下形成了“干部带头学，一级带着一级学”的良好态势，激发干事创业热情，营造党员干部共谋发展的干事创新创业良好氛围。着重抓好领导班子、中层干部、党员干部三支队伍建设，梳理并制定“一把手”和领导班子监督责任清单。落实主题党日活动，用好“三会一课”制度，年度开展包括主题党日15次，开展党的二十大精神和省第十五次党代会精神宣讲活动5次，在提升党建工作能力的同时提升党员素质。

始终保持反腐败永远在路上的清醒和坚定，认真落实“三重一大”集体决策等相关制度，加强对“关键少数”、关键岗位、关键环节的监督制约。严格遵守省体育局有关公务接待、公车管理、办公用房等规定，加强对预算的管理，及时针对审计和上级监督检查问题落实整改，坚持问题导向，压实整改责任推动审计巡察“下半篇文章”。2022年，中心修订并完善《廉政风险防范措施制度》《浙江省体育竞赛中心内设机构及工作职责》等，以各项制度为准绳，提高中心治理效能，推动各项事业高质量发展。坚持问题导向，把党建工作与业务工作同谋划、同部署、同推进、同考核。明确责任分工，落实主体责任，党风廉政建设与业务工作融合互促，从严从实抓好赛风赛纪工作。严肃财经纪律，规范财务管理，坚持正确选人用人导向。

【绘制“金色品牌赛事图”】2022杭州马拉松于11月20日如期开跑、安全完赛。来自全国各地的3万多名跑友（其中省外2700名）共襄盛会，全程与半程马拉松完赛率分别达99.16%和99.31%，创历年新高。2022年杭州马拉松的成功举行，为常态化疫情防控形势下举办大型赛事活动起到了探索、引领和示范作用。赛事共吸引新华社、中央广播电视总台、中新社、浙江卫视等国内外主流媒体200余家，各类报道5000余篇，总曝光量破亿。赛事期间酒店、餐馆接待人数全线提升，文旅消费收入明显增加，并以杭马为窗口,向全球展示了浙江和杭州的风采。

【绘制“橙色体育服务图”】圆满完成浙江省第十七届运动会竞赛组织工作,本次比赛组织工作严密有序,在赛区的积极配合下稳妥有序推进,中心先后多次召开行政例会,对省运会赛事执行中赛风赛纪及反兴奋剂工作提出要求,确保兴奋剂问题“零出现”,确保中心承担的27项赛事的筹备组织、疫情防控、安保医疗、赛风赛纪反兴奋剂、配合赛事督查等工作平稳安全、顺利完成。赛事共组织选调裁判员1500余名,参赛运动员5500余人,教练和领队1500余人。其中由中心牵头的冬季项目,首次纳入省运会项目,带动冰雪运动在浙江的普及和发展。中心积极筹备杭州亚运会,深度参与亚运会体操、田径等项目的比赛保障工作,做好全国艺术体操冠军赛、全国体操锦标赛、全国蹦床冠军赛等亚运测试赛的筹备工作。

【绘制“蓝色体育创城图”】成功举办2022—2023赛季CBA联赛常规赛赛会制比赛。本次赛事分别在两个亚运比赛场馆黄龙体育中心体育馆和杭州体育馆举办,共有20支队伍近1000人参赛,累计开放50场次,共接待观众10886人次。黄龙体育中心体育馆、杭州市体育馆分别完成了9场季前热身赛、45场常规赛和121场训练的服务保障工作,共收获央媒、省媒、市媒等累计发布宣传报道116篇。作为亚运会测试赛,严格落实硬核举措,筑牢安全防线,确保赛事顺利完成。2022年全国田径大奖赛在浙江省衢州市举行,赛事秉承“简约、安全、精彩”的办赛要求,为举办大型赛事活动培养一批专业的办赛团队和人才,同时为2026年衢州市承办浙江省第十八届运动会打下坚实基础。全国男子举重锦标赛暨全国男子举重冠军赛在海宁市体育馆举行,中心将以此为契机,与嘉兴海宁、亚洲举重中心进一步合作交流、共促发展。

【绘制“绿色生态赋能图”】浙江省第三届生态运动会在衢州江山、绍兴柯桥、舟山定海接力办赛。3站赛事累计参赛者6700人以上,打造了一场具有浙江人文特色、展示浙江山水风貌、彰显百姓健身热情的户外运动嘉年华。衢州有礼·2022浙江大湾区自行车公开赛(衢州站)暨第八届浙皖闽赣四省边际自行车挑战赛在衢州市柯城区石室乡燃情开赛,赛事吸引了来自本省的600余名自行车运动爱好者报名参赛,赛事规模和影响力逐年扩大。联合各地开展丰富多彩的社会性赛事,第三届浙江省钓鱼会员联赛总决赛在湖州南浔石淙镇垂钓中心开赛,第二届全国海钓邀请赛8月在舟山市六横镇悬山岛举行,2022中国·江山第五届“美丽乡村”全国攀岩系列赛在新塘边镇毛村山头村举行,中心支持的浙江省第三届冬泳公开水域锦标赛、浙江省冬泳系列赛分别在衢州、磐安、青田举行。以上一系列赛事是“体育促进共富、运动振兴乡村”生态富民的运动载体,也是以产业促发展,拉动户外休闲产业消费链条,带动文体旅游发展的新动能。

浙江省体育彩票管理中心

【概述】2022年,浙江体彩聚焦高质量发展任务,不断创新工作思路,全年销售体育彩票217.91亿元,创历史新高,位居全国第三位,全年总销量同比增幅28.84%,在全国体彩销量前十省份中增幅第一。品牌宣传工作独具地方特色,得到总局中心高度认可,并在 2022 年全国体育彩票半年市场形势分析会上作经验交流分享。

【强化党建引领】把加强和改进党对体彩工作的全面领导作为首要政治任务常抓不懈，坚持落实“第一议题”制度，通过党总支理论中心组带头学、各支部党员大会集中学、党员个体自主学等多维度多层次的学习教育模式，引导党员、干部往深里学、往深里想，政治理论学习的深度和效度有力提升。严格落实“三重一大”集体决策制度，召开全面从严治党会议，组织党员、职工及时传达学习党风廉政和反腐败工作最新要求、典型案例、反面教材。建立“主任接待日”制度，听取意见建议。围绕发展大局加强人才队伍建设，全年完成 2 名预备党员转正、1 名预备党员培养，并吸收 1 名入党积极分子向党靠拢。在省体育局系统首家成立青年工作委员会。加强对中心重大事项和招标采购的政策把关，不断优化中心内控工作。

【服务发展大局】2022 年，浙江体彩推出以“共富浙江 · 温暖有光”为主题的 5 条主线、10 项举措，在稳市场、稳就业、惠民生、促发展等方面助力共同富裕示范区建设。2022 年 4 月，浙江体彩推出首款以地域文化产品命名的即开票“中国瓷 · 龙泉窑”并在全国发行，有力提升龙泉青瓷知名度和影响力；12 月，上市发行全国首款“共富浙江”主题系列即开票，首篇发行的“绿水青山”篇以我省 10 处具有代表性的山水风景为票面，充分展示山区 26 县的生态文明建设成果。与丽水龙泉、衢州江山、温州苍南、舟山市等6 个县市区及海岛县政府联合推出“买体育彩票送景点门票”活动，为当地政府带来旅游资源。面向山区 26 县的乡村小学，举办 6 站“公益体彩 · 快乐操场”公益活动。启动“未来乡村 · 体彩运动 +”公益项目活动，与浙江省青少年发展基金会联合成立“浙江体彩公益专项基金”，对受助乡村捐赠运动器材。

【打好“三大保卫战”】打好竞彩保卫战。成立省市两级竞彩保卫战专项工作小组，深入剖析地市及区县的市场及渠道现状。实施精细化帮扶，帮助中低销量实体店竞彩销量同比增幅 130. 33% 。突出竞彩品牌宣传，多点发力客群拉新，积极推动省市体彩机构竞猜运营团队能力建设。打好渠道保卫战。落实实体店帮扶政策，制定出台实体店减负纾困方案，全省传统实体店规模稳中有升，为稳就业作出积极贡献。提升实体渠道质量，加强新型渠道拓展，强化市场安全监管，提升从业人员的法治意识。打好年轻人保卫战。与双奥官方合作伙伴中国银行联合推出《奔跑吧，乐小星》线上互动游戏，举办“谁是电竞球王”大赛，助力全省体育科技创新大赛、大学生体育产业创新创业大赛等，以年轻力量推动浙江体育产业的发展。打造体彩短视频传播矩阵，开展多次微博话题互动活动，推进宣传渠道年轻化；聘请体操奥运冠军江钰源、羽毛球世界冠军王琳、中国大陆首位闯进美网男单正赛球员吴易昺等 7 位优秀运动员和浙江广电集团资深新闻评论员舒中胜等 5 位知名媒体人担当体彩公益形象代言人，促进品牌 IP 年轻化。

浙江省体育服务中心（浙江省全民健身中心）

【概述】2022 年，浙江省体育服务中心在省体育局党组的领导下，全面贯彻落实党的二十大精神和省体育局党组赋予的“服务保障提质增效、重点工程克难攻坚、改革转型筹划实施”这三大目标要求，细致谋划、努力实践，较好完成全年各项工作任务。

【持续推进党建工作】中心领导班子切实履行党风廉政建设主体责任，带头严格遵守党规党纪和单位各项规章制度，把单位党风廉政建设摆进事业发展总体布局，充分发挥班子成员“关键少数”的示范带头作用，风险防控“抓小抓细”，不断梳理各岗位工作职责，结合风险点落实各类举措62条，在全中心营造风清气正的政治生态。认真对照巡察反馈的4大类10个方面23项问题，逐条对照问题清单制定28项整改措施，简单问题立行立改，复杂问题拆解细化，确保无遗漏、不拖延、真见效；通过制定完善《中心基建管理办法》《浙江体育大厦水电费、通讯费收缴管理办法》等制度性文件，有效提高工作规范化水平，切实做到用制度科学管理。一年来，中心共组织党的二十大精神、省第十五次党代会精神和“五清五廉”专题学习会3次，开展“守好红色根脉、助力共同富裕”“迎七一”便民利民行动和廉政教育漫画展等形式多样的主题党日活动13次，组织各类支部学习11次。2022年，中心2名入党发展对象被确定为中共预备党员，1名入党申请人被确定为入党积极分子，有效充实支部党建学习工作力量。

【着眼重点工程建设】省全民健身中心于2022年3月17日破土动工以来，中心坚持将推进重点工程建设作为头等大事来抓，全力做好项目外部保障工作。截至目前，已完成地下工程主体结构（地连墙132幅，桩基工程1774根）；通过制订《省全民健身中心拆迁安置期间安全稳定保障工作方案》，妥善解决拆迁安置期间保留住宅的交通组织问题，全力营造平稳安全环境；充分发挥项目示范引领作用，先后组织开展了“一杯凉茶消酷暑，全民健身迎健康”送清凉等系列活动，全方位加强建设联动。

【着眼全民健身主题】2022年，中心全民健身公益培训已走过12个年头，中心主动对接杭州西湖区量子方少儿运动中心等单位合作开展全民健身公益培训120课时，得到参训人员和家长一致好评。走进德清、景宁、江山和松阳等多地学校开展“奔跑吧，少年”儿童青少年主题健身活动，累计参与近10万人次。中心在泰顺县、江山市、松阳县、武义县、庆元县组织实施“送体育下乡”暨奥运冠军走进山区26县系列活动，为全省25个单位配置了各类健身器材，在杭州、温州、衢州、丽水等地开展多种体育技能培训和教学，时长达到100课时，顺利完成本年度“送体育下乡”工作。

【着眼除险保安工作】2022年，中心及时落实体育大厦疫情防控工作，组织物业公司做好体育大厦测温、亮码、外来人员信息登记工作。还向拱墅区卫健部门申请增设体育大厦核酸检测点，方便干部职工进行核酸检测；开展安全生产检查整改，紧盯节假日、台风极端天气等关键时点，组织人员开展安全生产检查，重点检查关键环节，全面摸排安全事故隐患；先后组织《急救知识技能培训》《安全生产业务培训》《消防安全知识培训》等安全生产相关培训，组织开展消防应急演练，有效提升体育大厦干部职工安全生产意识和能力。

【拓宽选人用人渠道】2022年，中心合理优化各部门人员配备体系，加强干部人才队伍建设，共选拔任用干部4名，其中，内设机构副职3名，管理八级职员1名。通过公开招聘、职务调动进入我单位3人。通过不断增强干部职工干事活力和办事效率，为省全民健身中心未来发展做好人才铺垫。

浙江省体育局信息中心

【概述】2022 年,浙江省体育局信息中心主动融入现代化体育强省建设工作大局,扎实推进全国体育数字化改革试点先行区建设,“体育大脑”纳入省领域大脑“一本账”并上线运行;迭代升级“浙里健身”应用,项目纳入全省重大应用“一本账”,入选第六批数字社会典型案例集,并获评 2022 年度数字社会系统最佳应用。同时,获评 2018—2021 年度全省群众体育工作成绩突出集体。

【以党的政治建设为统领】全面系统学习习近平总书记关于体育工作的一系列重要指示批示精神、党的二十大精神、省第十五次党代会和省委十五届二次全会精神,全年开展集中学习 15 次、交流研讨 5 次、专题党课 2 次和处级干部理论宣讲 2 次,教育引导党员干部把握正确政治方向,在应对舆情等风险挑战中不断提高政治判断力、政治领悟力、政治执行力。落实“三重一大”事项集体决策、重大事项报告等各项制度,全年召开联合党支部大会 3 次、领导班子会议 16 次、周例会 45 次。切实履行全面从严治党主体责任,坚持建章立制防风险,制定修订《浙江省体育局信息中心主要领导不直接分管财务、人事、工程建设和物资(服务)采购工作及决策末位表态制度办法》等 3 项规章制度,切实发挥刚性约束作用。常态化开展警示教育,通过典型案例通报、收看《零容忍》警示教育片等方式,始终做到警钟长鸣。2022 年 3 月成立省局信息中心和《体坛报》社联合党支部,进一步加强党的全面领导。严肃党内政治生活,严格落实“三会一课”、组织生活会、民主评议党员等制度。规范做好发展党员工作,按期转正预备党员 1 名,发展入党积极分子 1 名。

【着力抓数字化改革】协助制定《国家体育数字化改革先行区建设行动方案》,明确“1 +5 +X”改革总体架构;参与编制《浙江省体育局数字化项目建设管理办法》《浙江省体育局政务云平台暂行管理办法》,规范数字化项目建设管理。按照“体育大脑 + 重大应用”总体框架,打造汇集全省场地设施、体育赛事、健身指导、训练备战、体育产业、体育人才等体育领域数据要素,融合体育发展评价指数,集数据展示、统计分析等功能于一体的智慧体育治理平台。“体育大脑”1.0 项目纳入省领域大脑一本账并上线运行,并获得 2023 年中央集中体彩公益金经费支持。重点打造“浙里健身”重大应用,推进“浙里健身”重大应用的迭代升级。项目获评 2022 年度数字社会系统最佳应用。迭代升级省体育公共数据平台,做好平台数据归集、清洗、交换等运维保障工作,新增数据加密、数字水印功能,提升体育公共数据安全。加快建设运动员技术等级认定大数据监督平台,持续推进“互联网 + 政务服务”,协助推进体育领域“一件事”改革。

【提升网络安全保障能力】做好重点敏感时间节点网络安全保障工作。实行 7 × 24 小时值班零报告制度。参与省公安厅组织开展的网络安全攻防演练,确保省体育局本级网络信息系统安全。扎实做好网络安全等保测评、整改加固工作。完成省局系统 6 个三级信息系统的等级测评,以及 5 个信息系统的商用密码安全评估工作,指导、督促相关单位做好整改加固工作。开展网络信息安全自查工作,指导、督查省局直属单位整改网络安全重大漏洞隐患、风险和突出问题,预防和减少网络安全事件的发生。

【进一步巩固宣传主阵地建设】持续发挥省局“一网两微”作用,在省局门户网站先后开设“学习贯彻党的二十大精神”“当好东道主 喜迎亚运会”“浙江省第十七届运动会”等8个专题,发布各类信息7432条;省局新浪微博发布各类信息1215条,累计粉丝11.3万,在新浪微博政务微博榜浙江榜6900多个政务微博中排名进入前100名15次;向体育总局报送录用信息760篇。加强与浙江在线、浙江发布等媒体深度合作,打通在主流媒体上的发声渠道。在“浙江在线”体育频道发布稿件3600余篇,“学习强国”平台刊发报道113篇。结合杭州亚运会、金华省运会等体育热点,联合“浙里办”、浙江发布、浙江在线等平台,开展“居家健身运动汇”“金华省运会线上火炬传递”知识竞答等6期线上推广活动;借助赛事活动契机,开展“浙里健身”“体育公共服务专区”线下宣传落地活动9场,宣传影响人群超万余人次。常态化做好浙江体育领域热点事件、敏感事件、突发事件的舆情监测工作,全年监测体育相关舆情信息463万余条,预警涉浙热点话题69条,累计形成16期舆情报告,有效监测和应对26件重大网络舆情事件,有效防范化解体育领域重大舆情风险。

【加强干部队伍建设】始终坚持正确的选人用人导向,及时掌握、储备结构合理、政治素质较高、业务能力较强的年轻后备干部,从严从实加强干部队伍日常监督和管理,择优遴选干部参加网络文化与传播培训、省局系统年轻干部培训班等各类培训班,选派年轻干部参加杭州亚运会筹办、全国体操系列赛组织工作。加大选拔优秀年轻干部,合理使用各年龄段干部,实现干部队伍老、中、青结合。

浙江《体坛报》社有限责任公司

【突出政治引领】学习传达党的二十大精神,习近平总书记在北京冬奥会、冬残奥会总结表彰大会上的重要讲话精神,省十五次党代会精神,深刻领会习近平总书记关于全面从严治党的重要论述,深化拓展理论学习的广度与厚度,扎实推进党史学习教育工作,全面推进党史学习教育提质增效。认真履行“第一责任人”和“一岗双责”主体责任,严格落实“三重一大”“三会一课”和民主集中制,规范党员教育和管理,认真开展谈心谈话、批评与自我批评,切实增强组织生活的政治性和战斗力。3月,报社与省体育局信息中心成立联合党支部,进一步加强报社与信息中心党建工作。组建报社团支部,加强对团员青年队伍教育管理。严格党员管理,按组织程序发展党员,完成预备党员转正3人,发展党员2人,发展入党积极分子2人。报社高度重视巡察组反馈的意见,结合巡察反馈4个方面18项具体问题,抓好巡察反馈问题的整改,确保各项巡察反馈意见得到有效整改落实。

【发挥喉舌作用】全力做好党的二十大宣传,切实抓好《深入学习习近平关于体育的重要论述》宣传教育,策划实施省第十五次党代会宣传报道。突出新政解读宣传,突出体育改革宣传,突出体育助力共同富裕主题宣传。北京冬奥会报道成效显著,扎实推进第十七届省运会的报道,杭州亚运会宣传不断深入,围绕重要赛事活动及时报道。积极加强新闻媒体间的交流合作，加大与主流媒体合作力度，扩大体育宣传的覆盖面（详见“体育宣传”部分）。

【注重借梯登高】全过程参与2021年浙江省“体坛十佳”评选活动的策划、推广、招商与执行工作。评选期间，邀请汪顺、杨倩、管晨辰等奥运冠军现场参与，33家中央驻浙与省市主流媒体刊发稿件40余篇，引发社会极大关注。由报社策划的第六届浙江省冰雪运动嘉年华共举办6站，累计参与人数逾11000多人，实现社会效益和经济效益“双丰收”。7月中旬在宁海县召开全省体育宣传工作会议，期间，还举办浙江省第六届体育文化宣传推广展示会，并聘任汪顺、潘飞鸿为本年度体育文化宣传推广大使，推动体育领域政企合作不断深化，助力体育产业培育壮大。

【健全内部管理】科学应对疫情，从严从细抓实防控，配齐配全卫生用品和防疫物资，加强员工动向和健康状况动态管理，统筹兼顾疫情防控工作与安全生产工作。一体推进薪酬体系改革和“四个体系”工作机制改革，不断优化组织和流程设置，健全考核体系，激发报社发展内生动力。狠抓财经纪律，严控财务风险，在积极开展自查自纠的基础上，有效提升报社财务精细化管理水平。按时间节点有力有序推进报纸征订工作，加强对联络员队伍的沟通、交流、管理，加大督促指导，积极与省邮局协商报纸投递合作事宜，最大限度保障报社利益。

体育社团

浙江省体育总会

【概述】近年来,在省委、省政府和省局党组的坚强领导下,省级体育社会组织发展质量不断提升。截至 2022 年 12 月,全省共有 19357 个体育社会组织,每万人拥有体育社会组织数量达到 2.96 个;全省体育社会团体 3A 及以上占比 55%,其中省级体育社团 5A 级占比 30%,高于省级平均近 19 个百分点。近 3 年,23 家体育社会组织获评“浙江省品牌社会组织”,18 名体育社会组织工作者获评“浙江省社会组织领军人物”荣誉称号。

【党的建设取得新进展】省局党组印发《关于加强省级体育社会组织党的建设工作的实施意见》。省级体育社团党建工作全覆盖,党建工作 100% 纳入协会章程,建立协会党员领导班子成员担任党组织书记等制度,协会党组织全面参与重要事项决策,较好发挥了牵头管总的政治引领作用。马拉松及路跑协会联合上海协会举办“红色马拉松”特色党建活动;疫情期间,20 多家省级体育社团联合开展“居家健身运动汇”,引领群众一起宅家在线战“疫”,展现了体育社会组织党建引领服务社会、服务群众的责任担当。

【社团改革取得新突破】足协、篮协改革取得明显成效。支持足球改革发展的政策体系初步形成,建成国家级校园足球特色学校 987 所、省级校园足球特色学校 730 所。重组改制的浙江职业足球俱乐部时隔 5 年重返顶级联赛、勇夺中超联赛第 3 名。稳步推进篮协实体化改革,重构组织、赛事、培训、标准化体系,目前全省各级篮协已覆盖 11 个市、85 个县区,逐步构建起以省男子篮球超级联赛为龙头,年龄层次齐全、参赛人群全覆盖的大众赛事体系。我省现有 3 支职业球队征战 CBA,数量居全国第一。体育组织社会化取得突破。省级体育协会 15 名会长为优秀企业家等社会人士,秘书长专职率 38%。率先试点推行大众体育运动水平等级评定制度,省登山、轮滑、电子竞技、篮球、马拉松及路跑、健身气功、航空运动等 7 个协会在全国发布团体标准 15 项。

【清廉基础得到新巩固】出台《关于纵深推进清廉体育建设的实施意见》,全面规范财务、人事、法务等内部管理。开展重点领域专项整治。重点监督社团成立、换届、政府购买服务、公款存放等领域,有效防范化解体育社会组织风险隐患。对个别出现问题苗头的协会负责人采用个别谈话、警示等方式,进行教育和提醒。联合派驻纪检组加强省级体育社团监督管理。

【治理能力得到新提升】印发《关于高质量推进全省体育社会组织体系建设工作的实施意见》,加快推进体育社会组织发展目标体系、指导监管体系、政策制度体系和绩效评估体系建设。探索柔术、轮滑等“国家队联办”“省队联办”,深化社会力量办体育改革。创新推行体育社团活力指数评估,对省级体育社会组织发展进行综合评价和整体画像。完善行业自律机制,发挥体育社会组织自我管理、自我运行的主体作用。

【服务大局展现新作为】以体育社会团体为主的参赛队伍在全运会群众赛事上获得优异成绩。我省群众体育项目获得陕西全运会 16 金 6 银 9 铜,列金牌榜第 2 位、奖牌榜第 3 位,取得历史最好成绩。省级体育社团组织了一系列精品赛事活动服务群众健身。首次创新打造的“浙江体育助力山区 26 县系列赛事”,为山区 26 县带去的总效益超过

2500万元。积极培养输送体育后备人才。省级体育社团有100余名骨干担任亚运场馆技术官员。

浙江省武术协会

【发挥党建引领作用】2022年，省协会党支部充分发挥党建引领作用，开展丰富多彩的主题党日活动，提高政治站位，坚定理想信念，提升党组织的凝聚力和战斗力。在党的二十大召开前夕，省武术协会党支部及时要求党员干部认真观看党的二十大直播；会中，支部及时转发党的二十大工作报告、新修订的党章和其他重要文件，要求党员干部原原本本学习研读；会后，通过学习，深刻领悟党的二十大提出的新思想新论断，要求每名党员全面对标体育强国建设，找准贯彻落实的结合点、发力点，牢固树立为人民服务的宗旨，努力“办人民满意的武术”，推动社会武术事业稳步发展。组织开展“追忆红色故事，传承红色基因”的主题党日和交流会活动、建党101周年学习活动、红色观影畅谈体会活动等，收到良好效果。

【落实安全管理】省协会加强对社会武术的指导服务和监督管理，组织骨干参加武术中心举办的“武术散打项目裁判员执裁行为安全教育培训班”，组织开展“武术行业安全宣传教育培训月”活动，要求各市武术协会切实做好安全工作的贯彻落实。省协会严格按照省疫情防控工作领导小组工作要求，大力推进“互联网+武术”，线上线下融合，多渠道、多手段的赛事活动、技能培训、武术健身和武术段位等工作，最大限度地降低疫情相关风险隐患。一如既往地做好武术赛事的赛风赛纪工作，严格裁判员管理和监督，营造风清气正的赛场环境。

【打造线上线下的竞赛和培训模式】2022年，省武协组织浙江省首届形意心意拳武术比赛等重点赛事4次，武术培训11次。由原来单一的线下模式，转变为线上、线下融合的新模式。基层武术积极开展“社区运动会”“群众身边的武术赛事”等互联网线上赛事和培训活动，呈现因时因地制宜、丰富多彩的武术活动新气象。首次实行中段位线上考试，从考试报名、视频提交、视频考评等均由网络系统支撑，对武术“互联网+”模式进行了全新的实践，受到全省武术段位考试者的广泛好评。

【加强特色培训】省协会拓宽培训思路，转变培训方式，优化培训内容，提高培训质量，全年举办传统武术教练员、裁判员培训班、绨袍剑培训班、武术书画培训班等11个，合计培训学员893人，其中免费公益培训200余人次，受到了不同需求、不同兴趣的习武人群的欢迎和喜爱，“四会教学法”和“互联网+”模式得到不断完善和创新，有效扩大了武术专业人才培训的覆盖面。

【常态化精品化办赛】举办浙江省首届形意心意拳比赛、“清泉杯”第四届浙江省武术馆校武术比赛，线下举办第四届浙江省武术馆校武术比赛。武术赛事向基层、学校、企业倾斜，推动多边参与、互利共赢，实行赛事运营专业化市场化。按照体育助力26县市活动要求，在龙泉市举办了“浙江省第七届太极拳公开赛”，吸引了800多位参赛者，收到了良好的宣传效应、经济效益和社会效益。

【夯实段位基础】2022 年,我省段位制工作以“规范、管理、创新、服务”为主题,不断夯实基础,出台了《浙江省武术协会关于规范和加强二级段位考试点管理的意见》,开展“三项”改革;进一步加强段位管理、考试点的工作指导,严格段位考试,成效显著,多次得到总局武术中心的好评。年初,省协会对我省段位制工作自 2018 年以来的“家底”进行了排查。截至 2021 年底,我省 11 市在 2018 年以来变更审批的二级考试点经年初向总局武术中心注册确认有效的共 61 个;四年来,我省共认证培训考评员 411 人;自 2018 年到 2021 年四年间,我省晋升中段位 1620 人,发展初段位 32809 人。2022 年,我省晋升中段位 387 人,发展初段位 14155 人。批准成立二级考试点 7 个,认证培训合格的考评员 40 人。武术初段位发展前三位的协会分别是:绍兴市、杭州市、台州市。因为疫情防控,我省中段位技术考试从线下到线上,从网络报名、提交视频,到考评员网络技术评定,对“互联网 +”的模式进行了全新的探索和实践。两年来,我省共发展个人会员 18810 人,单位会员 14 家,其中 2022 年发展个人会员 11148 人,单位会员 5 家。

【加强协会规范建设】从 2016 年起步至今,全省已有台州市路桥区、舟山市普陀区、杭州市萧山区、绍兴市新昌县、衢州市常山县、杭州市建德市 6 个省级武术之乡;平阳、义乌、黄岩、桐乡 4 地为“中国武术之乡”。今年,省协会积极推动将武术之乡工作纳入县(市、区)政府工作报告、纳入财政预算、纳入经济事业发展规划。积极推动各武术之乡进一步加强组织领导,提升基础保障服务;推进武术“六进”和武术运动的全面普及。经省协会初审,评定初审结果为:优秀 2 个,合格 2 个,不合格 2 个,不合格省武术之乡将纳入整改和动态管理名单。年初,省协会出台了《浙江省关于规范和加强二级段位考试点管理的意见》。2022 年,省武术协会继续加强协会内部组织建设和改革力度,坚持重大事项集体研究制度、内设机构人员推荐制度,员工岗位责任考核跟个人薪酬挂钩制度等,进一步发挥协会秘书处的工作职能和部门工作职责,形成以制度管人、流程管事的有效机制。

浙江省篮球协会

【坚持党建引领】协会重视党支部建设,学习、领会党的二十大报告精神,正确把握为民服务、为会员服务的方向,监督协会的规范管理,协会凡重大事项,大额财务开支、与企业合作、人事工作等均事先提交党支部民主协商,发挥党员先锋模范作用和战斗堡垒作用。协会党日活动常规化,召开协会支部扩大会议、结合赛事开展丰富多彩的党日活动。

【通过社会组织 5A 级复评】2018 年被省民政厅评为 5A 级社会组织以来,协会不断加强自身建设,规范自身管理,树立良好社会信誉,实现健康有序发展。2022 年顺利通过复评,再次被评为 5A 级社会组织。协会深入践行“服务国家、服务社会、服务群众、服务行业”的工作理念,主动担当作为,协会副主席兼秘书长王志刚荣获“2022 年浙江省社会组织领军人物”荣誉称号。

【共绘“山海共富”幸福画卷】2022 年,协会认真落实省体育局助力山区 26 县共富行动文件精神及 2021 年浙江省体育竞赛工作会议精神,推动山区 26 县群众体育、体育产业和体育文化协调发展,推动全民健身更好融入群众生活,省篮协相关人员多次赴武义、景宁、开化、三门等地，从筹办品牌赛事、助力裁判员培训、开展篮球教育公益活动等多方面对接相关帮扶事宜。会同蔡崇信公益基金会合作开展以“以体树人　教育共富”为主题的助力山区26县青少年篮球发展的公益活动，为山区26县部分学校翻新或修建球场、捐赠篮球，为200名体育教师进行篮球专项技能培训。在丽水景宁、衢州开化、台州三门举办“建行·共富杯”浙江省助力山区26县篮球联赛。先后举办2022年浙江省农民（篮球）文体素质能力提升师资培训班、2022年浙江省助力山区26县青少年篮球公益活动省篮协C级教练员培训班。协会相关负责人主动参与、帮扶山区县篮协开展裁判员培训班。浙江省篮球协会与三门县、萧山篮协与泰顺篮协、开化篮协与桐乡篮协分别进行“山海协作”签约仪式，通过省、县（区）级篮协携手，建立并深化山海全面协作战略合作，实现合作共赢。

【圆满交出省运会篮球赛答卷】为确保赛事顺利进行，协会组织开好竞委会会议、技术联席会、裁判员会议、培训考核会及总结会这个“五个会”。6个组别比赛结束之后都进行阶段性的工作小结会，修正、汇总、梳理相关问题，提出针对性的意见，分析形势，做好下一阶段的工作。针对其他项目出现的竞赛方面问题，省篮协及时召集全体技术官员开会进行通报警示，及时发布了关于加强篮球项目赛风赛纪的通知。在各方的努力下，顺利完成省运会篮球项目任务，确保赛事零投诉，赢得了好评。

【持续打造品牌赛事】2022年，浙江省男子篮球超级联赛、浙江省小篮球联赛、浙江省“乡村振兴杯”篮球比赛、浙江省中老年篮球赛等协会传统品牌赛事从场地布置、宣传包装、赛事运营等方面都在不断推陈出新。向儿童、青年、中老年各个年龄段的篮球爱好者传递科学、健康、文明、低碳的生产生活方式。

【强化协会宣传工作】2022年，继续加强与新华社、中新社、浙江日报、浙江卫视、体坛报等国家级、省级主流媒体沟通交流，积极报送相关稿件，各级各类媒体报道的稿件百余篇。

浙江省足球协会

【圆满完成协会换届】12月1日顺利召开省足协第八届第一次会员代表大会，选举产生新的协会领导班子。换届大会经过主流媒体的广泛报道，引发了较好的社会反响。

【调整秘书处内部架构】在协会领导的指导下，秘书处调整了内部架构，建立了新的工作机制。调整后，秘书处内部分工更加明确、管理层级更加扁平，通过更为科学的绩效考核等制度，做到人尽其用、多劳多得，充分激发员工工作积极性。

【职业男足屡创历史】浙江职业足球俱乐部作为“升班马”在2022赛季中超联赛中过关斩将，获得季军，创造了队史最好成绩，时隔12年再次重返亚冠联赛。俱乐部还在本赛季的中国足协杯中创造历史，收获亚军。

【职业女足夺冠冲超】浙江女足在本赛季全国女足甲级联赛常规赛中排名第一，并在冲超组中以不败战绩获得浙江职业女足首个全国联赛冠军，完成冲超目标。此外，在女足足协杯中，浙江女足取得了第六名，创造了队史最佳成绩。

【杭州入围足球重点城市】在国家体育总局公布的“十四五”期间第二批全国足球发展重点城市名单中，杭州成功入围，也成为我省首个入围的城市，这将对我省各地区的足球改革发展工作起到一定的引领示范作用，我省也有机会借此协调更多足球资源进入。

【U17男足中青赛夺冠】浙江U17男足在首届全国青少年足球联赛中击败山东鲁能夺得U17组冠军。该组别是下一届全运会适龄队伍，此次夺冠将对球队备战粤港澳全运会起到极大的信心提升作用。

【巩固五人制优势基础】湖州乐活队获得浙江足球史上第一个全国五人制女甲联赛冠军。杭州吴越钱唐足球俱乐部夺得全国男子U17五人制锦标赛冠军。五超联赛我省3支参赛队分获第二、四、九名，继续保持较强团体竞争力。

【社会足球多点开花】舟山市已连续承办13届全国男子沙足锦标赛和3届全国女子沙足锦标赛，已成为中国足协固定的沙足赛事大本营。浙江全讯足球俱乐部获得全国沙足邀请赛冠军、锦标赛亚军，杭州启杭足球俱乐部获得全国女子沙足锦标赛第四名。浙超联赛、五冠联赛等品牌赛事继续打造规模影响。各类社会足球赛事逐步规范、稳步发展，带动社会足球氛围日益浓厚。全省业余足球联赛广泛开展，业余足球参与人数和注册俱乐部数量不断攀升。

【升级打造浙青赛】首届中国青少年足球联赛启动仪式在省黄龙体育中心举行，全国目光聚焦浙江。在夏主席的亲自协调下，省教育厅、省体育局、省足协三家联合印发《关于印发中国青少年足球联赛（浙江省赛区）赛事组织工作方案（2022—2024年）的通知》，并启动首届浙江省青少年足球联赛，成功举办了男子U8组、U9组、U10组和初中组，女子U9组和U11组。组织完成省运会6个组别青少年足球赛事。

【人才输送再创新高】2022年度，我省共向各级国际号球队输送45名优秀运动员，其中十一人制男足29人、女足8人，五人制男足4人、女足4人，此外，还向男、女足五人制国家队输送教练员3名。据统计，全年向上输送人才数量，位居全国前三位。

浙江省航空运动协会

【举办航空运动赛事和活动】2022年，浙江省航空运动协会在疫情管控放松的间隙积极举办和承办了一些航空运动赛事活动，如：2022年全国滑翔伞C级和双人伞飞行员考核班（浙江站）、2022年浙江省滑翔伞锦标赛及滑翔伞“王位争霸赛”、滑翔伞运动（定点）一级裁判员培训班。同时举办了一些面向社会开展的航空运动体验和培训活动，如：横店运动休闲旅游基地被认定为2022年浙江省运动休闲旅游示范基地，永安山滑翔伞基地被纳入2022年浙江省运动休闲旅游精品线路，缙云羊上航空飞行营地、武义大斗山飞行营地被认定为2022年浙江省运动休闲旅游优秀项目。

【行业自律服务会员】2022年，省航协积极服务会员，强化行业自律，对兰溪、衢州、富阳、宁海、北仑5个滑翔伞基地完成了场地审核备案，完成了省内12家滑翔伞培训单位申报中航协培训合作机构的申请材料审查备案。正式发布《滑翔伞场所运营安全管理规范》，并以此作为全国首个针对滑翔伞场所运营安全的团体标准。

【推进协会理事会换届】2022 年,省航协积极推进协会理事会换届筹备工作,成立换届工作小组,进行理事会换届专项审计,提出新一届协会负责人建议人选和换届会议议程及相关文件,提交了《关于浙江省航空运动协会换届工作的请示》。

【拓展项目领域】2022 年,省航协通过了省级体育社团组织活力指数考评、会计质量检查,成立了浙江省航空运动协会青少年普及工作委员会,与中国航协模拟飞行委员会建立了密切的合作关系,推动相关企业申请到了 2022—2023 年全国青少年模拟飞行挑战赛(浙江站)的承办权,为下一步浙江模拟飞行项目的推广发展打下了基础。

浙江省老年人体育协会

【学习贯彻党的二十大精神】全省各级老年体协在党的二十大召开期间,组织开展了丰富的体育活动,采取多种形式深入学习贯彻落实党的二十大精神,按照大会对积极应对人口老龄化、推进全民健身等方面提出新的要求,坚持把让老年群众满意作为工作的出发点和落脚点,结合浙江及本地老年体育工作实际,创造性开展工作,取得可喜成绩。

【推进"十四五"规划落实】4 月底,浙江省体育局下发了《浙江省老年人体育事业发展"十四五"规划》,对"十四五"时期全省老年体育工作提出具体要求。全省各市老年体协学习贯彻《"十四五"规划》,明确目标,分解工作,取得了很好的效果;有的市还制定了本地区的老年体育事业发展"十四五"规划,保证了我省老年体育事业在"十四五"时期取得新的进步。

【参加全国老年体育交流培训】2022 年 6 月 30 日至 8 月 8 日,中国老年体协举办了"全民健身线上运动会——全国老年人体育健身展示活动",我省各级老年人体协和有关单位参加了太极拳、柔力球、气排球、持杖健走、广场舞、健身秧歌、桌上冰壶球、健身球操、门球、可乐球等项目,取得优异成绩。组队参加长三角城市中老年人柔力球邀请赛、全国老年人柔力球(套路)网络交流活动、全国老年人科学健身指导活动(浙江站)、全国老年人太极拳科学健身指导活动(浙江东阳站)、全国老年人广播操科学健身指导活动(浙江站)、全国老年人持杖走大联动活动(浙江分会场)活动。

【加强裁判教练培训】2022 年全省举行了气排球、兜球、健身秧歌、柔力球(套路、竞技)、桌上冰壶等 18 个项目的裁判员、教练员培训活动,培养了来自全省各地各项目裁判员、教练员 2430 人次。同时,积极派员参加中国老年体协举办的健身球操、广场舞、桌上冰壶球、持杖健走、门球、太极拳等不同项目的线上培训。

【开展老年体育交流活动】2022 年,全省举行老年门球、柔力球、嗒嗒球、地掷球等 22 项老年体育交流(竞赛)活动,荣获全年交流活动总优胜奖单位有衢州市、杭州市、金华市、湖州市、台州市、绍兴市、温州市、嘉兴市老年人体育协会;总优秀奖有丽水市、宁波市、舟山市老年人体育协会。全年省级各项活动累计参加人员达到 1.6 万人次(其中省直行业系统 207 人)。

【开展老年体育科学大讲堂活动】2022 年将科学大讲堂活动从原来的各项目培训活动调整到全年各项目的交流活动中,使听课的老年群体不断变化。省老年体协派专家到全省体育交流活动承办地开展老年体育科学大讲堂活动，并与听课老人进行互动交流，答疑解惑，全年累计有 3154 人次老年人听课。

【星级评定促进老年体育现代化】2021 年度省老年体协命名杭州、宁波、湖州、嘉兴、绍兴、金华、衢州、舟山、台州、丽水等地的 31 个单位为浙江省老年体育现代化村（社区）五星级。各地在积极创评浙江省老年体育现代化村（社区）五星级、四星级、三星级的同时，积极组织创评单位开展活动，充分发挥基层各现代化单位的积极性，保证现代化创评活动惠及更多老年群众。

【打造特色之乡】2022 年浙江省老年体协授予桐乡市屠甸镇为“浙江省老年乒乓球特色项目之乡”；授予新昌县为“浙江省老年人快乐舞步健身操特色之乡”；授予慈溪市为“浙江省老年人气排球特色项目之乡”。

【推进老年体协组织建设】2022 年，省妇联原一级巡视员张丽萍同志增补为省老年体协副主席，绍兴市老年人体育协会召开九届三次全体（扩大）会议，会议增补了协会副主席和委员；舟山市老年人体育协会第八次代表大会召开，张明当选舟山市老年体协第八届委员会主席；嘉兴市老年人体育协会第七次会员代表大会召开，邵建华当选嘉兴市老年体协第七届委员会主席。全省各地不断建立健全县（市、区）、乡镇（街道）、行政村（社区）老年体协组织，开展乡镇街道老年体协规范化建设，为广泛开展老年体育健身活动提供了坚强的组织保障。

【宣传推广浙江老年体育】1 月和 12 月，我省积极报名参加全国老年人体协新闻通讯员网络培训班和新闻通讯员网络培训班，进一步提高了我省老年体育宣传骨干的业务水平，加强了与全国老年新闻平台的沟通联系；广大通讯员积极投稿，加强宣传，使我省老年体育的影响力得到新的提升。

浙江省门球运动协会

【党建工作有了新进展】浙江省门球运动协会把学深悟透党的二十大精神作为首要政治任务。把学习与各类培训、会议有机结合起来，在学习中，班子全体成员悟精神、理思路、联实际、强能力，通过集体学和自学，在思想交流工作上有了更大的提升。

【开展群众性门球运动】为响应中国门球协会关于“全民健身线上运动会——全国门球技能线上挑战赛”的号令，省门球运动协会于 5 月初下发了通知和安排，各地门协逐步有序开展线上挑战赛。杭州、嘉兴、金华等地的门球协会班子成员带头参与，浙江省内超过千人参与此次门球线上活动，其中金华上溪和中余两所小学受到中国门协授予最具传播力奖。

【落实疫情防控政策】省门协多次强调各地要严把疫情防控关，克服种种困难，见缝插针地周密部署，将竞赛活动贯穿整年，基本完成了既定计划。2022 年全年举办省级赛事 4 场，赛事延期 2 场。比赛天数 15 天，场次近千场，合计参赛人数 1000 多人，启用裁判近 200 名。2022 年仅两项赛事因受疫情影响延期举办。

【加强骨干培训】开展裁判员业务培训与裁判员晋升考试。省门协把建设一支理论强、纪律严、业务精的裁判员队伍列为重点工作，这次培训晋升是省门球协会换届后的第4次，省门协不断完善考试组织工作、规范规则、晋级制度。培训分为理论授课、技术测验、临场指挥3个部分，通过理论与实践考核，共有26名二级教练员成功晋级。

【加大宣传力度】2022年省门球协会采取各种有效措施，通过采取不同的宣传途径，通过新闻报道和网络媒体宣传，让社会和各级单位重视门球事业，引导社会各界参加门球活动。在秩序册的扉页和封底开设了宣传窗口，根据赛事举办的时间、地点和当前形势，刊登国家领导人论体育工作的金句，介绍著名人士、人文故事，供门球人学习和了解。统筹协调各部门信息互通，获得信息的渠道进一步拓宽，全年来发稿量增长130%。

浙江省社会体育指导员协会

【开展形式多样志愿服务活动】北京冬奥会举办之际，省协会组织开展"迎北京冬奥 杭州亚运"志愿服务活动，全省各市的社会体育指导员纷纷响应并行动，营造迎接北京冬奥会的浓厚氛围。2022年开展了"健身有我，抗疫有我"社会体育指导员抗疫情志愿服务及事迹征集活动，参加人数近万人。在学雷锋纪念日和国家"志愿日"，省级协会和市级各社会体育指导员组织相继开展"学雷锋，迎亚运，跟我一起来运动"公益服务和"科学健身·志愿服务伴你行"活动，活动形式包括科学健身知识展览、科学健身视频展播、科学健身大讲堂、健身技能送基层、体卫融合义诊等，参与的社会体育指导员近2000人次，服务近3万人次。

【全民健身志愿服务常态化】省社会体育指导员协会积极响应国家体育总局开展常态化全民健身志愿服务的号召，国庆假日期间，社会体育指导员全民健身志愿服务的培训及相关活动继续在全省各地举行，特别是通过浙里办浙里健身平台，上千名社会体育指导员开公益课，义务为健身群众提供健身指导和教学，多次被《人民日报》和《中国体育报》报道。

【加强宣传交流】组织全省各级社会体育指导员参与国家体育总局组织的"全民健身线上运动会"，共计160余位社会体育指导员发布260余条运动健身指导视频，点击量达到5万人次。组织"跟我一起来健身"浙江省首期云健身指导及交流赛展示活动，5天发布视频200多条，与广大健身爱好者分享健康。参加"8.8全民健身日"全国社会体育指导员网络交流展示大会，选送的13个健身展示和科学健身宣讲和指导视频均获得奖项，其中3个一等奖。以山区26县为重点在全省范围内开展11项国家级社会体育指导员志愿服务项目，通过立项的形式和志愿服务活动，彰显国家级社会体育指导员服务全民健身的引领和示范作用，同时做好志愿服务的宣传、保障等服务工作。

【打造公益品牌活动】2022年6月启动"浙江希望工程·体育壮苗行动"，动员全省社会体育指导员，带给山区和民工(新城市居民)学校足球、篮球、乒乓球、啦啦操、街舞、太极拳、抖空竹、羽毛球等2000多堂运动技能课和体育夏令营等活动，惠及一万多人次。主要成果有：进山区农村学校开展一年以上的持续支教助教服务，帮助山区农村学校组建一支特色运动队，举办"希望工程·壮苗运动会"或展示交流活动，建立一份青少年体质监测数据档案。

【推评优秀表彰先进】开展第二届浙江省志愿服务展示交流会暨项目大赛、全省“5个1”志愿服务宣传推选活动，选送1个优秀社会体育指导员志愿服务项目参加浙江第二届志愿服务项目大赛暨交流展示会；推送最美志愿者、最美志愿服务工作者共4位和志愿项目及最佳组织共4个参加浙江省文明办组织的“5个20”志愿服务宣传推选活动。在全省范围内推荐评选出104位年度浙江省“优秀社会体育指导员”和33个“最佳体育志愿服务组织”。

浙江省幼儿体育协会

【积极筹办幼儿体育大会】2022年浙江省第十五届幼儿体育大会设置了游泳、轮滑、滑步车、街舞、基本体操、模型、电子百拼等20项运动项目，共有11385人参加比赛。受疫情影响，模型、电子百拼、街舞等多类项目采用“线上+线下”的形式参赛。部分项目开设了亲子项目，通过亲子赛，让家长和孩子们在有趣的互动中相互了解、交流、回应，彼此走进内心，一起成长。本次赛事参赛运动员、教练、领队及家属近万人，赛事的举办拉动了各参赛地的住宿、餐饮、旅游、购物、交通等三产行业，充分体现了体育产业、赛事和教育的深度融合。

【丰富寒假亲子活动】“圆梦冰雪　相约冬奥”喜迎北京冬奥会系列活动于2022年1月20日至2月20日开展，浙江省幼儿体育协会收到12528幅绘画投稿，4010段亲子游戏视频投稿，活动受到了各省市幼儿体育协会、幼儿园、幼儿体育培训机构和广大家长、老师以及小朋友热烈欢迎，踊跃报名参加。

【重视师资队伍建设】疫情期间开启线上培训工作：幼儿跳绳项目通过线上进行公益培训，全省有160多名幼儿园和培训机构的老师参加培训；5月21日与6月8日开展了两期幼儿模型、电子制作项目线上公益培训。

【评定基地、特色园】2022年共有21所幼儿园申报浙江省幼儿体育实践教学基地，8所幼儿园申报浙江省幼儿体育特色幼儿园。

浙江省气排球协会

【党支部政治引领】协会党支部开展二十大党史知识线上交流，还多次开展各种形式的党建活动，进一步增强学习意识，全面、准确、迅速掌握报告核心内容和根本要义，学深悟透，贯彻落实。协会统一思想，把力量凝聚到党的二十大确定的各项任务上，撸起袖子加油干，一步一个脚印把党的二十大作出的重大决策部署付诸行动、见之于成效。

【组织建设成效显著】协会重视组织建设工作，注重对管理文件、工作活动程序的规范，包括协会各种活动的组织、主办，协会各项工作的分工、商议及审核流程，裁判员选派、晋级及协会各类文件、网站运行管理均有规范的流程规定，并自觉遵守和维护。

【开拓社会办体育新机制】经过几年的培育，全省至少一半的县区已将气排球比赛列入当地全民运动会中的集体项目。有的县区全民运动会所设的气排球比赛已举行2届以上，成为综合性运动会中最受欢迎的群众性比赛项目之一。组织竞赛形式日益多样，深受广大气排球爱好者欢迎。

【竞赛组织和疫情防控两不误】为确保竞赛组织和疫情防控两不误，组委会在竞赛组织和赛事服务保障等方面做了详尽的准备和安排，明确比赛期间疫情防控组织管理、预防预警、应急处置、保障措施、督查检查和责任追究等工作机制。承办单位还与属地公安、交通、卫生等部门建立健全联防联控机制，完善应急处置工作机制，协同做好比赛期间疫情防控和场馆及驻地周边环境综合治理安全工作。

【裁判、教练员队伍建设】协会全面推进裁判队伍建设，加强裁判团队的专业素质与业务水平的建设，进一步完善裁判员管理办法，卓有成效地做好裁判员培养与使用工作。7月，协会在金华武义举办了浙江省气排球一级裁判员培训班，参加培训的总人数达到100人；12月，省气排球协会联合中国企业体育协会在嘉兴海宁举办了“2022年中国职工气排球裁判员和教练员培训班”，共计73人参与了培训学习。

【努力扩大社会影响】在社会各界广大群众大力支持的基础上，省气排球协会积极寻求合作者和支持者。各地市县区职工比赛、教工比赛都已列入2年1次或1年1次的常规比赛，各地县区直属机关工委、金融系统比赛、企业内部比赛等不同类别、层次的气排球比赛和活动层出不穷。广大气排球爱好者和社会力量的大力支持为协会竞赛工作的开展起到了推波助澜的作用，为举办全国和全省性的赛事打下了良好坚实的基础。协会成员在“8.8全民健身日”2022年“跟我一起来健身”浙江省社会体育指导员短视频交流展示大赛中获得科学健身指导奖，一、二等奖等奖项，为气排球项目的推广普及起到了积极作用。

浙江省广场舞排舞协会

【做好协会党建工作】在日常工作中，始终把党建工作放在首要位置，积极结合协会具体工作开展支部活动，学习党史，学习党的二十大报告；结合协会年度培训、年度锦标赛及其他赛事和体育局送舞下基层活动等各项工作，把党组织建设融入具体工作中去。

【实施省广场舞精品工程】为助力杭州亚运会，2022年，浙江省广场舞排舞协会积极向杭州亚组委申报采用亚运会主题曲《相约杭州》《@未来》，作为协会和全省广场舞爱好者向全国、向世界展示浙江全民迎接亚运的积极面貌的舞曲。经过协会高水平教练团队的精心创编，《相约杭州》《@未来》以其思想性、艺术性、观赏性、健身性高度融合，动作美观大方，简单易学，易于推广，得到了全省广场舞爱好者的青睐，全省约有100万人次将《@未来》舞曲作为日常健身训练和展演比赛的主要舞曲。

【创新打造品牌赛事】2022年协会首次采用线上线下同步，联合企业和媒体举办“舞动浙江”广场舞展演系列活动。第一阶段，结合“迎杭州亚运”“迎接二十大”等活动的万人展演推进，全省约5万人参与其中。第二阶段，全省11个市共有114支舞队参与线上展演和评选活动；第三阶段，通过专家评选和群众参与评选出全省 11 个市 21 支队伍参加“舞动 2022”浙江省广场舞展演总决赛。三个阶段线上互动和评比的投票总数达到了 16 万。

【承担参与组织省体育局赛事活动】2022 年协会承办了浙江体育助力山区 26 县体育事业系列赛、“全民健身月”系列赛事暨 2022 浙江省曳步舞锦标赛、2022 年浙江省广场舞公开赛、浙江省社区运动会（吴兴站）广播体操和（舟山站）广场舞比赛等多项赛事，共有 80 多支队伍的 2000 余人参加了各项赛事。

【加强协会组织和专业能力建设】2022 年，协会举办了全省性 100 名广场舞排舞骨干参加的培训，通过新创编曲目的培训考核，有 46 人通过中、高级教练员等级，36 人通过国家裁判员等级认证。创编了曲目《灯火里的中国》《花开中国》《幸福新时代》和 2023 年亚运会歌曲《未来》《相约杭州》，曳步舞曲目《铭记此刻》《情花几时开》等曲目 12 首。通过组织全省骨干培训，结合体育局送舞下基层活动，把最新曲目送到全省各地，进一步推动了我省广场舞、排舞、曳步舞的发展。据不完全统计，有近百万广场舞排舞及曳步舞爱好者，在日常训练活动中通过本协会的舞曲强身健体。

【评为浙江品牌社会组织】经过浙江省民政厅组织专家评审，本协会在省级体育社团中成为 2022 年度两个浙江品牌社会组织中的一个。

【做好协会日常管理服务】启动“喜迎党的二十大”浙江省体育局送舞下基层活动；协会秘书组织处教练团队送舞下基层到杭州、宁波、绍兴、嘉兴等地的街道社区和乡镇开展公益指导服务，提升各地广场舞排舞运动水平。协会加强对广场舞排舞、曳步舞及广播体操的宣传报道推广工作，在省体育总会社团组织网络和协会网站、微信公众平台推送协会 2022 年新创编的 12 首曲目和相关活动报道近 30 篇，各地市对各项活动进行报道和赛事直播工作，进行宣传达 50 篇次。

浙江省模型无线电运动协会

【内部建设稳步发展】2022 年，浙江省模型无线电运动协会秘书处进行了换届有关的章程、财务管理制度、会员管理办法等起草、修订工作，为明年换届做好充足准备。根据省体育局对青少年（儿童）运动员注册与交流管理办法及《浙江省体育竞赛裁判员管理实施细则》要求，省协会协助省体育局完成各市有关项目运动员、教练员、裁判员的注册工作。

【专委会（分支机构）职能体现】协会作为中国航空运动协会、车辆模型运动协会、航海模型运动协会三大协会的团体标准起草单位，委派了各专委会葛萌、葛晓鸿、胡炳、卢震参加了总局航管中心组织的团体标准制定会议。协会专委会选派了数十名国家级裁判、国家一级裁判参加了 2022 年省运会、体育大会、智运会、青少年锦标赛（航空航天、车辆、航海模型）的执裁工作。

【组织承办了省级赛事活动】2022 年在嘉兴承办了浙江省青少年电子制作锦标赛，承办了浙江省幼儿体育大会模型表演大赛，分别在杭州建德、金华横店、金华永康承办了浙江省青少年学生阳光体育(体育传统项目学校)科技体育比赛暨“飞向北京-飞向太空”等全国青少年模型教育竞赛浙江选拔赛,举办了浙江省青少年互联网+科技体育教育竞赛、长三角无人机锦标赛及长三角车辆模型冠军赛。

【组织承办了各类培训考核】协会举办了航空航天、车辆、航海模型及电子制作项目裁判员培训班,并申报了一级裁判员17人、二级裁判员2人、三级裁判员31人。举办了浙江省科技体育无人机、航空航天模型初级教练员(社会)培训班,共有50余名老师、辅导员参加。举办了12期无人驾驶航空器(遥控模型航空器)飞行员执照培训及考核,共有189人通过考核。组队代表浙江参加了2022年全国航空航天模型锦标赛,获得了2个第一名、7个第二名、6个第三名的好成绩,并有11人取得运动健将、17人取得一级运动员的申报资格。

浙江省木球协会

【党建引领】根据中共浙江省委组织部《关于进一步加强社会组织党建工作的意见(试行)》精神,以及浙江省体育局关于“完善体育社团党建工作的管理体制和工作机制,推进体育社团党的组织和党的工作全覆盖”的要求,浙江省木球协会重视党建工作,党建学习有条不紊。

【制度完善】协会致力于规范化的内部建设工作,各项制度完善;线上线下讨论协会各项事务,做到重大事项集体决策;协会财务工作规范有序,经费使用以高效与节约为原则;各项活动公开透明;协会公众号及时推送各项木球活动,协会自身建设完善。

【人才培养】协会注重骨干裁判的培养,8位浙江裁判参加国际木球裁判线上讲习会,现已有4名木球国际裁判,5名国家级裁判;培养一批具有国际水平的优秀木球运动员;通过各级培训,组建专业的木球公益讲师团,已有1名木球国际级教练,4名国家级教练。

【阵地建设】各地通过组建各种形式的木球组织和木球队,将木球运动分享给更多的人群。各级木球组织采用多种形式解决木球健身场地问题,杭州市体育局率先倡导将木球场纳入“金角银边”规划,初步将建设50片木球场。绍兴、金华、丽水、台州等地木球场地建设稳步推进。

【普及推广】协会领导受邀接受中国木球协会(筹)及各省市的咨询,介绍浙江经验。组织开展木球运动进校园、进社区、进乡村、进公园“四进”公益推广活动,2022年公益培训次数几十场,培训人数多达3000人。设在浙江工业大学的中国木球教学与科研基地每周六都有木球公益课堂;绍兴市上虞区杭州市老年木球培训班、浙江省老年木球培训班、丽水市老年人木球交流活动、金华开发区老年人木球交流活动、衢州市老年人木球培训和交流活动、温州市老年人木球交流活动、浙江省木球等级教练员、裁判员培训班先后举行,各地的木球培训也已成常态化。

【赛事活动】为激发木球爱好者的锻炼兴趣,以球交友,以球会友,以球健身,以球交流,多形式激活省内赛事,不同形式、不同区域的木球交流和赛事层出不穷,省内各地协会或团体间的木球技术交流已呈常态化。浙江省第八届木球锦标赛暨第十一届大学生木球锦标赛在常山举行，浙江省老年人木球交流活动在金华举办，衢州市老年体协组织各区县驻会领导参加木球培训，浙江工业大学举办金秋木球队成立暨首届木球骨干培训班，东阳举办浙江省木球等级教练员裁判员培训班，舟山市举办木球教练员裁判员培训班，台州市老年体协举办木球培训班，浙江省木球协会举办木球等级教练员裁判员培训班。

【对外交流】浙江木球一直是国内乃至国际木球发展最为活跃的地区之一，受邀多次代表中国木球协会参加国际会议或比赛交流。2022 年 7 月 27 日，中国队囊括 2022 年国际木球总会第一次线上木球对抗赛 3 米攻门赛，获个人冠军和团体冠军，2022 年 11 月 25 日，刘涛、郭宗豪代表中国队出赛，获得第三届国际木球线上赛亚军。2022 年木球成为第十四届“西湖 · 日月潭”两湖论坛“全民健身”议题之一。

【体旅融合】浙江木球与旅游、文化、养老等产业融合发展，赋能城市、振兴乡村，逐步构建“赛事—品牌—产品”的产业通路。浙江体育助力山区 26 县系列赛事，浙江省木球锦标赛的赛事的品牌影响加上有效的宣传推广，日益形成了“一日比赛，多日停留；一人参赛，多人旅游；单人竞赛，多人消费”的体育旅游新模式。3 天比赛，为当地带来了近 40 万元的直接经济消费。

【多维宣传】协会采用电视、网络平台、横幅、宣传海报、展板等进行了高质量、全方位的宣传，协会的社会影响力和公信力渐增。浙江省第八届木球锦标赛暨第十一届大学生木球锦标赛从赛前的预热宣传到赛后的新闻通稿，赛事宣传氛围热烈。中国网、浙江在线、一点资讯、腾讯、新浪、网易、今日头条、搜狐、《体坛报》、浙江民生资讯广播（广播端）、浙江民生资讯广播（视频号端）等各大新闻媒体平台上进行宣传报道，多维度宣传推广途径，极大地提升了木球运动的美誉度。

【成效显著】协会不断探索小众项目社团的社会化发展与融合之路，浙江省第八届木球锦标赛暨第十一届大学生木球锦标赛经第三方综合评估，获评“优秀”，被评为浙江体育助力山区 26 县系列赛事“十佳助力奖”。

浙江省马拉松及路跑协会

【圆满完成换届工作】2022 年 7 月 8 日，协会在衢州召开了换届大会，审议通过了《浙江省马拉松及路跑协会章程》修订稿及新修订的会费收取标准；选举产生了新一届协会领导；通过了调整后的 6 个单项委员会负责人名单。同时召开了第二届一次会员代表大会和二届一次理事会会议，对浙马百团百公里接力赛和跑遍浙江线上赛的承办单位进行了表彰。

【组织比赛开展活动】承办 2021 杭州马拉松线上赛，共有来自 34 个省级行政区 379 个城市的近 4 万名跑友参加马拉松、半程马拉松和健康跑。相关媒体累计报道达 100 篇。承办 2022 杭州马拉松。协会是杭州马拉松承办单位之一，协会秘书处积极配合竞赛中心，三位专职工作人员，分别承担杭马的各项赛前筹备、赛中和赛后的工作。负责组织杭州马拉松摄影大赛,从发布征稿启事、收集作品、组织评选,共收到500余幅作品,有36位作者的作品获奖。在莲都区组织浙马路跑10公里大众达标赛,助力山区26县体育事业共同发展。举办“共商浙马·共赢未来”浙马会长论坛。组织浙江马拉松三级裁判员培训班,在讲授裁判理论的同时,还邀请当地红十字会专家授课。

【完成大众达标团标,优化微信网站平台】为落实省体总《关于推行全省大众体育运动水平等级评定制度的通知》精神,协会秘书处形成了《浙江马拉松及路跑运动大众跑者等级划分与评定》,并在全国团体标准信息平台发布,成为全国第二个推出马拉松大众等级团标的省份。制定了《浙江马拉松大众跑者奖励办法(试行)》,及时提升官网和微信平台,利用大数据,为大众等级的申请、下载证书等提供便利。

【搭建监管系统】为做好分级监管工作,在协会微信平台创建了新的赛事分级监管系统,对我省的中国田协认证赛事、浙马积分赛事和系列赛赛事、备案赛事4类赛事进行分类监管,落实省体育局和国家体育总局对马拉松赛事的管理要求。召开分级监管工作会议,明确分级监管的内容和要求,制定出台《浙江省马拉松及路跑赛事管理(分级监管)办法(试行)》。

【编印《浙江马拉松》 浙马5年专集】经浙江省新闻出版局核准审批,协会秘书处编印了《浙江马拉松》浙马5年专集(2016—2021),内容涵盖协会5年的发展历程与所获荣誉。

浙江省定向运动协会

【发挥党支部的作用】2022年,协会党支部坚决贯彻落实上级党委关于加强社会组织党的建设工作的要求,加快推进协会党建工作,召开党的二十大精神专题学习会,与杭州市紫阳小学党总支结对共建,党建引领,校社联动,共谋发展。

【规范协会的组织管理】一年来,协会积极建立制度、完善制度、遵守制度,不断促进工作的标准化、规范性,发布了《协会培训工作管理办法》和《协会赛事活动管理办法》等规章制度。

【推进各地协会组织建设】协会通过加强与各地体育部门和定向协会的联系与合作,支持基层的定向运动协会组织建设工作。2022年湖州市定向运动协会和嘉兴市定向运动协会正式成立。通过推进各地市建立定向运动协会,进一步普及与推广当地的定向运动,使我省的定向运动参与人员越来越多。

【推进助力山区26县系列赛事】协会计划在未来的几年中在山区26县的每个县举办一场定向赛事,为助推山区26县经济社会发展上彰显体育力量。2022年9月和11月已在云和梯田和青田侨乡进口商品城成功举办了两站赛事,为计划的实施迈出了坚实的一步。

【积极推进各项活动】成功举办协会成立以来的首期制图培训班和浙江省儿童定向教师(初、高级)培训班。举办了浙江省第二届智力运动会定向比赛和2022年浙江省青少年定向锦标赛,共有来自全省各地500余名定向运动爱好者参加比赛。

【普及与推广“儿童定向”】成功创办“2022 年儿童定向周”。25 所幼儿园(小学、俱乐部)的 3864 位孩子参加了形式多样的定向活动并获得极富特色的《2022 年儿童定向周证书》。6 月 18 日,2022 年浙江省幼儿体育大会暨浙江省首届幼儿欢乐定向表演大赛在台州举行。11 月 12 日,杭州市首届“自然探秘”幼儿亲子欢乐定向赛暨浙江省第二届儿童定向嘉年华(杭州站)在杭州市劳模工匠文化公园举行。2022 年,《钱江晚报》用“郭老师说定向”题头开辟了专栏,每周刊出一篇文章,提供了一个强大的宣传阵地。活动期间,“浙江在线”也常有转发“郭老师说定向”的文章。

浙江省健身气功协会

【学习贯彻文件精神】2022 年,在省健身气功协会党支部的领导下,贯彻疫情防控的各项要求,落实防控的各项举措,没有因疫情而影响到协会的正常工作。为庆祝党的二十大召开,“盘石”杯全国健身气功作品征集大赛顺利举办。省协会积极做好活动的各项工作,通过征文活动,建立了与国家在健身气功领域的联系。征文活动浙江省获得一等奖 1 名,二等奖 1 名,三等奖 1 名,所获奖项在全国各省名列前茅。

【完成各项赛事和活动】一年来,协会主要完成了 7 场志愿者活动和 7 场比赛。在 12 月 5 日国际志愿者日,在省健身气功管理办公室指导下,连续开展了杭州、宁波、湖州、衢州、舟山、金华 6 个市 7 场健身气功志愿者行动,得到媒体的高度关注,相关报道的阅读量超过 30 万。组织开展 2021 年省健身气功站点联赛总决赛(疫情顺延),组织完成 2022 年省健身气功站点联赛分区赛(东部赛区、北部赛区、南部赛区)和总决赛。组织开展全民健身我行动——全国社区运动会暨 2022 年浙江省社区运动会健身气功比赛。组织参加 2022 年全国健身气功站点联赛,我省绍兴市上虞区少体校、宁波象山代表队分获好成绩。

【创新健身气功发展新模式】省协会从 2021 年开始谋划,创造性提出“森林健康节”,以“健身气功赋能人民健康,森林运动助力共同富裕”为主题,到 2022 年连续两届,分别在余杭径山、衢州常山成功举办森林健康节。森林健康节以运动为骨架、产业为血肉、文化为灵魂,成为“体育 +”融合创新的成功案例。举办全省首届高校大学生健身气功 · 八段锦邀请赛,来自全省 11 所高校的健身气功队伍,参加了本次比赛交流活动。设立温州鹿城培训基地、莫干山健身气功培训基地,健身气功推广基地建设不断拓展。

【加强协会建设】完成 2022 年审计整改,规范会计制度,改进人、财、物决策机制。2022 年省协会日常办公落户古荡街道民生综合体。进一步调整、优化和充实健身气功协会班子及秘书处的人员。组织开展省健身气功晋升一级裁判员培训班。成功申请承办健身气功专业技术人才培训班,共有学员 177 人,其中线下 36 人,线上 141 人。

【制定健身气功团体标准】在体总秘书处的领导和省标准化研究院指导下,完成《浙江省健身气功运动技术等级评定规范》研究制定工作。标准从立项到发布经过了多轮专家论证和广泛征求意见,评审组专家一致认为,本标准的发布将填补健身气功相关领域的空白,具有引领性。

浙江省体育基金会

【概述】2022年，在省体育局党组的坚强领导和省政府、省民政厅和省属各捐助企业、热心公益慈善的市民朋友鼎力相助及各位理事、监事和工作人员辛勤付出下，省体育基金会在疫情影响中跨出了一小步。

注重项目多元性：

【“1822·与你同行”项目】2022年第二季度，启动了对各训练单位项目经费第三期支出绩效评价工作，并将评价结果汇总成册。绩效评价表明，各训练单位积极参加和备战国际国内各项比赛，比赛成绩显著；在规定范围内合理使用资助款，为浙江省优秀运动队、运动员的高水平训练、备战和参赛等提供了保障服务。根据第三期调研情况和第四期的资助申请，项目第四期分别资助浙江体育职业技术学院563万元、浙江竞体羽毛球俱乐部180万元、浙江省水上运动管理中心370万元、浙江省射击射箭自行车运动管理中心116万元、浙江省智力运动管理中心130万元。

浙江省摔跤柔道协会为备战杭州亚运会资金所需，向基金会提出资助申请，二届七次理事会通过项目资助方案，资助浙江省摔跤柔道协会82万元用于杭州亚运会柔术项目在国家集训队备战训练。

【“1822·与你同行”之统筹项目】根据省体育局备战办的建议及项目实施需要，确认资助慰问我省备战2022杭州亚运会，决战决胜三大攻坚战，春节在训的运动员、教练员和科医人员共计286人，资助金额总计64.6万元。

基金会于5月份正式启动“重点运动员、教练员及相关有功人员医疗保障项目”资助工作，在浙江体育职业技术学院、省水上运动管理中心、省射击射箭自行车运动管理中心、省智力运动管理中心4家训练单位申报后，秘书处审核通过给予共计169名运动员、教练员及相关有功人员个人医保账户“自理、自费、自付”部分进行全额资助，资助金额总计32.41万元。

该项目是将关注重点投向我省在竞技体育顽强拼搏、自强不息的浙江体育人，以解决他们在训练、备战过程中的后顾之忧。

【“1822·与你同行”之意外互助项目】基金会资助长期集训运动员购买意外伤害险，补助我省优秀运动员参加中华全国体育基金会提供的伤残互助险。项目弥补了长期集训运动员比赛和训练过程中受伤，保险费没有专款保障的空白，同时也减轻了训练单位与运动员经济上的负担。

2022年，基金会陆续资助870人次浙江体育职业技术学院、省水上运动管理中心、省射击射箭自行车运动管理中心的正式、试训和长期集训运动员购买意外伤害险总计31.90万元；补助909人次优秀运动员购买中华全国体育基金会的伤残互助险总计5.33万元。

【“浙江体彩·与你同行”专项基金】基金会和省体育彩票中心围绕浙江创建共同富裕示范区的大背景，以资助体育系统（体彩系统）人员在生活、学业、就业、创业及健康医疗救助、重特大灾害救援等方面的需求。项目已完成省民政厅慈善中国网上备案，在支付宝公益平台正式上线，进行线上募捐。

2022 年，资助了 2 名身患癌症的教练员。同时，全省范围内，30 名因患病以致家庭经济困难的体彩业主、销售员及专管员等体彩机构工作人员也都得到了项目资助。

【“助力围棋·与你同行”项目】为支持浙江省围棋协会的发展，基金会收到浙商证券股份有限公司 180 万元捐赠款。主要用于资助浙江男子围棋队训练、比赛等。

【“浙马路跑·与你同行”项目】项目由基金会联合浙江省马拉松及路跑协会设立，爱心跑者通过捐款获得路跑赛事专属名额和福利，共同推进该项目逐年资助浙江省县级及以上体育场所配置 AED（自动体外除颤器）。

项目引入“互联网＋公益慈善”方式，通过网络募捐的形式为浙江省内的马拉松及路跑活动募捐善款。

2022 年，资助浙江省水上运动管理中心、象山县体育中心各 2.6 万元，用于购买 AED；资助绍兴市奥体中心 5.2 万元，用于购买两台 AED。

2022 年杭州马拉松在黄龙体育中心鸣枪开跑，慈善跑者顺利完赛。有 19 名慈善跑者奉献爱心，共捐赠 3.8 万元。

【非限定性项目】浙江省黄龙体育中心是 2022 杭州亚运会主要办赛场地之一。为更好地助力疫情防控常态化，基金会资助其总价值为 9.8 万元的防疫测温设备，包括 6 台红外人体快速筛查设备等。

浙江省塘栖盲人门球训练基地向基金会申请资助用于杭州亚残运国家盲人门球集训队备战训练。项目总预算 288 万元，基地自筹资金 248 万元，向基金会申请资助款 40 万元。基金会经过认证和研究决定资助该训练基地 40 万元。

同年，基金会资助浙江海达体育健身队 9980 元，用于参加浙江省第二届老年人快乐舞步健身操比赛购置服装。

【筹资情况】捐赠收入：2022 年全年共接受来自省属企业、社会大众等各界捐赠收入 1659 万元，其中包括：

省属企业第五期“1822·与你同行”项目捐赠 800 万元，分别是浙江省能源集团有限公司 500 万元、浙商证券股份有限公司 100 万元、浙江沪杭甬高速公路股份有限公司 100 万元、杭州翡翠城房地产开发有限公司 100 万元；体彩彩民个人捐赠 309.2 万元；浙江大丰体育文化发展有限公司捐款 300 万元；浙商证券股份有限公司捐赠 180 万元；浙商银行股份有限公司捐赠 66 万元；杭州马拉松 19 名慈善跑者捐款 3.8 万元。

理财利息等其他收入：基金会资产理财收益及利息、税务局个税奖励、评估 5A 奖励等收入 112.2 万元。

【经费使用情况】2022 年在公益事业上支出 1490.03 万元，占 2021 年总收入 1452.49 万元的 102.58%；年度管理费用支出 72.62 万元，占 2022 年总支出 1569.12 万元的 4.63%。均符合《中华人民共和国慈善法》中第六十条“慈善组织中具有公开募捐资格的基金会开展慈善活动的年度支出，不得低于上一年总收入的 70% 或者前 3 年收入平均数额的 70%；年度管理费用不得超过当年总支出的 10%”的要求。

【抓好员工的政治学习】党的二十大召开之际，基金会党支部第一时间组织秘书处全体员工认真学习党的二十大精神,进一步提高政治判断力、政治领悟力、政治执行力,以促进浙江省体育公益慈善事业的进一步发展。基金会通过开展党史专题学习、观看红色电影等多种形式,定期组织线上线下理论学习,全年学习50余次。并以党建为引领,提升全体员工体育公益工作的专业化服务水平。

【融媒报道优化宣传】基金会与体坛报建立长效的战略合作关系,借助报社的媒体资源,使基金会形成多元化的媒体宣传矩阵。2022年基金会在体坛报编发刊登4个版面的年度专刊;发布与省体育彩票管理中心合作的“浙江体彩·与你同行”项目在浙江省财政厅的“浙里捐赠”和支付宝公益平台上线募捐渠道的新闻,并在基金会网站上增添该项目资助二维码,让更多人可以为公益体育贡献爱心。在基金会网站“我会动态”上共发布22条新闻动态。

【深化交流拓展合作】基金会邀请包括浙江省能源集团有限公司、浙江省国际贸易集团有限公司、浙江沪杭甬高速公路股份有限公司、浙商证券股份有限公司和杭州翡翠城房地产投资有限公司的领导和员工前往“韵味杭州”2022年全国体操系列赛赛场观摩,以激励企业员工在未来的事业中不断提升自我担当意识,为公司发展创造更好的价值。基金会和省体育服务中心(浙江省全民健身中心)联合举办了一场自动体外除颤器(AED)使用及急救知识、技能的培训。省体育局机关各处室及相关单位的工作人员参加培训,旨在提升其在遇到意外事故或伤病时的个人应急能力,增加在危急关头挽救他人生命的可能性。

各市体育

杭州市

【概述】2022年,杭州市体育局坚持以习近平新时代中国特色社会主义思想为指导,以学习宣传贯彻党的二十大精神为主线,深入学习习近平总书记对杭州工作重要指示批示精神及关于体育的重要论述精神,全面落实市委、市政府决策部署,围绕“决胜2022”年度工作主题,扎实推进杭州体育事业高质量发展,为高水平推进共同富裕幸福杭州建设,加快打造世界一流的社会主义现代化国际大都市贡献体育力量。

【惠民开放亚运场馆】制定落实《杭州市亚运场馆综合利用总体方案》,推动全市41家亚运场馆全面实现惠民开放,常态化开展亚运项目体验、公益培训、专业教学、赛事活动、亚运文化展等特色开放运营活动。推出《杭州市体育场馆惠民十条》。

【优化体育设施布局】制定《杭州市嵌入式体育场地设施导则》《杭州市嵌入式体育场地设施建设三年行动计划(2022—2024年)》,因地制宜推进群众身边体育场地设施建设,优化体育场地结构。全年新建群众身边体育健身设施308处,“三大球”“三小球”、门球等7类场地2243余片、78.9万平方米,超额完成年度建设任务。2022年人均体育场地面积预计增至2.7平方米以上。

【丰富群众体育活动】广泛开展全民健身活动,打造多元化科学健身指导载体,提供更多便捷惠民的健身场地。开展“万堂专项体育课进校园”11645课时、“万场全民健身赛事活动和科学健身指导进社区(村)”14000余场,低免开放全民健身场地11933片。2021年,经常参加体育锻炼的人数比例为全市总人口的44.7%,国民体质监测合格率达94.3%。

【扩大健身指导覆盖面】优化试点医疗机构的体质测试服务,推广常见慢性病运动干预项目和方法。中国老年医学学会健康运动分会在杭成立并召开主题研讨会。全年完成体质测试服务逾4.2万例。新培育国家二级社会体育指导员638名。推进体育社团实体化改革和标准化建设,共有市本级体育社团76家,民办非俱乐部37家。联合杭州电视台制作播放科学健身电视节目200余期。

【竞技成绩取得新突破】杭绍共同培养的运动员参加北京冬奥会跳台滑雪男子团体比赛,实现浙江在该项目上参赛零的突破。杭州代表团在金华省运会获288.25金216银169.25铜,团体总分6581.75分,稳居金牌总数、奖牌总数、团体总分三个第一。东亚足联落户杭州,杭州被列为全国足球发展重点城市,浙江杭州女足以2022年女甲联赛冠军成绩冲超成功,拿下首个全国职业联赛冠军。U17女足获中国青少年联赛亚军,创历史最好成绩。

【全方位保障训练备战】贯彻“奥运争光计划”和“亚运争光”保障计划,做好重点运动员服务保障工作。加大体育科研投入,提高科学管理训练水平,组织教练员和训练管理干部学习国内外先进训练理念和经验,突破影响项目发展的技术瓶颈。开展重点运动员生化测试,科学开具营养品处方单,综合提升运动员专项技能和基础体能,系统保障竞技水平提升。

【夯实青少年竞技基础】修订体育后备人才基地和体育传统学校认定文件，加强对“市队联办”体育后备人才基地建设业务指导，配备复合型教练员保障团队，做好业训布局和后备人才培养。全年新注册青少年（儿童）运动员3.5万余人次，新增国家二级运动员657人次、一级运动员352人次。积极组织参加省级以上体育赛事，会同市教育局举办市阳光体育赛事28项。

【狠抓赛风赛纪和反兴奋剂工作】压实反兴奋剂责任主体，严格落实“两长制”。组建反兴奋剂宣教队，开展反兴奋剂知识和警示教育，牢固树立“不敢用”“不能用”“不想用”的反兴奋剂意识。

2022年“舞动中国—排舞联赛”总决赛暨全国排舞冠军赛

【擦亮体育特色品牌】成功举办2022杭州马拉松、2022年横渡钱塘江等特色体育赛事。新增国家体育旅游示范基地1个，省级运动休闲基地1个，省级运动休闲乡镇2个，省级运动休闲旅游示范基地1个、精品线路2条、优秀项目6个。3处露营地获评省十佳户外露营基地。成功举办2022—2023赛季CBA联赛赛会制比赛、第三届杭州国际高尔夫球锦标赛、全国排舞冠军赛、全国“行走大运河”全民健身健步走主会场活动、“萨马兰奇杯”省羽毛球俱乐部邀请赛等赛事活动。

【推进体育产业发展】开展助企纾困、安全生产大检查等体育企业专项走访，为61家优质体育企业发放疫情纾困资金343万元；对17支在顶级联赛中取得佳绩的运动队、3个省级运动休闲乡镇、12个体育产业项目和9个承担“环浙步道”省级主线建设任务的区、县（市）下拨扶持资金2952.58万元。2022年度体彩销售额累计50.54亿元，同期增幅达31.78%，在全省占比达23.19%，居全省第一，筹集体彩公益金12.56亿元。发放“全民健身迎亚运”大礼包（体育消费券）430万元，组织开展“夜间体育市集”，助推体育消费市场复苏。

【加强体育市场安全监管】推进“大综合一体化”行政执法改革，开展冰雪运动场所安全检查、高危险性体育项目经营场所设施安全隐患排查、疫情防控常态化督查整治等专项监管，保障广大市民安全参与体育活动。全市依法查处高危险性体育项目违法违规行为37起。持续推进“互联网＋监管”，监管事项清单应领事项认领率和行政检查事项年度覆盖率均达100%。

【营造体育消费放心环境】持续开展诚信宣传系列活动，组织开展信用现场宣传活动3次、体育服务从业人员信用培训2场、体育健身经营企业座谈2次。累计发布体育健身消费投诉信息755条、行政处罚信息138条，充分发挥社会监督作用，保障消费者的知情权和选择权，为市民营造安全放心的体育消费环境。

【打造"亚运场馆在线"】锚定百姓"健身去哪儿"难题，以群众参与满意度为衡量标准，首创穿透以亚运场馆为主体的不同层级不同管理主体体育场馆的一站式服务平台，运用数字化技术优化场馆管理方式，为市民群众提供场馆预订、导航、线上培训等便捷体验。平台已有312家体育场馆（含亚运场馆45家）入驻，涉及运动项目44个，累计产生订单逾75万笔，参与健身665万人次。

【建设场馆智慧中心】持续优化场馆管理，加快推进全民健身中心和体育馆智慧中心建模，完成IOC运营平台系统搭建，结合实际工作做好项目的优化调整，为提升场馆管理水平提供助力。

【打造线上"精品赛道"】探索在防疫背景下线上开展非聚集大型群众赛事，提高体育公共设施利用率，西湖玫瑰跑结合NFC打卡作为首批试点赛道开展活动。着力打造杭州城市侧线上赛供给的优质平台，"精品赛道"入选2022年全省体育数字化试点"户外运动"版块。

宁波市

【加强顶层设计和统筹谋划】2022年，宁波市体育局深入贯彻落实省第十五次党代会和市第十四次党代会精神关于体育工作的指示要求。对标对表国内外先进国家和城市，做好"国际滨海运动中心""体育强市""运动宁波"等研究。筹划设立中国体育博物馆（中国奥林匹克博物馆）。会同国家体育总局、省局积极谋划大个子青训中心、国家排球俱乐部等事宜，努力走出一条彰显宁波特色、带动城市发展、具有国际影响力的体育城市品牌之路。

【聚力打造"运动宁波"城市品牌】打造"运动宁波"城市品牌课题纳入市政协年度课题，重点开展"加强后备体育人才培养、推进全民健身运动、促进体育产业高质量发展、发展滨海运动"4方面调研。市政协召开十六届三次常委会议进行专题协商，市委副书记、市长汤飞帆提出"打造世界影响、全国知名的赛事之城""打造实力强劲、梯队健全的冠军之城""打造人人运动、人人健康的活力之城""打造集聚融合、创新发展的体育产业之城"的要求。

【隆重举行"奥运冠军之城"奖杯颁授仪式】国家体育总局高志丹局长、刘国永副局长亲自来甬为宁波授杯，市委副书记、市长汤飞帆接杯，省委常委、宁波市委书记彭佳学提出"在砥砺奋进中弘扬'冠军'精神""在扬帆亚运中擦亮'冠军'品牌""在争金夺银中彰显'冠军'担当""在优化供给中塑造'冠军'品质""在扶优育强中锻造'冠军'实力""在变革突破中展现'冠军'风采"等要求。

【萨马兰奇全球航海运动基金成功落地】省委常委、宁波市委书记彭佳学出席揭牌仪

9 月 16 日,中国奥林匹克委员会授予宁波市“奥运冠军之城”奖杯

式并致辞,国际奥委会副主席于再清、中国奥委会副主席李玲蔚、世界帆船联合会主席李全海等领导参加仪式,萨马兰奇体育发展基金会发起人小萨马兰奇发来视频祝贺,并为基金创始单位市体育局、东钱湖基地、基金会秘书处进行授牌,宁波国际知名度和城市影响力不断提升。

【做好第 19 届亚运会宁波筹办工作】对照省委袁家军书记要求和市委彭佳学书记指示精神,高规格调整优化市亚运工作领导小组组织体系,高水平开展“1 + 5”城市提升行动计划,高标准做好各项赛事筹备工作,稳定有序做好亚运会延期调整工作。

【加强体育交流合作】赴国家体育总局、北体大对接合作事宜,与市委党校签署合作协议。打造体育“双城记”,与杭州市体育局签署体育领域高质量发展协议。与安徽、衢州、嘉兴等地开展互访交流,体育“朋友圈”不断扩大。

【完善全民健身政策体系】制定出台《宁波全民健身实施计划(2021—2025 年)》,《宁波体育现代化社区(村)标准化试点项目》通过国家标准化管理委员会审批立项,被列入国家第六批社会管理和公共服务综合标准化试点。

【推进体育场地设施建设】建立体育重大基建项目工作专班,加快推进特色场馆规划建设,各区(县、市)“一场两馆”已陆续上图入库。大力谋划奥体中心二期、市体育发展中心二期、运动学校整体提升工程等项目,重点体育项目 2022 年完成投资 4. 28 亿元。市民生实事项目(基层体育场地设施)138 个,10 月底前全部完成。

【办好全民健身赛事活动】根据疫情防控要求和经济社会发展需要,按照“天天能健身”的目标,办好全民健身日、三江六岸健步行等各类特色赛事活动,直接参与超 1000 万人次。创新赛事活动形式,出台《社区运动会赛事方案》,办好全市社区运动会,活动覆盖全市 50% 以上乡镇。

【加强全民健身科学指导】全省首家运动康复门诊正式投入运营,办好青少年运动健康管理中心,创新开展“一人一技”体育技能公益培训和全民健身云讲堂,全年线上线下培训超 1000 万人次。

【全力备战参赛省运会群体项目】省运会群众体育类项目共有188人参加10个大项的比赛,获得6金、2银、12铜,总奖牌数20枚,总成绩位列全省第三。

【公共体育场馆服务】市体育发展中心代表全省市级场馆纳入总局综合试点工作,8个方面全省率先做好提升工作。江北区全民健身中心入选总局《全民健身工作案例》。

【加强体育数字化改革】积极申报2022年度体育数字化改革试点项目,5个项目列入省局揭榜挂帅项目。"智慧场馆健身码"在助力疫情防控中的应用在全省作经验推广。"一人一技"应用完成项目方案并通过可行性审查。

【打造高质量体育组织】成立市幼儿体育协会等市级体育社团3个,市健身气功协会等5个协会完成换届,全市完成3000个体育社会组织注册备案工作,市级3A以上社团达标率60%以上。

【积极参与冬奥会】宁波1名教练员担任中国钢架雪车队副领队,2位裁判员担任赛事技术官员,助力冬奥会服务保障工作。

【全力备战亚运省运】积极备战亚运,确定了32名重点运动员参加17个项目备战,争取更多运动员入选。举行宁波市参加第17届浙江省运动会代表团成立大会暨出征授旗仪式,市委副书记、市长汤飞帆出席并讲话。省运会竞技体育类项目宁波代表团共获得104枚金牌、86枚银牌、85枚铜牌,总奖牌275枚。

【大赛成绩令人瞩目】国际赛场上,我市运动员王昶在日本羽毛球公开赛上获得双打冠军,射击运动员冯思璇在2022射击世锦赛上获得青年组25米手枪团体冠军。

【市级比赛深入开展】组织市青少年田径、游泳等比赛19项。甬超联赛圆满收官,电视和网络覆盖人群500多万,关注度和影响力不断扩大。

【加强基地建设】创建各类国家级基地5个、省级基地31个、市级基地213个,数量居全省前列。

【加强体育人才培养】启动竞技体育人才"百千万工程"建设,推动地市两级联动培养竞技体育优秀人才,共有31名宁波运动员在国家队训练,向省级训练单位输送38名运动员。

【争创国家体育消费示范城市】成立体育消费试点工作专班,打造"热力宁波"体育消费活动品牌,打造沉浸式体育消费新场景100余个,吸引市民10万余人次,现场直接消费超百万元。全年市县两级发放体育消费券3000余万元,带动体育消费超2亿元。率先在全省开设体育名品展示厅,开展第二批宁波市体育名品评定,体育品牌影响力不断提高。

【加强体育统计调查】2021宁波市体育消费总规模287亿元,人均体育消费为3006元,占人均生活消费支出的7.43%,同比增幅为11.98%。

【加大示范创建力度】新获评国家级体育产业示范基地、单位、项目3家,省级运动休闲基地、单位、项目7个,数量位居全省前列。

【做好体育产业项目推介招引】补充完善宁波体育招商推介书,全市各地推出41个对外招商项目。

【开展助企纾困工作】联合金融机构推出助企纾困帮扶措施,中小微体育企业融资超200亿元,减免租金133万元。召开全市体育企业代表座谈会,选派干部对口联系余姚泗门镇9家企业。

【加强体彩销售】全年体彩总销量达30.73亿元(首次突破30亿元大关),同比增长36.03%,位居全省第二,贡献税收约2679万元。

【加快推进步道建设】编制完成《宁波市环浙步道建设规划》。建设提升环浙步道主干线250公里,完成10条环浙步道示范段创建,打造10条体育旅游精品路线。

【赛事活动有序展开】富邦男子篮球俱乐部、恒准三人篮球俱乐部、慈溪勇虎足球俱乐部球队参加全国联赛。举办中国家庭帆船赛、中国汽车耐力锦标赛等全国性体育赛事。做好2022—2023赛季CBA联赛出征及常规赛第二阶段主场赛准备工作。

温州市

【概述】2022年,在温州市委、市政府坚强领导下,温州市体育局班子深入贯彻落实党的二十大精神、省委十五届历次全会、市委十三届历次全会和全国全省体育局长会议精神,紧紧围绕打造“千年商港、幸福温州”的城市新定位,秉持“体育让生活更美好”理念,统筹推进常态化疫情防控和体育事业改革发展,扎实推进亚运筹办、体育数字化改革、全民健身公共服务体系构建、体育产业发展、竞技体育做大做强等各项体育重点工作,全力打造“运动之城”。我市首创的百姓健身房建设经验写入中办和国办《关于构建更高水平的全民健身公共服务体系的意见》向全国复制推广,《温州体育休闲公园改造项目》入选国家发改委《盘活存量资产扩大有效投资典型案例》,《体育领域基层治理研究》成功入选体育总局决策咨询研究重点项目。“体育让生活更美好”口号登上央视《新闻联播》。温州体育两项改革成果入选温州市续写创新史“十年百项”重大改革典型案例。市体育局获评2018—2021年浙江省竞技体育突出贡献奖和2022年度省基层体育场地设施建设成绩突出单位。

【聚力亚运筹办】2022年2月,市委、市政府对市亚运会工作领导小组组织架构进行了调整优化,制定了温州市总任务书和工作架构图,明确8条工作跑道、33项重点工作任务。各场馆运行团队配备到位、提前完成集中办公任务。根据亚运延期后新的办赛模式重新修订调整温州市总任务书和工作架构图2.0版、各场馆编制场馆运行计划、运行设计、人员计划3.0版。亚运场馆于7月1日起开放惠民,累计接待健身锻炼群众超过65万人次。搭建中央至省市区的全媒体传播矩阵,全媒体推出“迎亚运、看温州”“瓯!亚运来了”等专题专栏报道,开展端午龙舟文化活动、“跑向亚运·温州市全民健身跑”等系列活动。全省首家“体育元素+龙舟文化”为主题的体育书院落户温州龙舟公园。世界温州人足球会客厅落户桃花岛体育公园。

【聚力数字赋能】以数字化手段延伸公共体育服务触角,“百姓运动码”智慧体育服务应用按照“一码一仓五景一屏和N个子景”体系架构,现已基本完成全民健身地图、社会体育指导员、国民体质检测、体育社团、群众赛事活动及个人运动中心等多个场景应用服务开发,初步完成了与省体育局“浙里健身”数字平台数据互通成功上线试运行,为群众提供全方位、全时段数字化智能服务。完成2022年度省体育局数字化改革“揭榜挂帅”项目,“社会体育组织管理”应用已成功上线“浙里办”体育公共服务板块,市本级 84 个体育协会陆续入驻并对群众开放各类服务。升级传统公园单一的休闲健身模式,实施城区十大城市公园室外健身器材提档升级,日均服务群众健身超 1000 人次。通过数字赋能,聚焦基层体育设施,特别是建设适合“一老一小”锻炼需求的体育设施。“百姓健身房”建设经验获评温州市续写创新史首批改革创新典型案例(全市仅 11 个),2022 年 6 月 16 日,《人民日报》以《全民健身热潮向纵深发展》为题推介温州百姓健身房建设经验。

7 月 1 日,温州市第七届全民运动大会社区运动会举行

【聚力城乡统筹】出台《温州市全民健身实施计划(2022—2025 年)》,乐清、龙湾、平阳等地申报创建新一轮省级体育现代化县(市、区),力争在全省率先建成更高水平的全民健身公共服务体系。扎实推进《温州市全民健身促进条例》立法工作,该《条例》列入温州市人大常委会 2022 年立法计划项目。提前超额完成省民生实事工程,年度新增百姓健身房 55 家,累计建成百姓健身房 358 家,健身次数超过 120 万人次。全市新增村级全民健身广场 14 个、笼式足球场 15 个、社区多功能公共运动场 26 个、体育公园(体育设施进公园)10 个、省级全民健身中心 1 个、篮球场 29 个、登山健步道 150 公里,努力打造城市社区“10 分钟健身圈”,全市体育场地面积较往年有大幅度增长。优化全民运动大会项目设置,缩减项目数量,提高群众参与度。举办温州市第七届全民运动大会 2022 年端午龙舟文化活动、市第 39 届元旦健身跑(线上赛)活动、市首届全民骑行赛和第十一届体育社团活动月等赛事活动,参与人次超 3000 万。在全市 12 个县(市、区)建立基层体育委员制度,设立基层体育委员工作总站 12 个、分站 204 个,共聘用基层体育委员 2977 名。成立温州市体育社团疫情防控应急支援服务大队、温州市健身气功协会。

【聚力产城融合】发放“体育让生活更美好”消费券,全年财政补贴 857 万元,直接带动消费 5000 多万元,间接带动消费超 2 亿元。公布《2022 年温州市重大体育比赛活动计划》,安全成功举办全国国际式摔跤、皮划艇静水、空手道青少年锦标赛、浙江省民俗体育精英赛等 20 余项重大赛事,有效促进了赛事经济发展和体育消费。加快推进桃花岛冰雪运动基地二期、全国水上(海上)国民休闲运动中心等重大体育产业项目建设,温州国际网球中心一期提升工程已基本完成,球场总数达15片,二期扩建工程总规调整已获省政府通过。龙湾区获评省级运动休闲基地,泰顺县百丈镇获评第一批省级运动休闲乡镇认定,文成铜铃山冰雪运动休闲小镇获评长三角地区体育旅游精品项目。创成省运动休闲旅游示范基地2个、优秀项目4个。全力推进"环浙步道"建设,培育步道经济。在全省地级市率先出台《温州市加强体育类校外培训机构监督管理实施方案》和准入细化标准,先后三次召开全市产业条线工作会议,全面部署体育类校外培训机构服务监管工作。温州体彩销量、渠道实现双重突破,全市体彩销量达26.34亿元,筹集公益金6.87亿元,实体店2096家,均创历史新高,税收贡献额达2675万元,市体育局在全省体彩工作会议上作典型发言。

【聚力人才引育】"温州冬奥第一人"吴志涛在北京冬奥会男子四人雪车比赛中获得第16名,与队友合力创造中国四人雪车冬奥会最好成绩。2022年温籍健儿共获得4个世界冠军,是全省获得世界冠军数量最多的城市。在浙江省第十七届运动会上,温州代表团获得147.25枚金牌、110枚银牌、131.5枚铜牌,总分4157.5分,金牌、奖牌总数和代表团总分列全省第三,共有32人41次破38项省年龄组纪录。成立市体教融合工作领导小组,研制《关于深化体教融合促进青少年健康发展的实施意见(审议稿)》,科学研究制订第十八届市运会竞赛规程总则,完善市队教练员联系基层体校制度。承办浙江省少儿体操锦标赛,举办了市青少年学生阳光体育运动会赛事19项、市级青少年锦标赛29项,参赛人数达15416人;组队参加省级锦标赛49项、省级冠军赛5项,参加人数3847人。借智聚力深化社会力量办竞技体育,本届省运会上共有32个社会体育训练机构在14个项目上获得优异成绩。评审2021—2024周期社会力量办竞技体育后备人才训练机构19家,全市累计数达112家,总数领跑全省。体育类人才正式纳入"瓯越英才计划"《温州市人才分类目录(2022版)》。大力推进足球、网球事业改革。

【聚力"双建争先"】带头参加疫情防控和文明城市创建,组织75名党员、组建8个党员志愿服务小组1000多人次下沉景山社区开展疫情防控和"迎亚运　讲文明　提品质"活动。落实局党组理论学习中心组集中学习研讨制度,全年召开20次党组专题学习和13次专题集中研讨会。落实党支部"三会一课"制度,围绕党的二十大、省市党代会精神、疫情防控、文明创建等主题展开重点研讨。指导局机关支部、体彩中心支部完成换届选举。局系统5个党支部通过"四化"党支部验收。制定局系统"万人双评议"工作方案,促进机关作风进一步转变。落实全面从严治党主体责任,落实全面从严治党主体责任和"一岗双责"、会前"廉政三分钟"制度、谈心提醒制度、第一议题制度、"清风廉语"等。健全完善廉政风险防控机制,筛选"加强亚运会运行经费规范化管理"作为廉政风险重点防控项目。市体育局被确定为市直第二批清廉机关,体彩中心被确定为全市"引领型"清廉建设单位。

【聚力"除险保安"】聚力省市"除险保安"工作任务,研究制定《2022年度体育安全工作要点》,召开全市体育系统安全工作视频会,全面开展体育领域安全风险排查和隐患整治,加强对重点区域、重点部位、重点设施的联防联控联查。出台《"救在身边·护航赛事"应急救护专项行动实施方案》,建立《应对极端天气停止户外集体体育活动和体育类校外培训机构工作指引》,落实人防、物防、技防联防机制,确保安全底线不突破。把体育系统常态化疫情防控作为一项重要政治任务,紧盯疫情防控重点环节的风险漏洞,全面加强疫情预防和早发现能力。高标准做好全国国际式摔跤、皮划艇静水、空手道青少年锦标赛等重大赛事的疫情防控工作,得到体育总局管理中心、省体育局的高度肯定。

湖州市

【概述】2022 年,在湖州市委、市政府的坚强领导下,湖州市体育局以征战第十七届省运会、体育助力共同富裕、体育现代化创建为重点,以高水平建设现代化体育强市为目标,取得了良好进展。

【党建引领抓基础转作风】深入学习贯彻党的二十大精神、“在湖州看见美丽中国”实干争先主题实践精神,不断创新体育学习宣传贯彻平台、载体、抓手,提升干部素质能力,一体化推动党的二十大精神向基层延伸。各支部开展专题宣传活动 34 场次,覆盖局系统 109 名党员,辐射 231 名协会会员。全年开展党组理论学习中心组学习 12 次,专题研讨 9 次;听取机关党建工作 2 次,组织系列党建活动 10 余次,成立 33 个协会党支部。制定下发 2022 年度党风廉政建设工作要点,建立科级及以下干部廉政档案 67 份,运用第一种形态教育管理党员干部 5 人次。

【体育惠民出新招见实效】共新建体育公园(含体育设施进公园)4 个,足球场(含笼式足球场)10 个,村级全民健身广场 17 个,社区多功能运动场 28 个,百姓健身房 39 个,健身步道 1 条。湖州市全民健身发展指数和人均体育场地面积位居全省第一。德清县、安吉县入围国家全民健身模范县创建名单。吴兴区、德清县、安吉县被浙江省人民政府命名首批浙江省体育现代化县(市、区)。全市公共体育场馆全年免费开放 19482 场次,受益群众 144793 人次。以“运动乡村”大篷车的形式,送赛事到乡村,帮助乡村办赛事,开启“我们的村运”,全年共举办 1078 场赛事活动,辐射群众 100 万余人次。市体育局《“三步走”稳扎稳打完善全民健身志愿服务体系》入选国家体育总局“全民健身志愿服务项目库”。为 3000 名小学生提供运动干预和健康教育,该项目已列入国家试点。完成 2022 年国民体质监测 1440 个、“浙里健身”体质测试有效样本 11814 个。

【大赛出征尽全力展风采】在第十七届省运会中,湖州市共获得 136.5 金 53 银 105 铜(其中竞技体育部 127.5 金 46 银 98 铜,群众体育部 9 金 7 银 7 铜)。其中场地自行车项目,共 22 枚金牌,我市获得 11 枚金牌。湖州队代表浙江省出征 2022 全国女子五人制足球联赛摘得我省首个全国冠军;湖州队获得 2022 浙超篮球比赛亚军,创造历史最好成绩;湖州籍运动员布云朝克特勇夺 ITF15K 全球性职业网球赛男单冠军;湖州籍运动员季博文斩获 2022 年皮划艇世界青年锦标赛男子划艇单项世界冠军。

【做强赛事树品牌扩影响】成功安全举办中国围棋甲级联赛、太湖图影马拉松、凯乐石莫干山跑山赛等品牌赛事;首次承办 2022 长三角公开水域游泳锦标赛、2022 长三角田径短跨跳及接力项群赛、全国首届武术兵道锦标赛等省级以上赛事,特别是首次承办了 2022 中超联赛浙江队主场比赛,是全国现场氛围最好的赛区之一。举办了全民健身

11 月 6 日，浙江省骑游大会骑闯天路德清站在莫干山举行

节、全国“行走大运河”全民健身健步走、运动乡村共富班车路跑等群体性赛事活动380余场，吸引54万余群众参与其中。不断完善亚运筹备工作机制，全力做好场馆惠民开放、体育活动开展、城市氛围营造，让全民共享亚运红利。市委书记王纲调研湖州亚运会筹备工作。场馆建设全力推进，已完成德清县体育中心体育馆改建工作的整体验收，地理信息小镇三人篮球项目正在进行桩基工程和钢结构的施工。赛事保障体系全面提升，开展以“跃动湖州迎亚运”为主题的系列赛事活动，形成月月有活动的全民健身热潮。第十四届全运会上，湖州市运动员勇夺6枚金牌、4枚银牌、9枚铜牌，破1项全国纪录，参赛人数和参赛成绩均创历史之最。召开全市赛事安全工作相关会议，对全市备案、注册、批准举办的147项体育赛事活动进行全面排摸。发布体育赛事活动操作指南，构建重大赛事活动风险评估、部门协同联动等机制，真正实现赛事活动安全网格化管理。

【体育产业助发展谋多赢】成功创建省级运动休闲乡镇1个，培育单位1个，旅游示范基地2个，精品线路1条，优秀项目3个；长三角地区体育旅游精品线路1个，汽车自驾运动营地1个。指导长兴县争创国家体育产业示范基地，安吉云上草原争创国家体育产业示范基地。全年累计销售体彩达15.63亿元，市场份额达到66.5%，全市各区县销量均突破亿元大关。在全市范围内发放数字人民币体育消费红包1734万元。近400名体育经营商家和10.7万余市民参与活动，激发了群众参与体育健身的热潮，为企业商家拓展商机，助企纾困，实现社会面多赢。规范体育类校外培训监管，督导体育类校外培训机构入驻国家“双减”平台，完成33家机构全流程监管，并出台全市首个非学科类校外培训机构监督管理实施方案。完成“环浙步道”省级主线湖州段73公里建设。

【体育数改重融合稳推进】加快推进运动码和体医融合项目建设，完善“运动码”升级服务，运动码二期于8月19日在南太湖号和微信小程序运行上线，注册用户7755名。体医融合项目提交浙里办上线申请，小程序上线南太湖号，湖州市运动促进健康中心基本建成。

嘉兴市

【概述】2022 年是党的二十大召开之年，是纵深推进“十四五”规划各项任务的重要一年，也是决战省运会之年。嘉兴市体育局坚持紧抓创新不松劲，着力强改革、建平台、育主体、聚资源，不断优化体育环境，全面实现了各项工作目标。

【召开全市体育工作会议】市委、市政府召开撤地建市以来规格最高的全市体育工作会议，市委书记陈伟出席会议并讲话，市委副书记、市长李军主持会议。会议作出了“加快建设现代化体育强市，为打造长三角城市群重要中心城市增添体育软实力”的重要部署。

【创新品牌不断擦亮】社区运动家的做法和经验得到国家总局副局长刘国永批示肯定，实践成果被《人民日报》《中国体育报》《浙江日报》报道。省委改革办《数字化改革（工作动态）》第 3 期刊登《嘉兴市上线“社区运动家”推动全民健身资源共治共享》。《数字化推动全民健身高质量发展》入选嘉兴市高质量发展建设共同富裕典范城市第一批最佳实践。《社区运动家建设与服务规范标准》获共同富裕重大改革五星评价，《全民健身共建共享先行区》获共同富裕标志性成果四星评价。

【紧扣两个试点创样板】国家智能社会治理实验基地创建受到国家总局调研组充分肯定。《共同富裕视角下社区运动家应用场景及治理研究》获得国家网信办评定的体育类别优秀课题。国家社区运动健康中心试点建设先行突破，联动第二医院体医融合创新与研究促进中心、中南社区运动家，再造“测、评、导、练”体医融合新流程，开创“体卫融合”数字服务闭环落地社区的新模式。华为公司授权联建“数字运动健康城市实验场景”。

【制度成果集成联动】《嘉兴市全民健身服务保障条例》已经市九届人大常委会第八次会议表决通过，将按照法定程序报省人大常委会会议批准后正式颁布实施。在全国率先发布《社区运动之家建设与服务规范》的智慧体育社区地方标准；制定实施体育基本公共服务标准和户外健身设施管理标准。

【创新体育人才培养机制】体育人才首次列入《嘉兴市级人才分类评定目录（2022 年）》和《“星耀南湖”拔尖人才计划》，争取学校教练员岗位设置管理工作成为全省试点，研究制定《嘉兴市“名教练”工作室创建管理实施方案》，大力推广“五位一体”复合型训练团队新模式。

【核心指标再创新高】2021 年，全市体育产业总产出 409.26 亿元，增加值 136.78 亿元，同比分别增长 51.4% 和 62.8%，增加值占 GDP 的比重为 2.15%，提前实现“十四五”规划目标。全年累计销售体育彩票 18.63 亿元，同比上升 20.30%，累计销量全省第四，全年销量创历史新高。

【扩大公共服务覆盖】全市“社区运动家”应用覆盖率达 38%，新建民生实事“社区运动家”100 个，与农村文化礼堂、党群服务中心、养老服务中心等叠加共享达 70 个。全市 9 个公共体育场馆服务大提升行动有力，公益服务达 223.51 万人次。截至年底社区运动家注册用户47.4万人,纳入体育场地9194个、体育社群5850个、社会体育指导员2769人,带动群众参与运动达190.1万人次。

桐乡市崇福镇南阳村室外场地

【推进健身设施补短】全域推进全民健身设施补短板专项行动,协同融入“温暖家”社区生活圈、全域未来乡村建设及中心城市品质提升工程。2个大型体育公园列入中央财政资金补助项目。全市镇(街道)全民健身中心覆盖率达70%,经开区启动双溪时尚体育中心、姚家荡片区全民健身中心项目;年内新建基层体育场地100个,包括体育公园4个、笼式足球场5个、村级全民健身广场13个、社区多功能运动场18个、百姓健身房60个,全市人均体育场地面积达2.76平方米。

【促进共治共建共享】构建“城乡一体、社团联动、服务基层”的全民健身服务新体系。全面启动嘉兴市体育总会换届,试行体育社团活动指数。推进体育社会组织“放管服”,全年开展赛事活动230项。打造“一社一品”,打响“红船杯全国桥牌公开赛”“红船杯羽毛球邀请赛”“红船杯全国门球邀请赛”“男子嘉超联赛”品牌。开展基层赛事4078场,参与人数32.1万人次,开展“运动促进健康”科学健身大讲堂等公益培训4750场次,受益12.2万人。

【项目布局不断优化】全面总结2019—2022周期业训工作情况,规划2023—2026周期全市业训项目布局。积极向上争取推进冰球、滑冰项目省队联办工作。完成浙江省青少年运动员注册11134人,172位运动员县(市、区)间注册交流。审批国家二级运动员91件,协助省体育局审批国家一级运动员54件,做好32名国际级、国家级裁判员审核工作,完成181人晋升国家二级裁判员资格认证。

【竞技赛场佳绩频传】在省运会上,嘉兴代表团荣获体育道德风尚奖,共获金牌60枚,较上届增加4.75枚,增幅8.6%。冰上项目短道速滑金牌数与杭州并列全省第一;冰球项目获3金1银1铜,列全省第二。女足、举重、自行车项目创历史最佳战绩。武术套路实现嘉兴该项目省运会金牌零突破。杜佳妮参加冬奥会钢架雪车比赛,出色完成冬奥首秀;裴鑫依举重世锦赛勇夺3金;吴梦莹、王育心收获全国羽毛球锦标赛和冠军赛2项团体冠军。加强赛风赛纪教育和管理,创新开展反兴奋剂宣传教育,赛风赛纪监管工作在全省体育竞赛工作会议作经验交流。

【青少年体育工作全面推进】与市教育局协同推进清华附中嘉兴实验高级中学等4所学校成为嘉兴市"市队联办"体育后备人才训练点学校。完善乒乓球、篮球、冰球等项目小学—初中—高中"一条龙"体育后备人才培养体系。海宁紫微初级中学等4所学校获评2022—2025周期省体育传统项目学校阳光体育后备人才基地。完成田径、游泳、皮划艇赛艇、三大球篮足排、三小球乒羽网等市级青少年锦标赛30项次、实施各类培训计划7项次,组织16所学校参加2022年浙江省阳光运动会跆拳道、短式网球、武术套路等7个项目的比赛。

【助力稳经济促消费】紧抓产业政策落实助力企业纾困解难,20个项目获省、市产业奖励资金627.83万元。出台《嘉兴市促进体育服务业恢复发展扶持指引》,减免房租、发放补助283万元。10个项目获体育领域设备购置贴息贷款超1亿元。发放体育消费券500万元,由嘉兴市内的163家体育消费券定点场馆提供"18+X"运动项目消费使用,核销率列全市各类消费券核销率第一,惠及约2.6万群众,通过发放满减性质的消费券,产生的直接消费订单总额1732万元,带动消费倍率为3.55倍。

【推动体旅跨界融合】以户外运动为载体,推动产业联动,实现体育、旅游资源共享、优势互补。打造"环浙步道"嘉兴段精品路线,完成81公里"环浙步道"主线嘉兴段建设任务,制定"环浙步道"嘉兴段3年规划,规划环浙步道嘉兴环线3年内总公里数达800公里。CBSA海宁斯诺克国际公开赛获评长三角地区体育旅游精品项目,海盐南北湖景区户外运动休闲基地获评省运动休闲旅游示范基地,海宁尖山西湖休闲运动旅游基地(户外运动综合体)——尖山定向运动乡镇(定向)——尖山高尔夫俱乐部(高尔夫)获评省运动休闲旅游精品线路,赛艇(嘉善汾湖)、棒球(徐家埭)获评省运动休闲旅游优秀项目。

【落实体育类校外培训监管】在全省率先出台体育类校外培训机构准入指引,推动"双减"落地见效。全市584家体育类校外培训机构已纳入体育类校外培训机构"白名单"。开展全市体育类校外培训机构教练员认证,嘉兴市体育类校外培训机构在"浙里体培"平台的审核率达77%,体育类校外培训机构已开通资金监管账户、全流程支付监管和线上购课,合格率、全程率和购课率均达100%。

【圆满完成重大赛事承办任务】承办浙江省第二届智力运动会,本届智运会共设13个大项,除了原有的五棋一牌项目,还新增设了电子竞技等7个竞赛项目,全省各地共有1800多名运动员参赛。承办2022年全国男子举重锦标赛暨全国男子举重冠军赛,该赛事是今年国内最高级别的男子举重赛事,吸引了来自全国各地的26支代表队198名举重运动员参加。承办2022年全国青少年电子制作公开赛(浙江嘉兴站),共设电路创新制作、智能寻轨器、太空探测器、足球机器人4大项目,560名运动员参赛。数智技术的应用成为本次赛事的一大亮点,大赛全程线上同步图文直播,通过"浙里办"App的"社区运动家"小程序就能在线观看比赛实况。

【国际赛事申办取得积极成果】根据《中国田径协会关于公开征集2025年亚洲马拉松锦标赛承办单位的通知》要求，经省体育局同意，以市政府名义向中国田径协会申请承办2025年亚洲马拉松锦标赛，并与厦门、合肥、武汉、南京参与竞标，经历了初审、综合评议、申办陈述，最终成功荣获2025年亚洲马拉松锦标赛承办资格。

【品牌带动赛事效应日渐凸显】依托棒球基地品牌，更多棒球赛事落地，2022年成功举办全国青少年棒球锦标赛U10组、U12组、浙江省青少年棒球锦标赛；随着"浙江平湖·当湖十局杯"CCTV电视围棋快棋赛品牌影响力的不断提升，各类围棋赛事接踵而来，2022年"浙江平湖·当湖十局杯"CCTV电视围棋快棋赛、第二届长三角围棋俱乐部擂台赛、阿含·桐山杯中日围棋快棋赛、第十四届春兰杯世界职业围棋锦标赛相继举办。

绍兴市

【概述】2022年，绍兴市体育工作以认真学习贯彻习近平新时代中国特色社会主义思想为引领，抢抓2022年杭州亚运会筹备、国家全民运动健身模范市创建和体育消费试点城市建设重大机遇，聚焦重点领域和关键环节，高质量推进群众体育、竞技体育、体育产业协同发展，开创全市体育发展新格局，高水平推进现代化体育强市建设，助力打造共同富裕体育示范，以优异成绩迎接党的二十大胜利召开。

【党建统领展现新面貌】局党组始终把学深悟透习近平新时代中国特色社会主义思想作为最大政治任务，全年理论学习中心组开展专题学习13次，局机关、下属各支部持续开展常态化学习30余次，不断推动新时代党的创新理论入脑入心。局领导、各支部书记落实领导班子带头讲党课，注重基层班子建设，调整2个领导班子，指导3个单位支部按期换届。坚持新时代好干部标准发现、培养、使用干部，加强年轻干部培训建设，注重在履职尽责中发现、在大赛大考中历练，不断优化队伍结构。出台《加强对"一把手"和领导班子监督"五张责任清单"》《市体育局党组2022年落实全面从严治党主体责任工作计划》，层层签订党风廉政建设责任书，压实主体责任。

【亚运筹备展现新成效】研究调整市亚运筹备组织领导体系和工作运行机制，制定市亚运筹备整体工作方案。制定赛时运行计划3.0版，制定实施人员精简方案，建立健全5个亚运场馆的日常管理、运行、维护机制。高标准开展各场馆项目测试赛，全面开展场馆运行、赛事组织、城市运行等保障工作测试。制定实施绍兴市新一轮亚运城市行动计划（2022—2023年），开展"平安、洁美、清朗"三大领域百日攻坚行动，推动城市品质持续提升。"中国棒垒球之城"打造顺利启动。

【竞技实力迈上新台阶】成功举办全国棒球冠军杯赛、全国女子垒球冠军杯赛、全国女子垒球联赛和全国女子垒球联赛等大型赛事。擦亮"水陆双马"金名片，"越马"筹备各项工作有序推进，成功举办全国皮划艇邀请赛、全国桨板公开赛、全国铁人两项精英赛等"水马"系列活动。初步构建区、县（市）"一县一品"特色赛事体系，指导各区、县（市）承办全国级赛事活动11个场次，省级赛事活动32个场次，市级赛事活动138个场次，区级赛事活动485个场次。完成市级青少年锦标赛赛事32场，青少年阳光赛事18场，参赛

11 月 12 日，第五届绍兴马拉松在市奥体中心鸣枪开赛

人数达 15000 多人。参加第十七届省运会获得 193.75 枚金牌、87.25 枚银牌、144.5 枚铜牌，团体总分 4518.75 分，实现了团体总分全省第四名，金牌总数和奖牌总数全省第五名的历史最好成绩。在省锦标赛、冠军赛及以上各类比赛中共获得金牌 116 枚、银牌 109 枚、铜牌 154 枚。完成市新体校搬迁，谋划市水上中心搬迁、训练等事宜。完成青少年运动员注册工作，申报国家一级运动员 128 人次，国家二级运动员 219 人次。完成裁判员注册认定人数 2178 人，输送省队运动员 11 名。

【体育服务提升新水平】颁布、实施《绍兴市全民健身实施计划（2022—2025）》。新建足球场 10 片、多功能体育场 10 个、"体育 + 公园"20 个、百姓健身房 50 个、健身步道 300 公里，水乡孩子会游泳公益培训 10000 名。人均体育场地面积达到 2.88 平方米，排名全省第二。柯桥区、上虞区成功创建浙江省体育现代化区，越城区、诸暨市启动第二批省体育现代化县、市（区）创建。健康浙江考核绍兴市排名全省第六，全省全民健身发展指数评估（2020 年）排名全省第五。"越运动"成功上线"浙里办"，"越运动"场景成功入选全省第九批最佳案例集。全年全市民政新注册体育社会组织 197 个，"浙里办"激活率达到 95% 以上，"3A"以上达标率达到 55% 以上，全市体育社会组织总量达 1422 个。共开展各级各类迎亚运群众性体育赛事活动超过 2000 场，开展线上线下"科学健身大讲堂"31 场，全市经常性参加体育锻炼人口占比为 41.9%，国民体质测试合格率、优秀率均超过省标。

【体育产业实现新发展】完成 2021 年度绍兴居民体育消费调查，2021 年体育消费总规模达到 150.7 亿元，人均体育消费 2859.4 元，较去年增长 11%。投入 3000 万元开展"迎亚运 · 越运动"绍兴体育消费券活动，惠及体育商户超过 500 家，活动累计核销 1975 万元，带动消费 6625 万元。推进《绍兴市体育产业"十四五"发展规划》贯彻实施，完成 2021 年度专项引导奖补资金共计 1951 万元，惠及 101 个项目单位。修订 2022 年体育产业发展专项引导资金项目政策，评选表彰 2021 年度市级体育品牌赛事 16 项，申报省重点培育品牌赛事 8 项。更新完善体育产业名录库，共有 6510 家体育企业入库，企业数量逆势提升，产业规模不断扩大，发展质量明显提高。编制《绍兴"环浙步道"建设规划（2022—2024）》，完成"环浙步道"绍兴段主线 150 公里建设。成功创建省级运动休闲旅游精品线路 1 条，沃泰马术等 4 个项目获评优秀项目，上虞区创建成功省级运动休闲基地,“绍兴马拉松”被认定为国家体育产业示范项目。

【体彩发展增量增效】2022 年完成体育彩票销量 16 亿元,筹集公益金 3.9 亿元,同比增幅分别为 40.36% 和 32.06%,增幅排名均位列全省第一,为地方财政增收个人所得税 1870.45 万元。抓实 1116 家销售渠道,拓展小微渠道 150 家,商贸体渠道 14 家、品牌便利店渠道 242 家,实现销量增长与优质客群转化,为社会提供就业岗位约 2000 个。

金华市

【概述】2022 年,金华市体育局紧紧围绕“主攻省运,备战亚运”工作目标,圆满完成浙江省第十七届运动会承办工作,扎实推进亚运会金华赛区各项筹办任务,全面带动金华体育事业高质量快速发展。

【成功举办省运会】省运会开幕式以“同心共富奔未来”为主题,创新采用仪演融合方式,突出浙江风采、金华特色、体育元素。本届省运会共设 34 个大项、62 个分项、1076 个单项,共有 10849 名运动员、3296 名教练员和领队、3531 名裁判员和 4009 名志愿者参会。创新研发“省运在线”数字应用,实现直播赛事 1185 场次,累计观看人次达到 2603.31 万人,为省运赛事承办提供了有力的数字化支撑。本届省运会金华市共有参赛运动员 1321 名,共收获金牌 130 枚、银牌 91 枚、铜牌 93 枚,金牌数、奖牌数、总分均列全省第四,创金华队历史最好成绩。统筹布局 34 个省运会竞赛场馆,实现了各县(市、区)和金华开发区省运场馆全覆盖。首次把省运会搬进景区、办到村落,彰显省运会推动地方“体育 +”融合发展、促进乡村振兴的独特作用。省运会期间,浙里办赛事一件事实现赛事申报、审批、报名、现场直播、成绩查询全流程服务,应用访问量累计达到 2603 万人次,直播赛事 1100 余场,服务于全市近 60 家赛事合作酒店,参与赛事服务的志愿者达 3762 人,被评为全市最佳应用。

【有序推进亚运筹办】积极应对亚运会延期带来的工作调整,主动对接国家、省级部门,合理调整办赛时间,妥善处理合同事宜,积极开展场馆惠民开放,做好各项运行维护保养。省运会圆满结束后,无缝衔接投入亚运筹办,全面准备亚运测试赛前期工作。

【群众体育事业蓬勃发展】在做好疫情防控的前提下,全面推进迎亚运省运“五个一百”系列活动,成功举办“跑向春天跑向你”“我的乒乓我的梦”等系列赛事活动 1100 场,总参与人数超 40 万人次。顺利完成全市 124 个民生实事体育场地设施建设。成功举办 2022 全国电动冲浪板公开赛,被中央、省、市媒体多番报道。

【竞技体育基础不断夯实】打造重竞技体育运动之城标志性成果,安置优秀教练员 13 人,引进优秀运动员 50 人。本届省运会重竞技项目共获金牌 46 枚,创历史最佳战绩。积极对接各县(市、区)加大运动员输送和省队退役运动员安置力度,共完成加计金牌 174 枚。

【体育产业发展高质高效】根据《浙江省体育产业公报》,金华市年度体育产业总产出由 2015 年的 191.13 亿元提升至 2021 年的 413.9 亿元,体育产业增加值 128.09 亿元,增加值占 GDP 比重为 2.39%,较全省的 1.85% 高出 0.54 个百分点,连续 7 年居全省第一。“体育 +”特色村(居)是全省首创、全国领跑的体育服务乡村振兴举措。今年成功

2022 年浙江省青少年电动冲浪板锦标赛

创建第七批“体育＋”特色村(居)7 个、入围待审计提升工程 1 个,累计成功创建特色村(居)67 个,吸引社会资本 15 亿元,直接带动乡村增收约 3 亿元。出台《金华市体育产业发展专项资金管理办法》,成功创建体育产业发展资金项目库项目 16 个,拨付奖补资金 359.6 万元。

衢州市

【概述】2022 年,在衢州市委、市政府的坚强领导下,衢州市体育局高标准提出“十四五”期间衢州体育“1123”战略目标体系,高质量推动体育强市建设,全情投入、全力奋斗,年度体育彩票销售额首次突破 5 亿元大关,全年增幅位列全省第二;1 月 10 日,局主要负责人安排在全省体育局长会议上作典型发言;12 月,市体育局作风建设荣获全市 C 类单位排名第三,取得重大突破。

【成功争办三项赛事】省政府批复同意衢州市承办 2026 年省第十八届运动会(省十八运),这也是衢州市历史上首次获得省运会承办资格。成功取得中国田径最高级别赛事——全国田径锦标赛 2023—2027 年的承办权。连续 7 年争取到全国新年登高健身大会主会场活动。

【积极推动三项合作】中国田径协会、省体育局、市政府签订战略合作协议,支持衢州市打造“中国田径之城”和“浙江赛事之城”。与浙江职业足球俱乐部(原绿城足球队)、柯城区政府签订战略合作协议,共建省十八运男子足球丙组梯队。做好市政府与中国围棋协会战略合作协议的“后半篇文章”,发布并施行国内首部围棋立法《衢州市围棋发展振兴条例》及 4 个配套办法。

【圆满举办三场大赛】组织 845 人参加省第十七届运动会,共获得 36 枚金牌。其中射箭、射击均创历史最佳战绩,分别位列项目夺金榜第一、第四。成功举办全国田径大奖

2022 浙江大湾区自行车公开赛（衢州站）暨第八届浙皖闽赣四省边际自行车挑战赛

赛。这是今年国内田径界等级最高的赛事，也是衢州首次承办国家级田径大赛。成功举办 2022 绿城衢州马拉松赛，共有 1.3 万人参加，是“新十条”颁布后国内举办的第一个万人马拉松。还举办了烂柯杯 · 世界围棋公开赛、2022 年衢州金庸武林大会——职业拳王争霸赛、衢州有礼 · 2022 浙江大湾区自行车公开赛（衢州站）暨第八届浙皖闽赣四省边际自行车挑战赛等大型赛事活动，全年赛事共吸引近 80 万名运动爱好者参与，全国全省媒体（不含市级）共发布有关报道 205 篇。

【奋力取得三个突破】牵头召开县（市、区）“一场两馆”推进会，明确场馆建设要求，目前区县“一场两馆”基本开工建设，力争 2025 年实现县（市、区）“一场两馆”全覆盖，达到全省领先水平。全年体彩销售额达到 5.29 亿元，超额完成省体彩中心下达的 4.54 亿元销售目标，同比增长 38.61%，销量增幅位列全省第二，创历史佳绩。主动探索“体卫融合”促健康新模式，建设完成国民体质监测和科学健身指导中心，3 个月时间为 800 余市民提供健康指导，吸引省、市 20 余支观摩团到场学习，获得省局主要领导批示肯定。

【全民健身保障加强】2022 年，落实全民健身和健康中国国家战略，谋划编制《衢州市区体育设施专项规划（2022—2035 年）》，颁布施行《衢州市全民健身实施计划（2022—2025 年）》，确保“一场两馆”（主体育场、主体育馆、游泳馆）2025 年全覆盖，通过实施“六个群众身边”工程（指健全群众身边的体育健身组织、建设群众身边的体育健身设施、丰富群众身边的体育健身活动、支持群众身边的体育健身赛事、加强群众身边的体育健身指导、弘扬群众身边的体育健身文化），不断完善惠及全市人民的全民健身公共服务体系。至年底，市政务服务中心建成体卫融合综合体，国民体质测试合格率达到 94%、经常参加体育锻炼人数比例 42.8%、人均体育场地面积达到 2.7 平方米、每千人拥有注册社会体育指导员 2.18 名、体育社会社团“3A”级以上达标率 68.75%。

【竞技体育不断提升】2022 年，围绕省十七运和省十八运两条工作主线，完成省十七运参赛工作，谋划省十八运备战参赛工作。完成第六届市运会最后 5 个项目办赛任务及 16 项市级比赛，组织参加 70 项省级比赛。推进体育人才培养，申报国家一级运动员 27

人次,授予国家二级运动员162人次,牵头起草《推动竞技体育高质量发展的若干意见》。谋划建设市体校,牵头起草市体校项目建设方案。推进项目布局工作,共建合作男子足球丙组,完成市青少年羽毛球队组建,与市教育局对接完成2023—2025年体育特长生招生项目设置。

【体育产业有序推进】2022年,建成北接杭州淳安,南起丽水遂昌的110公里"环浙步道"省级主线。12月出台《衢州市体育产业发展专项资金管理办法》,进一步规范体育产业资金的管理使用。衢州马拉松、浙江大湾区自行车公开赛(衢州站)、烂柯杯全国围棋冠军赛、中国常山山地自行车公开赛、"中国·江山""美丽乡村"全国攀岩系列赛、全国新年登高健身大会中心主会场进入年度省重点培育品牌赛事名录库,数量位列全省第二。

舟山市

【概述】2022年,舟山市文广旅体系统以习近平新时代中国特色社会主义思想为指导,全面贯彻落实党的二十大、省第十五次党代会和市第八次党代会精神,紧扣高水平建设现代海洋城市奋斗目标,举旗帜、抓改革、兴文化、促产业、惠民生、展形象,为全市文广旅体事业、行业、产业高质量发展作出卓有成效的贡献。

【完善政策保障】拟定《舟山市竞技体育贡献奖励办法》,印发《2022年度舟山市体育竞赛赛风赛纪和反兴奋剂教育工作计划》《2022年舟山市"奔跑吧·少年"儿童青少年主题健身活动实施工作方案》,进一步加强舟山市体育系统行风建设,努力构建全过程、全覆盖、全方位的综合治理体系,促进儿童青少年在体育锻炼中享受乐趣、增强体质、锤炼意志,推进我市体育事业全面可持续发展。制定出台《舟山市社会体育指导员管理办法》《舟山市体育社团承办体育赛事(活动)经费管理办法》《舟山市家门口"十分美好"体育公园设置导则》《舟山市体育社团管理办法》等政策保障性文件,进一步健全全民健身体制机制,推动群众体育事业健康发展。

2022年"全民健身日"舟山市体育嘉年华活动

【推进全民健身活动】相继举办全国新年登高健身大会(舟山分会场),线上直播和图片直播浏览量达到16万。连续5年举办全民体育生活节,市、县(区)联动共60余项赛事,8000余人参加。组织美丽舟山千里行主题活动展茅站、新城站、岱山站等6期,6000余名市民参加活动;举办第八届市级机关群体联赛,70余家单位近4000人次机关干部职工参加。全市承办省级以上单项运动赛事活动16项,组织举办150人以上规模的市级群体赛事活动80项,县(区)级赛事活动134项。公共体育场馆开展篮球、羽毛球、乒乓球、瑜伽等线上线下公益活动40余场。举办全民健身日体育嘉年华、全国海钓邀请赛、全国沙滩足球锦标赛、帆船跳岛拉力赛、省羽毛球俱乐部联赛等省以上比赛。

【提升体育运动休闲产业】举办2022年第二届“中国六横岛·国际海钓公园杯”全国海钓邀请赛、全国徒步大会、中国定海城市定向赛、全国飞镖赛公开赛、舟山群岛马拉松赛、2022年舟山市首届“市长杯”青少年三大球锦标赛等赛事活动。桃花岛塔湾金沙休闲运动基地获批浙江省运动休闲旅游示范基地,岱山鹿栏晴沙景区获得运动休闲旅游优秀项目称号,舟山普陀荣获全省唯一上榜2022国庆假期体育旅游精品路线。

【体育彩票销售持续增长】舟山体彩牢牢把握国家公益彩票定位,努力建设负责、可信赖、健康持续发展的国家公益彩票,筹集社会急需的公益金,推动舟山体育彩票高质量发展。全年共销售体育彩票4.49亿元,筹集公益金1.08亿元;市场份额为71.68%,位于全省第一;为社会提供将近400个就业岗位;为体育事业和社会公益事业的发展提供了重要的资金保障。乐透型体育彩票销售9802万元,同比增长-1.98%;竞猜型体育彩票销售3.05亿元,同比增长51.62%;即开型体育彩票4544万元,同比增长43.96%。

【建设体育场地设施】推进体育进公园、百姓健身房、健身场地设施进社区等强基工程。全年共完成市民生实事项目24个基层体育设施建设项目,包括百姓健身房8个、社区多功能运动场6个、笼式足球场2个、体育公园(设施进公园)4个、新建登山健身步道4处(共12公里),新建全民健身路径80套,智能健身路径116件,不断扩大群众身边的健身场地有效供给,全力打造城市社区“10分钟健身圈”。持续推进8座公共体育场馆服务大提升,积极落实公共体育场地低免收费政策。

【加强队伍建设】先后选派了20人次骨干人员参加了省级以上各类集中培训和线上培训活动,通过各类培训提高我市教练员和裁判员的业务水平与执裁能力。提高群众身边的体育健身指导,推动体育社团健康发展。市羽毛球协会获评“5A”体育社团,体育社团“3A”等级以上达到20家,达标率55.5%。全年指导成立舟山市模型无线电运动协会和舟山市射箭协会、舟山市海燕象棋俱乐部,指导市老年体协、市直老年体协等体育社团完成换届改选工作,截至2022年底,共成立市级体育社团38家。开辟《体育朋友圈》栏目,宣传我市体育健身达人和体育组织20期,引领全民健身新风尚。完善国民体质监测制度,开展2022年健康浙江考核国民体质监测工作,全市共有6795人参与体质监测,合格率达到94.2%,优秀率达到10%以上。开展社会体育指导员培训,举办工间操、广播操、旱地冰壶、健身秧歌、木兰拳、健身排舞、曳步舞等社会体育指导员培训班共13期704名社会体育指导员培训(复训)。制定全民健身大讲堂系列课程清单,举办健身瑜伽、青少年足球、水上安全进校园等全民健身大讲堂17期,吸引3800余人次参与。全市经常参加体育锻炼的人口比率达到30.42%(不含学生)。

【夯实青少年人才基础】会同市少体校完成了2022年市少体校招生方案、项目章程制订及发布、报名工作，最终新招体育特长生高中段32名，初中段38名。积极创建各级体育后备人才基地。按照省局相关体育后备人才基地认定工作的通知，推选3所学校进行评选，其中市青少年体校获评2021—2024周期浙江省高水平体育后备人才基地，东港中学、高亭中心小学和大衢敬业小学获评2022—2025周期浙江省阳光体育后备人才基地。通过各级体育后备人才基地的创建，拓宽了业余训练网络，培养了一批体育后备人才。顺利完成2022年度我市参加全省青少年运动员注册工作，向省局上报了注册运动员540余名运动员的数据审核、提交工作，为备战增添了新生力量。审批了44名二级运动员。

【开展青少年夏令营活动】依托市少体校针对不同的学员人群，进行不同的课程设计，从专业训练、后备队选材、大众普及以及运动员对抗交流等多个层次、多个方面进行开展，通过分层次开设课程使得不同阶段的学员分别获得了专业性训练的体验、专业性选材方式的尝试，从而不断扩大我市竞技体育后备人才的储备。暑假期间共开展射击、足球、女排项目共3期“金牌教练课”夏令营，共有100人参加了活动。召开体教融合专题联席会议，推进青少年全面健康发展，商议研究南海实验学校体育特长班招生及各运动项目训练保障事宜。

台州市

【概述】2022年，台州市体育事业发展中心坚持围绕中心、服务大局，以北京冬奥会、杭州亚运会为重要契机，圆满完成《台州市全民健身计划（2021—2025年）》制定发布、“民生实事”项目建设、省运会金牌保五等年初确定的各项目标任务，持续推动台州体育高质量发展、竞争力提升、现代化先行，为“重要窗口”和共同富裕先行市建设贡献体育力量。中心获2022年度浙江省体育改革创新奖，并在全省体育局长会议上作典型发言。

【坚持党的领导】认真学习党的二十大精神和习近平总书记关于体育的重要指示批示精神，组织观看北京冬奥会、冬残奥会总结表彰大会直播，到温岭坞根革命老区等地开展党史学习教育现场学习，开展党的二十大、浙江省第十五次党代会专题辅导。开展“健身·健心”党建品牌创建专项活动，一体推进“三不腐”工作，定期对各处室（单位）开展作风纪律、办公效能检查，全面排查党风廉政隐患，梳理13个方面风险隐患，针对性提出7条改进措施。将党史学习教育和体育为民属性紧密结合，将办实事作为党史学习教育成果的落脚点。开展党组中心组理论学习、领导干部党课宣讲、主题党日活动，完成市级31家体育社团的功能型党支部建设。组织中心全体党员赴黄岩区上郑乡干坑村等地开展“学党史、担使命、四走进、送四心”志愿服务，中心班子成员带队走访全市10余家重点体育企业，为企业排忧解难。

【统筹推进全民健身工作】从全局性高度、系统性思维统筹好全民健身工作，切实发挥市实施全民健身计划领导小组作用，进一步完善公共体育协同发展机制。制定《台州市全民健身计划（2021—2025 年）》《台州市体育领域高质量发展推进共同富裕示范区建设行动方案（2021—2025 年）》，坚持条抓块统，深化项目攻坚。指导玉环、三门申报创建省级体育现代化县（市、区）。全市 9 家单位获 2018—2021 年度全省群众体育工作成绩突出集体。

【加强“民生实事”项目建设】全年共建设 100 个微型便民体育公园、56 家百姓健身房、全民健身游步道 128 公里（以上 3 个项目列入 2022 年市政府民生实事），项目覆盖各县（市、区）大部分乡镇、街道、村居项目，建设资金投入约 2600 万元，保质保量提前完成建设任务。此外，还建设 5 个体育公园（体育设施进公园）、6 个足球场（含笼式足球场）、9 个全民健身广场、21 个社区多功能运动场，为“十四五”期间打造 10 分钟健身圈更进一步。

2022 年台州市农村文化礼堂运动会象棋比赛

【推动群体赛事有序开展】合理统筹疫情防控和赛事安排，成功举办 2022 年台州市新年登高活动、新春网络全民健身大联欢、台州市第 27 个全民健身月、浙江省暨台州市全民健身日活动（玉环主会场）、第三届台州市农村文化礼堂运动会、台州市首届青少年智力运动会等活动共 50 多场，参与人数达 3 万人次。开展老年人体育赛事活动 19 场，体育培训 6 次，进一步丰富人民群众体育锻炼生活。

【深化社会体育指导管理】为更好掌握市级体育社会组织实际运行情况，积极开展“三服务”活动，走访调研市老年体协等 11 家协会，召开全市体育社会组织座谈会，充分发挥体育社团作用，补助体育社团赛事活动 11. 1 万元。高质量做好 2022 年度国民体质监测工作，共完成监测有效样本量 1900 例，据初步统计合格率达 97. 05%。开展“浙里健身”体质服务工作，完成 23838 人次目标任务。办好 2022 台州市运动促进健康科学健身大讲堂，全市共开展 39 场（市本级 4 场，市民在线观看点击 65 万余人次）。

【出色完成省运会目标任务】共组织台州市代表团近 1300 名运动员参加 30 个大项，

41 个分项的比赛，竞技体育比赛以实时比赛金牌 86 枚、奖牌 238 枚的成绩出色地完成了金牌、奖牌数全省排名“保 5”的目标，并获得浙江省第十七届运动会体育道德风尚奖、竞技体育突出贡献奖。其中“三大球”项目创造了台州市在一届省运会中“三大球”项目均有冠军的参赛历史；田径项目共获得 23 枚金牌、59 枚奖牌，金牌位列全省第二，奖牌数、团体总分位列全省第一；重竞技项目中，空手道项目以绝对优势揽获了 6 枚金牌（占总金牌数的一半），跆拳道、举重、武术套路项目各获得 5 枚金牌，击剑项目获台州参加省运会史的首枚金牌。

【着力竞技体育人才培养】联合教育部门出台《台州市区竞技体育后备人才普通高中入学实施办法》，落实解决 28 名运动员就读三区普通高中。抓好等级运动员审核审批和运动员注册的规范化管理，共审批二级运动员 203 人次、审核申报一级运动员 52 人次，组织开展了跆拳道等项目的二级裁判员培训班。全市各项目运动员新增注册人数 1489 人次。加强市级少年体校建设，体校运动员参加省运会获金牌共 12 块，向省队输送运动员 4 名。黄雨婷在世界射击锦标赛上获得二金一银，为中国夺得法国巴黎奥运会参赛席位，为台州争光。

【“以赛促练”提升业训水平】6 月，成功承办 2022 年浙江省青少年田径锦标赛。举办田径、武术套路、武术散打、跆拳道、击剑、乒乓球等项目的台州市青少年锦标赛（选拔赛）。组队参加省田径、武术套路、武术散打、篮球、足球等青少年锦标赛，共获金牌 78 枚 95 银 85 铜。4 月，“省队市办”空手道队参加 2022 年全国空手道系列锦标赛（第一站）暨亚运测试赛获得 3 金 2 银 2 铜的成绩，金牌榜和奖牌榜居全国第一。

【严守反兴奋剂工作底线】严格抓好各类赛事的赛风赛纪管理和反兴奋剂工作。根据《2019—2022 年台州市运动项目训练基地、运动队建立反兴奋剂工作“两长制”的实施方案》要求，进一步明确运动员、教练员、领队、科医人员及辅助人员在反兴奋剂工作中的责任，对行踪申报、就医用药和三品管理等环节加大日常监管力度。全年共举办反兴奋剂教育活动 41 场，覆盖 1300 人次。

【激活体育消费市场】贯彻落实国家、省、市关于发展体育产业促进体育消费政策。出台体育稳企助企 6 条措施，6 月 10 日起，市本级、各县（市、区）、台州湾新区陆续发放 30 万元至 200 万元不等的体育消费券，总金额达 900 万元。举办台州市第三届体育线上消费展促消费活动，成单数达 1900 余单，销售额共计 282 万元，较上届实现翻番。组织开展第十一届体育旅游休闲节临海站和仙居站活动。为响应省体育局助力 26 个山区县共富，促进体育消费的号召，将长三角跆拳道金秋嘉年华和长三角健身瑜伽公开赛分别选在三门县和天台县举办。

【扶持优秀产业主体】通过专家评审、实地检查，评选“疫情危机下的“转机”“平台销售模式的转变”等 8 个优秀项目进入 2022 年度浙江省体育产业发展资金台州项目库，“弘力跆拳道全域布局连锁经营模式”等 4 个优秀项目进入 2022 年度台州市体育产业发展扶持项目库，共拨付省市体育产业扶持资金 440 万元，用于支持市级重点体育产业企业和项目。联合市教育局出台《台州市体育类校外培训机构监督管理实施方案（试行）》，明确体育类培训机构的准入条件和资金管理模式。全年完成办理体育类培训机构准入 170 余家，准入完成率排全省前列，“浙里体培”入驻机构 242 多家，全国平台 50 多家，通过体育产业资金支持，重点扶持了一批足球、跆拳道、乒乓球、篮球、棋类等群众性较好的连锁培训机构。

【建优体育产业品牌】推动自然资源向户外运动开放，打造201公里“环浙步道”主线台州段品质路线。温岭市成功创建浙江省体育休闲基地，玉环、三门创建“玉环漩门湾湿地公园（徒步）—蓝波湾（摩托艇）—韩魏赛车玉环汽车运动公园（卡丁车）”“三门蛇蟠岛（滑泥）—潘家小镇情人谷景区（穿越丛林）—双龙溪乐园（峡谷漂流）”2条浙江省运动休闲旅游精品线路，温岭、仙居成功创建马术（温岭马术俱乐部）、高空探险（仙居神仙居）2个浙江省运动休闲旅游优秀项目。玉环干江镇、临海白水洋镇、天台石梁镇三地申报创建3家浙江省运动休闲小镇。2022年，台州市实现国家体育产业示范基地、示范项目、浙江省体育运动休闲基地、精品线路、优秀项目、运动休闲小镇等各种产业平台全覆盖。

【稳步推进体彩事业】全面加强体彩公益品牌宣传，坚决守好责任彩票底线和安全运营红线。牢记公益初心、践行社会责任，促进队伍素质提升，助推体育事业发展。截至12月31日，全市体彩共销售18.40亿元创历史新高，排名全省第五，增幅位列全省第五，市场份额占比56.54%，提前超额完成全年任务。全年共新增251家实体店，总数达873家。

【推进基层体育治理体系改革】积极探索中国式体育现代化新路径，以基层体育委员工作机制为抓手，深化基层公共体育治理改革，创新“我们的村运”“你点我送”“乡村体校”“千场赛事千场服务”等有效载体，总结提炼“望闻问切”等系列工作方法。联合台州职业技术学院共建“台州基层体育委员培训学院”。2022年我市基层体育委员已完成全市行政村、社区全覆盖，全市基层体育委员人数达3601名，并在“浙里办”App上完成实名制注册。经过2年多的摸索和实践，基层体育委员已成为助力农村体育发展、完善基层体育建设的生力军，8月8日省体育局印发《关于全面推行基层体育委员工作机制的实施意见（试行）》在全省推广。

【纵深推进数字化改革】深入贯彻省、市数字化改革决策部署，注重“小切口、大场景、改革味”，深化数字化应用牵引赋能。利用“浙里办”平台建设“体育委员E站”应用，构建“2825”整体架构（即浙里办、浙政钉2个入口，场地设施服务、赛事活动服务等8个核心模块，2个雷达引擎，体育场地数据库、体育组织数据库等5个数据库），运用数字化技术手段整合体育服务资源，实现体育服务“一机查询、一站供给”。体育场地设施管理服务、体育社会组织管理服务、“三员融合”管理服务、体育竞赛裁判员管理服务等4个应用场景纳入全省2022年度体育数字化改革试点，数量居全省前列。

【创新人才机制改革】全力争取将体育人才列入台州市级人才目录，不断加大人才引导扶持力度，拓宽成才渠道，优化培养环境。加强体育名师工作室建设，对新批建3家名师工作室开展建设指导，对管理周期内11家工作室进行考核评估和督导检查，组织开展名师工作室研讨交流活动，进一步发挥工作室示范、引领、辐射作用。结合区域实际，试点探索基层体育委员、社会体育指导员、健康生活指导员“三员”工作机制。

丽水市

【概述】2022 年是党的二十大和丽水市第五次党代会召开之年、北京冬奥会和省第十七届运动会举办之年，也是实施“十四五”规划的重要一年。在丽水市委、市政府的坚强领导下，全市体育系统紧紧围绕体育强市建设目标，全力推进“14X”规划体系落地实施，各项工作交出了高分报表，体育各项事业取得了突破性进展。

【党的建设全面加强】以深入实施“红耀绿谷、强基共富、双建争先”工程为抓手持续打造大体育党建品牌。制定党建“五张”清单和全面从严治党“四张”清单，以清单式管理压实责任。坚持以机关党建带动协会党建，形成“2 个总支 +5 个党支部 +35 个工作党支部”党建堡垒，进一步凝聚党建工作合力。深入推进市委巡察“后半篇”文章，不断巩固巡察整改成果，“七张问题清单”整改案例被列为全市示范榜，经验典型刊登在《丽水市“七张问题清单”应用工作简报》。

【全民健身公共服务体系更加完善】全力提升“体有所健”，新增笼式足球场、全民健身广场、百姓健身房等 72 个体育场地设施。顺利推进南城运动综合体、市生态体育公园、联城全民健身中心、城东全民健身中心建设，建成市水上运动中心，完成年度投资计划 110.6%。新增专项债贷款 8000 万元，其中生态体育公园累计发行专项债 5.6 亿，并获中央预算内投资 2000 万元。全市新增体育场地面积 10.6 万平方米，公共体育场馆服务大提升工作顺利通过省考评。成功举办“喜迎二十大、逐梦亚运会”系列赛事、运动休闲季系列活动、世界杯嘉年华、体育公益课等各级各类活动 300 余场，完成 2700 人的体质监测工作。

【竞技体育水平稳步提升】丽水代表队派出 785 名运动员参加第十七届省运会田径、游泳、篮球、足球、排球、皮划艇、赛艇等 29 个项目比赛，获得金牌总数、奖牌总数、团体总分均创下我市参加省运会历史新高，荣获“体育道德风尚奖”称号、取得运动成绩和精神文明双丰收。共获得金牌 62.5 枚（含竞技体育、群众体育贡献奖励金牌），其中群众体育类金牌 13 枚，排名全省第三，竞技体育类金牌 49.5 枚，排名全省第九，还在田径、赛艇皮划艇上创历史最好成绩，在乒乓球男子单打、沙滩排球、激流回旋、山地自行车项目上取得金牌，取得了历史性突破。

【体育产业加快发展】积极落实市委、市政府助企纾困政策，制定出台并实施《丽水市体育行业稳进提质政策实施细则》。推进“体育 + 培训”，发布体育类校外培训机构准入指引，创新“体育 + 金融”模式，推出全市首个体育行业专属普惠金融产品“健体贷”。发布“丽水山路”首条溯溪线路和全国首个县域溯溪团体标准。1 家企业被认定为国家体育产业示范单位。全市体彩销量 7.55 亿元，增幅 22.8%，筹集公益金超 5000 万元，超额完成全年奋斗目标。

【大型赛事精彩有序】创新举办全国唯一全程实景赛道丽水超级马拉松线上赛，成功举办全国航海模型锦标赛、全国赛艇锦标赛两项全国顶级赛事，两项水上赛事综合效益达 1585 万元，3 次登上学习强国全国平台，《人民日报》以《竞技之美融入绿水青山》为题

2022 年全国赛艇锦标赛在丽水市举行

大篇幅报道赛艇锦标赛和丽水体育事业发展。探索形成了疫情压力下举办大型体育活动"闭环泡泡"数字化管理的丽水模式,取得了良好效果,得到社会各界的好评。紧盯赛事安全保障,建立常态化安全隐患排查治理机制,建立赛事安全风险防控与评估机制,确保竞赛安全有序。

【户外运动天堂宣传创新高】拍摄完成市本级及九县(市、区)宣传专题片,在钱江都市频道播出"山水陆空"户外运动天堂专题片 11 期,平均每期全省有 50 多万次观众收看。在抖音、快手等新媒体平台上创建"丽水山水陆空"话题,阅读量合计达 5220 万。在央视、今日头条、新浪、钱江视频等直播平台开展"山水陆空"大直播,全网共计 2700 万次观看量。8 篇户外运动天堂宣传登上学习强国 App。"丽水山路"之"浙西川藏线"全域自驾越野品牌再次登上央视大型专题节目《走进老区看新貌》。

运动成绩

2022年浙江省运动员获洲际比赛（含非奥项目）前八名成绩统计

姓名	性别	项目	比赛名称	地点	项目	名次	成绩
徐惠琴	女	田径	世界田联巡回赛 卢塞恩站	瑞士	女子撑竿跳高	1	4.30
徐惠琴	女	田径	法国撑竿跳高街头赛	法国	女子撑竿跳高	1	4.41
徐惠琴	女	田径	世界田联洲际巡回赛 瑞士伯尔尼站	瑞士	女子撑竿跳高	2	4.60
徐惠琴	女	田径	世界田联室内巡回赛 法国列万站	法国	女子撑竿跳高	4	4.65
李玲	女	田径	美国尤金田径世锦赛	美国	女子撑竿跳高	6	4.60
余依婷	女	游泳	短池世锦赛达标赛	北京	女子100米 个人混合泳	1	00:58.27
费立纬	男	游泳	短池世锦赛达标赛	北京	男子800米自由泳	1	07:38.00
吴卿风	女	游泳	短池世锦赛达标赛	北京	女子50米自由泳	2	00:23.86
朱梦惠	女	游泳	第19届世界游泳锦标赛	匈牙利	女子4×100米 自由泳接力	4	03:35.25
潘展乐	男	游泳	第19届世界游泳锦标赛	匈牙利	男子100米自由泳	4	00:47.79
吴卿风	女	游泳	第16届世界短池 游泳锦标赛	澳大利亚	男女4×50米 混合泳接力	5	01:37.31
徐嘉余	男	游泳	第19届世界游泳锦标赛	匈牙利	男女4×100米 混合泳接力	6	03:43.55
吴卿风	女	游泳	第16届世界短池 游泳锦标赛	澳大利亚	女子4×100米 自由泳接力	6	03:29.96
吴卿风	女	游泳	第16届世界短池 游泳锦标赛	澳大利亚	女子4×200米 自由泳接力	6	07:48.73
柳雅欣	女	游泳	第16届世界短池 游泳锦标赛	澳大利亚		6	
潘展乐	男	游泳	第16届世界短池 游泳锦标赛	澳大利亚	男子100米自由泳	6	00:45.77
潘展乐	男	游泳	第16届世界短池 游泳锦标赛	澳大利亚	男女4×50米 自由泳接力	6	01:30.18
潘展乐	男	游泳	第16届世界短池 游泳锦标赛	澳大利亚	男子4×50米 混合泳接力	7	01:33.13
潘展乐	男	游泳	第16届世界短池 游泳锦标赛	澳大利亚	男子4×100米 混合泳接力	7	03:25.15

续表

姓名	性别	项目	比赛名称	地点	项目	名次	成绩
徐嘉余	男	游泳	第19届世界游泳锦标赛	匈牙利	男子4×100米混合泳接力	8	03:34.62
汪顺	男	游泳	第19届世界游泳锦标赛	匈牙利		8	
潘展乐	男	游泳	第19届世界游泳锦标赛	匈牙利		8	
潘展乐	男	游泳	第19届世界游泳锦标赛	匈牙利	男子4×200米自由泳接力	8	07:10.93
洪金权	男	游泳	第19届世界游泳锦标赛	匈牙利		8	
洪金权	男	游泳	第19届世界游泳锦标赛	匈牙利	男女4×100米自由泳接力	8	03:26.92
曹云珠	女	蹦床	世界蹦床锦标赛	保加利亚	团体	1	15
范心怡	女	蹦床	世界蹦床锦标赛	保加利亚	团体	1	15
王澜静	女	艺术体操	艺术体操世界杯赛	意大利	5圈	2	—
王澜静	女	艺术体操	艺术体操世界杯赛	意大利	集体全能	3	—
王澜静	女	艺术体操	艺术体操世界杯赛	意大利	三带两球	4	—
王澜静	女	艺术体操	艺术体操世锦赛	保加利亚	三带两球	4	—
王澜静	女	艺术体操	艺术体操世锦赛	保加利亚	集体全能	7	—
王澜静	女	艺术体操	艺术体操世锦赛	保加利亚	5圈	7	—
李咏臻	男	排球	男排亚洲杯	泰国	男子团体	1	—
张景胤	男	排球	男排亚洲杯	泰国	男子团体	1	—
张冠华	男	排球	男排亚洲杯	泰国	男子团体	1	—
王滨	男	排球	男排亚洲杯	泰国	男子团体	1	—
杨一鸣	男	排球	男排亚洲杯	泰国	男子团体	1	—
万济圆	女	篮球	国际篮联U23三人篮球亚洲杯	新加坡	三人篮球	1	—
张红紫嫣	女	排球	女排亚洲杯	菲律宾	女子团体	2	—
张红紫嫣	女	排球	亚洲女子U20排球锦标赛	哈萨克斯坦	女子团体	2	—
曾洁雅	女	排球	亚洲女子U20排球锦标赛	哈萨克斯坦	女子团体	2	—
王艺婷	女	排球	亚洲女子U20排球锦标赛	哈萨克斯坦	女子团体	2	—
陈曦悦	女	排球	亚洲少年女子排球锦标赛	泰国	女子团体	2	—
刘泽一	男	篮球	亚洲杯三人赛	新加坡	男子团体	3	—
万济圆	女	篮球	国际篮联U23三人篮球世界杯	比利时	三人篮球	3	—
万济圆	女	篮球	国际篮联U23三人篮球世界杯	罗马尼亚	三人篮球	4	—

续表

姓名	性别	项目	比赛名称	地点	项目	名次	成绩
李涵	女	沙滩排球	亚洲 U19 沙滩排球锦标赛	泰国	女子沙排	4	—
姚欣	女	沙滩排球	亚洲 U19 沙滩排球锦标赛	泰国	女子沙排	4	—
刘徐登	男	排球	亚洲 U20 排球锦标赛	巴林	男子团体	6	—
洪伟强	男	沙滩排球	世界青年沙排锦标赛	土耳其	男子沙排	9	—
洪伟强	男	沙滩排球	亚洲青年沙排锦标赛	泰国	男子沙排	9	—
邹佳琪	女	赛艇	2022 年世界陆上赛艇锦标赛	湖北	女子赛艇轻量级甲组 500 米	1	—
邹佳琪	女	赛艇	2022 年世界陆上赛艇锦标赛	湖北	女子赛艇轻量级甲组 2000 米	2	—
邹佳琪	女	赛艇	国际赛艇世界杯第一站	塞尔维亚	女子轻量级双人双桨	2	—
董郗娅	女	赛艇	国际赛艇世界杯第一站	塞尔维亚	女子八人单桨有舵手	2	—
陈森森	男	赛艇	2022 年世界陆上赛艇锦标赛	浙江	男子赛艇轻量级甲组 500 米	2	—
邹佳琪	女	赛艇	2022 年赛艇世界杯总站		女子轻量级双人双桨	2	—
陈森森	男	赛艇	2022 年世界赛艇锦标赛	捷克	男子轻量级四人双桨	2	—
邹佳琪	女	赛艇	赛艇世界杯(卢塞恩站)	卢塞恩	女子轻量级双人双桨	4	—
董郗娅	女	赛艇	赛艇世界杯(卢塞恩站)	卢塞恩	女子八人单桨有舵手	4	—
邹佳琪	女	赛艇	赛艇世界杯(波兹南站)	波兹南	女子轻量级双人双桨	4	—
董郗娅	女	赛艇	2022 年世界赛艇锦标赛	捷克	女子八人单桨有舵手	6	—
董郗娅	女	赛艇	赛艇世界杯(波兹南站)	波兹南	女子四人单桨	7	—
邹佳琪	女	赛艇	2022 年世界赛艇锦标赛	捷克	女子轻量级双人双桨	8	—
季博文	男	皮划艇	2022 年皮划艇世界青年锦标赛	匈牙利	男子 500 米单人划艇	1	—
季博文	男	皮划艇	2022 世界皮划艇(静水)锦标赛	加拿大	男子 1000 米双人划艇	2	—

续表

姓名	性别	项目	比赛名称	地点	项目	名次	成绩
季博文	男	皮划艇	2022 世界皮划艇(静水)锦标赛	加拿大	男子500米双人划艇	3	—
王楠	女	皮划艇	国际皮划艇世界杯第一站	捷克	女子500米四人皮艇	3	—
季博文	男	皮划艇	2022 年皮划艇世界青年锦标赛	匈牙利	U23 组男子双人划艇 500 米	3	—
缪飞龙	男	皮划艇	2022 年皮划艇世界青年锦标赛	匈牙利	U23 组男子双人划艇 500 米	3	—
季博文	男	皮划艇	国际皮划艇世界杯第一站	捷克	男子 500 米单人划艇	4	—
王楠	女	皮划艇	国际皮划艇世界杯第一站	捷克	女子 500 米双人皮艇	6	—
陈莎莎	女	帆船	2022 年北美洲帆船锦标赛	加拿大	女子 49erFX 场地赛	1	—
王梦婷	女	帆船	2022 年北美洲帆船锦标赛	加拿大	女子 49erFX 场地赛	1	—
卢恺曼	女	射击	世界锦标赛	埃及	女子 10 米气手枪	1	584
卢恺曼	女	射击	世界锦标赛	埃及	女子 10 米气手枪团体	1	879-34X
王芝琳	女	射击	世界锦标赛	埃及	女子 10 米气手枪团体	1	1892
黄雨婷	女	射击	世界锦标赛	埃及	女子 10 米气手枪团体	1	1892
黄雨婷	女	射击	世界锦标赛	埃及	10 米气步枪混合团体	1	634. 8
冯思璇	女	射击	世界锦标赛	埃及	青年组女子 25 米手枪团体	1	867-26X
冯思璇	女	射击	世界锦标赛	埃及	青年组女子 25 米标准手枪	1	580
冯思璇	女	射击	世界锦标赛	埃及	青年组女子 25 米标准手枪混合团体	1	564-11X
黄雨婷	女	射击	世界锦标赛	埃及	女子 10 米气步枪	2	630. 4
冯思璇	女	射击	世界锦标赛	埃及	青年组女子 25 米手枪	2	590
冯思璇	女	射击	世界锦标赛	埃及	青年组女子 25 米手枪速射混合团体	2	571-15X
赵中豪	男	射击	世界锦标赛	埃及	男子 50 米步枪卧射	3	629. 3

续表

姓名	性别	项目	比赛名称	地点	项目	名次	成绩
刘军辉	男	射击	世界锦标赛	埃及	青年组男子 10 米气手枪团体	3	857-24X
刘军辉	男	射击	世界锦标赛	埃及	青年组男子 10 米气手枪混合团体	3	570-20X
王芝琳	女	射击	世界锦标赛	埃及	女子 10 米气步枪	7	631. 6
程子昂	男	飞碟	世界锦标赛	克罗地亚	青年男子多向团体	5	—
陆家辰	男	场地自行车	世界杯分站赛	哥伦比亚	男子团体竞速赛	1	—
罗泳佳	男	场地自行车	世界杯分站赛	加拿大	男子团体竞速赛	2	—
严炜明	男	场地自行车	世界杯分站赛	加拿大	男子团体竞速赛	5	—
陆家辰	男	场地自行车	世界杯分站赛	加拿大	男子团体竞速赛	5	—
严炜明	男	场地自行车	世界杯分站赛	加拿大	男子 1 公里计时赛	6	—
陈勇辰	男	攀岩	亚洲攀岩锦标赛	韩国	两项全能	7	65. 5
卢尚磊	男	国际象棋	世界国际象棋团体锦标赛	以色列	团体赛	1	—
丁立人	男	国际象棋	世界冠军候选人赛	西班牙	个人赛	2	—

冬季项目

姓名	性别	比赛名称	地点	项目	名次	成绩
王瑜	女	2022—2023 赛季 IBSF 雪车欧洲杯	奥地利	女子双人雪车	3	54. 33
叶杰龙	男	2022—2023 赛季 IBSF 雪车欧洲杯	奥地利	男子四人雪车	3	1:41. 62
林回央	女	2022—2023 赛季 IBSF 钢架雪车洲际杯	德国	女子钢架雪车	3	1:57. 45
林回央	女	2021—2022 赛季 IBSF 钢架雪车洲际杯	德国	女子钢架雪车	4	1:57. 45
王瑜	女	2022—2023 赛季 IBSF 雪车欧洲杯	德国	女子双人雪车	5	1:57. 24
宋思姞	女	2022—2023 赛季 IBSF 钢架雪车欧洲杯	挪威	女子钢架雪车	8	1:49. 20

2022年浙江省运动员获全国比赛(含非奥项目)前八名成绩统计

田径

姓名	性别	比赛名称	地点	项目	名次	成绩
诸嘉程	男	田径投掷项群基地特许赛	绍兴	铁饼	1	55.69
鲁竺莹	女	田径投掷项群基地特许赛	绍兴	铁饼	1	49.98
曹军子	男	田径投掷项群基地特许赛	绍兴	标枪	1	71.05
顾心洁	女	田径投掷项群基地特许赛	绍兴	标枪	1	54.06
吴南军	男	田径投掷项群基地特许赛	绍兴	铁饼	2	53.52
孙美雨	女	田径投掷项群基地特许赛	绍兴	铁饼	2	45.99
金涛	男	田径投掷项群基地特许赛	绍兴	标枪	2	63.39
黎婷	女	田径投掷项群基地特许赛	绍兴	标枪	2	53.18
李想	男	田径投掷项群基地特许赛	绍兴	铁饼	3	49.82
赵泽	男	田径投掷项群基地特许赛	绍兴	标枪	3	61.71
戴倩倩	女	田径投掷项群基地特许赛	绍兴	标枪	3	50.96
苏栋栋	男	田径投掷项群基地特许赛	绍兴	标枪	4	60.11
王莹	女	田径投掷项群基地特许赛	绍兴	标枪	4	47.10
郭越海	男	田径投掷项群基地特许赛	绍兴	铁饼	5	46.17
张志浩	男	田径投掷项群基地特许赛	绍兴	标枪	5	59.25
卢烨玄	男	田径投掷项群基地特许赛	绍兴	铁饼	6	41.43
葛天宇	男	田径投掷项群基地特许赛	绍兴	铁饼	7	38.02
李升锦	男	田径投掷项群基地特许赛	绍兴	标枪	7	53.86
陶叶革	男	田径短跨跳及接力项群(湖州)基地特许赛	湖州	跳远	1	7.54
徐辉	女		湖州	1500米	1	4:30.16
华诗慧	女	田径短跨跳及接力项群(湖州)基地特许赛	湖州	三级跳远	1	13.04
涂轲	男		湖州	三级跳远	1	15.63
占琦	男	田径短跨跳及接力项群(湖州)基地特许赛	湖州	800米	1	1:52.31
饶欣雨	女		湖州	800米	1	2:04.36
丁一	男	田径短跨跳及接力项群(湖州)基地特许赛	湖州	跳高	1	2.15
夏煜琳	女		湖州	跳高	1	1.70

续表

姓名	性别	比赛名称	地点	项目	名次	成绩
高晶晶	女	田径短跨跳及接力项群（湖州）基地特许赛	湖州	800 米	2	2:09.45
王迪宇	男		湖州	800 米	2	1:53.13
丁雅彤	女	田径短跨跳及接力项群（湖州）基地特许赛	湖州	三级跳远	2	12.85
简茹菁	女		湖州	200 米	2	25.24
黄家磊	男	田径短跨跳及接力项群（湖州）基地特许赛	湖州	跳远	2	7.32
周敏	女		湖州	1500 米	2	4:34.93
奚臬横	男	田径短跨跳及接力项群（湖州）基地特许赛	湖州	1500 米	2	3:48.95
郑颖超	女		湖州	400 米	2	56.23
吴国壕	男	田径短跨跳及接力项群（湖州）基地特许赛	湖州	400 米	2	47.48
陆基明	男		湖州	100 米	2	10.80
华诗慧	女	田径短跨跳及接力项群（湖州）基地特许赛	湖州	跳远	2	6.01
胡向东	男		湖州	200 米	2	21.93
廉子涵	男	田径短跨跳及接力项群（湖州）基地特许赛	湖州	跳高	2	2.10
庄欣盈	女		湖州	跳高	2	1.60
徐辉	女	田径短跨跳及接力项群（湖州）基地特许赛	湖州	800 米	3	2:11.34
奚臬横	男		湖州	800 米	3	1:54.43
韩晴	女	田径短跨跳及接力项群（湖州）基地特许赛	湖州	200 米	3	25.36
张展飞	男		湖州	跳远	3	7.24
占琦	男	田径短跨跳及接力项群（湖州）基地特许赛	湖州	1500 米	3	3:52.27
陈丹妮	女		湖州	跳远	3	5.93
简茹菁	女	田径短跨跳及接力项群（湖州）基地特许赛	湖州	100 米	3	12.04
邵议萱	女		湖州	1500 米	3	4:41.19
许方胤	男	田径短跨跳及接力项群（湖州）基地特许赛	湖州	跳高	3	2.00
陈枫晔	女		湖州	跳高	3	1.55
周敏	女	田径短跨跳及接力项群（湖州）基地特许赛	湖州	800 米	4	2:11.86
宋志远	男		湖州	800 米	4	1:56.00
冯乐乐	女	田径短跨跳及接力项群（湖州）基地特许赛	湖州	1500 米	4	4:48.29
王迪宇	男		湖州	1500 米	4	3:52.71
詹仪琳	女	田径短跨跳及接力项群（湖州）基地特许赛	湖州	400 米	4	56.99
刘自尊	男		湖州	100 米	4	10.84

续表

姓名	性别	比赛名称	地点	项目	名次	成绩
丁雅彤	女	田径短跨跳及接力项群（湖州）基地特许赛	湖州	跳远	4	5.76
蔡杭洺	女		湖州	100 米	4	12.09
邵议萱	女	田径短跨跳及接力项群（湖州）基地特许赛	湖州	800 米	5	2:12.07
孔英杰	男		湖州	800 米	5	1:56.40
王艺杰	男		湖州	400 米栏	5	1:05.67
吴宇航	男	田径短跨跳及接力项群（湖州）基地特许赛	湖州	跳远	5	7.11
高广兴	女		湖州	400 米	5	57.44
丁文豪	男	田径短跨跳及接力项群（湖州）基地特许赛	湖州	400 米	5	51.25
胡向东	男		湖州	100 米	5	10.88
寿奕霏	女	田径短跨跳及接力项群（湖州）基地特许赛	湖州	200 米	5	25.78
陆雨霜	女		湖州	跳远	5	5.70
郑颖超	女	田径短跨跳及接力项群（湖州）基地特许赛	湖州	800 米	6	2:18.18
涂轲	男		湖州	跳远	6	7.05
宋志远	男	田径短跨跳及接力项群（湖州）基地特许赛	湖州	1500 米	6	4:00.46
黄家磊	男		湖州	100 米	6	10.95
黄鑫豪	男	田径短跨跳及接力项群（湖州）基地特许赛	湖州	200 米	6	42.08
厉晨宇	男		湖州	跳高	6	1.85
冯乐乐	女	田径短跨跳及接力项群（湖州）基地特许赛	湖州	800 米	7	2:18.48
蒋泽熙	男		湖州	跳远	7	6.75
陈江鸿	男		湖州	1500 米	7	4:00.48
陈依婷	女	田径短跨跳及接力项群（湖州）基地特许赛	湖州	100 米	8	14.45
金佳盈	女		湖州	跳远	8	5.09
孔英杰	男	田径短跨跳及接力项群（湖州）基地特许赛	湖州	1500 米	8	4:02.54
陈子暄	女		湖州	800 米	8	2:28.39
林中旭	男		湖州	跳远	8	6.59
龚璐颖	女	全国田径大奖赛（第一站）	黄石	跳远	1	6.28
戴雨格	女	全国田径大奖赛（第一站）	黄石	撑竿跳高	1	4.30
顾晓飞	男	全国田径大奖赛（第一站）	黄石	400 米	1	46.40
饶欣雨	女	全国田径大奖赛（第一站）	黄石	800 米	1	02:08.00
吴南军	男	全国田径大奖赛（第一站）	黄石	铁饼	1	55.1
陈依婷	女	全国田径大奖赛（第一站）	黄石	200 米	1	23.85

续表

姓名	性别	比赛名称	地点	项目	名次	成绩
韩涛	男	全国田径大奖赛(第一站)	黄石	撑竿跳高	2	5.4
顾心洁	女	全国田径大奖赛(第一站)	黄石	标枪	2	53.06
夏煜琳	女	全国田径大奖赛(第一站)	黄石	跳高	3	1.75
阮馨赏	女	全国田径大奖赛(第一站)	黄石	七项全能	3	5222
蔡杭洺	女	全国田径大奖赛(第一站)	黄石	4×100 米接力	3	45.04
马成娜	女	全国田径大奖赛(第一站)	黄石			
陈依婷	女	全国田径大奖赛(第一站)	黄石			
徐鑫莉	女	全国田径大奖赛(第一站)	黄石			
曹军子	男	全国田径大奖赛(第一站)	黄石	标枪	4	69.98
余金斌	男	全国田径大奖赛(第一站)	黄石	十项全能	4	6555
高晶晶	女	全国田径大奖赛(第一站)	黄石	800 米	4	2:12.24
奚枭横	男	全国田径大奖赛(第一站)	黄石	1500 米	4	4:00.49
高广兴	女	全国田径大奖赛(第一站)	黄石	4×400 接力	4	3:46.41
詹仪琳	女	全国田径大奖赛(第一站)	黄石			
许梦洁	女	全国田径大奖赛(第一站)	黄石			
王久香	女	全国田径大奖赛(第一站)	黄石			
诸嘉程	男	全国田径大奖赛(第一站)	黄石	铁饼	5	53.71
戴倩倩	女	全国田径大奖赛(第一站)	黄石	标枪	5	51.12
陈丹妮	女	全国田径大奖赛(第一站)	黄石	跳远	7	6.14
华诗慧	女	全国田径大奖赛(第一站)	黄石	跳远	8	6.09
郑小倩	女	全国田径大奖赛(第一站)	黄石	1500 米	8	4:32.98
马成娜	女	全国田径大奖赛(第一站)	黄石	100 米	8	12.05
顾心洁	女	田径投掷项群赛(第一站)	成都	标枪	1	54.34
吴南军	男	田径投掷项群赛(第一站)	成都	铁饼	2	56.98
曹军子	男	田径投掷项群赛(第一站)	成都	标枪	3	71.64
鲁竺莹	女	田径投掷项群赛(第一站)	成都	铁饼	3	49.88
戴倩倩	女	田径投掷项群赛(第一站)	成都	标枪	3	51.49
王莹	女	田径投掷项群赛(第一站)	成都	标枪	4	49.77
曹军子	男	田径投掷项群赛(第二站)	成都	标枪	1	73.94
戴倩倩	女	田径投掷项群赛(第二站)	成都	标枪	1	52.93
吴南军	南	田径投掷项群赛(第二站)	成都	铁饼	2	56.08

续表

[illegible]	性别	比赛名称	地点	项目	名次	成绩
顾心洁	女	田径投掷项群赛(第二站)	成都	标枪	3	51. 37
王莹	女	田径投掷项群赛(第二站)	成都	标枪	4	48. 75
诸嘉程	男	田径投掷项群赛(第二站)	成都	铁饼	4	55. 08
鲁竺莹	女	田径投掷项群赛(第二站)	成都	铁饼	6	48. 26
王艺杰	男	田径分区邀请赛(第二站)	成都	400 米栏	4	52. 72
刘静逸	女	田径大奖赛(第二站)	衢州	七项全能	1	5508
华梓惠	男	田径大奖赛(第二站)	衢州	十项全能	1	7226
顾心洁	女	田径大奖赛(第二站)	衢州	标枪	1	58. 32
龚璐颖	女	田径大奖赛(第二站)	衢州	跳远	1	6. 42
奚枭横	男	田径大奖赛(第二站)	衢州	1500 米	1	3:45. 87
诸嘉程	男	田径大奖赛(第二站)	衢州	铁饼	1	56. 86
徐辉	女	田径大奖赛(第二站)	衢州	1500 米	1	4:24. 46
夏煜琳	女	田径大奖赛(第二站)	衢州	跳高	1	1. 65
鲁竺莹	女	田径大奖赛(第二站)	衢州	铁饼	1	49. 35
张展飞	男	田径大奖赛(第二站)	衢州	三级跳远	1	15. 32
冯志强	男	田径大奖赛(第二站)	衢州	200 米	1	21. 12
陈依婷	女	田径大奖赛(第二站)	衢州	200 米	1	24. 32
华诗慧	女	田径大奖赛(第二站)	衢州	三级跳远	1	13. 46
奚枭横	男	田径大奖赛(第二站)	衢州	800 米	1	1:52. 01
徐辉	女	田径大奖赛(第二站)	衢州	800 米	2	2:09. 99
孙美雨	女	田径大奖赛(第二站)	衢州	铁饼	2	46. 42
江静	女	田径大奖赛(第二站)	衢州	跳高	2	1. 6
吴南军	男	田径大奖赛(第二站)	衢州	铁饼	2	56. 7
卢亮	男	田径大奖赛(第二站)	衢州	1500 米	2	3:48. 45
华诗慧	女	田径大奖赛(第二站)	衢州	跳远	2	6. 19
戴倩倩	女	田径大奖赛(第二站)	衢州	标枪	2	56. 02
陈飞锋	男	田径大奖赛(第二站)	衢州	400 米	2	49. 22
王久香	女	田径大奖赛(第二站)	衢州	400 米	2	56. 15
鲁竺莹	女	田径大奖赛(第二站)	衢州	铅球	2	13. 91
廉子涵	男	田径大奖赛(第二站)	衢州	跳高	3	2. 1
江静	女	田径大奖赛(第二站)	衢州	七项全能	3	5060

续表

姓名	性别	比赛名称	地点	项目	名次	成绩
王艺杰	男	田径大奖赛(第二站)	衢州	400 米栏	3	52.35
涂轲	男	田径大奖赛(第二站)	衢州	三级跳远	3	15.18
黎婷	女	田径大奖赛(第二站)	衢州	标枪	3	52.6
余金斌	男	田径大奖赛(第二站)	衢州	十项全能	3	5808
李想	男	田径大奖赛(第二站)	衢州	铁饼	3	52.99
曹军子	男	田径大奖赛(第二站)	衢州	标枪	3	73.43
陈丹妮	女	田径大奖赛(第二站)	衢州	跳远	4	6.0
王彦博	男	田径大奖赛(第二站)	衢州	十项全能	4	5145
陈依婷	女	田径大奖赛(第二站)	衢州	100 米	4	11.9
丁雅彤	女	田径大奖赛(第二站)	衢州	三级跳远	4	12.25
高晶晶	女	田径大奖赛(第二站)	衢州	800 米	4	2:14.23
金涛	男	田径大奖赛(第二站)	衢州	标枪	4	70.75
工莹	女	田径人奖赛(第二站)	衢州	标枪	5	48.56
丁雅彤	女	田径大奖赛(第二站)	衢州	跳远	5	5.93
徐英琪	男	田径大奖赛(第二站)	衢州	铁饼	6	52.09
王迪宇	男	田径大奖赛(第二站)	衢州	1500 米	8	3:50.79
许方胤	男	田径大奖赛(第二站)	衢州	跳高	8	1.95
冯志强	男	田径大奖赛(第二站)	衢州	100 米	8	15.96
龚璐颖	女	田径短跨跳及接力项群赛	湖州	跳远	1	6.28
郑小倩	女	田径短跨跳及接力项群赛	湖州	4×800 接力	1	8:53.72
饶欣雨	女	田径短跨跳及接力项群赛	湖州		1	
周敏	女	田径短跨跳及接力项群赛	湖州		1	
徐辉	女	田径短跨跳及接力项群赛	湖州		1	
蔡杭洺	女	田径短跨跳及接力项群赛	湖州	4×200 接力	1	1:36.76
马成娜	女	田径短跨跳及接力项群赛	湖州		1	
寿奕霏	女	田径短跨跳及接力项群赛	湖州		1	
陈依婷	女	田径短跨跳及接力项群赛	湖州		1	
戴雨格	女	田径短跨跳及接力项群赛	湖州	撑竿跳高	1	4.0
张展飞	男	田径短跨跳及接力项群赛	湖州	三级跳远	1	15.4
徐辉	女	田径短跨跳及接力项群赛	湖州	800 米	1	2:07.14

续表

姓名	性别	比赛名称	地点	项目	名次	成绩
蔡杭洺	女	田径短跨跳及接力项群赛	湖州	4×100米接力	1	45.27
马成娜	女	田径短跨跳及接力项群赛	湖州		1	
陈依婷	女	田径短跨跳及接力项群赛	湖州		1	
徐鑫莉	女	田径短跨跳及接力项群赛	湖州		1	
陈飞锋	男	田径短跨跳及接力项群赛	湖州	混合4×400米接力	1	3:24.88
王久香	女	田径短跨跳及接力项群赛	湖州		1	
丁文豪	男	田径短跨跳及接力项群赛	湖州		1	
饶欣雨	女	田径短跨跳及接力项群赛	湖州		1	
涂轲	男	田径短跨跳及接力项群赛	湖州	三级跳远	2	15.17
华诗慧	女	田径短跨跳及接力项群赛	湖州	跳远	2	6.04
钟晗哲	男	田径短跨跳及接力项群赛	湖州	400米	2	48.66
王久香	女	田径短跨跳及接力项群赛	湖州	400米	2	55.73
韩涛	男	田径短跨跳及接力项群赛	湖州	撑竿跳高	2	5.15
陈飞锋	男	田径短跨跳及接力项群赛	湖州	4×400米接力	2	3:10.37
冯志强	男	田径短跨跳及接力项群赛	湖州		2	
丁文豪	男	田径短跨跳及接力项群赛	湖州		2	
吴国壕	男	田径短跨跳及接力项群赛	湖州		2	
许梦洁	女	田径短跨跳及接力项群赛	湖州	200米	2	25.73
寿奕霏	女	田径短跨跳及接力项群赛	湖州	200米	3	26.22
丁雅彤	女	田径短跨跳及接力项群赛	湖州	跳远	3	6.0
奚枭横	男	田径短跨跳及接力项群赛	湖州	4×800米接力	3	7:36.15
卢亮	男	田径短跨跳及接力项群赛	湖州		3	
占琦	男	田径短跨跳及接力项群赛	湖州		3	
王迪宇	男	田径短跨跳及接力项群赛	湖州		3	
廉子涵	男	田径短跨跳及接力项群赛	湖州	跳高	3	2.05
夏煜琳	女	田径短跨跳及接力项群赛	湖州	跳高	3	1.7
陶叶革	男	田径短跨跳及接力项群赛	湖州	跳远	3	7.59
占琦	男	田径短跨跳及接力项群赛	湖州	1500米	3	3:53.50
丁雅彤	女	田径短跨跳及接力项群赛	湖州	三级跳远	3	12.27
王艺杰	男	田径短跨跳及接力项群赛	湖州	400米栏	3	53.08
王丹丹	女	田径短跨跳及接力项群赛	湖州	撑竿跳高	3	3.65

续表

姓名	性别	比赛名称	地点	项目	名次	成绩
陈枫晔	女	田径短跨跳及接力项群赛	湖州	跳高	3	1.55
周敏	女	田径短跨跳及接力项群赛	湖州	800 米	4	2:10.11
孔英杰	男	田径短跨跳及接力项群赛	湖州	1500 米	4	3:55.57
黄家磊	男	田径短跨跳及接力项群赛	湖州	跳远	4	7.51
许梦洁	女	田径短跨跳及接力项群赛	湖州	400 米	4	57.15
李倩倩	女	田径短跨跳及接力项群赛	湖州	三级跳远	4	11.89
高晶晶	女	田径短跨跳及接力项群赛	湖州	800 米	5	2:10.68
寿奕霏	女	田径短跨跳及接力项群赛	湖州	400 米	5	59.42
许方胤	男	田径短跨跳及接力项群赛	湖州	跳高	5	1.9
陈丹妮	女	田径短跨跳及接力项群赛	湖州	跳远	5	5.88
马成娜	女	田径短跨跳及接力项群赛	湖州	100 米	5	12.18
陆雨霜	女	田径短跨跳及接力项群赛	湖州	跳远	6	5.85
陈子暄	女	田径短跨跳及接力项群赛	湖州	800 米	6	2:25.16
颜雨彤	女	田径短跨跳及接力项群赛	湖州	跳远	7	5.81
宋志远	男	田径短跨跳及接力项群赛	湖州	1500 米	7	4:02.60
黄鑫豪	男	田径短跨跳及接力项群赛	湖州	200 米	7	2254
王迪宇	男	田径短跨跳及接力项群赛	湖州	1500 米	8	4:08.33
金佳盈	女	田径短跨跳及接力项群赛	湖州	跳远	8	5.46
庄欣盈	女	全国 U16 田径锦标赛	黄石	跳高	1	1.65
周诗哲	男	全国 U18 田径锦标赛	黄石	撑竿跳高	1	4.7
厉晨宇	男	全国 U18 田径锦标赛	黄石	跳高	8	1.87

网球

姓名	性别	比赛名称	地点	项目	名次	成绩
王馨潼（跨省云南队）	女	全国网球青年团体锦标赛	杨凌	女子团体	1	—
邹瑞瑞（跨省北京队）	女	全国网球青年团体锦标赛	杨凌	女子团体	3	—
杨一涵	女	全国软式网球冠军赛	江西	女子单打	3	—
连骋骋	女	全国软式网球冠军赛	江西	女子双打	2	—
连骋骋	女	全国软式网球冠军赛	江西	女子单打	7	—

羽毛球

姓名	性别	比赛名称	地点	项目	名次	成绩
陈旭君	男	全国羽毛球冠军赛	厦门	混合团体	1	—
谢浩南	男	全国羽毛球冠军赛	厦门	混合团体	1	—
叶远鹏	男	全国羽毛球冠军赛	厦门	混合团体	1	—
朱海源	男	全国羽毛球冠军赛	厦门	混合团体	1	—
汪浩天	男	全国羽毛球冠军赛	厦门	混合团体	1	—
孙超	男	全国羽毛球冠军赛	厦门	混合团体	1	—
方开	男	全国羽毛球冠军赛	厦门	混合团体	1	—
杨志华	男	全国羽毛球冠军赛	厦门	混合团体	1	—
吕学舟	女	全国羽毛球冠军赛	厦门	混合团体	1	—
任琳菲	女	全国羽毛球冠军赛	厦门	混合团体	1	—
郑岚	女	全国羽毛球冠军赛	厦门	混合团体	1	—
杨小乐	女	全国羽毛球冠军赛	厦门	混合团体	1	—
吴梦莹	女	全国羽毛球冠军赛	厦门	混合团体	1	—
余亦珊	女	全国羽毛球冠军赛	厦门	混合团体	1	—
杨智媛	女	全国羽毛球冠军赛	厦门	混合团体	1	—
朱哲卿	女	全国羽毛球冠军赛	厦门	混合团体	1	—
陈旭君	男	全国羽毛球冠军赛	厦门	男子双打	1	—
谢浩南	男	全国羽毛球冠军赛	厦门	男子双打	1	—
叶远鹏	男	全国羽毛球冠军赛	厦门	男子双打	2	—
朱海源	男	全国羽毛球冠军赛	厦门	男子双打	2	—
孙超	男	全国羽毛球冠军赛	厦门	男子单打	5	—
韩千禧	女	全国羽毛球冠军赛	厦门	女子单打	5	—
吕学舟	女	全国羽毛球冠军赛	厦门	女子单打	5	—

体操

<table>
<tr><th>姓名</th><th>性别</th><th>比赛名称</th><th>地点</th><th>项目</th><th>名次</th><th>成绩</th></tr>
<tr><td>陈夏凯</td><td>男</td><td rowspan="2">全国青年体操锦标赛暨全国青年体操 U 系列锦标赛</td><td>德州</td><td rowspan="4">甲组 U17 团体</td><td>6</td><td>291. 487</td></tr>
<tr><td>黎瑶</td><td>男</td><td>德州</td><td>6</td><td>291. 487</td></tr>
<tr><td>叶定昌</td><td>男</td><td rowspan="2">全国青年体操锦标赛暨全国青年体操 U 系列锦标赛</td><td>德州</td><td>6</td><td>291. 487</td></tr>
<tr><td>刘文浩</td><td>男</td><td>德州</td><td>6</td><td>291. 487</td></tr>
</table>

续表

姓名	性别	比赛名称	地点	项目	名次	成绩
陈夏凯	男	全国青年体操锦标赛暨全国青年体操 U 系列锦标赛	德州	甲组 U17 全能	2	155.274
刘文浩	男		德州	17 岁全能	5	146.280
陈夏凯	男	全国青年体操锦标赛暨全国青年体操 U 系列锦标赛	德州	16 岁全能	1	155.254
黎瑶	男		德州	15 岁全能	5	146.564
陈夏凯	男	全国青年体操锦标赛暨全国青年体操 U 系列锦标赛	德州	甲组 U17 自由体操	1	27.603
陈夏凯	男		德州	甲组 U17 鞍马	3	27.120
刘文浩	男	全国青年体操锦标赛暨全国青年体操 U 系列锦标赛	德州	甲组 U17 鞍马	6	26.673
黎瑶	男		德州	甲组 U17 跳马	3	28.448
陈夏凯	男	全国青年体操锦标赛暨全国青年体操 U 系列锦标赛	德州	甲组 U17 双杠	3	27.087
刘文浩	男		德州	甲组 U17 单杠	3	28.506
陈夏凯	男	全国青年体操锦标赛暨全国青年体操 U 系列锦标赛	德州	甲组 U17 单杠	7	25.803
陈夏凯	男		德州	甲组 U17 长蹦床	2	13.866
张清颖	女	全国青年体操锦标赛暨全国青年体操 U 系列锦标赛	德州	甲组 U15 全能	1	105.631
金孝轩	女		德州	甲组 U15 全能	2	104.820
黄卓凡	女	全国青年体操锦标赛暨全国青年体操 U 系列锦标赛	德州	甲组 U15 全能	7	96.154
张清颖	女		德州	甲组 U15 跳马	1	26.586
金孝轩	女		德州	甲组 U15 跳马	6	25.759
张清颖	女	全国青年体操锦标赛暨全国青年体操 U 系列锦标赛	德州	甲组 U15 高低杠	1	28.753
黄卓凡	女		德州	甲组 U15 高低杠	2	28.410
金孝轩	女		德州	甲组 U15 高低杠	3	26.210
张清颖	女	全国青年体操锦标赛暨全国青年体操 U 系列锦标赛	德州	甲组 U15 平衡木	1	29.269
金孝轩	女		德州	甲组 U15 平衡木	3	27.178
杨佳敏	女		德州	甲组 U15 平衡木	6	25.089
金孝轩	女	国青年体操锦标赛暨全国青年体操 U 系列锦标赛	德州	甲组 U15 自由操	2	27.643
张清颖	女		德州	甲组 U15 自由操	7	25.719
金孝轩	女	全国青年体操锦标赛暨全国青年体操 U 系列锦标赛	德州	甲组 U15 长蹦床	1	13.600
张清颖	女		德州	甲组 U15 长蹦床	2	13.533
刘瑞平	女	全国青年体操锦标赛暨全国青年体操 U 系列锦标赛	德州	乙组 U14 团体	3	189.282
吴思涵	女		德州		3	189.282
易思琪	女		德州		3	189.282
杨佳丽	女		德州		3	189.282

续表

姓名	性别	比赛名称	地点	项目	名次	成绩
吴思涵	女	全国青年体操锦标赛暨全国青年体操U系列锦标赛	德州	乙组U14全能	3	99.955
吴思涵	女		德州	14岁全能	2	99.955
易思琪	女	全国青年体操锦标赛暨全国青年体操U系列锦标赛	德州	13岁全能	5	94.510
刘瑞平	女		德州	13岁全能	6	94.356
吴思涵	女		德州	乙组U14跳马	6	25.531
吴思涵	女	全国青年体操锦标赛暨全国青年体操U系列锦标赛	德州	乙组U14平衡木	1	26.740
吴思涵	女		德州	乙组U14自由操	2	27.806
易思琪	女		德州	乙组U14自由操	8	24.696
杨皓楠	男	全国体操团体锦标赛	乐陵	男子团体	1	777.660
田昊	男	全国体操团体锦标赛	乐陵		1	777.660
谢晨屹	男	全国体操团体锦标赛	乐陵		1	777.660
吴俊铤	男	全国体操团体锦标赛	乐陵		1	777.660
陈忆路	男	全国体操团体锦标赛	乐陵		1	777.660
屈正	男	全国体操团体锦标赛	乐陵		1	777.660
陈夏凯	男	全国体操团体锦标赛	乐陵		1	777.660
蒙尚蓉	女	全国体操团体锦标赛	乐陵	女子团体	1	502.500
张欣怡	女	全国体操团体锦标赛	乐陵		1	502.500
张清颖	女	全国体操团体锦标赛	乐陵		1	502.500
陈妍菲	女	全国体操团体锦标赛	乐陵		1	502.500
黄卓凡	女	全国体操团体锦标赛	乐陵		1	502.500
刘瑞平	女	全国体操团体锦标赛	乐陵		1	502.500
金孝轩	女	全国体操团体锦标赛	乐陵		1	502.500
杨皓楠	男	全国体操团体锦标赛	乐陵	混合团体	1	624.100
田昊	男	全国体操团体锦标赛	乐陵		1	624.100
谢晨屹	男	全国体操团体锦标赛	乐陵		1	624.100
吴俊铤	男	全国体操团体锦标赛	乐陵		1	624.100
陈忆路	男	全国体操团体锦标赛	乐陵		1	624.100
屈正	男	全国体操团体锦标赛	乐陵		1	624.100
陈夏凯	男	全国体操团体锦标赛	乐陵		1	624.100
蒙尚蓉	女	全国体操团体锦标赛	乐陵		1	624.100
张欣怡	女	全国体操团体锦标赛	乐陵		1	624.100

续表

姓名	性别	比赛名称	地点	项目	名次	成绩
张清颖	女	全国体操团体锦标赛	乐陵	混合团体	1	624. 100
陈妍菲	女	全国体操团体锦标赛	乐陵		1	624. 100
黄卓凡	女	全国体操团体锦标赛	乐陵		1	624. 100
刘瑞平	女	全国体操团体锦标赛	乐陵		1	624. 100
金孝轩	女	全国体操团体锦标赛	乐陵		1	624. 100
杨皓楠	男	全国体操团体锦标赛	乐陵	吊环团体	1	64. 800
田昊	男	全国体操团体锦标赛	乐陵		1	64. 800
谢晨屹	男	全国体操团体锦标赛	乐陵		1	64. 800
吴俊铤	男	全国体操团体锦标赛	乐陵		1	64. 800
陈忆路	男	全国体操团体锦标赛	乐陵		1	64. 800
屈正	男	全国体操团体锦标赛	乐陵		1	64. 800
陈夏凯	男	全国体操团体锦标赛	乐陵		1	64. 800
杨皓楠	男	全国体操团体锦标赛	乐陵	双杠团体	1	68. 750
田昊	男	全国体操团体锦标赛	乐陵		1	68. 750
谢晨屹	男	全国体操团体锦标赛	乐陵		1	68. 750
吴俊铤	男	全国体操团体锦标赛	乐陵		1	68. 750
陈忆路	男	全国体操团体锦标赛	乐陵		1	68. 750
屈正	男	全国体操团体锦标赛	乐陵		1	68. 750
陈夏凯	男	全国体操团体锦标赛	乐陵		1	68. 750
杨皓楠	男	全国体操团体锦标赛	乐陵	单杠团体	1	66. 100
田昊	男	全国体操团体锦标赛	乐陵		1	66. 100
谢晨屹	男	全国体操团体锦标赛	乐陵		1	66. 100
吴俊铤	男	全国体操团体锦标赛	乐陵		1	66. 100
陈忆路	男	全国体操团体锦标赛	乐陵		1	66. 100
屈正	男	全国体操团体锦标赛	乐陵		1	66. 100
陈夏凯	男	全国体操团体锦标赛	乐陵		1	66. 100
杨皓楠	男	全国体操团体锦标赛	乐陵	自由操团体	4	62. 250
田昊	男	全国体操团体锦标赛	乐陵		4	62. 250
谢晨屹	男	全国体操团体锦标赛	乐陵		4	62. 250
吴俊铤	男	全国体操团体锦标赛	乐陵		4	62. 250
陈忆路	男	全国体操团体锦标赛	乐陵		4	62. 250

续表

姓名	性别	比赛名称	地点	项目	名次	成绩
屈正	男	全国体操团体锦标赛	乐陵	自由操团体	4	62.250
陈夏凯	男	全国体操团体锦标赛	乐陵		4	62.250
杨皓楠	男	全国体操团体锦标赛	乐陵	鞍马团体	2	62.050
田昊	男	全国体操团体锦标赛	乐陵		2	62.050
谢晨屹	男	全国体操团体锦标赛	乐陵		2	62.050
吴俊铤	男	全国体操团体锦标赛	乐陵		2	62.050
陈忆路	男	全国体操团体锦标赛	乐陵		2	62.050
屈正	男	全国体操团体锦标赛	乐陵		2	62.050
陈夏凯	男	全国体操团体锦标赛	乐陵		2	62.050
杨皓楠	男	全国体操团体锦标赛	乐陵	跳马团体	2	69.500
田昊	男	全国体操团体锦标赛	乐陵		2	69.500
谢晨屹	男	全国体操团体锦标赛	乐陵		2	69.500
吴俊铤	男	全国体操团体锦标赛	乐陵		2	69.500
陈忆路	男	全国体操团体锦标赛	乐陵		2	69.500
屈正	男	全国体操团体锦标赛	乐陵		2	69.500
陈夏凯	男	全国体操团体锦标赛	乐陵		2	69.500
蒙尚蓉	女	全国体操团体锦标赛	乐陵	跳马团体	1	61.850
张欣怡	女	全国体操团体锦标赛	乐陵		1	61.850
张清颖	女	全国体操团体锦标赛	乐陵		1	61.850
陈妍菲	女	全国体操团体锦标赛	乐陵		1	61.850
黄卓凡	女	全国体操团体锦标赛	乐陵		1	61.850
刘瑞平	女	全国体操团体锦标赛	乐陵		1	61.850
金孝轩	女	全国体操团体锦标赛	乐陵		1	61.850
蒙尚蓉	女	全国体操团体锦标赛	乐陵	高低杠团体	1	65.500
张欣怡	女	全国体操团体锦标赛	乐陵		1	65.500
张清颖	女	全国体操团体锦标赛	乐陵		1	65.500
陈妍菲	女	全国体操团体锦标赛	乐陵		1	65.500
黄卓凡	女	全国体操团体锦标赛	乐陵		1	65.500
刘瑞平	女	全国体操团体锦标赛	乐陵		1	65.500
金孝轩	女	全国体操团体锦标赛	乐陵		1	65.500

续表

姓名	性别	比赛名称	地点	项目	名次	成绩
蒙尚蓉	女	全国体操团体锦标赛	乐陵	平衡木团体	1	63.600
张欣怡	女	全国体操团体锦标赛	乐陵		1	63.600
张清颖	女	全国体操团体锦标赛	乐陵		1	63.600
陈妍菲	女	全国体操团体锦标赛	乐陵		1	63.600
黄卓凡	女	全国体操团体锦标赛	乐陵		1	63.600
刘瑞平	女	全国体操团体锦标赛	乐陵		1	63.600
金孝轩	女	全国体操团体锦标赛	乐陵		1	63.600
蒙尚蓉	女	全国体操团体锦标赛	乐陵	自由操团体	1	61.400
张欣怡	女	全国体操团体锦标赛	乐陵		1	61.400
张清颖	女	全国体操团体锦标赛	乐陵		1	61.400
陈妍菲	女	全国体操团体锦标赛	乐陵		1	61.400
黄卓凡	女	全国体操团体锦标赛	乐陵		1	61.400
刘瑞平	女	全国体操团体锦标赛	乐陵		1	61.400
金孝轩	女	全国体操团体锦标赛	乐陵		1	61.400
阙景逸	男	全国少年体操 U 系列锦标赛	长沙	10 岁组个人全能	1	83.112
阙景逸	男	全国少年体操 U 系列锦标赛	长沙	10 岁组鞍马	1	29.713
阙景逸	男	全国少年体操 U 系列锦标赛	长沙	10 岁组跳马	1	30.279
阙景逸	男	全国少年体操 U 系列锦标赛	长沙	10 岁组双杠	1	28.847
阙景逸	男	全国少年体操 U 系列锦标赛	长沙	10 岁组单杠	1	29.713
阙景逸	男	全国少年体操 U 系列锦标赛	长沙	10 岁组蹦床	1	13.233
阙景逸	男	全国少年体操 U 系列锦标赛	长沙	10 岁组最佳完成	1	50.765
阙景逸	男	全国少年体操 U 系列锦标赛	长沙	10 岁组最佳落地	1	6.0
阙景逸	男	全国少年体操 U 系列锦标赛	长沙	10 岁组自由操	2	29.347
阙景逸	男	全国少年体操 U 系列锦标赛	长沙	10 岁组吊环	2	28.813
陈宇轩	男	全国少年体操 U 系列锦标赛	长沙	10 岁组自由操	3	28.806
陈宇轩	男	全国少年体操 U 系列锦标赛	长沙	10 岁组鞍马	3	29.540
陈宇轩	男	全国少年体操 U 系列锦标赛	长沙	10 岁组双杠	3	28.273
吴化迪	男	全国少年体操 U 系列锦标赛	长沙	10 岁组单杠	3	28.659
陈宇轩	男	全国少年体操 U 系列锦标赛	长沙	10 岁组蹦床	3	12.533
吴化迪	男	全国少年体操 U 系列锦标赛	长沙	10 岁组最佳落地	3	5.0
吴化迪	男	全国少年体操 U 系列锦标赛	长沙	10 岁组个人全能	4	80.691

续表

姓名	性别	比赛名称	地点	项目	名次	成绩
吴化迪	男	全国少年体操U系列锦标赛	长沙	10岁组鞍马	4	29.192
王柏方	男	全国少年体操U系列锦标赛	长沙	10岁组吊环	4	27.899
王柏方	男	全国少年体操U系列锦标赛	长沙	10岁组跳马	4	29.766
王柏方	男	全国少年体操U系列锦标赛	长沙	10岁组双杠	4	28.066
吴化迪	男	全国少年体操U系列锦标赛	长沙	10岁组最佳完成	4	48.431
陈宇轩	男	全国少年体操U系列锦标赛	长沙	10岁组个人全能	5	79.806
吴化迪	男	全国少年体操U系列锦标赛	长沙	10岁组吊环	5	27.426
陈宇轩	男	全国少年体操U系列锦标赛	长沙	10岁组跳马	5	29.706
吴化迪	男	全国少年体操U系列锦标赛	长沙	10岁组双杠	5	27.759
王柏方	男	全国少年体操U系列锦标赛	长沙	10岁组单杠	5	28.199
陈宇轩	男	全国少年体操U系列锦标赛	长沙	10岁组最佳完成	5	47.399
陈宇轩	男	全国少年体操U系列锦标赛	长沙	10岁组最佳落地	5	4.0
王柏方	男	全国少年体操U系列锦标赛	长沙	10岁组自由操	6	27.800
陈宇轩	男	全国少年体操U系列锦标赛	长沙	10岁组吊环	6	27.373
吴化迪	男	全国少年体操U系列锦标赛	长沙	10岁组跳马	6	29.559
王柏方	男	全国少年体操U系列锦标赛	长沙	10岁组个人全能	7	78.565
吴化迪	男	全国少年体操U系列锦标赛	长沙	10岁组自由操	7	27.527
张昌恒	男	全国少年体操U系列锦标赛	长沙	11岁组单杠	2	30.033
张昌恒	男	全国少年体操U系列锦标赛	长沙	11岁组吊环	3	28.133
张昌恒	男	全国少年体操U系列锦标赛	长沙	11岁组跳马	6	29.900
张昌恒	男	全国少年体操U系列锦标赛	长沙	11岁组个人全能	7	80.231
张昌恒	男	全国少年体操U系列锦标赛	长沙	11岁组自由操	7	28.700
张昌恒	男	全国少年体操U系列锦标赛	长沙	11岁组最佳完成	7	47.764
张昌恒	男	全国少年体操U系列锦标赛	长沙	11岁组最佳落地	7	4.0
陈忆	男	全国少年体操U系列锦标赛	长沙	12岁组吊环	1	29.393
陈忆	男	全国少年体操U系列锦标赛	长沙	12岁组双杠	1	29.360
陈忆	男	全国少年体操U系列锦标赛	长沙	12岁组跳马	2	30.359
陈炎搏	男	全国少年体操U系列锦标赛	长沙	12岁组最佳落地	2	5.0
陈炎搏	男	全国少年体操U系列锦标赛	长沙	12岁组吊环	3	28.346
陈炎搏	男	全国少年体操U系列锦标赛	长沙	12岁组最佳完成	4	45.965
陈炎搏	男	全国少年体操U系列锦标赛	长沙	12岁组全能	5	78.512

续表

姓名	性别	比赛名称	地点	项目	名次	成绩
陈炎搏	男	全国少年体操 U 系列锦标赛	长沙	12 岁组双杠	5	28. 380
陈忆	男	全国少年体操 U 系列锦标赛	长沙	12 岁组个人全能	6	78. 358
陈忆	男	全国少年体操 U 系列锦标赛	长沙	12 岁组自由操	6	27. 826
陈忆	男	全国少年体操 U 系列锦标赛	长沙	12 岁组蹦床	6	12. 800
陈炎搏	男	全国少年体操 U 系列锦标赛	长沙	12 岁组鞍马	7	27. 647
陈炎搏	男	全国少年体操 U 系列锦标赛	长沙	12 岁组蹦床	7	12. 733
陈炎搏	男	全国少年体操 U 系列锦标赛	长沙	12 岁组自由操	8	27. 213
窦春兰	女	全国少年体操 U 系列锦标赛	长沙	9 岁组团体	1	168. 330
周欣然	女	全国少年体操 U 系列锦标赛	长沙		1	168. 330
戴欣瑶	女	全国少年体操 U 系列锦标赛	长沙		1	168. 330
袁万珺	女	全国少年体操 U 系列锦标赛	长沙		1	168. 330
窦春兰	女	全国少年体操 U 系列锦标赛	长沙	9 岁组个人全能	1	56. 438
窦春兰	女	全国少年体操 U 系列锦标赛	长沙	9 岁组高低杠	1	29. 939
窦春兰	女	全国少年体操 U 系列锦标赛	长沙	9 岁组平衡木	1	29. 739
周欣然	女	全国少年体操 U 系列锦标赛	长沙	9 岁组自由操	1	29. 739
周欣然	女	全国少年体操 U 系列锦标赛	长沙	9 岁组跳马	2	29. 906
窦春兰	女	全国少年体操 U 系列锦标赛	长沙	9 岁组最佳完成	2	33. 765
周欣然	女	全国少年体操 U 系列锦标赛	长沙	9 岁组个人全能	3	56. 272
袁万珺	女	全国少年体操 U 系列锦标赛	长沙	9 岁组跳马	3	29. 753
袁万珺	女	全国少年体操 U 系列锦标赛	长沙	9 岁组高低杠	3	29. 420
周欣然	女	全国少年体操 U 系列锦标赛	长沙	9 岁组最佳完成	3	33. 632
窦春兰	女	全国少年体操 U 系列锦标赛	长沙	9 岁组最佳落地	3	2. 0
周欣然	女	全国少年体操 U 系列锦标赛	长沙	9 岁组最佳落地	3	2. 0
周欣然	女	全国少年体操 U 系列锦标赛	长沙	9 岁组平衡木	4	28. 939
窦春兰	女	全国少年体操 U 系列锦标赛	长沙	9 岁组蹦床	4	13. 366
周欣然	女	全国少年体操 U 系列锦标赛	长沙	9 岁组高低杠	5	29. 273
窦春兰	女	全国少年体操 U 系列锦标赛	长沙	9 岁组自由操	6	28. 739
窦春兰	女	全国少年体操 U 系列锦标赛	长沙	9 岁组跳马	8	29. 172
袁万珺	女	全国少年体操 U 系列锦标赛	长沙	9 岁组最佳落地	8	1. 0
应亚欣	女	全国少年体操 U 系列锦标赛	长沙	10 岁组高低杠	1	30. 453
陈奕	女	全国少年体操 U 系列锦标赛	长沙	10 岁组平衡木	1	30. 493

续表

姓名	性别	比赛名称	地点	项目	名次	成绩
傅佳丽	女	全国少年体操U系列锦标赛	长沙	10岁组最佳落地	1	3.0
陈奕	女	全国少年体操U系列锦标赛	长沙	10岁组团体	2	165.949
傅佳丽	女	全国少年体操U系列锦标赛	长沙		2	165.949
焦佳怡	女	全国少年体操U系列锦标赛	长沙		2	165.949
应亚欣	女	全国少年体操U系列锦标赛	长沙		2	165.949
傅佳丽	女	全国少年体操U系列锦标赛	长沙	10岁组个人全能	2	56.172
傅佳丽	女	全国少年体操U系列锦标赛	长沙	10岁组高低杠	2	30.107
傅佳丽	女	全国少年体操U系列锦标赛	长沙	10岁组平衡木	2	29.873
傅佳丽	女	全国少年体操U系列锦标赛	长沙	10岁组最佳完成	2	32.565
陈奕	女	全国少年体操U系列锦标赛	长沙	10岁组最佳完成	3	31.465
陈奕	女	全国少年体操U系列锦标赛	长沙	10岁组最佳落地	3	2.0
陈奕	女	全国少年体操U系列锦标赛	长沙	10岁组蹦床	4	13.633
傅佳丽	女	全国少年体操U系列锦标赛	长沙	10岁组自由操	5	28.506
应亚欣	女	全国少年体操U系列锦标赛	长沙	10岁组蹦床	5	13.600
应亚欣	女	全国少年体操U系列锦标赛	长沙	10岁组最佳完成	5	31.200
应亚欣	女	全国少年体操U系列锦标赛	长沙	10岁组最佳落地	5	1.0
应亚欣	女	全国少年体操U系列锦标赛	长沙	10岁组个人全能	7	54.420
傅佳丽	女	全国少年体操U系列锦标赛	长沙	10岁组跳马	7	29.173
傅佳丽	女	全国少年体操U系列锦标赛	长沙	10岁组蹦床	7	13.533
陈奕	女	全国少年体操U系列锦标赛	长沙	10岁组个人全能	8	54.392
王婧慈	女	全国少年体操U系列锦标赛	长沙	12岁组平衡木	1	29.219
赵海煜	女	全国少年体操U系列锦标赛	长沙	12岁组团体	3	150.747
李益琳	女	全国少年体操U系列锦标赛	长沙		3	150.747
朱慧	女	全国少年体操U系列锦标赛	长沙		3	150.747
王婧慈	女	全国少年体操U系列锦标赛	长沙		3	150.747
王婧慈	女	全国少年体操U系列锦标赛	长沙	10岁组最佳完成	3	29.800
王婧慈	女	全国少年体操U系列锦标赛	长沙	12岁组自由操	4	26.519
王婧慈	女	全国少年体操U系列锦标赛	长沙	12岁组高低杠	5	27.019
朱慧	女	全国少年体操U系列锦标赛	长沙	12岁组平衡木	5	27.173
朱慧	女	全国少年体操U系列锦标赛	长沙	12岁组蹦床	5	13.200
王婧慈	女	全国少年体操U系列锦标赛	长沙	12岁组个人全能	6	51.952

续表

姓名	性别	比赛名称	地点	项目	名次	成绩
李益琳	女	全国少年体操U系列锦标赛	长沙	12岁组蹦床	6	13.100
朱慧	女	全国少年体操U系列锦标赛	长沙	12岁组跳马	8	28.339
陈忆路	男	全国体操锦标赛	杭州	跳马	1	14.999
陈妍菲	女	全国体操锦标赛	杭州	高低杠团体	1	54.400
张清颖	女	全国体操锦标赛	杭州		1	54.400
张欣怡	女	全国体操锦标赛	杭州		1	54.400
吴思涵	女	全国体操锦标赛	杭州		1	54.400
黄卓凡	女	全国体操锦标赛	杭州		1	54.400
金孝轩	女	全国体操锦标赛	杭州		1	54.400
陈忆路	男	全国体操锦标赛	杭州	跳马团体	2	58.050
谢晨屹	男	全国体操锦标赛	杭州		2	58.050
杨皓楠	男	全国体操锦标赛	杭州		2	58.050
吴俊铤	男	全国体操锦标赛	杭州		2	58.050
张立奇	男	全国体操锦标赛	杭州		2	58.050
田昊	男	全国体操锦标赛	杭州		2	58.050
田昊	男	全国体操锦标赛	杭州	鞍马	2	14.166
陈妍菲	女	全国体操锦标赛	杭州	团体	2	211.750
张清颖	女	全国体操锦标赛	杭州		2	211.750
张欣怡	女	全国体操锦标赛	杭州		2	211.750
吴思涵	女	全国体操锦标赛	杭州		2	211.750
黄卓凡	女	全国体操锦标赛	杭州		2	211.750
金孝轩	女	全国体操锦标赛	杭州		2	211.750
陈妍菲	女	全国体操锦标赛	杭州	跳马团体	2	51.850
张清颖	女	全国体操锦标赛	杭州		2	51.850
张欣怡	女	全国体操锦标赛	杭州		2	51.850
吴思涵	女	全国体操锦标赛	杭州		2	51.850
黄卓凡	女	全国体操锦标赛	杭州		2	51.850
金孝轩	女	全国体操锦标赛	杭州		2	51.850
陈妍菲	女	全国体操锦标赛	杭州	自由操团体	2	52.100
张清颖	女	全国体操锦标赛	杭州		2	52.100
张欣怡	女	全国体操锦标赛	杭州		2	52.100

续表

姓名	性别	比赛名称	地点	项目	名次	成绩
吴思涵	女	全国体操锦标赛	杭州		2	52.100
黄卓凡	女	全国体操锦标赛	杭州		2	52.100
金孝轩	女	全国体操锦标赛	杭州		2	52.100
张清颖	女	全国体操锦标赛	杭州	跳马	2	12.866
金孝轩	女	全国体操锦标赛	杭州	自由操	2	13.066
陈忆路	男	全国体操锦标赛	杭州	团体	3	326.050
谢晨屹	男	全国体操锦标赛	杭州	团体	3	326.050
杨皓楠	男	全国体操锦标赛	杭州	团体	3	326.050
吴俊铤	男	全国体操锦标赛	杭州	团体	3	326.050
张立奇	男	全国体操锦标赛	杭州	团体	3	326.050
田昊	男	全国体操锦标赛	杭州	团体	3	326.050
陈忆路	男	全国体操锦标赛	杭州	自由操团体	3	53.150
谢晨屹	男	全国体操锦标赛	杭州	自由操团体	3	53.150
杨皓楠	男	全国体操锦标赛	杭州	自由操团体	3	53.150
吴俊铤	男	全国体操锦标赛	杭州	自由操团体	3	53.150
张立奇	男	全国体操锦标赛	杭州	自由操团体	3	53.150
田昊	男	全国体操锦标赛	杭州	自由操团体	3	53.150
陈忆路	男	全国体操锦标赛	杭州	单杠团体	3	53.750
谢晨屹	男	全国体操锦标赛	杭州	单杠团体	3	53.750
杨皓楠	男	全国体操锦标赛	杭州	单杠团体	3	53.750
吴俊铤	男	全国体操锦标赛	杭州	单杠团体	3	53.750
张立奇	男	全国体操锦标赛	杭州	单杠团体	3	53.750
田昊	男	全国体操锦标赛	杭州	单杠团体	3	53.750
田昊	男	全国体操锦标赛	杭州	单杠	3	14.366
陈妍菲	女	全国体操锦标赛	杭州	平衡木团体	3	53.400
张清颖	女	全国体操锦标赛	杭州	平衡木团体	3	53.400
张欣怡	女	全国体操锦标赛	杭州	平衡木团体	3	53.400
吴思涵	女	全国体操锦标赛	杭州	平衡木团体	3	53.400
黄卓凡	女	全国体操锦标赛	杭州	平衡木团体	3	53.400
金孝轩	女	全国体操锦标赛	杭州	平衡木团体	3	53.400

续表

姓名	性别	比赛名称	地点	项目	名次	成绩
陈忆路	男	全国体操锦标赛	杭州	鞍马团体	4	52.700
谢晨屹	男	全国体操锦标赛	杭州		4	52.700
杨皓楠	男	全国体操锦标赛	杭州		4	52.700
吴俊铤	男	全国体操锦标赛	杭州		4	52.700
张立奇	男	全国体操锦标赛	杭州		4	52.700
田昊	男	全国体操锦标赛	杭州		4	52.700
陈忆路	男	全国体操锦标赛	杭州	双杠团体	4	55.500
谢晨屹	男	全国体操锦标赛	杭州		4	55.500
杨皓楠	男	全国体操锦标赛	杭州		4	55.500
吴俊铤	男	全国体操锦标赛	杭州		4	55.500
张立奇	男	全国体操锦标赛	杭州		4	55.500
田昊	男	全国体操锦标赛	杭州		4	55.500
陈忆路	男	全国体操锦标赛	杭州	吊环团体	5	52.900
谢晨屹	男	全国体操锦标赛	杭州		5	52.900
杨皓楠	男	全国体操锦标赛	杭州		5	52.900
吴俊铤	男	全国体操锦标赛	杭州		5	52.900
张立奇	男	全国体操锦标赛	杭州		5	52.900
田昊	男	全国体操锦标赛	杭州		5	52.900
杨皓楠	男	全国体操锦标赛	杭州	个人全能	5	163.050
张欣怡	女	全国体操锦标赛	杭州	高低杠	5	13.700
张欣怡	女	全国体操锦标赛	杭州	个人全能	6	106.450
黄卓凡	女	全国体操锦标赛	杭州	高低杠	8	13.033
张清颖	女	全国体操锦标赛	杭州	平衡木	8	12.900

艺术体操

姓名	性别	比赛名称	地点	项目	名次	成绩
王澜静	女	全国艺术体操冠军赛	杭州	成年集体全能	1	70.05
王澜静	女	全国艺术体操冠军赛	杭州	成年集体 5 圈	1	35.35
王澜静	女	全国艺术体操冠军赛	杭州	成年集体 3 带 2 球	1	32.10
梁子萱	女	全国艺术体操冠军赛	杭州	个人项目团体总分	1	104.35
梁子琪	女	全国艺术体操冠军赛	杭州		1	104.35
张瑀渊	女	全国艺术体操冠军赛	杭州		1	104.35
汤祖儿	女	全国艺术体操冠军赛	杭州		1	104.35

续表

姓名	性别	比赛名称	地点	项目	名次	成绩
吴蒋岚	女	全国艺术体操冠军赛	杭州	集体项目团体总分	1	48.05
张梓淼	女	全国艺术体操冠军赛	杭州	集体项目团体总分	1	48.05
徐晗	女	全国艺术体操冠军赛	杭州	集体项目团体总分	1	48.05
王琪	女	全国艺术体操冠军赛	杭州	集体项目团体总分	1	48.05
蔡约西	女	全国艺术体操冠军赛	杭州	集体项目团体总分	1	48.05
陶奕琳	女	全国艺术体操冠军赛	杭州	集体项目团体总分	1	48.05
宋思婷	女	全国艺术体操冠军赛	杭州	集体项目团体总分	1	48.05
梁子琪	女	全国艺术体操冠军赛	杭州	集体项目团体总分	1	48.05
梁子萱	女	全国艺术体操冠军赛	杭州	集体项目团体总分	1	48.05
丁紫涵	女	全国艺术体操冠军赛	杭州	集体项目团体总分	1	48.05
俞恩祺	女	全国艺术体操冠军赛	杭州	集体项目团体总分	1	48.05
杨嘉敏	女	全国艺术体操冠军赛	杭州	集体项目团体总分	1	48.05
沈思甜	女	全国艺术体操冠军赛	杭州	集体项目团体总分	1	48.05
黄建珍	女	全国艺术体操冠军赛	杭州	集体项目团体总分	1	48.05
丁紫涵	女	全国艺术体操冠军赛	杭州	成年集团全能	2	53.80
俞恩祺	女	全国艺术体操冠军赛	杭州		2	53.80
杨嘉敏	女	全国艺术体操冠军赛	杭州		2	53.80
沈思甜	女	全国艺术体操冠军赛	杭州		2	53.80
黄建珍	女	全国艺术体操冠军赛	杭州		2	53.80
丁紫涵	女	全国艺术体操冠军赛	杭州	成年集体 5 圈	2	27.80
俞恩祺	女	全国艺术体操冠军赛	杭州		2	27.80
杨嘉敏	女	全国艺术体操冠军赛	杭州		2	27.80
沈思甜	女	全国艺术体操冠军赛	杭州		2	27.80
黄建珍	女	全国艺术体操冠军赛	杭州		2	27.80
丁紫涵	女	全国艺术体操冠军赛	杭州	成年集体 3 带 2 球	2	25.55
俞恩祺	女	全国艺术体操冠军赛	杭州		2	25.55
杨嘉敏	女	全国艺术体操冠军赛	杭州		2	25.55
沈思甜	女	全国艺术体操冠军赛	杭州		2	25.55
黄建珍	女	全国艺术体操冠军赛	杭州		2	25.55
梁子琪	女	全国艺术体操冠军赛	杭州	团体总分	2	56
梁子萱	女	全国艺术体操冠军赛	杭州	团体总分	2	56

续表

姓名	性别	比赛名称	地点	项目	名次	成绩
徐静雯	女	全国艺术体操冠军赛	杭州	团体总分	2	56
宋思婷	女	全国艺术体操冠军赛	杭州	团体总分	2	56
张瑀渊	女	全国艺术体操冠军赛	杭州	团体总分	2	56
汤萌	女	全国艺术体操冠军赛	杭州	团体总分	2	56
汤祖儿	女	全国艺术体操冠军赛	杭州	团体总分	2	56
吴蒋岚	女	全国艺术体操冠军赛	杭州	团体总分	2	56
张梓淼	女	全国艺术体操冠军赛	杭州	团体总分	2	56
徐晗	女	全国艺术体操冠军赛	杭州	团体总分	2	56
王琪	女	全国艺术体操冠军赛	杭州	团体总分	2	56
蔡约西	女	全国艺术体操冠军赛	杭州	团体总分	2	56
陶奕琳	女	全国艺术体操冠军赛	杭州	团体总分	2	56
丁紫涵	女	全国艺术体操冠军赛	杭州	团体总分	2	56
俞恩祺	女	全国艺术体操冠军赛	杭州	团体总分	2	56
杨嘉敏	女	全国艺术体操冠军赛	杭州	团体总分	2	56
沈思甜	女	全国艺术体操冠军赛	杭州	团体总分	2	56
黄建珍	女	全国艺术体操冠军赛	杭州	团体总分	2	56
张瑀渊	女	全国艺术体操冠军赛	杭州	成年个人团体	3	257.85
汤萌	女	全国艺术体操冠军赛	杭州		3	257.85
汤祖儿	女	全国艺术体操冠军赛	杭州		3	257.85
张瑀渊	女	全国艺术体操冠军赛	杭州	成年个人球	3	29.30
张瑀渊	女	全国艺术体操冠军赛	杭州	成年个人棒	3	29.65
张瑀渊	女	全国艺术体操冠军赛	杭州	成年个人带	3	27.05
张瑀渊	女	全国艺术体操冠军赛	杭州	成年个人全能	4	110.70
张瑀渊	女	全国艺术体操冠军赛	杭州	成年个人圈	4	28.95
汤萌	女	全国艺术体操冠军赛	杭州	成年个人圈	7	25.35
汤萌	女	全国艺术体操冠军赛	杭州	成年个人带	7	22.50
汤萌	女	全国艺术体操冠军赛	杭州	成年个人全能	8	97.50
汤萌	女	全国艺术体操冠军赛	杭州	成年个人球	8	24.05
梁子琪	女	全国艺术体操冠军赛	杭州	少年个人团体	1	371.20
梁子萱	女	全国艺术体操冠军赛	杭州		1	371.20
徐静雯	女	全国艺术体操冠军赛	杭州		1	371.20
宋思婷	女	全国艺术体操冠军赛	杭州		1	371.20

续表

姓名	性别	比赛名称	地点	项目	名次	成绩
吴蒋岚	女	全国艺术体操冠军赛	杭州	少年集体全能	1	50.90
张梓淼	女	全国艺术体操冠军赛	杭州		1	50.90
徐晗	女	全国艺术体操冠军赛	杭州		1	50.90
王琪	女	全国艺术体操冠军赛	杭州		1	50.90
蔡约西	女	全国艺术体操冠军赛	杭州		1	50.90
陶奕琳	女	全国艺术体操冠军赛	杭州		1	50.90
吴蒋岚	女	全国艺术体操冠军赛	杭州	少年集体 5 绳	2	24.20
张梓淼	女	全国艺术体操冠军赛	杭州		2	24.20
徐晗	女	全国艺术体操冠军赛	杭州		2	24.20
王琪	女	全国艺术体操冠军赛	杭州		2	24.20
蔡约西	女	全国艺术体操冠军赛	杭州		2	24.20
陶奕琳	女	全国艺术体操冠军赛	杭州		2	24.20
吴蒋岚	女	全国艺术体操冠军赛	杭州	少年集体 5 球	2	24.70
张梓淼	女	全国艺术体操冠军赛	杭州		2	24.70
徐晗	女	全国艺术体操冠军赛	杭州		2	24.70
王琪	女	全国艺术体操冠军赛	杭州		2	24.70
蔡约西	女	全国艺术体操冠军赛	杭州		2	24.70
陶奕琳	女	全国艺术体操冠军赛	杭州		2	24.70
宋思婷	女	全国艺术体操冠军赛	杭州	少年个人带	2	22.45
宋思婷	女	全国艺术体操冠军赛	杭州	少年个人全能	3	141.35
宋思婷	女	全国艺术体操冠军赛	杭州	少年个人绳	3	25.50
梁子琪	女	全国艺术体操冠军赛	杭州	少年个人球	4	24.05
宋思婷	女	全国艺术体操冠军赛	杭州	少年个人棒	4	24.65
梁子萱	女	全国艺术体操冠军赛	杭州	少年个人圈	5	24.70
梁子萱	女	全国艺术体操冠军赛	杭州	少年个人球	5	23.65
梁子萱	女	全国艺术体操冠军赛	杭州	少年个人棒	5	24.60
梁子琪	女	全国艺术体操冠军赛	杭州	少年个人全能	6	135.85
梁子萱	女	全国艺术体操冠军赛	杭州	少年个人徒手	6	20.05
梁子萱	女	全国艺术体操冠军赛	杭州	少年个人绳	6	23.45
梁子琪	女	全国艺术体操冠军赛	杭州	少年个人圈	7	24.25
梁子琪	女	全国艺术体操冠军赛	杭州	少年个人带	7	20.70
梁子萱	女	全国艺术体操冠军赛	杭州	少年个人全能	8	132.85

蹦床

姓名	性别	比赛名称	地点	项目	名次	成绩
方佳怡	女	全国蹦床锦标赛	青岛	单跳团体	1	65.100
索嘉蔚	女	全国蹦床锦标赛	青岛	单跳团体	1	65.100
贾芳芳	女	全国蹦床锦标赛	青岛	单跳团体	1	65.100
贾芳芳	女	全国蹦床锦标赛	青岛	单跳个人	1	32.750
范心怡	女	全国蹦床锦标赛	青岛	高度分	1	56.09
梁亚楠	男	全国蹦床锦标赛	青岛	单跳团体	2	65.10
戴逸烯	男	全国蹦床锦标赛	青岛	单跳团体	2	65.10
范心怡	女	全国蹦床锦标赛	青岛	蹦床个人	3	56.090
索嘉蔚	女	全国蹦床锦标赛	青岛	单跳个人	3	29.200
方佳怡	女	全国蹦床锦标赛	青岛	单跳个人	6	30.400
王家阳	男	全国蹦床锦标赛	青岛	双人同步	7	30.454
朱涛	男	全国蹦床锦标赛	青岛	双人同步	7	30.454
梁亚楠	男	全国蹦床锦标赛	青岛	单跳个人	8	28.300
陈凌云	女	全国蹦床冠军赛	杭州	蹦床团体	1	212.570
吕柯梦	女	全国蹦床冠军赛	杭州	蹦床团体	1	212.570
曹云珠	女	全国蹦床冠军赛	杭州	蹦床团体	1	212.570
范心怡	女	全国蹦床冠军赛	杭州	蹦床团体	1	212.570
王子维	女	全国蹦床冠军赛	杭州	蹦床团体	1	212.570
曹云珠	女	全国蹦床冠军赛	杭州	蹦床个人	1	56.760
曹云珠	女	全国蹦床冠军赛	杭州	高度分	1	56.760
曹云珠	女	全国蹦床冠军赛	杭州	个人总分	1	56.760
曹云珠	女	全国蹦床冠军赛	杭州	移位分	2	56.760
朱涛	男	全国蹦床冠军赛	杭州	蹦床团体	3	218.620
王家阳	男	全国蹦床冠军赛	杭州	蹦床团体	3	218.620
邹诏政	男	全国蹦床冠军赛	杭州	蹦床团体	3	218.620
陈昱翰	男	全国蹦床冠军赛	杭州	蹦床团体	3	218.620
郭钦钻	男	全国蹦床冠军赛	杭州	蹦床团体	3	218.620
范心怡	女	全国蹦床冠军赛	杭州	高度分	3	55.660
范心怡	女	全国蹦床冠军赛	杭州	移位分	4	55.680
范心怡	女	全国蹦床冠军赛	杭州	蹦床个人	5	55.660
范心怡	女	全国蹦床冠军赛	杭州	个人总分	5	55.660

技巧

姓名	性别	比赛名称	地点	项目	名次	成绩
张秦珲	男	全国技巧锦标赛	贺州	混合双人平衡套	2	24.13
胡蓉蓉	女	全国技巧锦标赛	贺州		2	24.13
张秦珲	男	全国技巧锦标赛	贺州	混合双人全能	2	24.67
胡蓉蓉	女	全国技巧锦标赛	贺州		2	24.67
张秦珲	男	全国技巧锦标赛	贺州	混合双人动力套	3	22.50
胡蓉蓉	女	全国技巧锦标赛	贺州		3	22.50

篮球

姓名	性别	比赛名称	地点	项目	名次
陆翊铭	男	中国职业篮球联赛	诸暨	男子团体	5
任骏哲	男	中国职业篮球联赛	诸暨	男子团体	5
林孝天	男	中国职业篮球联赛	诸暨	男子团体	5
程帅澎	男	中国职业篮球联赛	诸暨	男子团体	5
陆文博	男	中国职业篮球联赛	诸暨	男子团体	5
刘泽一	男	中国职业篮球联赛	诸暨	男子团体	5
余嘉豪	男	中国职业篮球联赛	诸暨	男子团体	5
时振恺	男	中国职业篮球联赛	诸暨	男子团体	5
张洪硕	男	中国职业篮球联赛	诸暨	男子团体	5
王奕博	男	中国职业篮球联赛	诸暨	男子团体	5
张大宇	男	中国职业篮球联赛	诸暨	男子团体	5
吴前	男	中国职业篮球联赛	诸暨	男子团体	5
赖俊豪	男	中国职业篮球联赛	诸暨	男子团体	5
陈佳楠	女	全国女子篮球锦标赛	广元	女子团体	7
陈怡君	女	全国女子篮球锦标赛	广元	女子团体	7
单婉丽	女	全国女子篮球锦标赛	广元	女子团体	7
董可尔	女	全国女子篮球锦标赛	广元	女子团体	7
王海媚	女	全国女子篮球锦标赛	广元	女子团体	7
郑皓怡	女	全国女子篮球锦标赛	广元	女子团体	7
徐安琪	女	全国女子篮球锦标赛	广元	女子团体	7
余佳锦	女	全国女子篮球锦标赛	广元	女子团体	7
张宇新	女	全国女子篮球锦标赛	广元	女子团体	7

续表

姓名	性别	比赛名称	地点	项目	名次
周琪	女	全国女子篮球锦标赛	广元	女子团体	7
朱丹丹	女	全国女子篮球锦标赛	广元	女子团体	7
孙凤艺	女	全国女子篮球锦标赛	广元	女子团体	7
张敏	女	中国女子三人篮球联赛	成都	女子团体	2
单婉丽	女	中国女子三人篮球联赛	成都	女子团体	2
余佳锦	女	中国女子三人篮球联赛	成都	女子团体	2
董可尔	女	中国女子三人篮球联赛	成都	女子团体	2
朱丹丹	女	中国女子三人篮球联赛	成都	女子团体	2
周琪	女	中国女子三人篮球联赛	成都	女子团体	2
景天雨	男	全国 U19 青年篮球联赛	成都	男子团体	10
潘轲宇	男	全国 U19 青年篮球联赛	成都	男子团体	10
李洪波	男	全国 U19 青年篮球联赛	成都	男子团体	10
邹昀轩	男	全国 U19 青年篮球联赛	成都	男子团体	10
周怡杉	男	全国 U19 青年篮球联赛	成都	男子团体	10
张嘉许	男	全国 U19 青年篮球联赛	成都	男子团体	10
刘双语	男	全国 U19 青年篮球联赛	成都	男子团体	10
王奕霖	男	全国 U19 青年篮球联赛	成都	男子团体	10
代梦帆	女	全国 U17 青少年篮球联赛	丹东	女子团体	4
杨颖	女	全国 U17 青少年篮球联赛	丹东	女子团体	4
林桢	女	全国 U17 青少年篮球联赛	丹东	女子团体	4
李雨汧	女	全国 U17 青少年篮球联赛	丹东	女子团体	4
章雨桐	女	全国 U17 青少年篮球联赛	丹东	女子团体	4
谭书瑶	女	全国 U17 青少年篮球联赛	丹东	女子团体	4
詹喻茜	女	全国 U17 青少年篮球联赛	丹东	女子团体	4
陈婧	女	全国 U17 青少年篮球联赛	丹东	女子团体	4
胡多灵	女	全国 U17 青少年篮球联赛	丹东	女子团体	4
包莉萍	女	全国 U17 青少年篮球联赛	丹东	女子团体	4

排球

姓名	性别	比赛名称	地点	项目	名次
任郡勃	男	全国男排锦标赛	江门	男子团体	7
李成康	男	全国男排锦标赛	江门	男子团体	7

续表

姓名	性别	比赛名称	地点	项目	名次
陈磊炀	男	全国男排锦标赛	江门	男子团体	7
陈翱宇	男	全国男排锦标赛	江门	男子团体	7
王滨	男	全国男排锦标赛	江门	男子团体	7
王家懿	男	全国男排锦标赛	江门	男子团体	7
孙文俊	男	全国男排锦标赛	江门	男子团体	7
陆赵政	男	全国男排锦标赛	江门	男子团体	7
王森炳	男	全国男排锦标赛	江门	男子团体	7
龚钰杰	男	全国男排锦标赛	江门	男子团体	7
颜雯颖	女	全国女排锦标赛	漳州	女子团体	9
于师羽	女	全国女排锦标赛	漳州	女子团体	9
郑锦怡	女	全国女排锦标赛	漳州	女子团体	9
陈曦悦	女	全国女排锦标赛	漳州	女子团体	9
左易炜	女	全国女排锦标赛	漳州	女子团体	9
倪梦杰	女	全国女排锦标赛	漳州	女子团体	9
刘　雨	女	全国女排锦标赛	漳州	女子团体	9
王艺婷	女	全国女排锦标赛	漳州	女子团体	9
黄怡维	女	全国女排锦标赛	漳州	女子团体	9
丛晓慧	女	全国女排锦标赛	漳州	女子团体	9
曾惠临	女	全国女排锦标赛	漳州	女子团体	9
张红紫嫣	女	全国女排锦标赛	漳州	女子团体	9
叶　彤	女	全国女排锦标赛	漳州	女子团体	9
沈佳蓉	女	全国女排锦标赛	漳州	女子团体	9
曾洁雅	女	中国排球超级联赛	漳州	女子团体	10
于师羽	女	中国排球超级联赛	漳州	女子团体	10
郑锦怡	女	中国排球超级联赛	漳州	女子团体	10
陈曦悦	女	中国排球超级联赛	漳州	女子团体	10
左易炜	女	中国排球超级联赛	漳州	女子团体	10
倪梦杰	女	中国排球超级联赛	漳州	女子团体	10
刘　雨	女	中国排球超级联赛	漳州	女子团体	10
王艺婷	女	中国排球超级联赛	漳州	女子团体	10
孙若箐	女	中国排球超级联赛	漳州	女子团体	10

续表

姓名	性别	比赛名称	地点	项目	名次
丛晓慧	女	中国排球超级联赛	漳州	女子团体	10
曾惠临	女	中国排球超级联赛	漳州	女子团体	10
张红紫嫣	女	中国排球超级联赛	漳州	女子团体	10
叶　彤	女	中国排球超级联赛	漳州	女子团体	10
沈佳蓉	女	中国排球超级联赛	漳州	女子团体	10
季雨潇	女	全国 U17 排球锦标赛	漳州	女子团体	3
冯烁澜	女	全国 U17 排球锦标赛	漳州	女子团体	3
杨肖文欣	女	全国 U17 排球锦标赛	漳州	女子团体	3
陈月妍	女	全国 U17 排球锦标赛	漳州	女子团体	3
季千惠	女	全国 U17 排球锦标赛	漳州	女子团体	3
朱瓒	女	全国 U17 排球锦标赛	漳州	女子团体	3
郑蔺鸣	女	全国 U17 排球锦标赛	漳州	女子团体	3
黄海欣	女	全国 U17 排球锦标赛	漳州	女子团体	3
黄怡维	女	全国 U17 排球锦标赛	漳州	女子团体	3
赵雨茜	女	全国 U17 排球锦标赛	漳州	女子团体	3
王诺平	女	全国 U17 排球锦标赛	漳州	女子团体	3
刘庄梓	女	全国 U17 排球锦标赛	漳州	女子团体	3

沙滩排球

姓名	性别	比赛名称	地点	项目	名次
王凡	女	全国沙滩排球总积分排名	全国	女子沙排	3
李涵	女	全国沙滩排球总积分排名	全国	女子沙排	5
姚欣	女	全国沙滩排球总积分排名	全国		5
刘郭宝	男	全国巡回赛	平潭	男子沙排	8
洪伟强	男	全国巡回赛	平潭		8
李涵	女	全国沙滩排球巡回赛总决赛	海口	女子沙排	8
姚欣	女	全国沙滩排球巡回赛总决赛	海口		8
洪伟强	男	全国沙排 U19 锦标赛	海口	男子沙排	2
吴子奥	男	全国沙排 U15 锦标赛	海口	男子沙排	2
徐恺谦	男	全国沙排 U15 锦标赛	海口		2
丁冠翔	男	全国沙排 U19 锦标赛	海口	男子沙排	8
陆程城	男	全国沙排 U19 锦标赛	海口		8

跆拳道

姓名	性别	比赛名称	地点	项目	名次	成绩
林选	男	全国跆拳道锦标系列赛总成绩	全年	男子68公斤级	6	93.6
黄家云	女	全国跆拳道锦标系列赛总成绩	全年	女子62公斤级	2	181.6
吴巧珍	女	全国跆拳道锦标系列赛总成绩	全年	女子73公斤级	2	166.2
周怡星	女	全国跆拳道锦标系列赛总成绩	全年	女子62公斤级	8	72.7

武术散打

姓名	性别	比赛名称	地点	项目	名次	成绩
俞悦	女	全国武术散打锦标赛	重庆、漯河	女子65公斤级	5	—
董文彬	男	全国武术散打锦标赛	重庆、漯河	男子85公斤级	5	—
胡旭君	男	全国武术散打锦标赛	重庆、漯河	男子90公斤级	5	—
程毅	男	全国武术散打锦标赛	重庆、漯河	男子100公斤级	5	—
罗宏刚	男	全国武术散打锦标赛	重庆、漯河	男子48公斤级	3	—

武术套路

姓名	性别	比赛名称	地点	项目	名次	成绩
张骞尹	女	全国武术套路锦标赛	临沂	女子长拳	7	9.376
褚优贝	女	全国武术套路锦标赛	临沂	女子刀术	2	9.720
褚优贝	女	全国武术套路锦标赛	临沂	女子棍术	3	9.653
徐靖翔	男	全国武术套路锦标赛	临沂	男子长拳	5	9.716
徐靖翔	男	全国武术套路锦标赛	临沂	男子棍术	8	9.693
叶启楠	男	全国武术套路锦标赛	临沂	男子长拳	7	9.633
黄婧	女	全国武术套路锦标赛	临沂	女子枪术	6	9.303
林东东	男	全国武术套路锦标赛	临沂	男子太极剑	2	9.71
褚优贝	女	全国武术套路锦标赛	临沂	女子三人对练	5	9.12
黄婧	女	全国武术套路锦标赛	临沂		5	9.12
黄洁	女	全国武术套路锦标赛	临沂		5	9.12
胡书婷	女	全国武术套路锦标赛	临沂	女子太极剑	7	9.393
胡书婷	女	全国武术套路锦标赛	临沂	女子太极拳	3	9.546

赛艇

姓名	性别	比赛名称	地点	项目	名次
杨子浩	男	全国赛艇皮划艇比赛暨春季冠军赛	千岛湖	男子乙组 U20 陆上赛艇 5000 米	1
杨子浩	男	全国赛艇皮划艇比赛暨春季冠军赛	千岛湖	男子乙组 U20 陆上赛艇 12000 米	1
吴雨蓝晴	女	全国赛艇皮划艇比赛暨春季冠军赛	千岛湖	女子乙组 U18 陆上赛艇 8000 米	4
金学成	男	全国赛艇皮划艇比赛暨春季冠军赛	千岛湖	男子乙组 U20 陆上赛艇 5000 米	5
金学成	男	全国赛艇皮划艇比赛暨春季冠军赛	千岛湖	男子乙组 U20 陆上赛艇 12000 米	5
陈森森	男	全国赛艇皮划艇比赛暨春季冠军赛	千岛湖	男子轻量级甲组陆上赛艇 12000 米	5
陈蓉	女	全国赛艇皮划艇比赛暨春季冠军赛	千岛湖	女子乙组 U18 陆上赛艇 8000 米	6
陈森森	男	全国赛艇皮划艇比赛暨春季冠军赛	千岛湖	轻量级甲组陆上赛艇 5000 米	8
邹佳琪	女	全国赛艇皮划艇比赛暨春季冠军赛	湖北鄂州	轻量级甲组陆上赛艇 5000 米	1
邹佳琪	女	全国赛艇皮划艇比赛暨春季冠军赛	湖北鄂州	轻量级甲组双人双桨 2000 米	1
邹佳琪	女	全国赛艇皮划艇比赛暨春季冠军赛	湖北鄂州	女子轻量级甲组双人双桨 500 米	1
邹佳琪	女	全国赛艇皮划艇比赛暨春季冠军赛	湖北鄂州	轻量级甲组单人双桨 2000 米	1
邹佳琪	女	全国赛艇皮划艇比赛暨春季冠军赛	湖北鄂州	女子轻量级甲组单人双桨 500 米	1
邹佳琪	女	全国赛艇皮划艇比赛暨春季冠军赛	湖北鄂州	轻量级甲组单人双桨 12000 米	1
邹佳琪	女	全国赛艇皮划艇比赛暨春季冠军赛	湖北鄂州	轻量级单人双桨甲组个人全能	1
邹佳琪	女	全国赛艇皮划艇比赛暨春季冠军赛	湖北鄂州	轻量级甲组水上 2000 米(SA)	1
杨子浩	男	全国赛艇皮划艇比赛暨春季冠军赛	湖北鄂州	男子乙组 U20 水上 12000 米(SA)	1
杨子浩	男	全国赛艇皮划艇比赛暨春季冠军赛	湖北鄂州	男子乙组 U20 水上 2000 米(SA)	1
董郗娅	女	全国赛艇皮划艇比赛暨春季冠军赛	湖北鄂州	女子甲组单人双桨 500 米	2
张文霞	女	全国赛艇皮划艇比赛暨春季冠军赛	湖北鄂州	轻量级甲组双人双桨 2000 米	2
张文霞	女	全国赛艇皮划艇比赛暨春季冠军赛	湖北鄂州	女子轻量级甲组双人双桨 500 米	2
谢天峰	男	全国赛艇皮划艇比赛暨春季冠军赛	湖北鄂州	甲组八人双桨有舵手 2000 米	2
葛迦立	男	全国赛艇皮划艇比赛暨春季冠军赛	湖北鄂州	甲组八人双桨有舵手 2000 米	2
谢天峰	男	全国赛艇皮划艇比赛暨春季冠军赛	湖北鄂州	男子甲组八人双桨有舵手 500 米	2
葛迦立	男	全国赛艇皮划艇比赛暨春季冠军赛	湖北鄂州	男子甲组八人双桨有舵手 500 米	2
邹佳琪	女	全国赛艇皮划艇比赛暨春季冠军赛	湖北鄂州	甲组女子轻量级 3000 米跑	2
张文霞	女	全国赛艇皮划艇比赛暨春季冠军赛	湖北鄂州	轻量级甲组陆上赛艇 5000 米	3
董郗娅	女	全国赛艇皮划艇比赛暨春季冠军赛	湖北鄂州	女子甲组单人双桨 2000 米	3
谢天峰	男	全国赛艇皮划艇比赛暨春季冠军赛	湖北鄂州	男子甲组双人单桨 12000 米	3
张文霞	女	全国赛艇皮划艇比赛暨春季冠军赛	湖北鄂州	轻量级甲组单人双桨 2000 米	3

续表

<table>
<tr><th>姓名</th><th>性别</th><th>比赛名称</th><th>地点</th><th>项目</th><th>名次</th></tr>
<tr><td>张文霞</td><td>女</td><td>全国赛艇皮划艇比赛暨春季冠军赛</td><td>湖北鄂州</td><td>女子轻量级甲组单人
双桨500米</td><td>3</td></tr>
<tr><td>张文霞</td><td>女</td><td>全国赛艇皮划艇比赛暨春季冠军赛</td><td>湖北鄂州</td><td>轻量级甲组单人双桨12000米</td><td>3</td></tr>
<tr><td>张文霞</td><td>女</td><td>全国赛艇皮划艇比赛暨春季冠军赛</td><td>湖北鄂州</td><td>轻量级甲组水上2000米(SA)</td><td>3</td></tr>
<tr><td>谢天峰</td><td>男</td><td>全国赛艇皮划艇比赛暨春季冠军赛</td><td>湖北鄂州</td><td rowspan="2">混合甲组八人双桨
有舵手2000米</td><td>4</td></tr>
<tr><td>葛迦立</td><td>男</td><td>全国赛艇皮划艇比赛暨春季冠军赛</td><td>湖北鄂州</td><td>4</td></tr>
<tr><td>谢天峰</td><td>男</td><td>全国赛艇皮划艇比赛暨春季冠军赛</td><td>湖北鄂州</td><td>混合甲组八人双桨有舵手500米</td><td>4</td></tr>
<tr><td>葛迦立</td><td>男</td><td>全国赛艇皮划艇比赛暨春季冠军赛</td><td>湖北鄂州</td><td>混合甲组八人双桨有舵手500米</td><td>4</td></tr>
<tr><td>张文霞</td><td>女</td><td>全国赛艇皮划艇比赛暨春季冠军赛</td><td>湖北鄂州</td><td>女子甲组轻量级3000米跑</td><td>4</td></tr>
<tr><td>张文霞</td><td>女</td><td>全国赛艇皮划艇比赛暨春季冠军赛</td><td>湖北鄂州</td><td>轻量级单人双桨甲组个人全能</td><td>4</td></tr>
<tr><td>吴雨蓝晴</td><td>女</td><td>全国赛艇皮划艇比赛暨春季冠军赛</td><td>湖北鄂州</td><td>女子乙组U18水上8000米(SA)</td><td>4</td></tr>
<tr><td>谢天峰</td><td>男</td><td>全国赛艇皮划艇比赛暨春季冠军赛</td><td>湖北鄂州</td><td>男子甲组双人单桨2000米</td><td>5</td></tr>
<tr><td>谢天峰</td><td>男</td><td>全国赛艇皮划艇比赛暨春季冠军赛</td><td>湖北鄂州</td><td>男子甲组双人单桨500米</td><td>5</td></tr>
<tr><td>葛迦立</td><td>男</td><td>全国赛艇皮划艇比赛暨春季冠军赛</td><td>湖北鄂州</td><td>男子甲组双人单桨12000米</td><td>5</td></tr>
<tr><td>金学成</td><td>男</td><td>全国赛艇皮划艇比赛暨春季冠军赛</td><td>湖北鄂州</td><td>男子乙组U20水上12000米(SA)</td><td>5</td></tr>
<tr><td>金学成</td><td>男</td><td>全国赛艇皮划艇比赛暨春季冠军赛</td><td>湖北鄂州</td><td>男子乙组U20水上2000米(SA)</td><td>5</td></tr>
<tr><td>陈森森</td><td>男</td><td>全国赛艇皮划艇比赛暨春季冠军赛</td><td>湖北鄂州</td><td>轻量级甲组水上12000米(SA)</td><td>5</td></tr>
<tr><td>葛迦立</td><td>男</td><td>全国赛艇皮划艇比赛暨春季冠军赛</td><td>湖北鄂州</td><td>男子乙组U20陆上赛艇5000米</td><td>6</td></tr>
<tr><td>陈蓉</td><td>女</td><td>全国赛艇皮划艇比赛暨春季冠军赛</td><td>湖北鄂州</td><td>女子乙组U18水上8000米(SA)</td><td>6</td></tr>
<tr><td>葛迦立</td><td>男</td><td>全国赛艇皮划艇比赛暨春季冠军赛</td><td>湖北鄂州</td><td>男子乙组U20水上2000米(SA)</td><td>6</td></tr>
<tr><td>孙铭霞</td><td>女</td><td>全国赛艇皮划艇比赛暨春季冠军赛</td><td>湖北鄂州</td><td>女子甲组单桨3000米跑</td><td>8</td></tr>
<tr><td>董郗娅</td><td>女</td><td>全国赛艇皮划艇比赛暨春季冠军赛</td><td>湖北鄂州</td><td>女子甲组双桨3000米跑</td><td>8</td></tr>
<tr><td>陈森森</td><td>男</td><td>全国赛艇皮划艇比赛暨春季冠军赛</td><td>湖北鄂州</td><td>轻量级甲组水上2000米(SA)</td><td>8</td></tr>
<tr><td>董郗娅</td><td>女</td><td>2022年全国赛艇锦标赛</td><td>浙江丽水</td><td>甲组女子八人单桨有舵手</td><td>1</td></tr>
<tr><td>潘之怡</td><td>女</td><td>2022年全国赛艇锦标赛</td><td>浙江丽水</td><td>U19混合四人双桨</td><td>1</td></tr>
<tr><td>赵艺淑</td><td>女</td><td>2022年全国赛艇锦标赛</td><td>浙江丽水</td><td>U19混合四人双桨</td><td>1</td></tr>
<tr><td>马章志</td><td>男</td><td>2022年全国赛艇锦标赛</td><td>浙江丽水</td><td>U19混合四人双桨</td><td>1</td></tr>
<tr><td>赵士翰</td><td>男</td><td>2022年全国赛艇锦标赛</td><td>浙江丽水</td><td>U19混合四人双桨</td><td>1</td></tr>
<tr><td>黄沈莉</td><td>女</td><td>2022年全国赛艇锦标赛</td><td>浙江丽水</td><td>轻量级女子双人双桨</td><td>1</td></tr>
<tr><td>张文霞</td><td>女</td><td>2022年全国赛艇锦标赛</td><td>浙江丽水</td><td>轻量级女子双人双桨</td><td>1</td></tr>
<tr><td>杨子浩</td><td>男</td><td>2022年全国赛艇锦标赛</td><td>浙江丽水</td><td>U19男子单人双桨</td><td>2</td></tr>
</table>

续表

姓名	性别	比赛名称	地点	项目	名次
富灵	女	2022 年全国赛艇锦标赛	浙江丽水	轻量级女子双人双桨	2
褚静蓉	女	2022 年全国赛艇锦标赛	浙江丽水	轻量级女子双人双桨	2
张燕华	女	2022 年全国赛艇锦标赛	浙江丽水	甲组混合八人单桨有舵手	2
叶依妮	女	2022 年全国赛艇锦标赛	浙江丽水	甲组混合八人单桨有舵手	2
薛静波	女	2022 年全国赛艇锦标赛	浙江丽水	甲组混合八人单桨有舵手	2
林美炫	女	2022 年全国赛艇锦标赛	浙江丽水	甲组混合八人单桨有舵手	2
宋学智	男	2022 年全国赛艇锦标赛	浙江丽水	甲组混合八人单桨有舵手	2
曹刚豪	男	2022 年全国赛艇锦标赛	浙江丽水	甲组混合八人单桨有舵手	2
张芝宇	男	2022 年全国赛艇锦标赛	浙江丽水	甲组混合八人单桨有舵手	2
周明爽	男	2022 年全国赛艇锦标赛	浙江丽水	甲组混合八人单桨有舵手	2
范逸婷	女	2022 年全国赛艇锦标赛	浙江丽水	甲组混合八人单桨有舵手	2
张文霞	女	2022 年全国赛艇锦标赛	浙江丽水	甲组女子四人双桨	2
黄沈莉	女	2022 年全国赛艇锦标赛	浙江丽水	甲组女子四人双桨	2
褚静蓉	女	2022 年全国赛艇锦标赛	浙江丽水	甲组女子四人双桨	2
富灵	女	2022 年全国赛艇锦标赛	浙江丽水	甲组女子四人双桨	2
张庆雨	男	2022 年全国赛艇锦标赛	浙江丽水	U19 男子双人双桨	2
郑智超	男	2022 年全国赛艇锦标赛	浙江丽水	U19 男子双人双桨	2
杨忠澳	男	2022 年全国赛艇锦标赛	浙江丽水	U17 男子四人双桨	2
邱楸轩	男	2022 年全国赛艇锦标赛	浙江丽水	U17 男子四人双桨	2
许开元	男	2022 年全国赛艇锦标赛	浙江丽水	U17 男子四人双桨	2
贾世杰	男	2022 年全国赛艇锦标赛	浙江丽水	U17 男子四人双桨	2
干成程	男	2022 年全国赛艇锦标赛	浙江丽水	U19 男子双人单桨	2
陈佳烨	男	2022 年全国赛艇锦标赛	浙江丽水	U19 男子双人单桨	2
刘柯莹	女	2022 年全国赛艇锦标赛	浙江丽水	U19 女子双人双桨	3
陈蓉	女	2022 年全国赛艇锦标赛	浙江丽水	U19 女子双人双桨	3
葛迦立	男	2022 年全国赛艇锦标赛	浙江丽水	甲组男子双人单桨	4
金学成	男	2022 年全国赛艇锦标赛	浙江丽水	甲组男子双人单桨	4
李丹	女	2022 年全国赛艇锦标赛	浙江丽水	甲组女子双人单桨	4
孙红静	女	2022 年全国赛艇锦标赛	浙江丽水	甲组女子双人单桨	4
李丹	女	2022 年全国赛艇锦标赛	浙江丽水	甲组女子四人单桨	4
闻嘉奕	女	2022 年全国赛艇锦标赛	浙江丽水	甲组女子四人单桨	4

续表

姓名	性别	比赛名称	地点	项目	名次
孙红静	女	2022 年全国赛艇锦标赛	浙江丽水	甲组女子四人单桨	4
陈佳敏	女	2022 年全国赛艇锦标赛	浙江丽水	甲组女子四人单桨	4
邹佳琪	女	2022 年全国赛艇锦标赛	浙江丽水	甲组女轻双人双桨	4
邱瑜	女	2022 年全国赛艇锦标赛	浙江丽水	U19 女子双人单桨	4
高海艳	女	2022 年全国赛艇锦标赛	浙江丽水	U19 女子双人单桨	4
田雨	男	2022 年全国赛艇锦标赛	浙江丽水	甲组男子八人单桨有舵手	5
周明爽	男	2022 年全国赛艇锦标赛	浙江丽水	甲组男子八人单桨有舵手	5
张芝宇	男	2022 年全国赛艇锦标赛	浙江丽水	甲组男子八人单桨有舵手	5
金学成	男	2022 年全国赛艇锦标赛	浙江丽水	甲组男子八人单桨有舵手	5
周磊	男	2022 年全国赛艇锦标赛	浙江丽水	甲组男子八人单桨有舵手	5
谢天峰	男	2022 年全国赛艇锦标赛	浙江丽水	甲组男子八人单桨有舵手	5
葛迦立	男	2022 年全国赛艇锦标赛	浙江丽水	甲组男子八人单桨有舵手	5
万知达	男	2022 年全国赛艇锦标赛	浙江丽水	甲组男子八人单桨有舵手	5
范逸婷	女	2022 年全国赛艇锦标赛	浙江丽水	甲组男子八人单桨有舵手	5
张燕华	女	2022 年全国赛艇锦标赛	浙江丽水	甲组女子八人单桨有舵手	6
薛静波	女	2022 年全国赛艇锦标赛	浙江丽水	甲组女子八人单桨有舵手	6
陈佳敏	女	2022 年全国赛艇锦标赛	浙江丽水	甲组女子八人单桨有舵手	6
孙铭霞	女	2022 年全国赛艇锦标赛	浙江丽水	甲组女子八人单桨有舵手	6
林美炫	女	2022 年全国赛艇锦标赛	浙江丽水	甲组女子八人单桨有舵手	6
闻嘉奕	女	2022 年全国赛艇锦标赛	浙江丽水	甲组女子八人单桨有舵手	6
叶依妮	女	2022 年全国赛艇锦标赛	浙江丽水	甲组女子八人单桨有舵手	6
杨秋英	女	2022 年全国赛艇锦标赛	浙江丽水	甲组女子八人单桨有舵手	6
孙宇豪	男	2022 年全国赛艇锦标赛	浙江丽水	甲组女子八人单桨有舵手	6
田雨	男	2022 年全国赛艇锦标赛	浙江丽水	甲组男子四人单桨	6
谢天峰	男	2022 年全国赛艇锦标赛	浙江丽水	甲组男子四人单桨	6
周磊	男	2022 年全国赛艇锦标赛	浙江丽水	甲组男子四人单桨	6
万知达	男	2022 年全国赛艇锦标赛	浙江丽水	甲组男子四人单桨	6
宋学智	男	2022 年全国赛艇锦标赛	浙江丽水	甲组男子双人单桨	7
曹刚豪	男	2022 年全国赛艇锦标赛	浙江丽水	甲组男子双人单桨	7
宋学智	男	2022 年全国赛艇秋季冠军赛	湖北鄂州	2000 米男子双人双桨	1
周明爽	男	2022 年全国赛艇秋季冠军赛	湖北鄂州	2000 米男子双人双桨	1

续表

姓名	性别	比赛名称	地点	项目	名次
邹佳琪	女	2022 年全国赛艇秋季冠军赛	湖北鄂州	2000 米女轻双人双桨	1
富灵	女	2022 年全国赛艇秋季冠军赛	湖北鄂州	2000 米女轻双人双桨	1
黄沈莉	女	2022 年全国赛艇秋季冠军赛	湖北鄂州	2000 米女轻双人双桨	1
李丹	女	2022 年全国赛艇秋季冠军赛	湖北鄂州	2000 米女子四人单桨	1
陈佳敏	女	2022 年全国赛艇秋季冠军赛	湖北鄂州	2000 米女子四人单桨	1
张燕华	女	2022 年全国赛艇秋季冠军赛	湖北鄂州	2000 米女子四人单桨	1
孙红静	女	2022 年全国赛艇秋季冠军赛	湖北鄂州	2000 米女子四人单桨	1
马章志	男	2022 年全国赛艇秋季冠军赛	湖北鄂州	2000 米男子四人双桨	1
赵士翰	男	2022 年全国赛艇秋季冠军赛	湖北鄂州	2000 米男子四人双桨	1
张庆雨	男	2022 年全国赛艇秋季冠军赛	湖北鄂州	2000 米男子四人双桨	1
郑智超	男	2022 年全国赛艇秋季冠军赛	湖北鄂州	2000 米男子四人双桨	1
张文霞	女	2022 年全国赛艇秋季冠军赛	湖北鄂州	2000 米女轻双人双桨	2
李丹	女	2022 年全国赛艇秋季冠军赛	湖北鄂州	2000 米女子双人单桨	2
孙红静	女	2022 年全国赛艇秋季冠军赛	湖北鄂州	2000 米女子双人单桨	2
褚静蓉	女	2022 年全国赛艇秋季冠军赛	湖北鄂州	2000 米女子双人双桨	2
季小梅	女	2022 年全国赛艇秋季冠军赛	湖北鄂州	2000 米女子双人双桨	2
田雨	男	2022 年全国赛艇秋季冠军赛	湖北鄂州	2000 米男子双人单桨	3
曹刚豪	男	2022 年全国赛艇秋季冠军赛	湖北鄂州	2000 米男子双人单桨	3

皮划艇

姓名	性别	比赛名称	地点	项目	名次
吴维峰	男	全国赛艇皮划艇比赛暨春季冠军赛	千岛湖	竞速划艇乙组 U20 陆上赛艇 2000 米	1
裘艺	女	全国赛艇皮划艇比赛暨春季冠军赛	千岛湖	女子竞速皮艇甲组陆上赛艇 2000 米	1
吴维峰	男	全国赛艇皮划艇比赛暨春季冠军赛	千岛湖	竞速划艇乙组 U20 陆上赛艇 30 分钟	1
裘艺	女	全国赛艇皮划艇比赛暨春季冠军赛	千岛湖	女子竞速皮艇甲组陆上赛艇 30 分钟	1
裘艺	女	全国赛艇皮划艇比赛暨春季冠军赛	千岛湖	女子竞速皮艇甲组水上 500 米(SA)	1
裘艺	女	全国赛艇皮划艇比赛暨春季冠军赛	千岛湖	竞速皮艇甲组水陆划跑 12000 米(SA)	1
吴维峰	男	全国赛艇皮划艇比赛暨春季冠军赛	千岛湖	竞速划艇乙组 U20 水上 1000 米(SA)	1

续表

姓名	性别	比赛名称	地点	项目	名次
吴维峰	男	全国赛艇皮划艇比赛暨春季冠军赛	千岛湖	竞速划艇乙组 U20 水陆划跑 8000 米(SA)	1
滕凯	男	全国赛艇皮划艇比赛暨春季冠军赛	千岛湖	男子竞速划艇甲组陆上赛艇 30 分钟	2
岁俊茹	女	全国赛艇皮划艇比赛暨春季冠军赛	千岛湖	女子竞速皮艇乙组 U20 陆上赛艇 30 分钟	2
金珍珠	女	全国赛艇皮划艇比赛暨春季冠军赛	千岛湖	女子竞速皮艇乙组 U18 陆上赛艇 30 分钟	2
滕凯	男	全国赛艇皮划艇比赛暨春季冠军赛	千岛湖	男子竞速划艇甲组水陆划跑 12000 米(SA)	2
岁俊茹	女	全国赛艇皮划艇比赛暨春季冠军赛	千岛湖	竞速皮艇乙组 U20 水陆划跑 8000 米(SA)	2
金珍珠	女	全国赛艇皮划艇比赛暨春季冠军赛	千岛湖	竞速皮艇乙组 U18 水陆划跑 8000 米(SA)	2
金珍珠	女	全国赛艇皮划艇比赛暨春季冠军赛	千岛湖	女子竞速皮艇乙组 U18 陆上赛艇 2000 米	3
金珍珠	女	全国赛艇皮划艇比赛暨春季冠军赛	千岛湖	女子竞速皮艇乙组 U18 水上 500 米(SA)	3
岁俊茹	女	全国赛艇皮划艇比赛暨春季冠军赛	千岛湖	女子竞速皮艇乙组 U20 陆上赛艇 2000 米	4
竺项怡	女	全国赛艇皮划艇比赛暨春季冠军赛	千岛湖	女子竞速皮艇乙组 U18 陆上赛艇 2000 米	4
孙阳	女	全国赛艇皮划艇比赛暨春季冠军赛	千岛湖	女子竞速划艇乙组 U18 陆上赛艇 30 分钟	4
孙婉婷	女	全国赛艇皮划艇比赛暨春季冠军赛	千岛湖	女子竞速皮艇乙组 U20 陆上赛艇 30 分钟	4
岁俊茹	女	全国赛艇皮划艇比赛暨春季冠军赛	千岛湖	女子竞速皮艇乙组 U20 水上 500 米(SA)	4
竺项怡	女	全国赛艇皮划艇比赛暨春季冠军赛	千岛湖	女子竞速皮艇乙组 U18 水上 500 米(SA)	4
孙阳	女	全国赛艇皮划艇比赛暨春季冠军赛	千岛湖	竞速划艇乙组 U18 水陆划跑 8000 米(SA)	4
孙婉婷	女	全国赛艇皮划艇比赛暨春季冠军赛	千岛湖	竞速皮艇乙组 U20 水陆划跑 8000 米(SA)	4
陈作添	男	全国赛艇皮划艇比赛暨春季冠军赛	千岛湖	男子竞速皮艇乙组 U18 陆上赛艇 2000 米	5
陈作添	男	全国赛艇皮划艇比赛暨春季冠军赛	千岛湖	男子竞速皮艇乙组 U18 水上 1000 米(SA)	5

续表

姓名	性别	比赛名称	地点	项目	名次
孙婉婷	女	全国赛艇皮划艇比赛暨春季冠军赛	千岛湖	女子竞速皮艇乙组 U20 陆上赛艇 2000 米	6
丁欣	女	全国赛艇皮划艇比赛暨春季冠军赛	千岛湖	女子竞速划艇乙组 U20 陆上赛艇 30 分钟	6
孙婉婷	女	全国赛艇皮划艇比赛暨春季冠军赛	千岛湖	女子竞速皮艇乙组 U20 水上 500 米(SA)	6
丁欣	女	全国赛艇皮划艇比赛暨春季冠军赛	千岛湖	竞速划艇乙组 U20 水陆划跑 8000 米(SA)	6
林铭煜	男	全国赛艇皮划艇比赛暨春季冠军赛	千岛湖	男子竞速划艇乙组 U18 陆上赛艇 30 分钟	7
竺项怡	女	全国赛艇皮划艇比赛暨春季冠军赛	千岛湖	女子竞速皮艇乙组 U18 陆上赛艇 30 分钟	7
林铭煜	男	全国赛艇皮划艇比赛暨春季冠军赛	千岛湖	竞速划艇乙组 U18 水陆划跑 8000 米(SA)	7
竺项怡	女	全国赛艇皮划艇比赛暨春季冠军赛	千岛湖	竞速皮艇乙组 U18 水陆划跑 8000 米(SA)	7
滕凯	男	全国赛艇皮划艇比赛暨春季冠军赛	千岛湖	男子竞速划艇甲组陆上赛艇 2000 米	8
丁思洁	女	全国赛艇皮划艇比赛暨春季冠军赛	千岛湖	女子竞速划艇乙组 U20 陆上赛艇 2000 米	8
苏长洵	男	全国赛艇皮划艇比赛暨春季冠军赛	千岛湖	男子竞速划艇乙组 U20 陆上赛艇 30 分钟	8
戴贤涛	男	全国赛艇皮划艇比赛暨春季冠军赛	千岛湖	男子竞速划艇乙组 U18 陆上赛艇 30 分钟	8
陈雨乐	女	全国赛艇皮划艇比赛暨春季冠军赛	千岛湖	女子竞速皮艇乙组 U18 陆上赛艇 30 分钟	8
滕凯	男	全国赛艇皮划艇比赛暨春季冠军赛	千岛湖	男子竞速划艇甲组水上 1000 米(SA)	8
丁思洁	女	全国赛艇皮划艇比赛暨春季冠军赛	千岛湖	女子竞速划艇乙组 U20 水上 500 米(SA)	8
苏长洵	男	全国赛艇皮划艇比赛暨春季冠军赛	千岛湖	竞速划艇乙组 U20 水陆划跑 8000 米(SA)	8
陈雨乐	女	全国赛艇皮划艇比赛暨春季冠军赛	千岛湖	竞速皮艇乙组 U18 水陆划跑 8000 米(SA)	8
季博文	男	全国赛艇皮划艇比赛暨春季冠军赛	湖北鄂州	男子单人划艇甲组个人全能	4
缪飞龙	男	全国赛艇皮划艇比赛暨春季冠军赛	湖北鄂州	男子单人划艇甲组个人全能	6
程国豪	男	2022 年全国皮划艇锦标赛	浙江温州	男子 U19 5000 米单人皮艇	1
孙婉婷	女	2022 年全国皮划艇锦标赛	浙江温州	女子 U19 5 公里单人皮艇	1

续表

姓名	性别	比赛名称	地点	项目	名次
李舒琪	女	2022年全国皮划艇锦标赛	浙江温州	女子甲组500米双人划艇	1
薛丽娜	女	2022年全国皮划艇锦标赛	浙江温州	女子甲组500米双人划艇	1
郭玺	女	2022年全国皮划艇锦标赛	浙江温州	乙组女子U17 1000米双人皮艇	1
陈雨乐	女	2022年全国皮划艇锦标赛	浙江温州	乙组女子U17 1000米双人皮艇	1
王琪	女	2022年全国皮划艇锦标赛	浙江温州	乙组女子U19 500米双人皮艇	1
孙婉婷	女	2022年全国皮划艇锦标赛	浙江温州	乙组女子U19 500米双人皮艇	1
程国豪	男	2022年全国皮划艇锦标赛	浙江温州	乙组男子U19 500米双人皮艇	1
陈作添	男	2022年全国皮划艇锦标赛	浙江温州	乙组男子U19 500米双人皮艇	1
王琪	女	2022年全国皮划艇锦标赛	浙江温州	乙组女子U19 500米四人皮艇	1
孙婉婷	女	2022年全国皮划艇锦标赛	浙江温州	乙组女子U19 500米四人皮艇	1
竺项怡	女	2022年全国皮划艇锦标赛	浙江温州	乙组女子U19 500米四人皮艇	1
华春燕	女	2022年全国皮划艇锦标赛	浙江温州	乙组女子U19 500米四人皮艇	1
陈作添	男	2022年全国皮划艇锦标赛	浙江温州	乙组男子U19 500米四人皮艇	1
丁圣开	男	2022年全国皮划艇锦标赛	浙江温州	乙组男子U19 500米四人皮艇	1
程国豪	男	2022年全国皮划艇锦标赛	浙江温州	乙组男子U19 500米四人皮艇	1
何俊扬	男	2022年全国皮划艇锦标赛	浙江温州	乙组男子U19 500米四人皮艇	1
李舒琪	女	2022年全国皮划艇锦标赛	浙江温州	女子甲组200米单人划艇	1
李冬崟	女	2022年全国皮划艇锦标赛	浙江温州	男女混合甲组1000米四人皮艇	1
王丛康	男	2022年全国皮划艇锦标赛	浙江温州	男女混合甲组1000米四人皮艇	1
徐佳炜	男	2022年全国皮划艇锦标赛	浙江温州	男女混合甲组1000米四人皮艇	1
王楠	女	2022年全国皮划艇锦标赛	浙江温州	男女混合甲组1000米四人皮艇	1
徐键	男	2022年全国皮划艇锦标赛	浙江温州	乙组男子U19 1000米单人划艇	1
程国豪	男	2022年全国皮划艇锦标赛	浙江温州	乙组男子U19 1000米单人皮艇	1
孙婉婷	女	2022年全国皮划艇锦标赛	浙江温州	乙组女子U19 1000米单人皮艇	1
朱嘉栋	男	2022年全国皮划艇锦标赛	浙江温州	男子甲组1000米单人划艇	1
于谦	男	2022年全国皮划艇锦标赛	浙江温州	乙组男子U19 5000米单人划艇	2
缪飞龙	男	2022年全国皮划艇锦标赛	浙江温州	男子甲组500米双人划艇	2
季博文	男	2022年全国皮划艇锦标赛	浙江温州	男子甲组500米双人划艇	2
岁俊茹	女	2022年全国皮划艇锦标赛	浙江温州	乙组女子U19 500米双人皮艇	2
华春燕	女	2022年全国皮划艇锦标赛	浙江温州	乙组女子U19 500米双人皮艇	2
丁圣开	男	2022年全国皮划艇锦标赛	浙江温州	乙组男子U19 500米双人皮艇	2

续表

姓名	性别	比赛名称	地点	项目	名次
何俊扬	男	2022 年全国皮划艇锦标赛	浙江温州	乙组男子 U19 500 米双人皮艇	2
胡慧桢	女	2022 年全国皮划艇锦标赛	浙江温州	乙组女子 U19 1000 米单人皮艇	2
李舒琪	女	2022 年全国皮划艇锦标赛	浙江温州	女子甲组 200 米双人划艇	2
薛丽娜	女	2022 年全国皮划艇锦标赛	浙江温州	女子甲组 200 米双人划艇	2
季博文	男	2022 年全国皮划艇锦标赛	浙江温州	男子甲组 1000 米单人划艇	2
王丛康	男	2022 年全国皮划艇锦标赛	浙江温州	男子甲组 1000 米单人皮艇	2
金珍珠	女	2022 年全国皮划艇锦标赛	浙江温州	乙组女子 U19 5000 米单人皮艇	3
李冬崟	女	2022 年全国皮划艇锦标赛	浙江温州	女子甲组 500 米双人皮艇	3
王楠	女	2022 年全国皮划艇锦标赛	浙江温州	女子甲组 500 米双人皮艇	3
王楠	女	2022 年全国皮划艇锦标赛	浙江温州	女子甲组 500 米单人皮艇	3
李冬崟	女	2022 年全国皮划艇锦标赛	浙江温州	女子甲组 500 米单人皮艇	4
王丛康	男	2022 年全国皮划艇锦标赛	浙江温州	男子甲组 500 米双人皮艇	4
徐佳炜	男	2022 年全国皮划艇锦标赛	浙江温州	男子甲组 500 米双人皮艇	4
朱嘉栋	男	2022 年全国皮划艇锦标赛	浙江温州	甲组 1000 米男女混合双人划艇	4
薛丽娜	女	2022 年全国皮划艇锦标赛	浙江温州	甲组 1000 米男女混合双人划艇	4
于谦	男	2022 年全国皮划艇锦标赛	浙江温州	乙组(U19)1000 米男子单人划艇	4
周煜杰	男	2022 年全国皮划艇锦标赛	浙江温州	乙组(U17)1000 米男子双人皮艇	4
祝成康	男	2022 年全国皮划艇锦标赛	浙江温州	乙组(U17)1000 米男子双人皮艇	4
丁圣开	男	2022 年全国皮划艇锦标赛	浙江温州	乙组(U19)5000 米男子单人皮艇	5
苏长洵	男	2022 年全国皮划艇锦标赛	浙江温州	乙组(U19)500 米男子双人划艇	6
戴贤涛	男	2022 年全国皮划艇锦标赛	浙江温州	乙组(U19)500 米男子双人划艇	6
苏长洵	男	2022 年全国皮划艇锦标赛	浙江温州	乙组(U19)1000 米男子双人划艇	6
戴贤涛	男	2022 年全国皮划艇锦标赛	浙江温州	乙组(U19)1000 米男子双人划艇	6
薛丽娜	女	2022 年全国皮划艇锦标赛	浙江温州	甲组 200 米女子单人划艇	7
季博文	男	全国皮划艇静水秋季冠军赛	千岛湖	男子甲组 1000 米单人划艇	1
李舒琪	女	全国皮划艇静水秋季冠军赛	千岛湖	女子甲组 1000 米单人划艇	1
程国豪	男	全国皮划艇静水秋季冠军赛	千岛湖	(U19)男子乙组 1000 米单人皮艇	1
徐键	男	全国皮划艇静水秋季冠军赛	千岛湖	(U19)男子乙组 1000 米单人划艇	1
陈雨乐	女	全国皮划艇静水秋季冠军赛	千岛湖	(U19)女子乙组 1000 米单人皮艇	1
季博文	男	全国皮划艇静水秋季冠军赛	千岛湖	男子甲组 500 米单人划艇	1
丁圣开	男	全国皮划艇静水秋季冠军赛	千岛湖	(U19)男子乙组 500 米单人皮艇	1

续表

姓名	性别	比赛名称	地点	项目	名次
徐键	男	全国皮划艇静水秋季冠军赛	千岛湖	（U19）男子乙组500米单人划艇	1
陈雨乐	女	全国皮划艇静水秋季冠军赛	千岛湖	（U19）女子乙组500米单人皮艇	1
徐佳炜	男	全国皮划艇静水秋季冠军赛	千岛湖	男子甲组200米单人皮艇	1
季博文	男	全国皮划艇静水秋季冠军赛	千岛湖	男子甲组200米单人划艇	1
何俊扬	男	全国皮划艇静水秋季冠军赛	千岛湖	（U19）男子乙组200米单人皮艇	1
刘宇飞	男	全国皮划艇静水秋季冠军赛	千岛湖	（U19）男子乙组200米单人划艇	1
陈雨乐	女	全国皮划艇静水秋季冠军赛	千岛湖	（U19）女子乙组200米单人皮艇	1
陈作添	男	全国皮划艇静水秋季冠军赛	千岛湖	（U19）男子乙组5000米单人皮艇	1
黄俊翔	男	全国皮划艇静水秋季冠军赛	千岛湖	（U19）男子乙组5000米单人划艇	1
王楠	女	全国皮划艇静水秋季冠军赛	千岛湖	女子甲组5000米单人皮艇	1
金珍珠	女	全国皮划艇静水秋季冠军赛	千岛湖	（U19）女子乙组5000米单人皮艇	1
王丛康	男	全国皮划艇静水秋季冠军赛	千岛湖	男子甲组1000米单人皮艇	2
王楠	女	全国皮划艇静水秋季冠军赛	千岛湖	女子甲组1000米单人皮艇	2
黄俊翔	男	全国皮划艇静水秋季冠军赛	千岛湖	（U19）男子乙组1000米单人划艇	2
王琪	女	全国皮划艇静水秋季冠军赛	千岛湖	（U19）女子乙组1000米单人皮艇	2
徐佳炜	男	全国皮划艇静水秋季冠军赛	千岛湖	男子甲组500米单人皮艇	2
王楠	女	全国皮划艇静水秋季冠军赛	千岛湖	女子甲组500米单人皮艇	2
李舒琪	女	全国皮划艇静水秋季冠军赛	千岛湖	女子甲组500米单人划艇	2
程国豪	男	全国皮划艇静水秋季冠军赛	千岛湖	（U19）男子乙组500米单人皮艇	2
刘宇飞	男	全国皮划艇静水秋季冠军赛	千岛湖	（U19）男子乙组500米单人划艇	2
郭玺	女	全国皮划艇静水秋季冠军赛	千岛湖	（U19）女子乙组500米单人皮艇	2
王楠	女	全国皮划艇静水秋季冠军赛	千岛湖	女子甲组200米单人皮艇	2
程国豪	男	全国皮划艇静水秋季冠军赛	千岛湖	（U19）男子乙组200米单人皮艇	2
徐键	男	全国皮划艇静水秋季冠军赛	千岛湖	（U19）男子乙组200米单人划艇	2
王琪	女	全国皮划艇静水秋季冠军赛	千岛湖	（U19）女子乙组200米单人皮艇	2
梁栩卉	女	全国皮划艇静水秋季冠军赛	千岛湖	（U19）女子乙组200米单人划艇	2
王丛康	男	全国皮划艇静水秋季冠军赛	千岛湖	男子甲组5000米单人皮艇	2
丁圣开	男	全国皮划艇静水秋季冠军赛	千岛湖	（U19）男子乙组5000米单人皮艇	2
季博文	男	全国皮划艇静水秋季冠军赛	千岛湖	男子甲组5000米单人划艇	2
孙婉婷	女	全国皮划艇静水秋季冠军赛	千岛湖	女子甲组5000米单人皮艇	2
王琪	女	全国皮划艇静水秋季冠军赛	千岛湖	（U19）女子乙组5000米单人皮艇	2

续表

姓名	性别	比赛名称	地点	项目	名次
薛丽娜	女	全国皮划艇静水秋季冠军赛	千岛湖	女子甲组5000米单人划艇	2
孙婉婷	女	全国皮划艇静水秋季冠军赛	千岛湖	女子甲组1000米单人皮艇	3
丁圣开	男	全国皮划艇静水秋季冠军赛	千岛湖	(U19)男子乙组1000米单人皮艇	3
刘宇飞	男	全国皮划艇静水秋季冠军赛	千岛湖	(U19)男子乙组1000米单人划艇	3
金珍珠	女	全国皮划艇静水秋季冠军赛	千岛湖	(U19)女子乙组1000米单人皮艇	3
何俊扬	男	全国皮划艇静水秋季冠军赛	千岛湖	(U19)男子乙组500米单人皮艇	3
张文海	男	全国皮划艇静水秋季冠军赛	千岛湖	(U19)男子乙组500米单人划艇	3
岁俊茹	女	全国皮划艇静水秋季冠军赛	千岛湖	(U19)女子乙组500米单人皮艇	3
王田蕊	女	全国皮划艇静水秋季冠军赛	千岛湖	(U19)女子乙组500米单人划艇	3
岁俊茹	女	全国皮划艇静水秋季冠军赛	千岛湖	(U19)女子乙组200米单人皮艇	3
毛家琪	女	全国皮划艇静水秋季冠军赛	千岛湖	(U19)女子乙组200米单人划艇	3
陈雨乐	女	全国皮划艇静水秋季冠军赛	千岛湖	(U19)女子乙组5000米单人皮艇	3
薛丽娜	女	全国皮划艇静水秋季冠军赛	千岛湖	女子甲组1000米单人划艇	4
岁俊茹	女	全国皮划艇静水秋季冠军赛	千岛湖	(U19)女子乙组1000米单人皮艇	4
王田蕊	女	全国皮划艇静水秋季冠军赛	千岛湖	(U19)女子乙组1000米单人划艇	4
陈作添	男	全国皮划艇静水秋季冠军赛	千岛湖	(U19)男子乙组500米单人皮艇	4
黄俊翔	男	全国皮划艇静水秋季冠军赛	千岛湖	(U19)男子乙组500米单人划艇	4
华春燕	女	全国皮划艇静水秋季冠军赛	千岛湖	(U19)女子乙组500米单人皮艇	4
孙婉婷	女	全国皮划艇静水秋季冠军赛	千岛湖	女子甲组200米单人皮艇	4
陈作添	男	全国皮划艇静水秋季冠军赛	千岛湖	(U19)男子乙组200米单人皮艇	4
张文海	男	全国皮划艇静水秋季冠军赛	千岛湖	(U19)男子乙组200米单人划艇	4
华春燕	女	全国皮划艇静水秋季冠军赛	千岛湖	(U19)女子乙组200米单人皮艇	4
何俊扬	男	全国皮划艇静水秋季冠军赛	千岛湖	(U19)男子乙组5000米单人皮艇	4
林铭煜	男	全国皮划艇静水秋季冠军赛	千岛湖	(U19)男子乙组5000米单人划艇	4
岁俊茹	女	全国皮划艇静水秋季冠军赛	千岛湖	(U19)女子乙组5000米单人皮艇	4
李舒琪	女	全国皮划艇静水秋季冠军赛	千岛湖	女子甲组5000米单人划艇	4
毛家琪	女	全国皮划艇静水秋季冠军赛	千岛湖	(U19)女子乙组5000米单人划艇	4
李冬崟	女	全国皮划艇静水秋季冠军赛	千岛湖	女子甲组1000米单人皮艇	5
林铭煜	男	全国皮划艇静水秋季冠军赛	千岛湖	(U19)男子乙组1000米单人划艇	5
华春燕	女	全国皮划艇静水秋季冠军赛	千岛湖	(U19)女子乙组1000米单人皮艇	5
毛家琪	女	全国皮划艇静水秋季冠军赛	千岛湖	(U19)女子乙组1000米单人划艇	5

续表

姓名	性别	比赛名称	地点	项目	名次
缪飞龙	男	全国皮划艇静水秋季冠军赛	千岛湖	男子甲组500米单人划艇	5
李冬崟	女	全国皮划艇静水秋季冠军赛	千岛湖	女子甲组500米单人皮艇	5
毛家琪	女	全国皮划艇静水秋季冠军赛	千岛湖	(U19)女子乙组500米单人划艇	5
缪飞龙	男	全国皮划艇静水秋季冠军赛	千岛湖	男子甲组200米单人划艇	5
丁圣开	男	全国皮划艇静水秋季冠军赛	千岛湖	(U19)男子乙组200米单人皮艇	5
黄俊翔	男	全国皮划艇静水秋季冠军赛	千岛湖	(U19)男子乙组200米单人划艇	5
郭玺	女	全国皮划艇静水秋季冠军赛	千岛湖	(U19)女子乙组200米单人皮艇	5
王田蕊	女	全国皮划艇静水秋季冠军赛	千岛湖	(U19)女子乙组200米单人划艇	5
戴贤涛	男	全国皮划艇静水秋季冠军赛	千岛湖	(U19)男子乙组5000米单人划艇	5
郭雨霏	女	全国皮划艇静水秋季冠军赛	千岛湖	(U19)女子乙组5000米单人划艇	5
吕哲渊	男	全国皮划艇静水秋季冠军赛	千岛湖	男子甲组200米单人皮艇	5
徐佳炜	男	全国皮划艇静水秋季冠军赛	千岛湖	男子甲组1000米单人皮艇	5
戴贤涛	男	全国皮划艇静水秋季冠军赛	千岛湖	(U19)男子乙组1000米单人划艇	6
李傅欢	女	全国皮划艇静水秋季冠军赛	千岛湖	(U19)女子乙组1000米单人划艇	6
胡慧桢	女	全国皮划艇静水秋季冠军赛	千岛湖	女子甲组500米单人皮艇	6
薛丽娜	女	全国皮划艇静水秋季冠军赛	千岛湖	女子甲组500米单人划艇	6
林铭煜	男	全国皮划艇静水秋季冠军赛	千岛湖	(U19)男子乙组500米单人划艇	6
王琪	女	全国皮划艇静水秋季冠军赛	千岛湖	(U19)女子乙组500米单人皮艇	6
郭雨霏	女	全国皮划艇静水秋季冠军赛	千岛湖	(U19)女子乙组500米单人划艇	6
李舒琪	女	全国皮划艇静水秋季冠军赛	千岛湖	女子甲组200米单人划艇	6
华春燕	女	全国皮划艇静水秋季冠军赛	千岛湖	(U19)女子乙组5000米单人皮艇	6
王田蕊	女	全国皮划艇静水秋季冠军赛	千岛湖	(U19)女子乙组5000米单人划艇	6
何俊扬	男	全国皮划艇静水秋季冠军赛	千岛湖	(U19)男子乙组1000米单人皮艇	7
张文海	男	全国皮划艇静水秋季冠军赛	千岛湖	(U19)男子乙组1000米单人划艇	7
郭雨霏	女	全国皮划艇静水秋季冠军赛	千岛湖	(U19)女子乙组1000米单人划艇	7
朱嘉栋	男	全国皮划艇静水秋季冠军赛	千岛湖	男子甲组500米单人划艇	7
金珍珠	女	全国皮划艇静水秋季冠军赛	千岛湖	(U19)女子乙组500米单人皮艇	7
李傅欢	女	全国皮划艇静水秋季冠军赛	千岛湖	(U19)女子乙组500米单人划艇	7
朱嘉栋	男	全国皮划艇静水秋季冠军赛	千岛湖	男子甲组200米单人划艇	7
于谦	男	全国皮划艇静水秋季冠军赛	千岛湖	(U19)男子乙组200米单人划艇	7
竺项怡	女	全国皮划艇静水秋季冠军赛	千岛湖	(U19)女子乙组200米单人皮艇	7

续表

姓名	性别	比赛名称	地点	项目	名次
郭雨霏	女	全国皮划艇静水秋季冠军赛	千岛湖	(U19)女子乙组200米单人划艇	7
徐键	男	全国皮划艇静水秋季冠军赛	千岛湖	(U19)男子乙组5000米单人划艇	7
胡慧桢	女	全国皮划艇静水秋季冠军赛	千岛湖	女子甲组5000米单人皮艇	7
郭玺	女	全国皮划艇静水秋季冠军赛	千岛湖	(U19)女子乙组5000米单人皮艇	7
李傅欢	女	全国皮划艇静水秋季冠军赛	千岛湖	(U19)女子乙组5000米单人划艇	7
朱嘉栋	男	全国皮划艇静水秋季冠军赛	千岛湖	男子甲组1000米单人划艇	7
于谦	男	全国皮划艇静水秋季冠军赛	千岛湖	(U19)男子乙组1000米单人划艇	8
郭玺	女	全国皮划艇静水秋季冠军赛	千岛湖	(U19)女子乙组1000米单人皮艇	8
梁栩卉	女	全国皮划艇静水秋季冠军赛	千岛湖	(U19)女子乙组1000米单人划艇	8
于谦	男	全国皮划艇静水秋季冠军赛	千岛湖	(U19)男子乙组500米单人划艇	8
梁栩卉	女	全国皮划艇静水秋季冠军赛	千岛湖	(U19)女子乙组500米单人划艇	8
胡慧桢	女	全国皮划艇静水秋季冠军赛	千岛湖	女子甲组200米单人皮艇	8
祝成康	男	全国皮划艇静水秋季冠军赛	千岛湖	(U19)男子乙组200米单人皮艇	8
戴贤涛	男	全国皮划艇静水秋季冠军赛	千岛湖	(U19)男子乙组200米单人划艇	8
金珍珠	女	全国皮划艇静水秋季冠军赛	千岛湖	(U19)女子乙组200米单人皮艇	8
李傅欢	女	全国皮划艇静水秋季冠军赛	千岛湖	(U19)女子乙组200米单人划艇	8
周煜杰	男	全国皮划艇静水秋季冠军赛	千岛湖	(U19)男子乙组5000米单人皮艇	8
梁栩卉	女	全国皮划艇静水秋季冠军赛	千岛湖	(U19)女子乙组5000米单人划艇	8
缪飞龙	男	全国皮划艇静水秋季冠军赛	千岛湖	男子甲组1000米单人划艇	8

激流回旋

姓名	性别	比赛名称	地点	项目	名次
吕陆辉	男	全国皮划艇激流回旋比赛暨春季冠军赛	福建泉州	乙组U18男子单人皮艇	1
吕陆辉	男	全国皮划艇激流回旋比赛暨春季冠军赛	福建泉州	乙组U18男子单人皮艇LOOP赛	1
吕陆辉	男	全国皮划艇激流回旋比赛暨春季冠军赛	福建泉州	激流皮艇乙组U18陆上赛艇2000米	1
吕陆辉	男	全国皮划艇激流回旋比赛暨春季冠军赛	福建泉州	激流皮艇乙组U18陆上赛艇30分钟	1
吕陆辉	男	全国皮划艇激流回旋比赛暨春季冠军赛	福建泉州	甲组男子单人皮艇LOOP赛	2
史莹莹	女	全国皮划艇激流回旋比赛暨春季冠军赛	福建泉州	甲组女子单人皮艇LOOP赛	3

续表

姓名	性别	比赛名称	地点	项目	名次
吕陆辉	男	全国皮划艇激流回旋比赛暨春季冠军赛	福建泉州	甲组男子单人皮艇	7
施佳宏	男	全国皮划艇激流回旋比赛暨春季冠军赛	千岛湖	乙组 U20 男子单人皮艇	1
施佳宏	男	全国皮划艇激流回旋比赛暨春季冠军赛	千岛湖	乙组 U20 男子单人皮艇 LOOP 赛	1
秦欣怡	女	全国皮划艇激流回旋比赛暨春季冠军赛	千岛湖	乙组 U18 女子单人皮艇	1
俞波	男	全国皮划艇激流回旋比赛暨春季冠军赛	千岛湖	乙组 U18 男子单人划艇	1
俞波	男	全国皮划艇激流回旋比赛暨春季冠军赛	千岛湖	乙组 U18 男子单人划艇 LOOP 赛	1
俞波	男	全国皮划艇激流回旋比赛暨春季冠军赛	千岛湖	激流划艇乙组 U18 陆上赛艇 2000 米	1
施佳宏	男	全国皮划艇激流回旋比赛暨春季冠军赛	千岛湖	激流皮艇乙组 U20 陆上赛艇 2000 米	1
秦欣怡	女	全国皮划艇激流回旋比赛暨春季冠军赛	千岛湖	激流皮艇乙组 U18 陆上赛艇 2000 米	1
俞波	男	全国皮划艇激流回旋比赛暨春季冠军赛	千岛湖	激流划艇乙组 U18 陆上赛艇 30 分钟	1
施佳宏	男	全国皮划艇激流回旋比赛暨春季冠军赛	千岛湖	激流皮艇乙组 U20 陆上赛艇 30 分钟	1
李佳秦	男	全国皮划艇激流回旋比赛暨春季冠军赛	千岛湖	甲组男子单人皮艇	2
洪嘉乐	男	全国皮划艇激流回旋比赛暨春季冠军赛	千岛湖	乙组 U20 男子单人皮艇	2
李新宇	女	全国皮划艇激流回旋比赛暨春季冠军赛	千岛湖	乙组 U18 女子单人皮艇	2
段鑫宇	男	全国皮划艇激流回旋比赛暨春季冠军赛	千岛湖	乙组 U18 男子单人皮艇 LOOP 赛	2
李佳秦	男	全国皮划艇激流回旋比赛暨春季冠军赛	千岛湖	男子激流皮艇甲组陆上赛艇 2000 米	2
洪嘉乐	男	全国皮划艇激流回旋比赛暨春季冠军赛	千岛湖	激流皮艇乙组 U20 陆上赛艇 2000 米	2
李新宇	女	全国皮划艇激流回旋比赛暨春季冠军赛	千岛湖	激流皮艇乙组 U18 陆上赛艇 2000 米	2
段鑫宇	男	全国皮划艇激流回旋比赛暨春季冠军赛	千岛湖	激流皮艇乙组 U18 陆上赛艇 30 分钟	2
李佳秦	男	全国皮划艇激流回旋比赛暨春季冠军赛	千岛湖	甲组男子单人皮艇 LOOP 赛	3

续表

姓名	性别	比赛名称	地点	项目	名次
周馨怡	女	全国皮划艇激流回旋比赛暨春季冠军赛	千岛湖	乙组 U20 女子单人划艇	3
段鑫宇	男	全国皮划艇激流回旋比赛暨春季冠军赛	千岛湖	乙组 U18 男子单人皮艇	3
付楠迪	男	全国皮划艇激流回旋比赛暨春季冠军赛	千岛湖	乙组 U18 男子单人皮艇 LOOP 赛	3
段鑫宇	男	全国皮划艇激流回旋比赛暨春季冠军赛	千岛湖	激流皮艇乙组 U18 陆上赛艇 2000 米	3
周馨怡	女	全国皮划艇激流回旋比赛暨春季冠军赛	千岛湖	激流划艇乙组 U20 陆上赛艇 2000 米	3
李佳秦	男	全国皮划艇激流回旋比赛暨春季冠军赛	千岛湖	男子激流皮艇甲组陆上赛艇 30 分钟	3
付楠迪	男	全国皮划艇激流回旋比赛暨春季冠军赛	千岛湖	激流皮艇乙组 U18 陆上赛艇 30 分钟	3
周馨怡	女	全国皮划艇激流回旋比赛暨春季冠军赛	千岛湖	乙组 U20 女子单人划艇 LOOP 赛	4
付楠迪	男	全国皮划艇激流回旋比赛暨春季冠军赛	千岛湖	乙组 U18 男子单人皮艇	4
徐晓丽	女	全国皮划艇激流回旋比赛暨春季冠军赛	千岛湖	乙组 U18 女子单人划艇	4
徐晓丽	女	全国皮划艇激流回旋比赛暨春季冠军赛	千岛湖	乙组 U18 女子单人划艇 LOOP 赛	4
付楠迪	男	全国皮划艇激流回旋比赛暨春季冠军赛	千岛湖	激流皮艇乙组 U18 陆上赛艇 2000 米	4
徐晓丽	女	全国皮划艇激流回旋比赛暨春季冠军赛	千岛湖	激流划艇乙组 U18 陆上赛艇 2000 米	4
周馨怡	女	全国皮划艇激流回旋比赛暨春季冠军赛	千岛湖	激流划艇乙组 U20 陆上赛艇 30 分钟	4
程如意	女	全国皮划艇激流回旋比赛暨春季冠军赛	千岛湖	激流划艇乙组 U18 陆上赛艇 30 分钟	4
程如意	女	全国皮划艇激流回旋比赛暨春季冠军赛	千岛湖	乙组 U18 女子单人划艇	5
秦欣怡	女	全国皮划艇激流回旋比赛暨春季冠军赛	千岛湖	乙组 U18 女子单人皮艇 LOOP 赛	5
叶泽凯	男	全国皮划艇激流回旋比赛暨春季冠军赛	千岛湖	乙组 U18 男子单人划艇 LOOP 赛	5
程如意	女	全国皮划艇激流回旋比赛暨春季冠军赛	千岛湖	乙组 U18 女子单人划艇 LOOP 赛	5

续表

姓名	性别	比赛名称	地点	项目	名次
程如意	女	全国皮划艇激流回旋比赛暨春季冠军赛	千岛湖	激流划艇乙组 U18 陆上赛艇 2000 米	5
叶泽凯	男	全国皮划艇激流回旋比赛暨春季冠军赛	千岛湖	激流划艇乙组 U18 陆上赛艇 30 分钟	5
徐晓丽	女	全国皮划艇激流回旋比赛暨春季冠军赛	千岛湖	激流划艇乙组 U18 陆上赛艇 30 分钟	5
秦欣怡	女	全国皮划艇激流回旋比赛暨春季冠军赛	千岛湖	激流皮艇乙组 U18 陆上赛艇 30 分钟	5
洪嘉乐	男	全国皮划艇激流回旋比赛暨春季冠军赛	千岛湖	乙组 U20 男子单人皮艇 LOOP 赛	6
叶泽凯	男	全国皮划艇激流回旋比赛暨春季冠军赛	千岛湖	乙组 U18 男子单人划艇	6
李新宇	女	全国皮划艇激流回旋比赛暨春季冠军赛	千岛湖	乙组 U18 女子单人皮艇 LOOP 赛	6
叶泽凯	男	全国皮划艇激流回旋比赛暨春季冠军赛	千岛湖	激流划艇乙组 U18 陆上赛艇 2000 米	6
洪嘉乐	男	全国皮划艇激流回旋比赛暨春季冠军赛	千岛湖	激流皮艇乙组 U20 陆上赛艇 30 分钟	6
李新宇	女	全国皮划艇激流回旋比赛暨春季冠军赛	千岛湖	激流皮艇乙组 U18 陆上赛艇 30 分钟	6
吕陆辉	男	全国激流回旋锦标赛	黔东南	乙组 U19 激流回旋男子皮艇无门竞速	1
季俊宇	男	全国激流回旋锦标赛	黔东南	乙组 U17 激流回旋男子划艇无门竞速	3
季俊宇	男	全国激流回旋锦标赛	黔东南	乙组 U17 激流回旋男子单人划艇	3
段鑫宇	男	全国激流回旋锦标赛	黔东南	乙组 U17 激流回旋男子单人皮艇	3
史莹莹	女	全国激流回旋锦标赛	黔东南	甲组激流回旋女子极限皮艇	4
周馨怡	女	全国激流回旋锦标赛	黔东南	乙组 U19 激流回旋女子划艇无门竞速	4
周馨怡	女	全国激流回旋锦标赛	黔东南	乙组 U19 激流回旋女子单人划艇	5
俞波	男	全国激流回旋锦标赛	黔东南	乙组 U19 激流回旋男子单人划艇	5
刘涵	男	全国激流回旋锦标赛	黔东南	乙组 U17 激流回旋男子划艇无门竞速	6
徐晓丽	女	全国激流回旋锦标赛	黔东南	乙组 U17 激流回旋女子划艇无门竞速	6
刘涵	男	全国激流回旋锦标赛	黔东南	乙组 U17 激流回旋男子单人划艇	7

续表

姓名	性别	比赛名称	地点	项目	名次
徐晓丽	女	全国激流回旋锦标赛	黔东南	乙组 U17 激流回旋女子单人划艇	7
付楠迪	男	全国激流回旋锦标赛	黔东南	乙组 U17 激流回旋男子极限皮艇	7
俞波	男	全国激流回旋锦标赛	黔东南	乙组 U19 激流回旋男子划艇无门竞速	7
史莹莹	女	全国激流回旋冬季冠军赛	福建泉州	甲组女子单人皮艇	2
史莹莹	女	全国激流回旋冬季冠军赛	福建泉州	甲组女子极限皮艇	3
吕陆辉	男	全国激流回旋冬季冠军赛	福建泉州	甲组男子单人皮艇	5
吕陆辉	男	全国激流回旋冬季冠军赛	福建泉州	甲组男子极限皮艇	7

帆船

姓名	性别	比赛名称	地点	项目	名次
周可	女	激光 4.7 级亚运集训队选拔赛暨 2022 年全国激光 4.7 帆船冠军赛	海口	女子激光 4.7 级场地赛	2
赵妍	女		海口	女子激光 4.7 级长距离赛	2
黄子颜	女		海口	女子激光 4.7 级长距离赛	5
胡栋华	男	激光 4.7 级亚运集训队选拔赛暨 2022 年全国激光 4.7 帆船冠军赛	海口	男子激光 4.7 级场地赛	6
赵妍	女		海口	女子激光 4.7 级场地赛	6
裘柯鑫	女	激光 4.7 级亚运集训队选拔赛暨 2022 年全国激光 4.7 帆船冠军赛	海口	女子激光 4.7 级长距离赛	8
程康	男		海口	男子激光 4.7 级场地赛	8
徐臧军	男	全国帆船冠军赛(激光级 & 激光雷迪尔级 &470 级)	海口	混合 470 级场地赛	1
徐娅妮	女	全国帆船冠军赛(激光级 & 激光雷迪尔级 &470 级)	海口	混合 470 级场地赛	1
徐建勇	男	全国帆船冠军赛(激光级 & 激光雷迪尔级 &470 级)	海口	混合 470 级场地赛	2
董文局	男	全国帆船冠军赛(激光级 & 激光雷迪尔级 &470 级)	海口	混合 470 级场地赛	4
王景飒	女	全国帆船冠军赛(激光级 & 激光雷迪尔级 &470 级)	海口	混合 470 级场地赛	4
施锦秀	女	全国帆船冠军赛(激光级 & 激光雷迪尔级 &470 级)	海口	混合 470 级场地赛	6
王吉昌	男	全国帆船冠军赛(激光级 & 激光雷迪尔级 &470 级)	海口	混合 470 级场地赛	6
董文局	男	全国帆船冠军赛(激光级 & 激光雷迪尔级 &470 级)	海口	混合 470 级 U21 场地赛	1

续表

姓名	性别	比赛名称	地点	项目	名次
王景飒	女	全国帆船冠军赛（激光级 & 激光雷迪尔级 &470 级）	海口	混合 470 级 U21 场地赛	1
毛雨洁	女	全国帆船冠军赛（激光级 & 激光雷迪尔级 &470 级）	海口	混合 470 级 U21 场地赛	3
张从冉	男	全国帆船冠军赛（激光级 & 激光雷迪尔级 &470 级）	海口	混合 470 级 U21 场地赛	3
徐臧军	男	全国帆船冠军赛（激光级 & 激光雷迪尔级 &470 级）	海口	混合 470 级男舵组场地赛	1
徐娅妮	女	全国帆船冠军赛（激光级 & 激光雷迪尔级 &470 级）	海口	混合 470 级男舵组场地赛	1
徐建勇	男	全国帆船冠军赛（激光级 & 激光雷迪尔级 &470 级）	海口	混合 470 级男舵组场地赛	2
董文局	男	全国帆船冠军赛（激光级 & 激光雷迪尔级 &470 级）	海口	混合 470 级男舵组场地赛	3
王景飒	女	全国帆船冠军赛（激光级 & 激光雷迪尔级 &470 级）	海口	混合 470 级男舵组场地赛	3
董文局	男	全国帆船冠军赛（激光级 & 激光雷迪尔级 &470 级）	海口	混合 470 级男舵组 U21 场地赛	1
王景飒	女	全国帆船冠军赛（激光级 & 激光雷迪尔级 &470 级）	海口	混合 470 级男舵组 U21 场地赛	1
施锦秀	女	全国帆船冠军赛（激光级 & 激光雷迪尔级 &470 级）	海口	混合 470 级女舵组场地赛	1
王吉昌	男	全国帆船冠军赛（激光级 & 激光雷迪尔级 &470 级）	海口	混合 470 级女舵组场地赛	1
王兰心	女	全国帆船冠军赛（激光级 & 激光雷迪尔级 &470 级）	海口	混合 470 级女舵组场地赛	3
王可欣	女	全国帆船冠军赛（激光级 & 激光雷迪尔级 &470 级）	海口	混合 470 级女舵组场地赛	5
忻奥	男	全国帆船冠军赛（激光级 & 激光雷迪尔级 &470 级）	海口	混合 470 级女舵组场地赛	5
董瀛	女	全国帆船冠军赛（激光级 & 激光雷迪尔级 &470 级）	海口	混合 470 级女舵组场地赛	8
王晶	男	全国帆船冠军赛（激光级 & 激光雷迪尔级 &470 级）	海口	混合 470 级女舵组场地赛	8
毛雨洁	女	全国帆船冠军赛（激光级 & 激光雷迪尔级 &470 级）	海口	混合 470 级女舵组场地赛 U21	2
张从冉	男	全国帆船冠军赛（激光级 & 激光雷迪尔级 &470 级）	海口	混合 470 级女舵组场地赛 U21	2

续表

姓名	性别	比赛名称	地点	项目	名次
徐莉	女	全国帆船冠军赛(激光级&激光雷迪尔级&470级)	海口	混合470级女舵组场地赛U21	7
戴子雄	男	全国帆船冠军赛(激光级&激光雷迪尔级&470级)	海口	混合470级女舵组场地赛U21	7
董文局	男	全国帆船冠军赛(激光级&激光雷迪尔级&470级)	海口	混合470级长距离赛	2
王景飒	女	全国帆船冠军赛(激光级&激光雷迪尔级&470级)	海口	混合470级长距离赛	2
徐臧军	男	全国帆船冠军赛(激光级&激光雷迪尔级&470级)	海口	混合470级长距离赛	6
徐娅妮	女	全国帆船冠军赛(激光级&激光雷迪尔级&470级)	海口	混合470级长距离赛	6
董瀛	女	全国帆船冠军赛(激光级&激光雷迪尔级&470级)	海口	混合470级长距离赛	8
王晶	男	全国帆船冠军赛(激光级&激光雷迪尔级&470级)	海口	混合470级长距离赛	8
董文局	男	全国帆船冠军赛(激光级&激光雷迪尔级&470级)	海口	混合470级U21长距离赛	1
王景飒	女	全国帆船冠军赛(激光级&激光雷迪尔级&470级)	海口	混合470级U21长距离赛	1
毛雨洁	女	全国帆船冠军赛(激光级&激光雷迪尔级&470级)	海口	混合470级U21长距离赛	7
张从冉	男	全国帆船冠军赛(激光级&激光雷迪尔级&470级)	海口	混合470级U21长距离赛	7
徐臧军	男	全国帆船冠军赛(激光级&激光雷迪尔级&470级)	海口	混合470团体成绩	1
徐娅妮	女	全国帆船冠军赛(激光级&激光雷迪尔级&470级)	海口	混合470团体成绩	1
施锦秀	女	全国帆船冠军赛(激光级&激光雷迪尔级&470级)	海口	混合470团体成绩	1
王吉昌	男	全国帆船冠军赛(激光级&激光雷迪尔级&470级)	海口	混合470团体成绩	1
董文局	男	全国帆船冠军赛(激光级&激光雷迪尔级&470级)	海口	混合470团体成绩	1
王景飒	女	全国帆船冠军赛(激光级&激光雷迪尔级&470级)	海口	混合470团体成绩	1
毛雨洁	女	全国帆船冠军赛(激光级&激光雷迪尔级&470级)	海口	混合470团体成绩	1

续表

姓名	性别	比赛名称	地点	项目	名次
张从冉	男	全国帆船冠军赛(激光级&激光雷迪尔级&470级)	海口	混合470团体成绩	1
温在鼎	男	全国帆船冠军赛(激光级&激光雷迪尔级&470级)	海口	男子49er级场地赛	1
洪伟	男	全国帆船冠军赛(激光级&激光雷迪尔级&470级)	海口	男子49er级场地赛	3
周志博	男	全国帆船冠军赛(激光级&激光雷迪尔级&470级)	海口	男子49er级场地赛	3
吴子寒	男	全国帆船冠军赛(激光级&激光雷迪尔级&470级)	海口	男子49er级场地赛	7
王柳涵	男	全国帆船冠军赛(激光级&激光雷迪尔级&470级)	海口	男子49er级场地赛	7
陈莎莎	女	全国帆船冠军赛(激光级&激光雷迪尔级&470级)	海口	女子49erFX级场地赛	2
王梦婷	女	全国帆船冠军赛(激光级&激光雷迪尔级&470级)	海口	女子49erFX级场地赛	2
王颖倩	女	全国帆船冠军赛(激光级&激光雷迪尔级&470级)	海口	女子49erFX级场地赛	4
苏晓雅	女	全国帆船冠军赛(激光级&激光雷迪尔级&470级)	海口	女子49erFX级场地赛	4
杨学哲	男	全国帆船冠军赛(激光级&激光雷迪尔级&470级)	海口	混合诺卡拉17级场地赛	1
陈雨	男	全国帆船冠军赛(激光级&激光雷迪尔级&470级)	海口	混合诺卡拉17级场地赛	4
周倩倩	女	全国帆船冠军赛(激光级&激光雷迪尔级&470级)	海口	混合诺卡拉17级场地赛	4
项健	男	全国帆船冠军赛(激光级&激光雷迪尔级&470级)	海口	混合诺卡拉17级场地赛	8
章冬冬	女	全国帆船冠军赛(激光级&激光雷迪尔级&470级)	海口	混合诺卡拉17级场地赛	8
温在鼎	男	全国帆船冠军赛(激光级&激光雷迪尔级&470级)	海口	男子49er级U23场地赛	1
吴子寒	男	全国帆船冠军赛(激光级&激光雷迪尔级&470级)	海口	男子49er级U23场地赛	3
王柳涵	男	全国帆船冠军赛(激光级&激光雷迪尔级&470级)	海口	男子49er级U23场地赛	3
高海彬	男	全国帆船冠军赛(激光级&激光雷迪尔级&470级)	海口	男子49er级U23场地赛	6

续表

姓名	性别	比赛名称	地点	项目	名次
卓朝晨	男	全国帆船冠军赛(激光级&激光雷迪尔级&470级)	海口	男子49er级U23场地赛	6
周宇奇	男	全国帆船冠军赛(激光级&激光雷迪尔级&470级)	海口	男子49er级U23场地赛	7
程泊涵	男	全国帆船冠军赛(激光级&激光雷迪尔级&470级)	海口	男子49er级U23场地赛	7
王颖倩	女	全国帆船冠军赛(激光级&激光雷迪尔级&470级)	海口	女子49er级U23场地赛	2
苏晓雅	女	全国帆船冠军赛(激光级&激光雷迪尔级&470级)	海口	女子49er级U23场地赛	2
李善涛	男	全国帆船冠军赛(激光级&激光雷迪尔级&470级)	海口	混合诺卡拉17级U24场地赛	4
虞婷	女	全国帆船冠军赛(激光级&激光雷迪尔级&470级)	海口	混合诺卡拉17级U24场地赛	4
兰景铖	男	全国帆船冠军赛(激光级&激光雷迪尔级&470级)	海口	混合诺卡拉17级U24场地赛	6
黄双双	女	全国帆船冠军赛(激光级&激光雷迪尔级&470级)	海口	混合诺卡拉17级U24场地赛	6
董瀛	女	全国帆船冠军赛(激光级&激光雷迪尔级&470级)	海口	混合诺卡拉17级U24场地赛	7
王坚雄	男	全国帆船冠军赛(激光级&激光雷迪尔级&470级)	海口	混合诺卡拉17级U24场地赛	7
杨学哲	男	全国帆船冠军赛(激光级&激光雷迪尔级&470级)	海口	混合诺卡拉17级男舵组场地赛	1
陈雨	男	全国帆船冠军赛(激光级&激光雷迪尔级&470级)	海口	混合诺卡拉17级男舵组场地赛	4
周倩倩	女	全国帆船冠军赛(激光级&激光雷迪尔级&470级)	海口	混合诺卡拉17级男舵组场地赛	4
李善涛	男	全国帆船冠军赛(激光级&激光雷迪尔级&470级)	海口	混合诺卡拉17级男舵组U24场地赛	4
虞婷	女	全国帆船冠军赛(激光级&激光雷迪尔级&470级)	海口	混合诺卡拉17级男舵组U24场地赛	4
兰景铖	男	全国帆船冠军赛(激光级&激光雷迪尔级&470级)	海口	混合诺卡拉17级男舵组U24场地赛	5
黄双双	女	全国帆船冠军赛(激光级&激光雷迪尔级&470级)	海口	混合诺卡拉17级男舵组U24场地赛	5
董瀛	女	全国帆船冠军赛(激光级&激光雷迪尔级&470级)	海口	混合诺卡拉17级女舵组场地赛	1

续表

姓名	性别	比赛名称	地点	项目	名次
王坚雄	男	全国帆船冠军赛(激光级&激光雷迪尔级&470级)	海口	混合诺卡拉17级女舵组场地赛	1
毛雨洁	女	全国帆船冠军赛(激光级&激光雷迪尔级&470级)	海口	混合诺卡拉17级女舵组场地赛	2
陈林伟	男	全国帆船冠军赛(激光级&激光雷迪尔级&470级)	海口	混合诺卡拉17级女舵组场地赛	2
董瀛	女	全国帆船冠军赛(激光级&激光雷迪尔级&470级)	海口	混合诺卡拉17级女舵组U24场地赛	1
王坚雄	男	全国帆船冠军赛(激光级&激光雷迪尔级&470级)	海口	混合诺卡拉17级女舵组U24场地赛	1
温在鼎	男	全国帆船冠军赛(激光级&激光雷迪尔级&470级)	海口	男子49er级长距离赛	1
洪伟	男	全国帆船冠军赛(激光级&激光雷迪尔级&470级)	海口	男子49er级长距离赛	4
周志博	男	全国帆船冠军赛(激光级&激光雷迪尔级&470级)	海口	男子49er级长距离赛	4
温在鼎	男	全国帆船冠军赛(激光级&激光雷迪尔级&470级)	海口	男子49er级U23长距离赛	1
高海彬	男	全国帆船冠军赛(激光级&激光雷迪尔级&470级)	海口	男子49er级U23长距离赛	5
卓朝晨	男	全国帆船冠军赛(激光级&激光雷迪尔级&470级)	海口	男子49er级U23长距离赛	5
吴子寒	男	全国帆船冠军赛(激光级&激光雷迪尔级&470级)	海口	男子49er级U23长距离赛	6
王柳涵	男	全国帆船冠军赛(激光级&激光雷迪尔级&470级)	海口	男子49er级U23长距离赛	6
周宇奇	男	全国帆船冠军赛(激光级&激光雷迪尔级&470级)	海口	男子49er级U23长距离赛	7
程泊涵	男	全国帆船冠军赛(激光级&激光雷迪尔级&470级)	海口	男子49er级U23长距离赛	7
陈莎莎	女	全国帆船冠军赛(激光级&激光雷迪尔级&470级)	海口	女子49erFX级长距离赛	3
王梦婷	女	全国帆船冠军赛(激光级&激光雷迪尔级&470级)	海口	女子49erFX级长距离赛	3
王颖倩	女	全国帆船冠军赛(激光级&激光雷迪尔级&470级)	海口	女子49erFX级长距离赛	6
苏晓雅	女	全国帆船冠军赛(激光级&激光雷迪尔级&470级)	海口	女子49erFX级长距离赛	6

续表

姓名	性别	比赛名称	地点	项目	名次
王颖倩	女	全国帆船冠军赛（激光级&激光雷迪尔级&470级）	海口	女子49erFX级U23长距离赛	3
苏晓雅	女	全国帆船冠军赛（激光级&激光雷迪尔级&470级）	海口	女子49erFX级U23长距离赛	3
杨学哲	男	全国帆船冠军赛（激光级&激光雷迪尔级&470级）	海口	混合诺卡拉17级长距离赛	1
陈雨	男	全国帆船冠军赛（激光级&激光雷迪尔级&470级）	海口	混合诺卡拉17级长距离赛	5
周倩倩	女	全国帆船冠军赛（激光级&激光雷迪尔级&470级）	海口	混合诺卡拉17级长距离赛	5
李善涛	男	全国帆船冠军赛（激光级&激光雷迪尔级&470级）	海口	混合诺卡拉17级U24长距离赛	5
虞婷	女	全国帆船冠军赛（激光级&激光雷迪尔级&470级）	海口	混合诺卡拉17级U24长距离赛	5
董瀛	女	全国帆船冠军赛（激光级&激光雷迪尔级&470级）	海口	混合诺卡拉17级U24长距离赛	6
王坚雄	男	全国帆船冠军赛（激光级&激光雷迪尔级&470级）	海口	混合诺卡拉17级U24长距离赛	6
温在鼎	男	全国帆船冠军赛（激光级&激光雷迪尔级&470级）	海口	49er级团体成绩	2
陈莎莎	女	全国帆船冠军赛（激光级&激光雷迪尔级&470级）	海口	49er级团体成绩	2
王梦婷	女	全国帆船冠军赛（激光级&激光雷迪尔级&470级）	海口	49er级团体成绩	2
王颖倩	女	全国帆船冠军赛（激光级&激光雷迪尔级&470级）	海口	49er级团体成绩	2
苏晓雅	女	全国帆船冠军赛（激光级&激光雷迪尔级&470级）	海口	49er级团体成绩	2
杨学哲	男	全国帆船冠军赛（激光级&激光雷迪尔级&470级）	海口	混合诺卡拉17级团体成绩	1
董瀛	女	全国帆船冠军赛（激光级&激光雷迪尔级&470级）	海口	混合诺卡拉17级团体成绩	1
王坚雄	男	全国帆船冠军赛（激光级&激光雷迪尔级&470级）	海口	混合诺卡拉17级团体成绩	1
李善涛	男	全国帆船冠军赛（激光级&激光雷迪尔级&470级）	海口	混合诺卡拉17级团体成绩	1
虞婷	女	全国帆船冠军赛（激光级&激光雷迪尔级&470级）	海口	混合诺卡拉17级团体成绩	1

续表

姓名	性别	比赛名称	地点	项目	名次
胡栋华	男	2022 年全国激光 4.7 级帆船锦标赛	宁波	男子激光 4.7 级场地赛	3
程康	男	2022 年全国激光 4.7 级帆船锦标赛	宁波	男子激光 4.7 级场地赛	4
周可	女	2022 年全国激光 4.7 级帆船锦标赛	宁波	女子激光 4.7 级场地赛	2
胡栋华	男	2022 年全国激光 4.7 级帆船锦标赛	宁波	男子激光 4.7 级长距离赛	6
周可	女	2022 年全国激光 4.7 级帆船锦标赛	宁波	女子激光 4.7 级长距离赛	2
王兰心	女	2022 年全国青年帆船锦标赛	宁波	混合 470 级 U21 场地赛	1
张从冉	男	2022 年全国青年帆船锦标赛	宁波	混合 470 级 U21 场地赛	1
王景飒	女	2022 年全国青年帆船锦标赛	宁波	混合 470 级 U21 场地赛	2
钟冯斌	男	2022 年全国青年帆船锦标赛	宁波	混合 470 级 U21 场地赛	2
周可	女	2022 年全国青年帆船锦标赛	宁波	女子激光 4.7 级场地赛	1
赵妍	女	2022 年全国青年帆船锦标赛	宁波	女子激光 4.7 级场地赛	6
王兰心	女	2022 年全国青年帆船锦标赛	宁波	混合 470 级 U21 长距离赛	1
张从冉	男	2022 年全国青年帆船锦标赛	宁波	混合 470 级 U21 长距离赛	1
郭昱邑	男	2022 年全国青年帆船锦标赛	宁波	混合 470 级 U21 长距离赛	6
王瑜	女	2022 年全国青年帆船锦标赛	宁波	混合 470 级 U21 长距离赛	6
周可	女	2022 年全国青年帆船锦标赛	宁波	女子激光 4.7 级长距离赛	2
黄子颜	女	2022 年全国青年帆船锦标赛	宁波	女子激光 4.7 级长距离赛	6
温在鼎	男	全国帆船锦标赛(49er 级 &49erFX 级 & 诺卡拉 17 级)	海口	男子 49er 级场地赛	1
洪伟	男	全国帆船锦标赛(49er 级 &49erFX 级 & 诺卡拉 17 级)	海口	男子 49er 级场地赛	5
王柳涵	男	全国帆船锦标赛(49er 级 &49erFX 级 & 诺卡拉 17 级)	海口	男子 49er 级场地赛	5
陈莎莎	女	全国帆船锦标赛(49er 级 &49erFX 级 & 诺卡拉 17 级)	海口	女子 49er 级场地赛	1
王梦婷	女	全国帆船锦标赛(49er 级 &49erFX 级 & 诺卡拉 17 级)	海口	女子 49er 级场地赛	1
王颖倩	女	全国帆船锦标赛(49er 级 &49erFX 级 & 诺卡拉 17 级)	海口	女子 49er 级场地赛	2
苏晓雅	女	全国帆船锦标赛(49er 级 &49erFX 级 & 诺卡拉 17 级)	海口	女子 49er 级场地赛	2
汪彩宇	女	全国帆船锦标赛(49er 级 &49erFX 级 & 诺卡拉 17 级)	海口	女子 49er 级场地赛	4

续表

姓名	性别	比赛名称	地点	项目	名次
叶秀秀	女	全国帆船锦标赛(49er 级 & 49erFX 级 & 诺卡拉 17 级)	海口	女子 49er 级场地赛	4
杨学哲	男	全国帆船锦标赛(49er 级 & 49erFX 级 & 诺卡拉 17 级)	海口	混合诺卡拉 17 级场地赛	2
陈雨	男	全国帆船锦标赛(49er 级 & 49erFX 级 & 诺卡拉 17 级)	海口	混合诺卡拉 17 级场地赛	6
周倩倩	女	全国帆船锦标赛(49er 级 & 49erFX 级 & 诺卡拉 17 级)	海口	混合诺卡拉 17 级场地赛	6
温在鼎	男	全国帆船锦标赛(49er 级 & 49erFX 级 & 诺卡拉 17 级)	海口	男子 49erU23 场地赛	1
吴子寒	男	全国帆船锦标赛(49er 级 & 49erFX 级 & 诺卡拉 17 级)	海口	男子 49erU23 场地赛	6
程泊涵	男	全国帆船锦标赛(49er 级 & 49erFX 级 & 诺卡拉 17 级)	海口	男子 49erU23 场地赛	6
高海彬	男	全国帆船锦标赛(49er 级 & 49erFX 级 & 诺卡拉 17 级)	海口	男子 49erU23 场地赛	7
吕红鸣	男	全国帆船锦标赛(49er 级 & 49erFX 级 & 诺卡拉 17 级)	海口	男子 49erU23 场地赛	7
王颖倩	女	全国帆船锦标赛(49er 级 & 49erFX 级 & 诺卡拉 17 级)	海口	女子 49erFXU23 场地赛	1
苏晓雅	女	全国帆船锦标赛(49er 级 & 49erFX 级 & 诺卡拉 17 级)	海口	女子 49erFXU23 场地赛	1
汪彩宇	女	全国帆船锦标赛(49er 级 & 49erFX 级 & 诺卡拉 17 级)	海口	女子 49erFXU23 场地赛	2
叶秀秀	女	全国帆船锦标赛(49er 级 & 49erFX 级 & 诺卡拉 17 级)	海口	女子 49erFXU23 场地赛	2
郑珍珍	女	全国帆船锦标赛(49er 级 & 49erFX 级 & 诺卡拉 17 级)	海口	女子 49erFXU23 场地赛	6
章涵艺	女	全国帆船锦标赛(49er 级 & 49erFX 级 & 诺卡拉 17 级)	海口	女子 49erFXU23 场地赛	6
兰景铖	男	全国帆船锦标赛(49er 级 & 49erFX 级 & 诺卡拉 17 级)	海口	混合诺卡拉 17 级 U24 场地赛	4
章冬冬	女	全国帆船锦标赛(49er 级 & 49erFX 级 & 诺卡拉 17 级)	海口	混合诺卡拉 17 级 U24 场地赛	4
董瀛	女	全国帆船锦标赛(49er 级 & 49erFX 级 & 诺卡拉 17 级)	海口	混合诺卡拉 17 级 U24 场地赛	5
王坚雄	男	全国帆船锦标赛(49er 级 & 49erFX 级 & 诺卡拉 17 级)	海口	混合诺卡拉 17 级 U24 场地赛	5

续表

姓名	性别	比赛名称	地点	项目	名次
李善涛	男	全国帆船锦标赛(49er 级 & 49erFX 级 & 诺卡拉 17 级)	海口	混合诺卡拉 17 级 U24 场地赛	7
黄双双	女	全国帆船锦标赛(49er 级 & 49erFX 级 & 诺卡拉 17 级)	海口	混合诺卡拉 17 级 U24 场地赛	7
温在鼎	男	全国帆船锦标赛(49er 级 & 49erFX 级 & 诺卡拉 17 级)	海口	男子 49er 级长距离赛	1
洪伟	男	全国帆船锦标赛(49er 级 & 49erFX 级 & 诺卡拉 17 级)	海口	男子 49er 级长距离赛	4
王柳涵	男	全国帆船锦标赛(49er 级 & 49erFX 级 & 诺卡拉 17 级)	海口	男子 49er 级长距离赛	4
吴子寒	男	全国帆船锦标赛(49er 级 & 49erFX 级 & 诺卡拉 17 级)	海口	男子 49er 级长距离赛	7
程泊涵	男	全国帆船锦标赛(49er 级 & 49erFX 级 & 诺卡拉 17 级)	海口	男子 49er 级长距离赛	7
王颖倩	女	全国帆船锦标赛(49er 级 & 49erFX 级 & 诺卡拉 17 级)	海口	女子 49erFX 级长距离赛	1
苏晓雅	女	全国帆船锦标赛(49er 级 & 49erFX 级 & 诺卡拉 17 级)	海口	女子 49erFX 级长距离赛	1
汪彩宇	女	全国帆船锦标赛(49er 级 & 49erFX 级 & 诺卡拉 17 级)	海口	女子 49erFX 级长距离赛	4
叶秀秀	女	全国帆船锦标赛(49er 级 & 49erFX 级 & 诺卡拉 17 级)	海口	女子 49erFX 级长距离赛	4
陈莎莎	女	全国帆船锦标赛(49er 级 & 49erFX 级 & 诺卡拉 17 级)	海口	女子 49erFX 级长距离赛	6
王梦婷	女	全国帆船锦标赛(49er 级 & 49erFX 级 & 诺卡拉 17 级)	海口	女子 49erFX 级长距离赛	6
杨学哲	男	全国帆船锦标赛(49er 级 & 49erFX 级 & 诺卡拉 17 级)	海口	混合诺卡拉 17 级长距离赛	2
陈雨	男	全国帆船锦标赛(49er 级 & 49erFX 级 & 诺卡拉 17 级)	海口	混合诺卡拉 17 级长距离赛	6
周倩倩	女	全国帆船锦标赛(49er 级 & 49erFX 级 & 诺卡拉 17 级)	海口	混合诺卡拉 17 级长距离赛	6
温在鼎	男	全国帆船锦标赛(49er 级 & 49erFX 级 & 诺卡拉 17 级)	海口	男子 49er 级 U23 长距离赛	1
吴子寒	男	全国帆船锦标赛(49er 级 & 49erFX 级 & 诺卡拉 17 级)	海口	男子 49er 级 U23 长距离赛	4
程泊涵	男	全国帆船锦标赛(49er 级 & 49erFX 级 & 诺卡拉 17 级)	海口	男子 49er 级 U23 长距离赛	4

续表

姓名	性别	比赛名称	地点	项目	名次
高海彬	男	全国帆船锦标赛（49er 级 & 49erFX 级 & 诺卡拉 17 级）	海口	男子 49er 级 U23 长距离赛	8
吕红鸣	男	全国帆船锦标赛（49er 级 & 49erFX 级 & 诺卡拉 17 级）	海口	男子 49er 级 U23 长距离赛	8
王颖倩	女	全国帆船锦标赛（49er 级 & 49erFX 级 & 诺卡拉 17 级）	海口	女子 49erFX 级 U23 长距离赛	1
苏晓雅	女	全国帆船锦标赛（49er 级 & 49erFX 级 & 诺卡拉 17 级）	海口	女子 49erFX 级 U23 长距离赛	1
汪彩宇	女	全国帆船锦标赛（49er 级 & 49erFX 级 & 诺卡拉 17 级）	海口	女子 49erFX 级 U23 长距离赛	2
叶秀秀	女	全国帆船锦标赛（49er 级 & 49erFX 级 & 诺卡拉 17 级）	海口	女子 49erFX 级 U23 长距离赛	2
郑珍珍	女	全国帆船锦标赛（49er 级 & 49erFX 级 & 诺卡拉 17 级）	海口	女子 49erFX 级 U23 长距离赛	6
章涵艺	女	全国帆船锦标赛（49er 级 & 49erFX 级 & 诺卡拉 17 级）	海口	女子 49erFX 级 U23 长距离赛	6
兰景铖	男	全国帆船锦标赛（49er 级 & 49erFX 级 & 诺卡拉 17 级）	海口	混合诺卡拉 17 级 U24 长距离赛	4
章冬冬	女	全国帆船锦标赛（49er 级 & 49erFX 级 & 诺卡拉 17 级）	海口	混合诺卡拉 17 级 U24 长距离赛	4
董瀛	女	全国帆船锦标赛（49er 级 & 49erFX 级 & 诺卡拉 17 级）	海口	混合诺卡拉 17 级 U24 长距离赛	5
王坚雄	男	全国帆船锦标赛（49er 级 & 49erFX 级 & 诺卡拉 17 级）	海口	混合诺卡拉 17 级 U24 长距离赛	5
温在鼎	男	全国帆船锦标赛（49er 级 & 49erFX 级 & 诺卡拉 17 级）	海口	49er 级团体成绩	1
王颖倩	女	全国帆船锦标赛（49er 级 & 49erFX 级 & 诺卡拉 17 级）	海口	49er 级团体成绩	1
苏晓雅	女	全国帆船锦标赛（49er 级 & 49erFX 级 & 诺卡拉 17 级）	海口	49er 级团体成绩	1
陈莎莎	女	全国帆船锦标赛（49er 级 & 49erFX 级 & 诺卡拉 17 级）	海口	49er 级团体成绩	1
王梦婷	女	全国帆船锦标赛（49er 级 & 49erFX 级 & 诺卡拉 17 级）	海口	49er 级团体成绩	1
徐臧军	男	全国帆船锦标赛（激光级 & 激光雷迪尔级 &470 级）	海口	混合 470 级场地赛	1
徐娅妮	女	全国帆船锦标赛（激光级 & 激光雷迪尔级 &470 级）	海口	混合 470 级场地赛	1

续表

姓名	性别	比赛名称	地点	项目	名次
徐建勇	男	全国帆船锦标赛(激光级 & 激光雷迪尔级 &470 级)	海口	混合 470 级场地赛	3
王兰心	女	全国帆船锦标赛(激光级 & 激光雷迪尔级 &470 级)	海口	混合 470 级场地赛	7
王晶	男	全国帆船锦标赛(激光级 & 激光雷迪尔级 &470 级)	海口	混合 470 级场地赛	7
董文局	男	全国帆船锦标赛(激光级 & 激光雷迪尔级 &470 级)	海口	混合 470 级场地赛	8
王景飒	女	全国帆船锦标赛(激光级 & 激光雷迪尔级 &470 级)	海口	混合 470 级场地赛	8
董文局	男	全国帆船锦标赛(激光级 & 激光雷迪尔级 &470 级)	海口	混合 470 级 U21 场地赛	1
王景飒	女	全国帆船锦标赛(激光级 & 激光雷迪尔级 &470 级)	海口	混合 470 级 U21 场地赛	1
徐臧军	男	全国帆船锦标赛(激光级 & 激光雷迪尔级 &470 级)	海口	混合 470 级长距离赛	2
徐娅妮	女	全国帆船锦标赛(激光级 & 激光雷迪尔级 &470 级)	海口	混合 470 级长距离赛	2
钟冯斌	男	全国帆船锦标赛(激光级 & 激光雷迪尔级 &470 级)	海口	混合 470 级长距离赛	3
肖海伦	女	全国帆船锦标赛(激光级 & 激光雷迪尔级 &470 级)	海口	混合 470 级长距离赛	3
徐建勇	男	全国帆船锦标赛(激光级 & 激光雷迪尔级 &470 级)	海口	混合 470 级长距离赛	6
王可欣	女	全国帆船锦标赛(激光级 & 激光雷迪尔级 &470 级)	海口	混合 470 级长距离赛	7
忻奥	男	全国帆船锦标赛(激光级 & 激光雷迪尔级 &470 级)	海口	混合 470 级长距离赛	7
王景飒	女	全国帆船锦标赛(激光级 & 激光雷迪尔级 &470 级)	海口	混合 470 级 U21 长距离赛	1
董文局	男	全国帆船锦标赛(激光级 & 激光雷迪尔级 &470 级)	海口	混合 470 级 U21 长距离赛	1
郭昱邑	男	全国帆船锦标赛(激光级 & 激光雷迪尔级 &470 级)	海口	混合 470 级 U21 长距离赛	3
夏可馨	女	全国帆船锦标赛(激光级 & 激光雷迪尔级 &470 级)	海口	混合 470 级 U21 长距离赛	3
周可	女	全国帆船锦标赛(激光级 & 激光雷迪尔级 &470 级)	海口	混合 470 级 U21 长距离赛	8

续表

姓名	性别	比赛名称	地点	项目	名次
张从冉	男	全国帆船锦标赛(激光级 & 激光雷迪尔级 &470 级)	海口	混合 470 级 U21 长距离赛	8
徐臧军	男	全国帆船锦标赛(激光级 & 激光雷迪尔级 &470 级)	海口	混合 470 团体成绩	1
徐娅妮	女	全国帆船锦标赛(激光级 & 激光雷迪尔级 &470 级)	海口	混合 470 团体成绩	1
董文局	男	全国帆船锦标赛(激光级 & 激光雷迪尔级 &470 级)	海口	混合 470 团体成绩	1
王景飒	女	全国帆船锦标赛(激光级 & 激光雷迪尔级 &470 级)	海口	混合 470 团体成绩	1

帆板

姓名	性别	比赛名称	地点	项目	名次
池清斌	男	亚运会帆船选拔赛暨帆板冠军赛(水翼帆板级)	博鳌	水翼帆板级团体成绩	2
黄敬业	男	亚运会帆船选拔赛暨帆板冠军赛(水翼帆板级)	博鳌	水翼帆板级团体成绩	2
闫铮	女	亚运会帆船选拔赛暨帆板冠军赛(水翼帆板级)	博鳌	水翼帆板级团体成绩	2
李敏怡	女	亚运会帆船选拔赛暨帆板冠军赛(水翼帆板级)	博鳌	水翼帆板级团体成绩	2
池清斌	男	亚运会帆船选拔赛暨帆板冠军赛(水翼帆板级)	博鳌	男子水翼帆板级场地赛	3
黄敬业	男	亚运会帆船选拔赛暨帆板冠军赛(水翼帆板级)	博鳌	男子水翼帆板级场地赛	7
黄敬业	男	亚运会帆船选拔赛暨帆板冠军赛(水翼帆板级)	博鳌	男子水翼帆板级 U21 场地赛	1
陆晨	男	亚运会帆船选拔赛暨帆板冠军赛(水翼帆板级)	博鳌	男子水翼帆板级 U21 场地赛	5
闫铮	女	亚运会帆船选拔赛暨帆板冠军赛(水翼帆板级)	博鳌	女子水翼帆板级场地赛	4
饶莹	女	亚运会帆船选拔赛暨帆板冠军赛(水翼帆板级)	博鳌	女子水翼帆板级场地赛	8
李敏怡	女	亚运会帆船选拔赛暨帆板冠军赛(水翼帆板级)	博鳌	女子水翼帆板级 U21 场地赛	4
蒋琴	女	亚运会帆船选拔赛暨帆板冠军赛(水翼帆板级)	博鳌	女子水翼帆板级 U21 场地赛	8

续表

姓名	性别	比赛名称	地点	项目	名次
黄敬业	男	亚运会帆船选拔赛暨帆板冠军赛（水翼帆板级）	博鳌	男子水翼帆板级障碍滑赛	3
池清斌	男	亚运会帆船选拔赛暨帆板冠军赛（水翼帆板级）	博鳌	男子水翼帆板级障碍滑赛	4
黄敬业	男	亚运会帆船选拔赛暨帆板冠军赛（水翼帆板级）	博鳌	男子水翼帆板级 U21 障碍滑赛	1
陆晨	男	亚运会帆船选拔赛暨帆板冠军赛（水翼帆板级）	博鳌	男子水翼帆板级 U21 障碍滑赛	4
闫铮	女	亚运会帆船选拔赛暨帆板冠军赛（水翼帆板级）	博鳌	女子水翼帆板级障碍滑赛	5
饶莹	女	亚运会帆船选拔赛暨帆板冠军赛（水翼帆板级）	博鳌	女子水翼帆板级障碍滑赛	6
李敏怡	女	亚运会帆船选拔赛暨帆板冠军赛（水翼帆板级）	博鳌	女子水翼帆板级 U21 障碍滑赛	3
池清斌	男	亚运会帆船选拔赛暨帆板冠军赛（水翼帆板级）	博鳌	男子水翼帆板级长距离赛	3
黄敬业	男	亚运会帆船选拔赛暨帆板冠军赛（水翼帆板级）	博鳌	男子水翼帆板级长距离赛	4
黄敬业	男	亚运会帆船选拔赛暨帆板冠军赛（水翼帆板级）	博鳌	男子水翼帆板级 U21 长距离赛	1
陆晨	男	亚运会帆船选拔赛暨帆板冠军赛（水翼帆板级）	博鳌	男子水翼帆板级 U21 长距离赛	5
闫铮	女	亚运会帆船选拔赛暨帆板冠军赛（水翼帆板级）	博鳌	女子水翼帆板级长距离赛	5
饶莹	女	亚运会帆船选拔赛暨帆板冠军赛（水翼帆板级）	博鳌	女子水翼帆板级长距离赛	7
李敏怡	女	亚运会帆船选拔赛暨帆板冠军赛（水翼帆板级）	博鳌	女子水翼帆板级 U21 长距离赛	2
池清斌	男	2022 年全国帆板锦标赛暨全国青年帆板锦标赛	北海	水翼帆板团体赛	1
闫铮	女	2022 年全国帆板锦标赛暨全国青年帆板锦标赛	北海	水翼帆板团体赛	1
黄敬业	男	2022 年全国帆板锦标赛暨全国青年帆板锦标赛	北海	水翼帆板团体赛	1
李敏怡	女	2022 年全国帆板锦标赛暨全国青年帆板锦标赛	北海	水翼帆板团体赛	1
黄敬业	男	2022 年全国帆板锦标赛暨全国青年帆板锦标赛	北海	男子水翼帆板级 U21 长距离赛	2

续表

姓名	性别	比赛名称	地点	项目	名次
黄敬业	男	2022 年全国帆板锦标赛暨全国青年帆板锦标赛	北海	男子水翼帆板级 U21 障碍滑赛	2
黄敬业	男	2022 年全国帆板锦标赛暨全国青年帆板锦标赛	北海	男子水翼帆板级 U21 场地赛	2
闫铮	女	2022 年全国帆板锦标赛暨全国青年帆板锦标赛	北海	女子水翼帆板级障碍滑赛	2
李敏怡	女	2022 年全国帆板锦标赛暨全国青年帆板锦标赛	北海	女子水翼帆板级 U21 场地赛	2
李敏怡	女	2022 年全国帆板锦标赛暨全国青年帆板锦标赛	北海	女子水翼帆板级 U21 长距离赛	3
闫铮	女	2022 年全国帆板锦标赛暨全国青年帆板锦标赛	北海	女子水翼帆板级长距离赛	3
李敏怡	女	2022 年全国帆板锦标赛暨全国青年帆板锦标赛	北海	女子水翼帆板级 U21 障碍滑赛	3
闫铮	女	2022 年全国帆板锦标赛暨全国青年帆板锦标赛	北海	女子水翼帆板级场地赛	3
池清斌	男	2022 年全国帆板锦标赛暨全国青年帆板锦标赛	北海	男子水翼帆板级场地赛	4
黄敬业	男	2022 年全国帆板锦标赛暨全国青年帆板锦标赛	北海	男子水翼帆板级场地赛	6
饶莹	女	2022 年全国帆板锦标赛暨全国青年帆板锦标赛	北海	女子水翼帆板级场地赛	7
陆晨	男	2022 年全国帆板锦标赛暨全国青年帆板锦标赛	北海	男子水翼帆板级 U21 场地赛	5
黄敬业	男	2022 年全国帆板锦标赛暨全国青年帆板锦标赛	北海	男子水翼帆板级长距离赛	6
池清斌	男	2022 年全国帆板锦标赛暨全国青年帆板锦标赛	北海	男子水翼帆板级长距离赛	8
饶莹	女	2022 年全国帆板锦标赛暨全国青年帆板锦标赛	北海	女子水翼帆板级长距离赛	4
陆晨	男	2022 年全国帆板锦标赛暨全国青年帆板锦标赛	北海	男子水翼帆板级 U21 长距离赛	5
蒋琴	女	2022 年全国帆板锦标赛暨全国青年帆板锦标赛	北海	女子水翼帆板级 U21 长距离赛	7
池清斌	男	2022 年全国帆板锦标赛暨全国青年帆板锦标赛	北海	男子水翼帆板级障碍滑赛	6
黄敬业	男	2022 年全国帆板锦标赛暨全国青年帆板锦标赛	北海	男子水翼帆板级障碍滑赛	7

续表

姓名	性别	比赛名称	地点	项目	名次
饶莹	女	2022 年全国帆板锦标赛 暨全国青年帆板锦标赛	北海	女子水翼帆板级障碍滑赛	8
陆晨	男	2022 年全国帆板锦标赛 暨全国青年帆板锦标赛	北海	男子水翼帆板级 U21 障碍滑赛	4
池清斌	男	2022 年全国翻波板锦标赛(水翼帆板级)	北海	男子水翼帆板级场地赛	1
闫铮	女	2022 年全国翻波板锦标赛(水翼帆板级)	北海	女子水翼帆板级场地赛	1
池清斌	男	2022 年全国翻波板锦标赛(水翼帆板级)	北海	水翼帆板级团体赛	1
闫铮	女	2022 年全国翻波板锦标赛(水翼帆板级)	北海	水翼帆板级团体赛	1
黄敬业	男	2022 年全国翻波板锦标赛(水翼帆板级)	北海	水翼帆板级团体赛	1
李敏怡	女	2022 年全国翻波板锦标赛(水翼帆板级)	北海	水翼帆板级团体赛	1
黄敬业	男	2022 年全国翻波板锦标赛(水翼帆板级)	北海	男子水翼帆板级 U21 长距离赛	2
黄敬业	男	2022 年全国翻波板锦标赛(水翼帆板级)	北海	男子水翼帆板级 U21 障碍滑赛	2
黄敬业	男	2022 年全国翻波板锦标赛(水翼帆板级)	北海	男子水翼帆板级 U21 场地赛	2
李敏怡	女	2022 年全国翻波板锦标赛(水翼帆板级)	北海	女子水翼帆板级 U21 场地赛	2
闫铮	女	2022 年全国翻波板锦标赛(水翼帆板级)	北海	女子水翼帆板级障碍滑赛	2
李敏怡	女	2022 年全国翻波板锦标赛(水翼帆板级)	北海	女子水翼帆板级 U21 长距离赛	3
闫铮	女	2022 年全国翻波板锦标赛(水翼帆板级)	北海	女子水翼帆板级长距离赛	3
李敏怡	女	2022 年全国翻波板锦标赛(水翼帆板级)	北海	女子水翼帆板级 U21 障碍滑赛	3
陆晨	男	2022 年全国翻波板锦标赛(水翼帆板级)	北海	男子水翼帆板级 U21 场地赛	5
黄敬业	男	2022 年全国翻波板锦标赛(水翼帆板级)	北海	男子水翼帆板级长距离赛	6
池清斌	男	2022 年全国翻波板锦标赛(水翼帆板级)	北海	男子水翼帆板级长距离赛	8
饶莹	女	2022 年全国翻波板锦标赛(水翼帆板级)	北海	女子水翼帆板级长距离赛	4
陆晨	男	2022 年全国翻波板锦标赛(水翼帆板级)	北海	男子水翼帆板级 U21 长距离赛	5
蒋琴	女	2022 年全国翻波板锦标赛(水翼帆板级)	北海	女子水翼帆板级 U21 长距离赛	7
池清斌	男	2022 年全国翻波板锦标赛(水翼帆板级)	北海	男子水翼帆板级 障碍滑赛成绩	6
黄敬业	男	2022 年全国翻波板锦标赛(水翼帆板级)	北海	男子水翼帆板级 障碍滑赛成绩	7

续表

姓名	性别	比赛名称	地点	项目	名次
饶莹	女	2022 年全国翻波板锦标赛（水翼帆板级）	北海	女子水翼帆板级障碍滑赛成绩	8
陆晨	男	2022 年全国翻波板锦标赛（水翼帆板级）	北海	男子水翼帆板级 U21 障碍滑赛	4
黄敬业	男	2022 年全国翻波板锦标赛（水翼帆板级）	北海	男子水翼帆板级场地赛	7
饶莹	女	2022 年全国翻波板锦标赛（水翼帆板级）	北海	女子水翼帆板级场地赛	6
陈昊	男	2022 年全国翻波板锦标赛（水翼帆板级）	北海	男子水翼帆板级场地赛	8

射击

姓名	性别	比赛名称	地点	项目	名次	成绩
王乏琳	女	全国射击冠军赛（步枪项目）	福建莆田	女子 10 米气步枪	1	632. 9 环
王芝琳	女	全国射击冠军赛（步枪项目）	福建莆田	10 米气步枪混合团体	1	629. 6\50\16
赵中豪	男	全国射击冠军赛（步枪项目）	福建莆田	10 米气步枪混合团体	1	629. 6\50\16
杨倩	女	全国射击冠军赛（步枪项目）	福建莆田	女子 10 米气步枪	2	631. 1 环
黄雨婷	女	全国射击冠军赛（步枪项目）	福建莆田	10 米气步枪混合团体	2	630. 4\50\12
林航馨	男	全国射击冠军赛（步枪项目）	福建莆田	10 米气步枪混合团体	2	630. 4\50\12
赵中豪	男	全国射击冠军赛（步枪项目）	福建莆田	男子 10 米气步枪	3	629. 8 环
杨倩	女	全国射击冠军赛（步枪项目）	福建莆田	10 米气步枪混合团体	3	629. 7\44
余浩楠	男	全国射击冠军赛（步枪项目）	福建莆田	10 米气步枪混合团体	3	629. 7\44
黄雨婷	女	全国射击冠军赛（步枪项目）	福建莆田	女子 10 米气步枪	5	632. 7 环
周靖罡	男	全国射击冠军赛（步枪项目）	福建莆田	男子 50 米步枪 3 种姿势	5	587 – 28X
韩佳予	女	全国射击冠军赛（步枪项目）	福建莆田	女子 50 米步枪 3 种姿势	5	590 – 36X
余浩楠	男	全国射击冠军赛（步枪项目）	福建莆田	男子 50 米步枪 3 种姿势	7	586 – 25X
卢恺曼	女	全国射击锦标赛（手枪项目）	福建莆田	女子 10 米气手枪	1	587 – 26X
卢恺曼	女	全国射击锦标赛（手枪项目）	福建莆田	10 米气手枪混合团体	3	580 – 17x\45. 5
张钰	男	全国射击锦标赛（手枪项目）	福建莆田	10 米气手枪混合团体	3	580 – 17x\45. 5
冯思璇	女	全国射击锦标赛（手枪项目）	福建莆田	女子 25 米手枪	4	586 – 24X
冯思璇	女	全国射击锦标赛（手枪项目）	福建莆田	10 米气手枪混合团体	7	581 – 20x
刘军辉	男	全国射击锦标赛（手枪项目）	福建莆田	10 米气手枪混合团体	7	581 – 20x
林雅茜	女	全国射击锦标赛（手枪项目）	福建莆田	女子 10 米气手枪	8	578 – 15X
陈澳博	男	全国青少年射击锦标赛（步手枪项目）	江苏南京	男子 25 米手枪速射	1	581 – 23X
张嘉恩	女	全国青少年射击锦标赛（步手枪项目）	江苏南京	女子 25 米手枪	1	580 – 22X

续表

姓名	性别	比赛名称	地点	项目	名次	成绩
林航馨	男	全国青少年射击锦标赛（步手枪项目）	江苏南京	男子10米气步枪团体	1	1882
沈宇辰	男	全国青少年射击锦标赛（步手枪项目）	江苏南京	男子10米气步枪团体	1	1882
黄李万林	男	全国青少年射击锦标赛（步手枪项目）	江苏南京	男子10米气步枪团体	1	1882
朱可馨	女	全国青少年射击锦标赛（步手枪项目）	江苏南京	女子50米步枪3种姿势团体	1	1738 －73X
王子菲	女	全国青少年射击锦标赛（步手枪项目）	江苏南京	女子50米步枪3种姿势团体	1	1738 －73X
韩佳予	女	全国青少年射击锦标赛（步手枪项目）	江苏南京	女子50米步枪3种姿势团体	1	1738 －73X
张志豪	男	全国青少年射击锦标赛（步手枪项目）	江苏南京	男子25米手枪速射团体	1	1735 －53X
陈澳博	男	全国青少年射击锦标赛（步手枪项目）	江苏南京	男子25米手枪速射团体	1	1735 －53X
柴树杰	男	全国青少年射击锦标赛（步手枪项目）	江苏南京	男子25米手枪速射团体	1	1735 －53X
王育	女	全国青少年射击锦标赛（步手枪项目）	江苏南京	女子10米气手枪团体	1	1719 －45X
林雅茜	女	全国青少年射击锦标赛（步手枪项目）	江苏南京	女子10米气手枪团体	1	1719 －45X
郭柳华	女	全国青少年射击锦标赛（步手枪项目）	江苏南京	女子10米气手枪团体	1	1719 －45X
张志豪	男	全国青少年射击锦标赛（步手枪项目）	江苏南京	男子25米手枪速射	2	584 －17X
曹俊	男	全国青少年射击锦标赛（步手枪项目）	江苏南京	男子50米步枪3种姿势	2	577 －22X
曹俊	男	全国青少年射击锦标赛（步手枪项目）	江苏南京	男子50米步枪3种姿势团体	2	1725 －61X
朱胜苗	男	全国青少年射击锦标赛（步手枪项目）	江苏南京	男子50米步枪3种姿势团体	2	1725 －61X
沈宇辰	男	全国青少年射击锦标赛（步手枪项目）	江苏南京	男子50米步枪3种姿势团体	2	1725 －61X
王子菲	女	全国青少年射击锦标赛（步手枪项目）	江苏南京	女子10米气步枪团体	2	1878.2
韩佳予	女	全国青少年射击锦标赛（步手枪项目）	江苏南京	女子10米气步枪团体	2	1878.2
鲍佳漪	女	全国青少年射击锦标赛（步手枪项目）	江苏南京	女子10米气步枪团体	2	1878.2

续表

姓名	性别	比赛名称	地点	项目	名次	成绩
张嘉恩	女	全国青少年射击锦标赛（步手枪项目）	江苏南京	女子25米手枪团体	2	1724－50X
王育	女	全国青少年射击锦标赛（步手枪项目）	江苏南京	女子25米手枪团体	2	1724－50X
张佳慧	女	全国青少年射击锦标赛（步手枪项目）	江苏南京	女子25米手枪团体	2	1724－50X
林雅茜	女	全国青少年射击锦标赛（步手枪项目）	江苏南京	女子10米气手枪	3	575－14X
沈宇辰	男	全国青少年射击锦标赛（步手枪项目）	江苏南京	男子10米气步枪	3	627.7环
王子菲	女	全国青少年射击锦标赛（步手枪项目）	江苏南京	女子10米气步枪	3	627.2环
韩佳予	女	全国青少年射击锦标赛（步手枪项目）	江苏南京	10米气步枪混合团体	3	624.7环
林航馨	男	全国青少年射击锦标赛（步手枪项目）	江苏南京	10米气步枪混合团体	3	624.7环
张钰	男	全国青少年射击锦标赛（步手枪项目）	江苏南京	男子10米气手枪团体	3	1709－36X
章赢涛	男	全国青少年射击锦标赛（步手枪项目）	江苏南京	男子10米气手枪团体	3	1709－36X
黄益伟	男	全国青少年射击锦标赛（步手枪项目）	江苏南京	男子10米气手枪团体	3	1709－36X
张钰	男	全国青少年射击锦标赛（步手枪项目）	江苏南京	男子10米气手枪	4	573－11X
韩佳予	女	全国青少年射击锦标赛（步手枪项目）	江苏南京	女子10米气步枪	4	626.4环
王子菲	女	全国青少年射击锦标赛（步手枪项目）	江苏南京	女子50米步枪3种姿势	4	581－25X
王育	女	全国青少年射击锦标赛（步手枪项目）	江苏南京	女子10米气手枪	5	575－16X
林航馨	男	全国青少年射击锦标赛（步手枪项目）	江苏南京	男子10米气步枪	5	629.5环
朱可馨	女	全国青少年射击锦标赛（步手枪项目）	江苏南京	女子50米步枪3种姿势	5	581－26X
林雅茜	女	全国青少年射击锦标赛（步手枪项目）	江苏南京	10米气手枪混合团体	5	573－16X
张钰	男	全国青少年射击锦标赛（步手枪项目）	江苏南京	10米气手枪混合团体	5	573－16X
黄李万林	男	全国青少年射击锦标赛（步手枪项目）	江苏南京	男子10米气步枪	6	624.8环

续表

姓名	性别	比赛名称	地点	项目	名次	成绩
郭柳华	女	全国青少年射击锦标赛（步手枪项目）	江苏南京	10米气手枪混合团体	7	569－13X
黄益伟	男	全国青少年射击锦标赛（步手枪项目）	江苏南京	10米气手枪混合团体	7	569－13X
冯思璇	女	全国射击锦标赛（步手枪项目）	江苏南京	女子25米手枪	1	590－27X
卢恺曼	女	全国射击锦标赛（步手枪项目）	江苏南京	女子10米气手枪团体	1	1726－50X
王育	女	全国射击锦标赛（步手枪项目）	江苏南京	女子10米气手枪团体	1	1726－50X
林雅茜	女	全国射击锦标赛（步手枪项目）	江苏南京	女子10米气手枪团体	1	1726－50X
冯思璇	女	全国射击锦标赛（步手枪项目）	江苏南京	女子25米手枪团体	1	1752－67X
张嘉恩	女	全国射击锦标赛（步手枪项目）	江苏南京	女子25米手枪团体	1	1752－67X
周蕙	女	全国射击锦标赛（步手枪项目）	江苏南京	女子25米手枪团体	1	1752－67X
韩佳予	女	全国射击锦标赛（步手枪项目）	江苏南京	女子50米步枪3种姿势	2	591－36X
王岳丰	男	全国射击锦标赛（步手枪项目）	江苏南京	10米气步枪混合团体	2	632环
张钰	男	全国射击锦标赛（步手枪项目）	江苏南京	男子10米气手枪团体	2	1731－60X
刘军辉	男	全国射击锦标赛（步手枪项目）	江苏南京	男子10米气手枪团体	2	1731－60X
马桢波	男	全国射击锦标赛（步手枪项目）	江苏南京	男子10米气手枪团体	2	1731－60X
王岳丰	男	全国射击锦标赛（步手枪项目）	江苏南京	男子10米气步枪	3	629.1环
张钰	男	全国射击锦标赛（步手枪项目）	江苏南京	男子10米气手枪	3	581－21X
林航馨	男	全国射击锦标赛（步手枪项目）	江苏南京	男子10米气步枪团体	3	1879环
赵中豪	男	全国射击锦标赛（步手枪项目）	江苏南京	男子10米气步枪团体	3	1879环
江轩乐	男	全国射击锦标赛（步手枪项目）	江苏南京	男子10米气步枪团体	3	1879环
张志豪	男	全国射击锦标赛（步手枪项目）	江苏南京	男子25米手枪速射团体	3	1740－63X
陈澳博	男	全国射击锦标赛（步手枪项目）	江苏南京		3	1740－63X
林俊敏	男	全国射击锦标赛（步手枪项目）	江苏南京		3	1740－63X
张志豪	男	全国射击锦标赛（步手枪项目）	江苏南京	男子25米手枪速射	4	589－21X
黄雨婷	女	全国射击锦标赛（步手枪项目）	江苏南京	女子10米气步枪	4	629.6环
卢恺曼	女	全国射击锦标赛（步手枪项目）	江苏南京	女子10米气手枪	4	579－20X
赵中豪	男	全国射击锦标赛（步手枪项目）	江苏南京	男子50米步枪3姿势团体	4	1735－76X
沈宇辰	男	全国射击锦标赛（步手枪项目）	江苏南京		4	1735－76X
任映臻	男	全国射击锦标赛（步手枪项目）	江苏南京		4	1735－76X
张嘉恩	女	全国射击锦标赛（步手枪项目）	江苏南京	女子25米手枪	6	584－18X
王芝琳	女	全国射击锦标赛（步手枪项目）	江苏南京	10米气步枪混合团体	6	628.7环

续表

姓名	性别	比赛名称	地点	项目	名次	成绩
林航馨	男	全国射击锦标赛(步手枪项目)	江苏南京	10 米气步枪混合团体	6	628.7 环
林航馨	男	全国射击锦标赛(步手枪项目)	江苏南京	男子 10 米气步枪	8	630.0 环
刘诺	男	全国 U17 射击锦标赛	江苏南京	男子 10 米气步枪	1	624.6 环
祁徐露	女	全国 U17 射击锦标赛	江苏南京	女子 10 米气步枪	1	626 环
蒋可欣	女	全国 U17 射击锦标赛	江苏南京	女子 10 米气步枪	2	624 环
韦辰	男	全国 U17 射击锦标赛	江苏南京	男子 10 米气步枪	3	616.7 环
张昊轩	男	全国 U17 射击锦标赛	江苏南京	男子 10 米气步枪	4	615.7 环
朱政萍	女	全国 U17 射击锦标赛	江苏南京	女子 10 米气步枪	4	616.1 环
方玺皓	男	全国 U17 射击锦标赛	江苏南京	男子 10 米气步枪	5	615.1 环
赵伊琳	女	全国 U17 射击锦标赛	江苏南京	女子 10 米气步枪	5	615.8 环
詹铠齐	男	全国 U17 射击锦标赛	江苏南京	男子 10 米气步枪	6	613.2 环
程宵媛	女	全国 U17 射击锦标赛	江苏南京	女子 10 米气步枪	6	614.6 环
姚家楠	男	全国 U18 射击锦标赛(手枪项目)	江苏南京	男子 25 米手枪速射	1	585 – 19X
柴树杰	男	全国 U18 射击锦标赛(手枪项目)	江苏南京	男子 25 米手枪速射团体	1	1749 – 58X
姚家楠	男	全国 U18 射击锦标赛(手枪项目)	江苏南京		1	1749 – 58X
陈双屹	男	全国 U18 射击锦标赛(手枪项目)	江苏南京		1	1749 – 58X
柴树杰	男	全国 U18 射击锦标赛(手枪项目)	江苏南京	男子 25 米手枪速射	2	585 – 23X
王育	女	全国 U18 射击锦标赛(手枪项目)	江苏南京	女子 10 米气手枪团体	2	1714 – 46X
郭柳华	女	全国 U18 射击锦标赛(手枪项目)	江苏南京	女子 10 米气手枪团体	2	1714 – 46X
吴锦靖	女	全国 U18 射击锦标赛(手枪项目)	江苏南京	女子 10 米气手枪团体	2	1714 – 46X
吴芯朵	女	全国 U18 射击锦标赛(手枪项目)	江苏南京	女子 25 米手枪团体	2	1730 – 47X
刘昕旖	女	全国 U18 射击锦标赛(手枪项目)	江苏南京	女子 25 米手枪团体	2	1730 – 47X
吕明芳	女	全国 U18 射击锦标赛(手枪项目)	江苏南京	女子 25 米手枪团体	2	1730 – 47X
郭柳华	女	全国 U18 射击锦标赛(手枪项目)	江苏南京	女子 10 米气手枪	3	573 – 15X
王育	女	全国 U18 射击锦标赛(手枪项目)	江苏南京	10 米气手枪混合团体	3	572 – 15X
黄益伟	男	全国 U18 射击锦标赛(手枪项目)	江苏南京	10 米气手枪混合团体	3	572 – 15X
黄益伟	男	全国 U18 射击锦标赛(手枪项目)	江苏南京	男子 10 米气手枪团体	3	1696 – 41X
沈宇锋	男	全国 U18 射击锦标赛(手枪项目)	江苏南京	男子 10 米气手枪团体	3	1696 – 41X
应承举	男	全国 U18 射击锦标赛(手枪项目)	江苏南京	男子 10 米气手枪团体	3	1696 – 41X
黄益伟	男	全国 U18 射击锦标赛(手枪项目)	江苏南京	男子 10 米气手枪	4	569 – 15X
吴芯朵	女	全国 U18 射击锦标赛(手枪项目)	江苏南京	女子 25 米手枪	5	578 – 15X
郭柳华	女	全国 U18 射击锦标赛(手枪项目)	江苏南京	10 米气手枪混合团体	5	571 – 22X
应承举	男	全国 U18 射击锦标赛(手枪项目)	江苏南京	10 米气手枪混合团体	5	571 – 22X

续表

姓名	性别	比赛名称	地点	项目	名次	成绩
陈双屹	男	全国U18射击锦标赛(手枪项目)	江苏南京	男子25米手枪速射	6	579－16X
王育	女	全国U18射击锦标赛(手枪项目)	江苏南京	女子10米气手枪	7	574－18X
姚家楠	男	2021年全国U18射击锦标赛（手枪项目）	江苏南京	男子25米手枪速射	1	578－17X
章赢涛	男	2021年全国U18射击锦标赛（手枪项目）	江苏南京	男子10米气手枪团体	1	1713－37X
洪家乐	男	2021年全国U18射击锦标赛（手枪项目）	江苏南京	男子10米气手枪团体	1	1713－37X
胡炜栋	男	2021年全国U18射击锦标赛（手枪项目）	江苏南京	男子10米气手枪团体	1	1713－37X
柴树杰	男	2021年全国U18射击锦标赛（手枪项目）	江苏南京	男子25米手枪速射团体	1	1742－50X
陈澳博	男	2021年全国U18射击锦标赛（手枪项目）	江苏南京		1	1742－50X
姚家楠	男	2021年全国U18射击锦标赛（手枪项目）	江苏南京		1	1742－50X
王育	女	2021年全国U18射击锦标赛（手枪项目）	江苏南京	女子10米气手枪团体	3	1708－41X
张佳慧	女	2021年全国U18射击锦标赛（手枪项目）	江苏南京	女子10米气手枪团体	3	1708－41X
郭柳华	女	2021年全国U18射击锦标赛（手枪项目）	江苏南京	女子10米气手枪团体	3	1708－41X
张悦悦	女	2021年全国U18射击锦标赛（手枪项目）	江苏南京	女子25米手枪团体	3	1730－48X
虞文霞	女	2021年全国U18射击锦标赛（手枪项目）	江苏南京	女子25米手枪团体	3	1730－48X
刘昕旖	女	2021年全国U18射击锦标赛（手枪项目）	江苏南京	女子25米手枪团体	3	1730－48X
柴树杰	男	2021年全国U18射击锦标赛（手枪项目）	江苏南京	男子25米手枪速射	4	584－21X
章赢涛	男	2021年全国U18射击锦标赛（手枪项目）	江苏南京	男子10米气手枪	6	580－21X
张悦悦	女	2021年全国U18射击锦标赛（手枪项目）	江苏南京	女子25米手枪	6	579－17X
陈澳博	男	2021年全国U18射击锦标赛（手枪项目）	江苏南京	男子25米手枪速射	7	580－12X
王育	女	2021年全国U18射击锦标赛（手枪项目）	江苏南京	10米气手枪混合团体	7	567－14X
章赢涛	男	2021年全国U18射击锦标赛（手枪项目）	江苏南京	10米气手枪混合团体	7	567－14X

飞碟

姓名	性别	比赛名称	地点	项目	名次	成绩
徐磊	男	全国射击锦标赛(飞碟项目)	浙江杭州	男子多向团体	6	319
吴鹏	男	全国射击锦标赛(飞碟项目)	浙江杭州	男子多向团体	6	319
李恒	男	全国射击锦标赛(飞碟项目)	浙江杭州	男子多向团体	6	319
程子昂	男	全国青少年射击锦标赛(飞碟项目)	山西临汾	男子多向	3	112
程子昂	男	全国青少年射击锦标赛(飞碟项目)	山西临汾	男子多向团体	5	318
吴鹏	男	全国青少年射击锦标赛(飞碟项目)	山西临汾	男子多向团体	5	318
李恒	男	全国青少年射击锦标赛(飞碟项目)	山西临汾	男子多向团体	5	318
李恒	男	2021 年全国青少年射击锦标赛(飞碟项目)	江西九江	男子多向团体	6	322
吴鹏	男	2021 年全国青少年射击锦标赛(飞碟项目)	江西九江	男子多向团体	6	322
程子昂	男	2021 年全国青少年射击锦标赛(飞碟项目)	江西九江	男子多向团体	6	322
田玮威	男	2021 年全国青少年射击锦标赛(飞碟项目)	江西九江	男子双向团体	6	303
张億锋	男	2021 年全国青少年射击锦标赛(飞碟项目)	江西九江	男子双向团体	6	303
来天翼	男	2021 年全国青少年射击锦标赛(飞碟项目)	江西九江	男子双向团体	6	303
柏鑫淼	女	2021 年全国青少年射击锦标赛(飞碟项目)	江西九江	双向混合团体	8	128/1
田玮威	男	2021 年全国青少年射击锦标赛(飞碟项目)	江西九江	双向混合团体	8	128/1

射箭

姓名	性别	比赛名称	地点	项目	名次	成绩
吴戈凡	男	全国射箭冠军赛	海南东方	反曲弓男子团体 70 米第二轮赛	7	1967 环
陈则尔	男	全国射箭冠军赛	海南东方	反曲弓男子团体 70 米第二轮赛	7	1967 环
杨可扬	男	全国射箭冠军赛	海南东方	反曲弓男子团体 70 米第二轮赛	7	1967 环
钟君楠	男	全国射箭奥林匹克锦标赛	河南济源	反曲弓男子团体 70 米第一轮赛	4	1992 环
吴戈凡	男	全国射箭奥林匹克锦标赛	河南济源	反曲弓男子团体 70 米第一轮赛	4	1992 环
钱程	男	全国射箭奥林匹克锦标赛	河南济源	反曲弓男子团体 70 米第一轮赛	4	1992 环
杨可扬	男	全国射箭奥林匹克锦标赛	河南济源	反曲弓男子团体 70 米第二轮赛	8	1989 环
吴戈凡	男	全国射箭奥林匹克锦标赛	河南济源	反曲弓男子团体 70 米第二轮赛	8	1989 环
钱程	男	全国射箭奥林匹克锦标赛	河南济源	反曲弓男子团体 70 米第二轮赛	8	1989 环
吴戈凡	男	全国射箭奥林匹克锦标赛	河南济源	反曲弓男子团体淘汰赛	3	—
杨可扬	男	全国射箭奥林匹克锦标赛	河南济源	反曲弓男子团体淘汰赛	3	—
钟君楠	男	全国射箭奥林匹克锦标赛	河南济源	反曲弓男子团体淘汰赛	3	—
吴戈凡	男	全国射箭奥林匹克锦标赛	河南济源	反曲弓男子团体淘汰赛	3	—

续表

姓名	性别	比赛名称	地点	项目	名次	成绩
李木子	女	全国射箭奥林匹克锦标赛	河南济源	反曲弓男子团体淘汰赛	3	—
李木子	女	全国射箭奥林匹克锦标赛	河南济源	反曲弓女子个人70米双轮	2	1326环
李木子	女	全国射箭奥林匹克锦标赛	河南济源	反曲弓女子个人70米第一轮赛	5	657环
李木子	女	全国射箭奥林匹克锦标赛	河南济源	反曲弓女子个人70米第二轮赛	3	669环
李木子	女	全国射箭奥林匹克锦标赛	河南济源	反曲弓女子团体70米第二轮赛	5	1945环
许婷	女	全国射箭奥林匹克锦标赛	河南济源	反曲弓女子团体70米第二轮赛	5	1945环
池好好	女	全国射箭奥林匹克锦标赛	河南济源	反曲弓女子团体70米第二轮赛	5	1945环
李木子	女	全国射箭奥林匹克锦标赛	河南济源	反曲弓女子个人淘汰赛	7	—
郑杏欢	男	全国射箭奥林匹克锦标赛	河南济源	复合弓男子团体淘汰赛	3	—
刘杰	男	全国射箭奥林匹克锦标赛	河南济源	复合弓男子团体淘汰赛	3	—
吕悦	男	全国射箭奥林匹克锦标赛	河南济源	复合弓男子团体淘汰赛	3	—
马铖杰	男	全国射箭奥林匹克锦标赛	河南济源	复合弓混合团体淘汰赛	7	—
夏雪	女	全国射箭奥林匹克锦标赛	河南济源	复合弓混合团体淘汰赛	7	—
汤译欣	女	全国射箭奥林匹克锦标赛	河南济源	复合弓女子个人淘汰赛	7	—
夏雪	女	全国射箭奥林匹克锦标赛	河南济源	复合弓女子团体淘汰赛	4	—
汤译欣	女	全国射箭奥林匹克锦标赛	河南济源	复合弓女子团体淘汰赛	4	—
季钰露	女	全国射箭奥林匹克锦标赛	河南济源	复合弓女子团体淘汰赛	4	—
程子丹	男	全国射箭U18锦标赛	江苏南京	反曲弓男子个人70米第一轮	1	333环
钱程	男	全国射箭U18锦标赛	江苏南京	反曲弓男子个人70米第二轮	1	333环
程子丹	男	全国射箭U18锦标赛	江苏南京	反曲弓男子个人50米单轮	1	333环
程子丹	男	全国射箭U18锦标赛	江苏南京	反曲弓男子个人30米单轮	1	354环
程子丹	男	全国射箭U18锦标赛	江苏南京	反曲弓男子个人单轮全能	1	1338环
吴戈凡	男	全国射箭U18锦标赛	江苏南京	反曲弓男子个人淘汰赛、决赛	1	—
程子丹	男	全国射箭U18锦标赛	江苏南京	反曲弓男子团体淘汰赛、决赛	1	—
吴戈凡	男	全国射箭U18锦标赛	江苏南京	反曲弓男子团体淘汰赛、决赛	1	—
陈则尔	男	全国射箭U18锦标赛	江苏南京	反曲弓男子团体淘汰赛、决赛	1	—
许婷	女	全国射箭U18锦标赛	江苏南京	反曲弓女子个人60米单轮	1	—
陈思雨	女	全国射箭U18锦标赛	江苏南京	反曲弓女子个人淘汰赛、决赛	1	—
沈锌宇	男	全国射箭U18锦标赛	江苏南京	反曲弓学校男子个人淘汰赛、决赛	1	—
钱哲煜	男	全国射箭U18锦标赛	江苏南京	反曲弓学校男子团体淘汰赛、决赛	1	—

续表

姓名	性别	比赛名称	地点	项目	名次	成绩
蔡福顺	男	全国射箭 U18 锦标赛	江苏南京	反曲弓学校男子团体淘汰赛、决赛	1	—
沈锌宇	男	全国射箭 U18 锦标赛	江苏南京	反曲弓学校男子团体淘汰赛、决赛	1	—
许糅	女	全国射箭 U18 锦标赛	江苏南京	反曲弓学校女子个人淘汰赛、决赛	1	—
钟君楠	男	全国射箭 U18 锦标赛	江苏南京	反曲弓男子个人 70 米第二轮	2	330 环
陈则尔	男	全国射箭 U18 锦标赛	江苏南京	反曲弓男子个人 50 米单轮	2	326 环
吴戈凡	男	全国射箭 U18 锦标赛	江苏南京	反曲弓男子个人 30 米单轮	2	350 环
吴戈凡	男	全国射箭 U18 锦标赛	江苏南京	反曲弓男子个人单轮全能	2	1328 环
钱程	男	全国射箭 U18 锦标赛	江苏南京	反曲弓男子个人淘汰赛、决赛	2	—
钱程	男	全国射箭 U18 锦标赛	江苏南京	反曲弓混合团体淘汰赛、决赛	2	—
许婷	女	全国射箭 U18 锦标赛	江苏南京	反曲弓混合团体淘汰赛、决赛	2	—
许婷	女	全国射箭 U18 锦标赛	江苏南京	反曲弓女子个人 30 米单轮	2	349 环
许婷	女	全国射箭 U18 锦标赛	江苏南京	反曲弓女子个人单轮全能	2	1321 环
李童	男	全国射箭 U18 锦标赛	江苏南京	反曲弓学校男子个人单轮第二 60 米	2	327 环
杨可扬	男	全国射箭 U18 锦标赛	江苏南京	反曲弓男子个人 70 米第二轮赛	2	664 环
钟君楠	男	全国射箭 U18 锦标赛	江苏南京	反曲弓男子个人 70 米第一轮	3	328 环
吴戈凡	男	全国射箭 U18 锦标赛	江苏南京	反曲弓男子个人 70 米第二轮	3	328 环
吴戈凡	男	全国射箭 U18 锦标赛	江苏南京	反曲弓男子个人 50 米单轮	3	325 环
钟君楠	男	全国射箭 U18 锦标赛	江苏南京	反曲弓男子个人单轮全能	3	1322 环
钟君楠	男	全国射箭 U18 锦标赛	江苏南京	反曲弓男子个人淘汰赛、决赛	3	—
许婷	女	全国射箭 U18 锦标赛	江苏南京	反曲弓女子个人 70 米单轮	3	319 环
许婷	女	全国射箭 U18 锦标赛	江苏南京	反曲弓女子个人 50 米单轮	3	314 环
李童	男	全国射箭 U18 锦标赛	江苏南京	反曲弓学校男子个人单轮第一 60 米	3	325 环
钱哲煜	男	全国射箭 U18 锦标赛	江苏南京	反曲弓学校男子个人单轮全能	3	1304 环
李童	男	全国射箭 U18 锦标赛	江苏南京	反曲弓混合团体淘汰赛、决赛	3	—
马馨怡	女	全国射箭 U18 锦标赛	江苏南京	反曲弓混合团体淘汰赛、决赛	3	—
马馨怡	女	全国射箭 U18 锦标赛	江苏南京	反曲弓学校女子个人单轮第一 60 米	3	319 环
李木子	女	全国射箭 U18 锦标赛	江苏南京	反曲弓女子个人 70 米第二轮赛	3	646 环

续表

姓名	性别	比赛名称	地点	项目	名次	成绩
钱程	男	全国射箭 U18 锦标赛	江苏南京	反曲弓男子个人 70 米第一轮	4	328 环
钱程	男	全国射箭 U18 锦标赛	江苏南京	反曲弓男子个人单轮全能	4	1315 环
程子丹	男	全国射箭 U18 锦标赛	江苏南京	反曲弓男子个人淘汰赛、决赛	4	—
陈思雨	女	全国射箭 U18 锦标赛	江苏南京	反曲弓女子个人 30 米单轮	4	342 环
许婷	女	全国射箭 U18 锦标赛	江苏南京	反曲弓女子个人淘汰赛、决赛	4	—
李童	男	全国射箭 U18 锦标赛	江苏南京	反曲弓学校男子个人单轮全能	4	1300 环
汪晓艾	女	全国射箭 U18 锦标赛	江苏南京	反曲弓学校女子个人单轮第二 60 米	4	317 环
李木子	女	全国射箭 U18 锦标赛	江苏南京	反曲弓女子团体淘汰赛、决赛	4	—
许婷	女	全国射箭 U18 锦标赛	江苏南京	反曲弓女子团体淘汰赛、决赛	4	—
季钰露	女	全国射箭 U18 锦标赛	江苏南京	反曲弓女子团体淘汰赛、决赛	4	—
吴戈凡	男	全国射箭 U18 锦标赛	江苏南京	反曲弓男子个人 70 米第一轮	5	325 环
程子丹	男	全国射箭 U18 锦标赛	江苏南京	反曲弓男子个人 70 米第二轮	5	318 环
钱程	男	全国射箭 U18 锦标赛	江苏南京	反曲弓男子个人 50 米单轮	5	324 环
陈则尔	男	全国射箭 U18 锦标赛	江苏南京	反曲弓男子个人 30 米单轮	5	345 环
陈则尔	男	全国射箭 U18 锦标赛	江苏南京	反曲弓男子个人单轮全能	5	1304 环
程子丹	男	全国射箭 U18 锦标赛	江苏南京	反曲弓混合团体淘汰赛、决赛	5	—
陈思雨	女	全国射箭 U18 锦标赛	江苏南京	反曲弓混合团体淘汰赛、决赛	5	—
陈思雨	女	全国射箭 U18 锦标赛	江苏南京	反曲弓女子个人 70 米单轮	5	305 环
陈思雨	女	全国射箭 U18 锦标赛	江苏南京	反曲弓女子个人 60 米单轮	5	319 环
孙思语	女	全国射箭 U18 锦标赛	江苏南京	反曲弓女子个人 50 米单轮	5	301 环
孙思语	女	全国射箭 U18 锦标赛	江苏南京	反曲弓女子个人 30 米单轮	5	339 环
陈思雨	女	全国射箭 U18 锦标赛	江苏南京	反曲弓女子个人单轮全能	5	1265 环
钱哲煜	男	全国射箭 U18 锦标赛	江苏南京	反曲弓学校男子个人单轮第一 60 米	5	323 环
钱哲煜	男	全国射箭 U18 锦标赛	江苏南京	反曲弓学校男子个人单轮第二 60 米	5	326 环
许粿	女	全国射箭 U18 锦标赛	江苏南京	反曲弓学校女子个人单轮 30 米	5	337 环
杨可扬	男	全国射箭 U18 锦标赛	江苏南京	反曲弓男子团体 70 米第二轮赛	5	1941 环
吴戈凡	男	全国射箭 U18 锦标赛	江苏南京	反曲弓男子团体 70 米第二轮赛	5	1941 环
夏云龙	男	全国射箭 U18 锦标赛	江苏南京	反曲弓男子团体 70 米第二轮赛	5	1941 环
杨可扬	男	全国射箭 U18 锦标赛	江苏南京	反曲弓男子个人淘汰赛、决赛	5	—

续表

姓名	性别	比赛名称	地点	项目	名次	成绩
杨可扬	男	全国射箭 U18 锦标赛	江苏南京	反曲弓混合团体淘汰赛、决赛	5	—
李木子	女	全国射箭 U18 锦标赛	江苏南京	反曲弓混合团体淘汰赛、决赛	5	—
陈则尔	男	全国射箭 U18 锦标赛	江苏南京	反曲弓男子个人 70 米第一轮	6	318 环
陈则尔	男	全国射箭 U18 锦标赛	江苏南京	反曲弓男子个人 70 米第二轮	6	315 环
钟君楠	男	全国射箭 U18 锦标赛	江苏南京	反曲弓男子个人 50 米单轮	6	321 环
陈则尔	男	全国射箭 U18 锦标赛	江苏南京	反曲弓男子个人淘汰赛、决赛	6	—
孙思语	女	全国射箭 U18 锦标赛	江苏南京	反曲弓女子个人 70 米单轮	6	302 环
陈思雨	女	全国射箭 U18 锦标赛	江苏南京	反曲弓女子个人 50 米单轮	6	299 环
孙思语	女	全国射箭 U18 锦标赛	江苏南京	反曲弓女子个人单轮全能	6	1234 环
赵丽	女	全国射箭 U18 锦标赛	江苏南京	反曲弓女子个人淘汰赛、决赛	6	—
沈锌宇	男	全国射箭 U18 锦标赛	江苏南京	反曲弓学校男子个人单轮第一 60 米	6	322 环
钱哲煜	男	全国射箭 U18 锦标赛	江苏南京	反曲弓学校男子个人单轮 50 米	6	313 环
孙志意	男	全国射箭 U18 锦标赛	江苏南京	反曲弓男子个人 70 米第二轮	7	315 环
张喆	男	全国射箭 U18 锦标赛	江苏南京	反曲弓男子个人 30 米单轮	7	344 环
赵丽	女	全国射箭 U18 锦标赛	江苏南京	反曲弓女子个人 70 米单轮	7	279 环
赵丽	女	全国射箭 U18 锦标赛	江苏南京	反曲弓女子个人 60 米单轮	7	296 环
赵丽	女	全国射箭 U18 锦标赛	江苏南京	反曲弓女子个人单轮全能	7	1200 环
蔡福顺	男	全国射箭 U18 锦标赛	江苏南京	反曲弓学校男子个人单轮第二 60 米	7	322 环
李童	男	全国射箭 U18 锦标赛	江苏南京	反曲弓学校男子个人单轮 50 米	7	311 环
马馨怡	女	全国射箭 U18 锦标赛	江苏南京	反曲弓学校女子个人单轮第二 60 米	7	310 环
许糅	女	全国射箭 U18 锦标赛	江苏南京	反曲弓学校女子单轮全能	7	1237 环
李木子	女	全国射箭 U18 锦标赛	江苏南京	反曲弓女子个人 70 米双轮	7	1283 环
钟君楠	男	全国射箭 U18 锦标赛	江苏南京	反曲弓男子个人 30 米单轮	8	343 环
孙志意	男	全国射箭 U18 锦标赛	江苏南京	反曲弓男子个人单轮全能	8	1268 环
赵丽	女	全国射箭 U18 锦标赛	江苏南京	反曲弓女子个人 50 米单轮	8	291 环
赵丽	女	全国射箭 U18 锦标赛	江苏南京	反曲弓女子个人 30 米单轮	8	334 环
方哲宇	男	全国射箭 U18 锦标赛	江苏南京	反曲弓学校男子个人单轮 50 米	8	310 环
方哲宇	男	全国射箭 U18 锦标赛	江苏南京	反曲弓学校男子个人淘汰赛、决赛	8	—

续表

姓名	性别	比赛名称	地点	项目	名次	成绩
许嘉俊	男	全国射箭 U18 锦标赛	江苏南京	反曲弓学校男子团体淘汰赛、决赛	8	—
沈家琦	男	全国射箭 U18 锦标赛	江苏南京	反曲弓学校男子团体淘汰赛、决赛	8	—
沈羿	男	全国射箭 U18 锦标赛	江苏南京	反曲弓学校男子团体淘汰赛、决赛	8	—

自行车(场地)

姓名	性别	比赛名称	地点	项目	名次	成绩
吕杰	男	中国场地自行车联赛第一站	河南洛阳	成年男子 250 米个人计时赛	3	17.674
詹泽伟	男	中国场地自行车联赛第一站	河南洛阳	成年男子 250 米个人计时赛	4	17.711
吕杰	男	中国场地自行车联赛第一站	河南洛阳	成年男子凯林赛	5	—
王伟	男	中国场地自行车联赛第一站	河南洛阳	成年男子团体竞速赛	5	44.849
詹泽伟	男	中国场地自行车联赛第一站	河南洛阳	成年男子团体竞速赛	5	44.849
吕杰	男	中国场地自行车联赛第一站	河南洛阳	成年男子团体竞速赛	5	44.849
吕杰	男	中国场地自行车联赛第一站	河南洛阳	成年男子争先赛	4	—
陈泽家	男	中国场地自行车联赛第一站	河南洛阳	成年男子争先赛	5	—
蒋雨露	女	中国场地自行车联赛第一站	河南洛阳	成年女子 250 米个人计时赛	1	18.944
范冰冰	女	中国场地自行车联赛第一站	河南洛阳	成年女子 250 米个人计时赛	4	19.326
童梦琦	女	中国场地自行车联赛第一站	河南洛阳	成年女子 750 米个人计时赛	1	49.820
金晨虹	女	中国场地自行车联赛第一站	河南洛阳	成年女子 750 米个人计时赛	4	51.778
胡佳芳	女	中国场地自行车联赛第一站	河南洛阳	成年女子凯林赛	4	—
金晨虹	女	中国场地自行车联赛第一站	河南洛阳	成年女子凯林赛	7	—
张一沂	女	中国场地自行车联赛第一站	河南洛阳	成年女子麦迪逊赛	7	—
詹晓露	女	中国场地自行车联赛第一站	河南洛阳	成年女子麦迪逊赛	7	—
范冰冰	女	中国场地自行车联赛第一站	河南洛阳	成年女子团体竞速赛	1	47.883
蒋雨露	女	中国场地自行车联赛第一站	河南洛阳	成年女子团体竞速赛	1	47.883
童梦琦	女	中国场地自行车联赛第一站	河南洛阳	成年女子团体竞速赛	1	47.883
童梦琦	女	中国场地自行车联赛第一站	河南洛阳	成年女子争先赛	3	—
蒋雨露	女	中国场地自行车联赛第一站	河南洛阳	成年女子争先赛	4	—
范冰冰	女	中国场地自行车联赛第一站	河南洛阳	成年女子争先赛	6	—
胡佳芳	女	中国场地自行车联赛第一站	河南洛阳	成年女子争先赛	7	—
吕杰	男	中国场地自行车联赛第一站	河南洛阳	成年男子 1000 米计时赛	1	1:01.853

续表

姓名	性别	比赛名称	地点	项目	名次	成绩
陈泽家	男	中国场地自行车联赛第一站	河南洛阳	成年男子 1000 米计时赛	2	1:01.908
吕杰	男	中国场地自行车联赛第一站	河南洛阳	成年男子 250 米个人计时赛	6	17.873
詹泽伟	男	中国场地自行车联赛第一站	河南洛阳	成年男子 250 米个人计时赛	8	17.939
吕杰	男	中国场地自行车联赛第一站	河南洛阳	成年男子凯林赛	5	—
陈泽家	男	中国场地自行车联赛第一站	河南洛阳	成年男子团体竞速赛	2	44.834
詹泽伟	男	中国场地自行车联赛第一站	河南洛阳	成年男子团体竞速赛	2	44.834
吕杰	男	中国场地自行车联赛第一站	河南洛阳	成年男子团体竞速赛	2	44.834
童梦琦	女	中国场地自行车联赛第一站	河南洛阳	成年女子 750 米个人计时赛	1	50.473
胡佳芳	女	中国场地自行车联赛第一站	河南洛阳	成年女子 750 米个人计时赛	8	52.522
范冰冰	女	中国场地自行车联赛第一站	河南洛阳	成年女子 250 米个人计时赛	1	19.079
蒋雨露	女	中国场地自行车联赛第一站	河南洛阳	成年女子 250 米个人计时赛	4	19.212
胡佳芳	女	中国场地自行车联赛第一站	河南洛阳	成年女子凯林赛	4	—
金晨虹	女	中国场地自行车联赛第一站	河南洛阳	成年女子凯林赛	7	—
张一沂	女	中国场地自行车联赛第一站	河南洛阳	成年女子麦迪逊赛	8	—
孙靖烨	女	中国场地自行车联赛第一站	河南洛阳	成年女子麦迪逊赛	8	—
范冰冰	女	中国场地自行车联赛第一站	河南洛阳	成年女子团体竞速赛	1	47.957
蒋雨露	女	中国场地自行车联赛第一站	河南洛阳	成年女子团体竞速赛	1	47.957
童梦琦	女	中国场地自行车联赛第一站	河南洛阳	成年女子团体竞速赛	1	47.957
童梦琦	女	中国场地自行车联赛第一站	河南洛阳	成年女子争先赛	1	—
胡佳芳	女	中国场地自行车联赛第一站	河南洛阳	成年女子争先赛	6	—
吕杰	男	中国场地自行车联赛总决赛	浙江长兴	成年男子 1000 米个人计时赛	2	1:03.172
陈泽家	男	中国场地自行车联赛总决赛	浙江长兴	成年男子 1000 米个人计时赛	4	1:03.541
赵日强	男	中国场地自行车联赛总决赛	浙江长兴	成年男子 4000 米团体追逐赛	2	4:12.008
周勤杰	男	中国场地自行车联赛总决赛	浙江长兴	成年男子 4000 米团体追逐赛	2	4:12.008
吴建民	男	中国场地自行车联赛总决赛	浙江长兴	成年男子 4000 米团体追逐赛	2	4:12.008
王伟	男	中国场地自行车联赛总决赛	浙江长兴	成年男子 4000 米团体追逐赛	2	4:12.008
郑卓林	男	中国场地自行车联赛总决赛	浙江长兴	成年男子 4000 米团体追逐赛	2	4:12.008
詹泽伟	男	中国场地自行车联赛总决赛	浙江长兴	成年男子 250 米个人计时赛	2	17.816
陆家辰	男	中国场地自行车联赛总决赛	浙江长兴	成年男子 250 米个人计时赛	3	17.841
郑卓林	男	中国场地自行车联赛总决赛	浙江长兴	成年男子麦迪逊赛	3	—
王伟	男	中国场地自行车联赛总决赛	浙江长兴	成年男子麦迪逊赛	3	—
吴建民	男	中国场地自行车联赛总决赛	浙江长兴	成年男子全能赛	3	—

续表

姓名	性别	比赛名称	地点	项目	名次	成绩
詹泽伟	男	中国场地自行车联赛总决赛	浙江长兴	成年男子团体竞速赛	1	44.258
陆家辰	男	中国场地自行车联赛总决赛	浙江长兴	成年男子团体竞速赛	1	44.258
吕杰	男	中国场地自行车联赛总决赛	浙江长兴	成年男子团体竞速赛	1	44.258
陈泽家	男	中国场地自行车联赛总决赛	浙江长兴	成年男子团体竞速赛	1	44.258
陆家辰	男	中国场地自行车联赛总决赛	浙江长兴	成年男子争先赛	2	—
陈飞飞	女	中国场地自行车联赛总决赛	浙江长兴	成年女子250米个人计时赛	1	19.226
蒋雨露	女	中国场地自行车联赛总决赛	浙江长兴	成年女子250米个人计时赛	2	19.242
童梦琦	女	中国场地自行车联赛总决赛	浙江长兴	成年女子750米个人计时赛	4	51.908
陈飞飞	女	中国场地自行车联赛总决赛	浙江长兴	成年女子争先赛	2	—
童梦琦	女	中国场地自行车联赛总决赛	浙江长兴	成年女子争先赛	3	—
蒋雨露	女	中国场地自行车联赛总决赛	浙江长兴	成年女子争先赛	4	—
徐嘉壕	男	全国场地自行车锦标赛暨全国青年场地自行车锦标赛	浙江长兴	成年男子1000米个人计时赛	5	1:06.848
严炜明	男		浙江长兴	成年男子1000米个人计时赛	8	1:08.261
严炜明	男		浙江长兴	成年男子250米个人计时赛	3	17.792
韩佳鹏	男	全国场地自行车锦标赛暨全国青年场地自行车锦标赛	浙江长兴	成年男子4000米团体追逐赛	5	4:32.318
白正涛	男		浙江长兴	成年男子4000米团体追逐赛	5	4:32.318
刘雨豪	男		浙江长兴	成年男子4000米团体追逐赛	5	4:32.318
陈煜	男		浙江长兴	成年男子4000米团体追逐赛	5	4:32.318
王金威	男	全国场地自行车锦标赛暨全国青年场地自行车锦标赛	浙江长兴	成年男子麦迪逊赛	6	—
梅宇新	男		浙江长兴	成年男子麦迪逊赛	6	—
严炜明	男		浙江长兴	成年男子争先赛	2	—
沈婧涵	女	全国场地自行车锦标赛暨全国青年场地自行车锦标赛	浙江长兴	成年女子4000米团体追逐赛	5	5:19.797
施欣语	女		浙江长兴	成年女子4000米团体追逐赛	5	5:19.797
何雯丽	女		浙江长兴	成年女子4000米团体追逐赛	5	5:19.797
胡曦尹	女		浙江长兴	成年女子4000米团体追逐赛	5	5:19.797
蒋雨露	女	全国场地自行车锦标赛暨全国青年场地自行车锦标赛	浙江长兴	成年女子250米个人计时赛	2	19.289
陈飞飞	女		浙江长兴	成年女子250米个人计时赛	3	19.339
彭菊	女		浙江长兴	成年女子麦迪逊赛	4	—
秦家欣	女		浙江长兴	成年女子麦迪逊赛	4	—
周菲	女	全国场地自行车锦标赛暨全国青年场地自行车锦标赛	浙江长兴	成年女子团体竞速赛	1	—
蒋雨露	女		浙江长兴	成年女子团体竞速赛	1	—
陈飞飞	女		浙江长兴	成年女子团体竞速赛	1	—
陈飞飞	女		浙江长兴	成年女子争先赛	2	—

自行车（山地）

姓名	性别	比赛名称	地点	项目	名次	成绩
滕耘	男	全国山地自行车锦标赛暨全国青年山地自行车锦标赛	江苏南京	成年男子山地越野赛团体	4	5:14:24.961
沈雷	男		江苏南京	成年男子山地越野赛团体	4	5:14:24.961
潘朝凯	男		江苏南京	成年男子山地越野赛团体	4	5:14:24.961
肖梦雅	女	全国山地自行车锦标赛暨全国青年山地自行车锦标赛	江苏南京	成年女子山地越野赛	6	1:15:34.133
肖梦雅	女		江苏南京	成年女子淘汰越野赛	4	—
雷莹	女		江苏南京	成年女子淘汰越野赛	8	—
林烨	男	全国山地自行车锦标赛暨全国青年山地自行车锦标赛	江苏南京	青年男子山地越野赛	1	1:12:15.763
李柯儒	男		江苏南京	青年男子山地越野赛	4	1:16:12.312
徐艳妮	女	全国山地自行车锦标赛暨全国青年山地自行车锦标赛	江苏南京	青年女子山地越野赛	5	1:04:53.815
魏欣	女		江苏南京	青年女子山地越野赛	6	1:10:15.102
林烨	男	全国山地自行车锦标赛暨全国青年山地自行车锦标赛	江苏南京	青年男子淘汰越野赛	2	—
蒋义天	男		江苏南京	青年男子淘汰越野赛	3	—
徐艳妮	女		江苏南京	青年女子淘汰越野赛	2	—

小轮车

姓名	性别	比赛名称	地点	项目	名次	成绩
顾权权	女	中国 BMX 自行车联赛第一站	江苏泰州	成年女子个人计时赛	2	41.250
黄超雷	男	中国 BMX 自行车联赛第一站	江苏泰州	成年男子竞速赛	7	39.527
顾权权	女	中国 BMX 自行车联赛第一站	江苏泰州	成年女子竞速赛	2	41.250
黄超雷	男	中国 BMX 自行车联赛第一站	江苏泰州	成年男子竞速赛团体	2	—
庄绪龙	男	中国 BMX 自行车联赛第一站	江苏泰州	成年男子竞速赛团体	2	—
倪祺玮	男	中国 BMX 自行车联赛第一站	江苏泰州	成年男子竞速赛团体	2	—
王龙毅	男	中国 BMX 自行车联赛第一站	江苏泰州	青年男子个人计时赛	6	39.850
李金亮	男	中国 BMX 自行车联赛第一站	江苏泰州	青年男子个人计时赛	8	41.757
王静怡	女	中国 BMX 自行车联赛第一站	江苏泰州	青年女子个人计时赛	3	42.480
章巧颖	女	中国 BMX 自行车联赛第一站	江苏泰州	青年女子个人计时赛	4	43.529
王龙毅	男	中国 BMX 自行车联赛第一站	江苏泰州	青年男子竞速赛	7	40.804
李金亮	男	中国 BMX 自行车联赛第一站	江苏泰州	青年男子竞速赛	8	41.225
王静怡	女	中国 BMX 自行车联赛第一站	江苏泰州	青年女子竞速赛	4	42.333
章巧颖	女	中国 BMX 自行车联赛第一站	江苏泰州	青年女子竞速赛	8	47.568

续表

姓名	性别	比赛名称	地点	项目	名次	成绩
顾权权	女	中国 BMX 自行车联赛总决赛	江苏泰州	成年女子个人计时赛	2	41.393
庄绪龙	男	中国 BMX 自行车联赛总决赛	江苏泰州	成年男子竞速赛	7	39.361
庄绪龙	男	中国 BMX 自行车联赛总决赛	江苏泰州	成年男子竞速赛团体	3	—
黄超雷	男	中国 BMX 自行车联赛总决赛	江苏泰州	成年男子竞速赛团体	3	—
倪祺玮	男	中国 BMX 自行车联赛总决赛	江苏泰州	成年男子竞速赛团体	3	—
顾权权	女	中国 BMX 自行车联赛总决赛	江苏泰州	成年女子竞速赛	3	41.393
王龙毅	男	中国 BMX 自行车联赛总决赛	江苏泰州	青年男子个人计时赛	5	39.416
李金亮	男	中国 BMX 自行车联赛总决赛	江苏泰州	青年男子个人计时赛	8	40.421
王静怡	女	中国 BMX 自行车联赛总决赛	江苏泰州	青年女子个人计时赛	3	42.997
章巧颖	女	中国 BMX 自行车联赛总决赛	江苏泰州	青年女子个人计时赛	5	44.031
朱宇芸	女	中国 BMX 自行车联赛总决赛	江苏泰州	青年女子个人计时赛	8	45.543
张天浩	男	中国 BMX 自行车联赛总决赛	江苏泰州	青年男子竞速赛	4	40.416
王龙毅	男	中国 BMX 自行车联赛总决赛	江苏泰州	青年男子竞速赛	7	—
王静怡	女	中国 BMX 自行车联赛总决赛	江苏泰州	青年女子竞速赛	3	43.296
章巧颖	女	中国 BMX 自行车联赛总决赛	江苏泰州	青年女子竞速赛	7	45.516
朱宇芸	女	中国 BMX 自行车联赛总决赛	江苏泰州	青年女子竞速赛	8	45.654
黄超雷	男	全国 BMX 自行车锦标赛暨全国青年 BMX 自行车锦标赛	江苏泰州	成年男子个人计时赛	8	41.446
顾权权	女		江苏泰州	成年女子个人计时赛	2	43.014
庄绪龙	男		江苏泰州	成年男子竞速赛	8	42.209
庄绪龙	男	全国 BMX 自行车锦标赛暨全国青年 BMX 自行车锦标赛	江苏泰州	成年男子竞速赛团体	3	—
黄超雷	男		江苏泰州	成年男子竞速赛团体	3	—
倪祺玮	男		江苏泰州	成年男子竞速赛团体	3	—
顾权权	女		江苏泰州	成年女子竞速赛	3	43.014
王龙毅	男	全国 BMX 自行车锦标赛暨全国青年 BMX 自行车锦标赛	江苏泰州	青年男子个人计时赛	3	40.624
张天浩	男		江苏泰州	青年男子个人计时赛	7	42.093
李金亮	男		江苏泰州	青年男子个人计时赛	8	42.512
王静怡	女	全国 BMX 自行车锦标赛暨全国青年 BMX 自行车锦标赛	江苏泰州	青年女子个人计时赛	3	44.440
章巧颖	女		江苏泰州	青年女子个人计时赛	7	46.086
王龙毅	男	全国 BMX 自行车锦标赛暨全国青年 BMX 自行车锦标赛	江苏泰州	青年男子竞速赛	3	40.622
张天浩	男		江苏泰州	青年男子竞速赛	7	47.446
王静怡	女		江苏泰州	青年女子竞速赛	5	44.593

续表

姓名	性别	比赛名称	地点	项目	名次	成绩
谭剑	男	全国青少年 U 系列 BMX 竞速冠军赛	江苏泰州	男子 13—15 岁组	1	40. 202
孙雪飞	男		江苏泰州	男子 13—15 岁组	4	42. 434
李家豪	男		江苏泰州	男子 13—15 岁组	6	43. 881
徐正	男	全国青少年 U 系列 BMX 竞速冠军赛	江苏泰州	男子 16—18 岁组	5	42. 882
郜国庆	男		江苏泰州	男子 16—18 岁组	7	43. 587
仰成佳	女	全国青少年 U 系列 BMX 竞速冠军赛	江苏泰州	女子 14—15 岁组	5	45. 669
谭剑	男		江苏泰州	男子 13—15 岁组	1	40. 521
孙雪飞	男	全国青少年 U 系列 BMX 竞速锦标赛	江苏泰州	男子 13—15 岁组	5	43. 638
李家豪	男		江苏泰州	男子 13—15 岁组	8	46. 015
徐正	男	全国青少年 U 系列 BMX 竞速锦标赛	江苏泰州	男子 16—18 岁组	3	41. 618
郜国庆	男		江苏泰州	男子 16—18 岁组	5	44. 553
仰成佳	女		江苏泰州	女子 14—15 岁组	8	49. 464

击剑

姓名	性别	比赛名称	地点	项目	名次
茅辰龙	男	全国击剑冠军赛(青岛站)	山东青岛	成年组男子花剑团体	3
沈伟平	男	全国击剑冠军赛(青岛站)	山东青岛	成年组男子花剑团体	3
许鸿彬	男	全国击剑冠军赛(青岛站)	山东青岛	成年组男子花剑团体	3
周文彬	男	全国击剑冠军赛(青岛站)	山东青岛	成年组男子花剑团体	3
项淳武	男	全国击剑冠军赛(青岛站)	山东青岛	成年组男子重剑个人	3
陈佳乐	男	全国击剑冠军赛(青岛站)	山东青岛	成年男子重剑团体	6
江毅建	男	全国击剑冠军赛(青岛站)	山东青岛	成年男子重剑团体	6
林强	男	全国击剑冠军赛(青岛站)	山东青岛	成年男子重剑团体	6
项淳武	男	全国击剑冠军赛(青岛站)	山东青岛	成年男子重剑团体	6
林晓湄	女	全国击剑冠军赛(青岛站)	山东青岛	成年女子花剑个人	6
陈煊萍	女	全国击剑冠军赛(青岛站)	山东青岛	成年女子花剑团体	6
傅莹莹	女	全国击剑冠军赛(青岛站)	山东青岛	成年女子花剑团体	6
黄梓妍	女	全国击剑冠军赛(青岛站)	山东青岛	成年女子花剑团体	6
林晓湄	女	全国击剑冠军赛(青岛站)	山东青岛	成年女子花剑团体	6
林如萍	女	全国击剑冠军赛(青岛站)	山东青岛	成年女子重剑个人	3
林如萍	女	全国击剑冠军赛(青岛站)	山东青岛	成年女子重剑团体	8

续表

姓名	性别	比赛名称	地点	项目	名次
王佳怡	女	全国击剑冠军赛(青岛站)	山东青岛	成年女子重剑团体	8
郑玮钰	女	全国击剑冠军赛(青岛站)	山东青岛	成年女子重剑团体	8
薛顺飞	男	全国击剑冠军赛(青岛站)	山东青岛	青年混合团体	7
孙长生	男	全国击剑冠军赛(青岛站)	山东青岛	青年混合团体	7
王佳怡	女	全国击剑冠军赛(青岛站)	山东青岛	青年混合团体	7
俞哲轩	男	全国击剑冠军赛(青岛站)	山东青岛	青年混合团体	7
张茹萍	女	全国击剑冠军赛(青岛站)	山东青岛	青年混合团体	7
柯元瑞	女	全国击剑冠军赛(青岛站)	山东青岛	青年混合团体	7
柯智萱	女	全国击剑冠军赛(青岛站)	山东青岛	青年女子花剑个人	1
柯元瑞	女	全国击剑冠军赛(青岛站)	山东青岛	青年女子花剑个人	8
王佳怡	女	全国击剑冠军赛(青岛站)	山东青岛	青年女子重剑个人	4
孙长生	男	全国击剑冠军赛(青岛站)	山东青岛	青年男子全能赛	1
柯元瑞	女	全国击剑冠军赛(青岛站)	山东青岛	青年女子全能赛	1
兰志鑫	男	全国击剑锦标赛全国青年击剑锦标赛	江苏无锡	成年男子花剑团体	7
林强	男	全国击剑锦标赛全国青年击剑锦标赛	江苏无锡	成年男子花剑团体	7
茅辰龙	男	全国击剑锦标赛全国青年击剑锦标赛	江苏无锡	成年男子花剑团体	7
孙长生	男	全国击剑锦标赛全国青年击剑锦标赛	江苏无锡	成年男子花剑团体	7
陈佳乐	男	全国击剑锦标赛全国青年击剑锦标赛	江苏无锡	成年男子重剑团体	7
高晨曦	男	全国击剑锦标赛全国青年击剑锦标赛	江苏无锡	成年男子重剑团体	7
韩颖	男	全国击剑锦标赛全国青年击剑锦标赛	江苏无锡	成年男子重剑团体	7
余俊杰	男	全国击剑锦标赛全国青年击剑锦标赛	江苏无锡	成年男子重剑团体	7
林晓湄	女	全国击剑锦标赛全国青年击剑锦标赛	江苏无锡	成年女子花剑个人	3
黄梓妍	女	全国击剑锦标赛全国青年击剑锦标赛	江苏无锡	成年女子花剑团体	3
李炜婧	女	全国击剑锦标赛全国青年击剑锦标赛	江苏无锡	成年女子花剑团体	3
林晓湄	女	全国击剑锦标赛全国青年击剑锦标赛	江苏无锡	成年女子花剑团体	3
张茹萍	女	全国击剑锦标赛全国青年击剑锦标赛	江苏无锡	成年女子花剑团体	3
林如萍	女	全国击剑锦标赛全国青年击剑锦标赛	江苏无锡	成年女子重剑个人	3
陈安琦	女	全国击剑锦标赛全国青年击剑锦标赛	江苏无锡	成年女子重剑团体	3
林如萍	女	全国击剑锦标赛全国青年击剑锦标赛	江苏无锡	成年女子重剑团体	3
王佳怡	女	全国击剑锦标赛全国青年击剑锦标赛	江苏无锡	成年女子重剑团体	3
郑玮钰	女	全国击剑锦标赛全国青年击剑锦标赛	江苏无锡	成年女子重剑团体	3

续表

姓名	性别	比赛名称	地点	项目	名次
沈云浩	男	全国击剑锦标赛全国青年击剑锦标赛	江苏无锡	青年男子花剑团体	6
孙长生	男	全国击剑锦标赛全国青年击剑锦标赛	江苏无锡	青年男子花剑团体	6
孙宏杰	男	全国击剑锦标赛全国青年击剑锦标赛	江苏无锡	青年男子花剑团体	6
张智腾	男	全国击剑锦标赛全国青年击剑锦标赛	江苏无锡	青年男子花剑团体	6
陈耀祖	男	全国击剑锦标赛全国青年击剑锦标赛	江苏无锡	青年男子重剑团体	6
崔剑	男	全国击剑锦标赛全国青年击剑锦标赛	江苏无锡	青年男子重剑团体	6
王晨	男	全国击剑锦标赛全国青年击剑锦标赛	江苏无锡	青年男子重剑团体	6
薛顺飞	男	全国击剑锦标赛全国青年击剑锦标赛	江苏无锡	青年男子重剑团体	6
李炜婧	女	全国击剑锦标赛全国青年击剑锦标赛	江苏无锡	青年女子花剑个人	3
张茹萍	女	全国击剑锦标赛全国青年击剑锦标赛	江苏无锡	青年女子花剑个人	6
柯元瑞	女	全国击剑锦标赛全国青年击剑锦标赛	江苏无锡	青年女子花剑团体	1
柯智萱	女	全国击剑锦标赛全国青年击剑锦标赛	江苏无锡	青年女子花剑团体	1
李炜婧	女	全国击剑锦标赛全国青年击剑锦标赛	江苏无锡	青年女子花剑团体	1
张茹萍	女	全国击剑锦标赛全国青年击剑锦标赛	江苏无锡	青年女子花剑团体	1
陈安琦	女	全国击剑锦标赛全国青年击剑锦标赛	江苏无锡	青年女子重剑团体	4
高佳蓓	女	全国击剑锦标赛全国青年击剑锦标赛	江苏无锡	青年女子重剑团体	4
王佳怡	女	全国击剑锦标赛全国青年击剑锦标赛	江苏无锡	青年女子重剑团体	4
徐娅露	女	全国击剑锦标赛全国青年击剑锦标赛	江苏无锡	青年女子重剑团体	4

马术

姓名	性别	比赛名称	地点	项目	名次
段义华	男	全国马术场地障碍锦标赛	江苏南京	场地障碍个人赛	2
阿木古楞	男	全国马术场地障碍锦标赛	江苏南京	场地障碍团体赛	5
陈重权	男	全国马术场地障碍锦标赛	江苏南京	场地障碍团体赛	5
董刘赛	男	全国马术场地障碍锦标赛	江苏南京	场地障碍团体赛	5
段义华	男	全国马术场地障碍锦标赛	江苏南京	场地障碍团体赛	5
张兴嘉	男	第 24 届金伯乐杯中国马术冠军杯赛	广东东莞	场地障碍个人赛 120 厘米	2
张兴嘉	男	第 24 届金伯乐杯中国马术冠军杯赛	广东东莞	场地障碍个人赛 140 厘米	4
陈重权	男	第 24 届金伯乐杯中国马术冠军杯赛	广东东莞	场地障碍个人赛 140 厘米	6

攀岩

姓名	性别	比赛名称	地点	项目	名次	成绩
黄锦彬	男	中国攀岩联赛揭幕战(绍兴柯桥站)	浙江绍兴	两项全能	2	98.7
毛京京	女	中国攀岩联赛揭幕战(绍兴柯桥站)	浙江绍兴	两项全能	5	88.7
冯欣蕊	女	中国攀岩联赛揭幕战(绍兴柯桥站)	浙江绍兴	两项全能	7	53.9
周娅菲	女	中国攀岩联赛揭幕战(绍兴柯桥站)	浙江绍兴	速度	6	7.72
黄锦彬	男	中国攀岩联赛总决赛(江苏吴江汾湖)	江苏吴江	两项全能	4	143.8
毛京京	女	中国攀岩联赛总决赛(江苏吴江汾湖)	江苏吴江	两项全能	4	75.4
周娅菲	女	中国攀岩联赛总决赛(江苏吴江汾湖)	江苏吴江	速度	5	7.39

象棋

姓名	性别	比赛名称	地点	项目	名次
吴沁修	女	全国少年锦标赛	吉林长春	U16 组	2
吴启亮	男	全国少年锦标赛	吉林长春	U10 组	2
杨恬浩	男	全国少年锦标赛	吉林长春	U14 组	8
胡家艺	女	全国象棋等级赛	张家口	个人	2
周珈亦	女	全国象棋等级赛	张家口	个人	8
赵鑫鑫	男	全国象棋甲级联赛	江西宜春	男子团体	4
黄竹风	男	全国象棋甲级联赛	江西宜春	男子团体	4
王家瑞	男	全国象棋甲级联赛	江西宜春	男子团体	4
孙昕昊	男	全国象棋甲级联赛	江西宜春	男子团体	4
吴可欣	女	全国象棋甲级联赛	广东乐昌	女子团体	5
唐思楠	女	全国象棋甲级联赛	广东乐昌	女子团体	5
杭宁	女	全国象棋甲级联赛	广东乐昌	女子团体	5
周珈亦	女	全国象棋甲级联赛	广东乐昌	女子团体	5

围棋

姓名	性别	比赛名称	地点	项目	名次
许嘉阳	男	2022 中国围棋甲级赛	四川成都	团体赛	4
檀　啸	男	2022 中国围棋甲级赛	四川成都	团体赛	4
童梦成	男	2022 中国围棋甲级赛	四川成都	团体赛	4
张　涛	男	2022 中国围棋甲级赛	四川成都	团体赛	4
井上裕太	男	2022 中国围棋甲级赛	四川成都	团体赛	4

国际象棋

姓名	性别	比赛名称	地点	项目	名次
卢尚磊	男	2022 全国国际象棋锦标赛	江苏兴化	个人	8
白雪	女	2022 全国国际象棋锦标赛	江苏南京	团体赛	6
丁诗睿	女	2022 全国国际象棋锦标赛	江苏南京	团体赛	6
蔡金汝	女	2022 全国国际象棋锦标赛	江苏南京	团体赛	6
郑心尔	女	2022 全国国际象棋锦标赛	江苏南京	团体赛	6
丁立人	男	2022 全国国际象棋甲级联赛	山东聊城	团体赛	7
卢尚磊	男	2022 全国国际象棋甲级联赛	山东聊城	团体赛	7
徐铭辉	男	2022 全国国际象棋甲级联赛	山东聊城	团体赛	7
陈远	男	2022 全国国际象棋甲级联赛	山东聊城	团体赛	7
朱锦尔	女	2022 全国国际象棋甲级联赛	山东聊城	团体赛	7
裘孟洁	女	2022 全国国际象棋甲级联赛	山东聊城	团体赛	7
白雪	女	2022 全国国际象棋甲级联赛	山东聊城	团体赛	7

国际跳棋

姓名	性别	比赛名称	地点	项目	名次
翁浩铭	男	2022 年全国国际跳棋锦标赛	丽水线上	100 格混合团体	3
陈品榕	男	2022 年全国国际跳棋锦标赛	丽水线上	100 格混合团体	3
杜欣妍	女	2022 年全国国际跳棋锦标赛	丽水线上	100 格混合团体	3

桥牌

姓名	性别	比赛名称	地点	项目	名次
庄则军	男	全国桥牌俱乐部锦标赛	北京延庆	公开组甲级	4
刘京	男	全国桥牌俱乐部锦标赛	北京延庆	公开组甲级	4
戴建明	男	全国桥牌俱乐部锦标赛	北京延庆	公开组甲级	4
章瑜	女	全国桥牌俱乐部锦标赛	北京延庆	公开组甲级	4
陈岗	男	全国桥牌俱乐部锦标赛	北京延庆	公开组甲级	4
谢子遒	男	全国桥牌俱乐部锦标赛	北京延庆	公开组甲级	4

航海模型

姓名	性别	比赛名称	地点	项目	名次	成绩
陈俊	男	全国航海模型锦标赛	丽水	FSR-V3. 5 迷你级内燃机耐久拉力赛	2	69 圈/4. 49
钱智杰	男	全国航海模型锦标赛	丽水	FSR-V3. 5 迷你级内燃机耐久拉力赛	4	54 圈/24. 13

续表

姓名	性别	比赛名称	地点	项目	名次	成绩
钱智杰	男	全国航海模型锦标赛	丽水	FSR-O15 轻量级方程式内燃机追逐赛	6	3 圈/0
金磊	男	全国航海模型锦标赛	丽水	FSR-V7.5 标准级内燃机耐久拉力赛	1	64 圈/43.56
卢麒名	男	全国航海模型锦标赛	丽水	FSR-V7.5 标准级内燃机耐久拉力赛	3	62 圈/3.28
卢麒名	男	全国航海模型锦标赛	丽水	FSR-O7.5 标准级方程式内燃机追逐赛	1	39 圈/26.7
林栋栋	男	全国航海模型锦标赛	丽水	FSR-V15 轻量级内燃机耐久拉力赛	3	72 圈/4.17
林栋栋	男	全国航海模型锦标赛	丽水	FSR-O3.5 迷你级方程式内燃机追逐赛	1	22 圈/6.52
洪剑斌	男	全国航海模型锦标赛	丽水	FSR-V27 重量级内燃机耐久拉力赛	3	77 圈/19.54
凌俊	男	全国航海模型锦标赛	丽水	FSR-V27 重量级内燃机耐久拉力赛	5	76 圈/12.53
卢一钊	男	全国航海模型锦标赛	丽水	FSR-O3.5 迷你级方程式内燃机追逐赛	3	19 圈/0
卢一钊	男	全国航海模型锦标赛	丽水	FSR-O7.5 标准级方程式内燃机追逐赛	2	27 圈/13.25
张春腾	男	全国航海模型锦标赛	丽水	FSR-O3.5 迷你级方程式内燃机追逐赛	6	7 圈/0
俞雪锋	男	全国航海模型锦标赛	丽水	FSR-O3.5 迷你级方程式内燃机追逐赛	7	1 圈/0
俞雪锋	男	全国航海模型锦标赛	丽水	FSR-O27 重量级方程式内燃机追逐赛	5	8 圈/0
冯群亮	男	全国航海模型锦标赛	丽水	F4-A 商品套材机械动力仿真航行	5	97 分
冯群亮	男	全国航海模型锦标赛	丽水	C2 机械动力模型	1	93.66 分
孙能畅	男	全国航海模型锦标赛	丽水	C1 装桨或配帆船舶模型	5	90 分
孙能畅	男	全国航海模型锦标赛	丽水	C5 瓶装航海模型	7	90.33 分
王茜	女	全国航海模型锦标赛	丽水	C1 装桨或配帆船舶模型	7	87 分
王茜	女	全国航海模型锦标赛	丽水	C5 瓶装航海模型	8	90 分
蒋楠	男	全国航海模型锦标赛	丽水	C2 机械动力模型	2	92 分
王韵	女	全国航海模型锦标赛	丽水	C2 机械动力模型	5	89.33 分
吴语宸	女	全国航海模型锦标赛	丽水	C3-A 场景、结构航海模型	2	95 分
陈铭宇	男	全国航海模型锦标赛	丽水	C3-A 场景、结构航海模型	3	92 分
魏军	男	全国航海模型锦标赛	丽水	C3-E 商品套材场景模型	4	90.66 分
王李思嘉	女	全国航海模型锦标赛	丽水	C5 瓶装航海模型	5	92 分
王李思嘉	女	全国航海模型锦标赛	丽水	C7 纯纸质商品套材航海模型	6	88 分
刘上善	男	全国航海模型锦标赛	丽水	C6 塑料商品套材航海模型	3	93 分
李成	男	全国航海模型锦标赛	丽水	C8 非塑料商品套材航海模型	3	93.33 分
陈俊	男	全国航海模型锦标赛	嘉定	F1-V 内燃机三角绕标竞时	7	17.86
吴语宸	女	全国航海模型锦标赛	嘉定	F5-ST950 ST950 级商品套材遥控帆船模型	8	114.4 分/77.4 分
潘磊	男	全国航海模型锦标赛	嘉定	F1-E 电动三角绕标竞时	1	10.21
潘磊	男	全国航海模型锦标赛	嘉定	HYDRO-1 电动多体艇竞速	5	31 圈/1.3

续表

姓名	性别	比赛名称	地点	项目	名次	成绩
潘磊	男	全国航海模型锦标赛	嘉定	MINI-HYDRO 迷你级电动多体艇竞速	2	28 圈/1. 87
黄敏轩	男	全国航海模型锦标赛	嘉定	F1-E 电动三角绕标竞时	2	10. 33
黄敏轩	男	全国航海模型锦标赛	嘉定	FSR-E 电动耐久竞速	6	72 圈/8. 17
姚祺	男	全国航海模型锦标赛	嘉定	F1-E 电动三角绕标竞时	5	10. 92
姚祺	男	全国航海模型锦标赛	嘉定	FSR-E 电动耐久竞速	7	67 圈/6. 96
王品超	男	全国航海模型锦标赛	嘉定	F3-E 电动花样绕标	1	147. 3 分
王品超	男	全国航海模型锦标赛	嘉定	F3-V 内燃机花样绕标	8	130. 88 分
程天航	男	全国航海模型锦标赛	嘉定	F3-E 电动花样绕标	2	147. 28 分
程天航	男	全国航海模型锦标赛	嘉定	F3-V 内燃机花样绕标	2	146. 8 分
史玮玮	男	全国航海模型锦标赛	嘉定	F3-E 电动花样绕标	5	146. 96 分
史玮玮	男	全国航海模型锦标赛	嘉定	F3-V 内燃机花样绕标	7	134. 62 分
黄驰骁	男	全国航海模型锦标赛	嘉定	F3-E 电动花样绕标	6	146. 44 分
黄驰骁	男	全国航海模型锦标赛	嘉定	F3-V 内燃机花样绕标	3	144. 14 分
杨环	男	全国航海模型锦标赛	嘉定	F3-E 电动花样绕标	7	145. 66 分
顾加	男	全国航海模型锦标赛	嘉定	ECO-EXPERT 无限制级电动三角绕标追逐	1	49 圈/10. 06
顾加	男	全国航海模型锦标赛	嘉定	MONO-1 电动方程式追逐	1	30 圈/11. 86
沈忻	女	全国航海模型锦标赛	嘉定	MINI-MONO 迷你级电动方程式追逐	4	23 圈/0. 94
朱思致	男	全国航海模型锦标赛	嘉定	F5-ST950 ST950 级商品套材遥控帆船模型	1	72. 1 分/36. 1 分
朱思致	男	全国航海模型锦标赛	嘉定	F5-10 重量级遥控帆船模型	6	69 分/48 分
洪龙杰	男	全国航海模型锦标赛	嘉定	F5-ST950 ST950 级商品套材遥控帆船模型	3	64. 4 分/39. 4 分
洪龙杰	男	全国航海模型锦标赛	嘉定	F5-M 标准级遥控帆船模型	8	68 分/46 分
王泽林	男	全国航海模型锦标赛	嘉定	F5-ST950 ST950 级商品套材遥控帆船模型	6	94. 1 分/51. 1 分
王泽林	男	全国航海模型锦标赛	嘉定	F5-10 重量级遥控帆船模型	7	77. 4 分/54. 4 分
陈卢宁宁	女	全国航海模型锦标赛	嘉定	F5-E 一米级遥控帆船模型	1	40 分/24 分
陈卢宁宁	女	全国航海模型锦标赛	嘉定	F5-10 重量级遥控帆船模型	3	51 分/35 分
赵翎雅	女	全国航海模型锦标赛	嘉定	F5-E 一米级遥控帆船模型	2	43. 1 分/25. 1 分
赵翎雅	女	全国航海模型锦标赛	嘉定	F5-10 重量级遥控帆船模型	4	54. 2 分/39. 2 分
吴新华	男	全国航海模型锦标赛	嘉定	F5-M 标准级遥控帆船模型	2	42. 7 分/27. 7 分
林桄桄	男	全国航海模型锦标赛	嘉定	F5-M 标准级遥控帆船模型	3	51. 4 分/30. 4 分
许爱雄	男	全国航海模型锦标赛	嘉定	F5-M 标准级遥控帆船模型	6	53. 1 分/33. 1 分

续表

姓名	性别	比赛名称	地点	项目	名次	成绩
许爱雄	男	全国航海模型锦标赛	嘉定	F5-10 重量级遥控帆船模型	5	69 分/47 分
姚祺	男	全国航海模型锦标赛	嘉定	ECO-TEAM 电动三角绕标追逐接力	2	134 圈/2. 65
顾加	男	全国航海模型锦标赛	嘉定		2	134 圈/2. 65
黄敏轩	男	全国航海模型锦标赛	嘉定		2	134 圈/2. 65
潘磊	男	全国航海模型锦标赛	嘉定	ECO-TEAM 电动三角绕标追逐接力	8	98 圈/0
史玮玮	男	全国航海模型锦标赛	嘉定		8	98 圈/0
陈卢宁宁	女	全国航海模型锦标赛	嘉定	F5-团体　遥控帆船(F5-E)+(F5-ST950)团体	1	3 分
王泽林	男	全国航海模型锦标赛	嘉定		1	3 分
朱思致	男	全国航海模型锦标赛	嘉定		1	3 分
许爱雄	男	全国航海模型锦标赛	嘉定	F5-团体　遥控帆船(F5-E)+(F5-ST951)团体	3	15. 7 分
赵翎雅	女	全国航海模型锦标赛	嘉定		3	15. 7 分
于昊旻	男	全国航海模型锦标赛	嘉定		3	15. 7 分
吴新华	男	全国航海模型锦标赛	嘉定	F5-团体　遥控帆船(F5-E)+(F5-ST952)团体	5	19. 7 分
洪龙杰	男	全国航海模型锦标赛	嘉定		5	19. 7 分
卢靓靓	女	全国航海模型锦标赛	嘉定		5	19. 7 分
姚向军	男	全国航海模型锦标赛	丽水	FSR-V 团体赛　内燃机耐久拉力团体赛 V3. 5+V7. 5+(V15 或 V27)	2	100 圈/0
金磊	男	全国航海模型锦标赛	丽水		2	100 圈/0
洪剑斌	男	全国航海模型锦标赛	丽水		2	100 圈/0
陈俊	男	全国航海模型锦标赛	丽水	FSR-V 团体赛　内燃机耐久拉力团体赛 V3. 5+V7. 5+(V15 或 V27)	5	93 圈/0
卢麒名	男	全国航海模型锦标赛	丽水		5	93 圈/0
钱智杰	男	全国航海模型锦标赛	丽水	F6-S 仿真航行模型	3	91 分
卢麒名	男	全国航海模型锦标赛	丽水		3	91 分
卢一钊	男	全国航海模型锦标赛	丽水		3	91 分
吴语宸	女	全国航海模型锦标赛	丽水		3	91 分
卢靓靓	女	全国航海模型锦标赛	丽水		3	91 分

航空模型

姓名	比赛名称	地点	项目	名次
陈柔嘉	2022 空模全国青少年锦标赛	宁夏吴忠	橡筋动力室内飞机(P1D-P)	1
王泓越	2022 空模全国青少年锦标赛	宁夏吴忠	线操纵特技(P2B)	1
刘奕成	2022 空模全国青少年锦标赛	宁夏吴忠	载荷火箭(S2/P)	1
王子宸	2022 空模全国青少年锦标赛	宁夏吴忠	助推滑翔机火箭(S4A/2)	1
刘煦泽	2022 空模全国青少年锦标赛	宁夏吴忠	多轴无人机竞速(P9U)	2

续表

姓名	比赛名称	地点	项目	名次
王相佐	2022 空模全国青少年锦标赛	宁夏吴忠	高度火箭(S1A/2)	2
刘易林	2022 空模全国青少年锦标赛	宁夏吴忠	女子组伞降火箭(S3A/2)	2
王相佑	2022 空模全国青少年锦标赛	宁夏吴忠	女子组仿真高度火箭(S5B)	2
胡航景	2022 空模全国青少年锦标赛	宁夏吴忠	火箭助推遥控滑翔机(S8D/P)	2
瞿茗道	2022 空模全国青少年锦标赛	宁夏吴忠	橡筋动力室内飞机(P1D-P)	3
李梓睿	2022 空模全国青少年锦标赛	宁夏吴忠	电动线操纵空战(P2D)	3
李曼琦	2022 空模全国青少年锦标赛	宁夏吴忠	国际级线操纵特技(F2B)	4
李梓睿	2022 空模全国青少年锦标赛	宁夏吴忠	二级线操纵特技(P2B-P,室内)	4
李曼琦 王泓越	2022 空模全国青少年锦标赛	宁夏吴忠	线操纵特技编队飞行(P2B-D,双人组)	4
吴悠	2022 空模全国青少年锦标赛	宁夏吴忠	电动线操纵空战(P2D)	4
李响	2022 空模全国青少年锦标赛	宁夏吴忠	仿真高度火箭(S5B)	4
徐迎皓	2022 空模全国青少年锦标赛	宁夏吴忠	仿真火箭(S7)	4
王相佑	2022 空模全国青少年锦标赛	宁夏吴忠	载荷火箭(S2/P)	5
刘易林	2022 空模全国青少年锦标赛	宁夏吴忠	伞降火箭(S3A/2)	5
胡航景	2022 空模全国青少年锦标赛	宁夏吴忠	仿真火箭(S7)	5
吴悠	2022 空模全国青少年锦标赛	宁夏吴忠	三级线操纵特技(P2B-3)	6
王相佐	2022 空模全国青少年锦标赛	宁夏吴忠	载荷火箭(S2/P)	6
王相佑	2022 空模全国青少年锦标赛	宁夏吴忠	仿真高度火箭(S5B)	7
徐子安	2022 空模全国青少年锦标赛	宁夏吴忠	仿真火箭(S7)	7
程泽宇	2022 空模全国青少年锦标赛	宁夏吴忠	自旋转翼火箭(S9A/2)	7
胡一航	2022 空模全国青少年锦标赛	宁夏吴忠	仿真高度火箭(S5B)	8

龙舟

姓名	性别	比赛名称	地点	项目	名次
孙铭霞	女	全国赛艇皮划艇比赛暨春季冠军赛	湖北鄂州	女子龙舟 500 米	1
谢天峰	男	全国赛艇皮划艇比赛暨春季冠军赛	湖北鄂州	男子龙舟 500 米	2
葛迦立	男	全国赛艇皮划艇比赛暨春季冠军赛	湖北鄂州	男子龙舟 500 米	2

青少年五子棋

姓名	性别	比赛名称	地点	项目	名次
石琨泽	男	2022 年全国青少年五子棋锦标赛	嘉兴线上	儿童组	5
卜思语	女	2022 年全国青少年五子棋锦标赛	嘉兴线上	儿童组	5
石琨泽	男	2022 年全国青少年五子棋锦标赛	嘉兴线上	男子儿童组	7
杨子煊	男	2022 年全国青少年五子棋锦标赛	嘉兴线上	男子少年组	1
李伯来	男	2022 年全国青少年五子棋锦标赛	嘉兴线上	男子少年组	2
卜思语	女	2022 年全国青少年五子棋锦标赛	嘉兴线上	女子儿童组	8
刘敏逸	女	2022 年全国青少年五子棋锦标赛	嘉兴线上	女子青年组	5
高宇暄	女	2022 年全国青少年五子棋锦标赛	嘉兴线上	女子青年组	8
朱骊冰	女	2022 年全国青少年五子棋锦标赛	嘉兴线上	女子少年组	8
金弘韬	男	2022 年全国青少年五子棋锦标赛	嘉兴线上	青年组	4
刘敏逸	女	2022 年全国青少年五子棋锦标赛	嘉兴线上	青年组	4
杨子煊	男	2022 年全国青少年五子棋锦标赛	嘉兴线上	少年组	2
朱骊冰	女	2022 年全国青少年五子棋锦标赛	嘉兴线上	少年组	2

浙江省第十七届运动会各项目成绩(前三名)

田径(一)

项目	13 岁及以下男子组					
	第一名		第二名		第三名	
	姓名、单位	成绩	姓名、单位	成绩	姓名、单位	成绩
100 米(立定跳远、铅球后抛)	林航平　宁波市	67.75	余许昀　温州市	64.25	吴艳堂　绍兴市	59.25
400 米(立定跳远、铅球后抛)	林航平　宁波市	62.75	林浩然　台州市	61.50	黄明昆　金华市	56.50
800 米(立定跳远、200 米)	奚治安　台州市	62.75	裘海鑫　台州市	58.25	匡　洋　台州市	58.00
1500 米(立定跳远、400 米)	奚治安　台州市	66.25	裘海鑫　台州市	62.25	包宸铄　丽水市	53.00
60 米栏(立定跳远、60 米)	饶朝阳　杭州市	58.50	徐　杰　杭州市	58.25	徐瑜江　台州市	54.75
200 米栏(立定跳远、60 米)	饶朝阳　杭州市	56.75	吴明炜　杭州市	56.00	叶哲铭　绍兴市	54.25
跳高(立定跳远、60 米)	陈奕豪　台州市	52.50	徐锦程　丽水市	49.50	王宇辰　金华市	49.00
撑竿跳高(立定跳远、60 米)	张家豪　温州市	62.25	黄浩阳　嘉兴市	52.50	赵寅宏　台州市	47.00
跳远(立定跳远、60 米)	余许昀　温州市	59.00	高　轩　杭州市	57.00	张圣昕　嘉兴市	54.50
标枪(立定跳远、60 米)	方子谦　台州市	60.75	张浩宇　湖州市	54.25	熊　帅　湖州市	52.75

田径(二)

项目	13 岁及以下女子组					
	第一名		第二名		第三名	
	姓名、单位	成绩	姓名、单位	成绩	姓名、单位	成绩
100 米(立定跳远、铅球后抛)	李雨洋　台州市	61.25	陈洵慧　金华市	61.00	陈可莹　丽水市	54.50
400 米(立定跳远、铅球后抛)	李雨洋　台州市	68.75	叶路依　宁波市	65.50	赵紫涵　温州市	62.25
800 米(立定跳远、200 米)	叶路依　宁波市	70.25	赵紫涵　温州市	65.00	谷子赞　宁波市	62.75
1500 米(立定跳远、400 米)	寿含笑　绍兴市	65.00	叶佳晖　金华市	64.75	谷子赞　宁波市	64.50
60 米栏(立定跳远、60 米)	张杰灵　温州市	63.75	周　艳　金华市	60.50	肖晨静　杭州市	59.75
200 米栏(立定跳远、60 米)	周　艳　金华市	62.25	蒋金妍　宁波市	57.25	陈姿伊　金华市	56.75
跳高(立定跳远、60 米)	杨安琪　温州市	58.75	边艺　绍兴市	56.75	叶上楠　金华市	55.50
撑竿跳高(立定跳远、60 米)	韩枝延　温州市	79.00	田嘉慧　嘉兴市	59.75	许珍瑞　嘉兴市	59.25
跳远(立定跳远、60 米)	张杰灵　温州市	66.25	林恩欣　温州市	55.50	徐　菡　衢州市	55.25
标枪(立定跳远、60 米)	计雨晴　嘉兴市	62.50	陈玲欣　台州市	61.50	贺方洁　宁波市	58.75

田径(三)

项目	14 岁男子组					
	第一名		第二名		第三名	
	姓名、单位	成绩	姓名、单位	成绩	姓名、单位	成绩
100 米(跳远)	王启棒　温州市	63.00	曾杰　温州市	62.20	张烨阳　绍兴市	57.40
200 米(跳远)	章烨阳　绍兴市	61.20	徐苗慎　台州市	58.40	李奥杰　绍兴市	57.00
400 米(60 米)	陈冠宇　嘉兴市	67.40	郑凯元　衢州市	64.40	张钱锋　台州市	64.40
800 米(200 米)	陈冠宇　嘉兴市	72.20	高　翔　温州市	70.80	郑凯元　衢州市	68.40
1500 米(400 米)	赵奕皓　台州市	71.00	呙立航　杭州市	70.40	高　翔　温州市	68.80
3000 米(400 米)	呙立航　杭州市	71.60	赵奕皓　台州市	69.00	李欢吉　杭州市	59.20
110 米栏(100 米)	李铭轩　温州市	73.20	顾耘豪　台州市	71.80	蔡耀豪　温州市	70.40
200 米栏(100 米)	李铭轩　温州市	67.20	顾耘豪　台州市	67.00	项嘉轩　杭州市	63.80
跳高(60 米)	林伟烨　温州市	66.80	洪　炜　温州市	60.00	柴梓恒　舟山市	56.60
撑竿跳高(60 米)	吴新展　温州市	64.40	许　震　嘉兴市	62.60	王麒豪　台州市	59.60
跳远(60 米)	王启棒　温州市	62.00	陈国豪　温州市	59.00	梅正昊　衢州市	56.60
三级跳远(60 米)	陈国豪　温州市	59.60	杨　猛　嘉兴市	58.40	王董嘉　杭州市	55.40
铅球(60 米)	樊丁旭　绍兴市	90.00	杨　超　金华市	66.00	傅彬轩　宁波市	63.20
铁饼(60 米)	黄梓轩　杭州市	71.80	李　博　嘉兴市	64.80	唐杭杰　绍兴市	64.40

续表

项目	14岁男子组					
	第一名		第二名		第三名	
	姓名、单位	成绩	姓名、单位	成绩	姓名、单位	成绩
标枪(60米)	傅彬轩　宁波市	74.00	周晨毅　台州市	66.80	伍海权　湖州市	62.00
五项全能	朱　浩　金华市	2744	陆健豪　金华市	2712	曾　杰　温州市	2589

田径(四)

项目	14岁女子组					
	第一名		第二名		第三名	
	姓名、单位	成绩	姓名、单位	成绩	姓名、单位	成绩
100米(跳远)	陈妤颉　宁波市	76.00	韩怡轩　台州市	68.60	李佳韵　丽水市	67.40
200米(跳远)	陈妤颉　宁波市	83.40	李佳韵　丽水市	70.40	沈佳慧　金华市	65.20
400米(60米)	蒋璐榣　温州市	74.40	冯梦宁　绍兴市	70.80	沈佳慧　金华市	69.20
800米(200米)	李依珍　杭州市	78.60	童夏雯　衢州市	74.80	林鎏芮　宁波市	73.20
1500米(400米)	郑诗妍　台州市	70.40	徐一航　宁波市	69.80	裘心月　杭州市	68.60
3000米(400米)	郑诗妍　台州市	71.80	裘心月　杭州市	69.80	陈慧恩　台州市	69.40
100米栏(100米)	彭吉祥　温州市	67.40	陈欣芸　湖州市	58.80	梁梓萱　绍兴市	57.20
200米栏(100米)	陈黎乔　宁波市	94.20	何丹妮　杭州市	81.60	彭吉祥　温州市	65.60
跳高(60米)	吴紫仪　台州市	64.20	杨佳敏　台州市	62.80	李栩睿　台州市	56.60
撑竿跳高(60米)	缪可妮　温州市	78.80	夏开心　嘉兴市	62.80	叶凌旖　台州市	56.00
跳远(60米)	张嘉怡　宁波市	74.40	王依欣　温州市	61.40	黄心愉　温州市	58.00
三级跳远(60米)	韩怡轩　台州市	55.80	张嘉怡　宁波市	52.20	张婉婷　台州市	48.80
铅球(60米)	张珲婷　金华市	65.40	徐可欣　绍兴市	58.80	黄梦莎　宁波市	57.80
铁饼(60米)	张珲婷　金华市	67.40	黄梦莎　宁波市	61.80	徐可欣　绍兴市	58.20
标枪(60米)	柯梦霞　台州市	64.20	李静楠　温州市	57.60	陈钰诺　温州市	56.00
四项全能	杨佳敏　台州市	2421	雷欣洋　丽水市	1923	许慧岚　湖州市	1819

田径(五)

项目	15—16岁男子组					
	第一名		第二名		第三名	
	姓名、单位	成绩	姓名、单位	成绩	姓名、单位	成绩
100米	俞思浩　舟山市	10.58	吴　涛　绍兴市	10.77	留俊豪　丽水市	10.77
200米	俞思浩　舟山市	22.01	姚帅龙　金华市	22.10	於靖淞　台州市	22.30

续表

项目	15—16 岁男子组					
	第一名		第二名		第三名	
	姓名、单位	成绩	姓名、单位	成绩	姓名、单位	成绩
400 米	周子皓　丽水市	48. 53	姚帅龙　金华市	49. 25	於靖淞　台州市	49. 35
800 米	周子皓　丽水市	1:53. 50	郑　亮　宁波市	1:54. 63	陈申睿　丽水市	1:56. 65
1500 米	郑　亮　宁波市	3:59. 91	陈江鸿　杭州市	4:02. 05	李　道　丽水市	4:03. 61
5000 米	陈江鸿　杭州市	14:57. 09	唐瑞靖　杭州市	15:44. 04	王文键　台州市	15:59. 47
110 栏	刘光恒　宁波市	13. 98	李　杭　杭州市	14. 37	申屠袁浩　金华市	14. 45
400 米栏	傅潇琦　金华市	52. 92	顾莱毅　嘉兴市	53. 33	周千凯　台州市	54. 97
跳高	朱安翔　台州市	2. 06	王彦博　舟山市	1. 93	鄢子博　丽水市	1. 89
撑竿跳高	朱毅聪　嘉兴市	4. 20	卢成杰　嘉兴市	4. 15	任俞铮　嘉兴市	4. 00
跳远	张士艺　温州市	7. 17	丁彦翔　舟山市	6. 86	胡哲铭　金华市	6. 68
三级跳远	胡哲铭　金华市	14. 76	张士艺　温州市	14. 36	翁旌怀　舟山市	14. 16
铅球	吴晨琪　丽水市	19. 36	吴忱阳　宁波市	18. 78	陈威瑜　台州市	18. 13
铁饼	郭越海　绍兴市	57. 30	牛家睦　宁波市	56. 53	缪佳辉　嘉兴市	52. 83
标枪	张志浩　温州市	67. 84	潘深博　宁波市	67. 49	李齐豪　金华市	66. 09
八项全能	李齐豪　金华市	5143	徐裔天　台州市	5054	戴郑凯　台州市	4988

田径(六)

项目	15—16 岁女子组					
	第一名		第二名		第三名	
	姓名、单位	成绩	姓名、单位	成绩	姓名、单位	成绩
100 米	简茹菁　杭州市	12. 21	汤雅文　温州市	12. 21	陈姝颖　宁波市	12. 54
200 米	杨佳怡　湖州市	25. 36	郑颖超　金华市	25. 37	简茹菁　杭州市	25. 42
400 米	郑颖超　金华市	55. 68	吴嘉瑶　宁波市	56. 96	杨佳怡　湖州市	57. 13
800 米	邵议萱　金华市	2:14. 23	张佳鑫　金华市	2:15. 89	楼　上　杭州市	2:16. 22
1500 米	何　可　杭州市	4:27. 97	杨紫妍　台州市	4:41. 03	王　晨　宁波市	4:44. 33
5000 米	何　可　杭州市	17:34. 21	邵议萱　金华市	17:54. 35	裘思斓　绍兴市	17:57. 35
100 米栏	田　园　温州市	14. 38	陈姝颖　宁波市	14. 43	吴剑英　绍兴市	14. 56
400 米栏	曾芯蕊　杭州市	1:01. 25	吴嘉瑶　宁波市	1:02. 19	张佳鑫　金华市	1:02. 79
跳高	舒梦怡　台州市	1. 78	庄欣盈　温州市	1. 72	陈枫晔　温州市	1. 68
撑竿跳高	王丹丹　台州市	3. 70	陆来家　嘉兴市	3. 60	夏彬彬　温州市	2. 30

续表

项目	15—16 岁女子组					
	第一名		第二名		第三名	
	姓名、单位	成绩	姓名、单位	成绩	姓名、单位	成绩
跳远	司　宇　宁波市	5.77	田　园　温州市	5.77	郑海欣　温州市	5.66
三级跳远	潘亦嘉　宁波市	12.04	陈梦露　宁波市	11.84	黄金晶　金华市	11.84
铅球	汪依凡　温州市	16.57	陈　怡　金华市	14.50	鲁静怡　绍兴市	14.49
铁饼	苏艺馨　绍兴市	50.84	孙美雨　温州市	47.44	盛纯媛　湖州市	46.53
标枪(500 克)	方愉婷　温州市	54.50	阮子寒　宁波市	50.66	林梦莎　台州市	50.05
五项全能	徐佳欢　杭州市	3879	冯子怡　宁波市	3510	杨晓彤　台州市	3073

田径(七)

项目	17—18 岁男子组					
	第一名		第二名		第三名	
	姓名、单位	成绩	姓名、单位	成绩	姓名、单位	成绩
100 米	吴路逸　丽水市	10.47	孟子涵　金华市	10.69	曾天佑　舟山市	10.81
200 米	吴路逸　丽水市	21.16	曾天佑　舟山市	21.45	叶佳乐　杭州市	21.78
400 米	张阳康　金华市	48.57	沈嘉诚　杭州市	48.97	汪伟杰　湖州市	49.78
800 米	梁博威　台州市	1:55.05	张阳康　金华市	1:55.13	宋志远　舟山市	1:56.12
1500 米	梁博威　台州市	3:52.52	刘　浩　金华市	3:53.74	孔英杰　温州市	3:59.33
10000 米	刘　浩　金华市	31:44.98	虞磊弘　金华市	32:07.34	叶凌豪　台州市	33:50.70
400 米栏	汪伟杰　湖州市	53.97	齐泽柟　杭州市	54.69	卢浩栋　绍兴市	54.83
跳高	苏虹竞　舟山市	2.13	谢劲豪　舟山市	2.09	邵天泽　舟山市	2.05
跳远	叶智豪　台州市	7.30	林觐锃　温州市	7.26	刘　磊　宁波市	7.07
三级跳远	林觐锃　温州市	15.36	刘　磊　宁波市	15.13	杨敬炜　温州市	15.02
铁饼	李　想　嘉兴市	56.24	卢烨玄　绍兴市	49.01	蒋佑伟　台州市	48.93
标枪(700 克)	金　涛　绍兴市	72.01	赵　泽　绍兴市	71.19	石展恺　绍兴市	65.62
八项全能	赵忠乐　宁波市	5873	陈逸鹏　台州市	5544	胡　晨　宁波市	5519

田径(八)

项目	17—18 岁女子组					
	第一名		第二名		第三名	
	姓名、单位	成绩	姓名、单位	成绩	姓名、单位	成绩
100 米	顾丁滢　湖州市	12.28	王露瑶　绍兴市	12.53	禹　婷　宁波市	12.57

续表

项目	17—18 岁女子组					
	第一名		第二名		第三名	
	姓名、单位	成绩	姓名、单位	成绩	姓名、单位	成绩
200 米	顾丁滢　湖州市	24.83	陈曼莎　湖州市	25.32	陆喜洋　台州市	25.35
400 米	陆喜洋　台州市	55.45	刘　欢　杭州市	56.06	陈曼莎　湖州市	57.02
800 米	冯乐乐　台州市	2:14.44	罗　怡　杭州市	2:15.41	闵诚诺　金华市	2:16.29
1500 米	冯乐乐　台州市	4:36.50	周彤妍　金华市	4:44.72	陈秀美　金华市	4:46.14
10000 米	李嘉妍　宁波市	39:06.06	陈秀美　金华市	39:13.57	林　楠　台州市	39:14.40
400 米栏	刘　欢　杭州市	1:00.70	陈雯汐　嘉兴市	1:01.78	韩　晴　宁波市	1:03.97
跳高	金若宣　台州市	1.81	谢亦昕　舟山市	1.75	夏晶晶　丽水市	1.56
跳远	解伊宁　宁波市	5.92	罗琼琰　宁波市	5.91	王思睿　温州市	5.52
三级跳远	王思睿　温州市	12.27	牟佳瑶　台州市	12.19	谢亦昕　舟山市	10.28
铁饼	刘馨悦　宁波市	51.37	徐亦添　丽水市	50.87	杨　楠　湖州市	41.62
标枪(600 克)	黄舒静　温州市	53.80	朱永琪　宁波市	51.26	方丹阳　绍兴市	47.94
七项全能	徐佳运　宁波市	4569	严歆玥　嘉兴市	4529	王筱雨　衢州市	3811

田径(九)

项目	13—18 岁男子组					
	第一名		第二名		第三名	
	姓名、单位	成绩	姓名、单位	成绩	姓名、单位	成绩
4×100 米接力	周君逸　留俊豪 周子皓　吴路逸 丽水市	41.56	赵炳均　张哲昂 吴　涛　赵叶飞 绍兴市	42.15	施皓文　徐丹峰 陈　阳　高徐杰 嘉兴市	43.27
4×400 米接力	姚帅龙　傅潇琦 方　源　张阳康 金华市	3:19.22	留俊豪　吴路逸 陈申睿　周子皓 丽水市	3:22.71	谷淦昊　严永昊 李宇阳　汪伟杰 湖州市	3:24.93

田径(十)

项目	13—18 岁女子组					
	第一名		第二名		第三名	
	姓名、单位	成绩	姓名、单位	成绩	姓名、单位	成绩
4×100 米接力	沈晨昕　陈好颉 陈姝颖　罗琼琰 宁波市	47.41	魏司晨　姜　琳 曾芯蕊　简茹菁 杭州市	47.76	柳懿芝　贾涵瑾 周桑吉　李佳韵 丽水市	47.77

续表

项目	13—18 岁女子组					
	第一名		第二名		第三名	
	姓名、单位	成绩	姓名、单位	成绩	姓名、单位	成绩
4×400 米接力	沈佳慧　闵诚诺 张佳鑫　郑颖超 金华市	3:50.98	刘　欢　楼　上 姜　琳　曾芯蕊 杭州市	3:55.48	冯梦宁　韩佳瑶 寿奕霏　郭如意 绍兴市	3:58.49

游泳(一)

项目	男子 10 岁及以下组					
	第一名		第二名		第三名	
	姓名、单位	成绩	姓名、单位	成绩	姓名、单位	成绩
50 米自由泳	刘　源　杭州市	00:27.65	董　麒　宁波市	00:27.77	赖为铭　温州市	00:27.77
100 米自由泳	盛唐勒文　嘉兴市	00:59.51	董　麒　宁波市	00:59.96	赖为铭　温州市	01:00.56
400 米自由泳	刘　源　杭州市	04:28.22	徐天成　绍兴市	04:30.27	董　麒　宁波市	04:34.00
50 米仰泳	徐天成　绍兴市	00:32.19	黄煜杰　杭州市	00:32.61	石至幸　温州市	00:33.98
100 米仰泳	徐天成　绍兴市	01:09.19	黄煜杰　杭州市	01:10.60	石至幸　温州市	01:12.49
50 米蛙泳	郑羽铠　温州市	00:34.85	柏方赐子　杭州市	00:37.11	李梓辰　绍兴市	00:38.28
100 米蛙泳	郑羽铠　温州市	01:15.85	张峻嘉　嘉兴市	01:19.69	李梓辰　绍兴市	01:20.37
50 米蝶泳	郑　涵　杭州市	00:29.80	吴鑫浩　嘉兴市	00:29.99	叶政翰　温州市	00:31.23
100 米蝶泳	郑　涵　杭州市	01:04.65	吴鑫浩　嘉兴市	01:06.67	徐子扬　绍兴市	01:08.26
200 米个人混合泳	赖为铭　温州市	02:24.69	刘　源　杭州市	02:24.84	郑　涵　杭州市	02:24.86
4×50 米自由泳接力	单憧憬　郑羽铠 叶政翰　赖为铭 温州市	01:52.96	郑　涵　陈锦烨 黄煜杰　刘　源 杭州市	01:53.64	徐天成　李梓辰 房子轩　包子睿 绍兴市	01:57.12
4×50 米混合泳接力	单憧憬　郑羽铠 叶政翰　赖为铭 温州市	02:04.26	黄煜杰　柏方赐子 郑　涵　刘　源 杭州市	02:06.05	徐天成　李梓辰 徐子扬　包子睿 绍兴市	02:08.71
50 米自由泳打腿	赖为铭　温州市	00:36.62	单憧憬　温州市	00:38.93	盛唐勒文　嘉兴市	00:41.36
50 米仰泳打腿	徐天成　绍兴市	00:38.82	黄煜杰　杭州市	00:39.22	刘乙禾　宁波市	00:40.80
50 米蛙泳蹬腿	张峻嘉　嘉兴市	00:44.20	郑羽铠　温州市	00:44.62	徐灏洋　嘉兴市	00:46.98
50 米蝶泳打腿	吴鑫浩　嘉兴市	00:36.86	郑　涵　杭州市	00:37.29	徐子扬　绍兴市	00:41.16
自由泳全能	赖为铭　温州市	390.51 分	盛唐勒文　嘉兴市	384.81 分	刘　源　杭州市	384.05 分

续表

项目	男子10岁及以下组					
	第一名		第二名		第三名	
	姓名、单位	成绩	姓名、单位	成绩	姓名、单位	成绩
仰泳全能	徐天成　绍兴市	394.40分	黄煜杰　杭州市	385.73分	石至幸　温州市	380.96分
蛙泳全能	郑羽铠　温州市	394.42分	柏方赐子　杭州市	380.70分	李梓辰　绍兴市	377.68分
蝶泳全能	郑　涵　杭州市	398.56分	吴鑫浩　嘉兴市	387.33分	徐子扬　绍兴市	382.76分

游泳(二)

项目	男子11岁组					
	第一名		第二名		第三名	
	姓名、单位	成绩	姓名、单位	成绩	姓名、单位	成绩
50米自由泳	翁谦乐　温州市	00:27.00	柳郑凯　宁波市	00:27.60	张展赫　杭州市	00:27.80
100米自由泳	翁谦乐　温州市	00:58.69	柳郑凯　宁波市	00:59.56	张展赫　杭州市	01:02.40
400米自由泳	柳郑凯　宁波市	04:19.01	李柏霖　温州市	04:19.24	夏习恒　温州市	04:20.03
50米仰泳	李柏霖　温州市	00:30.76	柯华硕　杭州市	00:30.96	周熙淳　温州市	00:31.67
100米仰泳	李柏霖　温州市	01:05.28	柯华硕　杭州市	01:07.34	周熙淳　温州市	01:09.41
50米蛙泳	应天佑　杭州市	00:34.70	王欣宇　宁波市	00:35.17	张义涵　湖州市	00:35.18
100米蛙泳	王欣宇　宁波市	01:14.50	应天佑　杭州市	01:15.11	张义涵　湖州市	01:15.84
50米蝶泳	夏习恒　温州市	00:28.77	黄一炎　温州市	00:29.68	许博文　杭州市	00:29.97
100米蝶泳	夏习恒　温州市	01:03.34	黄一炎　温州市	01:04.77	许博文　杭州市	01:05.31
200米个人混合泳	李柏霖　温州市	02:19.92	翁谦乐　温州市	02:19.99	柯华硕　杭州市	02:22.21
4×50米自由泳接力	翁谦乐　夏习恒　周熙淳　李柏霖　温州市	01:49.34	柯华硕　许博文　张文泽　张展赫　杭州市	01:52.33	喻经纬　王欣宇　缴良轩　柳郑凯　宁波市	01:54.88
4×100米自由泳接力	翁谦乐　夏习恒　王振亦　李柏霖　温州市	03:57.93	柯华硕　许博文　张文泽　张展赫　杭州市	04:07.98	喻经纬　王欣宇　赵瑞熙　柳郑凯　宁波市	04:11.93
4×50米混合泳接力	李柏霖　翁谦乐　夏习恒　周熙淳　温州市	02:01.42	柯华硕　应天佑　许博文　张展赫　杭州市	02:03.33	喻经纬　王欣宇　赵瑞熙　柳郑凯　宁波市	02:08.01
自由泳全能	翁谦乐　温州市	327.54分	柳郑凯　宁波市	325.76分	张展赫　杭州市	315.89分
仰泳全能	李柏霖　温州市	330.86分	柯华硕　杭州市	324.15分	周熙淳　温州市	317.56分
蛙泳全能	王欣宇　宁波市	322.77分	陈奕衡　绍兴市	317.91分	应天佑　杭州市	317.21分
蝶泳全能	夏习恒　温州市	330.54分	黄一炎　温州市	324.27分	许博文　杭州市	323.82分

游泳(三)

项目	男子12岁组					
	第一名		第二名		第三名	
	姓名、单位	成绩	姓名、单位	成绩	姓名、单位	成绩
50米自由泳	谢以忱　绍兴市	00:24.67	陈可豪　宁波市	00:25.49	李梓墨　杭州市	00:27.35
100米自由泳	谢以忱　绍兴市	00:54.52	陈可豪　宁波市	00:55.57	李梓墨　杭州市	00:59.35
400米自由泳	谢以忱　绍兴市	04:09.90	吕埻铭　杭州市	04:13.27	叶童畅　绍兴市	04:14.04
50米仰泳	陈可宇　宁波市	00:31.06	李国彬　杭州市	00:31.19	沈宸霆　台州市	00:31.53
100米仰泳	李国彬　杭州市	01:05.91	陈可宇　宁波市	01:06.64	陈恩泽　温州市	01:07.05
50米蛙泳	陈　澄　杭州市	00:32.25	赵一航　宁波市	00:32.88	张家悦　宁波市	00:34.01
100米蛙泳	陈　澄　杭州市	01:09.88	赵一航　宁波市	01:13.41	林逸涵　台州市	01:13.43
50米蝶泳	吕埻铭　杭州市	00:27.59	叶童畅　绍兴市	00:30.61	朱致翰　金华市	00:31.19
100米蝶泳	吕埻铭　杭州市	01:00.95	叶童畅　绍兴市	01:06.59	王　喆　金华市	01:07.26
200米个人混合泳	谢以忱　绍兴市	02:09.21	陈　澄　杭州市	02:14.96	吕埻铭　杭州市	02:15.25
4×100米自由泳接力	陈　澄　黄卓逸 李国彬　吕埻铭 杭州市	03:50.20	陈可豪　赵一航 陈可宇　张家悦 宁波市	03:50.81	叶童畅　朱景浩 陈轶楠　郑晨涛 绍兴市	04:06.37
4×100米混合泳接力	李国彬　陈　澄 吕埻铭　李梓墨 杭州市	04:16.79	陈可宇　赵一航 李泓岌　陈可豪 宁波市	04:24.76	陈恩泽　蔡礼丞 傅景添　陈泽睿 温州市	04:34.51
自由泳全能	谢以忱　绍兴市	347.57分	陈可豪　宁波市	337.47分	李梓墨　杭州市	326.37分
仰泳全能	李国彬　杭州市	328.24分	陈恩泽　温州市	324.37分	陈可宇　宁波市	323.82分
蛙泳全能	陈　澄　杭州市	340.16分	赵一航　宁波市	329.64分	张家悦　宁波市	326.46分
蝶泳全能	吕埻铭　杭州市	341.89分	叶童畅　绍兴市	326.38分	李泓岌　宁波市	317.38分

游泳(四)

项目	男子13岁组					
	第一名		第二名		第三名	
	姓名、单位	成绩	姓名、单位	成绩	姓名、单位	成绩
50米自由泳	朱米拉　杭州市	00:24.53	唐田颢　湖州市	00:24.79	徐木杨　嘉兴市	00:25.39
100米自由泳	朱米拉　杭州市	00:53.25	唐田颢　湖州市	00:54.64	徐木杨　嘉兴市	00:55.37
800米自由泳	刘家铭　温州市	08:18.02	朱米拉　杭州市	08:27.11	李城宇　温州市	08:27.40
50米仰泳	陈恺涛　嘉兴市	00:28.64	马瑞麟　杭州市	00:28.67	张晨皓　台州市	00:30.52
100米仰泳	马瑞麟　杭州市	01:01.00	陈恺涛　嘉兴市	01:01.90	叶熠廷　温州市	01:04.94

续表

项目	男子 13 岁组					
	第一名		第二名		第三名	
	姓名、单位	成绩	姓名、单位	成绩	姓名、单位	成绩
50 米蛙泳	孙哲阳　杭州市	00:30.94	翁彬涵　台州市	00:31.40	叶雨泽　温州市	00:32.30
100 米蛙泳	孙哲阳　杭州市	01:06.04	叶雨泽　温州市	01:08.23	翁彬涵　台州市	01:09.23
50 米蝶泳	盛子轩　杭州市	00:26.72	杨程凯　台州市	00:27.70	吴哲瀚　嘉兴市	00:27.70
100 米蝶泳	盛子轩　杭州市	00:58.46	金　煜　嘉兴市	01:00.11	程锦浩　杭州市	01:00.54
200 米个人混合泳	朱米拉　杭州市	02:06.54	马瑞麟　杭州市	02:07.30	叶雨泽　温州市	02:11.74
4×100 米自由泳接力	盛子轩　程锦浩 马瑞麟　朱米拉 杭州市	03:39.34	徐木杨　陈恺涛 王　欢　金　煜 嘉兴市	03:43.98	刘家铭　叶雨泽 李城宇　叶熠廷 温州市	03:44.29
4×100 米混合泳接力	马瑞麟　孙哲阳 盛子轩　朱米拉 杭州市	04:07.03	叶熠廷　叶雨泽 李城宇　刘家铭 温州市	04:10.81	陈恺涛　廖　晨 金　煜　徐木杨 嘉兴市	04:13.60
自由泳全能	朱米拉　杭州市	353.49 分	刘家铭　温州市	342.14 分	唐田颢　湖州市	336.15 分
仰泳全能	马瑞麟　杭州市	347.63 分	陈恺涛　嘉兴市	339.90 分	叶熠廷　温州市	335.57 分
蛙泳全能	孙哲阳　杭州市	347.95 分	叶雨泽　温州市	346.49 分	翁彬涵　台州市	342.58 分
蝶泳全能	盛子轩　杭州市	346.77 分	程锦浩　杭州市	343.98 分	金　煜　嘉兴市	342.74 分

游泳(五)

项目	男子 14 岁组					
	第一名		第二名		第三名	
	姓名、单位	成绩	姓名、单位	成绩	姓名、单位	成绩
50 米自由泳	何昱豪　宁波市	00:23.84	刘睿宇　嘉兴市	00:24.33	王兆洋　杭州市	00:25.04
100 米自由泳	刘睿宇　嘉兴市	00:51.91	何昱豪　宁波市	00:51.93	王兆洋　杭州市	00:55.32
800 米自由泳	刘睿宇　嘉兴市	08:28.77	陈禹竹　杭州市	08:30.96	顾恩翊　杭州市	08:33.43
50 米仰泳	顾恩翊　杭州市	00:28.13	金　呈　杭州市	00:28.14	陈帝文　宁波市	00:28.31
100 米仰泳	沈宸阅　温州市	00:59.05	顾恩翊　杭州市	00:59.08	金　呈　杭州市	01:00.07
50 米蛙泳	陈禹竹　杭州市	00:30.31	谢睿阳　嘉兴市	00:31.54	石炜哲　绍兴市	00:32.15
100 米蛙泳	陈禹竹　杭州市	01:06.17	石炜哲　绍兴市	01:09.12	谢睿阳　嘉兴市	01:09.34
50 米蝶泳	邵梓铖　温州市	00:25.95	林宇宸　宁波市	00:26.23	王钰恒　金华市	00:27.37
100 米蝶泳	邵梓铖　温州市	00:56.74	林宇宸　宁波市	00:58.88	何奕磊　杭州市	00:59.17

续表

项目	男子13岁组					
	第一名		第二名		第三名	
	姓名、单位	成绩	姓名、单位	成绩	姓名、单位	成绩
200米个人混合泳	刘睿宇 嘉兴市	02:05.74	陈禺竹 杭州市	02:07.52	顾恩翊 杭州市	02:08.21
4×100米自由泳接力	孙煜涵 陈帝文 林宇宸 何昱豪 宁波市	03:34.90	顾恩翊 金呈 何奕磊 陈禺竹 杭州市	03:37.84	沈宸阅 潘一豪 王绩 邵梓铖 温州市	03:48.07
4×200米自由泳接力	顾恩翊 金呈 何奕磊 陈禺竹 杭州市	07:57.72	林宇宸 陈帝文 孙煜涵 何昱豪 宁波市	08:11.61	石炜哲 王子羽 范思哲 邹宝奇 绍兴市	08:28.01
4×100米混合泳接力	顾恩翊 陈禺竹 何奕磊 王兆洋 杭州市	04:00.56	陈帝文 孙煜涵 林宇宸 何昱豪 宁波市	04:04.03	沈宸阅 王绩 邵梓铖 潘一豪 温州市	04:08.52
自由泳全能	刘睿宇 嘉兴市	349.56分	王兆洋 杭州市	344.05分	何昱豪 宁波市	341.19分
仰泳全能	顾恩翊 杭州市	352.19分	沈宸阅 温州市	350.98分	金呈 杭州市	348.57分
蛙泳全能	陈禺竹 杭州市	356.73分	石炜哲 绍兴市	339.95分	王绩 温州市	337.40分
蝶泳全能	邵梓铖 温州市	355.66分	林宇宸 宁波市	347.58分	何奕磊 杭州市	344.32分

游泳(六)

项目	男子15—17岁组					
	第一名		第二名		第三名	
	姓名、单位	成绩	姓名、单位	成绩	姓名、单位	成绩
50米自由泳	张昕晨 杭州市	00:23.55	李润哲 金华市	00:24.43	郑镇炜 宁波市	00:24.45
100米自由泳	张昕晨 杭州市	00:50.16	盛哲涵 杭州市	00:50.56	章栩辉 台州市	00:52.12
200米自由泳	张昕晨 杭州市	01:48.88	章栩辉 台州市	01:50.20	陈泓默 温州市	01:50.61
800米自由泳	章栩辉 台州市	08:12.52	陈泓默 温州市	08:15.67	林繁绿 温州市	08:25.17
100米仰泳	徐伊凡 杭州市	00:57.23	邢天宇 杭州市	00:57.64	管铮豪 温州市	01:00.55
100米蛙泳	郑志达 温州市	01:04.42	徐伊凡 杭州市	01:05.26	管铮豪 温州市	01:05.71
100米蝶泳	盛哲涵 杭州市	00:55.11	林繁绿 温州市	00:55.79	陈泓默 温州市	00:57.20
200米个人混合泳	盛哲涵 杭州市	02:05.18	徐伊凡 杭州市	02:06.76	管铮豪 温州市	02:07.20

游泳(七)

项目	女子9岁及以下组					
	第一名		第二名		第三名	
	姓名、单位	成绩	姓名、单位	成绩	姓名、单位	成绩
50米自由泳	瞿梓昕　温州市	00:28.95	邬骐蔓　杭州市	00:29.55	张子未　宁波市	00:29.91
100米自由泳	邬骐蔓　杭州市	01:03.76	冯语晨　嘉兴市	01:04.82	瞿梓昕　温州市	01:05.47
400米自由泳	董钰涵　杭州市	04:45.26	季千予　温州市	04:50.46	冯语晨　嘉兴市	04:51.14
50米仰泳	朱　阳　温州市	00:32.72	李静微　宁波市	00:34.59	孟梓馨　杭州市	00:34.98
100米仰泳	朱　阳　温州市	01:09.65	孟梓馨　杭州市	01:13.65	李静微　宁波市	01:14.81
50米蛙泳	倪　姿　宁波市	00:37.38	董钰涵　杭州市	00:37.88	彭奕娜　温州市	00:38.19
100米蛙泳	倪　姿　宁波市	01:20.80	董钰涵　杭州市	01:20.95	彭奕娜　温州市	01:21.49
50米蝶泳	季千予　温州市	00:32.76	章馨樾　绍兴市	00:33.06	谭家睿　嘉兴市	00:34.01
100米蝶泳	季千予　温州市	01:11.18	章馨樾　绍兴市	01:12.73	梅若彧　杭州市	01:14.62
200米个人混合泳	董钰涵　杭州市	02:30.50	邬骐蔓　杭州市	02:31.05	朱　阳　温州市	02:34.62
4×50米自由泳接力	瞿梓昕　朱　阳 金歆沫　季千予 温州市	01:59.33	董钰涵　蔡瑜曦 孟梓馨　邬骐蔓 杭州市	02:00.80	张子未　王佳睿 倪　姿　李静微 宁波市	02:03.59
4×50米混合泳接力	朱　阳　彭奕娜 季千予　瞿梓昕 温州市	02:10.79	邬骐蔓　董钰涵 蔡瑜曦　孟梓馨 杭州市	02:14.45	李静微　倪　姿 叶欣颜　张子未 宁波市	02:16.72
50米自由泳打腿	冯语晨　嘉兴市	00:41.39	瞿梓昕　温州市	00:42.00	金歆沫　温州市	00:42.18
50米仰泳打腿	朱　阳　温州市	00:36.41	金玥诺　绍兴市	00:41.09	李静微　宁波市	00:45.13
50米蛙泳蹬腿	董钰涵　杭州市	00:46.65	彭奕娜　温州市	00:46.66	倪　姿　宁波市	00:47.26
50米蝶泳打腿	季千予　温州市	00:40.69	梅若彧　杭州市	00:40.89	叶欣颜　宁波市	00:41.42
自由泳全能	邬骐蔓　杭州市	400.99分	冯语晨　嘉兴市	396.65分	瞿梓昕　温州市	394.66分
仰泳全能	朱　阳　温州市	424.40分	金玥诺　绍兴市	396.46分	李静微　宁波市	394.91分
蛙泳全能	董钰涵　杭州市	412.58分	彭奕娜　温州市	403.11分	倪　姿　宁波市	401.09分
蝶泳全能	季千予　温州市	405.26分	梅若彧　杭州市	394.42分	章馨樾　绍兴市	392.71分

游泳(八)

项目	女子 10 岁组					
	第一名		第二名		第三名	
	姓名、单位	成绩	姓名、单位	成绩	姓名、单位	成绩
50 米自由泳	刘妍希　温州市	00:28.47	李唐珺　杭州市	00:28.84	岳思淇　绍兴市	00:29.69
100 米自由泳	刘妍希　温州市	01:01.15	李唐珺　杭州市	01:01.68	岳思淇　绍兴市	01:02.73
400 米自由泳	刘妍希　温州市	04:31.78	陈婧彤　杭州市	04:33.74	李芊浔　温州市	04:34.66
50 米仰泳	冯佳灵　杭州市	00:31.66	李　诺　温州市	00:32.48	郎希琰　嘉兴市	00:33.07
100 米仰泳	冯佳灵　杭州市	01:07.48	李　诺　温州市	01:09.12	郎希琰　嘉兴市	01:10.31
50 米蛙泳	踞子跃　杭州市	00:36.45	李芊浔　温州市	00:36.72	李宥嘻　嘉兴市	00:38.08
100 米蛙泳	李芊浔　温州市	01:17.14	踞子跃　杭州市	01:17.72	何晟冉　宁波市	01:19.96
50 米蝶泳	秦梦汐　绍兴市	00:30.34	陈婧彤　杭州市	00:30.39	陶佳仪　宁波市	00:30.56
100 米蝶泳	秦梦汐　绍兴市	01:04.38	陈婧彤　杭州市	01:05.77	俞思帆　杭州市	01:07.74
200 米个人混合泳	刘妍希　温州市	02:22.82	李芊浔　温州市	02:23.51	陈婧彤　杭州市	02:24.30
4×50 米自由泳接力	李唐珺　陈婧彤 俞思帆　冯佳灵 杭州市	01:53.35	刘妍希　李芊浔 吴梓静　陈伊瑗 温州市	01:54.92	秦梦汐　张芷婷 傅灵珑　岳思淇 绍兴市	01:58.94
4×100 米自由泳接力	李芊浔　陈伊瑗 李　诺　刘妍希 温州市	04:08.61	俞思帆　冯佳灵 李唐珺　陈婧彤 杭州市	04:09.99	秦梦汐　岳思淇 张芷婷　傅灵珑 绍兴市	04:16.78
4×50 米混合泳接力	李　诺　李芊浔 吴梓静　刘妍希 温州市	02:06.56	冯佳灵　踞子跃 陈婧彤　李唐珺 杭州市	02:06.66	郎希琰　李宥嘻 郭馨遥　王沈怡 嘉兴市	02:15.41
自由泳全能	刘妍希　温州市	345.97 分	李唐珺　杭州市	338.12 分	岳思淇　绍兴市	334.73 分
仰泳全能	冯佳灵　杭州市	343.44 分	李　诺　温州市	342.66 分	郎希琰　嘉兴市	336.29 分
蛙泳全能	李芊浔　温州市	344.50 分	踞子跃　杭州市	340.56 分	马倩颖　宁波市	325.90 分
蝶泳全能	秦梦汐　绍兴市	346.95 分	陈婧彤　杭州市	346.82 分	俞思帆　杭州市	338.49 分

游泳(九)

项目	女子 11 岁组					
	第一名		第二名		第三名	
	姓名、单位	成绩	姓名、单位	成绩	姓名、单位	成绩
50 米自由泳	鲁星辰　杭州市	00:26.37	范亚琦　温州市	00:27.78	韩紫依　宁波市	00:27.93
100 米自由泳	鲁星辰　杭州市	00:58.12	范亚琦　温州市	00:58.63	韩紫依　宁波市	00:59.85

续表

项目	女子11岁组					
	第一名		第二名		第三名	
	姓名、单位	成绩	姓名、单位	成绩	姓名、单位	成绩
400米自由泳	范亚琦　温州市	04:15.86	杨　意　杭州市	04:27.45	徐艺珈　绍兴市	04:29.26
50米仰泳	张婧涵　宁波市	00:31.28	黄舒涵　温州市	00:32.29	倪蕴宁　宁波市	00:33.15
100米仰泳	张婧涵　宁波市	01:07.78	黄舒涵　温州市	01:08.90	倪蕴宁　宁波市	01:11.83
50米蛙泳	沈湘灵　宁波市	00:33.96	寿禹彤　杭州市	00:34.24	罗启文　湖州市	00:35.37
100米蛙泳	沈湘灵　宁波市	01:12.18	寿禹彤　杭州市	01:13.33	罗启文　湖州市	01:14.01
50米蝶泳	周子优　杭州市	00:29.26	徐艺珈　绍兴市	00:29.53	郑茜文　宁波市	00:30.73
100米蝶泳	周子优　杭州市	01:03.45	徐艺珈　绍兴市	01:04.00	郑茜文　宁波市	01:07.78
200米个人混合泳	范亚琦　温州市	02:18.24	徐艺珈　绍兴市	02:20.09	鲁星辰　杭州市	02:20.35
4×100米自由泳接力	杨　意　寿禹彤 叶蕙函　鲁星辰 杭州市	03:57.67	范亚琦　陈程诗语 程梧桐　虞宸歆 温州市	04:05.93	郑茜文　倪蕴宁 乐雨嘉　韩紫依 宁波市	04:07.97
4×50米混合泳接力	鲁星辰　寿禹彤 周子优　杨　意 杭州市	02:00.92	张婧涵　沈湘灵 郑茜文　韩紫依 宁波市	02:02.26	黄舒涵　陈程诗语 范亚琦　臧伊涵 温州市	02:07.96
自由泳全能	范亚琦　温州市	359.27分	鲁星辰　杭州市	357.07分	韩紫依　宁波市	345.58分
仰泳全能	张婧涵　宁波市	347.37分	黄舒涵　温州市	340.26分	倪蕴宁　宁波市	336.82分
蛙泳全能	寿禹彤　杭州市	354.03分	沈湘灵　宁波市	352.34分	罗启文　湖州市	344.99分
蝶泳全能	徐艺珈　绍兴市	354.94分	周子优　杭州市	349.04分	杨　意　杭州市	342.10分

游泳(十)

项目	女子12岁组					
	第一名		第二名		第三名	
	姓名、单位	成绩	姓名、单位	成绩	姓名、单位	成绩
50米自由泳	严窕珊　宁波市	00:27.15	陈依冉　温州市	00:27.39	车晨曦　绍兴市	00:27.62
100米自由泳	陈依冉　温州市	00:58.63	丁佳慧　杭州市	00:58.67	严窕珊　宁波市	00:59.06
800米自由泳	严窕珊　宁波市	08:58.99	陈依冉　温州市	09:03.71	周鑫垟　温州市	09:09.72
50米仰泳	吴津妮　杭州市	00:31.32	朱盈诺　温州市	00:31.57	吕可歆　宁波市	00:32.34
100米仰泳	朱盈诺　温州市	01:06.35	吴津妮　杭州市	01:07.09	吕可歆　宁波市	01:10.20
50米蛙泳	林可辰　温州市	00:35.06	黄婴达　宁波市	00:35.88	朱　贝　宁波市	00:36.07
100米蛙泳	林可辰　温州市	01:14.15	朱　贝　宁波市	01:17.12	黄婴达　宁波市	01:17.53

续表

项目	女子12岁组					
	第一名		第二名		第三名	
	姓名、单位	成绩	姓名、单位	成绩	姓名、单位	成绩
50米蝶泳	田宋琰　嘉兴市	00:28.76	陈豫妍　温州市	00:28.88	卜　奕　宁波市	00:29.89
100米蝶泳	陈豫妍　温州市	01:03.87	田宋琰　嘉兴市	01:03.95	周鑫垟　温州市	01:04.74
200米个人混合泳	严窕珊　宁波市	02:21.02	周鑫垟　温州市	02:21.21	丁佳慧　杭州市	02:21.33
4×100米自由泳接力	陈豫妍　朱盈诺 周鑫垟　陈依冉 温州市	03:57.62	严窕珊　卜　奕 黄婴达　吕可歆 宁波市	04:01.89	王红雅　俞佳彤 胡亦萱　车晨曦 绍兴市	04:02.91
4×200米自由泳接力	周鑫垟　陈豫妍 林可辰　陈依冉 温州市	08:33.99	丁佳慧　周凝一 吴津妮　窦心依 杭州市	08:36.53	卜　奕　黄婴达 朱　贝　严窕珊 宁波市	08:41.66
4×100米混合泳接力	朱盈诺　林可辰 陈豫妍　陈依冉 温州市	04:22.79	吕可歆　朱　贝 严窕珊　卜　奕 宁波市	04:31.63	吴津妮　周凝一 窦心依　丁佳慧 杭州市	04:35.79
自由泳全能	严窕珊　宁波市	355.28分	陈依冉　温州市	352.51分	丁佳慧　杭州市	350.21分
仰泳全能	朱盈诺　温州市	349.49分	吴津妮　杭州市	348.04分	胡亦萱　绍兴市	337.63分
蛙泳全能	林可辰　温州市	350.59分	朱　贝　宁波市	339.54分	黄婴达　宁波市	339.16分
蝶泳全能	陈豫妍　温州市	353.46分	周鑫垟　温州市	351.51分	窦心依　杭州市	350.10分

游泳(十一)

项目	女子13岁组					
	第一名		第二名		第三名	
	姓名、单位	成绩	姓名、单位	成绩	姓名、单位	成绩
50米自由泳	蔡祉睿　宁波市	00:26.65	毛奕菡　温州市	00:27.66	毛诗涵　衢州市	00:28.15
100米自由泳	蔡祉睿　宁波市	00:57.41	毛奕菡　温州市	00:57.95	吴昊天　台州市	01:01.68
800米自由泳	毛奕菡　温州市	08:34.83	陈雨杭　杭州市	08:47.36	陈亦涵　杭州市	09:07.30
50米仰泳	陈亦涵　杭州市	00:30.09	叶禹晔　丽水市	00:31.17	茹子墨　绍兴市	00:32.48
100米仰泳	叶禹晔　丽水市	01:05.87	茹子墨　绍兴市	01:07.81	袁梓洛　金华市	01:0911
50米蛙泳	沈初晨　绍兴市	00:35.67	陈优璇　温州市	00:35.94	戴　琳　嘉兴市	00:36.36
100米蛙泳	陈优璇　温州市	01:15.64	沈初晨　绍兴市	01:16.12	许可心　杭州市	01:16.22
50米蝶泳	陈雨杭　杭州市	00:29.21	俞奕萱　宁波市	00:29.90	周语轩　宁波市	00:30.10
100米蝶泳	陈雨杭　杭州市	01:03.37	周语轩　宁波市	01:04.39	俞奕萱　宁波市	01:04.53

续表

项目	女子13岁组					
	第一名		第二名		第三名	
	姓名、单位	成绩	姓名、单位	成绩	姓名、单位	成绩
200米个人混合泳	陈亦涵　杭州市	02:16.12	毛奕菡　温州市	02:17.41	陈雨杭　杭州市	02:19.64
自由泳全能	毛奕菡　温州市	363.25分	蔡祉睿　宁波市	349.01分	叶禹彤　丽水市	336.92分
仰泳全能	叶禹晔　丽水市	351.12分	茹子墨　绍兴市	340.63分	袁梓洛　金华市	337.25分
蛙泳全能	陈优璇　温州市	349.08分	许可心　杭州市	346.72分	沈初晨　绍兴市	341.39分
蝶泳全能	陈雨杭　杭州市	360.57分	周语轩　宁波市	348.60分	廖芊羽　衢州市	346.61分

游泳(十二)

项目	女子14—16岁组					
	第一名		第二名		第三名	
	姓名、单位	成绩	姓名、单位	成绩	姓名、单位	成绩
50米自由泳	裘　真　杭州市	00:26.39	孔雅琪　宁波市	00:26.41	朱闻欣　湖州市	00:26.97
100米自由泳	孔雅琪　宁波市	00:56.48	裘　真　杭州市	00:58.03	李紫倩　温州市	00:59.71
200米自由泳	孔雅琪　宁波市	01:59.76	秦　帆　杭州市	02:04.00	俞锦萱　绍兴市	02:09.44
800米自由泳	潘晨可　温州市	08:51.21	秦　帆　杭州市	08:51.88	朱闻欣　湖州市	09:06.51
100米仰泳	裘　真　杭州市	01:05.75	郭伊涵　宁波市	01:05.95	隋家叶　杭州市	01:06.47
100米蛙泳	俞锦萱　绍兴市	01:12.16	李逸琪　杭州市	01:12.21	隋家叶　杭州市	01:15.12
100米蝶泳	朱闻欣　湖州市	01:02.05	李紫倩　温州市	01:03.20	马欣谊　绍兴市	01:04.97
200米个人混合泳	李逸琪　杭州市	02:18.85	秦　帆　杭州市	02:19.19	潘晨可　温州市	02:20.56

游泳(十三)

项目	第一名		第二名		第三名	
	姓名、单位	成绩	姓名、单位	成绩	姓名、单位	成绩
男女10岁组4×100米混合泳接力	冯佳灵　郑羽铠 秦梦汐　赖为铭 杭州、温州、绍兴	04:28.30	徐天成　李芊浔 郑　涵　刘妍希 绍兴、温州、杭州	04:30.22	郎希琰　柏方赐子 岳思淇　陈锦烨 嘉兴、杭州、绍兴	04:40.82
男女11岁组4×100米混合泳接力	朱盈诺　陈　澄 严窕珊　吕埻铭 温州、杭州、宁波	04:15.20	黄卓逸　林可辰 窦心依　陈可豪 杭州、温州、宁波	04:19.50	胡亦萱　赵一航 田宋琰　叶童畅 绍兴、宁波、嘉兴	04:30.86

续表

项目	第一名		第二名		第三名	
	姓名、单位	成绩	姓名、单位	成绩	姓名、单位	成绩
男女13岁组 4×100米 混合泳接力	朱米拉　马瑞麟 毛奕菡　蔡祉睿 杭州、温州、宁波	04:08.80	盛子轩　叶雨泽 陈雨杭　叶禹晔 杭州、温州、丽水	04:14.48	陈恺涛　陈优璇 俞奕萱　金昊炅 嘉兴、温州、宁波、绍兴	04:19.47

乒乓球

项目	第一名		第二名		第三名	
	姓名	单位	姓名	单位	姓名	单位
男子丙组团体	茅丁晨　哈纳格尔 潘子晨　林斯卡特 王瞻烨	台州市	沈铭喆　李禹颢 应淳风　胡子轩 俞衍祖	金华市	何梓赫　王宇翔 张卓越　赵弘轩 蔡熙萌	杭州市
男子丁组团体	周凯恩　沈梵熠 施晋鹏　王文灏 严熙洋	杭州市	李智宸　王一垚 应姚涵　卢语泽 胡恒铭	金华市	任珏熹　赵天阳 徐　畅　赖述安 陈键顺	宁波市
男子戊组团体	张洪霖　胡皓钦 朱俊闵　陈浩睿 竺宣锐	宁波市	孟科昂　王宇驰 马国栋　杨逸轩 蒋羽冉	杭州市	沈鑫宇　杜　赫 亓霄楠　范展赫 徐梓翔	金华市
女子丙组团体	费洛清　任嘉懿 夏　天　祝语桐 戴忻怡	嘉兴市	陈　牙　张益安 王思涵　林雨璇 王诗涵	杭州市	童芯乐　楼　好 李欣燃　蒋蕊鸿 田佳珍	金华市
女子丁组团体	林昱彤　娄雨晗 朱家奇　杨东尔 杨紫悦	杭州市	张予诺　陈佳怡 王炎琳　陶依辰 许书悦	宁波市	杜韩静　施玥航 褚一诺　孟千雨 沈熠彤	绍兴市
女子戊组团体	孙予晗　唐心恩 章芷涵　任洺茜 王晗懿	嘉兴市	别泓萍　李晓婷 王　萌　毛晗逾 韩佳轩	杭州市	江文君　刘恩妤 程奕可　楼馨媛 陈奕希	金华市
男子单打甲组	付欣杰	丽水市	何尚效	温州市	王　特	杭州市
男子单打乙组	崔锦澄	宁波市	李彧衡	宁波市	唐心泽	嘉兴市
男子单打丙组	王宇翔	杭州市	何梓赫	杭州市	赵弘轩	杭州市
男子单打丁组	王文灏	杭州市	周凯恩	杭州市	林琛博	台州市
男子单打戊组	张洪霖	宁波市	苏泽宇	嘉兴市	陈浩睿	宁波市
女子单打甲组	胡可妍	杭州市	黄心悦	嘉兴市	方　文	杭州市
女子单打乙组	王宁静	杭州市	王嘉羿	绍兴市	姚　静	宁波市
女子单打丙组	陈宇涵	宁波市	林雨璇	杭州市	童芯乐	金华市
女子单打丁组	娄雨晗	杭州市	杜韩静	绍兴市	林昱彤	杭州市
女子单打戊组	孙予晗	嘉兴市	别泓萍	杭州市	李晓婷	杭州市

羽毛球

项目	第一名		第二名		第三名	
	姓名	单位	姓名	单位	姓名	单位
甲组男子团体	娄家祯　龚子夏 汤佳林　时嘉逸	宁波市	钟家瑞　邵炫杰 叶秋成　王瑞宸	衢州市	俞皓祥　王嘉粱 胡子奕　方锦亦	杭州市
甲组女子团体	郑佳怡　张芯语 何熙妍　何梓铱	杭州市	胡月舒禾　张远欣 陈　诺　李雨晨	宁波市	叶子琪　谢可欣 吴梓茜　林郑洁	温州市
乙组男子团体	李　淦　余文化 严子懿　杨书溢	杭州市	潘俊杰　薛嘉和 徐海齐　王泺寰	宁波市	王善豪　陈　诺 陈皓扬　柯　南	温州市
乙组女子团体	章艺馨　章俞鲁 史钫璇　陆祝雨	杭州市	赵欣依　时晨悦 沈熙云	宁波市	胡佳佳　李　想 祝田田	温州市
丙组男子团体	陈闻涛　单凌飞 何品彦　谢昱臣	宁波市	陈威廷　袁才骏 尚子轩　华红博	杭州市	罗弋澜　柳张致远 陆峻轩　金楷淳	嘉兴市
丙组女子团体	李周静　姚筱雅 桂钰颖　郑闵之	宁波市	杨笑语　张程晰 金纪希　程　悦	嘉兴市	屠馨月　吴奕涵 夏爱莲　李周沁	杭州市
丁组男子团体	俞冠宏　王维麟 赖珉毅　吴语宸	杭州市	陈浩然　张家乐 朱珈轩　严　湛	嘉兴市	盛思齐　陈泓霖 陈泽霖　董可宇	宁波市
丁组女子团体	姚雨菲　余婧萱 刘依依　陈炫含	衢州市	宋芊芊　贾静懿 郑新月　钱余灿	宁波市	卓芮汐　陈　昉 李梓牧	温州市
戊组男子团体	郎奕涵　周致远 王涵彬　鲁负暄	杭州市	汤双宁　邱一轩 丁子皓　李晨旭	宁波市	刘云浦　郑施泽 杨熠晨　戴羽宸	嘉兴市
戊组女子团体	李润昕　李梦萱 余佳怡　陈思宇	绍兴市	贺雨晨　张紫辰 傅诗涵　何子妍	宁波市	翁嘉烨　周进怡 钱昱冰　徐煊睿	杭州市
乙组男子团体	陈鹏涛　方嘉豫 葛宇阳　丁传宇	嘉兴市	郑文睿　陈荣锗 王博文　南铭度	温州市	王梓墨　陈梓航 罗昱皓　江墨轩	宁波市
乙组女子团体	陈苏瑞　谢子萱 黄梓淇　张星悦	宁波市	苗若芯　张　芸 曹媛元　宗宛琪	嘉兴市	张子涵　傅欣莹 钱可玥　任嘉悦	绍兴市
丙组男子单打	王直	绍兴市	陈威廷	杭州市	张宇锋	绍兴市
丙组女子单打	李周静	宁波市	杨笑语	嘉兴市	林滢洁	温州市
丁组男子单打	俞冠宏	杭州市	陈浩然	嘉兴市	王维麟	杭州市
丁组女子单打	姚雨菲	衢州市	贾静懿	宁波市	宋芊芊	宁波市
丁组男子双打	俞冠宏　王维麟	杭州市	李毓尚　陈上行	温州市	陈浩然　朱珈轩	嘉兴市
丁组女子双打	宋芊芊　贾静懿	宁波市	李恩慧　宣奕如	杭州市	姚雨菲　余婧萱	衢州市
戊组男子单打	郎奕涵	杭州市	陈立	金华市	邱一轩	宁波市
戊组女子单打	贺雨晨	宁波市	傅诗涵	宁波市	张紫辰	宁波市
戊组男子双打	郎奕涵　周致远	杭州市	郑施泽　杨熠晨	嘉兴市	蔡武鸿　张永铭	温州市

续表

项目	第一名		第二名		第三名	
	姓名	单位	姓名	单位	姓名	单位
戊组女子双打	李润昕　李梦萱	绍兴市	翁嘉烨　周进怡	杭州市	傅诗涵　何子妍	宁波市
己组男子单打	南铭度	温州市	王梓墨	宁波市	罗昱皓	宁波市
己组女子单打	宗宛琪	嘉兴市	谢子萱	宁波市	陈苏瑞	宁波市

网球

项目	第一名		第二名		第三名	
	姓名	单位	姓名	单位	姓名	单位
丙组男子团体	周子昂　裘梓轩 朱屹廷　徐旺博	宁波市	潘俨硕　吴瑞涛 李承帅	嘉兴市	吴俊泽　戴博恩 张孟文　俞烨阳	杭州市
丙组女子团体	纪　琳　董佳丽 陈瑜涵　林贞含	宁波市	叶　争　于之乐 董雨萱　华睿妍	杭州市	麻瑜希　卢星言 卢星诺	台州市
丁组男子团体	胡圣鋃　许晨希 戴奚宇　李奕铭	嘉兴市	姜霄汉　施健淇 郭子瑜　周子煌	杭州市	陈皓天　赵育弘 孙逸洋　徐麟朝	宁波市
丁组女子团体	方星悦　潘一诺 黄赵左宜　卢嘉怡	宁波市	何玉蘇　吴洛伊 郭怀瑾　陈昱涵	杭州市	刘谢琪　王斯楚 杜菀玥	湖州市
戊组男子团体	胡恒瑞　张逸行 虞皓添　许哲川	杭州市	张艺翔　钱佳宁 何　瑞　范昊硕	嘉兴市	曹景恒　蔡奕景 林子辰　郑文博	宁波市
戊组女子团体	裘雯珺　周钟言 周梓凝　俞紫妍	宁波市	王奕涵　潘佳妮 余思菡　练晴天	杭州市	严昕冉　胡馨宇 叶子欣　张心甜	嘉兴市
甲组男子单打	杨元程	杭州市	王秉杰	杭州市	周桢皓	宁波市
甲组女子单打	陈奕如	杭州市	夏锦舒	嘉兴市	张林钰	湖州市
乙组男子单打	胡　佳	湖州市	龙灏月	宁波市	周敬轩	杭州市
乙组女子单打	渠依含	杭州市	吴涵莺	杭州市	胡恩乐	宁波市
丙组男子单打	潘俨硕	嘉兴市	戚毅帅	金华市	吴俊泽	杭州市
丙组女子单打	董佳丽	宁波市	叶　争	杭州市	纪　琳	宁波市
丁组男子单打	姜霄汉	杭州市	孙逸洋	宁波市	陈皓天	宁波市
丁组女子单打	郭怀瑾	杭州市	卢嘉怡	宁波市	黄赵左宜	宁波市
戊组男子单打	张逸行	杭州市	林子辰	宁波市	钱佳宁	嘉兴市
戊组女子单打	俞紫妍	宁波市	裘雯珺	宁波市	周梓凝	宁波市

短式网球

项目	第一名		第二名		第三名	
	姓名	单位	姓名	单位	姓名	单位
男子团体	陈文昊　程子睿 姜旻赫　孙卓远	嘉兴市	王瑞熙　张骏凯 邵芮墨　周浩然	金华市	朱屹禾　朱思远 何翌硕　熊以和	宁波市
女子团体	范雨熙　应雨橙 张瑞芮　应承昕	宁波市	邹乐怡　丁　意 楼　夏　高妤淇	杭州市	李锦汐　王雨芊 陈洛珂　陈洛冰	温州市

体操(一)

项目	第一名		第二名		第三名	
	姓名	单位、总分	姓名	单位、总分	姓名	单位、总分
丙组男子团体	王晨伊　华丁锋 李言诺　邱洁钰	宁波市 244.150	徐钱梓豪　翁梓鑫 兰权毅	杭州市 242.300	熊天意　赵文强 胡绍华　洪佳睿	嘉兴市 232.150
丙组女子团体	李欣蒨　夏宇宸 张晟涵　陈乐希	杭州市 160.400	朱丽莎　廖　淋 王　珂　赵佩怡	宁波市 158.150	陈熙雯　邱羽彤 章懿馨　张童利亚	嘉兴市 156.750
丁组男子团体	甘　钢　郑效勇 周浙成　易思旗 张俊杰	宁波市 323.050	钱　睿　邱岳潭 冯陈俊杰　彭智杰 杨嘉乐	嘉兴市 322.600	张皓轩　陈嘉弘 胡　扬　张承予 孔锐祥	杭州市 306.450
丁组女子团体	崔欣悦　陈钰涵 陈思妤　李恬芯 何伊芃	嘉兴市 214.850	何舒恬　吕炫乐 胡夏然　陈锦慧 赵琛宁	杭州市 211.700	吕以佳　赵奕沁 徐曼迪　黄睿雨 章奕璇	温州市 209.200

体操(二)

项目		第一名		第二名		第三名	
		姓名、单位	成绩	姓名、单位	成绩	姓名、单位	成绩
男子甲组	全能	张昌恒　金华市	81.250	蓝梅煜淏　丽水市	64.500	徐嘉瑞　嘉兴市	43.850
男子甲组	自由体操 鞍马吊环	张昌恒　金华市	40.400	蓝梅煜淏　丽水市	26.200	徐嘉瑞　嘉兴市	22.600
男子甲组	跳马双杠单杠	张昌恒　金华市	41.450	蓝梅煜淏　丽水市	41.250	徐嘉瑞　嘉兴市	27.800
女子甲组	全能	傅佳丽　杭州市	54.300	应亚欣　杭州市	52.600	陈奕　湖州市	50.300
女子甲组	跳马平衡木	陈奕　湖州市	27.300	傅佳丽　杭州市	26.700	焦佳怡　嘉兴市	25.700
女子甲组	高低杠 自由体操	傅佳丽　杭州市	26.550	应亚欣　杭州市	26.500	焦佳怡　嘉兴市	24.300
男子乙组	全能	阙景逸　温州市	83.150	王柏方　温州市	80.600	陈宇轩　丽水市	80.000
男子乙组	自由体操 山羊吊环	阙景逸　温州市	41.550	陈宇轩　丽水市	40.700	吴化迪　杭州市	40.650
男子乙组	跳马双杠单杠	陈宇轩　丽水市	41.200	吴化迪　杭州市	40.950	彭明轩　金华市	40.550

续表

项目		第一名		第二名		第三名	
		姓名、单位	成绩	姓名、单位	成绩	姓名、单位	成绩
女子乙组	全能	窦春兰　杭州市	53.550	周欣然　温州市	53.100	揭美玲　嘉兴市	52.900
	跳马	王梦瑶　宁波市	14.200	揭美玲　嘉兴市	13.550	周欣然　温州市	13.400
	高低杠	袁万珺　嘉兴市	13.450	窦春兰　杭州市	13.350	莫芷欣格　宁波市	13.250
	平衡木	窦春兰　杭州市	13.700	揭美玲　嘉兴市	13.350	周欣然　温州市	13.200
	自由体操	周欣然　温州市	13.550	揭美玲　嘉兴市	13.300	窦春兰　杭州市	13.200
男子丙组	全能	华丁锋　宁波市	84.000	兰权毅　杭州市	82.750	熊天意　嘉兴市	80.950
	自由体操	兰权毅　杭州市	14.000	华丁锋　宁波市	13.650	徐钱梓豪　杭州市	13.500
	山羊	颜子轩　台州市	13.800	华丁锋　宁波市	13.600	兰权毅　杭州市	13.400
	吊环	华丁锋　宁波市	14.100	兰权毅　杭州市	13.450	翁梓鑫　杭州市	13.250
	跳马	兰权毅　杭州市	14.050	胡鑫亚　温州市	14.000	胡绍华　嘉兴市	13.950
	双杠	华丁锋　宁波市	14.250	翁梓鑫　杭州市	13.750	熊天意　嘉兴市	13.550
	单杠	兰权毅　杭州市	14.050	华丁锋　宁波市	13.950	熊天意　嘉兴市	13.700
女子丙组	全能	张晟涵　杭州市	54.300	朱丽莎　宁波市	54.050	陈乐希　杭州市	53.300
	跳马	邱羽彤　嘉兴市	13.700	陈怡锦　台州市	13.600	章懿馨　嘉兴市	13.450
	高低杠	邱玮淇　台州市	13.550	朱丽莎　宁波市	13.450	李知桐　温州市	13.450
	平衡木	张晟涵　杭州市	14.050	朱丽莎　宁波市	13.850	邱羽彤　嘉兴市	13.250
	自由体操	朱丽莎　宁波市	13.500	洪英拉　温州市	13.500	张晟涵　杭州市	13.450
男子丁组	全能	甘　钢　宁波市	82.950	杨嘉乐　嘉兴市	82.100	郑效勇　宁波市	82.050
	自由体操	钱　睿　嘉兴市	14.150	甘　钢　宁波市	14.050	杨嘉乐　嘉兴市	13.800
	山羊	邱岳潭　嘉兴市	13.850	郑云霄　台州市	13.750	章皓轩　杭州市	13.400
	吊环	郑效勇　宁波市	13.950	甘　钢　宁波市	13.800	杨嘉乐　嘉兴市	13.700
	跳马	郑云霄　台州市	14.100	钱　睿　嘉兴市	14.100	甘　钢　宁波市	13.900
	双杠	甘　钢　宁波市	14.150	杨嘉乐　嘉兴市	13.750	郑效勇　宁波市	13.200
	单杠	郑效勇　宁波市	14.150	甘　钢　宁波市	14.000	郑云霄　台州市	13.700
女子丁组	全能	李恬芯　嘉兴市	54.700	崔欣悦　嘉兴市	54.550	吕炫乐　杭州市	53.900
	跳马	胡夏然　杭州市	13.600	崔欣悦　嘉兴市	13.550	陈钰涵　嘉兴市	13.450
	高低杠	吕炫乐　杭州市	13.650	李恬芯　嘉兴市	13.550	崔欣悦　嘉兴市	13.450
	平衡木	李恬芯　嘉兴市	14.200	吕以佳　温州市	13.950	崔欣悦　嘉兴市	13.900
	自由体操	吕以佳　温州市	13.650	李恬芯　嘉兴市	13.600	崔欣悦　嘉兴市	13.500

艺术体操

项目	第一名		第二名		第三名	
	姓名、单位	成绩	姓名、单位	成绩	姓名、单位	成绩
甲组个人团体	金姝呈　孙苡桐 王雅萱　杜芊墨 宁波市	146.15	左一冉　蔡　谌 傅婧舒　温州市	136.75	陈涵豫　叶锦熙 李诗淇　黄亦可 杭州市	129.50
丙组个人团体	胡文越　何书馨 王若伊　王　冠 应　悦　傅逸萱 杭州市	94.89	张雨轩　张梓萱 张庭意　毛清菡 陈方艾　潘依依 宁波市	92.89	李懿菡　李依洪 申知雅　倪娅菁 温采尔　沙雨菡 湖州市	80.93
乙组个人全能	王瑞可　杭州市	38.60	柳郁宸　杭州市	36.65	夏新颜　杭州市	35.80
乙组个人绳	王瑞可　杭州市	13.40	柳郁宸　杭州市	12.95	朱圣依　宁波市	12.05
乙组个人圈	朱圣依　宁波市	11.85	王瑞可　杭州市	11.30	夏新颜　杭州市	11.25
乙组个人徒手	叶梓伊　温州市	14.50	王瑞可　杭州市	14.05	柳郁宸　杭州市	13.85
丙组个人全能	傅逸萱　杭州市	20.06	张雨轩　宁波市	19.74	王　冠　杭州市	19.15
丙组个人球	傅逸萱　杭州市	11.50	张雨轩　宁波市	10.80	何书馨　杭州市	10.55
丙组个人带	张雨轩　宁波市	8.82	傅逸萱　杭州市	8.80	温采尔　湖州市	8.62
集体五人球	团　体　杭州市	19.85	团　体　温州市	19.25	团　体　湖州市	17.60
集体五人徒手	团　体　温州市	21.80	团　体　杭州市	20.70	团　体　嘉兴市	19.05

蹦床技巧

项目	第一名		第二名		第三名	
	姓名、单位	成绩	姓名、单位	成绩	姓名、单位	成绩
蹦床男乙团体	团　体　杭州市	78.600	团　体　宁波市	77.600	团　体　湖州市	69.100
蹦床女乙团体	团　体　宁波市	79.100	团　体　嘉兴市	77.100	团　体　湖州市	73.500
蹦床男丙团体	团　体　宁波市	77.300	团　体　杭州市	74.700	团　体　湖州市	68.200
蹦床女丙团体	团　体　宁波市	78.000	团　体　杭州市	75.700	团　体　湖州市	74.800
蹦床男甲个人	何秉逸　杭州市	33.500	姚　晔　嘉兴市	30.700	游之齐　嘉兴市	29.300
蹦床女甲个人	陈舒瑶　温州市	32.500	孙一丹　金华市	31.400	欧芷妤　杭州市	31.200
蹦床男乙个人	朱浩宇　杭州市	26.700	俞梓鑫　杭州市	26.600	刘鹤鸣　宁波市	26.500
蹦床女乙个人	叶子纯　宁波市	27.000	胡诗茗　宁波市	26.700	陆诗菡　嘉兴市	25.800
蹦床男丙个人	殷子轩　宁波市	26.900	韩浩宇　宁波市	26.700	张嘉俊　杭州市	26.400
蹦床女丙个人	陈姝馨　宁波市	26.200	张晨悦　杭州市	26.000	杨思雨　杭州市	25.800
技巧混双全能	周俊南　张桐菲 杭州市	35.600	陆竞航　吴缌淇 宁波市	34.900	王青蕴　傅烨铭 绍兴市	32.434

续表

项目	第一名		第二名		第三名	
	姓名、单位	成绩	姓名、单位	成绩	姓名、单位	成绩
技巧女子三人全能	王梦丹 陶 艺 魏子鹤 宁波市	35.433	毛思画 赵以琳 姚晓晴 杭州市	34.900	沈意帆 童伊奕 丁依楠 绍兴市	32.333

街舞

项目	姓名	性别	名次	代表团
霹雳舞女子甲组	陈洛凡	女	1	金华市
霹雳舞女子甲组	翁婷婷	女	2	温州市
霹雳舞女子甲组	李梦烨	女	3	绍兴市
霹雳舞男子甲组	郑浩东	男	1	金华市
霹雳舞男子甲组	廖江洁	男	2	温州市
霹雳舞男子甲组	朱晗帆	男	3	绍兴市
霹雳舞女子乙组	梁舒婷	女	1	台州市
霹雳舞女子乙组	齐羽凡	女	2	杭州市
霹雳舞女子乙组	丁未希	女	3	温州市
霹雳舞男子乙组	徐孙锦	男	1	宁波市
霹雳舞男子乙组	薛羽	男	2	台州市
霹雳舞男子乙组	何睿楠	男	3	嘉兴市

篮球

项目	第一名	第二名	第三名
五人制篮球男子甲组	台州市	杭州市	温州市
五人制篮球女子甲组	台州市	宁波市	温州市
五人制篮球男子乙组	杭州市	金华市	台州市
五人制篮球女子乙组	金华市	台州市	杭州市
五人制篮球男子丙组	绍兴市	宁波市	杭州市
五人制篮球女子丙组	杭州市	台州市	温州市
三人篮球男子甲组	台州 1 队	嘉兴 1 队	湖州 1 队
三人篮球女子甲组	台州 1 队	台州 2 队	金华 1 队
三人篮球男子乙组	台州 1 队	金华 1 队	温州 1 队
三人篮球女子乙组	温州 1 队	杭州 1 队	宁波 1 队

排球

项目	第一名	第二名	第三名	项目	第一名	第二名	第三名
男子甲组	杭州市	温州市	绍兴市	女子甲组	杭州市	温州市	湖州市
男子乙组	台州市	绍兴市	金华市	女子乙组	温州市	绍兴市	杭州市
男子丙组	绍兴市	台州市	温州市	女子丙组	绍兴市	温州市	宁波市

沙滩排球

项目	第一名	第二名	第三名	项目	第一名	第二名	第三名
男子甲组团体	杭州市	金华市	绍兴市	女子甲组团体	湖州市	金华市	绍兴市
男子乙组团体	金华市	绍兴市	丽水市	女子乙组团体	金华市	湖州市	丽水市
男子甲组	杭州 1 队	金华 1 队	绍兴 2 队	女子甲组	湖州 1 队	金华 1 队	绍兴 1 队
男子乙组	金华 1 队	绍兴 1 队	绍兴 2 队	女子乙组	丽水 1 队	金华 2 队	湖州 1 队

足球

项目	第一名	第二名	第三名	项目	第一名	第二名	第三名
男子甲组	台州市	金华市	杭州市	女子甲组	杭州市	金华市	宁波市
男子乙组	宁波市	金华市	杭州市	女子乙组	嘉兴市	宁波市	杭州市
男子丙组	宁波市	杭州市	金华市	女子丙组	杭州市	宁波市	金华市

举重

项目	第一名		第二名		第三名	
	姓名、单位	成绩	姓名、单位	成绩	姓名、单位	成绩
男子 41 公斤丙组	金锦祥　台州市	145	郭浩宇　台州市	138	岳显堉　温州市	136
男子 45 公斤丙组	张达康　宁波市	159	叶浩威　温州市	156	韦春涛　衢州市	153
男子 49 公斤丙组	彭昌友　金华市	168	朱俊运　台州市	167	林观钊　温州市	155
男子 55 公斤丙组	黄　俊　金华市	197	屈建宝　金华市	193	陈星星　温州市	190
男子 +55 公斤丙组	李　睿　金华市	266	石文义　杭州市	253	陈绪楚　台州市	250
女子 40 公斤丙组	石泽月　金华市	130	方悦琪　杭州市	123	祝　媛　杭州市	115
女子 45 公斤丙组	高　欣　嘉兴市	139	郑　缘　金华市	133	岳　麟　宁波市	132
女子 49 公斤丙组	孟杨阳　宁波市	140	冯佳美　金华市	128	陈　俐　衢州市	126
女子 55 公斤丙组	胡迎帜　衢州市	155	王　雪　嘉兴市	152	蒙诗芸　杭州市	148
女子 +55 公斤丙组	李　雪　金华市	189	方茹奕　杭州市	175	王佳婧　宁波市	160
男子 45 公斤乙组	章正兵　宁波市	168	陈建豪　绍兴市	166	张仁杰　杭州市	156
男子 49 公斤乙组	汪怡轩　台州市	201	王锦亿　宁波市	192	赵志勇　杭州市	188

续表

项目	第一名		第二名		第三名	
	姓名、单位	成绩	姓名、单位	成绩	姓名、单位	成绩
男子55公斤乙组	吕　政　绍兴市	214	吴良俊　衢州市	211	李一鑫　台州市	210
男子61公斤乙组	陆潇杰　嘉兴市	232	陈文豪　温州市	217	黄国豪　台州市	215
男子67公斤乙组	陈俊杰　金华市	260	杨仁伟　温州市	255	黄熙翔　台州市	240
男子73公斤乙组	陈代明　金华市	280	黄建敏　台州市	250	吴海诺　宁波市	230
男子81公斤乙组	王沈丰　嘉兴市	251	唐　鹏　宁波市	250	卞嘉辉　绍兴市	225
男子+81公斤乙组	李　瑞　温州市	295	叶禹辰　嘉兴市	283	王宏量　湖州市	273
女子45公斤乙组	曾　懿　金华市	158	倪宝莉　绍兴市	137	周宇琳　衢州市	124
女子49公斤乙组	黄又青　台州市	146	谢元春　杭州市	140	陈雅睿　衢州市	135
女子55公斤乙组	陈　莹　台州市	169	龙天佑　金华市	158	王　薇　宁波市	144
女子59公斤乙组	张夕丫　宁波市	181	田素莲　金华市	150	泮雨佳　台州市	148
女子64公斤乙组	李佳宁　宁波市	158	周思宇　台州市	151	陈依婷　台州市	150
女子+64公斤乙组	刘季灵　台州市	256	蒋茹茜　宁波市	214	严　茜　金华市	195
男子61公斤甲组	冯思涵　杭州市	247	吴星宇　衢州市	233	李正豪　湖州市	232
男子67公斤甲组	何保真　宁波市	295	余文豪　衢州市	277	鲁清林　嘉兴市	270
男子73公斤甲组	陆乃港　温州市	308	潘　艺　嘉兴市	292	莫乙圆　嘉兴市	280
男子+73公斤甲组	刘嘉鑫　金华市	334	苏嘉成　宁波市	319	陈　涛　嘉兴市	273
女子55公斤甲组	姚艺菲　杭州市	169	吴礼欣　杭州市	163	邹美瑺　台州市	159
女子59公斤甲组	裴鑫依　嘉兴市	222	於佳怡　嘉兴市	157	练意茹　杭州市	147
女子64公斤甲组	李　霜　金华市	235	王思涵　宁波市	192	徐夏琳　衢州市	137
女子+64公斤甲组	沈知溢　嘉兴市	227	陈　诺　绍兴市	206	何乐乐　金华市	156

摔跤

项目	第一名		第二名		第三名	
	姓名	单位	姓名	单位	姓名	单位
古典式男子丙组团体	麻镱宸(38公斤) 李　璇(42公斤) 林君豪(46公斤)	温州市	甘仁航(38公斤) 夏哲宇(42公斤) 吕俊桦(46公斤)	宁波市	周子涵(38公斤) 俞伟泽(42公斤) 董晟洋(46公斤)	湖州市
					张　犇(38公斤) 王　智(42公斤) 罗成俊(46公斤)	金华市

续表

项目	第一名		第二名		第三名	
	姓名	单位	姓名	单位	姓名	单位
古典式男子丙组团体	方世琪(50 公斤) 何志杰(54 公斤) 叶　彬(58 公斤)	杭州市	杨鹏翔(50 公斤) 侯继烨(54 公斤) 沈天亮(58 公斤)	温州市	沈杰锋(50 公斤) 李宸辉(54 公斤) 苏陈熠(58 公斤)	湖州市
					李世雄(50 公斤) 谢嘉乐(54 公斤) 单晨浩(58 公斤)	嘉兴市
古典式男子甲组 60 公斤	王　伦	宁波市	邵日鑫	温州市	丁煊成	杭州市
					郑义磊	温州市
古典式男子甲组 70 公斤	蒋文进	金华市	王研皓	杭州市	郑维铜	温州市
					宁子龙	宁波市
古典式男子甲组 80 公斤	吴光晨	温州市	廖晨凯	湖州市	董　强	宁波市
					金义都	台州市
古典式男子甲组 80 + 公斤	朱浩天	杭州市	徐炜舜	金华市	朱孟阳	舟山市
					陈奕涵	台州市
古典式男子乙组 46 公斤	谢正旭	金华市	陈耀昌	温州市	陈佳骅	杭州市
					张宏志	湖州市
古典式男子乙组 50 公斤	徐胜宇	金华市	周　锰	嘉兴市	肖嘉和	杭州市
					钟成国	温州市
古典式男子乙组 54 公斤	林亮宇	温州市	杨嘉宁	宁波市	马　杭	杭州市
					李甲奇	绍兴市
古典式男子乙组 58 公斤	范枭鑫	杭州市	张子俊	杭州市	金　磊	湖州市
					杨立淦	温州市
古典式男子乙组 62 公斤	陈　鑫	温州市	岑仁恒	宁波市	宋哲英	湖州市
					陆子涵	金华市
古典式男子乙组 66 公斤	程建鹏	宁波市	胡城城	绍兴市	吴圣德	杭州市
					叶熠浩	宁波市
古典式男子乙组 70 公斤	王辰骏	宁波市	林凯拓	宁波市	李锦义	金华市
					李阿豪	舟山市
古典式男子乙组 70 + 公斤	马亦鑫	绍兴市	戈天昊	嘉兴市	王溢恺	杭州市
					凡嘉豪	舟山市

续表

项目	第一名		第二名		第三名	
	姓名	单位	姓名	单位	姓名	单位
自由式男子甲组50公斤	兰仁垟	温州市	楼书昊	绍兴市	姬天禹	金华市
自由式男子甲组55公斤	陈礼明	温州市	余　阳	宁波市	叶宇齐	金华市
					石文玉	金华市
自由式男子甲组60公斤	周　航	宁波市	陈新义	温州市	麻诗吉	金华市
					楼天诚	杭州市
自由式男子甲组65公斤	董云龙	金华市	陈宇赫	杭州市	吕晓龙	嘉兴市
					孙金磊	金华市
自由式男子甲组70公斤	邵涵滨	杭州市	肖博文	金华市	周文凯	宁波市
					刘嘉威	金华市
自由式男子乙组46公斤	胡承彰	金华市	覃　睿	金华市	刘加乐	温州市
					许梓杰	杭州市
自由式男子乙组50公斤	吴忠漩	金华市	陈康阳	宁波市	陈　刚	杭州市
					汤超杰	台州市
自由式男子乙组54公斤	汪先铿	绍兴市	孙怡欣	金华市	丁宇航	台州市
					杨国政	杭州市
自由式男子乙组58公斤	袁松林	杭州市	周　豪	宁波市	龙富恩	金华市
					许伟仪	台州市
自由式男子乙组63公斤	刘宇晨	杭州市	贾盛凯	金华市	吕家乐	宁波市
					李海涛	温州市
自由式女子46公斤	史可可	绍兴市	李甜甜	杭州市	曾俊霞	宁波市
					吴燕然	温州市
自由式女子50公斤	李若男	杭州市	缪露彬	宁波市	史可爱	绍兴市
					何子晴	温州市
自由式女子54公斤	吴林美	杭州市	吴镘红	湖州市	蔡丽茜	温州市
					姚涵卿	绍兴市
自由式女子58公斤	石　越	绍兴市	任溢涵	温州市	朱曹纤	嘉兴市
					叶佳琪	台州市
自由式女子63公斤	张宇菲	绍兴市	李　想	杭州市	姚诗尉	杭州市
					李　娜	嘉兴市

柔道

项目	第一名		第二名		第三名	
	姓名	单位	姓名	单位	姓名	单位
男子甲组 60 公斤	叶佳乐	杭州市	鲍伟杰	台州市	叶坚强	宁波市
					郑裕丹	金华市
男子甲组 66 公斤	江俊晖	杭州市	邸兰伟	金华市	杨　锦	台州市
					伍良浩	温州市
男子甲组 73 公斤	邓家祥	湖州市	周许焌	杭州市	胡家乐	台州市
					方韦淇	湖州市
男子甲组 81 公斤	陈礼彬	杭州市	袁　行	嘉兴市	吴　悠	金华市
					余　康	绍兴市
男子乙组 55 公斤	叶瀚林	金华市	朱志明	金华市	华锦帛	杭州市
					丁志浩	湖州市
男子乙组 60 公斤	兰嘉航	温州市	李硕勋	金华市	应佳呈	杭州市
					牟萧鹏	台州市
男子乙组 66 公斤	陈子涵	宁波市	黄乐明	绍兴市	章尊威	台州市
					胡子昂	台州市
男子乙组 73 公斤	马宇翔	杭州市	黄棱兢	嘉兴市	林德鸿	温州市
					蓝天浩	宁波市
男子乙组 81 公斤	陈俊霖	金华市	方　宁	嘉兴市	李志仟	杭州市
					倪柯南	绍兴市
女子甲组 48 公斤	葛嘉莹	宁波市	吴汇琳	杭州市	熊雨威	金华市
					袁　昕	宁波市
女子甲组 52 公斤	赵烨涵	杭州市	于　畅	金华市	金卉卉	台州市
					陈俞颖	台州市
女子甲组 57 公斤	孙妤烨	杭州市	张竞文	金华市	朱丽佳	金华市
					张洁菡	台州市
女子甲组 63 公斤	冯劢雨菲	湖州市	陈佳怡	杭州市	杨勤勤	温州市
					沈慧竹	湖州市
女子乙组 45 公斤	柯玲玲	宁波市	谢锦依	台州市	宋　佳	绍兴市
					孙明艳	嘉兴市
女子乙组 48 公斤	袁文倩	杭州市	史可欣	宁波市	林欣岚	台州市
					陈佳怡	温州市

续表

项目	第一名		第二名		第三名	
	姓名	单位	姓名	单位	姓名	单位
女子乙组 52 公斤	李　颖	金华市	丁诗涵	宁波市	何欣雨	杭州市
					郑　园	杭州市
女子乙组 57 公斤	张雨欣	宁波市	丁富洁	金华市	张梦婷	杭州市
					周晓静	台州市
女子乙组 63 公斤	杨　倩	湖州市	郑思彤	宁波市	主唯肖	温州市
					徐子怡	台州市
女子丙组 45 公斤	方璟涵	杭州市	苏　瑾	宁波市	王诗雨	台州市
					吴荟婷	金华市
女子丙组 48 公斤	杨雨菲	金华市	魏晓艺	金华市	许韩雲	杭州市
					陈　洁	湖州市
女子丙组 52 公斤	刘思雨	宁波市	贾朵朵	金华市	陈锶絮	温州市
					涂佳颖	杭州市
女子丙组 57 公斤	杨雅惟	金华市	程　含	金华市	朱琦璨	杭州市
					周雨洁	温州市

拳击

组别	姓名	名次	代表团	组别	姓名	名次	代表团
男子甲组 49 公斤级	杨　瑞	1	杭州市	男子乙组 69 公斤级	应泽来	1	绍兴市
男子甲组 49 公斤级	梁湘坤	2	杭州市	男子乙组 69 公斤级	杨　硕	2	杭州市
男子甲组 49 公斤级	方　晨	3	金华市	男子乙组 69 公斤级	万旺鑫	3	衢州市
男子甲组 51 公斤级	刘金宇	1	宁波市	男子乙组 +69 公斤级	杨远帆	1	金华市
男子甲组 51 公斤级	余嘉豪	2	金华市	男子乙组 +69 公斤级	来宗杨	2	宁波市
男子甲组 51 公斤级	毛文康	3	杭州市	男子乙组 +69 公斤级	马永华	3	台州市
男子甲组 54 公斤级	熊兴富	1	金华市	男子丙组 45 公斤级	吴泓睿	1	温州市
男子甲组 54 公斤级	杨　爽	2	金华市	男子丙组 45 公斤级	王宇翔	2	宁波市
男子甲组 54 公斤级	孙嘉伟	3	绍兴市	男子丙组 45 公斤级	李世轩	3	宁波市
男子甲组 57 公斤级	吴陈侃	1	金华市	男子丙组 50 公斤级	丁锦程	1	绍兴市
男子甲组 57 公斤级	陈　晟	2	金华市	男子丙组 50 公斤级	龙美全	2	宁波市
男子甲组 57 公斤级	周臻磊	3	宁波市	男子丙组 50 公斤级	范俊辰	3	台州市
男子甲组 63 公斤级	韩佳超	1	杭州市	男子丙组 55 公斤级	张宝玲	1	台州市

续表

组别	姓名	名次	代表团	组别	姓名	名次	代表团
男子甲组 63 公斤级	朱超凡	2	温州市	男子丙组 55 公斤级	孙明杰	2	温州市
男子甲组 63 公斤级	倪杰瑞	3	金华市	男子丙组 55 公斤级	林　肯	3	金华市
男子甲组 68 公斤级	李传清	1	杭州市	女子甲组 48 公斤级	王　静	1	宁波市
男子甲组 68 公斤级	张世杰	2	绍兴市	女子甲组 48 公斤级	潘温静	2	金华市
男子甲组 68 公斤级	吕　帅	3	金华市	女子甲组 48 公斤级	胡曼钰	3	金华市
男子甲组 75 公斤级	杨程友	1	金华市	女子甲组 57 公斤级	花林新	1	杭州市
男子甲组 75 公斤级	吴伟轩	2	杭州市	女子甲组 57 公斤级	方　红	2	金华市
男子甲组 75 公斤级	陈林旭	3	绍兴市	女子甲组 57 公斤级	韩梦媛	3	台州市
男子乙组 46 公斤级	王振豪	1	金华市	女子甲组 66 公斤级	盛　颜	1	杭州市
男子乙组 46 公斤级	葛炜涛	2	绍兴市	女子甲组 66 公斤级	陈玉盈	2	湖州市
男子乙组 46 公斤级	吴玉飞	3	温州市	女子甲组 66 公斤级	颜焓君	3	宁波市
男子乙组 48 公斤级	刘丰恺	1	宁波市	女子甲组 +66 公斤级	徐　磊	1	绍兴市
男子乙组 48 公斤级	钱恩浩	2	绍兴市	女子甲组 +66 公斤级	郑沛源	2	温州市
男子乙组 48 公斤级	赵俊杰	3	温州市	女子甲组 +66 公斤级	郑凯琳	3	台州市
男子乙组 50 公斤级	黄本浩楠	1	金华市	女子乙组 46 公斤级	种李缘	1	杭州市
男子乙组 50 公斤级	郑尚涛	2	台州市	女子乙组 46 公斤级	项冰洁	2	金华市
男子乙组 50 公斤级	蔡　宁	3	宁波市	女子乙组 46 公斤级	杨　蓉	3	温州市
男子乙组 52 公斤级	李云鹤	1	温州市	女子乙组 50 公斤级	楼迎祯	1	杭州市
男子乙组 52 公斤级	吴法镖	2	温州市	女子乙组 50 公斤级	朱雯芯	2	衢州市
男子乙组 52 公斤级	叶家俊	3	金华市	女子乙组 50 公斤级	计栩奕	3	宁波市
男子乙组 56 公斤级	李　鑫	1	杭州市	女子乙组 54 公斤级	吴友琴	1	金华市
男子乙组 56 公斤级	詹书权	2	金华市	女子乙组 54 公斤级	应知璇	2	杭州市
男子乙组 56 公斤级	陈少腾	3	绍兴市	女子乙组 54 公斤级	何　璐	3	台州市
男子乙组 60 公斤级	邵崇然	1	金华市	女子乙组 60 公斤级	张心媛	1	金华市
男子乙组 60 公斤级	楼　营	2	宁波市	女子乙组 60 公斤级	王诗瑶	2	宁波市
男子乙组 60 公斤级	杨成健	3	台州市	女子乙组 60 公斤级	司雨婷	3	台州市
男子乙组 64 公斤级	方浩臣	1	金华市	女子乙组 66 公斤级	徐艺家	1	杭州市
男子乙组 64 公斤级	彭枫源	2	温州市	女子乙组 66 公斤级	汪韵涵	2	杭州市
男子乙组 64 公斤级	应卓恒	3	杭州市	女子乙组 66 公斤级	谢丛男	3	金华市

跆拳道

项目	第一名		第二名		第三名	
	姓名	单位	姓名	单位	姓名	单位
男子丙组团体	余璘增 叶凌显 徐厚铭	金华市	陈梓龙 张亚楠 夏 天	温州市	罗锦波 秦佳聪	宁波市
					康成文 李嘉泽 楼镇涛	绍兴市
女子丙组团体	雷 蕾 蒋雨晴 王鑫琦	温州市	唐嘉琳 邬佳琰 费雨晨	宁波市	刘舒婷 余鑫宏 黄京韵	嘉兴市
男子甲组58公斤	顾嘉宇	杭州市	黄 耀	台州市	孙 灏	绍兴市
					黄 正	金华市
男子甲组64公斤	王奕轩	绍兴市	缪俊辉	台州市	白直良	湖州市
					程 文	衢州市
男子甲组70公斤	张全杰	温州市	王夏涛	台州市	刘 浪	嘉兴市
					樊潘岩	湖州市
男子甲组+70公斤	黄城杰	温州市	董垚攀	金华市	尚义涵	丽水市
					斯宇帆	杭州市
男子乙组52公斤	杨易伟	温州市	周钱杭	杭州市	张俊晨	嘉兴市
					宋祥森	嘉兴市
男子乙组56公斤	王 彭	台州市	蒋重挥	温州市	周锦慧	温州市
					杜国阳	金华市
男子乙组60公斤	孙瑞杰	杭州市	郑高坤	台州市	毛闰晨	金华市
					陈兆轩	宁波市
男子乙组64公斤	胡 浩	温州市	林暄皓	台州市	刘江鑫	金华市
					庄魏灏	宁波市
男子乙组68公斤	傅庭坤	温州市	林俊希	台州市	杨泽翊	绍兴市
					刘力铨	杭州市
男子乙组+68公斤	曾为涛	温州市	沈诺谦	杭州市	曹天豪	湖州市
					陈星源	台州市
女子甲组49公斤	刘健桐	金华市	谷梓怡	宁波市	钟承含	丽水市
					石佳美	绍兴市
女子甲组55公斤	谢婉怡	台州市	邵九锦	台州市	王子轩	杭州市
					倪高仪	嘉兴市
女子甲组60公斤	张静暄	台州市	郑蒙飞	金华市	陈雨琪	温州市
					鲁 湲	宁波市

续表

项目	第一名		第二名		第三名	
	姓名	单位	姓名	单位	姓名	单位
女子甲组 +60 公斤	李雅文	绍兴市	叶嘉怡	温州市	程佳煜	嘉兴市
					沈斯睿	衢州市
女子乙组 45 公斤	傅晓璐	金华市	汤柳萱	杭州市	王柔钧	杭州市
					冯奕欣	绍兴市
女子乙组 49 公斤	李治颖	温州市	顾馨怡	绍兴市	熊余格	金华市
					陈淑琪	温州市
女子乙组 54 公斤	蔡林奕	台州市	胡敏慧	宁波市	朱雨露	嘉兴市
					朱铧婧	绍兴市
女子乙组 58 公斤	张榕锦	宁波市	陈渝馨	温州市	王乐宁	温州市
					施佳晨	舟山市
女子乙组 63 公斤	陈熙敏	台州市	胡子鑫	嘉兴市	张雨涵	丽水市
					杨婉榕	丽水市
女子乙组 +63 公斤	高舒漫	温州市	王清仪	杭州市	徐雯雪	嘉兴市

空手道

项目	第一名		第二名		第三名	
	姓名	单位	姓名	单位	姓名	单位
男子乙组团体	蒋君洋 徐茂宸 张家豪 梁 爽 邓帮强 汤济福	台州市	芮昊文 惠海鑫 邵以勒 张梦豪 费岚锟 金子涵	湖州市	陆志恒 陈钧楠 陈添煜 王礼阳 潘文杰	杭州市
					连 政 陈冠霖 陈家宇 林德鑫 姜含杭 蒋易燔	温州市
女子乙组团体	南林森樊 陈 析 邱海丽 林汇冕	温州市	姚心怡 王语萌 裴沈蝶 王嘉莉	台州市	沈雨霏 韩伊莎 章菡书 韩伊丹	杭州市
					赵琳娜 寿珂钰 郭二婧	绍兴市
男子丙组团体	陈翰文 陈俊铠 黄柯荧	金华市	谢锦鹏 蒋皓阳 张 恒	台州市	吴冠哲 翁旭皓 贾浩男	湖州市
					胡航鸣 章棍豪 杨通垠	温州市

续表

项目	第一名		第二名		第三名	
	姓名	单位	姓名	单位	姓名	单位
女子丙组团体	郭宛灵　孔镱霏 刘李晨贝	台州市	曾彦菱　钟灵悦 吴韦嘉	金华市	陈晋瑶　朱　远 季梓涵	绍兴市
					吴承函　荆梓昕 周奕煊	温州市
男子甲组个人型	方　岩	台州市	肖龙常	温州市	郦洋舟	绍兴市
					王皓洋	湖州市
男子甲组个人组手 －61公斤	赵　集	台州市	许天奇	台州市	姜建科	衢州市
					董嘉睿	杭州市
男子甲组个人组手 －76公斤	陈卫星	台州市	陈鹏鹏	宁波市	王　成	舟山市
					吴嘉楠	温州市
男子甲组个人组手 ＋76公斤	毛润中	杭州市	林宇豪	台州市	朱金哲	温州市
					余子豪	台州市
女子甲组个人型	张嘉莹	宁波市	王依婷	台州市	蒙冰倩	杭州市
					潘梦莹	温州市
女子甲组个人组手 －53公斤	张　旋	湖州市	周秀宁	台州市	苗嘉鑫	杭州市
					孙晴儿	金华市
女子甲组个人组手 －59公斤	杨欣怡	台州市	林思婷	温州市	施怡曼琪	湖州市
					陈丽媛	杭州市
女子甲组个人组手 ＋59公斤	陈丽莎	温州市	周　丽	金华市	陈淑琦	台州市
					金诗雨	台州市

武术套路

项目	第一名		第二名		第三名	
	姓名、单位	成绩	姓名、单位	成绩	姓名、单位	成绩
男子甲组对练团体	吴子晗　周子天 朱成伟　骆柯羽 楼可欣　金华市	17.44	张黄墨涵　朱奕宾 杨浩汶　钟　晴 黄本雯慧　杭州市	17.22	崔佳顺　李世豪 张卿才　周心雨 黄馨雨　湖州市	16.76
男子丙组少年规定拳 ＋集体基本功全能	吴霁洪　金华市	17.08	魏子轩　杭州市	16.94	林益磊　温州市	16.93
女子丙组少年规定拳 ＋集体基本功全能	毛佳音　金华市	17.01	薛恬心　杭州市	16.95	李欣悦　金华市	16.74

续表

项目	第一名		第二名		第三名	
	姓名、单位	成绩	姓名、单位	成绩	姓名、单位	成绩
男子甲组第三套规定太极拳+自选太极拳+自选太极剑全能	唐一帆　温州市	27.56	王梓涵　台州市	27.44	陈一帆　宁波市	27.13
女子甲组第三套规定太极拳+自选太极拳+自选太极剑全能	金可馨　台州市	27.85	杨璐嘉　杭州市	27.62	郑子钧　台州市	27.55
男子甲组第三套规定南拳+自选南刀南棍全能	郑胤君　台州市	28.59	周　豪　杭州市	28.48	万　涯　温州市	28.34
女子甲组第三套规定南拳+自选南刀南棍全能	黄欢乐　温州市	26.65	钟　晴　杭州市	26.58	王嘉柔　绍兴市	26.20
男子乙组第一套规定(南拳+南刀+南棍)全能	杨敬贤　台州市	25.62	方子健　温州市	25.38	吴博翔　金华市	25.23
女子乙组第一套规定(南拳+南刀+南棍)全能	龚文君　金华市	25.44	张志琳　杭州市	25.20	谢汶倩　温州市	25.09
男子甲组第三套规定长拳+自选刀棍全能	南文广　湖州市	28.13	陈宇鸿　台州市	26.99	陈孝希　温州市	26.44
女子甲组第三套规定长拳+自选刀棍全能	周　莉　杭州市	28.13	黄馨雨　湖州市	26.80	郭昱萱　台州市	26.68
男子甲组第三套规定长拳+自选剑枪全能	彭润东　嘉兴市	28.08	蔡尹童　温州市	28.04	祝榆凯　绍兴市	24.98
女子甲组第三套规定长拳+自选剑枪全能	王　晶　台州市	28.13	楼可欣　金华市	27.13	王赞美　温州市	26.88
男子乙组第一套规定(长拳+剑术+枪)全能	胡宇俊　杭州市	25.60	许润泽　金华市	25.24	郑　豪　温州市	25.19
女子乙组第一套规定(长拳+剑术+枪)全能	苗美美　杭州市	25.68	刘　颖　温州市	24.97	余　悦　金华市	24.34
男子乙组规定42式(太极拳+太极剑)全能	徐跃升　杭州市	16.68	胡皓然　台州市	16.66	陈炫谚　绍兴市	16.64
女子乙组规定42式(太极拳+太极剑)全能	罗丹琪　台州市	16.99	赵舒雅　温州市	16.93	张雪珂　金华市	16.80

续表

项目	第一名		第二名		第三名	
	姓名、单位	成绩	姓名、单位	成绩	姓名、单位	成绩
男子乙组第一套规定(长拳 + 刀 + 棍)全能	周子赢　温州市	25.48	陈予睿　台州市	25.41	江艺超　金华市	25.22
女子乙组第一套规定(长拳 + 刀 + 棍)全能	周米乐　温州市	25.28	马雨菲　台州市	25.16	杨婷羽　杭州市	25.15
男子丙组初级(第三路长拳 + 剑或刀 + 枪或棍)全能	刘奕忻　金华市	25.24	王健宇　嘉兴市	25.21	丁思诚　杭州市	25.07
女子丙组初级(第三路长拳 + 剑或刀 + 枪或棍)全能	石慧田　杭州市	25.26	黄本雯君　温州市	25.16	刘　畅　金华市	24.89

武术散打

项目	第一名		第二名		第三名	
	姓名	单位	姓名	单位	姓名	单位
男子甲组 56 公斤	何佳兴	宁波市	周鑫龙	台州市	詹耀祖	丽水市
					赖瑞航	杭州市
男子甲组 60 公斤	赵　阳	湖州市	刘星宇	金华市	陈浩鹏	绍兴市
					张文强	台州市
男子甲组 65 公斤	徐　伟	杭州市	段　玉	丽水市	雷万里	衢州市
					霍亚涛	金华市
男子甲组 70 公斤	李增鑫	台州市	梁嘉伟	宁波市	王依振	金华市
					迟宽标	湖州市
男子甲组 75 公斤	王紫豪	金华市	杨国强	湖州市	李　韩	宁波市
					王宇鹏	台州市
男子甲组 +75 公斤	王一阳	金华市	朱佳新	湖州市	王家成	金华市
					任凯明	台州市
男子乙组 48 公斤	付青云	湖州市	李傲雨	金华市	张浩展	金华市
					刘仔翔	衢州市
男子乙组 52 公斤	曾良杰	湖州市	吴浩洋	台州市	应鸿磊	衢州市
					陈谷宇	金华市

续表

项目	第一名		第二名		第三名	
	姓名	单位	姓名	单位	姓名	单位
男子乙组 56 公斤	郝夏鑫	宁波市	陈温崇	温州市	赵祺轩	湖州市
					黄天龙	衢州市
男子乙组 60 公斤	赵　彤	金华市	蔡志伟	宁波市	王玉涛	湖州市
					李宇豪	杭州市
男子乙组 65 公斤	史津铭	杭州市	周　福	温州市	高麒镇	金华市
					孙冬昊	湖州市
男子乙组 70 公斤	董　旭	金华市	马俊衡	台州市	方义博	衢州市
					杨文广	金华市
男子乙组 75 公斤	向金涛	湖州市	王子默	金华市	吴佳磊	台州市
					王宇恒	宁波市
女子组 52 公斤	柳婉婷	宁波市	贾俊可	台州市	唐玲琪	湖州市
					王依依	温州市
女子组 56 公斤	王雪茹	杭州市	李萱妮	金华市	罗　茜	湖州市
					潘子涵	宁波市
女子组 60 公斤	黄　忻	金华市	徐奕彬	宁波市	孙艺璇	嘉兴市
					吴孟窈	温州市

赛艇

项目	姓名	单位	名次	成绩
男子甲组单人双桨 2000 米	杨子浩	宁波市	1	7:07. 89
男子甲组单人双桨 2000 米	应　豪	嘉兴市	2	7:15. 59
男子甲组单人双桨 2000 米	马章志	台州市	3	7:21. 57
男子甲组单人双桨 6000 米	应　豪	嘉兴市	1	24:04. 64
男子甲组单人双桨 6000 米	杨子浩	宁波市	2	24:06. 86
男子甲组单人双桨 6000 米	马章志	台州市	3	24:45. 84
男子甲组双人双桨 2000 米	郑智超　张庆雨	嘉兴市	1	6:35. 89
男子甲组双人双桨 2000 米	蓝陈亮　李　硕	丽水市	2	6:40. 44
男子甲组双人双桨 2000 米	吕成浩　刘文彬	杭州市	3	6:42. 21
男子甲组双人双桨 6000 米	郑智超　张庆雨	嘉兴市	1	22:23. 94
男子甲组双人双桨 6000 米	蓝陈亮　李　硕	丽水市	2	22:24. 23

续表

项目	姓名	单位	名次	成绩
男子甲组双人双桨6000米	吕成浩　刘文彬	杭州市	3	22:37.56
男子甲组双人单桨2000米	陈赛珑　俞智灏	绍兴市	1	7:01.24
男子甲组双人单桨2000米	陈佳烨　干成程	宁波市	2	7:06.69
男子甲组双人单桨2000米	吴朋州　郑家瑞	温州市	3	7:09.45
男子甲组双人单桨6000米	陈佳烨　干成程	宁波市	1	23:37.63
男子甲组双人单桨6000米	陈赛珑　俞智灏	绍兴市	2	23:46.03
男子甲组双人单桨6000米	吴朋州　郑家瑞	温州市	3	24:07.41
男子乙组单人双桨2000米	贾世杰	嘉兴市	1	7:23.88
男子乙组单人双桨2000米	高启航	温州市	2	7:26.50
男子乙组单人双桨2000米	杨驭麒	绍兴市	3	7:27.95
男子乙组单人双桨6000米	杨驭麒	绍兴市	1	24:12.45
男子乙组单人双桨6000米	贾世杰	嘉兴市	2	24:25.20
男子乙组单人双桨6000米	高启航	温州市	3	24:52.95
男子乙组双人双桨2000米	张　满　叶俊昊	温州市	1	6:39.15
男子乙组双人双桨2000米	许开元　邱楸轩	宁波市	2	6:40.54
男子乙组双人双桨2000米	纪森元　孙德尚	丽水市	3	6:41.07
男子乙组双人双桨6000米	张　满　叶俊昊	温州市	1	22:22.70
男子乙组双人双桨6000米	许开元　邱楸轩	宁波市	2	22:25.16
男子乙组双人双桨6000米	纪森元　孙德尚	丽水市	3	22:31.71
男子乙组双人单桨2000米	唐国忠　叶哲希	杭州市	1	7:03.39
男子乙组双人单桨2000米	王　杰　全子幸	温州市	2	7:08.55
男子乙组双人单桨2000米	吴鲤均　徐浩楠	绍兴市	3	7:10.48
男子乙组双人单桨6000米	王　杰　全子幸	温州市	1	23:26.48
男子乙组双人单桨6000米	吴鲤均　徐浩楠	绍兴市	2	23:41.05
男子乙组双人单桨6000米	唐国忠　叶哲希	杭州市	3	23:58.15
男子丙组单人双桨2000米	杨忠澳	宁波市	1	7:25.34
男子丙组单人双桨2000米	谭益钧	杭州市	2	7:35.31
男子丙组单人双桨2000米	余润熙	温州市	3	7:35.59
男子丙组单人双桨4000米	杨忠澳	宁波市	1	16:00.59
男子丙组单人双桨4000米	金凯烽	绍兴市	2	16:49.61
男子丙组单人双桨4000米	韩君毅	嘉兴市	3	16:50.08

续表

项目	姓名	单位	名次	成绩
男子丙组双人双桨 2000 米	陈梓轩　李成超	温州市	1	6:49.76
男子丙组双人双桨 2000 米	王航硕远　陈治文	绍兴市	2	6:55.36
男子丙组双人双桨 2000 米	戴锦晨　杜自豪	杭州市	3	6:56.97
男子丙组双人双桨 4000 米	陈梓轩　李成超	温州市	1	14:54.46
男子丙组双人双桨 4000 米	王航硕远　陈治文	绍兴市	2	15:06.77
男子丙组双人双桨 4000 米	刘子麟　王　成	宁波市	3	15:16.19
男子轻量级单人双桨 2000 米	罗雨航	杭州市	1	7:13.06
男子轻量级单人双桨 2000 米	马久乐	宁波市	2	7:15.71
男子轻量级单人双桨 2000 米	金家琦	绍兴市	3	7:17.53
男子轻量级单人双桨 6000 米	马久乐	宁波市	1	23:45.86
男子轻量级单人双桨 6000 米	罗雨航	杭州市	2	23:51.15
男子轻量级单人双桨 6000 米	陈鑫杰	杭州市	3	24:20.21
女子甲组单人双桨 2000 米	黄沈莉	嘉兴市	1	7:58.47
女子甲组单人双桨 2000 米	陈苏苏	绍兴市	2	8:05.79
女子甲组单人双桨 2000 米	洪佳静	丽水市	3	8:09.71
女子甲组单人双桨 6000 米	黄沈莉	嘉兴市	1	25:58.46
女子甲组单人双桨 6000 米	陈苏苏	绍兴市	2	26:32.34
女子甲组单人双桨 6000 米	洪佳静	丽水市	3	27:12.18
女子甲组双人双桨 2000 米	刘柯莹　陈　蓉	宁波市	1	7:16.66
女子甲组双人双桨 2000 米	石晓盈　潘之怡	绍兴市	2	7:23.27
女子甲组双人双桨 2000 米	吴　爽　张静奕	嘉兴市	3	7:39.73
女子甲组双人双桨 6000 米	刘柯莹　陈　蓉	宁波市	1	24:03.55
女子甲组双人双桨 6000 米	石晓盈　潘之怡	绍兴市	2	24:37.68
女子甲组双人双桨 6000 米	吴　爽　张静奕	嘉兴市	3	25:27.12
女子甲组双人单桨 2000 米	李秋瑾　陈雯丽	金华市	1	7:37.75
女子甲组双人单桨 2000 米	袁茹雪　吴忆楠	杭州市	2	7:46.43
女子甲组双人单桨 2000 米	高海艳　邱　瑜	嘉兴市	3	7:47.57
女子甲组双人单桨 6000 米	李秋瑾　陈雯丽	金华市	1	25:34.11
女子甲组双人单桨 6000 米	袁茹雪　吴忆楠	杭州市	2	25:47.13
女子甲组双人单桨 6000 米	薛慧珍　徐倩倩	温州市	3	25:52.99
女子乙组单人双桨 2000 米	赵艺淑	金华市	1	8:00.21

续表

项目	姓名	单位	名次	成绩
女子乙组单人双桨2000米	吴雨蓝晴	嘉兴市	2	8:10.61
女子乙组单人双桨2000米	李一诺	丽水市	3	8:30.04
女子乙组单人双桨6000米	赵艺淑	金华市	1	26:51.29
女子乙组单人双桨6000米	吴雨蓝晴	嘉兴市	2	27:31.57
女子乙组单人双桨6000米	李一诺	丽水市	3	28:17.39
女子乙组双人双桨2000米	沙一東　李欣悦	丽水市	1	8:35.31
女子乙组双人双桨2000米	陆雯欣　徐勋越	嘉兴市	2	8:41.34
女子乙组双人双桨2000米	刘奕佳　朱　祺	绍兴市	3	8:48.64
女子乙组双人双桨6000米	沙一東　李欣悦	丽水市	1	24:43.90
女子乙组双人双桨6000米	陆雯欣　徐勋越	嘉兴市	2	25:20.93
女子乙组双人双桨6000米	刘奕佳　朱　祺	绍兴市	3	25:27.79
女子乙组双人单桨2000米	郭孟熙　方佳琳	杭州市	1	7:42.76
女子乙组双人单桨2000米	肖玲燕　钱慧洁	温州市	2	7:44.39
女子乙组双人单桨2000米	余秀月　张佳祺	宁波市	3	7:45.40
女子乙组双人单桨6000米	肖玲燕　钱慧洁	温州市	1	25:34.23
女子乙组双人单桨6000米	郭孟熙　方佳琳	杭州市	2	26:10.25
女子乙组双人单桨6000米	余秀月　张佳祺	宁波市	3	26:13.28
女子丙组单人双桨2000米	季小梅	丽水市	1	8:01.23
女子丙组单人双桨2000米	凌　霄	嘉兴市	2	8:08.26
女子丙组单人双桨2000米	王慧欣	衢州市	3	8:17.08
女子丙组单人双桨4000米	季小梅	丽水市	1	17:29.77
女子丙组单人双桨4000米	凌　霄	嘉兴市	2	17:39.27
女子丙组单人双桨4000米	巩佳琪	宁波市	3	18:06.86
女子丙组双人双桨2000米	李雨馨　季雨萱	宁波市	1	7:31.70
女子丙组双人双桨2000米	黄秋苓　李雨鑫	嘉兴市	2	7:38.54
女子丙组双人双桨2000米	梅宇轩　张芷宁	绍兴市	3	7:39.58
女子丙组双人双桨4000米	李雨馨　季雨萱	宁波市	1	16:09.72
女子丙组双人双桨4000米	何诗琦　许思晨	杭州市	2	16:27.49
女子丙组双人双桨4000米	黄秋苓　李雨鑫	嘉兴市	3	16:39.94
女子轻量级单人双桨2000米	富　灵	杭州市	1	8:10.61
女子轻量级单人双桨2000米	黄　维	温州市	2	8:15.24

续表

项目	姓名	单位	名次	成绩
女子轻量级单人双桨 2000 米	刘晨祥	丽水市	3	8:20. 59
女子轻量级单人双桨 6000 米	富　灵	杭州市	1	26:23. 03
女子轻量级单人双桨 6000 米	刘晨祥	丽水市	2	27:10. 74
女子轻量级单人双桨 6000 米	黄　维	温州市	3	27:10. 98

皮划艇(静水)

项目	姓名	单位	名次	成绩
男子甲组单人皮艇 200 米	丁圣开	杭州市	1	00:38. 09
男子甲组单人皮艇 200 米	何俊扬	丽水市	2	00:38. 92
男子甲组单人皮艇 200 米	葛彦博	宁波市	3	00:39. 35
男子甲组单人皮艇 1000 米	丁圣开	杭州市	1	04:03. 14
男子甲组单人皮艇 1000 米	何俊扬	丽水市	2	04:04. 38
男子甲组单人皮艇 1000 米	葛彦博	宁波市	3	04:22. 19
男子甲组单人皮艇 2000 米	何俊扬	丽水市	1	08:21. 24
男子甲组单人皮艇 2000 米	丁圣开	杭州市	2	08:23. 76
男子甲组单人皮艇 2000 米	葛彦博	宁波市	3	08:34. 65
男子甲组双人皮艇 200 米	陈奕帆　陈维建	杭州市	1	00:35. 96
男子甲组双人皮艇 200 米	陈作添　高道聪	温州市	2	00:36. 24
男子甲组双人皮艇 200 米	洪嘉琪　王嘉琦	宁波市	3	00:36. 58
男子甲组双人皮艇 1000 米	陈作添　高道聪	温州市	1	03:34. 17
男子甲组双人皮艇 1000 米	陈奕帆　陈维建	杭州市	2	03:35. 02
男子甲组双人皮艇 1000 米	洪嘉琪　王嘉琦	宁波市	3	03:46. 95
男子甲组双人皮艇 2000 米	陈奕帆　陈维建	杭州市	1	07:21. 10
男子甲组双人皮艇 2000 米	陈作添　高道聪	温州市	2	07:29. 36
男子甲组双人皮艇 2000 米	周幸诚　王俞哲	绍兴市	3	07:47. 58
男子甲组单人划艇 200 米	柯睦垠	温州市	1	00:41. 20
男子甲组单人划艇 200 米	徐　键	嘉兴市	2	00:41. 74
男子甲组单人划艇 200 米	朱　凯	宁波市	3	00:42. 18
男子甲组单人划艇 1000 米	徐　键	嘉兴市	1	04:08. 78
男子甲组单人划艇 1000 米	刘宇飞	丽水市	2	04:09. 97
男子甲组单人划艇 1000 米	柯睦垠	温州市	3	04:14. 13

续表

项目	姓名	单位	名次	成绩
男子甲组双人划艇200米	肖烨铭　徐卓伟	绍兴市	1	00:39.82
男子甲组双人划艇200米	林铭煜　赵栩烽	台州市	2	00:40.11
男子甲组双人划艇200米	戴贤涛　苏长洵	温州市	3	00:40.39
男子甲组双人划艇1000米	戴贤涛　苏长洵	温州市	1	04:05.37
男子甲组双人划艇1000米	赵栩烽　林铭煜	台州市	2	04:07.28
男子甲组双人划艇1000米	刘子皓　潘浩强	杭州市	3	04:11.27
男子乙组单人皮艇200米	周煜杰	温州市	1	00:39.92
男子乙组单人皮艇200米	祝成康	丽水市	2	00:40.55
男子乙组单人皮艇200米	周煜宸	宁波市	3	00:42.50
男子乙组单人皮艇1000米	祝成康	丽水市	1	04:02.23
男子乙组单人皮艇1000米	周煜杰	温州市	2	04:03.72
男子乙组单人皮艇1000米	周煜宸	宁波市	3	04:12.38
男子乙组单人皮艇2000米	周煜杰	温州市	1	08:16.00
男子乙组单人皮艇2000米	祝成康	丽水市	2	08:16.24
男子乙组单人皮艇2000米	周煜宸	宁波市	3	08:26.02
男子乙组双人皮艇1000米	占婧毅　吴王越	杭州市	1	03:40.57
男子乙组双人皮艇1000米	陈泽雄　童　亮	绍兴市	2	03:42.75
男子乙组双人皮艇1000米	沈武旭　张　阳	宁波市	3	03:44.38
男子乙组双人皮艇2000米	占婧毅　吴王越	杭州市	1	07:29.92
男子乙组双人皮艇2000米	沈武旭　张　阳	宁波市	2	07:34.10
男子乙组双人皮艇2000米	陈泽雄　童　亮	绍兴市	3	07:36.03
男子乙组单人划艇200米	黄俊翔	杭州市	1	00:42.66
男子乙组单人划艇200米	张文海	宁波市	2	00:43.07
男子乙组单人划艇200米	王　帅	温州市	3	00:46.44
男子乙组单人划艇1000米	黄俊翔	杭州市	1	04:19.22
男子乙组单人划艇1000米	王　帅	温州市	2	04:21.95
男子乙组单人划艇1000米	张文海	宁波市	3	04:22.85
男子乙组单人划艇2000米	黄俊翔	杭州市	1	08:59.23
男子乙组单人划艇2000米	王　帅	温州市	2	09:07.49
男子乙组单人划艇2000米	张文海	宁波市	3	09:19.81
男子乙组双人划艇1000米	姚超杰　卢宇杭	杭州市	1	04:03.19

续表

项目	姓名	单位	名次	成绩
男子乙组双人划艇 1000 米	吴　行　赵雨轩	宁波市	2	04:08.25
男子乙组双人划艇 1000 米	刘　昊　刘富林	绍兴市	3	04:16.94
男子丙组单人皮艇 2000 米	李其林	杭州市	1	08:28.62
男子丙组单人皮艇 2000 米	程　欢	宁波市	2	08:43.21
男子丙组单人皮艇 2000 米	刘　钧	温州市	3	08:55.42
女子甲组单人皮艇 200 米	竺项怡	绍兴市	1	00:43.70
女子甲组单人皮艇 200 米	王　琪	嘉兴市	2	00:44.69
女子甲组单人皮艇 200 米	李雨宣	杭州市	3	00:46.45
女子甲组单人皮艇 500 米	王　琪	嘉兴市	1	02:01.05
女子甲组单人皮艇 500 米	李雨宣	杭州市	2	02:04.18
女子甲组单人皮艇 500 米	竺项怡	绍兴市	3	02:05.07
女子甲组单人皮艇 2000 米	王　琪	嘉兴市	1	08:33.96
女子甲组单人皮艇 2000 米	李雨宣	杭州市	2	08:36.12
女子甲组单人皮艇 2000 米	江丽娜	宁波市	3	09:11.45
女子甲组双人皮艇 200 米	岁俊茹　华春燕	杭州市	1	00:41.11
女子甲组双人皮艇 200 米	陈丽锦　金素慧	温州市	2	00:44.24
女子甲组双人皮艇 200 米	潘佳烨　丁慧敏	绍兴市	3	00:45.37
女子甲组双人皮艇 500 米	岁俊茹　华春燕	杭州市	1	01:52.30
女子甲组双人皮艇 500 米	陈丽锦　金素慧	温州市	2	02:04.53
女子甲组双人皮艇 500 米	潘佳烨　丁慧敏	绍兴市	3	02:08.67
女子甲组双人皮艇 2000 米	岁俊茹　华春燕	杭州市	1	07:56.77
女子甲组双人皮艇 2000 米	陈丽锦　金素慧	温州市	2	08:47.25
女子甲组双人皮艇 2000 米	潘佳烨　丁慧敏	绍兴市	3	09:00.61
女子甲组单人划艇 200 米	毛家琪	宁波市	1	00:48.28
女子甲组单人划艇 200 米	梁栩卉	金华市	2	00:49.36
女子甲组单人划艇 200 米	金舒畅	温州市	3	00:53.26
女子甲组双人划艇 200 米	丁思洁　张文秀	宁波市	1	00:56.46
女子甲组双人划艇 200 米	林如晓　朱雨艳	台州市	2	01:01.48
女子甲组双人划艇 200 米	王莎莎　孙佳瑶	绍兴市	3	01:08.71
女子甲组双人划艇 500 米	丁思洁　张文秀	宁波市	1	02:14.82
女子甲组双人划艇 500 米	林如晓　朱雨艳	台州市	2	02:59.47

续表

项目	姓名	单位	名次	成绩
女子甲组双人划艇500米	王莎莎　孙佳瑶	绍兴市	3	03:12.80
女子乙组单人皮艇500米	金珍珠	宁波市	1	02:06.41
女子乙组单人皮艇500米	王佳莹	绍兴市	2	02:19.90
女子乙组单人皮艇500米	王一诺	温州市	3	02:21.17
女子乙组单人皮艇2000米	金珍珠	宁波市	1	08:54.58
女子乙组单人皮艇2000米	王佳莹	绍兴市	2	09:48.55
女子乙组单人皮艇2000米	王一诺	温州市	3	10:09.19
女子乙组双人皮艇500米	陈雨乐　郭　玺	杭州市	1	01:50.31
女子乙组双人皮艇500米	黄淑婷　陈丁丁	绍兴市	2	02:02.74
女子乙组双人皮艇500米	陈　琦　沈睿欣	嘉兴市	3	02:16.83
女子乙组双人皮艇2000米	陈雨乐　郭　玺	杭州市	1	07:58.87
女子乙组双人皮艇2000米	黄淑婷　陈丁丁	绍兴市	2	08:06.95
女子乙组双人皮艇2000米	陈　琦　沈睿欣	嘉兴市	3	09:03.03
女子乙组单人划艇200米	王田蕊	绍兴市	1	00:51.62
女子乙组单人划艇200米	骆颖茜	杭州市	2	00:53.03
女子乙组单人划艇200米	蓝洪玲	宁波市	3	00:54.50
女子乙组双人划艇200米	孙　阳　郭雨霏	宁波市	1	00:49.59
女子乙组双人划艇200米	程雅茜　张亚勤	杭州市	2	00:50.06
女子乙组双人划艇200米	陈玲茹　杨　佳	温州市	3	00:50.41
女子乙组双人划艇500米	孙　阳　郭雨霏	宁波市	1	02:12.15
女子乙组双人划艇500米	杨　佳　陈玲茹	温州市	2	02:14.81
女子乙组双人划艇500米	原紫菡　王蕾娜	金华市	3	02:16.14
女子丙组单人皮艇2000米	胡慧桢	杭州市	1	08:39.24
女子丙组单人皮艇2000米	辛思晨	宁波市	2	09:14.12
女子丙组单人皮艇2000米	李美宁	绍兴市	3	09:45.86
女子丙组双人皮艇2000米	金婷婷　何佳艺	宁波市	1	08:13.73
女子丙组双人皮艇2000米	范聪锐　李赟婕	杭州市	2	08:14.89
女子丙组双人皮艇2000米	宋子卉　周雅萍	绍兴市	3	08:17.94

激流回旋

项目	第一名		第二名		第三名	
	姓名	代表队	姓名	代表队	姓名	代表队
甲组男子单人皮艇	付楠迪	宁波市	段鑫宇	金华市	李佳秦	宁波市
甲组女子单人皮艇	吴书涵	宁波市	钟梦怡	杭州市	李新宇	温州市
甲组男子单人划艇	季俊宇	丽水市	刘　涵	宁波市	叶泽凯	宁波市
甲组女子单人划艇	徐晓丽	杭州市	阮心如	丽水市	程如意	宁波市

帆船(OP级)

项目	第一名		第二名		第三名	
	姓名	代表队	姓名	代表队	姓名	代表队
男子甲组场地赛	范宁川	宁波市	吴中涛	宁波市	程　康	杭州市
男子乙组场地赛	徐彬涛	杭州市	王肖杨	宁波市	徐浩铭	宁波市
女子甲组场地赛	徐　莉	杭州市	吴瑶瑶	宁波市	—	—
女子乙组场地赛	陈　默	杭州市	唐思琪	杭州市	陶　最	宁波市
男子甲组长距离赛	吴中涛	宁波市	范宁川	宁波市	程　康	杭州市
男子乙组长距离赛	徐彬涛	杭州市	徐浩铭	宁波市	郑中奥	温州市
女子甲组长距离赛	徐　莉	杭州市	吴瑶瑶	宁波市	—	—
女子乙组长距离赛	陈　默	杭州市	唐思琪	杭州市	陶　最	宁波市
男女混合队赛	程　康　徐　莉 楼禹杉	杭州市	吴中涛　范宁川 吴瑶瑶　侯婷婷	宁波市	汤佳坤　张雄伟 龚依娜	温州市

帆板

项目	第一名		第二名		第三名	
	姓名	代表队	姓名	代表队	姓名	代表队
帆板级女子甲组团体	王甜甜　俞雅轩	杭州市	吴佳瑜　程郁婷	宁波市	郑　盈　周雪梅	台州市
帆板级男子甲组场地赛	鲍俊楠	温州市	占棋克	杭州市	严银涵	宁波市
帆板级男子乙组场地赛	裘一鼎	宁波市	徐家敏	杭州市	毕国林	温州市
帆板级女子甲组场地赛	吴佳瑜	宁波市	王甜甜	杭州市	俞雅轩	杭州市
帆板级女子乙组场地赛	周书燕	台州市	王思梦	宁波市	胡锶琦	宁波市
激光4.7级女子甲组场地赛	周　可	杭州市	赵　妍	杭州市	黄子颜	杭州市
激光4.7级女子乙组场地赛	裘柯鑫	杭州市	顾珍慧	杭州市	孙艺欣	温州市
帆板级男子甲组障碍滑	朱培森	温州市	严银涵	宁波市	占棋克	杭州市
帆板级男子乙组障碍滑	裘一鼎	宁波市	周秩访	台州市	徐晨磊	宁波市

续表

项目	第一名		第二名		第三名	
	姓名	代表队	姓名	代表队	姓名	代表队
帆板级女子甲组障碍滑	俞雅轩	杭州市	郑　盈	台州市	吴佳瑜	宁波市
帆板级女子乙组障碍滑	王思梦	宁波市	周书燕	台州市	胡锶琦	宁波市
帆板级男子甲组长距离	朱培森	温州市	韩延泓	台州市	梅方奇	宁波市
帆板级男子乙组长距离	叶轩成	温州市	周秩访	台州市	徐家敏	杭州市
帆板级女子甲组长距离	吴佳瑜	宁波市	郑　盈	台州市	俞雅轩	杭州市
帆板级女子乙组长距离	周书燕	台州市	王思梦	宁波市	陈王茜	台州市
激光4.7级女子甲组长距离	周　可	杭州市	赵　妍	杭州市	黄子颜	杭州市
激光4.7级女子乙组长距离	洪佳睿	杭州市	顾珍慧	杭州市	孙艺欣	温州市

射击

项目	第一名		第二名		第三名	
	姓名、单位	成绩	姓名、单位	成绩	姓名、单位	成绩
男子甲组50米步枪3种姿势(3×20)个人	周林彬　湖州市	401.2/16	沈宇辰　嘉兴市	401.8/12	王佳涛　宁波市	398.9
男子甲组10米气步枪(60发)个人	沈宇辰　嘉兴市	259.6/16	周林彬　湖州市	260.7/14	吴浩天　绍兴市	258.6
男子甲组10米气手枪(60发)个人	洪家乐　宁波市	246.4/16	张君豪　湖州市	246.0/10	章赢涛　杭州市	245.7
男子甲组25米手枪速射(60发)个人	柴树杰　杭州市	14中/30中	张志豪　杭州市	14中/29中	杨鑫南　杭州市	10中/12中
女子甲组50米步枪3种姿势(3×20)个人	朱可馨　温州市	403.0/17	郑嘉怡　衢州市	405.3/9	陈静怡　宁波市	401.4
女子甲组10米气步枪(60发)个人	沈玙璠　宁波市	261.1/16	鲍佳漪　绍兴市	259.6/10	黄翊萱　温州市	258.3
女子甲组10米气手枪(60发)个人	孙瑜洁　杭州市	248.4/17	郭柳华　湖州市	244.3/15	马舒逸　嘉兴市	243.2
女子甲组25米手枪(60发)个人	孙瑜洁　杭州市	12中/29中	吕明芳　绍兴市	10+5中/28中	傅佑余　杭州市	11中/18中
男子乙组50米步枪3种姿势(3×20)个人	任映臻　杭州市	402.0/17	曹俊杰　绍兴市	398.9/11	柯文韬　宁波市	397.9
男子乙组10米气步枪(60发)个人	刘　诺　衢州市	258.7/16	詹铠齐　衢州市	257.3/8	张俊杰　台州市	256.4
男子乙组10米气手枪(60发)个人	王毅周　衢州市	244.8/17	陈双屹　杭州市	246.3/15	杨宇浩　台州市	242.8

续表

项目	第一名		第二名		第三名	
	姓名、单位	成绩	姓名、单位	成绩	姓名、单位	成绩
男子乙组 25 米手枪速射(60 发)个人	邱浩然　宁波市	13 +3 中/29 中	杨宇浩　台州市	14 中/28 中	陈双屹　杭州市	12 中/18 中
女子乙组 50 米步枪 3 种姿势(3×20)个人	王子菲　杭州市	401. 7/16	杨安洁　宁波市	400. 0/14	王若曦　绍兴市	399. 5
女子乙组 10 米气步枪(60 发)个人	王若曦　绍兴市	261. 4/17	杨安洁　宁波市	260. 4/15	王子菲　杭州市	259. 5
女子乙组 10 米气手枪(60 发)个人	吴锦靖　温州市	245. 4/16	张佳慧　杭州市	247. 5/8	虞文霞　宁波市	243. 1
女子乙组 25 米手枪(60 发)个人	张悦悦　宁波市	12 中/30 中	刘昕旖　杭州市	15 中/29 中	张嘉恩　宁波市	17 中/21 中
男子丙组 50 米步枪 3 种姿势(3×20)个人	方玺皓　衢州市	575 –23x	汪鼎睿麟　杭州市	572 –22x	许梓健　湖州市	571 –23x
男子丙组 10 米气步枪(60 发)个人	黄李万林　绍兴市	624. 9	方玺皓　衢州市	621. 3	许梓健　湖州市	619. 3
男子丙组 10 米气手枪(60 发)个人	沈宇锋　绍兴市	568 –15x	高宏喆　嘉兴市	561 –13x	郑少飞　湖州市	559 –10x
男子丙组 25 米手枪速射(8 秒、6 秒)60 发个人	高宏喆　嘉兴市	583 –10x	王天佑　杭州市	582 –17x	郑恩泽　嘉兴市	571 –8x
女子丙组 50 米步枪 3 种姿势(3×20)个人	邹榭影　杭州市	575 –17x	李晨绮　杭州市	574 –16x	张欣喆　嘉兴市	570 –17x
女子丙组 10 米气步枪(60 发)个人	祁徐露　绍兴市	627. 9	蒋可欣　衢州市	626. 9	李晨绮　杭州市	625. 7
女子丙组 10 米气手枪(60 发)个人	陈沈悠　杭州市	566 –10x	张瀞心　台州市	561 –9x	林芷桐　温州市	556 –11x
男子甲组 10 米气步枪(60 发)团体	丁艺超　周林彬　朱胜苗　湖州市	619. 9/16	曹　俊　方航胜　葛迩齐　杭州市	619. 6/14	郑慧鹏　吴浩天　朱烨栋　绍兴市	613. 5/16
男子甲组 10 米气手枪(60 发)团体	章赢涛　陈　跃　柴树杰　杭州市	564 –9x/16	张君豪　丁晗松　莫方剑　湖州市	572 –11x/12	陈启涵　李国盛　翁舒亮　温州市	554 –9x/17
女子甲组 10 米气步枪(60 发)团体	徐　乐　郑嘉怡　钱梓秋　衢州市	621. 5/16	鲍佳漪　王雨沁　魏奕扬　绍兴市	621. 5/6	黄翊萱　朱可馨　范盈盈　温州市	617. 9/17
女子甲组 10 米气手枪(60 发)团体	孙瑜洁　傅佑余　寿文沁　杭州市	559/16	王　育　俞娇娇　虞朵拉　宁波市	563/6	郭柳华　于　敏　蒋清一　湖州市	543/16

续表

项目	第一名		第二名		第三名	
	姓名、单位	成绩	姓名、单位	成绩	姓名、单位	成绩
男子乙组50米步枪3种姿势（3×20）团体	曹俊杰 周俊宸 翁戈歌 绍兴市	1719－62x	柯文韬 张煜川 姚泓宇 宁波市	1707－51x	周 韬 周功铨 郑意扬 湖州市	1690－52x
男子乙组10米气步枪(60发)团体	刘 诺 詹铠齐 吴 谦 衢州市	620.0/16	柯文韬 张煜川 姚泓宇 宁波市	615.8/10	方圣鉴 曹俊杰 周俊宸 绍兴市	614.6/16
男子乙组10米气手枪(60发)团体	俞盛瀚 应承举 陈双屹 杭州市	567－13x/16	黄益伟 姜恩典 缪程浩 温州市	561－10x/12	杨宇浩 谢宇航 李 骏 台州市	550－7x/16
男子乙组25米手枪速射(60发)团体	姚家楠 陈双屹 张瑄语 杭州市	1710－38x	陈荣基 王毅周 叶力升 衢州市	1691－49x	陈雨恒 邱浩然 温 领 宁波市	1676－34x
女子乙组50米步枪3种姿势（3×20）团体	徐映柳 王子菲 赵许诺 杭州市	1746－69x	杨安洁 徐优芳 吴雯娟 宁波市	1700－58x	俞怡帆 葛玲珑 周郭言 嘉兴市	1689－50x
女子乙组10米气步枪(60发)团体	杨安洁 徐优芳 吴雯娟 宁波市	620.3/16	王辰熙 郑 珂 朱政萍 衢州市	620.6/10	王若曦 陈烨淇 孙佳怡 绍兴市	614.3/16
女子乙组10米气手枪(60发)团体	蒋陈宁 张佳慧 刘昕旖 杭州市	560/16	虞文霞 张悦悦 张嘉恩 宁波市	566/10	吴锦靖 吴芯朵 邵钰添 温州市	555/16
女子乙组25米手枪(60发)团体	张嘉恩 虞文霞 张悦悦 宁波市	1738－47x	刘昕旖 蒋陈宁 张佳慧 杭州市	1708－48x	魏 妙 陈 鑫 郑如萍 衢州市	1633－27x
男子丙组50米步枪3种姿势（3×20）团体	汤高兴 汪鼎睿麟 毛徐豪 杭州市	1707－59x	詹修权 郑成翔 郑明森 温州市	1689－48x	葛徐铠 徐哲勋 金子涵 嘉兴市	1672－40x
男子丙组10米气步枪(60发)团体	黄李万林 韦辰 王轶超 绍兴市	1856.4	方玺皓 马圳鑫 郑艺轩 衢州市	1846.6	毛徐豪 汤高兴 王际顺 杭州市	1838
男子丙组10米气手枪(60发)团体	沈宇锋 谢锶濠 黄炜煜 绍兴市	1674－35x	潘金牛 傅 盛 陆冠宇 宁波市	1654－23x	郑少飞 祝启炜 朱锡安 湖州市	1653－30x
男子丙组25米手枪速射(8秒、6秒)60发团体	高宏喆 郑恩泽 虞陆彬 嘉兴市	1710－31x	王天佑 郑 海 陈熠惟 杭州市	1709－41x	俞哲瀚 黄致远 张屹帆 宁波市	1653－25x
女子丙组50米步枪3种姿势（3×20）团体	丁奕楠 邹榭影 李晨绮 杭州市	1720－47x	张欣喆 沈睿妍 朱環文 嘉兴市	1687－48x	程宵媛 蒋可欣 刘鑫怡 衢州市	1677－50x
女子丙组10米气步枪(60发)团体	祁徐露 赵伊琳 吴昊昊 绍兴市	1870.6	李晨绮 邹榭影 丁奕楠 杭州市	1869	金敏倩 叶安鑫 吴欣怡 宁波市	1866.7
女子丙组10米气手枪(60发)团体	张瀞心 吴晨阳 柯晨涵 台州市	1656－23x	陈沈悠 杨裔恩 葛晨钰 杭州市	1651－25x	林芷桐 彭钶锌 施彦好 温州市	1639－26x

续表

项目	第一名		第二名		第三名	
	姓名、单位	成绩	姓名、单位	成绩	姓名、单位	成绩
甲组 10 米气步枪混合团体	严丁依 曹 俊 杭州市	16	沈玙璠 王佳涛 宁波市	8	郑嘉怡 翁韩逸 衢州市	16
甲组 10 米气手枪混合团体	王 育 洪家乐 宁波市	16	孙瑜洁 章赢涛 杭州市	6	郭柳华 张君豪 湖州市	16
乙组 10 米气步枪混合团体	王子菲 任映臻 杭州市	17	王若曦 曹俊杰 绍兴市	11	王辰熙 刘 诺 衢州市	17
乙组 10 米气手枪混合团体	吴锦靖 黄益伟 温州市	17	张佳慧 应承举 杭州市	15	陈诗怡 张恒凯 绍兴市	17
丙组 10 米气步枪混合团体	蒋可欣 方玺皓 衢州市	626. 2	李晨绮 汤高兴 杭州市	620. 8	吴昊昊 韦 辰 绍兴市	620. 2
丙组 10 米气手枪混合团体	傅显钧 陆冠宇 宁波市	555 – 10x	颜方娜 沈宇锋 绍兴市	552 – 11x	谢锶濠 李心妍 绍兴市	552 – 11x

飞碟

项目	第一名		第二名		第三名	
	姓名、单位	成绩	姓名、单位	成绩	姓名、单位	成绩
男子飞碟多项个人	冯俊烨 舟山市	46	沈佳捷 湖州市	33	毛政骏 金华市	30
女子飞碟多项个人	张语钒 绍兴市	28	钱 欣 湖州市	25	陈贝妮 台州市	22
男子飞碟双项个人	张億锋 湖州市	46	李佳昊 杭州市	40	何昕润 金华市	40
女子飞碟双项个人	柏鑫森 湖州市	38	刘稼璐 金华市	35	陈贝妮 台州市	32

射箭

项目	第一名		第二名		第三名	
	姓名	单位	姓名	单位	姓名	单位
男子甲组反曲弓个人	程子丹	衢州市	孙志意	杭州市	吴戈凡	衢州市
男子甲组反曲弓团体	钟君楠 孙志意 钱 程	杭州市	吴戈凡 程子丹 祝冰彬	衢州市	黄秦磊 吕英哲 赵威海	绍兴市
甲组反曲弓混合团体	钟君楠 许 婷	杭州市	吴戈凡 邓雨洁	衢州市	邵君杰 许佳琪	温州市
女子甲组反曲弓个人	许 婷	杭州市	孙思语	杭州市	邓雨洁	衢州市
女子甲组反曲弓团体	许 婷 赵 丽 孙思语	杭州市	汤茜茜 潘施懿 黄淑颖	台州市	许佳琪 林璇烨 赵瀛瀛	温州市
男子乙组反曲弓个人	陈则尔	衢州市	邵一轩	温州市	李 童	台州市

续表

项目	第一名		第二名		第三名	
	姓名	单位	姓名	单位	姓名	单位
男子乙组反曲弓团体	李　童　王培博 陈楚杨	台州市	洪羽鑫　蔡福顺 孙　丞	杭州市	陈则尔　郑皓涵 席何宇	衢州市
乙组反曲弓混合团体	陈则尔　陈思雨	衢州市	洪羽鑫　孙思甜	杭州市	邵一轩　池好好	温州市
女子乙组反曲弓个人	陈　畅	温州市	吴静怡	嘉兴市	卢芷妍	杭州市
女子乙组反曲弓团体	孙思甜　卢芷妍 谢雨嘉	杭州市	陈　畅　池好好 徐思羽	温州市	周烨双　求家逸 任儒儿	绍兴市
男子丙组反曲弓个人	方哲宇	衢州市	沈梓宇	杭州市	张俊豪	衢州市
男子丙组反曲弓团体	沈梓宇　沈家琦 沈　弈	杭州市	程子祥　张俊豪 方哲宇	衢州市	李良奥　郑涵义 潘嘉乐	温州市
丙组反曲弓混合团体	方哲宇　黄佳淇	衢州市	李良奥　刘依依	温州市	沈梓宇　翁　琳	杭州市
女子丙组反曲弓个人	黄佳淇	衢州市	骆思箐	杭州市	汪雨轩	杭州市
女子丙组反曲弓团体	黄佳淇　陈涵依 郑馨悦	衢州市	翁　琳　王若寒 汪雨轩	杭州市	刘依依　王　欣 甘思婷	温州市

场地自行车

项目	第一名		第二名		第三名	
	姓名、单位	成绩	姓名、单位	成绩	姓名、单位	成绩
男子甲组行进200米计时赛	王梓铭　湖州市	10.329	徐嘉壕　湖州市	10.545	徐　涛　杭州市	10.735
男子甲组250米计时赛	汪益航　杭州市	17.903	王梓铭　湖州市	18.062	黄炎乾　湖州市	18.275
男子甲组1000米计时赛	王梓铭　湖州市	1:03.577	曹凌恺　杭州市	1:05.514	王金威　杭州市	1:05.573
男子甲组4000米个人追逐赛	白正涛　杭州市	4:39.826	韩佳鹏　湖州市	4:42.748	陈　煜　杭州市	4:48.227
男子甲组团体竞速赛	黄炎乾　张　博 王梓铭　湖州市	0:46.153	曹凌恺　汪益航 王金威　杭州市	0:46.829	—	—
男子甲组团体追逐赛	胡嘉磊　徐　涛 陈　煜　陈威锦 杭州市	胜	刘雨豪　马晨曦 张国琼　邵宇涵 宁波市	负	管锦烨　韩佳鹏 张　博　倪晶晶 湖州市	4:25.980
女子甲组行进200米计时赛	蒋雨露　杭州市	11.067	汪乐怡　湖州市	11.664	周　菲　湖州市	11.710
女子甲组250米计时赛	蒋雨露　杭州市	19.120	周　菲　湖州市	19.197	汪乐怡　湖州市	19.491

续表

项目	第一名		第二名		第三名	
	姓名、单位	成绩	姓名、单位	成绩	姓名、单位	成绩
女子甲组500米计时赛	蒋雨露　杭州市	33.911	周　菲　湖州市	34.888	汪乐怡　湖州市	35.040
女子甲组3000米个人追逐赛	王　倩　宁波市	3:49.230	袁　梦　湖州市	3:50.415	彭　菊　湖州市	4:20.934
女子甲组团体竞速赛	何雯丽　蒋雨露　杭州市	0:34.087	汪乐怡　周　菲　湖州市	0:34.493	—	—
女子甲组团体追逐赛	施欣语　王　倩　胡曦尹　赵文洁　宁波市	胜	秦家欣　彭　菊　周　菲　袁　梦　湖州市	负	—	—
男子乙组行进200米计时赛	孙皓燃　湖州市	10.535	王运烨　湖州市	10.781	荆　振　宁波市	10.928
男子乙组1000米计时赛	孙皓燃　湖州市	1:04.371	边宇恒　杭州市	1:05.614	吴涵琦　杭州市	1:05.840
男子乙组3000米个人追逐赛	吴涵琦　杭州市	3:27.111	汪　涵　杭州市	3:32.608	边宇恒　杭州市	3:32.653
男子乙组团体竞速赛	王运烨　殷　苗　孙皓燃　湖州市	0:46.544	荆　振　薛俊贤　张正财　宁波市	0:48.356	胡浩男　李　彬　谢一涵　温州市	0:48.708
男子乙组团体追逐赛	张轩玮　吴涵琦　吴佳宝　汪　涵　杭州市	3:14.836	朱志铭　李佳泽　潘枫欣　张正财　宁波市	3:18.33	胡浩男　李　彬　谢一涵　牟剑锋　温州市	胜
女子乙组行进200米计时赛	徐熙媛　湖州市	11.699	王蓉蓉　湖州市	11.757	都雨昊　湖州市	12.223
女子乙组500米计时赛	王蓉蓉　湖州市	35.697	徐熙媛　湖州市	35.719	都雨昊　湖州市	36.639
女子乙组2000米个人追逐赛	严馨怡　湖州市	2:34.850	田　原　宁波市	2:35.007	徐炳默　湖州市	2:35.948
女子乙组团体竞速赛	徐熙媛　王蓉蓉　湖州市	0:35.366	李　瑶　杨安蕾　宁波市	0:39.147	胡滢滢　高慧婷　杭州市	0:38.550
女子乙组团体追逐赛	徐炳默　王苏倩　严馨怡　徐熙媛　湖州市	3:32.129	高慧婷　胡滢滢　潘贞伊　吕朱莹　杭州市	3:35.929	—	—

公路自行车

项目	第一名		第二名		第三名	
	姓名、单位	成绩	姓名、单位	成绩	姓名、单位	成绩
男子甲组个人计时赛(30公里)	孙中豪 嘉兴市	40:35.494	白正涛 杭州市	41:07.618	梅宇新 宁波市	41:35.345
男子甲组个人赛(80公里)	胡嘉磊 杭州市	01:53:58.675	陈　煌 杭州市	01:54:21.164	梅宇新 宁波市	01:54:21.431
女子甲组个人计时赛(20公里)	袁　梦 湖州市	30:03.154	程卢芬 杭州市	30:10.985	胡曦尹 宁波市	30:43.815
女子甲组个人赛(60公里)	沈观子 杭州市	01:50:19.335	胡曦尹 宁波市	01:50:19.564	何雯丽 杭州市	01:51:28.694
男子乙组个人计时赛(20公里)	田皓宇 嘉兴市	26:55.485	游胜权 嘉兴市	27:24.376	边宇恒 杭州市	27:36.045
男子乙组个人赛(60公里)	边宇恒 杭州市	01:32:07.938	吴涵琦 杭州市	01:32:08.355	胡浩男 温州市	01:32:08.727
女子乙组个人计时赛(10公里)	严馨冶 湖州市	14:25.719	王依晨 温州市	14:27.668	田　原 宁波市	14:37.935
女子乙组个人赛(40公里)	蒋恬恬 宁波市	01:03:09.361	游宸钰 杭州市	01:03:09.852	潘贞伊 杭州市	01:03:21.743

山地自行车

项目	第一名		第二名		第三名	
	姓名、单位	成绩	姓名、单位	成绩	姓名、单位	成绩
女子奥林匹克越野赛个人	魏　欣 丽水市	01:06:45.347	游宸钰 杭州市	01:07:12.806	沈观子 杭州市	01:13:45.017
女子奥林匹克越野赛团体	游宸钰 沈观子 黄雨怡 杭州市	03:36:55.609	廖悦琪 曾　怡 吴乾骞 衢州市	03:48:47.483	章冰圻 孟宇惠 郭梦丹 绍兴市	—
男子奥林匹克越野赛个人	蒋义天 湖州市	01:09:51.940	戚旦杨 绍兴市	01:10:16.411	林　烨 杭州市	01:10:59.430
男子奥林匹克越野赛团体	蒋子强 华　齐 徐俊哲 嘉兴市	03:41:14.740	林　烨 孙鑫昊 叶骏豪 杭州市	03:42:26.380	陈正涵 牟　兵 杨城宇 宁波市	03:52:10.422

小轮车

项目	第一名		第二名		第三名	
	姓名	单位	姓名	单位	姓名	单位
男子 BMX 竞速赛（越野赛个人）	王龙毅	湖州市	李金亮	杭州市	厉博成	宁波市
女子 BMX 竞速赛（越野赛个人）	何思清	湖州市	朱宇芸	湖州市	章巧颖	杭州市
男子 BMX 竞速赛（越野赛团体）	李金亮　褚　鑫　谭　剑	杭州市	徐　正　孙雪飞　郜国庆	湖州市	厉博成　潘新宇　陶佳文	宁波市

击剑

项目	第一名		第二名		第三名	
	姓名	单位	姓名	单位	姓名	单位
女子甲组重剑个人赛	陈安琦	杭州市	高佳蓓	绍兴市	冯文珧	嘉兴市
男子甲组重剑个人赛	高晨曦	湖州市	李坦阳	杭州市	王　晨	金华市
女子甲组花剑个人赛	李炜婧	湖州市	郭恩虹	湖州市	陈淑敏	湖州市
男子甲组花剑个人赛	孙宏杰	温州市	苏鑫源	温州市	陆春贝	嘉兴市
女子乙组重剑个人赛	邢珉语	杭州市	钱姿彤	杭州市	赵千慧	杭州市
男子乙组重剑个人赛	叶子铭	杭州市	伍翊豪	温州市	沈哲轩	杭州市
女子乙组花剑个人赛	朱丽婷	绍兴市	陈琪琛	杭州市	马梓琳	杭州市
男子乙组花剑个人赛	肖籽煜	杭州市	陈永霁	杭州市	陈韬至	杭州市
女子甲组重剑团体赛	高佳蓓　刘　畅　徐娅露　张佳雯	绍兴市	陈安琦　金彦君　楼伊轩　汪森琳	杭州市	冯文珧　沈誉婷　张艾玲　郑雅文	嘉兴市
男子甲组重剑团体赛	陈浩轩　崔　剑　王　宁　朱炫奇	台州市	陈耀祖　高晨曦　孟郁堃　沈旭辉	湖州市	王　晨　周　任　郁浩成　周天天	金华市
女子甲组花剑团体赛	陈淑敏　郭恩虹　李炜婧　张　婷	湖州市	李悦琪　刘怡然　宋歆怡　夏微微	嘉兴市	李如炫　任家乐　任　珂　谢欣睿	杭州市
男子甲组花剑团体赛	邵瑞敏　苏鑫源　孙宏杰　吴俊宇	温州市	金晨阳　陆春贝　钱唐宇轩　徐仁杰	嘉兴市	陈　熙　贺宇扬　黄　腾　吴　凯	湖州市
女子乙组重剑团体赛	冯艺嘉　钱姿彤　邢珉语　赵千慧	杭州市	吕思诺　沈熠歆　张芷晗　周沐凡	宁波市	孟伊梵　倪子涵　王宇茹　谢昕纯	金华市
男子乙组重剑团体赛	黄绍扬　沈哲轩　吴嘉杭　叶子铭	杭州市	金楷络　李哲恺　刘轩铭　伍翊豪	温州市	陈栎臻　金俊鹏　柯禹安　叶柯臻	台州市
女子乙组花剑团体赛	陈琪琛　马梓琳　许瑞雯　杨云琪	杭州市	胡楠楠　汪方凯　朱丽婷	绍兴市	赖逸瑄　严睿璇　张丹宁　朱可心	宁波市
男子乙组花剑团体赛	陈永霁　陈韬至　郭　奥　肖籽煜	杭州市	蔡正泽　姜锦波　王柏涵　徐家乐	衢州市	黄少莱　刘春梓　宁乐名轩　涂方博	湖州市

高尔夫

项目	第一名		第二名		第三名	
	姓名、单位	成绩	姓名、单位	成绩	姓名、单位	成绩
男子甲组团体	黄天琅　温忻铼 娄家瀚　温州市	492 杆 （2 轮）	饶嘉昊　戴嘉楠 潘鸿宇　蔡斯运 （不计入团体成绩） 杭州市	499 杆 （2 轮）	胡　杨　朱熙照 黄宸瑄　毛炜杰 （不计入团体成绩） 金华市	499 杆 （2 轮）
女子甲组团体	傅嘉奕　杨月华 张丁亥　胡君雯 （不计入团体成绩） 宁波市	476 杆 （2 轮）	邵露优　施乃琪 周诺茜　金华市	483 杆 （2 轮）	倪慎蔚　林嘉沂 管歆洁　蔡可心 （不计入团体成绩） 杭州市	495 杆 （2 轮）
男子乙组团体	张宸滔　丁力禾 李宜春　徐梓涵 （不计入团体成绩） 金华市	460 杆 （2 轮）	李泽厚　胡羽纶 占博岩　王浦诚 （不计入团体成绩） 杭州市	482 杆 （2 轮）	赵留贤　张桉寧 张翰林　郭子楚 （不计入团体成绩） 绍兴市	486 杆 （2 轮）
女子乙组团体	封　叶　潘麒羽 俞涵潆　陶希予 （不计入团体成绩） 杭州市	486 杆 （2 轮）	刘泳廷　韩美妍 陈诗渝　张昕玥 （不计入团体成绩） 绍兴市	514 杆 （2 轮）	任宥蓁　伍恩嘻 董羽然　郝　一 （不计入团体成绩） 宁波市	514 杆 （2 轮）

攀岩

项目	第一名		第二名		第三名	
	姓名	单位	姓名	单位	姓名	单位
男子甲组	汪啸乾	宁波市	赵一帆	绍兴市	雷许彧	杭州市
女子甲组	高尚源	杭州市	毛京京	绍兴市	赵婧茹	温州市
男子乙组	俞杰凯	金华市	马弈凡	宁波市	虞泽轩	湖州市
女子乙组	贺婴宁	杭州市	王　馨	金华市	唐佳歆	宁波市
男子丙组	余程亦	金华市	李　想	杭州市	吴嘉浩	绍兴市
女子丙组	李锶淇	绍兴市	葛优畅	温州市	胡可鑫	杭州市

马术

项目	第一名		第二名		第三名	
	姓名	单位	姓名	单位	姓名	单位
场地障碍甲组个人赛	傅耀萱	杭州市	朱铁晨	宁波市	徐栎薇	宁波市
场地障碍乙组个人赛	周舒洋	杭州市	俞卓辰	杭州市	施　懿	台州市
场地障碍丙组个人赛	吴泊纬	宁波市	朱紫睿	杭州市	叶德驿	金华市
场地障碍甲组团体赛	尤彦贺　徐栎薇 朱轶晨　王嘉禾	宁波市	张嘉怡　颜　琪 俞歆悦　顾章栋	杭州市	孔博文　屈子行 张诗兰	金华市

续表

项目	第一名		第二名		第三名	
	姓名	单位	姓名	单位	姓名	单位
盛装舞步甲组个人赛	屈子行	金华市	颜　琪	杭州市	郑惜蕾	温州市
盛装舞步乙组个人赛	俞卓辰	杭州市	李宓尔	杭州市	曹予恒	杭州市
盛装舞步丙组个人赛	陈子意	温州市	董雨欣	温州市	陈逸禾	温州市
盛装舞步甲组团体赛	徐梓涵　颜　琪 祝颢源　吴宗昊	杭州市	包雨沫　王嘉禾 尤彦贺　朱轶晨	宁波市	孔博文　屈子行 张诗兰	金华市

围棋

项目	第一名		第二名		第三名	
	姓名	单位	姓名	单位	姓名	单位
男子甲组个人	仇孜林	杭州市	马　帅	杭州市	张顶一	绍兴市
女子甲组个人	丁柯文	台州市	李烨炀	丽水市	沈炜清	宁波市
男子乙组个人	张歆宇	衢州市	叶子涵	杭州市	毛天予	宁波市
女子乙组个人	范一唯	宁波市	吴　优	金华市	邱姑涵	衢州市
男子丙组个人	陈家瑞	杭州市	田沐沐	丽水市	黄奕畅	丽水市
女子丙组个人	章重恒	杭州市	姜子玥	杭州市	陈　彤	温州市

象棋

组别	第一名		第二名		第三名	
	姓名	代表团	姓名	代表团	姓名	代表团
男子甲组	尹昇	金华市	王天琛	台州市	方晔	温州市
女子甲组	陈丽媛	杭州市	胡家艺	宁波市	戴莉雅	湖州市
男子乙组	杨恬浩	金华市	张轩杰	杭州市	陈周梓洋	杭州市
女子乙组	朱兰婷	宁波市	周珈亦	湖州市	赖如意	宁波市
男子丙组	吴启亮	温州市	李耀虎	金华市	吕叶昊	嘉兴市
女子丙组	王吴梓涵	温州市	吴欣语	金华市	王子韵	台州市

国际象棋

组别	第一名		第二名		第三名	
	姓名	代表团	姓名	代表团	姓名	代表团
男子甲组	吴凯涛	金华市	吴俊达	绍兴市	吴文达	宁波市
女子甲组	蔡悠扬	宁波市	虞君彦	绍兴市	沈芊妤	宁波市

续表

组别	第一名		第二名		第三名	
	姓名	代表团	姓名	代表团	姓名	代表团
男子乙组	黄宇涵	绍兴市	罗梓轩	台州市	金悦恒	杭州市
女子乙组	余青杨	杭州市	杨嘉楠	绍兴市	傅雅淇	金华市
男子丙组	韩岳霖	绍兴市	叶　凡	嘉兴市	石廖星	嘉兴市
女子丙组	何秉玉	绍兴市	楼瑜昕	杭州市	杨芮绮	衢州市

五子棋

项目	第一名		第二名		第三名	
	姓名	单位	姓名	单位	姓名	单位
男子甲组	应佳良	杭州市	陆皓天	嘉兴市	凌世杰	湖州市
女子甲组	邱彧瑾	湖州市	施翘楚	杭州市	刘　铭	湖州市
男子乙组	沈诣航	湖州市	金弘韬	绍兴市	张俊宇	台州市
女子乙组	张云舒	湖州市	王诗怡	杭州市	王于璐	台州市
男子丙组	肖卢卡	杭州市	陈梓涵	金华市	周陈立	嘉兴市
女子丙组	刘敏逸	嘉兴市	王毓熙	台州市	沈静涵	绍兴市

国际跳棋

项目	第一名		第二名		第三名	
	姓名	单位	姓名	单位	姓名	单位
64 格乙组混合团体	于欣城　于冠斌 唐湘娟	绍兴市	樊子淏　高　川 管珞晶	丽水市	王弈乐　石博汭 吴佳珈	台州市
100 格乙组混合团体	陈品榕　施政辰 杜欣妍	丽水市	周群峰　张尚宇 朱沛玲	绍兴市	刘桉江　贺　珺 贾　茹	杭州市
64 格男子甲组	应滨行	台州市	娄煜烁	台州市	吴　睿	杭州市
64 格女子甲组	刘子瑜	杭州市	丁于婷	丽水市	王雨琼	绍兴市
100 格男子甲组	戴杭铮	杭州市	翁浩铭	丽水市	诸王斌	绍兴市
100 格女子甲组	廖潇雨	丽水市	张佳蕾	绍兴市	翁予恬	杭州市

桥牌

项目	第一名		第二名		第三名	
	姓名	单位	姓名	单位	姓名	单位
甲组女子双人赛	陈偲佳　吴宇轩	台州市	朱沛羲　李奕婷	台州市	杨　飘　孙　玉	湖州市
甲组男子双人赛	陈家禾　王博恩	宁波市	陶泽睿　周也然	嘉兴市	郭孟恺　刘宇轩	嘉兴市

续表

项目	第一名		第二名		第三名	
	姓名	单位	姓名	单位	姓名	单位
甲组混合队式赛	团队全员	宁波市	团队全员	湖州市	团队全员	台州市
乙组女子双人赛	金义涵　童诗涵	台州市	柯安琪　杨廷廷	绍兴市	吕昕颐　卢辰玥	宁波市
乙组男子双人赛	盛义洋　胡昱齐	嘉兴市	蔡青辰　程思远	嘉兴市	肖　扬　俞宸瑞	宁波市
乙组混合队式赛	团队全员	台州市	团队全员	杭州市	团队全员	嘉兴市

轮滑

项目	姓名	性别	名次	成绩	代表团	备注
女子甲组速度过桩	朱　琳	女	1	5.115	杭州市	决赛
女子甲组速度过桩	吕美叶	女	2	5.272	丽水市	决赛
女子甲组速度过桩	赵心悦	女	3	5.523	杭州市	排位赛
男子甲组速度过桩	付　裕	男	1	4.621	金华市	决赛
男子甲组速度过桩	何逸飞	男	2	4.797	金华市	决赛
男子甲组速度过桩	陈俊哲	男	3	4.748	丽水市	排位赛
女子乙组速度过桩	徐　菁	女	1	4.851	金华市	决赛
女子乙组速度过桩	叶懿宁	女	2	5.209	丽水市	决赛
女子乙组速度过桩	沈鑫彤	女	3	5.181	嘉兴市	排位赛
男子乙组速度过桩	赵培呈	男	1	4.702	杭州市	决赛
男子乙组速度过桩	支鸿轩	男	2	4.879	金华市	决赛
男子乙组速度过桩	应峻熙	男	3	4.687	金华市	排位赛

航海模型

项目	姓名	单位	名次	成绩
FSR-V3.5(18 周岁)	邹子羿	杭州市	1	71/30:15.260
FSR-V3.5(18 周岁)	陆浩维	宁波市	2	68/30:22.623
FSR-V3.5(18 周岁)	雷　奕	金华市	3	60/30:03.116
FSR-03.5 级	储培迪	金华市	1	53/16:23.157
FSR-03.5 级	田浩宇	杭州市	2	44/14:42.976
FSR-03.5 级	黄楠森	宁波市	3	30/9:53.903
F5-E 级	赵翎雅	丽水市	1	0
F5-E 级	于昊旻	温州市	2	8.1
F5-E 级	胡静怡	舟山市	3	11.7

续表

项目	姓名	单位	名次	成绩
F5-S 级	朱浚铭	丽水市	1	0
F5-S 级	杨钧皓	舟山市	2	14.8
F5-S 级	童博文	金华市	3	20.7
MINI-ECO-TEAM	刘陈意　季振轩	丽水市	1	82/18:09.691
MINI-ECO-TEAM	顾　加　童陈宇　俞嘉乐	杭州市	2	81/18:01.803
MINI-ECO-TEAM	罗欣冉　童博文　施怀远	金华市	3	76/18:06.776
MINI-ECO + MINI-MONO 级	顾　加　俞嘉乐	杭州市	1	18
MINI-ECO + MINI-MONO 级	王科涵　储培迪	金华市	2	13
MINI-ECO + MINI-MONO 级	纪炫宇　杨　浩	温州市	3	12
MINI-ECO 级	顾　加	杭州市	1	29/6:01.713
MINI-ECO 级	纪炫宇	温州市	2	29/6:06.004
MINI-ECO 级	王科涵	金华市	3	27/6:03.806
MINI-MONO 级	俞嘉乐	杭州市	1	21/6:16.223
MINI-MONO 级	储培迪	金华市	2	20/6:02.229
MINI-MONO 级	季振轩	丽水市	3	19/6:08.447
F3-E + F3-V 级	雷宇昊　程天航	丽水市	1	16
F3-E + F3-V 级	刘　熔　林立铖	温州市	2	16
F3-E + F3-V 级	张乐懿　陈　卓	宁波市	3	11
F3-E 级	刘　熔	温州市	1	146.77
F3-E 级	雷宇昊	丽水市	2	146.64
F3-E 级	王弈维	金华市	3	143.65
F3-V 级	程天航	丽水市	1	147.05
F3-V 级	林立铖	温州市	2	140.03
F3-V 级	陈　卓	宁波市	3	131.63
FSR-E + F1-E 级	朱语恒　林子健	温州市	1	15
FSR-E + F1-E 级	雷　奕　王科涵	金华市	2	15
FSR-E + F1-E 级	余奕幸　寿郑彦	杭州市	3	14
FSR-E 级	朱语恒	温州市	1	55/15:05.201
FSR-E 级	余奕幸	杭州市	2	54/15:13.455
FSR-E 级	雷　奕	金华市	3	39/15:15.900
F1-E 级	王科涵	金华市	1	10.89

续表

项目	姓名	单位	名次	成绩
F1-E 级	寿郑彦	杭州市	2	12.33
F1-E 级	林子健	温州市	3	12.71
FSR-V3.5 级(14 周岁)	施怀远	金华市	1	71/29:15.219
FSR-V3.5 级(14 周岁)	胡睿涵	杭州市	2	70/30:07.472
FSR-V3.5 级(14 周岁)	陆浩维	宁波市	3	65/26:35.900
F5-400 + F5-550 级	刘柯男　金义涵	丽水市	1	18
F5-400 + F5-550 级	王浩翔　杨钧皓	舟山市	2	14
F5-400 + F5-550 级	董　轼　马筠景	杭州市	3	12
F5-400 级	刘柯男	丽水市	1	8.5
F5-400 级	王浩翔	舟山市	2	11.1
F5-400 级	董　轼	杭州市	3	11.1
F5-550 级	金义涵	丽水市	1	0
F5-550 级	杨钧皓	舟山市	2	6.8
F5-550 级	马筠景	杭州市	3	13.7
F4-A + C6 级	孔垂韬　方静萱	金华市	1	16
F4-A + C6 级	张橼文　谢振烨	丽水市	2	12
F4-A + C6 级	蒋子墨　赵怡如	杭州市	3	11
F4-A 级	孔垂韬	金华市	1	100
F4-A 级	张橼文	丽水市	2	99
F4-A 级	齐婕妤	湖州市	3	96
C6 级	孙妮楠	宁波市	1	98
C6 级	方静萱	金华市	2	96.33
C6 级	赵怡如	杭州市	3	96
C7 级	吴泽睿	金华市	1	95
C7 级	徐露芯	丽水市	2	93.33
C7 级	娄嘉豪	杭州市	3	91.67

航空模型

项目	第一名		第二名		第三名	
	姓名	单位	姓名	单位	姓名	单位
S5B + S6A/2	胡航景　刘易林	杭州市	黎哲旭　米梓阳	湖州市	郑佳怡　王敏涵	台州市
P2B + P2D	钟函予　钟函予	金华市	傅骁恺　徐可源	温州市	钱君昊　王奕程	湖州市

续表

项目	第一名		第二名		第三名	
	姓名	单位	姓名	单位	姓名	单位
S8D/P + P5B + F3K	金　鑫　张浩浩　金　鑫	金华市	叶金豪　林　听　王胤凯	台州市	詹家泽　詹家泽　李嘉昱	宁波市
P1D-P + P3P	王子宸　夏启瀚	杭州市	汪柯弈　李士霄	绍兴市	单政航　张浩浩	金华市
P3Z-4　双人组 + P3R-K	王子翊　王梓丞　吴嘉亮	金华市	冯　韫　赵鉴淳　冯呈睿	温州市	李家纬　潘梓琦　朱宇同	台州市
P3C-2 + F9U	应睿哲　李东京	金华市	斯子严　赵清源	湖州市	夏天淇　吴嘉阳	杭州市
F3A-P + P3A	廖劲峰　廖劲峰	金华市	徐迎皓　徐迎皓	杭州市	李荞羽　潘祖健	台州市
P3M-D 双人组	王子翊　王梓丞	金华市	李荞羽　潘祖健	台州市	孙与辰　罗慧骞	丽水市

车辆模型

项目	第一名		第二名		第三名	
	姓名	单位	姓名	单位	姓名	单位
1:22 电动拉力车竞速赛(4 轮驱动)	徐　晞	丽水市	吕欣乐	杭州市	俞　佳	金华市
1:18 电动房车竞速赛(4 轮驱动)	林昀禾	杭州市	宋天屹	金华市	郑新民	湖州市
1:18 电动越野车(4 轮驱动)	马震宇	湖州市	俞　佳	金华市	卢　鼎	杭州市
遥控三对三足球赛(4 轮驱动)	钱佳晖　金资捷　金湛力	金华市	吴昊泽　翁唐逸　张钰希	湖州市	王奕涵　赵宇昊　费泽涛	绍兴市

冰球

项目	第一名	第二名	第三名
	单位	单位	单位
甲组	杭州市代表队	嘉兴市代表队	嘉兴二队
乙组	杭州市代表队	杭州二队	宁波市代表队

花样滑冰

项目	第一名	第二名	第三名
	单位	单位	单位
男子组	杭州市代表队	杭州二队	嘉兴市代表队
女子甲组	杭州市代表队	杭州二队	宁波市代表队
女子乙组	杭州市代表队	宁波市代表队	杭州市代表队
女子乙组	杭州二队	宁波市代表队	金华市代表队

短道速滑

项目	第一名		第二名		第三名	
	姓名、单位	成绩	姓名、单位	成绩	姓名、单位	成绩
男子500米	王法权　嘉兴市	49.701	王文震　杭州市	49.794	徐梓轩　嘉兴市	50.969
男子1000米	王法权　嘉兴市	1:43.201	王文震　杭州市	1:43.419	郭　旭　杭州市	1:47.070
女子500米	周思妍　杭州市	54.196	张乐媛　杭州市	55.151	俞梦铃　杭州市	55.300
女子1000米	周思妍　杭州市	1:48.358	俞梦铃　杭州市	1:51.625	张乐媛　杭州市	1:55.515

电动冲浪板

项目	第一名		第二名		第三名	
	姓名	单位	姓名	单位	姓名	单位
甲组男子个人竞速赛	徐鼎竣	金华一队	吴翼星	金华二队	程　刚	金华二队
甲组女子个人竞速赛	申　晴	金华二队	高佳音	金华二队	高玲玲	金华一队
甲组男子个人障碍赛	徐鼎竣	金华一队	程　刚	金华二队	吴翼星	金华二队
甲组女子个人障碍赛	项佳卉	金华一队	高佳音	金华二队	申　晴	金华二队
乙组男子个人竞速赛	林睿阳	金华二队	李　响	金华一队	叶宸屹	金华一队
乙组女子个人竞速赛	那　拉	金华二队	徐　睿	金华一队	毛彦尹	金华二队
乙组男子个人障碍赛	叶宸屹	金华一队	冯章豪	金华二队	金泰禾	衢州市
乙组女子个人障碍赛	那　拉	金华二队	徐　睿	金华一队	廖柯薛	金华一队

附　录

2022 年度浙江体育系统获国家级表彰名单

一、2021 年全国体育事业突出贡献奖（集体）

浙江体育职业技术学院体操系　宁波市水上（游泳）运动学校　嘉兴市少年儿童体育学校

二、2021 年全国体育事业突出贡献奖（个人）

李冬瑜（宁波体育运动学校教练员）、张春（女）［浙江体育科学研究所（浙江省反兴奋剂中心）办公室原主任］、罗瑞芬（女）（宁波体育运动学校原教练员）、孟关良（浙江省水上运动管理中心党总支书记、主任）、夏煊泽（浙江职业技术学院小球系教练员）、徐冲（嘉兴市少年儿童体育学校教练员）、徐惊雷（女）（浙江体育职业技术学院教练员）、唐万里（浙江省体育局体育训练处处长）、康平（杭州陈经纶体育运动学校教练员）、章荣权（浙江省射击射箭自行车运动管理中心训练竞赛科科长）、虞利华（宁波财经学院教练员）

三、2021 年度授予全国体育运动荣誉奖章

运动员：汪顺、徐嘉余（游泳）、谢震业（田径）、王懿律、黄雅琼、陈雨菲、郑思维、周昊东（羽毛球）、万济圆（三人篮球）、管晨辰（体操）、杨倩（射击）、石智勇（举重）

教练员：楼霞（游泳）、陶剑荣（田径）、黄展中、蒋国良、桑洋、王琳、夏煊泽（羽毛球）、孟关良、裘赛荣（皮划艇）、徐惊雷（体操）、葛宏砖、俞利华（射击）、邵国强（举重）

四、2021 年度授予体育运动一级奖章

运动员：余依婷、柳雅欣、吴卿风、朱梦惠（游泳）、徐惠琴（田径）、王昶（羽毛球）、王丛康、李冬崟、王楠（皮划艇）、范心怡、曹云珠（蹦床）、林俊敏（射击）、连笑（围棋）

教练员：陶嵘、汪海波（游泳）、王建江、吴光宏（皮划艇）、姚妍君（蹦床）、王慧清（赛艇）、张建伟（射击）

五、2022 年度授予全国体育运动荣誉奖章

运动员：郑思维、黄雅琼（羽毛球）、万济圆（三人篮球）、曹云珠、范心怡（蹦床）、黄雨婷、卢恺曼、王芝琳（射击）、裴鑫依（举重）、卢尚磊、白金石（国际象棋）、王天一（象棋）

教练员：夏煊泽（羽毛球）、姚妍君（蹦床）、章旭波、葛宏砖（射击）、邵国强（举重）、王文浩、俞婷（国际象棋）

六、2022 年度授予体育运动一级奖章

运动员：潘展乐、吴卿风（游泳）、陈雨菲、王懿律（羽毛球）、季博文（皮划艇）、赵中豪（射击）、陈森森（赛艇）

教练员：郑坤良（游泳）、宫拥军（皮划艇）、李明（射击）、钟齐鑫（攀岩）

七、全国人民满意的公务员

楼文嵘(浙江省体育局经济处副处长)

2022年度浙江体育系统获省级表彰名单

一、2021年度"最美浙江人·浙江骄傲"

东京奥运会浙江冠军团体

二、浙江省直机关2022年先锋支部

浙江体育职业技术学院直属游泳系党支部

浙江省体育局2022年授予国家一级运动员称号人员名单

一、田径

谢弦、王一、王一、刘扬、郑文轩、吴路逸、吴路逸、周子皓、何梦佳(女)、何梦佳(女)、金涛、夏煜琳(女)

二、游泳

陈禹竹、陈禹竹、邹宇扬、邹宇扬、程锦浩、孙煜翀、孙煜翀、孙煜翀、沈刘旺昊、李昱祺(女)、李昱祺(女)、施幼扬(女)、赵小婷(女)、赵小婷(女)、苏婷(女)、苏婷(女)、邢诗语(女)、邢诗语(女)、陈雨晴(女)、陈雨晴(女)、翁黄崎、周晟杰、陈帝文、俞竹铭、林佳雯(女)、林佳雯(女)、陶佳顺、徐佳、章婧瑶(女)、周新宇(女)、徐文菲(女)、邵静茹(女)、邵静茹(女)、陈雨杭(女)、陈雨杭(女)、陈雨杭(女)、陈雨杭(女)、吴忆杭(女)、吴忆杭(女)、俞淑文(女)、俞淑文(女)、寿禹彤(女)、段梦雪(女)、窦心依(女)、窦心依(女)、窦心依(女)、窦心依(女)、陈以诺(女)、周晨希(女)、周晨希(女)、周晨希(女)、周晨希(女)、陈紫嫣(女)、王兆洋、段勐豪、王天宇、王天宇、王天予、金呈、金呈、金呈、余跃洋、余跃洋、郑志达、林繁绿、管铮豪、陈靖杰、张铭博、李奕骏、叶伟博、叶伟博、沈宸阅、沈宸阅、邵梓铖、邵梓铖、邵梓铖、朱盈诺(女)、朱盈诺(女)、陈舒琰(女)、黄诗涵、(女)黄诗涵(女)、陈依冉(女)、陈依冉(女)、刘睿勤(女)、张雨馨(女)、车晨曦(女)、高熙媛(女)、梁欣雨(女)、麻宸(女)、麻宸(女)、茹子墨(女)、阮冰沁(女)、阮冰沁(女)、孙佳豪、范思哲、俞锦萱(女)、胡亦萱(女)、吕柏萱(女)、马欣谊(女)、王红雅(女)、吴文杰、隋家叶(女)、隋家叶(女)、隋家叶(女)、隋家叶(女)、隋家叶(女)、隋家叶(女)、谢宇涵(女)、张鸿原(女)、张越辰、李嘉楷、施润泽、蔡晨涛、李冬睿、徐蔚然(女)、王萍(女)、王萍(女)、叶奇奇、邹芳雯(女)、王际凯、郑镇炜、马瑞麟、马瑞麟、马瑞麟、马瑞麟、章哲宇、邢天宇、倪宇洋、娄子睿、王子豪、牛付航、林洋、李卓骏、孙哲阳、孙哲阳、汪泓杞、汪泓杞、陈俊业、陈俊业、任宇涵、任宇涵、朱思睿(女)、周嘉玲(女)、周嘉玲(女)、周嘉玲(女)、周礼若(女)、柳雯悦(女)、柳雯悦(女)、姚若衡(女)、顾恩翊、顾恩翊、顾恩翊、李宇涵、李宇涵、陈宇凡、孙锴、邱禹程、邱禹程、郭思炫、郭思炫、吕易乘、蔡柯瀚、蔡柯瀚、徐鉴、杨奕凡

（女）、杨奕凡（女）、裘真（女）、蒋雯婧（女）、蒋雯婧（女）、徐欣艺（女）、叶雨佳、张依灵（女）、张依灵（女）、张依灵（女）、张依灵（女）、陈韵淇（女）、陈婧彤（女）、陈以诺（女）、宋嫣然（女）、周凝一（女）、盛佳欣（女）、盛佳欣（女）、李佳忆（女）、王佳怡（女）、丁佳慧（女）、丁佳慧（女）、丁佳慧（女）、吴佳豪、吴佳豪、吴佳豪、孙煜涵、孙煜涵、胡俊涛、胡俊涛、胡俊涛、郑镇炜、姚博文、姚博文、孙菡萏（女）、何昱豪、周思彤（女）、黄雨霏（女）、郭伊涵（女）、郭伊涵（女）、林宇宸、周语轩（女）、俞奕萱（女）、俞奕萱（女）、严婉珊（女）、严婉珊（女）、严婉珊（女）、张婧涵（女）、陈雨彤（女）、吕可歆（女）、蔡祉睿（女）、蔡祉睿（女）、王峥、林书漫（女）、王驰铭、娄润轩、陈镜宇、张铭博、连泓玮、连泓玮、林可辰（女）、林可辰（女）、林可辰（女）、林可辰（女）、李城宇、周鑫垟（女）、周鑫垟（女）、周鑫垟（女）、虞宸歆（女）、刘妍希（女）、刘妍希（女）、王琛迪、陈豫妍（女）、陈豫妍（女）、林新泽、秦锋、陈恺涛、张佳艺（女）、谢睿阳、杨思媛（女）、刘睿宇、舒熠斌、潘乐豪、汪江悦（女）、倪双耀、宋泽聿、叶禹晔（女）、潘甜甜（女）

三、乒乓球

赵艺尔（女）、徐熙昊

四、羽毛球

施清瑜（女）、张子昂、姜俊彦、刘开颜、周旭鹏、祝昱坤（女）、李想（女）、柴子杰、邬启浩、周沛延、沈婧萱（女）、龚晓婷（女）、丁睿（女）、马乐涵（女）、赖子矜（女）、只以欣（女）、陈奕航、夏清昊、胡子奕、肖高博、聂耀阳、南董宇、木千阁、黄奕睿、朱奕达、金雨昕（女）、陈羿如（女）、吴梓茜（女）、叶子琪（女）、林郑洁（女）、范晨鹂（女）、邵奥琪（女）、张予涵（女）、陈羿如（女）、章静妤（女）、蒋奕佩（女）、徐宇澄（女）、程雨琦（女）、唐泸轩、夏家熠、蔡依诺（女）、周言（女）、周言（女）、周言（女）、施子晗（女）、施子晗（女）、诸艾青（女）、诸艾青（女）、胡亦恬（女）、胡亦恬（女）、冯愉皓、许历远

五、网球

徐伟涛、丁怡然、黄瑞宁、王昕祺（女）、韩靖祎（女）

六、体操

陆羽昊

七、篮球

张中一、张超、陈靓（女）、金恬希（女）、徐舒婷（女）、徐舒婷（女）、唐璐欣（女）、游皓淇（女）、顾缘圆（女）、邵晨露（女）、朱若溪（女）、李昕容（女）、傅烨敏（女）、吴双（女）

八、排球

宣瑞、赵非炀、章孜耘（女）、费安琪（女）、袁梦洁（女）、金鑫（女）、张家豪、吴锦、蒋成杰、顾俊杰、吴萱蕙（女）、邵彬茹（女）、戴若曦（女）、雷嘉纹（女）、余程超、黄瑞、黄海洋、周一夫、王韩意、陈扬帆、唐绮悦（女）、李世骞（女）、俞冰洁（女）、陈倩雯（女）、王梓萱（女）、刘洋（女）、张添旭、严嘉诚、俞欣似（女）、翁汝贤（女）、罗一萌（女）、黄诗乔（女）、王凯鹏、宋雨瑶（女）、应佳含（女）、蒋雨笑、鲍高杨、徐靖轩、张轩、应献武、赵云珑、叶诗宸（女）、陈姿瑄（女）、陈温琦（女）、叶希冉（女）、关佳雯（女）、费莹婷（女）、徐欣然（女）、罗培榕（女）、胡雨晨（女）、刘韩驰（女）、顾丁阳、童帅、张馨方（女）

九、拳击

俞丹琪(女)、毛文康、叶奕帆、徐洪、陈晨

十、摔跤

陶铭芳(女)

十一、柔道

陈佳怡(女)、叶佳乐、姚健

十二、跆拳道

顾嘉宇、张宏、陈坤、金宇珩、黄城杰

十三、赛艇

左盼盼(女)、蓝陈亮、金胜宇、马澜菲(女)、刘晨祥(女)

十四、皮划艇静水

江铮栋、肖烨铭、李硕、吴维峰、刘宇飞、余梦涛

十五、帆船

鲍俊楠、严银涵、韩延泓、吴子寒、戴子雄、郭昱邑、徐佳媛(女)、张伍倩(女)、卓朝晨

十六、射击

应承举、任映臻、任映臻、曹俊、汪鼎睿麟、李晨绮(女)、巫佳滢(女)、徐晨希(女)、赵许诺(女)、严丁依(女)、徐映柳(女)、胡蝶(女)、丁奕楠(女)、柴树杰、张志豪、寿文沁(女)、刘昕旖(女)、张佳慧(女)、孙瑜洁(女)、黄益伟、汪曦雨(女)、华如意(女)、刘鑫怡(女)、曹俊杰、王若曦(女)、鲍佳漪(女)、陈烨淇(女)、方圣鉴、胡炜栋、黄李万林、荆坷遥(女)、祁徐露(女)、孙丹妮(女)、王铁超、韦辰、魏奕扬(女)、吴昊昊(女)、吴浩天、杨光(女)、张昊轩、赵伊琳(女)、郑慧鹏、朱任昊、张志豪、陈红丹(女)、田玮威、童易(女)、金子砚(女)、詹铠齐、翁韩逸、朱政萍(女)、周家森、魏征、柯文韬、蒋本祺、章栩宁、虞朵拉(女)、吴欣怡(女)、沈玙璠(女)、李梁梅(女)、傅盛、王育(女)、孙添熠、林可欣(女)、罗瑞琦(女)、朱可馨(女)、郑成翔、李查德、罗海睿(女)、姚丽华(女)、朱胜苗、乔璟迪、姚越、许梓健、李文浩、周韬、丁颋、周郭言(女)、钱佳乐、杨宇浩、

十七、射箭

钱程、王世涛、钟君楠、许婷(女)

十八、山地自行车

林烨、黄雨怡(女)、郑浙庆(女)、周菲(女)、魏欣(女)、华齐

十九、击剑

蔡子俊、项淳武

二十、冲浪

庄晨炜、龙淏顺、季宇、林美玲(女)

二十一、航海模型

张春腾、王泽林、黄敏轩、冯群亮、黄昭睿、王茜(女)、王李思嘉(女)、孔垂韬

二十二、围棋

马靖原、王文聪、马帅、韩瑾睿、邱禹然、戴琪高、万恩泽、吴俊毅、陈铁哲、曾楚典(女)、靳程(女)、宋怡雯(女)、杨舟(女)、何天予、朱彦臻、隋庆瀚、王一如(女)、桂诗云

（女）、陈心飏（女）、章重恒（女）、黄邱铉、田沐沐、涂季康、朱怡晨（女）、王可扬

二十三、摩托艇

章佳祺

二十四、轮滑

蔡旭磊、洪语瞳（女）、徐菁（女）、崔彭

二十五、高尔夫球

邵露优（女）